LA

TERRE SAINTE

(DEUXIÈME PARTIE)

L'auteur et les éditeurs déclarent réserver leurs droits de traduction et de reproduction à l'étranger.

Cet ouvrage a été déposé au ministère de l'intérieur (section de la librairie) en octobre 1883.

ENCRES TYPOGRAPHIQUES DE LA MAISON CH. LORILLEUX ET Cie.

LA TERRE SAINTE

PALESTINE OCCIDENTALE ET MÉRIDIONALE

LIBAN — PHÉNICIE — PÉTRA — SINAI — ÉGYPTE

Couvent de Ste Catherine au pied du Mont Sinai

PARIS — E. PLON, NOURRIT & Cie ÉDITEURS.

Imp. Ch. Chardon.

LA
TERRE SAINTE

(DEUXIÈME PARTIE)

LIBAN — PHÉNICIE
PALESTINE OCCIDENTALE ET MÉRIDIONALE
PÉTRA — SINAÏ — ÉGYPTE

PAR

VICTOR GUÉRIN

AGRÉGÉ ET DOCTEUR ÈS LETTRES, CHARGÉ DE MISSIONS EN ORIENT

PARIS
LIBRAIRIE PLON
E. PLON, NOURRIT ET Cie, IMPRIMEURS-ÉDITEURS
RUE GARANCIÈRE, 10
—
1884
Tous droits réservés

Hasroun, village maronite au-dessus du Nahr el-Kadicha.

LIBAN

DESCRIPTION GÉNÉRALE

Le Liban et la Phénicie n'ont pas, il est vrai, fait partie intégrante de la Palestine; néanmoins, comme ces pays ont été en rapports incessants avec le peuple juif, je crois devoir les décrire sommairement, en commençant sur la Terre Sainte ce second volume, qui va comprendre, outre ces deux contrées, les côtes et la partie méridionale de la Palestine, puis l'Arabie Pétrée et la péninsule Sinaïtique, où les Hébreux ont erré pendant quarante ans. Enfin je jetterai un coup d'œil rapide sur l'Égypte, dont le district connu sous le nom de Terre de Gessen a été le véritable berceau de la nation israélite, puisque la famille patriarcale de Jacob, qui, à l'époque d'une famine, y était descendue du pays de Chanaan, s'y est tellement multipliée, qu'au bout de quatre siècles de séjour elle a formé un grand peuple, capable d'inspirer de la jalousie et de la crainte aux Égyptiens eux-mêmes qui lui avaient jadis offert un asile.

Mon cadre ainsi tracé, j'entre immédiatement en matière en traitant d'abord du Liban.

Le Liban, en hébreu avec l'article *Ha-Lebanon*, et sans l'article en poésie *Lebanon*, en grec Λίβανος, en latin *Libanus*, en arabe actuellement *Lebnan*, est une grande chaîne de montagnes située au nord de la Palestine. Ce nom de *Lebanon* signifie *blanc*, et était jadis appliqué à ce long massif, soit à cause de la neige qui blanchit ses sommets pendant une grande partie de l'année, et qui ne cesse d'argenter ses pics les plus élevés qu'à l'époque des plus fortes chaleurs de l'été, soit en raison de la blancheur également éclatante de ses cimes calcaires et dénudées, qui tranche avec la verdure des forêts ou des plantations qui couvrent les flancs de ces mêmes montagnes.

Dans les Saintes Écritures, le Liban est représenté comme formant la limite septentrionale du pays d'Israël. Nous lisons, par exemple, dans le *Deutéronome* (ch. XI, ỳ 24) :

« Tous les lieux que fouleront vos pieds vous appartiendront depuis le désert jusqu'au Liban, depuis le grand fleuve d'Euphrate jusqu'à la mer Occidentale ; telles seront vos frontières. »

Deux chaînes de montagnes distinctes portent ce nom de Liban, c'est-à-dire de *mont Blanc*. L'une, vers l'est, s'appelle en arabe *Djebel ech-Cherki* (la montagne Orientale). Les écrivains sacrés la désignaient de la même manière, en la nommant *le Liban vers le soleil levant*. (Josué, ch. XIII, ỳ 5.)

« Le Liban vers le soleil levant, depuis Baal-Gad sous le mont Hermon jusqu'à l'entrée de Hamath. »

Cette chaîne court du nord-est au sud-ouest dans une longueur de cent soixante kilomètres au moins. Elle commence au nord, non loin de Riblah, à l'une des extrémités de la grande plaine de Homs, l'antique Emesa, et aboutit au sud à Banias, jadis Panéas ou Césarée de Philippe, qu'elle domine de toute la masse imposante du Djebel ech-Cheikh, le grand Hermon des anciens. Le point culminant de la chaîne consiste dans les trois cimes de cette dernière montagne, dont la plus haute atteint deux mille huit cent soixante mètres au-dessus de la Méditerranée. L'altitude du Djebel ech-Chekif, qui s'élève au nord-est de Bloudan, n'est plus que de deux mille soixante-quinze mètres, et celle du reste de la chaîne ne dépasse guère en moyenne seize cents mètres. Les sommets de l'Anti-Liban sont d'ordinaire dès le commencement de l'été débarrassés des neiges qui les couvrent en hiver ; mais le Djebel ech-Cheikh garde beaucoup plus longtemps ce manteau éblouissant, qui ne l'abandonne guère que pendant deux ou trois mois de l'année, et encore, même alors, conserve-t-il çà et là de longues traînées de neige dans ses ravins supérieurs. J'ai décrit dans le premier volume de cet ouvrage les ruines de l'ancien temple, connues sous le nom de Kasr-Antar (château d'Antar), que l'on remarque sur l'une de ses cimes. J'ai signalé aussi la beauté incomparable du vaste panorama qui se découvre de ce point aux regards, quand on y est une fois parvenu. J'ajouterai seulement ici que de cette montagne célèbre rayonnent, en quelque sorte, vers l'est trois rameaux secondaires dont le plus méridional borne au nord la plaine de Damas, et se prolonge ensuite jusque dans le désert de Palmyre. L'Anti-Liban donne naissance à deux rivières principales, le Nahr el-Aouadj, le Pharphar de la Bible, et le Nahr-Barada, l'Abana du livre sacré. Beaucoup moins peuplé et infiniment moins cultivé que le Liban, il abonde en bêtes fauves. Les sangliers y sont très-nombreux ; les panthères n'y sont pas rares non plus, ainsi que les ours ; mais les lions et les léopards, qui jadis l'habitaient également, paraissent en avoir disparu. Quant aux gazelles, elles errent par bandes au pied des pentes orientales, dans les vastes steppes qui s'étendent de ce côté. Une multitude d'oiseaux de proie ont élu domicile sur ses hauts sommets, et en les gravissant on voit souvent des aigles, des vautours ou des éperviers planer fièrement dans les airs ou y décrire des cercles sans fin.

L'autre chaîne parallèle, le *Djebel-Lebnan* des Arabes, le Liban proprement dit, se développe vers l'ouest dans la même direction et dans une longueur à peu près pareille. Ces deux chaînes enferment et dominent au nord une partie de la vallée de l'Oronte, vers le centre la Bekaa ou la Cœlésyrie des anciens, et au sud l'Oued-et-Teim, sorte de prolongement septentrional de la grande vallée du Jourdain.

Mais laissons maintenant de côté l'Anti-Liban, qui ne rentre pas dans notre sujet, et occupons-nous uniquement du Liban. Il a pour limite naturelle, au nord, la vallée qui de la Méditerranée communique avec la plaine de Homs et où serpente le Nahr el-Kebir, l'Eleuthérus des Grecs et des Romains. Cette vallée est désignée dans l'Écriture Sainte sous le nom d'*Entrée de Hamath*, parce qu'elle conduit également à Hamah, l'ancienne Hamath de la Bible, l'Epiphania des temps postérieurs. Au sud, le Liban est borné par le profond et escarpé ravin du Nahr-Litany, le Léontès des anciens, qui aboutit à la Méditerranée sous la dénomination de Nahr el-Kasmieh (le fleuve de la séparation), parce qu'il sépare le territoire de Saïda (Sidon) de celui de Sour (Tyr).

Les principales montagnes qui forment cette chaîne, en descendant du nord au sud, sont : le Djebel Akkar, le Djebel Makmel, le Djebel Menithri, le Djebel Sannin, le Djebel el-Keneiseh, le Djebel Barouk et le Djebel Niha. La hauteur moyenne de la chaîne varie entre mille huit cent cinquante et deux mille quatre cents mètres; mais deux montagnes en atteignent une plus grande. Le Sannin, par exemple, a une altitude de deux mille six cent huit mètres, et d'après d'autres voyageurs, de deux mille sept cent quarante-trois mètres. Le Makmel s'élève jusqu'à trois mille soixante-trois mètres, ou même jusqu'à trois mille cent soixante-huit mètres, selon les plus récents calculs. C'est la plus haute montagne de la Syrie. Les diverses cimes de ces deux dernières montagnes sont rarement découronnées tout à fait de neige; ce n'est guère qu'au moment des plus fortes chaleurs de l'été qu'elles voient fondre et s'évanouir aux rayons du soleil de juin et de juillet l'éclat immaculé de leur blanc diadème, et encore les nombreux ravins, en forme de cuvettes circulaires, que l'on remarque sur leurs sommets et autour desquels s'arrondissent des pitons rocheux, sont-ils toujours remplis dans leur partie inférieure d'une neige profonde et durcie où, tant que les chaleurs durent, des muletiers viennent chercher de gros blocs de glace qu'ils transportent à Beyrouth, à Tripoli et sur d'autres points de la côte. On dirait des cratères de volcans dont ces ravins ont la forme; mais, au lieu d'être des réservoirs de feu d'où s'échappent des laves, de la fumée et des flammes, ce sont de vastes entonnoirs où la neige s'engouffre et s'accumule, sans que le soleil parvienne jamais à la résoudre en eau complétement, sans que les hommes non plus puissent l'épuiser, chaque hiver ajoutant de nouvelles couches superposées à celles qui existaient déjà. On ne peut franchir la chaîne que par quelques gorges, elles-mêmes très-âpres et en certains endroits si étroites, qu'un petit nombre d'hommes déterminés pourrait y arrêter toute une armée. Les pentes supérieures des différentes montagnes dont elle se compose et qui constituent comme la grande charpente osseuse et, si je puis dire, l'épine dorsale de la contrée, sont ou lisses ou hérissées çà et là de rochers; un peu plus bas, elles sont parsemées de bois de chênes, de genévriers, de cyprès et de pins, auxquels il faut ajouter quelques milliers de cèdres dispersés par groupes de quatre ou cinq cents, dans plusieurs localités différentes, et qui sont les restes des antiques forêts de ces arbres si vantés dont jadis se glorifiait le Liban.

A partir et au-dessous de cette longue chaîne qui s'abaisse brusquement vers l'est et est peu cultivée de ce côté, parce qu'elle n'appartient plus aux Maronites, on voit s'incliner, au contraire, progressivement vers l'ouest, jusqu'à la mer où elles se projettent parfois en promontoires, une foule de montagnes moins hautes, aux formes variées et que séparent de profonds ravins au fond desquels serpentent entre des rives très-encaissées et souvent infranchissables de nombreux torrents dont les eaux jaillissent du pied ou des flancs de la grande chaîne. Parmi les petits fleuves qui y prennent leur source et qui, après avoir sillonné de l'est à l'ouest toute la largeur du massif dans des gorges presque toutes plus ou moins abruptes, vont se perdre dans la Méditerranée, je mentionnerai, en allant du nord au sud, le Nahr el-Arka, qui, avant de se jeter à la mer, coule non loin d'Arka, chef-lieu des anciens Arkites, peuplade chananéenne signalée dans la Bible; le Nahr el-Berid, près de l'embouchure duquel gisent les ruines peu distinctes d'Artousi, jadis Orthosia; le Nahr el-Kadicha, la rivière sainte des musulmans comme des chrétiens, dont l'origine se trouve sur les pentes de l'un des plus hauts sommets du Liban, et qui, après avoir longtemps mugi et roulé torrentueusement ses eaux dans une vallée très-étroite et très-profonde dont les berges latérales ressemblent à d'immenses murailles rocheuses, traverse la ville et les jardins de Tripoli et aboutit à la mer, un peu au nord d'El-Mina, le faubourg maritime de cette cité; le Nahr-Ibrahim, ou le fleuve d'Adonis, qui, sortant

Un prince du Liban.

d'une grotte voisine des ruines d'Aphaca, consacrée jadis à Vénus, qui y avait un temple célèbre, a son embouchure à six kilomètres au sud de Djebeil, l'ancienne Byblos; le Nahr el-Kelb, le *Lycus flumen* des Romains, comme le prouve une inscription latine bien connue, gravée à l'entrée d'un passage fameux pratiqué dans le roc sur le bord de la mer, et où des stèles fort antiques, les unes égyptiennes, les autres assyriennes, sollicitent depuis de longs siècles l'attention de tous les savants; le Nahr Beyrouth, un peu au nord de cette ville; c'est le Magoras de Pline; entre Beyrouth et Saïda, jadis Sidon, le Nahr-Damour, le Tamyras de Strabon, le Damouras de Polybe; puis le Nahr el-Aoualy, le Bostrenus mentionné par Denys le Périégète ; enfin le Nahr ez-Zaharany, entre Sidon et Tyr. Quant au Nahr el-Kasmieh ou Léontès, qui, vers le sud, comme je l'ai dit, termine le Liban, il prend sa source au pied oriental de cette chaîne, dans la vallée de la Bekaa.

Le principal massif du Liban consiste en un calcaire jurassique qui abonde en fossiles. De longues

UNE PRINCESSE DU LIBAN.

couches de pierres à sablon se rencontrent sur les pentes occidentales ; elles sont çà et là imprégnées de fer. Vers le sud surtout, le fer à l'état presque pur est en proportion considérable dans certains endroits. Nous savons par la Bible (*Deutéronome*, ch. VIII, ÿ 9) que ce métal n'était pas rare dans le territoire de la tribu d'Aser, qui touchait à la partie méridionale du Liban. Quelques mines de fer sont exploitées dans plusieurs districts de la montagne ; mais les moyens que l'on emploie, soit pour extraire ce métal, soit pour le forger, sont à la fois peu perfectionnés et dispendieux ; néanmoins, comme il est très-malléable, on le préfère au fer étranger pour la clouterie. On a découvert pareillement des mines de charbon de terre en divers endroits, et notamment dans le Meten, entre les villages d'Arsoun et de Kornayl. Ibrahim-Pacha avait commencé à les exploiter ; mais, à cause du mauvais état des routes et de la difficulté des transports, le charbon qu'il en tirait lui revenait, vendu à Beyrouth, au même prix que celui qu'il recevait d'Angleterre à Alexandrie. Les habitants prétendent que cette houille a une vertu réelle pour hâter la guérison des plus grandes blessures. On la réduit en une poudre presque impalpable, dont on saupoudre les plaies et la peau meurtrie, que l'on recouvre de charpie ; bientôt la cicatrice est fermée.

Parmi les bêtes sauvages qui hantent le Liban, il faut signaler principalement les chacals, les hyènes et les loups. On y rencontre aussi quelquefois des ours et des panthères. Dans le *Cantique des cantiques* (ch. IV, ⱽ 8), il est question des lions et des léopards qui jadis avaient leurs tanières dans ces montagnes :

« Viens du Liban, mon épouse, viens du Liban ; viens, tu seras couronnée. Viens du sommet du mont Amana, de ceux du Sanir et de l'Hermon, des cavernes des lions, des montagnes des léopards. »

Actuellement, le Liban, de même que l'Anti-Liban, n'a plus à redouter ces deux espèces d'animaux féroces.

Partout où la culture est possible, elle s'est emparée du sol avec un soin empressé et intelligent. Jamais l'homme n'a lutté ailleurs plus opiniâtrément avec la nature pour lui arracher des productions variées. Là même où la multitude des rochers et les difficultés de toutes sortes du terrain semblaient le plus s'opposer à l'industrieuse activité de l'agriculteur, la main de celui-ci apparaît partout et d'une façon réellement merveilleuse. De petits carrés de blé, d'orge et de doura, espèces de champs en miniature, ont été ménagés au milieu de plates-formes artificielles, extrêmement étroites et situées quelquefois à des altitudes de seize cents à dix-huit cents mètres, sur des flancs escarpés dont l'aigle seul semblait devoir être l'unique habitant et le légitime propriétaire. De tous côtés d'innombrables terrasses, s'élevant d'étage en étage, retiennent les terres sur des pentes rapides d'où les pluies et les neiges de l'hiver les entraînent et les précipitent souvent, et l'on ne peut s'empêcher d'admirer la patience et l'énergie singulières qu'il a fallu et qu'il faut déployer sans relâche pour opérer de si pénibles travaux et les renouveler incessamment. Des milliers de petits canaux entretenus avec soin, partant des sources supérieures qui alimentent les fleuves dont j'ai parlé, promènent à différentes hauteurs, et au sein même des rochers les plus sauvages, la fécondité et la vie.

Les villages sont nombreux. Les uns sont situés sur des sommets élevés ; les autres sont suspendus et semblent prêts à glisser sur des pentes quelquefois très-inclinées ; d'autres enfin s'étendent à l'aise dans les vallées et sur le bord des torrents. Grand est aussi le chiffre des couvents de femmes et surtout celui des couvents d'hommes qui sont dispersés dans la contrée. Presque tous, excepté quelques-uns qui sont cachés dans le fond de ravins très-encaissés, occupent des points culminants et s'aperçoivent de plusieurs lieues à la ronde.

Loin du contact des humains et jouissant d'une vue admirable sur la mer et sur les montagnes, les moines qui les habitent n'ont ainsi au-dessus de leur tête que la voûte du ciel. Retranchés dans ces asiles de la méditation, du travail et de la prière, comme dans des asiles inexpugnables, tant l'accès en est quelquefois difficile, ils ne sont pas distraits par les bruits de la terre et par les vains soucis qui agitent le reste des hommes des graves préoccupations qui tiennent leurs pensées et leurs regards tournés vers les choses d'en haut. Quand, de tous les monastères échelonnés de distance en distance, les sons cadencés et harmonieux des cloches, répercutés d'échos en échos, retentissent simultanément, le Liban semble alors prendre une voix solennelle et majestueuse pour chanter la gloire de l'Éternel, et il est impossible de ne pas ressentir dans de pareils instants jusqu'au fond de son être une sorte de tressaillement religieux qui ébranle l'âme tout entière et l'enlève à elle-même pour la transporter dans un monde supérieur. En même temps que la foi se conserve dans ces couvents, pure et immuable depuis des siècles, le patriotisme des populations chrétiennes s'y nourrit et s'y entretient également. C'est là, en effet, que se sont souvent formés et centralisés les projets de résistance aux ennemis du dehors et du dedans. Sans ces couvents, en un mot, le Liban aurait depuis longtemps peut-être succombé sous les efforts de l'islamisme et perdu son indépendance avec sa foi.

La plupart des villages et des monastères ne sont reliés entre eux que par des chemins détestables, et il faut, pour s'y rendre, escalader le plus souvent des sentiers encombrés de pierres roulantes ou taillés dans le roc en forme d'immenses escaliers dont les marches désunies, usées et glissantes, sont extrêmement fatigantes lorsqu'on les gravit, et très-dangereuses lorsqu'on les descend. Quant aux habitants, habitués dès leur plus tendre enfance à de pareilles routes, qui en Europe seraient regardées comme impraticables, surtout lorsqu'elles longent, semblables à d'étroites corniches, des ravins profonds aux berges escarpées, dont la vue seule inspire l'effroi, ils grimpent comme des chèvres d'un pas agile et ferme à travers les pentes les plus roides et en redescendent de même. Si on leur demande pourquoi, dans leur propre intérêt, ils n'améliorent pas les voies de communication d'un village à l'autre, ils répondent qu'à cause des nombreuses luttes qu'ils ont eu à soutenir et dont ils peuvent redouter encore le retour, ils ont dû à dessein ne pas trop faciliter l'accès de leurs villages à ceux qui ont voulu ou qui voudraient les attaquer. Quelques routes seules ne méritent pas ce reproche; elles sont de création récente. La plus belle et la plus étendue est celle qui de Beyrouth conduit à Damas.

La beauté du Liban comme aspect général, et sa fertilité, tant naturelle qu'artificielle, ont été célébrées par les Saintes Écritures, et sont justement vantées par tous ceux à qui il a été donné de le parcourir.

Nous lisons dans le prophète Osée (ch. XIV) :

« 5. Je serai comme la rosée, Israël fleurira comme le lys, et il jettera ses racines comme les arbres du Liban.

« 6. Ses rameaux s'étendront, sa gloire sera comme celle de l'olivier, et son odeur comme celle du Liban.

« 8. Ils se convertiront assis sous son ombre ; ils vivront de froment, ils fleuriront comme la vigne, et le parfum d'Israël sera comme celui du vin du Liban. »

Chacun de ces trois versets, comme on le voit, contient un éloge spécial du Liban. La grandeur majestueuse de ses arbres, notamment, sans doute, de ses cèdres, l'excellence des parfums qu'exhalent les plantes odoriférantes qui tapissent ses flancs, et le fumet exquis de ses vins, sont exaltés par l'écrivain sacré.

Nous lisons de même dans le *Cantique des cantiques* (ch. VI, ÿ 11) :

« Tes lèvres, mon épouse, distillent des rayons de miel; il y a du miel et du lait sous ta langue, et l'odeur de tes vêtements est comme l'odeur du Liban. »

Parmi les productions de cette contrée, il faut signaler principalement la vigne, les oliviers, les figuiers et les mûriers.

La vigne a conservé son antique renommée, et le vin d'or du Liban mérite à juste titre la réputation qui lui est faite. Généralement blanc, il revêt une belle couleur dorée, d'où le nom qui lui est donné; mais c'est plutôt un vin de dessert qu'un vin ordinaire de table. Quant aux vins rouges, moins capiteux que le précédent, ils sont également excellents, quand ils sont bien préparés, et déjà quelques Européens ont, sous ce rapport, parfaitement réussi dans leurs essais. La vigne est cultivée de trois manières différentes : parfois elle s'enroule autour des arbres et serpente de l'un à l'autre en gracieux festons ou grimpe jusqu'à leurs cimes ; le plus souvent elle rampe jusqu'à terre ; ailleurs elle s'étend en longs berceaux. L'ombrage frais et verdoyant qu'elle forme, et les tonnelles d'où pendent à l'automne de magnifiques grappes d'une grosseur énorme, rappellent naturellement à l'esprit ces paroles de la Sainte Écriture, quand elle veut peindre le bonheur de la paix : « Chacun s'assiéra sous sa vigne et sous son figuier. »

Les oliviers sont aussi admirables, surtout dans les vallées. Les figuiers abondent dans une foule de localités. D'autres arbres fruitiers, tels que les pommiers, les grenadiers, les poiriers, les abricotiers, les pêchers, les orangers et les citronniers, prospèrent pareillement dans les jardins qui entourent certains villages et notamment les villes de Beyrouth et de Tripoli ; mais ce sont les mûriers particulièrement qui sont, de la part des Libanais, l'objet d'une culture très-étendue et de soins assidus ; on peut même dire que la plupart des autres arbres leur sont comme sacrifiés. Le mûrier est planté partout où, sur les flancs même les plus roides, la terre végétale peut être retenue au moyen de terrasses. C'est incontestablement l'arbre le plus précieux du pays. Au printemps, on enlève ses premières feuilles pour la nourriture des vers à soie, qui fait une grande partie de l'occupation des femmes dans beaucoup de localités. Les branches que l'on coupe alors servent de combustible ; l'écorce de ces branches remplace l'osier pour les ligatures dans l'économie rurale ; vers la fin de l'année, les feuilles de la seconde portée sont données aux bestiaux. Quand il vieillit et qu'on l'arrache, pour qu'il fasse place à de jeunes rejetons, son bois est très-recherché par les menuisiers, qui aiment à l'employer pour leurs différents travaux.

Parmi les arbres d'agrément que l'on rencontre et qui font le charme des paysages, je mentionnerai le lilas perse, le platane, le sycomore, le caroubier et le peuplier. Auprès de beaucoup d'églises de village, on remarque de superbes chênes verts, plusieurs fois séculaires, autour desquels les habitants ont coutume de se réunir et de converser entre eux. C'est également à l'ombre de ces arbres gigantesques que, pendant l'été, les maîtres d'école donnent leurs leçons à leurs élèves. Quelques-uns de ces vieux chênes verts, dans les villages habités par les Druses, sont même l'objet d'un véritable culte de la part de ceux-ci, et la vénération dont ils sont entourés par eux est probablement un vestige des anciennes superstitions idolâtriques des primitifs habitants de la contrée, à l'époque chananéenne.

J'ai déjà dit un mot des forêts qui couvrent les pentes de certaines parties du Liban ; elles devaient être autrefois très-étendues, comme nous le savons par l'histoire et par de vieilles traditions conservées encore dans le pays. Il en subsiste çà et là de nombreux restes. Malheureusement, ces restes sont mal entretenus, et des forêts aussi précieuses dans leurs diverses essences et qui pourraient, en se développant de nouveau, si elles étaient soumises à une réglementation plus sévère et plus intelligente, redevenir l'une des grandes richesses de la contrée, sont livrées à un véritable gaspillage, et tendent à diminuer de plus en plus. On y puise sans discernement des bois de chauffage ou de charpente ; on y brûle de magnifiques arbres pour les transformer en charbon ; en outre, on y laisse errer à volonté des milliers de chèvres dont la dent destructive aime à ronger les jeunes pousses et dévore ainsi dans son germe, avec les rejetons nouveaux, l'espérance de l'avenir.

Tel qu'il est, néanmoins, le Liban est, en somme, et dans son ensemble, l'une des régions montagneuses les plus remarquables du globe. Il a un air de grandeur et de majesté qui frappe tout d'abord le voyageur. Rien n'est surtout comparable aux effets magiques que produit de loin cette longue et belle chaîne, lorsqu'elle est éclairée par les rayons du soleil couchant. Les neiges qui blanchissent ses différents sommets changent alors leur éclat argenté en celui de l'or le plus pur et le plus éblouissant.

FEMME DU LIBAN.
La tête surmontée du tantour, ornement qui tombe maintenant en désuétude.

Même en été, quand elles ont presque entièrement fondu, ces sommets nus et calcaires, à la couleur blanchâtre, se revêtent soudain, dans un pareil moment, d'une sorte de manteau empourpré aux reflets les plus étincelants, et se détachent merveilleusement avec leurs contours, leurs crêtes et leurs pointes diverses sous la voûte du ciel. Toute cette magnifique et gigantesque charpente de la contrée apparaît et se dessine avec un relief admirable; puis ce ton chaud, d'un rouge si vif, prend une teinte plus délicate, tirant sur le rose; bientôt il devient violet; cette dernière nuance brunit elle-même peu à peu, et quand l'astre du jour a achevé de se plonger tout à fait dans les eaux de la Méditerranée, les zones basses et intermédiaires du massif sont déjà tombées dans l'obscurité et enveloppées des ombres de la nuit, que les cimes altières du Liban conservent encore quelques reflets lumineux, qui à leur tour s'éteignent et s'évanouissent complétement. Enfin ces cimes, devenues sombres et ténébreuses, voient presque aussitôt s'allumer et reluire au-dessus d'elles une foule d'étoiles qui émaillent le firmament dont elles semblent supporter l'immense coupole ; on dirait autant de phares célestes destinés à les éclairer. Bien souvent ce spectacle imposant s'est offert à ma vue, et jamais je ne me suis lassé de l'admirer. C'est qu'il y a dans les grandes œuvres du Créateur une beauté sublime que rien ne peut égaler, et qui saisit toujours puissamment l'âme et l'imagination de ceux qui jettent sur la nature un regard religieux et observateur.

POPULATIONS DIVERSES DU LIBAN

La population exacte du Liban est difficile à estimer, parce qu'en Orient les statistiques sont fort incertaines ; mais je crois qu'on peut l'évaluer d'une manière approximative à trois cent soixante mille habitants pour la montagne seulement, et à cinq cent mille si l'on fait entrer en ligne de compte également les villes de la côte, dont je parlerai en traitant de la Phénicie. Cette population se compose de Maronites, de Grecs catholiques, de Grecs schismatiques, de Druses, de Métoualis, de musulmans, de Juifs et d'un petit nombre d'Arméniens et d'Européens. Disons d'abord un mot des Maronites, qui forment à eux seuls plus de la moitié de la population totale, puisqu'ils atteignent le chiffre de deux cent quatre-vingt mille âmes.

Les Maronites tirent leur nom et leur origine d'un saint anachorète, appelé Maroun, qui existait vers la fin du quatrième siècle et qui fonda sur les bords de l'Oronte une grande laure dont on voit encore les restes. Théodoret, qui a écrit sa vie, exalte sa piété ; les Pères du concile de Chalcédoine le mentionnent avec éloge, et saint Jean Chrysostome, dans sa trente-sixième lettre, loue sa vertu et se recommande à ses prières. Le Ménologe grec et le Martyrologe romain le placent au nombre des saints. Après sa mort, on érige des églises à sa mémoire, et de nombreux disciples perpétuent son nom et ses enseignements dans différents monastères. Le plus célèbre de ces couvents avoisinait la ville d'Apamée. C'est de là que sortirent les trois cent cinquante martyrs qui, sous les empereurs Sévère et Anastase, versèrent courageusement leur sang pour la foi orthodoxe, comme le constate le Martyrologe romain, à la date du 31 juillet.

Plus tard, au commencement du septième siècle, paraît Jean Maroun, originaire des environs d'Antioche. Il étudie dans cette ville, puis au monastère de Saint-Maroun, sur les bords de l'Oronte. Sa science et sa piété le font élire, quelques années après, supérieur de ce couvent. Appelé dans la suite à l'évêché de Botroun, il fonde la nation et la puissance des Maronites. Le patriarcat d'Antioche étant devenu vacant, il est élevé lui-même bientôt à cette haute dignité. En même temps qu'il gouverne son peuple avec beaucoup de sagesse, en qualité de prince spirituel dont la juridiction s'étendait depuis le Taurus au nord jusqu'au Carmel au sud, il arme, comme prince temporel, des troupes, et défait celles de Justinien II à Amioun, dans le district de Koura. Grâce à son excellente et habile administration, les Mardaïtes se rendirent très-redoutables. Ainsi appelait-on quelquefois ses sujets, à cause de leur révolte contre l'empereur de Constantinople, qui voulait les tenir assujettis à son pouvoir, sans défendre ni leurs intérêts ni leurs droits : le mot *mardaïti*, en effet, dans la langue arabe et syriaque, signifie *rebelles*. Les proscrits de tous les pays voisins et les orthodoxes opprimés vinrent alors en foule se réfugier derrière les pics inaccessibles du Liban et au sein de ce vaillant peuple, qui prit, vers cette époque, le nom de Maronite, en souvenir à la fois du premier Maroun dont la tête avait été rapportée du couvent de l'Oronte et déposée dans l'église d'un autre couvent appelé *Deir Mar Maroun* (couvent de Saint-Maroun), non loin de Botroun, et par reconnaissance aussi pour Jean Maroun, héritier du nom et des vertus de ce saint anachorète.

Lorsque les Arabes eurent conquis la Syrie, les Maronites se retranchèrent dans leurs montagnes, dont ils sortirent bientôt, à plusieurs reprises, pour entreprendre avec eux des luttes acharnées. Il serait trop long de les raconter toutes ici, et de suivre à travers les siècles l'histoire de cette valeureuse nation. A l'époque des Croisades, lors de la première expédition et après la prise d'Antioche par les Latins, ceux-ci, s'étant avancés jusqu'au pied du Liban, furent accueillis avec enthousiasme par les chrétiens de la montagne. Raymond d'Agiles, chapelain du comte de Toulouse, nous apprend que les croisés, en passant près de Tripoli, furent traités comme des frères par des Syriens, au nombre de soixante mille, qui habitaient le Liban. Ces chrétiens s'offrirent à leur servir de guides et leur indiquèrent trois routes pour se rendre à Jérusalem : la première par Damas, facile et assez abondante en vivres ; la seconde par la montagne, sûre, mais très-pénible pour les bêtes de somme ; la troisième le long de la mer, la plus courte des trois, mais remplie de défilés, où quelques musulmans pourraient arrêter le genre humain tout entier. « Néanmoins, ajoutaient ces montagnards, si vous êtes cette nation dont parle notre Évangile de saint Pierre et qui doit conquérir Jérusalem, vous devez passer le long de la mer, bien que cette route nous paraisse impossible à suivre. » (*Gesta Dei per Francos*, édition Bongars, p. 171.)

Les Maronites firent ensuite partie du royaume latin de Jérusalem, et quarante mille d'entre eux, selon leurs chroniques, payèrent de leur sang et même de leur vie l'honneur de combattre avec les croisés. C'est un glorieux souvenir que leurs descendants aiment à évoquer encore maintenant, et qui m'a été plus d'une fois rappelé par eux pendant mon dernier voyage.

Guillaume de Tyr, Jacques de Vitry et Marinus Sanutus prétendent que les Maronites furent pendant de longs siècles hérétiques, et qu'ils abjurèrent seulement en 1182, entre les mains d'Amaury, patriarche latin d'Antioche, les erreurs du monothélisme ; mais les Maronites rejettent bien loin une pareille assertion. Selon eux, elle a d'abord été soutenue faussement par l'annaliste arabe Eutychius, puis répétée après lui par les auteurs que je viens de citer, qui, à leur tour, ont été suivis par d'autres. Divers ouvrages très-importants ont été composés sur ce sujet par plusieurs de leurs écrivains les plus distingués. L'un des plus récents et des plus complets est celui qu'a publié en arabe, en 1871, Mgr Debs, actuellement archevêque de Beyrouth, et qu'a traduit en latin Mgr Dahdah, aujourd'hui archevêque de Damas, l'un et l'autre prélats maronites fort instruits. Dans cet ouvrage, qui a pour titre en latin : *Summa confutationum contra assertiones sacerdotis Josephi David*, l'auteur, en réfutant les assertions émises en 1870 dans un écrit dû à la plume d'un prêtre syrien catholique, chorévêque de Mossoul, nommé Joseph David, et où le prétendu monothélisme des anciens Maronites est nettement affirmé, réfute en même temps toutes les objections alléguées antérieurement par d'autres écrivains contre l'orthodoxie primitive de la nation maronite, et oppose à chacune de ces objections des réponses qui paraissent décisives. Je me suis entretenu longuement sur ce point délicat avec Mgr Dahdah lui-même et avec S. Ém. Mgr Pierre-Paul Masaad, le vénérable patriarche de la nation ; tous deux m'ont démontré par des arguments qui semblent indiscutables, et entre autres par les témoignages formels de plusieurs papes, que les Maronites n'avaient jamais failli dans leur foi, et qu'en 1182 ils avaient non pas abjuré des erreurs qu'ils n'avaient à aucune époque partagées, mais seulement renouvelé leur adhésion séculaire et inébranlable à tous les dogmes professés par l'Église romaine et à la suprématie du Souverain Pontife.

Retombés après l'expulsion des croisés sous le joug musulman, les Maronites, au milieu desquels ont dû rester certainement beaucoup d'éléments latins qui s'étaient fondus avec eux par des unions réciproques, ont été soumis à de nombreuses révolutions intérieures et à des calamités dues à l'anarchie qui régnait souvent dans leur contrée, anarchie que les musulmans avaient soin d'entretenir, dans la crainte que la possession de ce pays ne leur échappât, s'il avait été plus uni.

Au commencement du dix-septième siècle, la Montagne presque tout entière obéissait à l'autorité du célèbre chef druse Fakhr-eddin, de la maison des Maan. Obligé ensuite d'émigrer, à cause d'une coalition qui s'était formée contre lui, ce prince se retira quelque temps en Italie, laissant le pouvoir à son fils Ali. A son retour à Beyrouth, il étendit ses conquêtes et sa domination. Bien que Druse, il était très-favorable aux catholiques, et son règne fut une époque de prospérité pour le Liban. S'il faut en croire le Père Roger, son ami intime, il avait formé le projet de soustraire la Syrie au joug des musulmans, et il inclinait vers le christianisme. Sa chute, qui arriva en 1635, fut nuisible aux catholiques; car l'émir Melhem, son neveu et son successeur, leur fut moins favorable. En 1658, le gouvernement de la Montagne tomba entre les mains des deux fils de Melhem, princes prodigues et turbulents, qui soulevèrent contre eux les autorités turques, lesquelles se vengèrent contre les Druses et les Maronites des excès commis par ces deux jeunes princes. C'est alors que les Maronites implorèrent le secours de Louis XIV, qui ordonna à son ambassadeur à Constantinople d'intervenir énergiquement en leur faveur auprès de la Sublime Porte (1659).

En 1662, un cheikh maronite, appartenant à la vieille et noble famille des Khazen, reçut à Paris le titre d'émir et fut mis en possession du consulat français de Beyrouth, qui demeura longtemps dans sa famille. En 1698, l'administration de la Montagne passa de la famille des Maan à celle des Chehab, famille druse également, dont un membre, appelé Béchir, fut élevé au commandement du Liban. Celui-ci eut pour successeur l'émir Haïdar, qui fut lui-même remplacé par son fils Melhem. Sans parler des autres princes qui tour à tour gouvernèrent le pays et qui appartenaient à cette même famille, arrivons au fameux émir Béchir.

Né à Ghazir, le 6 janvier 1767, il eut pour père l'émir Kassem, qui se fit catholique; lui-même fut baptisé par un missionnaire latin. Quelques historiens, et entre autres M. de Lamartine, prétendent qu'il fut de tous les cultes officiels de son pays, musulman pour les musulmans, Druse pour les Druses, chrétien pour les chrétiens; mais M. Eugène Boré l'a vengé de cette imputation, en affirmant que ceux qui l'entouraient ne pouvaient pas douter qu'il ne fût réellement et sincèrement catholique, sinon toujours dans sa conduite, du moins dans le fond de sa conscience et de ses croyances les plus intimes. C'est ce qui fait que les Maronites ne voyaient pas seulement en lui un chef national, mais encore un prince de leur religion, ce qui explique la constance de leur attachement à sa personne et à sa famille. Parvenu au pouvoir dans les circonstances les plus difficiles, ayant eu à lutter contre différents compétiteurs, contraint deux fois de chercher un refuge en Égypte à la cour de Méhémet-Ali, il finit par triompher de ses ennemis, à force d'habileté, de persévérance et de courage. On a lui reprocher aussi parfois l'emploi de moyens violents et cruels qui répugnent à nos mœurs, mais qui en Orient sont loin d'inspirer la même répulsion que dans nos États plus civilisés d'Europe. Pendant les années prospères et tranquilles de sa domination, il entreprit et exécuta à Beit-eddin de grands travaux pour s'y créer une résidence digne d'un prince. Il se bâtit un palais pour lui-même et d'autres habitations également pour ses fils et ses neveux. L'architecture en était gracieuse et élégante, et comme l'eau manquait sur les collines où il les éleva, il en fit venir abondamment par des canaux artificiels d'une distance de plusieurs lieues. Là il tenait une cour brillante. Ami et protecteur des lettres, il avait toujours près de lui des poëtes qui chantaient sa gloire et ses exploits. Les guerres civiles qui pendant si longtemps avaient déchiré le Liban ayant nui beaucoup

COUVENT DE SAINT-ANTOINE.

à l'instruction du clergé, il ouvrit à ses frais plusieurs séminaires, ce qui lui concilia l'affection de tous les ecclésiastiques, et notamment du patriarche. En effet, s'il avait un grand intérêt à désirer et à poursuivre l'extinction de l'anarchie féodale qui divisait la Montagne en plusieurs partis, afin d'asseoir sur la ruine de ces factions les fondements de sa propre puissance et l'unité de juridiction administrative, le patriarche, de son côté, n'aspirait pas moins à la pacification de ses ouailles et au relèvement moral de son clergé. En 1832, Méhémet-Ali ayant envoyé son fils Ibrahim envahir la

Syrie que le traité de Koutayé lui avait obtenue après la victoire de Konieh, l'émir Béchir se trouva dans un grand embarras. Obligé de ménager le vice-roi d'Égypte, qui, à deux reprises différentes, lui avait offert un généreux asile dans ses États et à sa cour, il ne voulait pas indisposer contre lui le fils de son ancien hôte et de son protecteur. D'autre part, il hésitait à paraître secouer ouvertement l'autorité du sultan, son suzerain. Il pouvait craindre également de s'aliéner ses propres subordonnés, qu'Ibrahim accablait d'impôts; enfin il ne voulait pas renoncer à son indépendance personnelle ni abdiquer, en quelque sorte, son autorité, en subordonnant toute sa conduite aux ordres du vainqueur de Konieh. Aussi, quand il vit que le système égyptien attaquait de plus en plus les franchises de la Montagne, il se montra plus circonspect et moins empressé à soutenir Ibrahim. Néanmoins, celui-ci continuant toujours à écraser de contributions nouvelles les malheureux Libanais, l'insurrection devint générale dans la Montagne et éclata à la fois parmi les Maronites, les Druses et les Métoualis. L'émir Béchir, pressé instamment par Ibrahim, dans ces circonstances critiques, de lui venir en aide, n'osa pas lui refuser son concours et travailla à jeter la division parmi les insurgés. Pendant ce temps-là, Soliman-Pacha, gouverneur de Saint-Jean d'Acre, pénétra dans le Liban à la tête d'une armée égyptienne considérable, et mit tout à feu et à sang. Mais bientôt, en 1840, la flotte combinée des Turcs, des Anglais et des Autrichiens bombarda plusieurs villes de la côte qu'occupaient des garnisons égyptiennes, et mit fin à la domination de Méhémet-Ali en Syrie et en Palestine. Après la défaite des troupes de ce prince, la position de l'émir Béchir qui avait pris parti pour lui, quoique avec réserve et prudence, n'était plus tenable, et il fut forcé de quitter son palais de Beiteddin avec toute sa famille, et de se livrer au commandant de la station anglaise à Saïda. Celui-ci le remit à la Sublime Porte. Transporté à Constantinople, il y fut d'abord traité avec certains égards, puis il fut relégué au fond d'une province de l'Anatolie, où il mourut.

Après lui, l'incapacité des chefs que l'on nomma pour lui succéder le fit beaucoup regretter, et l'anarchie la plus déplorable régna dans la Montagne. Tant qu'il avait commandé, son pouvoir, plus d'une fois cruel, mais ferme et régulier, avait suffi pour comprimer les velléités d'indépendance des cheikhs druses; mais les troubles qui suivirent sa déchéance et son départ furent presque permanents. Les Druses saisirent cette occasion pour accabler les chrétiens d'exactions sans cesse renaissantes. Cet état de choses amena, en 1841, un soulèvement dans les districts mixtes, et à la suite d'une lutte sanglante intervint un projet de pacification qui ne remédia à rien. Les Druses, encouragés par les Turcs et aussi par les Anglais, exercèrent de nouveau d'affreuses cruautés contre les Maronites.

L'établissement de deux kaïmakams, l'un druse, l'autre maronite, qui semblait devoir satisfaire et calmer les deux nations, ne fut qu'une cause de rivalités et de discordes. Enfin, en 1860, les Druses, fiers de l'impunité de leurs brigandages contre les Maronites, profitèrent de certaines divisions qui existaient alors parmi ces derniers, et qui avaient été fomentées à dessein par les Turcs et par les Anglais, pour se ruer sur leurs adversaires, au moment où ils y pensaient le moins. Ils commirent, comme on le sait, d'épouvantables massacres à Deir-el-Kamar, à Zahleh, à Racheya, à Hasbeya et ailleurs. L'expédition de la France sauva seule les Maronites d'une ruine presque complète, surtout dans la région du sud, où les Druses sont en majorité. Sans raconter ici les événements qui suivirent et qui sont encore présents à toutes les mémoires, je me bornerai à dire que depuis lors le Liban a été administré par un gouverneur général, non indigène. Le premier a été Daoud-Pacha, catholique arménien, qui a eu pour successeur, en 1868, Franco-Pacha, grec melkite, lequel a été, à son tour, remplacé par Rustem-Pacha, dont la famille est italienne et dont le pouvoir décennal va bientôt expirer.

Telle est, en peu de mots, l'histoire abrégée des Maronites. Ils sont administrés, spirituellement parlant, par un *batrak* ou patriarche, du titre d'Antioche, dont le choix doit être confirmé par le Souverain Pontife. Il a sous sa juridiction neuf archevêques et évêques diocésains, et six évêques *in partibus,* attachés au patriarcat ou à des séminaires, et environ quinze cents prêtres séculiers qui desservent de nombreuses paroisses. Les évêques et les religieux sont astreints au célibat, mais les prêtres séculiers peuvent être mariés, pourvu qu'ils aient contracté cette union avant leur ordination. Depuis quelque temps néanmoins le nombre des prêtres célibataires augmente singulièrement, et avant d'entrer dans les ordres sacrés, ils doivent passer plusieurs années dans les séminaires, où ils se préparent par l'étude et par le recueillement aux saintes et augustes fonctions du sacerdoce. Là aussi ils apprennent le syriaque, qui est la langue liturgique dans laquelle ils doivent célébrer la messe, afin qu'ils puissent la comprendre et non plus uniquement la lire, comme cela avait lieu auparavant. L'évangile seul est lu publiquement en arabe, langue du commun des fidèles, qui ont oublié complétement le syriaque, que parlaient jadis leurs ancêtres. Autrefois, les curés de chaque paroisse étaient élus par le peuple et proposés au choix de l'évêque; ils savaient à peine lire et écrire, et pourvu qu'ils jouissent d'une bonne réputation, ils montaient, sans préparation aucune, de la charrue à l'autel. Devenus prêtres et pères quelquefois d'une nombreuse famille, aux besoins de laquelle ils avaient à pourvoir par le travail de leurs mains, ils étaient contraints de s'occuper de la culture de leurs champs et de leurs vers à soie, tout autant que des soins que réclamait le troupeau spirituel confié à leur charge. En outre, n'étant guère supérieurs par l'instruction et par l'éducation à la plupart de leurs paroissiens, s'ils étaient respectés à l'autel comme prêtres, ils l'étaient peu comme hommes dans la pratique ordinaire de la vie. Néanmoins, comme les mœurs dans ce pays étaient et sont encore simples et patriarcales, cette ignorance du clergé était moins préjudiciable à sa considération qu'elle ne le serait dans nos contrées plus policées, plus instruites, mais aussi plus difficiles et plus moqueuses. Aujourd'hui, il n'y a plus guère que les prêtres un peu âgés qui appartiennent à la catégorie des ministres du Seigneur mariés. Insensiblement donc tout le clergé libanais, grâce aux réformes opérées dans son sein, se rapprochera, par la dignité de ses manières, par son instruction et par la pratique du célibat, du clergé latin, qui lui était si supérieur auparavant sous ce triple rapport.

Les Grecs catholiques ou Melkites qui habitent le Liban et les villes de la côte sont au nombre d'une trentaine de mille; ils parlent tous actuellement l'arabe et se sont réfugiés autrefois dans la Montagne pour y être à l'abri de la persécution des Grecs schismatiques qui, dans tout l'Orient, les ont opprimés outre mesure, excitant les Turcs contre eux et leur faisant subir toutes sortes de vexations. Ils possèdent un collége à Beyrouth, plusieurs couvents d'hommes et de femmes répartis dans divers districts, et de nombreuses écoles. Ils vivent en très-bonne harmonie avec les Maronites, dont ils partagent les croyances, n'étant séparés d'eux que par quelques différences de rite.

Les Grecs schismatiques sont, dit-on, moitié plus nombreux que les Grecs catholiques. Ils jouissent de la haute protection de la Russie; ils sont en même temps très-travaillés par les missionnaires protestants de l'Angleterre, de l'Allemagne et de l'Amérique; car c'est presque uniquement au milieu d'eux et des Druses que les missions protestantes ont quelque chance de faire des prosélytes. Elles échouent presque toujours, dès le début, parmi les Grecs-unis, et surtout parmi les Maronites.

Les Druses, dans le Liban, dépassent le chiffre de cinquante mille âmes. L'écrivain arabe El-Makin s'exprime ainsi au sujet de leur origine (*Histoire des Arabes,* liv. Ier) : « L'an de l'hégire 386 (996 de J. C.), parvint au trône d'Égypte, à l'âge de onze ans, le troisième khalife de la race des

Fatimites, nommé Hakem bi-amr-Allah. Ce prince fut l'un des plus extravagants dont la mémoire des hommes ait gardé le souvenir. D'abord il fit maudire dans les mosquées les premiers khalifes, compagnons de Mahomet; puis il révoqua l'anathème. Il força les Juifs et les chrétiens d'abjurer leur culte, puis il leur permit de le reprendre. Pour se désennuyer, il fit brûler la moitié du Caire, pendant que ses soldats pillaient l'autre. Non content de cela, il interdit le pèlerinage de la Mecque, le jeûne, les cinq prières; enfin il poussa la folie au point de vouloir se faire passer pour Dieu. Il fit dresser un registre de ceux qui le reconnurent pour tel, et il s'en trouva jusqu'au nombre de seize mille. Il fut appuyé par un faux prophète qui était venu de la Perse en Égypte. Cet imposteur, nommé Mohammed-ben-Ismaël, enseignait qu'il était inutile de pratiquer le jeûne, la prière, la cir-

VILLAGE DE BÉCHARREH.

concision, le pèlerinage, et d'observer les fêtes; que les prohibitions du porc et du vin étaient absurdes, que le mariage entre les parents, même les plus proches, était licite. Pour gagner les bonnes grâces de Hakem, il soutint que ce khalife était Dieu lui-même incarné, et au lieu de son nom Hakem bi-amr-Allah, qui signifie *gouvernant par le commandement de Dieu*, il l'appela Hakem bi-amr-eh, *gouvernant par son propre commandement*. Par malheur pour le prophète, son nouveau dieu n'eut pas le pouvoir de le garantir de la fureur de ses ennemis; ils le tuèrent dans une émeute aux pieds mêmes du khalife, qui, peu après, fut massacré sur le mont Mokattam, où il entretenait, disait-il, commerce avec les anges. »

La mort de ces deux chefs ne put arrêter le progrès de leurs étranges doctrines. Un de leurs disciples, Hamza ben-Ahmed, les répandit en Égypte et en Palestine, et ses prosélytes, étant persécutés se réfugièrent en Syrie, dans l'Oued et-Teim, au pied de l'Anti-Liban. Bientôt ils trouvèrent dans le Chouf, de la part du cheikh de ce district, appelé ed-Darasi, qui finit par adopter leurs croyances, un accueil très-favorable, et, par reconnaissance, ils adoptèrent son nom, en prenant celui de Dersouz ou Drouz, pluriel de Darasi, d'où nous avons fait Druses. Telle est, suivant les auteurs les plus autorisés, la véritable origine du nom des Druses, et non pas, comme on l'a souvent répété par erreur,

Forêt de cèdres, près de Becharreh.

celui de Dreux, suivant une version plus que problématique, qui affirme qu'un certain nombre de Francs, restés dans une forteresse de Palestine après l'expulsion des croisés, sous le commandement d'un comte de Dreux, seraient venus se joindre à ces sectaires et les auraient rendus chrétiens pour un temps, en leur imposant le nom de leur chef.

La religion druse a été longtemps un mystère impénétrable; car le peuple qui la professe ne permet jamais qu'on étudie les livres où elle est contenue. Quelques-uns de ces livres néanmoins, ayant fini par tomber sous les yeux de plusieurs savants orientalistes européens, ont révélé les doctrines suivantes :

Les Druses ne reconnaissent d'autre Dieu, prophète ou saint, que El-Hakem. Les âmes transmigrent d'un corps à un autre; celles des bons passent dans celui d'une gazelle ou de toute autre bête gracieuse et aimable; celles des méchants s'introduisent dans un chien ou tout autre animal vil; ensuite elles retournent à des corps druses. Peuple en quelque sorte amphibie en religion et à double face, les Druses affectent avec les chrétiens de partager quelques-unes de leurs doctrines, et avec les musulmans, de révérer leur Coran. Leur morale est d'ailleurs fort relâchée. Ils ne s'abstiennent guère du mal que par crainte du châtiment, s'ils étaient découverts, car, disent-ils, tout ce qui est caché est permis. Ils se partagent en deux classes, les *Akkels* et les *Djiahels*. Les premiers sont les initiés et s'appellent eux-mêmes les *sages*, tandis que le surnom des autres répond à *ignorants, insensés*. Les Akkels affichent extérieurement une grande austérité, et se divisent, à leur tour, en plusieurs catégories ou degrés différents d'initiation. En subissant une série successive d'épreuves, ils peuvent monter d'une catégorie inférieure à une autre plus élevée. Chaque jeudi, ils se rassemblent dans leurs *khaloués* : ainsi désignent-ils les espèces de loges où ils se réunissent, et qui sont situées d'ordinaire dans les lieux écartés et solitaires, interdits à tous ceux qui ne sont pas de leur secte. Ils y font un repas frugal, précédé et suivi de lectures et d'exhortations. Les Djiahels, beaucoup plus nombreux que les Akkels, ne sont soumis à aucune règle. Ils ne participent pas aux cérémonies religieuses et vivent, pour la plupart, dans de grands désordres, la religion ne leur faisant un crime d'aucune de leurs actions secrètes; mais ils peuvent devenir Akkels en réformant leurs mœurs et en s'instruisant des dogmes auxquels ils doivent croire. Ils préludent aussi à leur conversion en adoptant le costume des premiers. On reconnaît ceux-ci à leur turban de couleur blanche et à leur *abba* ou robe de laine à grandes raies blanches et noires.

Les Druses n'ont point de véritables prêtres, mais des cheikhs; celui qui préside à leurs réunions dans les khaloués s'appelle cheikh des Akkels.

Ils ont, comme je l'ai dit ailleurs, une grande vénération pour les vieux arbres. On rencontre fréquemment, auprès des villages qu'ils habitent, soit des chênes verts, soit des térébinthes, soit d'autres arbres encore dont la hache de l'homme a respecté l'âge avancé, et qui sont couverts de petits lambeaux d'étoffe déposés sur leurs branches, en guise d'ex-voto. Isaïe fait allusion à une superstition analogue, lorsqu'il annonce le châtiment du Seigneur contre ceux qui adorent leurs dieux sous les arbres verdoyants (ch. LXII, ẏ 5). Nous lisons de même dans le troisième livre des Rois (ch. XIV, ẏ 22 et 23) :

« Juda fit ce qui était mauvais aux yeux de Jéhovah... Et ils s'élevèrent eux-mêmes des autels, des statues et des bois sacrés sur toutes les hautes collines et sous tous les arbres chargés de feuillage. »

Ces coutumes idolâtriques des Juifs étaient elles-mêmes empruntées aux anciens habitants du pays, et, comme on le voit, elles ont survécu, en se modifiant un peu, à toutes les révolutions politiques, sociales et religieuses que la contrée a subies.

On accuse également les Druses de rendre un culte au veau et d'avoir ainsi conservé la tradition du bœuf Apis des Égyptiens et du veau d'or des Hébreux, qui n'était lui-même que l'emblème d'Apis et d'Osiris; mais ils se défendent d'une pareille imputation et la regardent comme une pure calomnie.

Autant les Maronites sont dévoués à la France et antipathiques à tout autre drapeau qu'au drapeau français, autant les Druses se laissent volontiers conduire par la politique anglaise, et c'est au milieu d'eux principalement que la Société biblique de Londres répand ses livres et son argent, et fonde ses écoles, afin de contre-balancer dans le Liban, par l'influence protestante et relativement jeune de l'Angleterre, l'influence catholique et tant de fois séculaire de la France. En cela, l'Angleterre, je l'avoue, est secondée par l'Allemagne et par l'Amérique. Mais la France a, de son côté, la grande majorité des habitants, si l'on ajoute aux Maronites, déjà si nombreux, les Grecs-unis, qui invoquent également sans cesse son appui et ne peuvent compter que sur elle.

On ne connaît que trop les haines sanguinaires qui ont longtemps armé les Druses contre les Maronites, et les cruautés exécrables que les premiers ont commises si souvent, et notamment en 1860, contre les seconds. Je n'y reviendrai pas ici. Pour le moment, ces haines semblent assoupies, et la paix règne dans les districts mixtes, théâtres auparavant de tant de luttes acharnées. Je les ai parcourus, et, en visitant plusieurs cheikhs druses très-importants, j'ai entendu avec bonheur sortir de leur bouche l'affirmation formelle qu'ils désiraient désormais vivre en frères et non plus en ennemis avec les Maronites; ils ajoutaient que dans les divers soulèvements qui avaient eu lieu depuis la chute de l'émir Béchir, lequel, d'une main ferme et habile, savait tenir sous sa dépendance les populations diverses qui habitent le Liban, ils ne se seraient jamais portés contre les chrétiens à des actes aussi violents, s'ils n'avaient compté sur la complicité effective des Turcs, et sur la connivence tacite de l'Angleterre, leur protectrice, qui voyait d'un œil jaloux la prépondérance incontestable de la France dans toutes les parties du Liban où l'élément maronite dominait. Doit-on se fier à ces belles paroles, ou, au contraire, faut-il n'y ajouter qu'une créance médiocre? C'est ce que l'avenir nous apprendra.

Dans la vallée de la Bekaa, dans quelques villages du Liban et dans le territoire de Tyr, habite un autre peuple, appelé Métouali. Ce qui le distingue des musulmans, c'est qu'il suit le parti d'Ali, de même que les Persans, tandis que les Turcs sont attachés à celui d'Omar. Cette distinction date du schisme qui, l'an 36 de l'hégire, divisa les Arabes en deux camps opposés, les uns reconnaissant le véritable successeur de Mahomet dans Ali, les autres dans Omar. Les sectateurs de celui-ci se considèrent comme seuls orthodoxes, et se qualifient de *Sunnites*, épithète qui a le même sens, et donnent à leurs adversaires le surnom de *Chiites*, c'est-à-dire de sectateurs (d'Ali). Or, le mot de Métouali a la même signification dans le dialecte de Syrie. Les Métoualis maudissent Omar et Moaouïa comme usurpateurs et rebelles; Ali et Hosaïn sont, par contre, pour eux des saints et des martyrs. Ils se regardent comme souillés par le contact d'un étranger, et ils refusent de manger et de boire dans un vase qui a servi à une personne qui n'est pas de leur secte.

Les Métoualis sont originaires de la Perse, et sont venus se réfugier en Syrie et dans les montagnes du Liban, où ils ont longtemps commis des brigandages; ils sont maintenant peu nombreux dans le Liban, où ils vivent assez misérablement; mais ils abondent dans la vallée de la Bekaa et dans le district de Tyr, également haïs des chrétiens et des musulmans.

Leur chiffre total peut être évalué à cinquante-cinq mille. Les musulmans habitent principalement les villes de la côte, et beaucoup moins les villages de l'intérieur. Ils sont environ soixante-seize mille.

Tel est, avec deux mille Juifs, un petit nombre d'Arméniens et quelques centaines d'Européens, le fond de la population libanaise.

DISTRICT DE BECHARREH

Il est temps maintenant de pénétrer dans le cœur du Liban et d'en décrire les districts principaux. Commençons au nord par celui de Becharreh, situé au sud-est de Tripoli, ville dont il sera question plus tard, quand nous parlerons de la Phénicie.

Ce district, l'un des plus intéressants et des plus considérables de la montagne, est, soit bordé, soit sillonné par le Nahr Kadicha, le *fleuve saint* des Maronites ; c'est le Nahr Abou-Ali des musulmans. Les anciens pèlerins le regardaient quelquefois comme le *fons hortorum* mentionné dans le *Cantique des cantiques* (ch. IV, ⚹ 15) :

« *Fons hortorum, puteus aquarum viventium, quæ fluunt impetu de Libano.* »

« Tu es la source des jardins, le puits des eaux vives qui s'échappent avec impétuosité du Liban. »

Il est inutile de réfuter cette tradition, qui ne soutient pas l'examen, car le texte tout seul du verset que je viens de citer montre que l'épouse des Cantiques est comparée, par l'auteur du chant sacré, non à telle ou telle source en particulier, mais à toutes celles qui jaillissent vives et rapides des flancs du Liban, même quand elles sont renfermées dans des puits. Quoi qu'il en soit, le Nahr Kadicha, avant de se jeter dans la mer, coule dans un lit peu profond et arrose de magnifiques jardins plantés d'arbres fruitiers de toute espèce. Au delà et à l'est de Tripoli qu'il traverse, il commence à s'encaisser un peu ; mais il serpente néanmoins encore dans une riante vallée couverte de figuiers, d'oliviers, d'amandiers, d'orangers, et principalement de mûriers. Un canal à un niveau supérieur amène à la ville les eaux de Zgharta, gros village situé à huit kilomètres à l'est de Tripoli et où, pendant l'hiver, descendent beaucoup de montagnards que les neiges chassent des hauteurs de Ehden et de Becharreh.

Sans mentionner ni encore moins décrire ici tous les couvents et tous les villages qui sont échelonnés le long des rives du Nahr el-Kadicha, remontons son cours sinueux dans la direction du sud-sud-est jusqu'au Deir Mar-Iakoub (couvent de Saint-Jacques). Il sert de résidence à Mgr Étienne, évêque de Tripoli. Situé à dix-sept kilomètres de cette ville, il occupe le sommet d'une haute colline, hérissée de rochers et de chênes verts. Des terrasses de ce monastère on jouit d'une vue très-étendue et l'on suit jusqu'à la mer les détours du fleuve, qui, à mesure qu'il s'éloigne davantage de son embouchure et se rapproche de sa source, revêt un caractère de plus en plus sauvage et pittoresque, resserré qu'il est entre des berges rocheuses et abruptes d'un effet saisissant. Mgr Étienne est un prélat maronite, dont la juridiction s'étend au nord jusqu'à Alep. Actif et entreprenant, il achève de rebâtir le monastère de Mar Iakoub, déjà commencé par Mgr Boutran-Boulos, son prédécesseur, sur les ruines d'un autre plus ancien. Ce couvent a été transformé par lui en un séminaire où cinquante élèves se préparent par l'étude aux augustes fonctions du sacerdoce. On a trouvé en cet endroit, en déblayant le sol, deux aigles en pierre sculptés avec assez de goût, et dont les têtes sont brisées. Comme l'aigle est l'oiseau cher à Jupiter, il est permis, je crois, de supposer que ces deux oiseaux ornaient jadis en ce lieu un ancien temple païen consacré au souverain maître des dieux.

A six kilomètres, au plus, à l'est du Deir Mar-Iakoub, est un couvent de religieuses maronites cloîtrées, appelé Deir Mar Semaan (couvent de Saint-Siméon) ; il a été reconstruit, en 1808, sur les débris d'un autre qui tombait en ruine. De nombreuses et florissantes plantations de mûriers l'environnent.

On remarque près du monastère un gros rocher, taillé verticalement par la main de l'homme comme une sorte de colonne, en souvenir de celle qui ailleurs fut jadis habitée par saint Siméon Stylite.

De ce couvent, qui occupe le sommet d'un plateau élevé, on descend par une pente rapide et glis-

UN CÈDRE DE LA FORÊT DE BECHARREH.

sante au village d'El-Arbi; et de là, après une marche pénible et très-accidentée, on atteint bientôt l'entrée du désert le plus austère que l'on puisse imaginer. Deux rochers parallèles apparaissent devant vous comme les pieds-droits d'une porte; ils sont reliés l'un à l'autre par une arcade en pierre que surmonte une croix. C'est le seuil du grand monastère de Kossaeya. Rien d'imposant comme ce vestibule étroit où quelques hommes pourraient barrer le passage à toute une armée, et dont l'aspect sévère frappe singulièrement les regards et l'imagination. D'un côté, la montagne dresse, à gauche, ses flancs escarpés et hérissés de broussailles, et de l'autre, à droite, mugit au fond d'un ravin le Nahr Kossheya, qui a donné son nom au couvent et qui est l'une des deux branches du Nahr Kadicha, celle qui commence près de Ehden, la seconde, qui est de beaucoup la plus importante, ayant pour point de départ, plus au sud-est, les environs de Becharreh. Ce ravin, dans sa partie la plus basse, est très-profondément encaissé; mais néanmoins, grâce à la patience et à l'industrie merveilleuse des religieux du monastère, partout où le sol, au moyen de terrasses multipliées, a pu être retenu sur des pentes presque abruptes, on a planté des vignes et des mûriers, et l'on cultive des légumes; en même temps, l'eau, par une foule de petits canaux, circule, à différents niveaux, bien au-dessus du lit du torrent, en provenant de sources supérieures. Après avoir cheminé pendant trois quarts d'heure le long de ce ravin, on arrive enfin au couvent de Kossheya, autrement dit de Saint-Antoine. Construit sur une étroite plate-forme au-dessus du Nahr, il renferme plusieurs galeries superposées et un assez grand nombre de cellules. La chapelle, dont la façade a été rebâtie depuis quelques années, est aux trois quarts creusée dans le roc. Il contient actuellement quatre-vingts religieux, soit prêtres, soit simples frères. Une imprimerie prouve que dans ce monastère les travaux de l'intelligence se mêlent à ceux des mains. Les cellules sont de la plus grande simplicité, pour ne pas dire de la plus grande pauvreté. Une planche avec une couverture pour lit, une cruche, quelques autres ustensiles et une croix, voilà tout l'ameublement des religieux. De l'eau et des légumes composent leur nourriture. On prétend que saint Antoine est venu lui-même de l'Égypte dans ce désert pour fonder ce monastère. Une grotte qui porte son nom près des bâtiments, et qui fut, dit-on, habitée par le saint fondateur, sert de cellule aux aliénés que l'on amène au couvent pour les guérir, et que l'on soumet dans ce but, suivant la méthode usitée par la plupart des Orientaux, soit musulmans, soit chrétiens, à des traitements rigoureux et souvent même inhumains. De nombreux pèlerins viennent chaque année visiter cet ancien monastère, qui a conservé fidèlement, tout restauré qu'il a été, son cachet primitif. Les siècles se sont écoulés, sans qu'il ait notablement changé de forme et de régime. Rien n'y manque de ce qui peut rappeler les premiers siècles de l'Église; car, outre ses moines enchaînés sous le même toit aux mêmes règles de la vie commune, il a ses anachorètes isolés et vivant comme des ermites sous le regard de Dieu dans de petites cabanes distinctes, situées au delà du torrent.

Du monastère de Kossheya à Ehden, il faut une heure et demie de marche par des chemins très-difficiles, dans la direction de l'est.

Ce grand village, ou plutôt cette petite ville, s'élève sur un plateau à quatorze cent quarante-cinq mètres au-dessus de la mer. On y compte six mille habitants pendant l'été; mais pendant l'hiver, à cause de la grande abondance de neige qui tombe en cet endroit et dont la hauteur dépasse souvent un mètre, ils sont contraints d'émigrer et de descendre vers Tripoli, laissant la ville à la garde d'un certain nombre d'entre eux, qui sont chargés de débarrasser les terrasses des églises et des maisons de la neige qui les encombre, afin qu'elles ne s'écroulent pas. Un curé reste également pour veiller aux besoins spirituels de ceux qui demeurent. Ehden est d'ailleurs bâtie très-irrégulièrement. Çà et là de vieux et gigantesques noyers donnent de l'ombre aux habitants. Plusieurs chapelles, aux trois quarts renversées, passent pour fort anciennes; quelques-unes renferment encore quelques fragments d'inscriptions grecques de l'époque byzantine. Une grande église, sous le vocable de Saint-Georges, commencée il y a vingt-cinq ans, n'a été terminée qu'en 1881. Elle occupe une position isolée et dominante qui la fait remarquer de loin, et elle est considérée comme l'une des plus belles du Liban. Plusieurs autres paroisses sont disséminées à travers la ville. Elles sont desservies par vingt et un prêtres, en partie mariés et appartenant à l'ancien clergé maronite, qui était élu par le peuple et non tiré des séminaires; mais ce clergé, comme je l'ai dit, diminue beaucoup, et, à mesure que des vides se font par la mort dans une paroisse, ils sont comblés par de nouveaux ministres de l'autel, mieux élevés et plus instruits, sortis des séminaires et ayant embrassé volontairement la pratique du célibat. Quelques églises sont pourvues de cloches; d'autres n'ont encore, comme dans beaucoup de localités du Liban, que des barres de fer qu'on frappe en cadence avec un marteau pour annoncer les offices.

La principale famille de Ehden est celle des Karam. Depuis l'époque de Fakhr-eddin, elle avait été investie du gouvernement du district dont cette ville est le chef-lieu, dans la personne d'Abou-Karam, qui se distingua dans plusieurs combats contre les Turcs, et qui expira à Tripoli au milieu d'affreux tourments que lui infligèrent les musulmans, parce qu'il ne voulut point abjurer sa foi. Le palais de cette famille, dont le membre le plus célèbre de nos jours est Joseph Karam, qui vit exilé en Italie, est presque entièrement détruit, ayant été brûlé par les Turcs, et il n'en subsiste plus que des débris insignifiants. Plusieurs des neveux et des cousins de ce prince habitent encore cette ville, où ils s'empressèrent de m'offrir leurs services, car cette famille est extrêmement dévouée à la France et depuis longtemps se fait un devoir de recevoir les étrangers, et notamment les Français, qui passent à Ehden.

Quelques critiques ont identifié Ehden avec la ville de Beth-Ehden signalée par le prophète Amos (ch. I, ỳ. 5):

« Je briserai les barres de fer de Damas; j'exterminerai de Bikhath-Aven les habitants et de Beth-Ehden celui qui y tient le sceptre, et le peuple de Syrie sera transporté à Kir, dit l'Éternel. »

D'autres pensent, au contraire, et, je crois, avec raison, qu'il faut chercher ailleurs cette localité, probablement dans la Cœlésyrie et non au milieu des montagnes du Liban.

Les Maronites aiment à répéter, de leur côté, que l'Éden de nos premiers parents, ce séjour enchanté où Adam et Ève furent placés par Dieu lui-même à l'aurore de la création, est identique avec l'Ehden de leur contrée. Mais, outre la différence d'orthographe avec laquelle ces deux mots s'écrivent, où trouver à Ehden, dans ce plateau ondulé qui pendant plusieurs mois de l'année est couvert de neige, l'emplacement de ce jardin merveilleux au milieu duquel jaillissait la source immense qui, après l'avoir arrosé, donnait naissance à quatre grands fleuves, le Phison, le Gihon, le Tigre et l'Euphrate? (Genèse, ch. II, ỳ 10 et 14.) Pour rentrer dans la vérité, disons qu'Ehden est un séjour charmant en été, parce que l'air y est très-pur, la température très-modérée et les eaux excellentes; mais qu'à l'époque des pluies d'automne, et surtout lors des neiges de l'hiver, qui y tombent et s'y accumulent avec abondance, son climat rend cet endroit fort peu agréable et force ses propres habitants à descendre vers une contrée plus basse et moins froide.

Ehden a été la patrie de plusieurs orientalistes célèbres, et entre autres de Gabriel Sionite et de Mgr Étienne, connus tous deux par leurs savants ouvrages dans le courant du dix-septième siècle. C'est là aussi qu'a vécu pendant de longues années un docte et pieux solitaire, M. de Chasteuil, d'Aix en Provence, qui, en 1631, vint se fixer dans le Liban. Il se retira dans le couvent de Saint-Serge, où il se livra à tous les exercices de la vie la plus austère et à l'étude des Livres saints, qu'il savait par cœur, tant il les lisait et les méditait continuellement. Il mourut, en 1644, en odeur de sainteté, dans le couvent des Carmes du Nahr Kadicha, non loin des Cèdres.

Le couvent de Saint-Serge, en arabe Mar-Sarkhis, que je viens de mentionner, s'élève à un kilomètre à l'est-sud-est de Ehden, au pied d'une montagne rocheuse d'où sort avec force une source magnifique, formant immédiatement un ruisseau limpide et murmurant, qui fournit à la ville l'eau dont elle a besoin, et qui se ramifie ensuite en de nombreux ruisseaux secondaires, destinés à l'irrigation des terres. Près de cette source croît un bois de beaux arbres, appelés en arabe *charbin*, et qui sont une espèce particulière de cèdres. Plusieurs sont superbes et paraissent fort âgés.

Grâce à cette même source, grâce aussi à l'industrie de ses habitants, le territoire d'Ehden est admirablement cultivé en vignes, en figuiers et en mûriers. Des champs de doura et de maïs y paraissent très-prospères; des légumes de toute sorte y réussissent à merveille.

Sept kilomètres, tout au plus, séparent Ehden de Becharreh. On suit, dans la direction de l'est-sud-est, un sentier qui ondule entre des plantations de mûriers et des champs de doura. Au bout de cinquante minutes de marche, on commence à apercevoir pour la première fois du haut d'une colline le bois de cèdres, qui de loin ne semble qu'une simple tache verdoyante, et bientôt on entre sur le territoire de Becharreh, arrosé lui aussi par des sources abondantes, dont quelques-unes forment de belles cascades, et qui fertilisent un sol excellent, que cultivent, du reste, admirablement les populations qui l'habitent.

Becharreh est une bourgade importante qui renferme cinq mille habitants, tous Maronites comme ceux d'Ehden. Elle est environnée vers le nord d'une ceinture de hautes montagnes d'où s'échappent plusieurs ruisseaux intarissables. La nature fournit donc l'eau d'une main libérale; c'est à l'homme qu'il appartient de faire tourner cette eau, par des travaux intelligents, à la fécondation du sol, et l'homme assurément ne manque pas à ce soin; car partout, à Becharreh, elle est habilement distribuée, au moyen d'innombrables rigoles, aux champs et aux plantations. Si d'un côté cette bourgade est commandée par des montagnes, de l'autre, vers le sud, elle domine, à son tour, en amphithéâtre les pentes très-rapides et très-escarpées du Nahr el-Kadicha, jusqu'aux bords duquel son territoire se prolonge.

Au milieu de Becharreh, qui, à l'époque des Croisades, était désignée sous le nom de Buissera, s'élève une grande tour carrée dont les assises inférieures remontent au moyen âge. La partie supérieure en a été rebâtie et appropriée aux exigences d'une habitation destinée à loger une nombreuse famille. Elle sert, en effet, de résidence au *moudir*, ou gouverneur actuel de la bourgade, de même qu'autrefois elle devait être la demeure du seigneur de Buissera. Ce moudir, appelé Radji-Bek, m'a paru très-dévoué à la France. Son frère n'a pas voulu épouser d'autre femme qu'une Française. Les rues sont irrégulières et mal construites, à l'exception d'une seule qu'on nomme le *souk*, ou le marché, parce qu'elle est bordée par de petites boutiques, et qui est un peu mieux bâtie que les autres. Elle est sillonnée dans toute sa longueur par un petit canal où coule constamment une eau fraîche et limpide. Plusieurs églises assez anciennes sont desservies chacune par un ou deux prêtres. Une plus grande, de date toute récente, ne manque pas d'une certaine élégance. Les habitants de Becharreh sont, les uns adonnés aux travaux des champs, les autres à l'industrie et au commerce. De même que ceux d'Ehden, ils émigrent presque tous pendant l'hiver, à cause de l'abondance des neiges, pour descendre vers des villages plus voisins de la mer ou bien à Tripoli.

A un kilomètre à l'est de Becharreh, après avoir franchi un ruisseau qui forme une belle cascade, on rencontre un petit couvent dédié également à saint Serge, comme celui qui avoisine Ehden, et appelé de même, pour cette raison, Deir Mar-Sarkhis. Adossé à une haute montagne qui dresse verticalement dans les airs sa masse rocheuse qu'on dirait toujours prête à l'écraser, il est précédé d'arbres divers, principalement de chênes verts et de noyers, et est bordé d'une allée étroite et oblongue qu'ombrage une belle vigne en berceau et que surmontent de hauts peupliers. Cette plate-forme surplombe elle-même des pentes cultivées en vignes par terrasses nombreuses. Une chapelle creusée en grande partie dans le roc, et dont la façade seule est bâtie, est dédiée à saint Serge. Ce petit couvent, à cause de l'excellente source qui coule auprès, est souvent fréquenté pendant l'été par les voyageurs

VALLÉE DU NAHR EL-KADICHA. — Vue dans le lointain de la Méditerranée et de El-Mina, port de Tripoli.

qui vont visiter les cèdres. Là ils trouvent un accueil toujours empressé de la part d'un bon religieux carme italien, qui le dessert avec un seul Frère. Quelques cellules sont réservées à ceux qui frappent à la porte hospitalière de cet humble établissement. C'est une sorte d'oasis sacrée, à l'époque de la belle saison; mais pendant l'hiver, il devient d'un accès presque impossible, les neiges en interdisant l'approche, et le religieux même est obligé de se retirer ailleurs.

En continuant à s'avancer vers l'est et après avoir, par un sentier étroit, gravi et contourné une montagne d'aspect blanchâtre, on longe à sa droite, pendant quelque temps, un profond ravin qui s'entr'ouvre tout à coup un peu plus loin comme un gouffre béant dont on ne s'approche qu'en tremblant, tant les berges en sont verticales et, par leur profondeur, fascinent à la fois et épouvantent le regard.

Des flancs de ce ravin jaillit une source considérable, c'est celle du Nahr Kadicha, qui, en se précipitant écumante du sein de la montagne, forme immédiatement une superbe cascade dont tous les échos retentissent. Elle gronde avec fureur et se brise en rebondissant de roc en roc, projetant une sorte de poussière ou de nuage argenté qui étincelle aux rayons du soleil. Rien de saisissant comme le spectacle de cette masse d'eau dont les flots poussent les flots et qui depuis tant de siècles, sans trêve ni repos, s'élance, impétueuse et inépuisable, des entrailles de cet abîme sauvage dont elle ronge les parois.

Deux kilomètres plus loin sont les fameux cèdres, restes d'une antique forêt réduite maintenant à quatre cents arbres au plus. Ils occupent plusieurs petits mamelons qu'on a depuis quelques années entourés d'une enceinte murée, confiée à la surveillance d'un gardien, afin de les soustraire à l'indiscrète avidité des voyageurs et de tous ceux qui voudraient en détacher des branches ou des rameaux. Cette enceinte peut avoir un kilomètre de circonférence; néanmoins, elle ne contient pas tous les cèdres de la forêt; car, en dehors du pourtour qu'elle enferme, un certain nombre de cèdres, dont trois ou quatre sont très-remarquables, s'élèvent encore çà et là.

Par leur altitude au-dessus de la mer, qui est de dix-neuf cent vingt-cinq mètres, les arbres dont il s'agit en ce moment occupent le point extrême et en quelque sorte le sommet du règne végétal. Ils croissent en effet, comme on l'a dit, et se développent dans des proportions gigantesques, là où toute autre végétation expire. Durant tout l'hiver, ils sont inaccessibles et comme relégués par la nature dans une sorte d'asile inviolable, enveloppés qu'ils sont alors d'une telle quantité de neige, au milieu de laquelle plongent leurs troncs immenses, qu'il est absolument impossible d'en approcher. De loin, on est d'abord un peu désenchanté; car, à cause de la grande renommée qui les entoure et de l'idée exagérée que l'on s'est faite de leur majesté et de leur taille colossale, on s'imagine que l'on va voir immédiatement des arbres dont la grosseur prodigieuse et la hauteur extraordinaire dépasseront toutes les dimensions des arbres connus; mais à mesure que l'on s'avance, et surtout quand on peut les contempler de près, quand on les examine à loisir et qu'on mesure leurs vastes troncs, d'où sortent et jaillissent souvent deux ou trois fûts dont chacun serait isolément un arbre magnifique; quand on songe aussi à l'étendue de leurs branches, on ne peut s'empêcher d'être saisi d'une profonde admiration à la vue de ces augustes patriarches du règne végétal, et l'on comprend parfaitement qu'en raison de leur beauté et des souvenirs qu'ils éveillent dans l'esprit, ils attirent depuis tant de siècles de si nombreux voyageurs, avides d'interroger ces témoins immortels des temps antiques. Parmi ces cèdres, il en est sept qui, parmi leurs compagnons plus jeunes et moins gros, captivent plus particulièrement le regard et l'attention.

L'un a près de quatorze mètres de circonférence à sa base; de son tronc s'élancent plusieurs frères jumeaux, qui eux-mêmes sont énormes; un autre mesure dix mètres, d'autres neuf. La hauteur approximative de ces arbres ne dépasse guère vingt mètres, mais le développement de leurs branches horizontales va, pour plusieurs d'entre eux, jusqu'à quarante-huit mètres d'une extrémité à l'autre ; de nombreux visiteurs peuvent donc s'abriter sous leur ombre. L'écorce de ces géants et en même temps de ces Nestors de la forêt est incisée sur beaucoup de points par des milliers de voyageurs qui y ont gravé leurs noms avec la date de leur passage. Que dire du parfum qu'ils exhalent? L'air en est embaumé. Que dire aussi des gémissements harmonieux qu'ils font entendre, lorsque la brise se joue à travers leurs rameaux? Dans la profonde solitude où ils s'élèvent, d'un côté, entre les sommets altiers du Makhmel, qui, vers l'est, s'arrondit derrière eux en une sorte d'immense amphithéâtre, et de l'autre, vers l'ouest, entre les profondeurs effrayantes du Nahr el-Kadicha, on goûte un charme singulier à prêter l'oreille aux murmures mélancoliques qui s'échappent de leurs branches entrelacées, quand le vent les agite et en tire ces accords puissants que nulle lyre humaine n'égale. Le voyageur qui erre alors silencieux et pensif au milieu de ces vénérables survivants d'un passé depuis longtemps évanoui, croit entendre les plaintes des âges qui ne sont plus et dont ces arbres ont été les contemporains. Les plus vieux d'entre eux, en effet, ont dû assister aux beaux temps de Tyr, de Sidon et de Jérusalem. Ils ont dû voir leurs frères aînés ou leurs pères tomber sous la hache des Sidoniens et des Giblites, pour être transportés jusqu'à la côte par la voie du Nahr el-Kadicha, puis par mer à Jaffa et enfin de Jaffa à la Ville sainte. C'est alors aussi que le voyageur aime à ouvrir la Bible et à relire les principaux passages où il est question de ces arbres remarquables. Les cèdres du Liban, en effet, sont non-seulement vénérables par leur vieillesse extraordinaire, dont ils supportent le poids avec tant de verdeur et de majesté, mais encore ils sont en quelque sorte sacrés, et c'est Dieu lui-même qui les a plantés, dit le Psalmiste (Ps. CIII, ẏ 16) :

« Les bois de la campagne seront rassasiés, ainsi que les cèdres du Liban, que le Seigneur a plantés. »

Dans un autre psaume, le Roi-prophète, pour nous montrer la force et la puissance de l'Éternel, s'exprime ainsi (Ps. XXVIII, ẏ 5) :

« La voix du Seigneur brise les cèdres; elle brise même les cèdres du Liban. »

Ailleurs, David compare le juste au cèdre du Liban, qui se propage facilement (Ps. XCI, ẏ 13) :

« Le juste fleurira comme le palmier; il se multipliera comme le cèdre du Liban. »

Nous savons par le troisième livre des *Rois* (ch. v) que Salomon envoya un très-grand nombre d'ouvriers de ses États pour aider ceux de Hiram, roi de Tyr, à lui couper des cèdres dans le Liban, destinés à orner le temple du Seigneur et son propre palais.

Plus tard, lorsqu'au retour de la captivité, le temple, détruit par Nabuchodonosor, fut rebâti par les Juifs qui avaient accompagné Zorobabel, c'est également aux cèdres du Liban qu'ils recoururent pour relever ce monument sacré.

Dans beaucoup d'autres passages, les Livres saints aiment à parler des cèdres, et notamment des cèdres du Liban.

« Je mettrai le cèdre dans le désert », dit Isaïe en parlant du Seigneur (ch. XLI, ẏ 19).

Le même prophète (ch. XIV, ẏ 8) nous montre les sapins et les cèdres du Liban transportés d'allégresse à la nouvelle de la mort du roi de Babylone :

« Les sapins aussi et les cèdres du Liban se réjouissent de ta ruine; depuis que tu t'es endormi dans le trépas, il ne monte plus personne pour nous couper. »

Dans Ézéchiel, nous lisons (ch. XVII) :

« 22. Ainsi a dit le Seigneur : Je prendrai de la moelle d'un cèdre et je planterai ce rejeton en terre; de ses branches je cueillerai un tendre rameau et je le placerai sur une montagne haute et dominante.

« 23. Sur une montagne élevée d'Israël je le planterai, et il poussera des branches et il portera des fruits, et il deviendra un cèdre magnifique, et sous ce cèdre habiteront tous les oiseaux du ciel, qui feront leur nid à l'ombre de ses branches. »

Le même prophète, dans un superbe langage, s'exprime ainsi, en comparant le roi d'Assyrie à un cèdre du Liban (ch. xxx) :

« 3. Voyez Assur; c'était comme un cèdre sur le Liban, beau en ses branches, répandant au loin l'ombre de son feuillage, sublime en sa hauteur et élevant sa cime entre ses rameaux touffus.

« 4. Les eaux l'avaient nourri, l'abîme l'avait fait croître; des fleuves coulaient autour de ses racines, et de là partaient des ruisseaux qui allaient arroser tous les arbres de la campagne.

« 5. Aussi il s'était élevé au-dessus de tous les autres arbres; ses rameaux s'étaient multipliés, et ses branches s'étendaient au loin, vivifiées par les grandes eaux.

« 6. Tous les oiseaux du ciel faisaient leurs nids dans ses rameaux, et tous les animaux des champs déposaient leurs petits sous son feuillage; à son ombre habitaient des peuples nombreux.

« 10. C'est pourquoi Jéhovah, le Seigneur, a dit : Parce qu'il s'est enorgueilli de sa hauteur, parce qu'il a élevé sa cime au-dessus de ses rameaux touffus, et que son cœur s'est enflé de son élévation,

« 11. Je l'ai livré aux mains de la plus puissante des nations et à tous ses caprices; je l'ai rejeté à cause de son impiété.

« 12. Et des étrangers, les plus violents de tous les peuples, le couperont et le renverseront sur les montagnes. Ses rameaux tomberont dans toutes les vallées, et ses branches seront brisées dans tous les ravins; tous les peuples se retireront de son ombre et l'abandonneront. »

Si la forêt dont nous parlons en ce moment n'est plus qu'un triste reste de ce qu'elle était autrefois, il faut se rappeler les paroles des prophètes qui ont annoncé l'humiliation du Liban dans la disparition de ses cèdres, soit coupés, soit brûlés. Qui n'a lu, par exemple, ces versets de Zacharie (ch. xi) :

« 1. Ouvre tes portes, ô Liban, et que la flamme dévore tes cèdres.

« 2. Hurle, ô sapin, parce que le cèdre est tombé! »

On peut appliquer également à cette même forêt cet autre verset d'Isaïe (ch. x, ỳ 19) :

« Le nombre des arbres de cette forêt échappés à la flamme sera si petit, qu'on pourra les compter, et qu'un enfant sera capable d'en écrire le chiffre. »

D'autres forêts de cèdres existent dans le Liban; mais les cèdres des environs de Becharreh sont les seuls qui portent en arabe le nom de *arz*, identique avec l'hébreu *erez*. Les autres cèdres que j'ai visités dans d'autres parties du Liban s'appellent soit *charbin*, soit *ebheul*, et forment des espèces différentes.

Si l'on veut jouir d'un admirable coup d'œil, il faut gravir le sentier qui des cèdres conduit à Aïn-Ata, en serpentant le long des flancs du Makhmel, la plus haute montagne du Liban, et dont la cime la plus élevée atteint trois mille soixante-trois mètres au-dessus de la mer. Quand on est parvenu au point culminant du sentier, à l'endroit où il commence à redescendre vers l'est les pentes opposées de la montagne, on aperçoit d'un côté, au bas de la montée, les petites collines où s'élèvent les cèdres, qui de là ressemblent à de simples broussailles tapissant et verdissant le sol; plus loin blanchissent les maisons de Becharreh, plus loin encore celles d'Ehden. L'œil suit de montagne en montagne, de village en village, les immenses replis du Nahr Kadicha aux flancs escarpés, au lit profond, aux eaux écumantes, aux cascades multipliées, aux anciennes grottes d'anachorètes creusées dans des parois rocheuses presque verticales, aux nombreux couvents échelonnés le long de ses

Pentes du Liban. — Village maronite avec son couvent.

bords; enfin à l'horizon apparait la Méditerranée; elle fait miroiter la nappe bleue de ses flots qui resplendissent sous les rayons du soleil et sous la voûte azurée d'un ciel sans nuages. De l'autre côté, on embrasse une grande partie de la Bekaa et de la vaste chaîne de l'Anti-Liban.

Mais redescendons de cet observatoire sublime, et allons visiter et saluer à Diman le vénérable patriarche des Maronites. Après avoir franchi, au sud des cèdres, sur un petit pont, le Nahr Kadicha, nous côtoyons quelque temps vers l'ouest, sur sa rive méridionale, ce même torrent, en laissant à notre gauche le village de Bekerkacha, puis à notre droite celui de Bezaoun. Dans le fond du Nahr on distingue le couvent de Saint-Élisée, près duquel de nombreuses grottes taillées dans le roc ont été jadis habitées par des anachorètes; l'une, entre autres, a été sanctifiée par la présence d'un saint religieux, M. de Chasteuil, dont j'ai déjà fait mention.

Nous traversons ensuite Hasroun, célèbre par la beauté de ses femmes et par l'industrieuse activité de ses habitants. Les maisons bordent les profondeurs du Nahr Kadicha. De vieux et gigantesques noyers, de belles plantations de mûriers et de vignes, au milieu desquelles circulent des eaux abondantes, l'environnent. Hasroun est la patrie du docte prélat Assemani, l'un des plus célèbres orientalistes du commencement du dix-huitième siècle, qui vécut longtemps à la cour de Rome comme bibliothécaire du Vatican, et qui fut chargé, en 1736, de présider, avec le titre de légat du pape Clément XII, le synode de Loueizeh, dans le Liban, synode qui mit fin à plusieurs abus qui s'étaient glissés dans le clergé maronite.

A trois kilomètres à l'ouest de Hasroun, où habitent encore quelques membres appartenant à la famille de Mgr Assemani, on rencontre le monastère de Diman, appelé aussi Bdiman, mot qui est pour Beit-Diman. Ce monastère, qui pendant l'été sert de résidence au patriarche des Maronites, est entouré de plantations de mûriers très-bien soignées. Lui-même est fort modeste d'apparence. Toutes les pièces, même celle qui sert de divan, respirent la plus grande simplicité. Aucun luxe, aucun meuble de prix, mais seulement une bibliothèque ecclésiastique, tant arabe que latine, assez bien montée.

Mgr Pierre-Paul Masaad, c'est le nom du patriarche actuel, est un vieillard de soixante-dix-sept ans, petit de taille; sur sa figure maigre et ascétique une grande bonté est empreinte; en même temps, son regard fin et pénétrant dénote en lui un homme d'une valeur peu commune. Il passe pour le personnage du Liban le plus instruit et le plus au fait des hommes et des choses de sa nation, qu'il gouverne spirituellement depuis vingt-six ans avec beaucoup de sagesse et de prudence. Comme il a connu intimement dans sa jeunesse l'émir Béchir, qu'il a été mêlé à un grand nombre d'événements, soit politiques, soit religieux, et qu'il est doué, en outre, d'une mémoire prodigieuse, il renferme dans son esprit une foule de souvenirs qui donnent un charme tout particulier à sa conversation. En causant avec lui, on croit entendre le Liban lui-même personnifié dans son auguste personne. Le jour où je lui demandai audience, il m'accueillit avec la plus grande bienveillance, m'invita à partager son frugal repas et passa la soirée entière à m'interroger sur la France, et à me parler, à son tour, du Liban. Très-attaché à notre pays, il en connaît bien l'histoire et, du fond de sa cellule, suit attentivement la marche de tous les principaux événements qui s'accomplissent en Europe et surtout dans notre patrie, qui est, me disait-il, la sienne aussi, attendu que les Maronites se regardent comme les frères d'Orient des Français et considèrent leur pays comme une petite France, saluant de loin avec amour sa grande sœur occidentale qui est en même temps sa fidèle protectrice.

Je trouvai auprès de lui plusieurs évêques et deux grands vicaires très-instruits qui me donnèrent des détails précieux sur le clergé maronite. Ils m'apprirent que sitôt qu'un patriarche mourait, les archevêques et évêques du Liban se réunissaient en synode pour lui choisir un successeur, et celui qui était désigné par leurs votes était proposé au Pape pour recevoir de Sa Sainteté le pallium et sa confirmation. C'est ainsi que se maintiennent constamment les liens qui rattachent les Maronites à la Papauté, et qu'ils se reconnaissent toujours comme les humbles et dévoués enfants de l'Église latine.

Les patriarches résidaient autrefois dans un autre couvent situé à une heure et demie de là, vers le nord-ouest, dans les profondeurs du Nahr Kadicha. On l'appelle *Deir Kanoubin*. Ce couvent, désigné autrefois sous le nom de *Cœnobion* (la communauté), d'où l'arabe *Kanoubin*, fut fondé, dit-on, par Théodose le Grand. C'est, par conséquent, l'un des monastères les plus anciens et, par cela même, les plus célèbres du mont Liban. Pour l'atteindre, il faut descendre très-péniblement pendant près de trois quarts d'heure, une fois qu'on est arrivé aux bords supérieurs du Nahr Kadicha, les flancs extrêmement abrupts de ce ravin. Le sentier est en certains endroits pratiqué dans le roc et fort glissant. Avant de parvenir au couvent, on passe devant une petite chapelle creusée dans la roche vive et dédiée à sainte Marine; elle est ombragée par deux vieux chênes verts.

Près de cet oratoire est un charnier qui contient beaucoup d'ossements provenant des religieux morts à Kanoubin. Cette chapelle est la cellule où, pendant de longues années, avait vécu, dans les exercices de la plus austère pénitence et en expiation d'une faute qu'elle n'avait pas commise, la sainte qui lui a laissé son nom, et avec son nom l'odeur de ses vertus. Son père l'aimait tendrement. Néanmoins, après la mort de sa femme, il voulut renoncer au monde et se consacrer entièrement à Dieu. Il abandonna donc la petite Marine, son unique enfant, et la confia à l'un de ses parents; puis il se retira au monastère de Kanoubin. Là, poursuivi par le souvenir de sa fille, il tomba dans un profond abattement. Sa douleur augmentant tous les jours, le Père supérieur s'en aperçut et lui dit : « Qu'avez-vous, mon frère, pour être si triste? » Alors il se mit à sangloter, et tombant aux pieds de l'abbé, il lui dit : « Père, j'avais chez moi un fils que j'ai laissé tout petit; c'est le souvenir de mon cher enfant qui cause mon chagrin. » — « Si vous aimez tant votre fils, lui répondit l'abbé, amenez-le ici, et il demeurera avec nous. » Cet homme se hâta d'aller chercher sa fille, dont il cacha le sexe sous un vêtement trompeur, et qu'il appela Marin, au lieu de Marine. Elle vécut ainsi plusieurs années avec son père, donnant l'exemple de la plus grande piété. Quand il mourut, elle resta seule dans la cellule qu'il occupait, continuant à mener la vie la plus austère et la plus irréprochable. Toutefois, Dieu permit qu'elle fût en butte à la calomnie, et une fille du voisinage ayant accusé le frère Marin de l'avoir séduite, elle ne voulut pas, par humilité, se disculper de la faute qu'on lui imputait, et fut condamnée à vivre de la vie la plus dure et la plus humiliante dans la grotte où l'on vénère encore sa mémoire. Sa mort révéla à la fois et son sexe et son innocence. Selon d'autres historiens de sa vie, les faits que je viens de raconter sommairement se seraient passés en Égypte, dans un autre monastère, par conséquent, que celui de Kanoubin; mais les Maronites revendiquent pour eux l'honneur d'avoir cette sainte pour compatriote; dans tous les cas, ils vénèrent sa mémoire dans la grotte que je viens de signaler.

A quelques pas de là est le couvent de Kanoubin. Il est en partie creusé dans le roc, notamment plusieurs magasins voûtés et la chapelle où reposent les corps d'un certain nombre de patriarches. Les cellules sont très-pauvres et fort tristes, et ressemblent aux chambres d'une véritable prison, tant elles sont peu éclairées. Là cependant ont résidé autrefois pendant l'été beaucoup de patriarches maronites; là, malgré la difficulté énorme des chemins, ont été tenus plusieurs synodes; là venaient sans cesse les archevêques, les évêques et les supérieurs des nombreux couvents du Liban pour consulter leur chef spirituel et recevoir de lui des ordres ou des conseils. Mais depuis que Diman est devenu la résidence des patriarches, le monastère de Kanoubin est tombé dans l'abandon et dans l'isolement, et je n'y ai plus trouvé qu'un seul Père avec deux Frères, et quelques domestiques occupés à la culture de la terre.

DISTRICT DE KOURA-SUPÉRIEUR

Le district appelé Koura-Supérieur, par opposition à un autre moins élevé, plus près de la mer, et appelé pour cette raison Koura-Inférieur, est compris entre le Nahr el-Kadicha, au nord, et le Nahr el-Asfour, au sud. Il contient plusieurs villages importants, tels que Amioun, Kesba, Kefer-Hazir, et d'autres encore qu'il serait hors de propos d'énumérer ici. Je me contente de signaler des ruines considérables qui méritent particulièrement d'y fixer l'attention du voyageur : ce sont celles de Naous et de Beziza.

A l'ouest, et à une faible distance d'un petit village appelé Aïn-Akrin, on remarque, sur un plateau d'où l'on jouit d'une magnifique vue sur la mer et sur les montagnes, les débris de deux temples qui ont fait donner à cet endroit le nom de *Naous*, dérivé évidemment du grec *naos* (temple).

La cour sacrée qui précédait le premier de ces temples n'a laissé aucun vestige de l'enceinte qui l'entourait; la porte d'entrée est seule debout. Elle est formée de deux pieds-droits monolithes de dimensions gigantesques, car ils mesurent quatre mètres d'élévation ; ils sont ornés dans toute leur hauteur de jolies guirlandes de fleurs, gracieusement exécutées. Le linteau qui les couronnait a été enlevé.

A cinquante-huit pas au sud de cette porte, on rencontre les ruines du premier temple. Tourné du nord au sud, il mesurait dans cette direction vingt pas de long sur quinze de large, de l'est à l'ouest. La *cella*, qui subsiste encore en partie, est bâtie avec des pierres très-régulières de dimensions moyennes ; elle repose en retraite sur une sorte de soubassement continu que décore une élégante corniche. Le toit manque complétement. Le sol de l'intérieur de l'édifice est très-exhaussé. On y distingue l'ouverture d'une crypte dans laquelle on descendait par un escalier, et qui est aux trois quarts comblée. Ce temple était percé de trois portes, aujourd'hui renversées, à part l'un des pieds-droits de l'une. Il était précédé d'un portique soutenu sur quatre colonnes dont les piédestaux sont déplacés et dont les fûts et les chapiteaux brisés gisent à terre.

Près de ce monument, plusieurs petites enceintes paraissent en avoir été primitivement des dépendances ; ensuite elles ont été remaniées pour devenir des maisons, elles-mêmes démolies. On observe aussi les restes de deux chapelles, connues, l'une, sous le nom de chapelle de la Vierge, et l'autre, sous celui de Saint-Jacques; elles avaient été construites assez grossièrement avec des matériaux tirés du sanctuaire païen.

Au sud-ouest et à une faible distance de ce premier temple, on admire les débris d'un magnifique *téménos* ou enceinte sacrée, mesurant cent vingt pas de long du nord au sud, sur soixante-dix-huit de large de l'est à l'ouest. La façade septentrionale de cette enceinte a été bâtie avec des blocs d'appareil réellement gigantesque, puisque plusieurs mesurent cinq mètres cinquante de long sur un mètre de haut et soixante-dix centimètres de large. Ils sont en outre taillés avec un soin extrême. Les jambages de la porte d'entrée, ménagée au milieu de cette façade, sont debout, mais le linteau qui les surmontait est à terre, brisé. Le mur occidental du téménos est moins bien construit, et les blocs sont à la fois moins considérables et moins soigneusement équarris. Il date cependant de la même époque que le précédent; mais, n'étant pas destiné à frapper les regards comme celui-ci, il avait été plus négligé que ce dernier.

Cette belle enceinte renferme un temple qui, de même que le premier, avait été bâti avec des pierres d'appareil moyen, mais parfaitement agencées ensemble. Il repose pareillement en retraite sur un soubassement que couronne une corniche. Il était précédé aussi d'un vestibule orné de colonnes corinthiennes dont il n'existe plus que des fûts et des chapiteaux mutilés. Une tête radiée que j'ai trouvée au milieu d'un tas de blocs accumulés semble indiquer que ce temple avait été dédié à *Baal-Chemech* ou à Baal-Soleil. Alentour on remarque que le roc a été taillé sur beaucoup de points, soit pour en extraire des pierres, soit pour y creuser des tombeaux.

Le nom antique de la ville à laquelle appartenaient ces deux beaux sanctuaires ne nous est pas parvenu, à moins qu'il ne se soit conservé, plus ou moins altéré, dans celui du village voisin, appelé Aïn-Akrin.

A trois kilomètres environ au sud-ouest des ruines que je viens de décrire, après avoir traversé une vallée que sillonne l'Oued Asfour, on arrive au village de Bziza. Le nom de cette localité paraît être une contraction pour Beit-Aziza. Or Aziza est une appellation antique, puisque nous la voyons dans la Bible donnée à un lévite. (*Livre d'Esdras,* ch. x, ỳ 27.)

A quelques minutes de ce village, on rencontre sur une colline les restes d'un temple antique très-gracieux que précède un joli portique orné de quatre colonnes ioniques dont trois sont

Village de Mérhaireb dans l'Oued Akoura.

encore debout avec leur entablement; la quatrième est renversée. La cella était primitivement rectangulaire; mais, à l'époque chrétienne, quand elle a été transformée en église, on y a ajouté deux absides, et elle a été recouverte d'une voûte, tandis qu'auparavant elle était surmontée d'une terrasse plate. A droite en entrant, on observe dans l'un des murs latéraux une niche dont la partie supérieure est ornée d'une conque finement exécutée, et qui devait contenir une statue. Autour de ce monument les habitants de Bziza ont établi leur cimetière. Plus près du village est une petite chapelle consacrée à saint Élie; elle a été bâtie avec des matériaux antiques, et l'on y remarque des fragments de colonnes provenant sans doute d'un autre sanctuaire païen dont la trace a complétement disparu.

DISTRICT DE BOTROUN

Dans le district de Botroun, je signalerai d'abord le monastère de Jean Maroun. Il est situé au sud de l'Oued-el-Djouz, au milieu de montagnes et de ravins hérissés de rochers et de chênes verts. De date fort ancienne, il a été rebâti complétement depuis soixante-dix ans. Mgr Joseph Fereifer l'agrandit en ce moment. Ce prélat préside lui-même à tous les travaux qui se font sous son active et intelligente direction. Évêque *in partibus* de Laodicée de Syrie, il est en même temps l'un des grands vicaires de S. Ém. le patriarche. C'est dans ce monastère qu'a vécu autrefois Jean Maroun; c'est là aussi qu'avait été rapportée par lui la tête du premier Maroun, le pieux anachorète des bords de l'Oronte. Le souvenir de ces deux religieux portant le même nom et associés ensemble dans la mémoire et dans la vénération des Maronites, ainsi que dans le culte de l'Église elle-même, qui les honore comme des saints, est donc attaché à ce couvent, qui est à la fois un collége et un séminaire, et qui compte quatre-vingts élèves, dont trente séminaristes.

A un kilomètre et demi à l'ouest-sud-ouest de Deir Mar-Maroun s'élève sur un haut plateau le village de Kefer-Hay. Patrie de Mgr Joseph Fereifer, il occupe l'emplacement d'une localité ancienne dont il subsiste plusieurs tombes creusées dans le roc, des citernes, des pressoirs et quelques faibles débris d'un temple, consacré jadis à Jupiter, et datant de l'an 158 de notre ère, comme le prouve un fragment d'inscription grecque qu'on m'y a montré près d'une église, sur un beau bloc malheureusement mutilé. Sept kilomètres au sud-ouest de Kefer-Hay, après avoir franchi successivement plusieurs ravins très-profonds, après avoir laissé de côté trois villages et gravi des montagnes plus ou moins âpres, mais cultivées, on arrive au couvent dit Deir Kfifan. Il a été fondé en 1775 et est destiné à élever des séminaristes religieux, c'est-à-dire à former des prêtres pour les monastères et non pour les paroisses. La règle y est très-austère. La chapelle renferme, dans une sorte de cercueil dont le couvercle est vitré, et par conséquent transparent, le corps assez bien conservé d'un saint moine nommé Namath-Allah, et mort dans le couvent en odeur de sainteté, le 14 janvier 1858. De nombreux pèlerins viennent quelquefois de fort loin vénérer ce pieux religieux et implorer son intercession auprès du ciel.

Si l'on poursuit sa route vers l'ouest-sud-ouest pendant six autres kilomètres, on parvient à Semar-Djebeil : le village a succédé à une ville antique dont nous ignorons le nom, mais qui a dû avoir quelque importance, comme le prouvent les nombreuses citernes creusées dans le roc que l'on rencontre presque à chaque pas. Il renferme une grande église à quatre nefs, consacrée à Mar Noura; c'est le *sanctus Lucius* du Bréviaire romain. Le saint patron qu'on y vénère, et dont le nom veut dire *lumière*, est invoqué par tous ceux qui ont mal aux yeux et qui y viennent en pèlerinage. Cette église a été construite avec des matériaux antiques, parmi lesquels on remarque plusieurs tronçons de colonnes engagés dans l'épaisseur des murs.

A quelque distance de là on observe sur un rocher, aplani à dessein par la main de l'homme, et contenue dans une sorte de cartouche, une inscription grecque qui nous apprend qu'une certaine Aurélia, femme d'Héracléon, repose dans le tombeau de son fils Héracléon, après avoir vécu cent dix ans. La date de sa mort est fixée à l'année 553, ce qui répond à l'an 241 de Jésus-Christ, en prenant pour point de départ l'ère des Séleucides.

Mais ce qui attire surtout l'attention à Semar-Djebeil, c'est une forteresse du moyen âge depuis longtemps en ruine, et qui paraît avoir succédé à une autre beaucoup plus ancienne, comme semblent l'indiquer les fossés creusés dans le roc qui la précèdent vers l'est et vers le sud-est. Le grand quadrilatère irrégulier qu'elle constitue était flanqué de tours, qui défendaient un double étage de magasins voûtés en ogive et bâtis presque entièrement avec des pierres de faible appareil; au centre s'élevait une tour carrée ou donjon dont le blocage presque seul subsiste encore, les gros blocs qui le revêtaient ayant été pour la plupart enlevés. Ce donjon, qui à certains endroits a été taillé dans le roc évidé, doit être, au moins dans sa base, bien antérieur à l'époque du moyen âge. De son sommet on embrasse un très-vaste horizon, et le seigneur qui y résidait pouvait de là inspecter un immense territoire, depuis la grande chaîne du Liban, à l'est, jusqu'à la Méditerranée, à l'ouest.

Des carrières voisines ont été jadis exploitées par les anciens habitants du pays, avant de l'être plus tard par les croisés.

C'est aux premiers qu'il faut attribuer plusieurs figures assez grossièrement sculptées sur la façade nord de l'espèce de grand soubassement rocheux qui porte le château. On distingue dans un premier médaillon carré une niche où sont représentés deux personnages très-mutilés et aux contours effacés; l'un est debout et semble tenir une de ses mains levée et l'autre repliée sur lui-même; le second personnage paraît assis. Près de là on aperçoit trois autres médaillons, renfermant dans leur cadre cinq personnages plus petits et dont les têtes sont brisées; ils figurent probablement une procession d'adorateurs qui viennent vénérer les deux grands personnages précédents, dans lesquels, sans doute, il est permis de reconnaître Baal et Baaltis, l'Adonis et la Vénus des Grecs et des Romains. Au-dessous de ces divers médaillons est un tombeau creusé dans le roc qui contient six *loculi* ou loges à cadavres. Il sert actuellement d'étable à des troupeaux, et, pendant l'hiver, il devient une véritable citerne, l'eau de la pluie y pénétrant.

Transportons-nous maintenant dans la partie à peu près centrale du district de Botroun. Là est le village d'Ahsia, dont la population est de cinq cents Maronites. Il est situé sur une hauteur dont le point culminant est occupé par une grande église dédiée à saint Georges, et qui a été aux trois quarts construite avec de beaux matériaux provenant d'un temple antique. Il subsiste encore de ce dernier édifice quelques pans de murs bâtis avec des blocs très-réguliers et reposant sans ciment les uns sur les autres, un magnifique linteau de porte brisé et plusieurs fragments de colonnes épars sur le sol.

Plus loin, vers l'est, s'élève dans une vallée et le long de ses pentes le grand village de Douma. Il compte trois mille habitants, dont quinze cents Grecs schismatiques et douze cents Grecs-unis; le reste consiste en Maronites et en Métoualis. J'ai trouvé et examiné dans ce village une école de jeunes garçons dirigée avec beaucoup de zèle par un jeune prêtre grec catholique nommé Mikaïl, et ancien élève des Lazaristes d'Antoura. Là, sous sa main douce et ferme à la fois, vivent en bonne harmonie des enfants appartenant à toutes les communions du pays.

DISTRICT DE MENITHRI

Le district de Menithri est situé au sud-est du précédent. Pour l'atteindre, en partant de Douma, on traverse d'abord jusqu'à Tartedj une région âpre, mais cultivée. Le sentier qui de là conduit à Djadj est des plus accidentés, au milieu de plantations de vignes et de figuiers; mais ensuite la contrée prend un aspect de plus en plus sauvage, et la route, à peine tracée, serpente à travers des montagnes boisées, couvertes de vieux arbres dont beaucoup ont excité mon admiration. Malheureusement ces forêts sont ravagées sans pitié et sans relâche par les bûcherons, qui y font du charbon, ou par les bergers, qui y promènent leurs troupeaux. L'essence qui domine est le chêne vert. Des rochers, aux formes les plus fantastiques, apparaissent de tous côtés aux regards. Sur plusieurs de ces rochers, là comme dans d'autres parties du Liban, on lit des inscriptions latines où le nom de l'empereur Hadrien est écrit, soit en toutes lettres, soit en monogramme, avec des formules qui varient. Au premier abord, on pourrait croire, ainsi que l'a observé M. Renan, que cet empereur, qui avait beaucoup voyagé et qui, dit-on, avait traversé le Liban, avait fait graver son nom, en souvenir de son passage, sur différents points et avec des formules diverses que les archéologues n'ont pu encore toutes interpréter. L'une de ces formules additionnelles la plus fréquente est AGIVCP, dont M. Renan a retrouvé en plusieurs endroits la leçon complète, qui est la suivante :

ARBORVM GENERA IV CETERA PRIVATA

ce qui a fait supposer à ce savant académicien qu'on peut considérer ces inscriptions, que l'on rencontre généralement dans les parties les plus boisées du Liban, ou du moins qui l'étaient autrefois, comme des sortes de règlements gravés par l'ordre d'Hadrien, et dans lesquels on faisait la distinction des quatre essences d'arbres réservées à l'État de celles qui étaient abandonnées aux coupes des particuliers.

Karteba, où l'on arrive enfin, est l'un des villages les plus importants de ce district. Il a une population de deux mille cinq cents habitants, tous Maronites. Situé au pied d'une hauteur considérable, il domine lui-même les profondeurs escarpées du Nahr Ibrahim. Les maisons en sont dispersées au milieu d'une immense plantation de mûriers et bâties la plupart avec des pierres basaltiques. On y voit plusieurs églises et, dans le voisinage, un grand couvent assis sur une faible éminence. Les pentes de la montagne qui commande le village sont plantées en vignes.

A six kilomètres à l'est-nord-est de Karteba, le village de Merhaïreh est construit tout entier avec les ruines d'une localité antique, appelée jadis Janoah. On y remarque plusieurs petites églises, construites avec d'anciens matériaux; l'une entre autres, consacrée à saint Georges, a succédé à un temple païen assez bien conservé et qui ne manque pas d'élégance.

En poursuivant notre route vers le nord-est, le long de la berge occidentale d'un torrent qui est l'un des affluents supérieurs du Nahr Ibrahim, nous atteignons, au bout de sept kilomètres, le village d'Akoura. Il est adossé au nord et à l'est à de hautes montagnes d'où plusieurs fois sont tombées des avalanches de neige qui ont emporté ou enseveli des maisons. Sa population est de dix-huit cents habitants. Au-dessus du village, vers le nord, plusieurs anciennes grottes sépulcrales ont été bouchées; l'une d'entre elles seule, la plus grande et la plus remarquable, a été depuis longtemps convertie en oratoire et consacrée à saint Pierre et à saint Paul. Elle renferme plusieurs auges funéraires; au fond est l'autel dédié aux deux saints. Une fontaine abondante fournit aux habitants une eau

Pont naturel d'Akoura.

intarissable et alimente un ruisseau qui, par de nombreuses rigoles, va arroser des plantations de vignes, de mûriers et de tabac. Çà et là aussi s'élèvent de gigantesques noyers.

A six kilomètres au sud d'Akoura, je dois signaler l'une des curiosités du Liban : c'est un gros rocher horizontal, mesurant vingt pas de long sur cinq de large, et jeté en guise de pont naturel au-dessus d'une grotte béante d'où jaillit un ruisseau qui court mêler ses eaux à celles du Nahr el-Akoura.

La route qui d'Akoura traverse vers l'est l'une des gorges du Djebel el-Menithri est fort intéressante à examiner, parce qu'elle a dû être suivie de toute antiquité par la plupart de ceux qui des plaines d'Héliopolis voulaient gagner le cœur du Liban et ensuite la côte de la Phénicie. On gravit d'abord un sentier étroit le long d'un ravin profond et d'aspect sauvage. Au bout d'une demi-heure d'ascension, à partir d'Akoura, on s'aperçoit que ce sentier est tout à fait taillé dans le roc et forme un escalier divisé par plusieurs paliers. En cet endroit, on n'est séparé d'un abime presque vertical que par une masse rocheuse qui a été coupée par le milieu pour faire place à la route. Celle-ci est tellement resserrée, que deux cavaliers ont peine à passer de front. Là, vers la gauche, sur la surface du roc aplani, on lit les caractères suivants :

IMP. DOMITIANI. AVG. S. V. T.

La seconde ligne de l'inscription est entièrement effacée, mais la première que je viens de transcrire suffit pour nous permettre d'en conclure que la route a été, sur ce point, mise dans l'état où on la voit encore maintenant, par l'empereur Domitien. Au delà, vers l'est, la montée continue pendant deux heures au moins, et l'on parvient enfin sur un plateau élevé d'où l'on commence à apercevoir les sommets de l'Anti-Liban; puis, après avoir cheminé quelque temps sur ce plateau onduleux, on descend des pentes de plus en plus roides, hérissées de broussailles et parsemées de chênes verts, où les chevaux glissent, plutôt qu'ils ne marchent, à travers une quantité énorme de petites pierres roulantes, qui semblent avoir été désagrégées par les neiges, et l'on est heureux ensuite de faire halte à Yammouneh. C'est un petit village qui se compose d'une trentaine de maisons habitées, moitié par des Métoualis, et moitié par des Maronites. Il avoisine un lac situé à un kilomètre plus au sud et dont le bassin, qui se dessèche en grande partie pendant l'été, peut avoir, quand il est rempli, quatre kilomètres de long sur deux de large. Ce lac est alimenté par de nombreuses sources. La plus considérable, appelée *Neba el-Arbaïn* (la source des Quarante), jaillissait, il y a quelque temps, d'une grotte profonde; mais depuis quatre ans, à la suite d'un travail très-remarquable exécuté par les habitants d'Yammouneh, cette grotte a été bouchée par le bas, exhaussée par le haut et transformée en une sorte de puits, d'où, à l'époque des grandes pluies ou de la fonte des neiges, l'eau remonte et déborde dans un canal qui l'amène à Yammouneh, dont elle arrose le territoire. Du pied néanmoins de la grotte un ruisseau abondant s'échappe encore et fait tourner un moulin, avant de se jeter dans le lac. On a donné à cette source le nom de *source des Quarante*, parce qu'elle ne commence, dit-on, à déborder du puits que lors de la fête des quarante Martyrs de Sébaste. A en croire également les habitants du pays, elle aurait une communication secrète, à travers toute l'épaisseur du Djebel el-Menithri, avec la source d'Afka dont je parlerai bientôt. Indépendamment de la source que je viens de mentionner, une foule d'autres de divers côtés portent au lac le tribut de leurs eaux. Comme elles coulent avec beaucoup moins de force pendant l'été, et que, dans la vallée où le lac s'étend entre deux chaines de hauteurs parallèles, l'évaporation est alors très-grande, il tarit aux trois quarts durant les mois de l'année les plus chauds, et sa surface verdoyante, mais molle et spongieuse, n'est plus sillonnée que par une dizaine de ruisseaux qui aboutissent tous à un bassin très-réduit et long seulement de quatre cents pas sur deux cents de large. Par contre, il est extrêmement profond dans sa partie centrale et fourmille de petits poissons. On appelle cette sorte de gouffre *El-Baloua* (l'endroit où l'eau s'engouffre).

A l'extrémité nord-ouest du lac s'élève un monticule qui semble factice, et qu'entoure un ruisseau qui le transforme en une sorte d'îlot relié à la terre ferme au moyen d'une chaussée. Il est, en outre, environné d'une grande enceinte rectangulaire, mesurant cent vingt pas de long sur quatre-vingts de large. Elle a été construite avec de magnifiques blocs bien appareillés, disposés, les uns dans le sens de leur longueur, et les autres dans celui de leur largeur, afin de donner au mur plus de solidité et de cohésion. Les assises inférieures sont seules en place. Aucun ciment ne les relie entre elles. Sur le point culminant du monticule, qui est de terre et actuellement livré à la culture, on avait érigé un temple auquel donnaient accès plusieurs degrés. Il parait avoir été peu considérable; mais les blocs encore en place attestent qu'il avait été bâti avec des pierres de taille de dimensions colossales. Quelques voyageurs ont cru reconnaître dans ce sanctuaire païen, dont il ne subsiste plus que de faibles vestiges, le fameux temple de Vénus Aphaca; mais c'est une erreur que réfutent les textes anciens relatifs à ce dernier monument, lequel se trouvait à Afka, où l'on en voit encore les ruines.

Il faut environ quatre heures et demie de marche pour se rendre directement du lac Yammouneh à cet endroit. On suit d'abord vers le sud-ouest les pentes orientales du Djebel el-Menithri, puis on gravit de l'est à l'ouest cette montagne par une seconde gorge, parallèle à la précédente, à onze ou douze kilomètres plus au sud. Cette gorge est pareillement très-âpre à la montée et très-rapide à la descente. Il est inutile d'ajouter que lorsqu'on est parvenu, non sans de grandes fatigues, au point extrême de l'ascension, on est de même dédommagé de sa peine par l'admirable coup d'œil dont on jouit sur le Liban, sur l'Anti-Liban et sur la vallée de la Bekaa, au milieu de laquelle on distingue dans le lointain l'acropole de Baalbek et l'oasis de verdure qui l'entoure. En redescendant le versant opposé de la montagne, on traverse des bois de chênes verts clair-semés, puis une véritable forêt, beaucoup plus compacte, de magnifiques genévriers dont les puissantes racines et les troncs énormes accusent tout à la fois la vigueur et la vieillesse. C'est ainsi que l'on arrive enfin à la grotte d'Afka.

Elle s'enfonce dans les flancs occidentaux et inférieurs du Djebel el-Menithri, que nous venons de franchir deux fois dans deux passes différentes. Surmontée d'une espèce de muraille gigantesque de rochers presque verticale, elle est en partie naturelle et en partie artificielle, car elle a dû être agrandie par la main de l'homme, qui a tiré de là très-probablement la plupart des matériaux qui ont servi à bâtir le temple d'Afka. Sa profondeur est de cinquante-six pas, et sa plus grande largeur, de vingt. Divisée en deux étages, elle est encombrée d'énormes blocs dont quelques-uns sont tombés des voûtes. L'étage supérieur aboutit à un étroit corridor qui se prolonge très-avant dans les flancs de la montagne, et qui peu à peu devient très-bas. La grotte était à sec au moment où je la visitai, au mois d'août; mais pendant une grande partie de l'année, surtout à l'époque des pluies ou de la fonte des neiges, un ruisseau impétueux jaillit avec force du corridor que j'ai signalé et de plusieurs autres fissures voisines, et tombe bruyamment en cascade du haut des rochers qui obstruent l'entrée de la grotte. Lors de mon passage à Afka, l'eau sourdait seulement avec abondance au bas et en dehors de cet amas de rochers; puis, recevant celle d'une cascade provenant du Nahr el-Menithri, elle formait, au delà d'un petit pont près d'un moulin, une belle chute par deux ouvertures, et s'élançait écumante dans un bassin qui est peut-être naturel, mais que l'homme semble avoir régularisé. De ce réservoir supérieur elle retombait dans un second, et de celui-ci dans un troisième par deux ressauts successifs, d'où enfin elle se précipitait en bouillonnant dans le lit du Nahr Ibrahim. Ces différentes cascades superposées étaient aussi agréables à voir qu'à entendre, et je ne me lassais point de les contempler, ni de prêter l'oreille au murmure éclatant et harmonieux qui s'en échappait, et dont retentissaient tous les échos d'alentour.

Au sud et au-dessus de la grotte, on observe sur une plate-forme une masse confuse de ruines; ce sont celles du célèbre temple de Vénus Aphaca, auquel parait avoir été accolé vers le nord un autre édifice en forme de tour, qui renfermait probablement, comme le suppose M. Renan, l'un des cénotaphes d'Adonis, le culte de ces deux divinités étant presque toujours associé ensemble dans cette région du Liban, principalement le long du fleuve qui était consacré à l'amant de Vénus et portait son nom. Du côté de l'est, c'est-à-dire du côté de la source et dans les soubassements du temple, on remarque l'ouverture cintrée d'un petit canal, et plus bas une autre ouverture circulaire par laquelle de dessous le temple même sort une source, qui pendant l'hiver est très-abondante, et l'est beaucoup moins en été. Près de là, un vieux figuier est l'objet d'une grande vénération de la part des Métoualis des villages d'Afka et d'El-Menithri; ils y suspendent, en guise d'ex-voto, des lambeaux d'étoffe provenant des personnes qui leur sont chères et dont la santé leur inspire de l'inquiétude. Devant cette même face du temple, un énorme bloc cubique, assez grossièrement taillé, semble avoir été un ancien autel où l'on offrait, soit des victimes, soit de l'encens. Nicéphore Calliste (*Histoire ecclésiastique*, liv. VIII, ch. xxx) nous apprend qu'on célébrait à Aphaca un culte honteux en l'honneur de Vénus, et que le temple qui lui était dédié fut détruit par Constantin :

« *Simile quiddam etiam in Aphacis fecit (Constantinus). Templum namque Veneris istic ad Libanum montem demolitus, una quoque fœdos et indecentes, qui mixtim fiebant, concubitus prorsus sustulit.* »

Selon Sozomène (liv. XI, ch. li), le temple de Vénus d'Aphaca était dans un lieu écarté du Liban, détail qui s'accorde très-bien avec la position de l'édifice dont il s'agit en ce moment. Abattu par l'ordre de Constantin, à cause des infamies qui s'y commettaient, ce temple fut peut-être restauré à l'époque de Julien, car nous savons par Zosime (*Histoires*, liv. I, ch. lviii) que de son temps, c'est-à-dire au cinquième siècle de notre ère, il s'y produisait encore des prodiges qui semblent indiquer que ce sanctuaire avait alors des ministres et des adorateurs. Actuellement il est renversé de fond en comble, et le plan même en est difficilement reconnaissable. Des pans de murs entiers, bâtis avec des pierres de taille de moyennes dimensions, mais régulières, sont gisants et comme projetés par terre tout d'une pièce. Au milieu des ruines, on aperçoit un petit autel et plusieurs tronçons de colonnes de granit rose dont le diamètre est de quatre-vingt-cinq centimètres. On se demande comment les fûts de pareilles colonnes, quand ils étaient intacts, et par conséquent d'un poids si lourd, comme l'indique leur diamètre, ont pu de la haute Égypte, où se trouvent leurs carrières, être transportés jusque-là, lorsqu'on songe à la difficulté énorme que devaient présenter les chemins depuis la mer jusqu'à Aphaca.

Le mot Aphaca, en arabe, par contraction Afka, signifie *sortie, origine, source*. Une semblable dénomination convient donc parfaitement à la localité où nous sommes et où jaillit une source si importante. Zosime (liv. I, ch. lviii) nous donne, au sujet d'un étang qui avoisinait, selon lui, le temple d'Aphaca, les détails suivants :

« Dans un lieu nommé Aphaca, qui est entre Héliopolis et Byblos, était un temple de Vénus, auprès duquel se trouvait un étang qui ressemblait à une piscine faite de main d'homme. Non loin du temple et dans les endroits voisins, on voit un feu semblable à une lampe ou à un globe, toutes les fois que l'on s'y assemble aux jours qui sont marqués pour cela. Ce prodige a duré jusqu'à notre temps. Tous ceux qui assistaient à cette assemblée apportaient en don à Vénus des ouvrages d'or et d'argent, des toiles de lin ou de byssus, ou de quelque autre matière précieuse. Ils jetaient ces offrandes dans le lac : si elles étaient agréables à la déesse, les toiles allaient au fond de l'eau, de même que les ouvrages de métal; si, au contraire, elles ne lui plaisaient pas, les ouvrages de métal, de même que les toiles, surnageaient au-dessus de l'eau. »

Comme on ne rencontre dans cette région du Liban aucun autre lac que celui d'Yammouneh, dont nous avons dit un mot précédemment, plusieurs auteurs ont pensé qu'il fallait identifier ce dernier avec celui dont parle Zosime; mais, comme l'ont remarqué très-justement quelques critiques, et entre autres M. Renan, la distance considérable qui sépare le lac d'Yammouneh des ruines du temple d'Afka est une difficulté capitale, Zosime affirmant, au contraire, que le lac était voisin du temple. Il

SOURCE D'AFKA (APHACA).

est donc plus naturel de penser que ce lac, *semblable à une piscine faite de main d'homme*, expression qui ne conviendrait guère au grand lac d'Yammouneh, était tout simplement l'un des bassins que j'ai mentionnés, et où l'eau de la source tombe en cascade. Quant au village d'Afka, reste de l'ancienne ville d'Aphaca dont il a fidèlement conservé le nom, il est situé sur une hauteur peu éloignée du temple, vers l'ouest. Il consiste en un amas de maisons assez mal bâties, et dont la moitié sont renversées. Au centre d'un cercle de pierres, servant de lieu de prières pour les habitants qui sont Métoualis, on remarque une jolie colonne en granit rose, qui provient sans doute de l'antique temple de Vénus. Autour du village s'étendent des jardins plantés de mûriers, d'amandiers, de noyers et de vignes. La ville descendait autrefois plus bas et se rapprochait davantage de son sanctuaire, qu'environnaient des bosquets sacrés. Il subsiste encore sur les différentes plates-formes successives qu'ils couvraient, de vieux genévriers, de gigantesques noyers et des figuiers énormes, témoins peut-être jadis des mystères honteux qui ont donné à ce lieu une triste célébrité.

En face d'Afka et de l'autre côté du ravin du Nahr Ibrahim, le village de Menithri n'est habité que par un petit nombre de Métoualis, auxquels se joignent quelques familles maronites. A l'époque des croisades, un petit château qui est actuellement détruit de fond en comble s'élevait en cet endroit; c'était l'un des fiefs des comtes de Tripoli; la famille qui le possédait portait le nom de *seigneurs de Monestres*. Il devait avoir une certaine importance, parce qu'il commandait l'un des passages qui établissaient une communication entre le Liban et la Cœlésyrie.

DISTRICT DE FETOUEH

Ce district comprend tout le cours moyen et inférieur du Nahr Ibrahim, le fleuve Adonis des anciens. Rien de sauvage et de romantique comme la vallée où serpente ce torrent. Les berges escarpées qui le bordent se dressent quelquefois comme d'immenses murailles rocheuses au bas desquelles le fleuve gronde, court et écume. Là où les rives sont moins abruptes et peuvent se prêter à la culture, s'élèvent des villages ou des hameaux qu'entourent des plantations de vignes, de figuiers et de mûriers disposés d'étage en étage, et arrosés par des canaux supérieurs ou par des sources jaillissant des flancs des montagnes latérales. Celles-ci ont une hauteur moyenne de onze cents à douze cents mètres. Tantôt elles sont couvertes ou plutôt hérissées de chênes verts nains, ne dépassant guère la taille de simples broussailles; tantôt elles sont revêtues de forêts épaisses de pins et de beaux chênes, entremêlés de térébinthes, qui atteignent des proportions considérables, partout où ils trouvent assez de terre végétale pour jeter de profondes racines et puiser une sève féconde. Là même où le roc se montre seul aux regards, et ne semble laisser place à aucune végétation, on voit quelquefois des arbres surgir avec beaucoup de force et, brisant les obstacles qui entravent leur poussée, s'élancer hauts et vigoureux à travers les fissures des rochers entr'ouverts. A son embouchure dans la mer, le Nahr Ibrahim teint, à certains moments, ses eaux en rouge. Cela vient de ce que les terres qui composent ses rives, étant en plusieurs endroits rougeâtres, sont entraînées, à l'époque des grandes pluies, dans son courant et lui communiquent les couleurs qu'elles ont elles-mêmes. Les anciens, au contraire, s'imaginaient que cette nuance était due au sang d'Adonis. La mythologie, en effet, nous apprend qu'Adonis, fruit d'un commerce incestueux, était le fils de Cinyras, roi de Chypre et de Phénicie, qui avait une de ses résidences à Byblos, et de Myrrha, sa fille, née dans le Liban. Devenu grand, il était d'une merveilleuse beauté, et Vénus, éprise d'amour pour lui, abandonna le séjour de Cythère, d'Amathonte et de Paphos, pour le suivre dans les forêts du Liban, où il aimait à chasser. Mars, jaloux de la préférence qu'elle donnait au jeune prince, se transforma en sanglier, ou, selon d'autres, suscita contre lui un énorme sanglier. Cet animal féroce se jeta sur Adonis et le blessa à mort. Vénus accourut, mais trop tard, au secours de son amant. Ressuscité ensuite par Jupiter, il passa alternativement six mois dans le sombre royaume de Proserpine, qui avait également conçu une vive passion pour lui, et six mois sur la terre. A sa mort, une fête annuelle fut instituée en Phénicie, en souvenir de son trépas prématuré; elle durait huit jours, et le culte d'Adonis se répandit bientôt de là dans beaucoup de contrées.

« A Byblos, dit Lucien, qui en avait été le témoin (*De dea Syria*, ch. VIII), toute la ville, au jour fixé pour la solennité, prenait le deuil et commençait à donner des marques publiques de douleur. On n'entendait de tous côtés que des gémissements. Les femmes, qui étaient les ministres de ce culte, couraient les rues la tête rasée et se frappant la poitrine. Le dernier jour de la fête, le deuil se changeait en joie, et chacun célébrait la résurrection d'Adonis. Cette fête était célébrée en même temps dans la basse Égypte. Les Égyptiens exposaient sur la mer un panier d'osier renfermant une tête de mort, et qui, poussé par un vent favorable, abordait de lui-même sur les côtes de la Phénicie, où les femmes de Byblos qui l'attendaient avec impatience l'emportaient dans la ville; et c'est alors que l'affliction publique se changeait en une joie universelle. »

Pendant la solennité, les eaux mêmes du fleuve Adonis, qui était ainsi nommé parce que ce prince avait succombé dans l'une des forêts qui bordent son cours, se coloraient de rouge, et l'on prétendait que c'était au sang du favori de Vénus qu'était due cette coloration, toute naturelle néanmoins, comme nous l'avons dit tout à l'heure.

Si l'Aphrodite des Grecs, la Vénus des Romains, doit être identifiée avec l'Astarté des Phéniciens, Adonis de son côté, dont le nom phénicien *Adoni* signifie *seigneur*, était le même dieu que Melkarte, le grand Seigneur, Jupiter, Baal et le Dieu-Soleil, dont la mort et la naissance sans cesse renouvelées étaient personnifiées dans celles d'Adonis.

Nous avons déjà rencontré à Afka, dans les ruines du temple que j'ai signalé, les deux cultes associés de Vénus et d'Adonis; nous allons les retrouver encore à Machnaka. Là, sur le plateau d'une haute montagne, ce qui attire tout d'abord l'attention, ce sont deux roches taillées verticalement en forme de deux grandes stèles et se faisant vis-à-vis. Sur l'une est figurée une niche ornée de pilastres ioniques et surmontée d'un fronton triangulaire; elle renferme, dans son cadre peu profondément creusé, un personnage debout, le bras droit levé en l'air et le bras gauche replié sur la poitrine. A droite et à gauche de ce personnage, dans des cadres analogues, mais de moindres dimensions, sont deux personnages secondaires, tournés vers le premier et qui semblent l'adorer, ou du moins lui servir de satellites.

En face de cette stèle de style grandiose, quoique un peu grossier, se dresse une autre stèle semblable dont la niche, identique avec la précédente, contient une figure assise et qui semble pleurer. A droite et à gauche de ce personnage sont également représentés dans des cadres parallèles deux personnages beaucoup plus petits, et aujourd'hui à moitié effacés, mais qui, à cause de leur direction vers le personnage central, paraissent dépendre de lui.

Le premier des deux personnages principaux est probablement Adonis, et le second, Vénus. L'une de ces stèles a été creusée intérieurement dans sa partie supérieure, de manière à former une auge sépulcrale dont le couvercle, à toit triangulaire, a été déplacé; elle mesure au dedans deux mètres de long sur soixante-cinq centimètres de large.

A côté de la première stèle, sur un rocher voisin, une troisième, arrondie à son sommet, renferme dans son cadre un personnage debout et fort dégradé, dont les traits sont peu distincts. Au-dessus de ce même rocher, un couvercle gigantesque, de forme prismatique et déplacé, recouvrait autrefois une auge sépulcrale, creusée, comme la précédente, dans les flancs supérieurs de la stèle et mesurant la même étendue.

Plusieurs autres rochers non loin de là ont été pareillement excavés en auges sépulcrales, qui toutes ont été violées, les couvercles qui les fermaient ayant été enlevés.

Plus haut, les traces de maisons détruites se rencontrent à chaque pas. En continuant à monter encore, on arrive sur une plate-forme que délimite une enceinte rectangulaire, longue de quatre-vingt-quinze mètres sur cinquante de large. Construite avec de beaux blocs, elle avait son ouverture vers l'est et est maintenant, sauf quelques pans de murs, bouleversée de fond en comble. C'était le téménos ou l'enceinte d'une cour sacrée dont la partie occidentale était entourée d'un portique carré, orné de colonnes corinthiennes monolithes, aujourd'hui gisantes à terre, avec leurs fûts et leurs chapiteaux brisés et dispersés. Au centre du portique s'élevait sur un soubassement un édicule, qui semble avoir été soit un autel, soit un cénotaphe en l'honneur d'Adonis. M. Thobois, l'habile architecte qui accompagnait M. Renan dans sa mission scientifique en Phénicie, a essayé d'en donner une restitution.

Cette enceinte, depuis longtemps désertée par les adorateurs du dieu qu'on y vénérait, est actuellement plantée en tabac, et une maison de paysan, située à l'un des angles, a été en partie bâtie avec des matériaux antiques provenant de là. Cet endroit s'appelle Machnaka ; on lui donne également le nom de Chir el-Meiaan (rocher du Midan ou de la place où l'on exécute des courses).

Au sud du Nahr Ibrahim et à quelque distance des bords opposés du fleuve, on trouve, près d'un village appelé Rhineh, un autre sanctuaire consacré à la mémoire d'Adonis. Ce village, à présent peu considérable, a succédé à une ancienne ville de quelque importance dont les ruines sont assez étendues. Il est situé sur un plateau élevé et onduleux, où l'on ne parvient, vers le sud, que par un sentier pratiqué en forme de long escalier, qu'il faut gravir péniblement pendant plus de trois quarts d'heure,

GORGE DE LA SOURCE DITE NEBA EL-LEBEN, AU-DESSUS D'UN PONT NATUREL APPELÉ DJISR EL-HADJAR.

et dont les marches, usées et creusées par le pied des mulets et des chevaux, sont en outre encombrées de pierres, ce qui en rend l'ascension des plus laborieuses. A droite et à gauche du sentier croissent, de distance en distance, de beaux chênes verts. Le village de Rhineh, que l'on atteint enfin, se compose de deux cents habitants. L'emplacement qu'il occupe est parsemé de matériaux antiques, ainsi qu'une colline qui le domine. A une faible distance de là, on observe sur un rocher aplani par la main de l'homme d'anciennes sculptures, assez grossièrement exécutées et ressemblant à celles de Machnaka. Sur l'une des faces du rocher, on remarque, à droite, dans un premier cadre, une figure de femme assise et éplorée, tenant l'une de ses mains sous son menton, et à côté, à gauche, dans un cadre plus grand, un personnage debout, cherchant à frapper avec un glaive ou un javelot un animal féroce, qui semble être soit un ours, soit un sanglier, et qui se dresse devant lui pour le déchirer. Sur une autre face du même rocher, on croit distinguer un personnage debout et un autre personnage renversé à terre, dont la forme est très-indistincte et à peine saisissable, et dans lequel, avec les RR. PP. Roze et Bourquenoud, je reconnais Adonis mort ou mourant et gisant sur le sol. M. Renan y a vu autre chose. Au-dessous de ces deux stèles, le rocher a été creusé en une grotte sépulcrale que l'on appelle *tombeau d'Adonis*.

La tradition qui règne dans le pays, et qui m'a été transmise par l'un des principaux habitants du village, est que le personnage debout et prêt à frapper que l'on aperçoit sur l'un des cadres est le roi Berdjis, et que la femme assise est sa femme. Ce nom de Berdjis est en arabe celui d'une planète, probablement celle de Jupiter ou de Baal, comme le fait observer M. Renan; la femme de Baal ne peut être, par conséquent, que Baaltis ou Vénus; tout nous ramène donc à la tradition antique. Dans Macrobe, nous lisons à ce sujet (*Saturnales*, l. I, ch. XXI) : « *Simulacrum hujus deæ (Veneris) in monte Libano fingitur capite obnupto, spectu tristi, faciem manu læva intra amictum sustinens. Lacrymæ visione conspicientium manare creduntur.* »

« Dans le mont Liban, cette déesse (Vénus) est représentée la tête voilée, l'air triste, et le visage appuyé sur sa main gauche, sous son voile; il semble qu'elle pleure aux yeux de ceux qui la considèrent. »

Une pareille description convient parfaitement à l'une des sculptures qui nous occupent en ce moment.

DISTRICT DE KESROUAN

Le district de Kesrouan, l'un des plus peuplés et des mieux cultivés du Liban, renferme beaucoup de points intéressants que je voudrais signaler au lecteur; je me bornerai à quelques-uns. Vers l'est jaillissent des flancs occidentaux du Djebel el-Menithri les sources abondantes et intarissables dites Neba el-Hadid (source du fer), Neba el-Açal (source du miel) et Neba el-Leben (source du lait). Ces différentes sources, après avoir arrosé de nombreuses plantations, vont se jeter dans différents lits de torrents, lesquels aboutissent au Nahr el-Kelb, dont je parlerai ultérieurement. Elles sont très-fraîches et d'une limpidité extrême. La plus importante et la plus digne d'attention est celle qui s'appelle Neba el-Leben. Elle sort avec une force extraordinaire de dessous un énorme massif rocheux, dont les parois nues et verticales s'élèvent à une très-grande hauteur, et dont la forme est celle d'un demi-cercle. L'eau, au moment même où elle s'élance impétueuse et bouillonnante des flancs de la montagne, est immédiatement recueillie dans un canal artificiel qui va semer au loin, par une foule de petits canaux secondaires, la fertilité qui autrement manquerait au sol. A quelques centaines de pas à l'ouest de la source, s'entr'ouvre un ravin profond, aux flancs escarpés et néanmoins cultivés là où la culture est possible. Sur ce ravin, la nature elle-même a jeté un pont appelé *Djisr el-Hadjar* (le pont du Rocher), et qui est l'une des merveilles du Liban. Il consiste en un gros rocher long de cinquante-cinq mètres, large de trente et épais de dix, qui s'étend horizontalement au-dessus du ravin, dont il domine le lit d'au moins vingt-cinq mètres. Plat et légèrement incliné du nord au sud dans sa partie supérieure, il s'arrondit en dessous, d'un côté, de façon à former un cintre, et repose sur deux espèces de consoles rocheuses qui semblent le supporter. Le tout est tellement régulier que plusieurs voyageurs ont cru y reconnaître la main de l'homme; mais d'autres pensent, et, je crois, avec raison, que c'est la nature toute seule qui a créé ce pont singulier, dont nous avons déjà vu ailleurs un spécimen moins remarquable et moins grandiose, à quelques kilomètres au sud d'Akoura. Pendant l'hiver et même au printemps, lorsque le canal de la source d'El-Leben déborde, et que cette source a un excédant d'eau qu'on ne peut utiliser pour les besoins de la culture ou des villages voisins, une grande partie de cette eau se déverse alors dans le lit du Nahr el-Leben, où elle forme une magnifique cascade, en rebondissant de roc en roc, spectacle saisissant que tous ceux qui en ont été les témoins ont admiré tour à tour. A vingt-cinq minutes à l'ouest de ce pont sont les ruines d'une ville jadis assez considérable, aujourd'hui renversée de fond en comble, sauf les monuments que je vais décrire. Elles sont connues sous le nom de Kalat el-Fakra (château de Fakra). Les débris les plus importants sont ceux d'un temple. Il forme un rectangle long de trente-quatre mètres sur quatorze de large. Les murs ont un mètre d'épaisseur; ils sont construits avec des pierres de taille de moyenne dimension, mais très-régulières et placées alternativement les unes en boutisses, les autres dans le sens contraire et sans ciment. Ce temple est précédé vers l'est d'un vestibule soutenu sur six colonnes corinthiennes dont les chapiteaux et les fûts sont mutilés; elles mesuraient un mètre quinze centimètres de diamètre et reposaient sur des bases colossales qui offrent au milieu du dé qui les constitue une saillie très-prononcée. Cet édifice était lui-même enfermé dans une vaste cour rectangulaire, dont toute la partie occidentale était pratiquée dans le roc taillé à vif, et dont la partie orientale, située à un niveau inférieur et précédant le monument, était bâtie avec des blocs de beaucoup plus grandes dimensions que le temple proprement dit. Extérieurement, la façade de cette partie de l'enceinte était ornée de pilastres faisant saillie au dehors, comme cela se voit autour du haram d'Hébron et dans quelques assises encore debout de l'enceinte de la synagogue de Tell-Houm, l'antique Capharnaüm. Cette portion construite du parvis sacré était au dedans décorée de colonnes dont les fûts brisés gisent sur le sol; aux angles du portique qu'elles formaient avaient été placées des colonnes doubles.

Dans un champ voisin du temple, une construction carrée mesurant quatre mètres cinquante centimètres sur chaque face, et dont les assises inférieures seules sont encore en place, paraît avoir eu jadis une destination funéraire. Les blocs qui la composent sont tous très-réguliers et d'appareil gigantesque. L'un d'entre eux a quatre mètres de long, quatre-vingt-treize centimètres de haut et soixante-quinze centimètres de large.

A quelques minutes plus au nord, on observe sur un monticule un autre monument imitant la forme d'une tour carrée et mesurant seize mètres sur chaque face; il se terminait jadis en pyramide. Son élévation actuelle n'est plus que de sept mètres. Au-dessus de la porte d'entrée, une inscription grecque très-effacée contient le nom de Claude, et à l'un des angles de l'édifice, une autre inscription grecque moins fruste, gravée sur un gros bloc qui repose sur le sol, indique qu'il avait été construit, l'an 335, sur les revenus du grand Dieu. Cette date de 331, si l'on compte d'après l'ère des Séleucides, répond à l'an 43 de notre ère, par conséquent à l'époque du règne de l'empereur Claude. Quant au grand Dieu dont il est ici question, il ne peut être autre qu'Adonis, selon la remarque judicieuse de M. Renan. Ce monument était un tombeau, comme le prouve la chambre intérieure qu'il renferme, et à laquelle on parvient au moyen d'un étroit corridor ménagé dans l'épaisseur de la tour; un autre corridor conduit à la plate-forme sur laquelle s'élevait par retraites successives une petite pyramide, actuellement détruite. Cette chambre, dont la destination devait être évidemment funéraire, contenait-elle la dépouille mortelle de quelque grand personnage appartenant à la ville sur l'emplacement de laquelle nous sommes en ce moment, ou bien, au contraire, était-ce là encore l'un de ces cénotaphes consacrés à la mémoire d'Adonis, de ce dieu des Phéniciens qui, dans la terre de Byblos, était désigné sous la dénomination de *très-grand*, de *très-haut*, de *céleste*, de *satrape* ou de *souverain*? On peut hésiter entre ces deux attributions; j'incline volontiers pour la dernière.

Près de là, d'autres édicules, de dimensions peu considérables, mais tous construits avec des pierres de taille gigantesques, semblent avoir été d'anciens tombeaux et sont comme la reproduction de celui que j'ai signalé dans le voisinage du temple. Ailleurs, à côté d'un ravin dont les berges rocheuses ont été exploitées comme carrière, on trouve d'autres chambres sépulcrales ou de simples auges funéraires excavées dans le roc. Quel était le nom antique de la ville dont ces divers monuments sont les vestiges et attestent l'ancienne importance? On l'ignore complétement.

Dans le même district, en nous dirigeant vers l'ouest, nous rencontrons successivement, après avoir franchi les rives escarpées du Nahr Salib, les villages de Mirouba et de Faïtroun. Avant de parvenir à cette dernière localité, on traverse des collines toutes couvertes de pierres basaltiques, au milieu desquelles croissent de belles plantations de vignes, puis une suite de défilés dont les rochers affectent les formes les plus singulières et les plus fantastiques. Les uns se dressent dans les airs comme des flèches aiguës de cathédrale, d'autres présentent l'aspect de constructions gigantesques, et il faut s'approcher d'assez près pour reconnaître qu'on a affaire, non à des assises artificielles, mais à un simple jeu de la nature, ces prétendues assises n'étant que les couches horizontales d'énormes quartiers de roc régulièrement superposés. Tous ces rochers sont, en outre, profondément sillonnés par les neiges et par les pluies, qui, depuis des milliers d'années, les rongent, chaque hiver, pendant plusieurs mois, et ont creusé, à la longue, sur leurs flancs des espèces de rainures verticales ressemblant à des cannelures de colonnes. Çà et là, le sentier qui serpente à travers ces labyrinthes et ces gorges qui s'enchevêtrent réciproquement, devient tellement étroit que deux hommes de front peuvent à peine passer. Les Maronites se sont souvent retranchés dans ces défilés comme dans un asile inexpugnable, pour échapper à leurs ennemis ou les surprendre soudainement.

Faïtroun a succédé à une localité antique dont il subsiste encore des tombeaux creusés dans le roc et les restes d'une puissante construction bâtie avec des blocs de grandes dimensions. Suivant une tradition répandue encore dans le pays, ce village aurait gardé le nom intact d'une ancienne divinité phénicienne, ainsi appelée, qui avait été adorée en ce lieu. Il en serait de même de Reifoun et de Adjeltoun, autres villages situés plus au sud-ouest, et qui autrefois auraient vénéré des dieux topiques de ce nom.

Le village de Reifoun se compose d'une cinquantaine de familles maronites, dont les habitations sont dispersées au milieu de belles plantations de mûriers. Les Lazaristes d'Antoura ont en cet endroit une maison de campagne où ils viennent, depuis quelques années, chercher, pendant les vacances, un air plus vif et une température moins chaude qu'à Antoura, où ils ont leur collége. Au-dessus de leur établissement, ils possèdent un joli monticule qui s'élève par terrasses successives et dont les flancs et la plate-forme supérieure sont plantés de pins sveltes et gracieux qui font un charmant effet sous la voûte azurée du ciel. De cette espèce de belvédère on jouit, en outre, d'une vue aussi étendue que variée.

A quinze cents mètres au sud de Reifoun est un grand séminaire maronite. Bâti sur un petit plateau rocheux, il est lui-même entouré de roches grisâtres qui font partie de la chaîne dont j'ai parlé tout à l'heure, et dont la longueur, du sud-est au sud-ouest, peut être estimée à douze kilomètres. Cet établissement a été fondé vers 1713 par un patriarche maronite. Il avait été construit, dans le principe, pour renfermer, dans deux corps de bâtiments séparés, des religieux et des religieuses; mais ensuite, en 1834, ces deux couvents distincts ont été réunis et transformés alors en un grand séminaire destiné à assurer et à préparer le recrutement du clergé maronite. Vingt séminaristes y sont actuellement entretenus gratuitement, aux frais de la même famille dont l'un des ancêtres avait autrefois créé les deux monastères primitifs.

A trois kilomètres au sud-ouest de ce séminaire s'élève sur deux collines le village de Adjeltoun. Il compte douze cents habitants. Les maisons, comme celles de Reifoun, sont espacées au milieu de grandes plantations de vignes et surtout de mûriers. Quelques-unes, habitées autrefois par des familles princières, sont maintenant abandonnées et ne conservent plus que de faibles restes de leur ancienne splendeur. Si de Adjeltoun nous nous dirigeons vers l'est-sud-est, nous rencontrons, au bout de vingt-cinq minutes de marche dans cette direction, le grand séminaire de Roumieh. Il a succédé, en 1817, à deux monastères, l'un d'hommes, l'autre de femmes. L'endroit où il est situé a été jadis occupé par une bourgade dont il subsiste encore des tombeaux et des pressoirs creusés dans le roc, des médailles en assez grand nombre et beaucoup de grosses pierres de taille que l'on exhume, toutes les fois que l'on fouille tant soit peu le sol pour les besoins de la culture.

J'ai eu l'honneur de faire la connaissance à Cleyat, village très-rapproché de là, de Mgr Nematallah-Dahdah. Ce prélat porte le titre d'archevêque de Damas; il a en même temps sous sa juridiction une partie du Liban. Doué d'une instruction très-variée et aussi d'un esprit très-pénétrant, il est l'une des lumières du clergé maronite et l'une des intelligences les plus distinguées et les plus vives de la Montagne. Excellent cavalier, en outre, et parcourant sans cesse son diocèse avec sa belle jument, sans se laisser arrêter par aucun des obstacles qui obstruent ou rendent souvent si pénibles les sentiers libanais, il représentait à mes yeux ces évêques du moyen âge qui, sur leurs chevaux de bataille, conduisaient quelquefois les croisés au combat et ne savaient pas moins manier l'épée que la plume; très-aimable d'ailleurs et parlant fort purement la langue française, il inspire immédiatement beaucoup de sympathie à tous ceux qui l'approchent. Je passai auprès de lui de longues heures, recueillant avec soin de sa bouche tous les renseignements qu'il voulait bien me donner sur l'histoire de sa nation et principalement sur les événements dont il avait été le témoin ou même l'auteur. Il m'invita à l'accompagner dans une excursion, et, pendant que nous chevauchions ensemble par des chemins détestables, j'admirais l'adresse et l'audace avec lesquelles il savait se tirer, comme en se jouant, des pas en apparence les plus difficiles.

De retour à Reifoun, je me dirigeai à l'ouest vers Mar Challata. Ce monastère, fondé en 1628, était d'abord destiné à des religieux; mais ensuite il passa entre les mains de religieuses cloîtrées. Celles-ci sont actuellement au nombre d'une vingtaine et mènent une vie très-austère.

Non loin, au nord-ouest de ce couvent, un autre beaucoup plus remarquable attire l'attention de tous les voyageurs; c'est celui de Bzommar, l'un des plus intéressants du Liban. Il est occupé par

Pont naturel, appelé Djisr el-Hadjar (pont du Rocher).

des Arméniens et doit le nom qu'il porte au hameau qui l'avoisine, et dont tous les habitants sont les fermiers du monastère. Vaste et bien distribué, il a été fondé, en 1749, par le patriarche arménien

Abraham Pierre Ier. La chapelle actuelle date seulement de 1770. Elle est ornée de plusieurs beaux tableaux italiens. Une *Mater Dolorosa* passe pour être un original du Guerchin.

Au patriarche susnommé succéda Jacques Pierre II, qui fut quatre ans patriarche. Il eut lui-même pour successeurs, les uns après les autres, Michel Pierre III, Basile Pierre IV, Grégoire Pierre V, Grégoire Pierre VI, Jacques Pierre VII, Grégoire Pierre VIII. Tous ces patriarches arméniens catholiques ont résidé à Bzommar; mais, après la mort du dernier, le siége patriarcal des Arméniens-unis fut transféré à Constantinople. On connaît les divisions et le schisme qui, pendant quelques années, ont déchiré le sein de l'Église arménienne catholique. La discorde éclata alors aussi dans le couvent de Bzommar; mais la paix a fini par y rentrer, et les dissidents se sont soumis à l'autorité légitime. Ce magnifique établissement, qui a été agrandi à différentes époques, n'a été terminé qu'en 1834. Il renferme une congrégation de missionnaires, qui de là sont envoyés en Arménie, en Cilicie, en Mésopotamie et en Égypte. Il contient également un séminaire qui compte à présent vingt-cinq élèves, tous entretenus gratuitement. Le supérieur actuel est Mgr André Alexandrien, camérier du pape Léon XIII, et qui parle l'italien avec une grande pureté. Il m'accueillit avec beaucoup de bienveillance et voulut me faire lui-même les honneurs de son monastère. Parmi les évêques qui y résident, j'y vis Mgr Basile Gasparian, qui, au moment du dernier schisme, se montra si hostile à Mgr Hassoun Pierre IX, depuis nommé cardinal et remplacé à Constantinople sur le trône patriarcal par Mgr Étienne Azarian Pierre X. On peut remarquer que tous les patriarches arméniens que je viens de mentionner ajoutent à leurs noms celui de Pierre. Ils agissent ainsi pour témoigner de leur profond attachement à l'Église romaine et pour se distinguer de leurs frères séparés, qui eux, au contraire, ne reconnaissent pas la suprématie du Saint-Siége. Quant à Mgr Basile Gasparian, il a fait amende honorable, et, en retour de sa soumission, il a été nommé archevêque titulaire de Chypre et assistant du patriarche.

Dirigeons-nous maintenant vers Ghazir. Chemin faisant, après une route des plus accidentées, vers l'ouest-nord-ouest, nous rencontrons Ghousta, grand village de deux mille habitants. Il est bâti en amphithéâtre sur deux hautes collines qui se répondent et dont les flancs sont admirablement cultivés. La vigne, l'olivier et le mûrier les tapissent depuis la base jusqu'au sommet, et sont régulièrement disposés sur d'innombrables terrasses entretenues avec soin.

Parmi les cinq églises qui constituent les différentes paroisses du village, je dois mentionner spécialement celle de Saint-Joseph. Elle a été fondée, en effet, par le roi Louis XV, comme le prouve l'inscription latine suivante, gravée au-dessus de la porte d'entrée :

« *Ex Ludovici XV, Regis Galliarum, munificentia ædificium hoc erectum est.* 1769. »

« C'est grâce à la munificence de Louis XV, roi de France, que cet édifice a été érigé en 1769. »

Cette église servait alors de chapelle à un couvent de religieuses françaises, dites du *Sacré-Cœur de l'Enfant Jésus*. Le couvent est abandonné depuis longtemps et à moitié détruit. La chapelle elle-même est très-dégradée et aurait grand besoin de réparation. Comme c'est l'ouvrage d'un de nos rois, il serait digne de la France de ne pas la laisser tomber en ruine, et, à ce titre, je prends la liberté de la recommander à la générosité de ceux qui liront ces lignes.

A deux kilomètres au nord de Ghousta se montre, sur les pentes d'une vallée très-fertile, le village de Aïn-Ouarka, que domine le séminaire de ce nom. Celui-ci est l'un des plus grands du Liban. Il date de soixante-dix ans. La cour du cloître a pour ornement plusieurs beaux cyprès à la taille élancée, au feuillage épais.

A une faible distance, au nord de Aïn-Ouarka, le village de Maarab s'élève sur l'emplacement d'une bourgade antique que commandent à l'est et à l'ouest deux hautes collines qui se font vis-à-vis, et sur le sommet desquelles on distingue les débris de deux enceintes rectangulaires, construites avec d'énormes blocs bien équarris. L'une est appelée Kalat el-Maarab, et l'autre, Kalat el-Hasen. Les assises inférieures de la première sont encore à moitié en place; la seconde est bouleversée de fond en comble au milieu d'un fourré de chênes verts, de lentisques et de térébinthes. Toutes deux semblent être les restes d'anciens temples fortifiés.

Plus au nord encore est le village de Delebta, dont les maisons sont dispersées à travers d'immenses plantations de mûriers qui couvrent d'étage en étage les deux pentes d'une vallée qu'arrose une source abondante; il compte quinze cents habitants, tous Maronites.

En poursuivant sa route vers le nord, on laisse bientôt à sa droite, sur une hauteur, le couvent connu sous le nom de Saïdet el-Hakleh. Il est occupé par des religieuses. C'est là qu'a été reléguée et que mourut la fameuse Hendieh, dont je dirai un mot quand j'aurai à parler du monastère de Bkerki.

Aramoun, où l'on parvient ensuite, est un village très-considérable qui renferme trois cent quinze maisons, habitées par deux mille huit cents Maronites, occupés pour la plupart à la culture des mûriers et à l'élevage des vers à soie. L'air y est très-pur et l'eau excellente. Le curé de l'une des paroisses du village, l'abbé Gabriel Spath, y a fondé une école primaire et un collége, dont il est en train actuellement d'agrandir les bâtiments, grâce aux dons qu'il a recueillis dans un récent voyage fait par lui en France.

Au nord-est de Aramoun, à deux kilomètres et demi de distance, est le monastère de Mar Abda. Il avoisine une source abondante, l'une de celles qui alimentent le Nahr Ghazir. Fondé en 1570, il fut transformé en séminaire dans le courant de l'année 1829.

Si nous suivons à partir de là, dans la direction de l'ouest-sud-ouest, les bords accidentés et les contours gracieux du Nahr Ghazir, nous atteignons, au bout d'une grande heure de marche, à travers des plantations diverses, le grand village de Ghazir ou plutôt la petite ville de ce nom, car cette localité renferme six mille habitants. Elle se développe en amphithéâtre sur les pentes d'une haute colline qui est tout entière cultivée en mûriers. D'innombrables petits murs de soutènement y forment autant de terrasses artificielles, où croissent des milliers d'arbres d'une très-belle venue et arrosés tour à tour par des ruisseaux qui dérivent d'une source intarissable. Malheureusement, les rues de la ville sont irrégulières, et les trois quarts des maisons sont bâties sans ordre aucun. Avec un peu plus de goût et sans dépenses plus grandes de la part des habitants, il y avait là l'emplacement d'une charmante petite cité, adossée d'un côté à des montagnes et de l'autre s'abaissant progressivement vers la mer dont les flots encadrent l'horizon.

Ce qui frappe tout d'abord l'attention à Ghazir, c'est le vaste établissement que les Pères Jésuites ont fondé en 1845 et qu'ils ont ensuite transformé en collége. Cette maison, administrée par des maîtres très-instruits et très-capables, a été pendant trente ans très-florissante. Là ont été élevés une foule de jeunes gens appartenant aux meilleures familles du pays et même de la Syrie. Actuellement, elle est abandonnée durant presque toute l'année, et ce n'est guère qu'à l'époque des vacances que ses cours désertes et ses longues galeries solitaires reprennent une vie momentanée avec l'arrivée d'une partie des Pères de Beyrouth qui y viennent passer leurs vacances et s'y retremper dans des souvenirs qui leur sont toujours restés chers. Ce n'est pas sans regret, en effet, qu'en 1875 ils ont quitté ce séjour pour aller s'installer à Beyrouth. Leur but, en transférant dans cette ville leur collége de Ghazir, était de répondre aux désirs d'un grand nombre de familles de cette populeuse cité qui, depuis 1860, s'est étendue d'une manière si rapide et qui continue à s'accroître de jour en jour davantage. Ces familles les appelaient avec instance, leur répétant sans cesse que le collége de Ghazir était bien éloigné d'elles, et qu'elles ne pouvaient que très-difficilement et à de très-rares intervalles aller y voir leurs enfants; que d'ailleurs les parents qui désiraient placer seulement leurs fils comme demi-pen-

Sous le pont naturel, dit Djisr el-Hadjar.

sionnaires ou même comme simples externes, étaient dans l'impossibilité de le faire. En outre, les protestants, voyant le champ libre, redoublaient d'efforts à Beyrouth pour attirer à eux la jeunesse de cette ville. Il fallait contre-balancer leur influence, qui était anticatholique et antifrançaise, en leur opposant celle qui résulterait de l'établissement d'un collége catholique français.

Il y a quelques années, un élève des Pères Jésuites, l'abbé maronite Zaouïn, vicaire de Mgr Debs, archevêque de Beyrouth, a conçu le projet de remplacer ses anciens maîtres à Ghazir. Pour réaliser

ROCHERS ET COUVENT DE AD. ELTOUN.

ce dessein, il est venu quêter en France et en Belgique, et, avec le produit de ses quêtes, il a fondé à Ghazir, en 1880, un collége qu'il a installé dans une vaste maison. Il l'agrandit en ce moment au moyen de constructions nouvelles, et il aspire, comme l'abbé Gabriel Spath à Aramoun, à créer un véritable établissement secondaire où toutes les principales branches des connaissances humaines seront enseignées, ainsi que plusieurs langues, soit anciennes, soit modernes. Je doute que le succès réponde d'une manière durable à leurs efforts; car les professeurs réellement capables et dévoués ne se trouvent pas facilement en Orient, si ce n'est dans le sein des communautés religieuses, telles surtout que celles des Pères Jésuites et des Lazaristes. Et d'ailleurs, ce sont, à mon avis, les écoles primaires plutôt que les écoles secondaires qu'il faut multiplier actuellement dans la Montagne. La grande université de Saint-Joseph à Beyrouth, dirigée par les Pères Jésuites, et le collège des Lazaristes à Antoura, suffisent, je crois, pour le moment, et il est à craindre qu'en augmentant trop vite le nombre des écoles supérieures dans le Liban, on ne déclasse imprudemment les jeunes gens qui les suivront. Ils ne voudront plus en effet se contenter de la position de leurs pères et dédaigneront la culture du sol, quand ils se croiront tant soit peu savants. Ils viendront alors chercher à Beyrouth des emplois lucratifs et en rapport avec leurs prétentions, et, quand ils n'en trouveront pas, ils traîneront dans la mollesse et l'oisiveté une vie inutile et désordonnée, eux les fils de vigoureux montagnards, aux bras robustes, aux mœurs pures et patriarcales.

Je signalerai également à Ghazir un couvent de Capucins. La chapelle de cet établissement a été consacrée en 1715 par le patriarche maronite Jacques; mais le couvent est antérieur à cette date. Il est desservi par un vénérable religieux qui vit là seul depuis vingt-six ans avec un Frère. Deux écoles primaires, l'une de jeunes filles, l'autre de jeunes garçons, ont été créées par ses soins, et c'est lui qui surveille et dirige la maîtresse du premier et le maître du second. A quinze cents mètres au sud de Ghazir, au delà d'un ravin profond dont les berges sont plantées de pins, s'élève sur une colline un couvent arménien catholique, dédié à saint Antoine de Padoue. L'endroit où il est situé s'appelle *Beit-Khechbou*. C'est un séjour fort agréable et très-salubre. Je n'y ai trouvé que cinq religieux. La chapelle est bien tenue et ne manque pas d'élégance. Des terrasses du monastère la vue est des plus variées et des plus étendues; il est lui-même environné d'une sorte d'oasis de verdure, et l'air y est embaumé par l'arome délicieux qui s'échappe du beau bois de pins dont il est entouré.

Après deux heures et demie d'une marche fort accidentée dans la même direction, nous parvenons à un autre couvent, appelé *Deir Cherfi*. Il occupe le sommet d'une hauteur cultivée en mûriers, en figuiers et en oliviers, dont les flancs sont parsemés de chênes verts. C'est un grand séminaire appartenant aux Syriens catholiques, et qui renferme actuellement vingt-cinq séminaristes, sous la direction de quatre religieux. Il date de 1773.

A un kilomètre plus à l'ouest, et plus bas, est un autre couvent dédié à saint Pierre et à saint Paul. On l'appelle pareillement couvent de *Harissa*, parce que l'endroit où il a été construit s'appelle de ce nom, qui veut dire *sûreté, inviolabilité*. Il n'est plus actuellement occupé que par un seul Père et un seul Frère de l'Ordre des Franciscains. Fondé en 1681, il avait été dans le principe érigé en séminaire par la Propagande. Il offrait en même temps un asile en cas de peste ou de révolution aux religieux franciscains qui habitaient Beyrouth.

A une faible distance plus au sud et à un niveau inférieur de la montagne est l'habitation d'été nouvellement construite de Mgr le délégué du Saint-Siége pour le Liban, à qui j'allai présenter mes hommages en passant.

Plus bas encore, vers le sud-sud-ouest, on aperçoit le grand couvent maronite *Deir Bkerki*. Il sert actuellement de résidence pendant l'hiver au patriarche maronite, qui durant l'été va habiter Diman, comme nous l'avons vu précédemment. Bâti en 1735, il fut agrandi en 1748. C'est là que vécut pendant une vingtaine d'années la célèbre Hendieh, qui en fut la supérieure, quand c'était un couvent de religieuses, et dont Volney (*Voyage en Syrie et en Égypte*, t. I*er*, p. 420 à 424) a raconté la singulière histoire. Plusieurs savants maronites que je questionnai sur cette femme excentrique m'affirmèrent que de l'enquête minutieuse qui avait été faite sur elle, il résultait qu'elle avait été beaucoup plutôt hallucinée que coupable d'immoralité, ainsi qu'on l'avait faussement prétendu et répété. Égarée par un fol orgueil, elle s'était crue inspirée par le Saint-Esprit; que dis-je? elle allait même quelquefois jusqu'à se regarder comme le Saint-Esprit en personne, et elle enjoignait à ses religieuses de l'adorer comme telle. Celles qui ne consentaient pas à se prêter à ses caprices insensés étaient soumises à de véritables tortures, dont plusieurs succombèrent. La cour de Rome, instruite de ces faits, ordonna d'abord que le couvent où de pareils crimes s'étaient accomplis fût complétement rasé; mais ensuite elle consentit qu'il fût transformé en patriarcat, et c'est à partir de ce moment qu'il fut affecté à la demeure des différents patriarches maronites qui se succédèrent dans le Liban. Quant à Hendieh, elle fut reléguée dans le couvent de la Visitation à Antoura, puis transférée bientôt dans celui de Saïdet el-Hakleh, où elle fut condamnée à une sévère pénitence et où elle mourut, dit-on, dans les sentiments de la piété la plus vive et du plus sincère repentir.

A trois kilomètres au sud-est de Deir Bkerki est le village d'Antoura. La route qui y conduit est suffisamment bonne pour le Liban; elle contourne des ravins dont les berges sont bien cultivées. Le village d'Antoura ou de Aïn-Toura (la Source de la hauteur) se compose uniquement d'une trentaine d'habitations. Les Révérends Pères Jésuites s'étaient d'abord établis en cet endroit; mais leur maison se réduisait à quelques petites cellules et à une humble chapelle. En 1784, les Lazaristes leur succédèrent, lors de la suppression momentanée de l'Ordre des Jésuites; c'était pour eux une simple résidence et un asile de passage pour leurs missionnaires, qui de là se rendaient à Damas, à Alep et à Tripoli. En 1834, ils agrandirent considérablement cet établissement et le transformèrent en collége. Le nombre de leurs élèves allant toujours croissant, ils sont en train actuellement d'ajouter de nouveaux bâtiments aux anciens. L'architecte qui préside à tous ces travaux est un de leurs Frères, qui est fort habile et qui, au besoin, se fait ouvrier lui-même pour façonner par son exemple les artisans qu'il emploie. Le nombre des élèves internes est de deux cent cinquante; celui des externes est moins considérable. Afin de répondre aux désirs des familles, les Lazaristes ont fait de cette maison une grande école commerciale, plutôt qu'un véritable collége, comme est celui des Pères Jésuites de Beyrouth. Ces deux vastes et importants établissements se complètent donc ainsi l'un l'autre.

Non loin du collége des Lazaristes est le couvent dit *de la Visitation*; il est occupé par des religieuses maronites qui ont remplacé des religieuses françaises; elles tiennent un internat et un externat de jeunes filles.

A trois kilomètres au nord-ouest d'Antoura, le grand village de Zouk-Mikaïl renferme au moins deux mille habitants, dont quatorze cents Maronites et six cents Grecs schismatiques. La plupart des rues sont en escaliers, et les maisons s'élèvent d'étage en étage sur les flancs d'une belle colline qui est cultivée en mûriers. Une rue, appelée le *souk* (le marché), est bordée de petites boutiques où l'on vend une foule d'objets brodés en soie et habilement décorés de fils d'or et d'argent. Dans d'autres magasins, des métiers sont constamment en activité, et les artisans qui les mettent en mouvement excellent à exécuter avec des moyens souvent très-simples des ouvrages où le regard est charmé par la variété des dessins, le mélange harmonieux des nuances et l'éclat du coloris. Dans le haut du village est la maison des Sœurs de la Charité. Elle contient à la fois un pensionnat de jeunes filles, un externat, un orphelinat et un dispensaire. La chapelle, récemment construite, fait honneur au Frère Lazariste qui l'a élevée, et qui maintenant dirige les nouveaux travaux du collége d'Antoùra.

Les Sœurs de cet établissement, presque toutes Françaises, sont là, comme ailleurs, la providence de tous, et contribuent à servir de loin la patrie qu'elles ont quittée, en naturalisant sa langue et principalement en la faisant aimer à force de bienfaits.

Parmi les curiosités du Liban, je ne dois pas oublier de signaler au sud et au bas d'Antoura, à une heure de distance, les célèbres grottes d'où jaillit le Nahr el-Kelb, le Lycus des anciens. Ces grottes sont au nombre de trois. On y arrive en descendant, à partir d'Antoura, des rampes plus ou moins roides, couvertes de pins; puis, quand on est parvenu au fond du ravin où coule le fleuve, on rencontre près d'un moulin l'ouverture d'une première grotte. L'entrée en est obstruée par d'énormes quartiers de roche, à travers lesquels une grande masse d'eau, aussi fraîche que limpide, se fait violemment jour avec un bruit incessant. Des stalactites pendent des voûtes. Une fois sorti de là, on s'achemine par un sentier difficile et glissant, et coupé par le canal qui alimente le moulin, vers une seconde grotte peu distante et située au-dessus de la précédente. Après s'être engagé l'espace d'une trentaine de pas sous une voûte souterraine, large de quatre mètres et d'une élévation très-variable, attendu que tantôt on peut y marcher la tête haute, et que tantôt, au contraire, il faut se courber profondément pour aller outre, on laisse à sa droite un corridor étroit qui aboutit à une impasse et qui semble être un repaire de bêtes féroces, car on y trouve fréquemment de gros os à demi rongés; bientôt à sa gauche une première ouverture laisse apercevoir le fleuve, qui roule impétueusement ses eaux et mugit dans la grotte inférieure; trente pas plus loin, une deuxième ouverture plus large permet de le distinguer beaucoup mieux. Quand on a achevé de visiter cette seconde grotte, on revient sur ses pas et l'on gravit vers l'est une pente rocheuse très-roide qui conduit à l'entrée d'une troisième grotte. Lorsqu'on a pu, non sans de grandes difficultés, en franchir le seuil, il faut redoubler de prudence et de précaution, en s'éclairant suffisamment au moyen de bougies ou de torches résineuses allumées; autrement on courrait le risque de se briser la tête contre des pointes de roc qui font saillie ou qui pendent des voûtes en gigantesques stalactites. Après avoir cheminé ainsi quelque temps le long des corniches étroites et glissantes qui surplombent le fleuve, on atteint enfin la partie de la grotte qu'il remplit tout entière et où, par conséquent, on ne peut pousser plus avant. De là on le voit et on l'entend qui se précipite avec un fracas retentissant dans la grotte la plus basse. Les habitants du pays prétendent que cette troisième grotte, celle où nous sommes en ce moment, s'enfonce dans la montagne l'espace d'une trentaine de kilomètres; mais c'est là, sans doute, une exagération tout orientale, personne n'ayant jamais pu sonder les mystérieuses profondeurs de ce canal souterrain, l'une des merveilles naturelles les plus étonnantes du Liban. Il y a quelques années, néanmoins, des ingénieurs anglais, avec des peines et des efforts infinis, ont essayé, au moyen de perches et d'un petit radeau, de le remonter le plus loin qu'ils pourraient; mais au bout d'un kilomètre, tout au plus, ils ont rencontré, paraît-il, des difficultés insurmontables, et ils ont dû renoncer à poursuivre leur téméraire entreprise. Lorsque des feux puissants éclairent ces grottes et y projettent une vive lumière qui fait comme étinceler les stalactites et les stalagmites innombrables qu'elles renferment, ainsi que le fleuve impétueux et transparent qui y coule, l'effet, dit-on, est magique. Telles que je les ai vues, à la lueur vacillante et incertaine de quelques bougies, elles ont produit sur moi une très-forte impression. Je ne me lassais pas surtout de prêter l'oreille au bruit assourdissant qu'y produit le Nahr el-Kelb, qui mérite bien ici le nom de *fleuve du Chien*, que les indigènes lui donnent; dans l'antiquité, il s'appelait le *Lycus* ou le *Loup*; car il semble aboyer comme un chien ou hurler comme un loup sous ces longues voûtes, dont les échos répercutent incessamment le grondement de ses eaux. J'ajouterai que, dans le voisinage de ces grottes, existe un

gisement assez considérable d'ossements fossiles, et aussi de petits instruments de silex, soit brisés, soit encore intacts, qui prouvent que, dès la plus haute antiquité, cet endroit si intéressant a dû être fréquenté par l'homme.

NAHR EL-KELB (FLEUVE DU CHIEN).

DISTRICT DU METEN

Le district du Meten, situé au sud du précédent, est dominé et bordé à l'est par le Djebel-Sannin, l'une des plus hautes montagnes du Liban après le Djebel-Makmel, qui est le véritable roi de la chaîne entière. L'ascension de cette montagne, du côté de l'ouest, est pénible, mais ne présente pas de difficultés sérieuses. Les mulets et même les chevaux du pays peuvent en atteindre le plateau supérieur. Il est vrai que ces derniers grimpent partout comme des chèvres, et qu'ils sont réellement incroyables sous ce rapport. Ce qui découragerait des chevaux d'Europe ne les déconcerte nullement. Comme presque toutes les routes du Liban sont détestables, et qu'il faut sans cesse monter et descendre par des sentiers affreux et pratiqués le plus souvent en forme d'escaliers, mais d'escaliers fort mal entretenus, aux marches usées ou déplacées, les chevaux de cette contrée contractent de bonne heure une légèreté et une sûreté de jambes tout à fait surprenantes. Dans certains endroits, le chemin que l'on suit serpente en zigzag sur des pentes de plus en plus roides et escarpées; ailleurs il côtoie, sur des espèces d'étroites corniches, des précipices dont la vue inspire un vertige involontaire.

Le plateau supérieur du Sannin, au lieu d'être uni, est, au contraire, surmonté et comme boursouflé de nombreux mamelons. Ces mamelons sont eux-mêmes couronnés par des masses rocheuses d'aspect grisâtre reposant horizontalement par assises régulières les unes sur les autres, et qui, à cause de cela, semblent faire croire de loin qu'elles offrent les restes de gigantesques constructions. Ayant appris que sur l'une des cimes du Sannin se trouvaient les ruines d'un ancien temple, je ne voulus laisser inexploré aucun des points culminants où je supposais qu'elles pouvaient être, et, pendant près de trois heures, gravissant et redescendant tour à tour des pentes plus ou moins rapides et semées de petites pierres roulantes, j'errai de cime en cime, en franchissant les ravins qui les séparaient; je remarquai que ces ravins étaient creusés en forme de grandes cuvettes circulaires au fond desquelles gisait encore une quantité assez considérable de neige durcie et glacée, que les chaleurs excessives de l'été avaient été impuissantes à fondre. Pendant l'hiver, ou plutôt pendant les trois quarts de l'année, la montagne presque tout entière, du moins le long de ses flancs supérieurs et sur son plateau mamelonné, est recouverte d'un énorme manteau blanc qui reflète d'une manière éblouissante les rayons du soleil, et qui nivelle ces nombreux ravins. Elle est alors inabordable, et malheur à celui qui voudrait s'aventurer au milieu de ces espèces d'entonnoirs, où la neige s'entasse par couches successives et mouvantes! Il pourrait sentir ces couches s'entr'ouvrir sous ses pas et l'ensevelir dans un sépulcre glacé. D'après l'indication d'un berger qui promenait par hasard son troupeau de chèvres sur les hauteurs du Sannin, je parvins enfin aux ruines que je cherchais. Elles sont, du reste, peu importantes, et consistent simplement en une très-petite enceinte rectangulaire construite avec des blocs réguliers de grand appareil dont les assises inférieures sont seules encore en place. Ce modeste sanctuaire devait être inaccessible pendant huit à neuf mois de l'année et disparaître alors lui-même sous la neige; car l'altitude du point où il est situé est d'environ deux mille six cents mètres au-dessus de la mer. C'était l'un des hauts lieux où les anciens habitants du pays venaient, durant l'été, vénérer la montagne elle-même déifiée par eux, comme l'une des plus élevées parmi celles de la grande chaîne du Liban. L'Anti-Liban également était divinisé dans sa plus haute cime, qui est l'une du Djebel ech-Cheikh, que j'ai gravie en 1875, et qui dépasse de plus de deux cents mètres le point culminant du Sannin. Là aussi j'avais rencontré les ruines beaucoup plus considérables d'un ancien temple, signalé par saint Jérôme comme étant encore de son temps le but d'un pèlerinage très-fréquenté de la part des païens de la contrée. De tous les sommets du Sannin l'horizon est immense, incomparable. Au moment où je les parcourais successivement, le ciel était d'une pureté sans tache. Pas le moindre nuage ne ternissait l'azur immaculé de la voûte qui s'arrondissait au-dessus de ma tête; un soleil éclatant illuminait le panorama merveilleux que j'avais sous les yeux. Saisi d'admiration, j'oubliai bien vite toutes les fatigues que j'avais essuyées pour parvenir jusque-là. Au nord et au sud, je distinguais toute la grande chaîne du Liban avec ses nombreux et puissants contreforts. Vers l'ouest, la région entière des montagnes libanaises s'étendait à mes pieds comme un vaste plan en relief, mais un plan vivant et animé, où tout se mouvait sous mon regard, depuis la chaîne centrale jusqu'à la mer, de l'est à l'ouest, et depuis Tripoli jusqu'à Sidon, du nord au sud. Les nombreux petits points blancs que j'apercevais étaient autant de villages ou de monastères; les taches blanches plus étendues étaient des villes, telles que Tripoli, Botroun, Djebeil, Beyrouth et Sidon; les jardins qui les entouraient formaient autour d'elles un cercle verdoyant. Sur la côte, une lisière argentée produite par l'écume des vagues bordait les contours du rivage et se brisait contre les rochers des promontoires; la mer se déroulait au loin, et l'atmosphère était tellement pure et diaphane, qu'à une distance de plus de soixante kilomètres on voyait des voiles blanchir à l'horizon, ou la fumée des paquebots à vapeur maculer d'une longue traînée noire le double azur de la mer et du ciel. Tous les grands et profonds ravins qui servent de lits à des torrents serpentaient à travers cette masse de montagnes et de collines, dont les unes s'abaissaient peu à peu jusqu'à la mer, où elles venaient mourir, et les autres surplombaient, au contraire, au-dessus des flots en promontoires escarpés. Vers l'est enfin, le coup d'œil n'était pas moins imposant, puisque de ce côté la plus grande partie de la Cœlésyrie et de la chaîne de l'Anti-Liban se montrait à ma vue.

Au pied occidental du Sannin, le grand village de Biskinta compte quatre mille cinq cents Maronites et cinq cents Grecs schismatiques. Les maisons, là comme dans beaucoup d'autres endroits du Liban, sont disséminées sans aucun ordre et à des niveaux très-differents, au milieu de vastes plantations de mûriers, de figuiers et de vignes. Çà et là aussi croissent des bouquets de pins, de platanes et de chênes. De la montagne qui, vers le nord, domine le village, jaillissent plusieurs sources qui donnent naissance à des ruisseaux intarissables, dont les habitants tirent un excellent parti pour l'arrosage de leurs terres. Les sept paroisses ou chapelles des Maronites n'offrent rien qui mérite d'être signalé; mais l'une des deux églises qui appartiennent aux Grecs schismatiques est ornée intérieurement d'un *iconostase* en bois de noyer sculpté avec beaucoup de soin et de talent. Un couvent de religieuses maronites cloîtrées est situé à l'entrée du village.

Une pénible marche de plusieurs heures vers l'ouest, au delà du profond ravin du Nahr el-Kelb, conduit à deux grands monastères, connus sous le nom de *Mar Elias* ou Saint-Élie, et occupant tous deux, à quelques pas de distance l'un de l'autre, le sommet d'une montagne. On n'y parvient qu'en gravissant une suite d'escaliers coupés par plusieurs paliers et grossièrement taillés sur des flancs âpres et rocheux.

L'un de ces monastères appartient aux Grecs schismatiques. Il a, m'a-t-on dit, six cents ans de date. La chapelle contient un *iconostase* en bois de noyer, dont le travail est fort élégant et est dû à des ouvriers d'Athènes. Quelques tableaux qui le décorent sont un don de la Russie.

Le supérieur, qui est un prêtre grec de Mitylène, m'apprend que, pendant l'hiver, la neige accumulée autour du monastère atteint parfois la hauteur de deux mètres. Les religieux sont au nombre de seize. Des terrasses, quand le temps est très-pur, surtout au moment du soleil couchant, on aperçoit, paraît-il, les montagnes de l'île de Chypre. Dans un petit caveau repose le corps encore assez bien conservé d'un évêque grec, mort il y a cent vingt ans, et que l'on vient vénérer de toutes parts.

Le monastère maronite, attenant presque au précédent, lui est antérieur de quelques années. Il renferme deux chapelles, l'une petite et datant de la fondation du couvent, l'autre beaucoup plus grande et récemment construite. Elle contient quelques tableaux assez remarquables venus d'Italie, mais malheureusement déjà dégradés par l'humidité des murs auxquels ils sont attachés, humidité due à l'énorme quantité de neige qui, durant plusieurs mois de l'année, encombre les terrasses de la chapelle et qui renaît sans cesse, à mesure qu'on la rejette sur le sol environnant. Ce monastère, habité par une dizaine de religieux, sert en même temps de séminaire, et quinze jeunes lévites y apprennent, avec l'arabe, le syriaque, langue liturgique, qu'ils doivent maintenant tous comprendre avant de parvenir à la prêtrise. Ces études alternent avec des cours de théologie et de philosophie.

A cinq kilomètres plus à l'ouest, le beau village de Bekfaya s'étend sur une hauteur dont les pentes sont couvertes de figuiers, de vignes, d'oliviers, et principalement de mûriers, croissant sur d'innombrables terrasses superposées, au milieu desquelles circulent, pour les arroser, des ruisseaux dont les eaux sont habilement distribuées.

Ce village, avec les hameaux qui en dépendent, renferme, pendant l'été, quatre mille habitants au moins, beaucoup de citadins de Beyrouth ayant l'habitude d'y venir passer les mois les plus chauds de l'année. J'y trouve là, comme dans une foule d'autres localités, un certain nombre de familles d'Alexandrie qui ont fui l'Égypte avant ou après le bombardement que la ville a subi, et qui attendent, dispersées dans le Liban, où elles se sont réfugiées par milliers, un moment favorable pour rentrer dans cette malheureuse cité d'où les calamités de la guerre les ont chassées. Quant à la population fixe de Bekfaya, elle peut être évaluée à quinze cents Maronites, cinq cents Grecs-unis, et autant de Grecs schismatiques. L'une des principales églises des catholiques est sous l'invocation de Mar Abda ou saint Abdon. Tout auprès, on admire un vieux chêne vert qui mesure plus de sept mètres de circonférence à sa base, et dont le tronc excavé par les siècles peut contenir intérieurement sept personnes réunies.

Les Pères Jésuites ont dans ce village un établissement qui date de 1833, et d'où ils se répandent dans le Liban pour y faire des missions. En outre, ils dirigent en cet endroit deux écoles primaires, l'une de garçons et l'autre de filles; la première est confiée à des professeurs maronites, choisis et rétribués par eux, et la seconde à des religieuses, dites *Sœurs du Sacré-Cœur de Jésus et de Marie*, et qui auparavant s'appelaient *Mariamettes*.

Les protestants, de leur côté, ont une école; mais elle n'est guère fréquentée que par des enfants appartenant à des familles grecques schismatiques.

Une maison plus grande et un peu mieux construite que celles des autres habitants est décorée du nom de *seraïa*, ou de palais. Elle sert de résidence à deux émirs, appelés Belama, dont les ancêtres étaient Druses, mais qui ont embrassé ensuite la religion catholique. Ils parlent l'un et l'autre parfaitement le français et paraissent très-attachés à la France. Ils me reçurent avec une extrême courtoisie, quand j'allai les voir, et ils s'empressèrent peu de temps après d'aller me rendre ma visite sous ma tente. Au bas de leur maison, on remarque la face antérieure d'un sarcophage antique en marbre blanc qui provient de Djebeil, l'ancienne Byblos. Sur cette face, sont représentées des têtes de bélier, une figure d'homme et une de femme se faisant vis-à-vis, et une troisième figure radiée, le tout environné de guirlandes de fleurs et de fruits élégamment sculptés. Au centre, dans un cartouche, on lit une inscription grecque dont voici la traduction :

« Cassia, fille de Lysias Philoxène, nommée aussi Claudia : elle a vécu quarante-neuf ans, sage et pleine d'amour pour son époux. »

Cette épitaphe est fort belle dans sa simplicité même. Où trouver, en effet, un éloge plus grand pour une femme que celui qui est contenu dans les deux épithètes qui sont données ici à Cassia, et qui résument si admirablement sa vie d'épouse ? A en juger par son portrait, qui fait pendant sur sa tombe à celui de son mari, elle avait les traits fins et réguliers, et sa douce physionomie reflétait les vertus de son âme.

C'est à Bekfaya que M. le comte Patrimonio, qui depuis plusieurs années gère avec tant d'habileté et de sagesse le consulat général de France à Beyrouth, vient pendant l'été passer quelques jours chaque semaine. Il était alors absent, retenu à Beyrouth par des affaires importantes ; mais je trouvai sa noble compagne, issue comme lui d'une des premières familles de la Corse, et qui me fit l'accueil le plus bienveillant.

Au nord-ouest et à une faible distance de Bekfaya, le village de Beit-Chebab s'étend sur des

pentes admirablement cultivées. Les habitants en sont très-industrieux. Ce sont eux qui fondent la plupart des cloches destinées aux églises du Liban ; plusieurs d'entre eux sont aussi armuriers.

Parmi les autres villages de ce district, je désignerai particulièrement ceux d'El-Meteïn et de Salima, vers le centre ; plus au sud ; ceux de Falougha et de Hammana ; vers l'ouest, Ras-el-Meten, et plus à l'ouest encore, Broummana et Beit-Méri. El-Meteïn a une population mêlée de Druses, de Maronites, de Grecs catholiques et de Grecs schismatiques. Salima

UN CAFÉ DANS LE LIBAN.

renferme quinze cents habitants, presque tous Maronites et possédant deux paroisses. On y voit aussi un petit couvent habité par un Père Capucin d'origine italienne. Un palais ou *seraïa*, fort mal entretenu, et qui ne s'est jamais complétement relevé depuis les dévastations qu'il a subies en 1840 et surtout en 1860, est occupé actuellement, moitié par une famille princière bien déchue de son ancienne splendeur, et moitié par un filateur dont l'établissement est situé au-dessus du village.

Falougha a une population de huit cents âmes, composée de Maronites, de Grecs schismatiques et de quelques Druses. Au milieu du village est le palais des anciens cheikhs; il remonte à cent cinquante ans; sur la porte d'entrée deux lions sont grossièrement sculptés. Il sert aujourd'hui de résidence à une princesse Chehab, tombée dans un état voisin de la misère. Une grande filature de soie est très-florissante en cet endroit.

C'est entre Salima et Falougha qu'existent près du village de Kornayl des mines de houille qui ont été exploitées autrefois par Ibrahim-Pacha, quand il était maître du pays, mais qui ensuite ont été abandonnées, à cause du mauvais état des routes et de la difficulté énorme des transports.

Hammana possède dans son voisinage une grande filature de soie, et les mûriers y abondent.

Ras-el-Meten est un village de dix-huit cents habitants divisé en deux quartiers, le quartier druse et le quartier chrétien; ce dernier est habité par des Grecs schismatiques. Entre les deux quartiers s'élève un *seraïa*, aujourd'hui à moitié ruiné et démoli; la partie encore debout est occupée par une famille catholique, autrefois druse, dont le chef porte le titre d'émir. Je remarque dans ce village, comme dans beaucoup d'autres, un grand nombre de moutons que l'on engraisse en les faisant manger de force, et dont la queue surtout est prodigieuse de grosseur. A quelques minutes à l'ouest de cette localité, s'arrondit une colline toute couverte de jolis pins; de son sommet le regard embrasse les trois quarts du district.

Broummana compte deux mille habitants, soit Maronites, soit Druses. Ceux-ci y vénèrent un vieux chêne vert qui passe pour l'un des plus beaux arbres de cette espèce dans le Liban; à sa base, il a dix mètres au moins de circonférence; un cercle de pierres l'environne. Trois maisons, décorées du nom de *seraïa*, appartiennent à autant de familles princières du pays. L'un de ces princes va à ma rencontre et m'invite à accepter le café, en passant, chez lui; il parle bien purement le français, ayant été élevé à Antoura par les Lazaristes.

A deux kilomètres au sud-ouest de Broummana s'étend sur la plate-forme d'une belle et haute colline dont l'altitude au-dessus de la mer est de sept cents mètres, le gracieux et florissant village de Beit-Méri. Sa population, composée de Druses, de Maronites et de Grecs schismatiques, est de dix-huit cents âmes. Là, pendant l'été, réside le caïmacam du district. Là aussi, à l'époque des grandes chaleurs, se rendent en villégiature un certain nombre de familles de Beyrouth. Les vignes se mêlent aux figuiers et aux mûriers sur les pentes de la colline.

Au-dessous et au nord-ouest du village est le hameau de Aïn es-Saadeh, où Mgr Debs, archevêque maronite de Beyrouth, a une maison de campagne dont la position est délicieuse. Ce prélat m'y accueille avec beaucoup d'affabilité. Des terrasses de sa vaste demeure il me montre la plus grande partie de son diocèse.

A trois kilomètres au sud de Beit-Méri, un couvent, remarquable par les belles ruines au milieu desquelles il est situé, mérite une attention toute particulière. On l'appelle Deir el-Kalah (le Couvent du château), parce qu'il a été construit sur l'emplacement d'un temple antique dont les dimensions considérables et les pierres colossales ont fait croire qu'il avait servi autrefois de château fort. Ce couvent est habité aujourd'hui par une quinzaine de religieux, soit prêtres, soit simples frères. Il date de cent dix ans. A moitié détruit en 1840, dévasté de nouveau en 1860, il a été réparé depuis. La chapelle occupe la partie antérieure de la *cella* d'un temple qui mesurait trente-deux mètres de long sur dix-huit mètres quatre-vingts centimètres de large. La partie postérieure de cette même *cella* a été dépouillée des magnifiques dalles qui la pavaient et transformée en un petit champ de tabac. Les assises inférieures seules sont encore en place et de la plus grande beauté; les blocs qui les constituaient étaient d'une dimension gigantesque. Quelques-uns, en effet, ont quatre mètres de long sur un mètre vingt centimètres de large et un mètre cinquante centimètres de haut. Ils ont été extraits d'une carrière voisine. Cette *cella* était précédée vers le nord-ouest d'un vestibule dont le développement ne peut être indiqué avec certitude, mais qui devait avoir environ huit mètres de profondeur. Il était orné de colonnes monolithes; deux seules sont debout, mais découronnées de leurs chapiteaux; elles mesurent cinq mètres de circonférence et consistent en une pierre très-dure imitant le marbre, dont la carrière se trouve non loin du couvent. On montait sur la terrasse plate qui autrefois servait de toit au monument, au moyen d'un escalier intérieur ménagé dans l'épaisseur de l'un des murs et aujourd'hui détruit.

Ce temple était consacré à Jupiter Baal-Markod, comme nous l'apprenons par trois anciennes inscriptions découvertes en cet endroit. Ce surnom de Baal-Markod signifie très-probablement, ainsi que cela semble résulter d'une inscription grecque déjà relevée depuis longtemps, *le seigneur des jeux et des amusements, le dieu du plaisir*. D'autres inscriptions votives, soit en grec, soit en latin, la plupart mutilées, ont été encastrées dans les murs du couvent ou sont dispersées alentour. Elles prouvent que ce temple était le but de nombreux pèlerinages de la part des païens et orné par ses visiteurs de dons divers. C'était, sans contredit, l'un des plus grands sanctuaires du Liban. Non loin de là, on remarque les débris d'un second temple, également tourné vers le nord-ouest, et dont il subsiste une dizaine de colonnes de moindre diamètre et d'ordre ionique. Il est maintenant remplacé par un magasin servant à mettre des vers à soie, et très-grossièrement bâti. Les colonnes abondaient, il y a peu d'années encore, sur l'emplacement de la ville dont ces deux temples composaient sans doute le principal ornement; mais elles en ont été extraites pour être transportées à Beyrouth, où elles décorent la chapelle de l'Université catholique des Révérends Pères Jésuites et celle du collège maronite fondé par Mgr Debs. On ignore, du reste, complétement le nom de la cité qui s'élevait en cet endroit, et qui maintenant n'offre plus, en dehors des deux édifices que j'ai signalés et qui témoignent de son ancienne magnificence, qu'un amas confus de débris et de décombres au milieu d'un fourré de chênes verts nains et de belles plantations de mûriers. L'eau qui l'alimentait était amenée au moyen d'un aqueduc aujourd'hui aux trois quarts détruit, mais dont on peut suivre la trace pendant plusieurs kilomètres; il avait son point de départ à l'Aïn-Harar. Remarquons, avant de quitter cette localité, que le grand temple de Jupiter Baal-Markod ou du dieu du plaisir et des réjouissances est actuellement transformé en une église dédiée à saint Jean-Baptiste, c'est-à-dire au prédicateur par excellence de la pénitence et de la mortification.

DISTRICT DU DJOURD

La ville de Zahleh, située à l'extrémité nord-est du district du Djourd, est, après celle de Beyrouth, l'une des plus importantes et des plus peuplées du Liban. Elle s'élève en amphithéâtre sur les rives du Nahr Bardouni, torrent qui sillonne une vallée fertile et étroite, où l'on cultive des jardins et que bordent de hauts peupliers. Les maisons sont confusément entassées par étages successifs, et cette irrégularité nuit beaucoup à la beauté de la ville, qui serait charmante, dans l'agréable position qu'elle occupe, si les rues avaient été mieux tracées et si plus d'ordre avait présidé à la construction des habitations. Celles-ci sont d'ailleurs, pour la plupart, bâties avec des briques cuites seulement au soleil et mêlées de paille hachée, afin de les rendre plus compactes. Il n'y a guère que les églises, les couvents et les principaux établissements qui soient en pierre.

Maallakah, qui précède Zahleh vers l'est, en est comme un faubourg et renferme quatre mille habitants. On y remarque une école de jeunes filles dirigée par des religieuses maronites des Sacrés-Cœurs de Jésus et de Marie. Cette maison avait été fondée en 1832 par les Révérends Pères Jésuites, et leur avait servi de résidence à eux-mêmes, quand ils vinrent s'établir en cet endroit. Plus tard, en 1860, après les massacres qui firent alors tant de victimes, ils créèrent à Maallakah un orphelinat de jeunes garçons qu'ils gardèrent jusqu'en 1875, époque à laquelle ils vendirent cet établissement pour aller s'installer à Zahleh, où ils reconstruisirent sur un plan plus vaste la maison qu'ils possédaient déjà dans cette ville depuis 1843, et qui avait été incendiée par les Druses en 1860. Deux de leurs Pères et deux de leurs Frères avaient alors succombé sous les coups de ces farouches ennemis des chrétiens. Le but que poursuivent les Pères Jésuites de Zahleh est triple : d'abord ils travaillent par de nombreuses conférences ecclésiastiques à instruire et à relever le clergé indigène inférieur, soit maronite, soit grec-uni ; en second lieu, ils dirigent dans la ville et dans ses faubourgs de nombreuses écoles primaires qui comptent près de huit cents enfants ; enfin ils vont faire des missions dans différentes parties du Liban. Parmi eux, j'eus le plaisir de revoir l'excellent et vénérable Père Canuti, que j'avais connu autrefois à Saïda, et qui, en 1860, avait failli être massacré par les Druses, des mains desquels il ne s'était échappé que par une sorte de miracle.

Le nombre des Grecs catholiques de Zahleh est considérable ; ils y possèdent plusieurs paroisses et une cathédrale. Cette basilique date de 1861, ayant été brûlée l'année précédente. Elle est renfermée dans une grande enceinte qui contient des cours, des salles pour les écoles, des cellules réservées aux chanoines du chapitre, et les appartements de l'évêque, qui m'ont paru d'une extrême simplicité, ainsi que ce prélat lui-même, vieillard à la barbe blanche, à la mine modeste, mais qui ne manque pas néanmoins de dignité. Au nombre des prêtres attachés à sa personne, je dois signaler d'une manière toute spéciale l'abbé Géraïgiry, ancien élève des Jésuites, et qui, à l'exemple de ses maîtres, s'efforce à son tour de créer de nouvelles écoles. Grâce aux dons qu'il est venu recueillir en France, il en a déjà fondé plusieurs, soit à Zahleh même, soit dans les environs et dans la Bekaa.

A l'ouest de la ville et dans une position culminante s'élève un couvent grec catholique sous le vocable de Saint-Élie. Il est situé près de l'endroit où la vallée du Bardouni se resserre pour livrer passage à ce torrent dans une sorte de gorge étroite bordée de hautes murailles rocheuses qui sont percées d'anciennes grottes sépulcrales et aussi de cellules d'ermites. Ce couvent a une centaine d'années d'existence ; mais la chapelle est, dit-on, d'une date antérieure. La ville actuelle de Zahleh, y compris Maallakah, a une population de vingt mille habitants, la plupart Grecs-unis. Elle est divisée en deux quartiers que sépare le Nahr Bardouni, et qu'un seul pont relie entre eux. Cette rivière coule non-seulement dans le lit que la nature lui a creusé, mais encore dans plusieurs canaux artificiels qui, à différentes hauteurs, arrosent des vergers et des jardins, et suffisent, en outre, amplement à tous les besoins de la vie domestique. La vigne prospère admirablement sur les pentes des montagnes qui dominent la ville de trois côtés, je veux dire : au nord, au sud et à l'ouest ; à l'est, en effet, la vallée du Nahr Bardouni s'ouvre vers la Bekaa ou la Cœlésyrie, et Zahleh est ainsi située sur l'un des principaux seuils de cette magnifique plaine, à trente-deux kilomètres au sud-ouest de Baalbek et à soixante kilomètres au nord-ouest de Damas.

Si de Zahleh on se dirige vers le nord-nord-est, après avoir franchi une suite de mamelons parfaitement cultivés en vignes, on laisse bientôt à sa droite le village de Karak, qui renferme dans un sanctuaire musulman le prétendu tombeau de Noé, long de vingt mètres, ce patriarche, d'après la tradition arabe, ayant eu une taille gigantesque.

En poursuivant sa marche dans la même direction, on atteint au bout de cinq quarts d'heure le village de Ferzoul; un ruisseau sillonne et arrose la vallée dont il occupe les pentes. Sa population est de neuf cents habitants, presque tous Grecs catholiques, auxquels se mêlent quelques familles musulmanes. Sur l'emplacement du village actuel, qui est très-grossièrement bâti, on exhume, toutes les fois

VILLAGE DE BROUMMANA.

que l'on creuse tant soit peu le sol, des pierres de taille antiques, restes de constructions depuis longtemps sans doute renversées. Quelques beaux blocs élégamment sculptés et des tronçons de colonnes épars çà et là ont appartenu à un temple païen entièrement démoli. Je remarque également en cet endroit une superbe cuve de sarcophage antique dont la face principale est ornée de rosaces, de bandelettes et d'une tête de femme élégamment sculptée. M. l'abbé Geraïgiry, qui a bien voulu m'accompagner dans cette excursion, m'apprend que, conformément à la tradition généralement admise, le village de Ferzoul aurait succédé à la ville de Mariamna, et que dans les *Actes des Conciles,* plusieurs évêques de cette ville sont cités sous le nom de *Mariamnenses episcopi*.

A vingt minutes de distance vers le nord-est du village, après avoir franchi des pentes assez roides, on se trouve en présence de nombreuses grottes excavées dans des flancs rocheux qui ont été jadis exploités comme carrières. Les unes ont été des tombeaux; d'autres semblent avoir été consacrées au culte impur de Baal et d'Astarté, comme cela paraît résulter d'un emblème significatif sculpté au-dessus d'une porte. A l'époque chrétienne, ces grottes servirent d'asile à des anachorètes qui y

9

tracèrent des croix encore visibles et les sanctifièrent par leurs vertus et par leurs mortifications, après qu'elles avaient été souillées par le vice et la volupté. Elles composèrent par leur ensemble une sorte de vaste laure de l'aspect le plus singulier, car la plupart d'entre elles sont presque inaccessibles, et les ermites qui les habitaient devaient, pour y monter et en redescendre, recourir probablement à des échelles de corde. Quelques-unes sont plus étendues, et servaient sans doute de chapelles et de salles de réunion. Des rigoles pratiquées dans le roc amenaient aux religieux dans leurs cellules l'eau dont ils avaient besoin, et qui provenait soit de la pluie, soit d'une source voisine.

Non loin de là, dans une autre carrière, on remarque un gros quartier de roc de forme rectangulaire, qui est encore adhérent au sol par sa base et qui a été taillé tout alentour. On dirait une stèle ou un autel gigantesque. Quelques habitants des environs ont dernièrement pratiqué des fouilles en avant de ce monument, qu'ils s'imaginaient avoir été ainsi dressé pour indiquer à la postérité la présence de quelques trésors; mais ils n'ont trouvé que des cendres et des charbons, ce qui permet de supposer qu'on venait autrefois brûler de l'encens et immoler des victimes devant cet énorme bloc. Quoi qu'il en soit, tout à côté, sur une surface rocheuse aplanie, une niche attire aussitôt l'attention. Peu profonde et arrondie à son sommet, elle renferme dans le cadre qu'elle délimite deux personnages sculptés en relief; ils sont désignés vulgairement, l'un sous le nom de *prêtre*, et l'autre sous celui de *prêtresse*. Le premier figure un homme à cheval et dont la tête est radiée. Il est revêtu d'une robe, et un manteau flotte sur ses épaules. De la main droite il tient les rênes de son cheval, et de la gauche il touche à un fruit qui semble être un cône de pin, mais qui néanmoins est suspendu à un arbre ayant l'apparence d'un palmier; peut-être est-ce un régime de dattes. De l'autre côté de l'arbre, se tient debout une femme dont la tête est très-mutilée; sa main gauche repose sur sa poitrine; de sa droite elle porte une énorme grappe de raisin pendante. Le cavalier est représenté de profil, et la femme de face. Le premier personnage ne peut être que Baal-Chemech ou le Dieu-Soleil, et le second, par conséquent, est Baaltis ou Astarté. Nous sommes ici dans le voisinage de Baalbek ou Héliopolis, et les divinités adorées dans cette ville devaient l'être probablement dans les lieux adjacents et même dans une grande partie de la Phénicie.

A quatre kilomètres au nord-nord-est de Ferzoul, on rencontre près du petit village de Niha, habité à la fois par des Métoualis et par des Grecs catholiques, les débris d'un beau temple prostyle dont le vestibule était orné de colonnes corinthiennes. La cella est renversée; elle se terminait en une sorte d'abside demi-circulaire et renfermait deux cryptes parallèles et reliées l'une à l'autre au moyen d'un petit corridor couvert de larges dalles. Toutes les pierres qui ont servi à bâtir ce monument étaient d'appareil colossal; quelques-unes, en effet, mesurent quatre mètres de long, avec une hauteur et une largeur proportionnées.

Niha a succédé à une ville ancienne dont le nom a disparu. Je n'y ai trouvé qu'un fragment d'inscription grecque qui n'a pu m'éclairer sur ce point.

A une heure plus loin, dans la direction de l'ouest-nord-ouest, d'autres ruines, plus considérables encore, méritent une mention toute particulière. Elles s'appellent Kalat el-Hasen (le Château fort), dénomination purement arabe, et qui ne nous met nullement sur la voie de celle qu'elles portaient autrefois. Les traces de nombreuses maisons renversées sont éparses sur le sol en cet endroit. Plusieurs beaux sarcophages avec couvercles à acrotères indiquent également que nous sommes là sur l'emplacement d'une cité antique de quelque importance; mais ce qui frappe surtout les regards, ce sont les débris d'un temple, qui précédait vers le sud plusieurs édifices construits avec des pierres d'un puissant appareil et reposant sans ciment les unes au-dessus des autres. C'étaient peut-être différents sanctuaires servant comme de satellites au sanctuaire principal; peut-être aussi étaient-ce simplement les habitations des prêtres attachés au temple. Quant à celui-ci, il avait deux vestibules, l'un inférieur et l'autre supérieur, auquel on montait par des degrés et que décoraient des colonnes corinthiennes de très-grand module. De ce second vestibule on passait par une porte unique dans la cella qui s'élevait sur un soubassement continu et qui mesurait extérieurement vingt-deux pas de long sur quinze de large. Les murs en étaient extrêmement épais, et un escalier ménagé dans l'épaisseur de l'un d'entre eux permettait de monter sur les terrasses plates qui devaient couronner l'édifice. Dans l'intérieur de cette cella, deux rangées parallèles de cinq colonnes chacune répondaient à autant de demi-colonnes engagées dans d'énormes blocs de dimensions gigantesques, placées le long des deux murs longitudinaux. Tous les blocs qui ont été employés dans la construction de ce temple étaient irréprochables pour la taille et d'une grandeur surprenante.

A une époque postérieure, ce monument paraît avoir été environné, dans un but de défense, d'une enceinte bâtie à la hâte et assez grossièrement, avec de gros blocs provenant de ses ruines.

Si nous revenons maintenant à Zahleh, pour nous avancer dans la direction du sud, puis du sud-ouest, nous traversons successivement le village de Haouch-en-Naouar, appelé pareillement Haouch-Ksara, et celui de Chtoura. Ils sont occupés par des Maronites, des Grecs schismatiques et quelques familles musulmanes. Le sol qui les entoure est très-fertile et cultivé avec soin. La vigne surtout y abonde et y prospère admirablement. Les Pères Jésuites possèdent dans le dernier de ces villages un vignoble fort estimé, et tandis que les Maronites, enracinés dans leurs anciennes méthodes, ne savent guère faire que du vin blanc, qui est à la vérité excellent, mais capiteux, eux savent tirer de leurs raisins un bon vin de table ordinaire de couleur rouge et destiné à rendre plus de services que le premier. Toutes les propriétés à droite et à gauche de la route sont bordées de rosiers sauvages dont les fleurs sont utilisées pour la fabrication de cette essence de roses si chère aux Orientaux.

En cheminant de Chtoura vers l'ouest, pour se rapprocher par une pente douce des flancs occidentaux et inférieurs du Djebel el-Keneiseh, on atteint, au bout de deux grandes heures de marche à partir de Zahleh, le village de Djediteh. Il contient mille habitants, Grecs catholiques, Grecs schismatiques, Maronites et musulmans. Sur l'emplacement de la nouvelle église construite par les catholiques s'élevait jadis un temple païen dont il subsiste çà et là de beaux blocs dispersés dans le village ou employés dans des bâtisses plus ou moins récentes. On me montre sur une base carrée une inscription latine déjà copiée par plusieurs voyageurs, et qui prouve que ce temple était consacré à Junon reine, ou du moins que dans l'intérieur de ce sanctuaire une statue en l'honneur de cette déesse avait été élevée sur cette base pour le salut de l'empereur T. Ælius Hadrianus Antoninus et de ses fils, par les soins des deux frères Caius et Gemellus Bælius, en vertu d'un testament de Petilia Lucia, leur mère.

De Djediteh, en s'avançant droit vers le sud, l'espace de deux kilomètres et demi, on rencontre, au delà de la grande route de Beyrouth à Damas, le petit village de Makseh; vingt minutes plus au sud, est Kabb-Elias. Ce village, situé sur les flancs de l'un des contre-forts orientaux du Djebel-Barouk, a une population de huit cents habitants, dont les maisons s'étagent les unes au-dessus des autres. Il renferme trois églises, l'une grecque catholique, la seconde maronite et la troisième grecque schismatique. Une mosquée dont le minaret est découronné de sa partie supérieure passe pour avoir succédé à une ancienne église. Au-dessus du village, sur un plateau qui le domine, se montrent les ruines d'un vieux château, dont il ne reste plus que le blocage intérieur, les habitants y ayant puisé comme dans une vaste carrière, pour en enlever toutes les pierres de revêtement. Il se composait de deux corps de puissantes constructions flanqués de tours, et séparés l'un de l'autre par une cour intermédiaire servant aux mouvements des troupes de la garnison et recouvrant une vaste citerne. Ce château est attribué à un prince druse.

Un peu au sud du village, on voit d'anciennes carrières, et au milieu de ces carrières, des tombeaux creusés dans le roc, ainsi qu'une belle grotte ornée d'un fronton avec deux niches à statue. C'était probablement un sanctuaire païen consacré aux divinités tutélaires de la contrée, à savoir, sans doute, Baal-Soleil et Astarté.

Cet endroit est appelé tantôt Kabb-Elias (hauteur d'Élie), et tantôt Kabr-Elias (tombeau d'Élie). D'après la tradition musulmane, en effet, le tombeau de ce prophète se trouverait dans un oualy où l'on vient encore vénérer sa mémoire. Je ferai remarquer néanmoins que les musulmans, de même que les chrétiens du pays, donnent d'ordinaire à Élie l'épithète de El-Khadher (le vivant, le verdoyant), conformément à un passage de la Bible qui nous apprend que ce prophète ne subit pas la corruption de la mort, et qu'il fut transporté tout vivant de la terre au ciel dans un char de feu. Le prétendu tombeau d'Élie au village qui nous occupe en ce moment est donc évidemment apocryphe et en contradiction formelle avec une autre croyance également musulmane, et qui, celle-là, est d'accord avec la Bible.

DISTRICT D'ARKOUB

Traversons maintenant vers l'ouest la gorge qui sépare le Djebel el-Keneiseh, au nord, du Djebel-Barouk, au sud, et entrons dans le district d'Arkoub. Si, après avoir franchi péniblement cette gorge, nous nous dirigeons vers le sud par un sentier des plus accidentés, nous laissons bientôt à notre droite le village de Andara, avec la ceinture de plantations qui l'entoure. Plus loin, nous rencontrons celui de Aïn-Zaalteh. Il s'étend dans une vallée fertile qu'arrosent deux sources abondantes et qui est couverte d'arbres fruitiers et principalement de mûriers. Il renferme à la fois des Grecs catholiques, des Maronites et des Druses. Les montagnes voisines sont revêtues de jeunes pins. A trois kilomètres plus au sud, et après une marche d'au moins quatre heures à partir de Kabb-Elias, nous atteignons Barouk.

Ce village de dix-huit cents habitants environ, composés de Druses, de Maronites et de Grecs catholiques, est assis sur deux collines différentes. Le quartier chrétien a beaucoup souffert en 1860, lors des massacres des Druses, et deux églises, l'une grecque et l'autre maronite, ont été incendiées. Elles se sont depuis relevées de leurs ruines, mais ne sont pas encore terminées. Les jardins qui environnent le village sont cultivés en figuiers, en vignes, en oliviers et en mûriers. Les rochers qui hérissent les flancs des hauteurs sur lesquelles il est situé affectent, soit une couleur ferrugineuse très-prononcée, soit une teinte basaltique. A une faible distance au nord, jaillit du pied du Djebel-Barouk, qui porte le même nom que le village, une source extrêmement fraîche et limpide. Elle forme immédiatement un ruisseau considérable, appelé Nahr-Barouk, qui est canalisé aussitôt pour être subdivisé ensuite dans tout son parcours et satisfaire aux divers besoins des habitants et de la culture.

L'ascension du Djebel-Barouk est très-pénible, comme celle de toutes les montagnes du Liban. Les pentes, quoique très-roides sur beaucoup de points, sont néanmoins cultivées partout où elles peuvent l'être, et les paysans entreprennent souvent des marches très-laborieuses par des sentiers que les pluies et les neiges ravinent chaque année profondément, pour aller labourer, ensemencer et plus

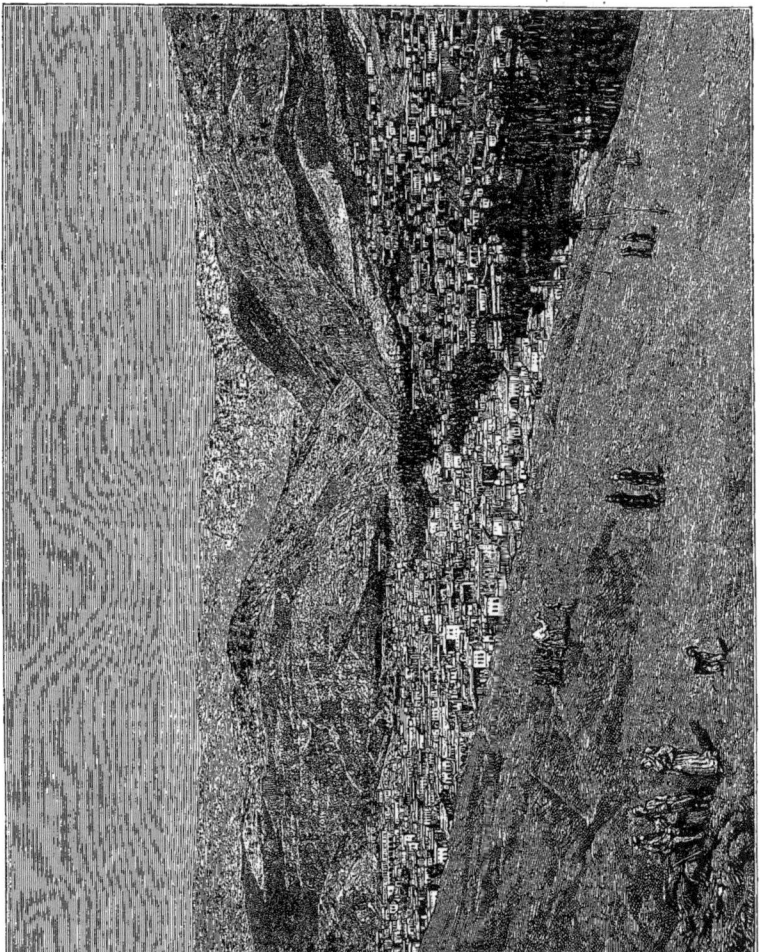

Zahleh, ville du Liban.

tard récolter, quelques petits coins de terre qui doivent leur rapporter bien peu, en comparaison des énormes fatigues que de pareils travaux leur ont coûté.

Quand, partant de la source que j'ai mentionnée, on a gravi, non sans peine, vers l'est, pendant une heure et demie, les flancs de la montagne, on commence à atteindre les premiers cèdres de la forêt de Barouk. Ces cèdres croissent au milieu des rochers et sur un sol des plus tourmentés. Autrefois, ils couvraient, dit-on, un espace très-étendu. Aujourd'hui, ils sont réduits à quelques centaines d'individus. Désignés par les indigènes sous la dénomination arabe d'*ebheul*, ils constituent une espèce différente de ceux qui avoisinent Becharreh, et qui, eux, sont appelés *arz*, comme nous l'avons déjà dit, en les décrivant plus haut. Leur taille est pareillement moins élevée et leur circonférence moins grande. Les plus gros que j'aie mesurés avaient à peine huit mètres de pourtour à leur base. De leur tronc jaillissent ordinairement plusieurs arbres jumeaux. Cette forêt malheureusement, ou pour mieux dire, les débris qui en subsistent, sont condamnés à disparaître totalement, si les dévastations qu'ils subissent n'ont pas un terme prochain. Les arbres qui sont enlevés ou qui meurent de vieillesse ne sont guère, en effet, remplacés, les pousses nouvelles étant sans cesse attaquées par la dent dévorante des chèvres.

En poursuivant pendant une demi-heure encore cette ascension et en escaladant quelques mamelons tout jonchés de pierres roulantes que les neiges ont désagrégées, on parvient enfin sur le sommet de la montagne. De là, à une altitude de deux mille mètres environ au-dessus de la mer, on voit se dérouler devant soi à peu près le même panorama, bien qu'un peu moins étendu, que celui qui s'offre aux regards du haut des cimes du Sannin. Il est donc inutile de le décrire ici de nouveau. C'est toujours, en effet, d'un côté l'Anti-Liban, morne et gigantesque muraille s'interposant entre la fertile vallée de la Cœlésyrie et les vastes steppes du désert de l'Euphrate; et de l'autre côté, c'est le Liban, cette Suisse de l'Orient avec ses mille villages, pour la plupart si pittoresquement situés, ses plantations variées, ses sources intarissables qui s'échappent en bondissant du sein des montagnes et qui, après avoir fertilisé la contrée le long des profonds ravins qu'elles se sont creusés, précipitent leurs eaux jusqu'à la côte. Cette côte elle-même est semée de villes et de souvenirs, et le voyageur qui, d'un point élevé, tel, par exemple, que le sommet du Djebel-Sannin ou du Djebel-Barouk, peut d'un seul regard en embrasser un très-vaste espace, ne détache qu'à regret ses yeux de ces rivages qui ne sont autres que ceux de l'antique Phénicie. Ajoutez à cela un horizon indéfini de mer dont l'azur se confond avec celui du ciel, et vous aurez une faible idée de la beauté grandiose d'un pareil spectacle.

DISTRICT DU CHOUF

Descendus des sommets d'où nous venons de planer de si haut et si loin, suivons maintenant vers le sud-ouest le cours sinueux du Nahr el-Barouk. Sur sa rive droite, nous apercevons bientôt le village de Freidis, qu'environne une ceinture verdoyante de jardins et de plantations de figuiers, de mûriers et d'oliviers.

A trois kilomètres plus au sud, sur la même rive, Betloun nous offre un aspect analogue avec ses vergers.

Le sentier, dans la direction du sud-ouest, nous conduit ensuite au bas de Aïn-Maaser, que nous laissons à notre gauche. Dans le voisinage de ce village, sur les flancs des hauteurs qui le bordent vers l'est, croissent un millier environ de cèdres, appartenant à la même espèce que ceux de Barouk et appelés de même par les Arabes *ebheul*. Quelques-uns de ces arbres sont très-âgés et ont atteint des proportions considérables. Restes des antiques forêts de cèdres qui couvraient autrefois une partie du Liban, ils sont encore dignes d'être visités, bien qu'ils n'aient ni la majesté ni l'ampleur des sept vénérables patriarches de Becharreh.

Le village de Bouthmeh, situé plus au sud, doit son nom aux térébinthes (en arabe *bothoum*) qui, mêlés à des chênes, sont épars sur le territoire qu'il occupe. Il est habité par des Druses, dont les maisons sont dispersées au milieu de plantations de mûriers.

A deux kilomètres plus au sud encore, le village de Moukhtarah est précédé vers le nord de plantations de vignes et d'oliviers. Ce village est par lui-même peu peuplé, mais il renferme le palais de l'émir Djemblat, le principal cheikh des Druses dans le Liban. Ce jeune prince a une trentaine d'années; sa figure est très-régulière et ses manières fort distinguées. C'est le fils du fameux Djemblat, qui, à l'époque des événements de 1860, fut accusé d'être l'un des instigateurs les plus actifs de ces odieux massacres. Quand je me présentai auprès de lui, il me fit, je dois le dire, l'accueil le plus bienveillant et le plus courtois, et je trouvai son divan rempli de chrétiens tout autant que de Druses. Après le café et les sorbets d'usage, il voulut lui-même me montrer son palais, qui ne manque pas d'une certaine élégance. L'eau y circule partout avec abondance et y jaillit en jets nombreux de petits bassins de marbre. Elle est amenée à Moukhtarah au moyen d'un aqueduc de douze kilomètres de développement, qui a son point de départ à la source du Nahr Barouk. Dans un des salons du palais, je remarquai le portrait du prince de Galles, don de ce prince lui-même, ce qui ne m'étonna nullement, car les Anglais, comme je crois l'avoir déjà dit, cherchent par tous les moyens à s'attacher les Druses et, par conséquent, leurs chefs les plus notables, afin de les opposer aux Maronites, ces vieux et fidèles amis de la France. L'émir m'affirma que, pour lui, il se montrait impartial envers tous ses administrés, qu'ils fussent chrétiens, musulmans ou Druses; et deux prêtres grecs, curés d'un village voisin, qui se trouvaient dans son divan au moment de ma visite, m'assurèrent, de leur côté, qu'ils n'avaient qu'à se louer personnellement du prince, et que les haines profondes qui avaient autrefois animé les Druses contre les Maronites paraissaient amorties. «D'ailleurs, ajoutaient-ils, dans les divers massacres qui ont eu lieu à différentes époques et spécialement en 1860, les Druses ne se sont montrés si sauvages et si cruels que parce qu'ils comptaient sur la complicité des musulmans, qui les poussaient à l'extermination des chrétiens, et sur la protection de l'Angleterre, qui, sans leur avoir jamais conseillé, sans doute, de si horribles atrocités, intervenait sans cesse néanmoins en leur faveur, comme leur avocate et leur patronne. »

La colline que couronne le palais de l'émir Djemblat s'avance vers le sud, en forme de promontoire, entre deux vallées profondes qui se réunissent ensuite, et dans l'une desquelles serpentent le Nahr Barouk et dans l'autre le Nahr Aïn-Maaser. Les flancs de cette colline sont admirablement cultivés. Sur de nombreuses terrasses qu'arrosent plusieurs ruisseaux provenant de l'aqueduc dont j'ai parlé, croissent des oliviers, des figuiers, des mûriers et des vignes.

Il est question, à l'époque des Croisades, d'un certain Casal Mactara qui doit être identique avec le village de Moukhtarah où nous sommes en ce moment.

Si nous en redescendons vers l'ouest, nous traverserons bientôt sur un petit pont le Nahr Barouk, qui coule rapide et murmurant dans une étroite vallée, ombragée par un épais fourré de chênes et de noyers.

Au delà du pont s'élève, sur les pentes d'une colline, le village de Djedeideh, habité par des Druses. Les maisons y sont entremêlées de plantations de noyers, de mûriers et de vignes.

A six kilomètres de Djedeideh, vers le nord-ouest, un village plus considérable porte le nom de

Baaklin. Composé de seize cents Druses et de deux cents Maronites, il est situé dans une position élevée, et de la partie culminante du plateau accidenté qu'il occupe, on aperçoit d'un côté la mer, et de l'autre la grande chaîne du Liban. Dans le vaste cimetière qui le précède vers le nord, on observe plusieurs tombes construites avec une certaine élégance et décorées d'arabesques finement exécutées. A Baaklin habite l'un des principaux cheikhs des Akkels (des sages). C'est ainsi, comme nous l'avons vu, que les Druses désignent ceux des leurs qui sont initiés aux mystères de leurs doctrines secrètes. Il jouit d'une immense influence parmi ses coreligionnaires, et il est regardé, en quelque sorte, comme le véritable patriarche des Druses. J'allai lui rendre visite, et il m'invita lui-même à pénétrer dans sa *khaloueh*, nom que les Druses donnent aux édifices ordinairement solitaires et retirés loin de toute habitation humaine, où ils célèbrent tous les jeudis soir les cérémonies de leur culte. La khaloueh où il me reçut, et où il ordonna à son fils de m'apporter le café en signe d'hospitalité, est une grande salle recouverte de nattes et proprement tenue. Deux lampes sont suspendues au plafond, et l'un des murs est percé de petites niches destinées à contenir quelques livres, et alors complètement vides. Je restai une bonne demi-heure à converser avec ce cheikh. C'est un vieillard encore très-vert, à la physionomie fine et intelligente, au regard interrogateur, à la parole douce et caressante. Il me confirma ce que m'avait dit à Moukhtarah l'émir Djemblat, à savoir que les Druses ne nourrissaient plus maintenant contre les Maronites ni haine ni projets funestes, et qu'ils ne demandaient qu'à vivre en bonne harmonie avec eux. Espérons que l'avenir ne démentira pas ces paroles.

DISTRICT DE MENASSIF

A quatre kilomètres au nord de Baaklin et en sortant du territoire de Chouf pour entrer dans celui de Menassif, on rencontre la petite ville de Deir-el-Kamar. C'est la véritable capitale des Maronites. C'est près de là, en effet, que réside le gouverneur du Liban, dans le palais de Beit-eddin. Avant 1860, elle renfermait au moins huit mille habitants, Druses et Maronites. Aujourd'hui, elle n'en contient plus que quatre mille, presque tous Maronites, comme population fixe; car, pendant l'été, une centaine de familles de Beyrouth viennent y chercher un peu de fraîcheur. Située à une hauteur de huit cent quarante mètres environ au-dessus de la mer, elle est assise sur les pentes méridionales d'une montagne, à laquelle elle est comme adossée et dont les énormes rochers semblent la menacer sans cesse. Les maisons s'élèvent d'étage en étage au-dessus d'une étroite vallée oblongue. La place du marché ou *souk*, qu'orne une gracieuse fontaine de création récente, est bordée de petites boutiques où l'on vend non-seulement les principales choses essentielles à la vie, mais encore différents objets de soie, et entre autres de riches *alayeh*, ou robes de soie brodées d'or, qui forment la tenue d'apparat des grands cheikhs druses. Le *Seraïa* constitue un vaste quadrilatère dont les murs sont très-épais, et où, en 1860, la garnison turque avait offert traîtreusement un asile aux malheureux chrétiens de la ville qui redoutaient la cruauté druse. Ils s'y réfugièrent en masse, trompés par de mensongères promesses; et quand, sur la foi de ces perfides paroles, ils eurent remis en entrant leurs armes aux Turcs, qui ne les laissèrent pénétrer qu'à cette condition, ceux-ci s'empressèrent de les livrer eux-mêmes à leurs farouches ennemis, qui se précipitèrent, armés jusqu'aux dents, par la porte qu'on leur ouvrit, et, secondés par les soldats musulmans, transformés eux aussi en bourreaux, égorgèrent sans pitié, comme un vil troupeau, une foule confuse et impuissante à se défendre, d'hommes,

GORGE DU NAHR EL KADICHA: MONT LIBAN.

PARIS, E. PLON & Cie ÉDITEURS.

de femmes et d'enfants. Il y eut là des scènes effroyables de meurtre, telles que celles qui ensanglantèrent également le palais de Racheya et celui de Hasbeya, où les chrétiens de ces deux villes commirent de même l'imprudence de chercher un refuge, après avoir déposé préalablement leurs armes, et éprouvèrent le même sort, taillés en pièces à la fois par les soldats turcs qui, par de faux serments, les avaient attirés dans le piége, et par les Druses qui se ruèrent sur eux comme des bêtes fauves. Dans plusieurs endroits du seraïa de Deir el-Kamar, la trace du sang humain, qui coula alors à flots, est encore visible, même après vingt-deux ans, et des témoins oculaires qui avaient échappé à cette affreuse boucherie ne manquèrent pas de me les signaler. De là j'allai visiter le couvent des Sœurs de Saint-Joseph de l'Apparition. Ces excellentes religieuses, au nombre de quatre et toutes Françaises, me montrèrent en détail leur humble établissement, où les Révérends Pères Jésuites avaient d'abord fondé une de leurs missions. Elles font l'école à trois cents jeunes filles, et en même temps elles ont

CÈDRE DE LA FORÊT DE BAROUK.

consenti à se charger d'un certain nombre de petits garçons, que plusieurs familles ont voulu absolument leur confier. Leur chapelle, plus que modeste, est desservie par un prêtre maronite ; elle est fort humide, les terrasses qui la surmontent étant en mauvais état et ayant bien besoin de réparation ; mais les Sœurs n'ont que de très-faibles émoluments, qui peuvent à peine suffire à leur entretien. Tout dans leur maison respire la pauvreté la plus grande. Néanmoins, malgré cette indigence, elles savent encore, en multipliant leurs bienfaits, donner non-seulement des conseils, mais encore des soins et même des médicaments gratuits à tous les malades ou blessés qui ont recours à leur inépuisable charité.

La ville de Deir el-Kamar ne s'est pas encore relevée de la catastrophe de 1860, et comme la plus grande partie du quartier chrétien fut alors démoli ou incendié, et que beaucoup de Maronites succombèrent sous le fer de leurs ennemis ou périrent ensuite de misère, cette localité est loin d'avoir recouvré la prospérité et l'état florissant dont elle jouissait auparavant. Quant au nom de Deir el-Kamar (couvent de la Lune), il proviendrait, suivant les uns, d'une ancienne église consacrée à la Sainte Vierge qui aurait été construite autrefois en cet endroit. La Sainte Vierge est effectivement souvent représentée, principalement en Orient, avec un croissant sous les pieds. Mais d'autres, au contraire, et notamment Mgr Bestany Boutros, archevêque maronite de Tyr et de Sidon, pensent, comme je le tiens de sa bouche, que là jadis s'élevait un temple païen en l'honneur de Diane, divinité qui était parfois figurée avec un croissant sur la tête, parce que, tout en étant sur la terre la déesse de la chasse, elle était identifiée avec la lune dans le ciel. En descendant vers l'est-sud-est une belle route carrossable, ouverte à travers de magnifiques plantations de figuiers, d'oliviers et de mûriers, on arrive bientôt au Nahr Beit-eddin, que l'on traverse sur un pont de date récente ; puis on gravit, en suivant la même route, les pentes d'une colline rocheuse dont le palais de Beit-eddin, construit autrefois par l'émir Béchir, occupe la plate-forme supérieure. Même dans l'état de dégradation où il se trouve maintenant, ce palais est encore regardé comme l'une des merveilles de l'art architectural dans le Liban. Ce n'est pas à dire pour cela que ce soit réellement un chef-d'œuvre digne d'une admiration sans réserve. Non assurément ; mais tel qu'il est, et bien qu'il soit loin d'étaler la splendeur qu'il avait à l'époque de la plus grande prospérité de l'émir Béchir, son fondateur, il mérite toujours plusieurs des éloges que les voyageurs lui ont prodigués. Précédé d'une grande cour carrée, autour de laquelle ont été ménagées des prisons, une caserne, une salle servant d'arsenal et une imprimerie, il renferme intérieurement, d'un côté, l'ancien harem de l'émir, et, de l'autre, les appartements qu'il occupait lui-même avec ses employés et ses serviteurs. L'art capricieux qui a présidé à l'ornementation mauresque de ce vaste ensemble de constructions, les jets d'eau qui murmurent sans cesse en beaucoup d'endroits et retombent dans de jolis bassins, les fines et délicates arabesques qui décorent les portes, les fenêtres et les plafonds, les nombreuses et sveltes colonnettes qui supportent des galeries superposées, tout communique à ce palais un cachet oriental, que rehausse encore la taille élancée de hauts et mélancoliques cyprès, contemporains des beaux jours de l'émir, et dont la tête altière domine tous les autres arbres des jardins qui sont mêlés à ces bâtiments et les entourent d'une ceinture de verdure et de fleurs. L'un de ces jardins conduit à une chambre isolée où repose, dans un tombeau de marbre blanc, l'une des femmes de l'émir Béchir. La chapelle où il entendait la messe est maintenant dépouillée d'une partie de ses ornements et semble à peu près abandonnée. Les bains qu'il fréquentait sont très-délabrés. Toutefois, leur ancienne magnificence est attestée par des marbres précieux, de charmantes arabesques et ces mille détails où se complaisait l'imagination arabe. Le souvenir de ce prince est encore partout présent, et il est resté très-profondément gravé dans la mémoire de tous les Libanais. Les vieillards de Beit-eddin, en particulier, ne parlent de ce personnage remarquable qu'avec une sorte d'orgueil. Ses écuries, autrefois remplies de juments et d'étalons de grand prix, sont à peu près vides. Le gouverneur actuel du Liban, Rustem-Pacha, n'occupe plus qu'une faible partie des appartements du palais. Il était absent, lorsque je visitai cette demeure princière ; car, pendant une partie de l'été, il préfère habiter Aley, l'un des villages du district du Gharb, où, à l'époque des grandes chaleurs, les familles les plus riches de Beyrouth aiment à aller en villégiature. Le bimbachi ou colonel qui me reçut dans la caserne, me fournit les renseignements suivants : les soldats libanais sont au nombre de deux mille seulement ; les fantassins ont à peu près le costume de nos zouaves. Ils servent pendant trois ans et reçoivent chacun trente francs par mois. Avec cette somme, ils doivent se nourrir et se blanchir, le gouvernement leur fournissant seulement l'habillement et les armes. L'administration du Liban, sauf Tripoli et Beyrouth, qui appartiennent directement à la Sublime Porte et sont gouvernées par des Turcs, est sous la direction générale d'un gouverneur ou vice-roi chrétien, nommé pour dix ans. Elle est maintenant entre les mains de Rustem-Pacha, d'origine italienne, qui touche bientôt au terme de son décennat, mais qui peut être réélu. Il a sous ses ordres des kaïmakams qui commandent chacun un district particulier, et ceux-ci, à leur tour, ont sous leur dépendance des moudirs ou chefs d'arrondissement, lesquels ont eux-mêmes pour subordonnés des cheikhs, simples maires de village. Pendant que je recevais ces détails de la bouche du bimbachi, je vis arriver près de moi un beau jeune homme qui vint me saluer et me serrer la main ; il me dit qu'il était l'un des petits-fils de l'émir Béchir. A côté du palais de Beit-eddin, est un petit village du même nom, avec une église dédiée à saint Maroun. Il est dominé par une colline dont le plateau supérieur est occupé par deux autres palais, beaucoup moins considérables que le précédent, et que l'émir Béchir avait fait élever pour plusieurs membres de sa famille.

L'un de ces palais sert actuellement de résidence à Mgr Bestany Boutros. L'eau y abonde partout et y parvient par un canal de l'Aïn-Zaalteh, d'une distance de onze kilomètres ; après avoir arrosé les plantations qui environnent ces deux belles demeures, elle tombe plus bas en cascade, fait tourner des moulins, circule en tout sens à Beit-eddin, et finit par s'écouler dans le lit du torrent qui sillonne la vallée ainsi appelée. Mgr Bestany Boutros, archevêque de Tyr et de Sidon et de toute la zone méridionale du Liban, est un prélat maronite assez âgé, mais encore vert, qui connaît très-bien l'histoire politique de son pays. Arraché pendant quelque temps à son diocèse, parce que Rustem-Pacha avait cru voir en lui un adversaire de son administration et avait excité contre sa personne M. Guys, alors consul de France, il a été depuis rappelé de l'exil, et réintégré avec honneur dans tous ses droits. « La conduite de votre consul à mon égard dans cette circonstance, me dit-il, ne s'explique que par les faux rapports qui lui auront été transmis sur mon compte, et bien que j'aie été injustement et même brutalement banni, je n'en ai gardé aucun ressentiment contre votre nation. La France a continué d'être à mes yeux ce qu'elle a toujours été, je veux dire la véritable patronne des Maronites, et, comme telle, je lui ai voué un éternel attachement. »

DISTRICTS DU GHARB ET DU SAHEL

Terminons cette rapide description du Liban par quelques mots sur les deux districts du Gharb et du Sahel, que nous allons traverser avant de faire halte à Beyrouth. Si l'on descend de Deir el-Kamar dans la direction du nord-ouest, on traverse d'abord, au bout de cinq kilomètres, le village de Bcheftin. Habité par des Druses, il est entouré de plantations de mûriers, qu'arrose une source abondante ombragée par deux vieux noyers. La descente devient ensuite plus rapide, et le sentier est pratiqué en forme d'escaliers que coupent de nombreux paliers. Au bout de trois quarts d'heure de marche dans la direction du nord, on atteint le pont dit Djisr el-Kadhy. Il a été jeté sur un torrent assez profondément encaissé entre des berges rocheuses et qui va aboutir à la mer, sous le nom de Nahr Damour, le Tamyras ou Damouras de l'antiquité, après qu'il a réuni dans le même lit les eaux du Nahr el-Hamman, qui coule plus au sud et n'est lui-même que la continuation du Nahr Beit-eddin. Au delà de ce pont, en cheminant vers le nord-ouest, on laisse à sa droite les villages de Selfaya et de Aïn-Trez, et plus loin ceux de Roumhala et de Dfoun ; que d'autres prononcent Tfoun, villages peuplés à la fois de Druses et de Maronites. Si l'on continue à monter le long de pentes parsemées de pins et hérissées de blocs ferrugineux, on parvient à Aïnab, localité peu importante, habitée principalement par des Druses, auxquels se mêlent quelques familles maronites. Trois kilomètres plus au nord, par un sentier détestable, on atteint Deir-Anoub, village beaucoup plus considérable et divisé en plusieurs quartiers. Sa population se compose de Druses, de Maronites et de Grecs schismatiques. Le territoire qu'il occupe est cultivé avec soin et abonde en mûriers.

A partir de ce point jusqu'à Beyrouth, la route devient excellente pour le Liban.

Sept kilomètres à l'ouest-nord-ouest de Deir-Anoub, Choucifat s'étend sur plusieurs collines que séparent entre elles des ravins dont les pentes sont couvertes de figuiers, d'oliviers et de mûriers. Çà et là aussi s'élancent quelques vieux et hauts palmiers qui donnent au paysage un cachet tout oriental. Ce grand village renferme, dit-on, deux mille habitants, soit Druses, soit Grecs schismatiques, auxquels il faut joindre quelques familles maronites.

Kefer-Chima, situé à deux kilomètres à peine au nord de Choueifat, occupe de même plusieurs collines, qui sont admirablement cultivées, sur leurs flancs, en figuiers, en oliviers et en mûriers. Sa population est mélangée de Grecs schismatiques et de Maronites. Une école primaire de filles y a été fondée et y est entretenue par la Sœur Gélas, supérieure des Sœurs de la Charité à Beyrouth, à qui l'on doit la fondation et l'entretien de douze autres établissements de ce genre dans autant de villages du Liban. A l'est et au-dessus de Kefer-Chima, à dix minutes d'intervalle, le couvent de Saint-Antoine Kerkafé couronne le sommet d'une haute colline. Il date de cent treize ans et renferme actuellement quatre Pères et cinq Frères grecs catholiques. Il est inutile d'ajouter que des terrasses du monastère la vue embrasse un vaste et magnifique horizon de mer et de montagnes, y compris une foule de villages et la ville de Beyrouth tout entière, avec son immense ceinture de jardins.

Au nord de Kefer-Chima, on entre dans le district du Sahel, aussitôt qu'on a franchi l'Oued Rhadir. Laissant à sa droite, à une faible distance, les deux grands villages de Sibney et de Baabdah, on atteint bientôt El-Hadeth, autre village également important, assis sur plusieurs mamelons dont les flancs sont parfaitement cultivés, et qui se compose de Grecs schismatiques et de Maronites.

A trente-cinq minutes plus au nord, à l'endroit où la route que nous suivons rencontre celle qui de Beyrouth va à Damas, on voit s'élever un tombeau solitaire; c'est celui de Franco-Pacha, le prédécesseur du gouverneur actuel du Liban. De là à Beyrouth, il n'y a plus que cinquante minutes de marche à travers des plantations de mûriers et des jardins où, grâce à une culture et à une irrigation intelligentes, les légumes et les arbres fruitiers les plus variés croissent à merveille. Çà et là aussi sont parsemés de jolis bouquets de pins. La route est charmante et bordée de lilas perses. Entretenue avec soin, elle est sans cesse parcourue par des promeneurs à pied, à cheval ou en voiture, qui se plaisent à errer autour de Beyrouth, respirant avec délices l'air pur de la campagne et jouissant à loisir de la belle nature dont la Providence a gratifié les heureux habitants de cette contrée.

J'arrête ici cette description très-sommaire de l'intérieur du Liban, réservant celle des villes de la côte pour le chapitre suivant, qui traitera de la Phénicie. Ce tableau abrégé, que j'aurais pu développer bien davantage si les limites étroites dans lesquelles je dois me renfermer me l'eussent permis, est l'analyse fidèle des notes que j'ai recueillies récemment sur les lieux mêmes. Cherchant avant tout la vérité, je me suis efforcé de ne jamais travestir la physionomie réelle des hommes et des choses, en lui substituant les couleurs factices de mon imagination.

L'accueil extrêmement cordial que l'on reçoit dans le Liban, principalement de la part des Maronites, la grande sécurité des routes, qui sont, à la vérité, très-fatigantes et quelquefois même dangereuses, à cause des difficultés naturelles qu'elles présentent, mais qui n'offrent aucun péril du côté des habitants, la beauté merveilleuse de beaucoup de sites, l'aspect tantôt sauvage et imposant, tantôt, au contraire, gracieux et charmant des vallées et des montagnes, l'abondance des sources qui jaillissent partout, l'opiniâtreté extraordinaire avec laquelle le paysan sait tirer du sol, sur les pentes même les plus abruptes, tout ce qu'il peut lui faire produire, que dirai-je encore? les avantages réunis des climats les plus variés concentrés dans un espace relativement peu étendu, mais divisé en trois zones, zone chaude le long des côtes, zone tempérée sur les hauteurs moyennes, zone plus froide sur les plateaux supérieurs de la grande chaîne dorsale; ajoutez à cela la magnificence du ciel de l'Orient couronnant d'une belle voûte azurée pendant la moitié au moins de l'année, mer, torrents, vallées et montagnes, forêts et plantations diverses, on conviendra qu'il n'en faut pas tant pour séduire et captiver puissamment le voyageur. Si l'on songe, en outre, qu'au milieu de tant de peuples de l'Empire ottoman qui ont abjuré leur foi et leur indépendance, le peuple maronite, grâce à ses montagnes, à son courage et à l'énergie de ses croyances religieuses, a su conserver intact le précieux dépôt du chris-

BEIT-EDDIN.

tianisme et offrir un asile hospitalier à d'autres rites persécutés, on trouvera dans cette circonstance un intérêt nouveau qui attachera davantage à cette contrée. Cet intérêt enfin grandira encore, si le voyageur est Français et qu'à chaque pas, dans chaque village, il entende des témoignages de sympathie, d'affection et de reconnaissance sortir de toutes les bouches des indigènes maronites pour la France chrétienne; car les Maronites ne connaissent que celle-là. C'est la France chrétienne qui s'est révélée à eux, à l'époque des croisades; c'est la même France qui les a depuis défendus en maintes circonstances et sauvés en 1860; c'est elle seule qu'ils désirent avoir pour suzeraine, si l'Empire ottoman se démembre et que le Liban, qui déjà ne lui appartient qu'à peine, en soit un jour détaché complétement, pour passer sous le protectorat de quelque puissance européenne.

PHÉNICIE

CONSIDÉRATIONS PRÉLIMINAIRES.

La Phénicie est la contrée célèbre dont Tyr et Sidon étaient les deux principales cités. Située au nord de la Palestine, le long de la Méditerranée, elle était bordée à l'ouest par cette mer et à l'est par le mont Liban. Ce nom de Phénicie est grec et dérive probablement du mot φοῖνιξ ou palmier, arbre qui autrefois, sans doute, abondait sur ces côtes, mais qui aujourd'hui y est plus rare. On trouve le palmier, en effet, comme emblème sur d'anciennes monnaies d'Aradus, de Tyr et de Sidon. Cet arbre est loin encore maintenant d'avoir disparu de ces parages; mais, s'il y croît toujours çà et là, soit disséminé, soit en bouquets, il n'en forme plus l'un des traits caractéristiques. Le nom primitif et indigène de la contrée était Kenaan, en latin Chanaan, dont la racine est Kana (être bas), et qui s'appliquait parfaitement à la côte basse de la Phénicie, opposée à la région montagneuse du Liban, de la Syrie et de la Palestine. Aussi, lorsqu'il est dit dans la Bible que les Israélites, à l'époque de leur invasion, rencontrèrent en Palestine des Chananéens très-redoutables, on est en droit, ce me semble, d'en induire que ces peuples étaient originaires de la plaine voisine, longeant la mer et appelée en phénicien Kenaan, dans la Vulgate Chanaan. La plaine ainsi désignée s'étendait, d'après l'opinion la plus répandue, depuis Aradus et Antaradus, au nord, jusqu'à l'Échelle de Tyr, au sud, dans une longueur de deux cent trente kilomètres environ. Sa plus grande largeur, entre la mer et les montagnes, n'excède presque jamais douze kilomètres, et elle est le plus souvent bien moindre. Cette bande maritime de sol, tantôt très-étroite, tantôt moins resserrée, n'est pas continue. Au contraire, elle est sillonnée et comme brisée par de nombreux cours d'eau qui aboutissent à la mer dans des lits plus ou moins profonds, dont les berges s'avançant parfois jusqu'au milieu des flots, déterminent des promontoires et servaient jadis, comme maintenant, à établir des limites naturelles entre le territoire des différentes villes de la côte. Ces villes étaient autant de riches comptoirs maritimes, alors fort importants. Quelques-unes d'entre elles constituaient des principautés distinctes. Adonnées à la pêche, à la navigation, au commerce et à l'industrie, elles surabondaient d'une population active et entreprenante qui, habituée dès l'enfance à se jouer des périls de la mer, à la parcourir en tous sens et à débarquer sur toutes les côtes, n'éprouvait aucune peine à s'expatrier pour fonder ailleurs des colonies, quelquefois très-lointaines, et des comptoirs nouveaux. Rien n'égalait l'opulence de beaucoup de ses négociants et de ses armateurs. Le Liban fournissait à ces derniers des bois excellents pour la construction des nombreux navires qu'ils équipaient.

Les Phéniciens, en tant que Chananéens, étaient issus de Cham. (*Genèse*, x, 6.) Néanmoins, la langue qu'ils parlaient offrait des ressemblances frappantes et avait une affinité très-étroite avec celle des Hébreux, peuple descendu de Sem. Saint Jérôme, dans son *Commentaire sur Jérémie* (liv. V, ch. xxv), en parlant de Carthage, s'exprime ainsi, après avoir dit que cette ville était une colonie phénicienne : « *Unde et Pœni, sermone corrupto quasi Phœni appellantur, quorum lingua hebrææ linguæ magna ex parte confinis est.* » Saint Augustin, originaire d'Afrique et évêque d'Hippone, autre colonie tyrienne, affirme également, dans plusieurs passages de ses ouvrages, la parenté des deux langues phénicienne et hébraïque. Cette parenté est, en outre, attestée par beaucoup de noms de villes, soit phéniciens, soit carthaginois, ce qui revient au même, puisque Carthage était une colonie tyrienne. Ces noms, en effet, manquent de sens en grec et en latin, mais ils en ont un en hébreu. Une conclusion identique ressort de toutes les inscriptions phéniciennes que l'on a découvertes jusqu'à ce jour et qui s'expliquent parfaitement au moyen de l'hébreu.

La religion des Phéniciens était en opposition directe avec le monothéisme des Hébreux. C'était la personnification panthéiste des forces de la nature, et surtout des deux principes mâle et femelle qui concourent à l'organisation et à la vie de ce monde; dans sa forme populaire, c'était l'adoration du soleil, de la lune et des planètes. Les planètes n'étaient pas considérées par les Phéniciens comme des globes inanimés purement matériels, et obéissant à des lois physiques établies par Dieu depuis l'origine des choses, mais comme des êtres intelligents et animés, influant sur la volonté des simples mortels et réagissant sur les destinées humaines. Parmi les principales divinités du Panthéon phénicien, il faut signaler Baal et Achtoreth.

Baal était la suprême divinité mâle. Ce mot signifie *maître, seigneur, possesseur;* dans sa forme chaldaïque, il devient Beel et Bel, qui était le nom babylonien du même dieu. On l'honorait en lui offrant de l'encens et des sacrifices d'animaux, quelquefois aussi des holocaustes de victimes humaines. Les prêtres dansaient autour de ses autels en poussant des cris frénétiques et en se frappant même de coups de couteau, pour fléchir son courroux. Baal était regardé comme le dieu soleil, le dieu illuminateur, le dieu fécondant, le dieu souverain, et alors il était confondu, tantôt avec l'Apollon, tantôt avec le Jupiter du Panthéon grec et romain.

La Bible nous révèle les noms de plusieurs Baals, ou, pour mieux dire, elle nous apprend que ce dieu était vénéré par les Chananéens, et par conséquent par les Phéniciens, avec des formes distinctes et avec des épithètes différentes. Ainsi, par exemple, nous savons par elle que Baal-Berith (le seigneur de l'Alliance) était adoré à Sichem; qu'à Ekron, il y avait un temple en l'honneur de Baal-Zeboub (le dieu des mouches, le dieu qui détourne les mouches, dont la multitude, quand elle est parfois innombrable, devient un véritable fléau dans les pays chauds). Nous connaissons pareillement l'existence d'un Baal-Peor, Beelphegor de la Vulgate, dieu identifié avec le Priape des Grecs et des Romains, et dont le culte était très-licencieux.

Achtoreth, en grec Ἀστάρτη, en latin *Astarte,* était la principale divinité féminine. Baal et Achtoreth se trouvent associés ensemble, soit sous cette forme qui est celle du singulier, soit sous la forme de Baalim et de Achtaroth qui est celle du pluriel. Le pluriel indique probablement différentes modifications de ces deux divinités ou différentes manières de les envisager. Le culte de Achtoreth était très-répandu. De même que chez les Assyriens il y avait un dieu Bel identique avec Baal, de même il y avait une déesse appelée Ichtar et qui n'était autre que Achtoreth. Elle avait pour symbole la lune, comme Baal avait pour emblème le soleil. Les Grecs l'identifiaient avec Aphrodite, et les Romains avec Vénus. Quelquefois on la confondait avec la planète de ce nom, à l'exemple de Baal qui était confondu avec celle de Jupiter. La plus grande licence régnait également dans le culte qu'on lui rendait.

Acherah était aussi le nom d'une divinité phénicienne. Beaucoup de critiques pensent qu'elle est identique avec Achtoreth; d'autres, au contraire, prétendent que Achtoreth est le nom de la divinité elle-même, et que Acherah est celui de son idole, de sa statue ou de son symbole.

Adonis et Vénus répondent l'un à Baal, et l'autre à Achtoreth.

Melkarth (le roi de la cité) était appelé souvent l'Hercule tyrien. Ce dieu était spécialement adoré à Tyr, et de là son culte se répandit à Carthage, colonie tyrienne, où on l'honorait quelquefois par des sacrifices humains.

Moloch, la divinité tutélaire des Ammonites, était, selon toute vraisemblance, le même dieu que Baal. Dans certaines circonstances on lui immolait des victimes humaines, en faisant passer par les flammes les êtres auxquels on était le plus attaché, par exemple, ses enfants. C'était le dieu du feu, identique avec le dieu-soleil.

COUVENT DES MOULAOUIEH OU DERVICHES TOURNEURS, PRÈS DE TRIPOLI.

Au nombre des inventions humaines les plus considérables, il faut, sans contredit, compter celle de l'écriture. Suivant les uns, la gloire en reviendrait aux Phéniciens :

> *Phœnices primi, famæ si creditur, ausi*
> *Mansuram rudibus vocem signare figuris.*
> (Lucain, *Pharsale*, III, 220-221.)

« Les Phéniciens sont les premiers, si l'on en croit la renommée, qui ont osé reproduire et fixer la parole humaine au moyen de figures grossières. »

D'autres attribuent cette invention aux Assyriens, d'autres enfin aux Égyptiens. Il est difficile de savoir et d'affirmer lequel de ces peuples peut en revendiquer l'honneur d'une manière incontestable; mais le nom des lettres dans l'alphabet hébraïque, identique avec l'alphabet phénicien, autorise

CHATEAU DE TRIPOLI, FORTERESSE DE L'ÉPOQUE DES CROISADES.

à penser que ce sont les Phéniciens qui ont communiqué aux Grecs la connaissance de l'écriture. Beaucoup de noms de lettres, en effet, dans l'alphabet grec, n'ayant aucune signification en grec, en ont une dans les caractères correspondants de l'alphabet hébreu.

DE TARTOUS (ANTARADUS) A TRIPOLI

Tartous, par laquelle nous commençons, au nord, la description très-sommaire des côtes de la Phénicie, est l'ancienne Antaradus qui faisait face sur le continent à l'île d'Aradus, sa métropole. A cause de sa position et de sa dépendance à l'égard de cette île dont elle n'était qu'une colonie, elle avait été désignée sous le nom que nous venons d'indiquer, nom que les Arabes, à la fois par abréviation et par corruption, ont transformé plus tard en celui de Tartous, d'où les Croisés ont ensuite fait Tortose. La première mention que nous trouvons d'Antaradus se trouve dans la géographie de Ptolémée. A l'époque romaine, la renommée et l'importance de cette ville éclipsèrent celles de sa fondatrice. L'an 346 de notre ère, elle fut rebâtie par l'empereur Constance, et appelée de son nom Constantia. Au moyen âge, fortifiée par les Templiers, elle devint entre leurs mains une place militaire réputée imprenable. Aussi résista-t-elle victorieusement à toutes les attaques de Saladin en 1188, et ce ne fut qu'en 1291 qu'elle finit par tomber au pouvoir des musulmans. M. Rey, dans son *Étude sur les monuments de l'architecture militaire des Croisés en Syrie et à Chypre* (p. 69-84), a décrit avec soin les ruines de son enceinte et de son château. La plus grande partie de l'emplacement qu'elle occupait est maintenant envahie par des jardins. Au milieu de ces vergers s'élève l'ancienne cathédrale de Notre-Dame de Tortose, beau vaisseau du douzième siècle qui mesure quarante mètres de long sur vingt-sept de large. Joinville nous apprend que c'était un lieu de pèlerinage très-fréquenté. Au sud du château, qui avait été construit avec des blocs d'un très-puissant appareil et qui est situé lui-même à l'angle nord-ouest de la cité du moyen âge, dont le séparaient vers l'est un double rempart et un double fossé, s'étend la ville moderne, composée seulement d'une centaine de maisons et habitée par un millier de musulmans, auxquels il faut joindre un certain nombre de familles chrétiennes.

A six kilomètres au sud-ouest de Tartous, on aperçoit en mer l'île de Rouad. Éloignée de la côte de trois kilomètres environ, elle consiste en un banc rocheux de forme ovale dont la longueur peut être estimée à huit cents mètres et la largeur moyenne à cinq cents. Çà et là, ce banc est recouvert de couches plus ou moins épaisses de sable. L'île toute entière était autrefois entourée par une très-forte muraille bâtie avec des blocs énormes et reposant sans ciment les uns au-dessus des autres; ils ont pour base les récifs mêmes du rivage, qui ont été aplanis et entaillés pour les recevoir. Cette enceinte, dont il reste encore des fragments considérables, doit sans doute remonter à une haute antiquité, et paraît un ouvrage phénicien. A l'est, du côté de la terre ferme, par conséquent, se trouve le port, qu'une jetée séparait jadis en deux bassins. Ce port, à moitié ensablé, est très-petit, et, au premier abord, on est tenté de se demander comment il a pu jamais abriter les navires d'un peuple qui sur mer rivalisait avec Tyr et Sidon; mais il faut se rappeler que les ports de la plupart des villes maritimes de l'antiquité étaient peu étendus, parce que les navires qu'ils devaient renfermer avaient eux-mêmes des dimensions très-faibles.

Un château crénelé assez considérable occupe le point culminant de l'île; il est de date sarrasine, mais les substructions en sont bien plus anciennes. En plusieurs endroits, on rencontre des citernes, des silos et des magasins creusés dans le roc, qui attestent également un travail antique.

Le chiffre actuel des habitants de Rouad ne dépasse guère celui de deux mille. Ils sont tous musulmans et adonnés, pour la plupart, au cabotage et à la pêche des éponges.

Le nom phénicien de cette île était Arvad, en grec Arados, en latin Aradus. Le peuple arvadite tirait son origine d'un petit-fils de Cham, ainsi appelé. (*Genèse*, x, 18.)

D'après Strabon (p. 753, § 13), Aradus fut colonisée par des fugitifs de Sidon. C'était un rocher de sept stades de circonférence, et situé à vingt stades de la terre ferme. Il était entièrement couvert d'habitations et tellement surchargé de population, que les maisons y avaient de nombreux étages. Trop restreints dans les étroites limites qui les étreignaient, les Aradiens s'étendirent sur le continent voisin, et y fondèrent, ou du moins y colonisèrent les villes de Paltos, de Balanée, de Carné, d'Antaradus, d'Enhydra et de Marathus; ils s'assujettirent aussi, un peu plus au sud, celle de Simyra.

A neuf kilomètres au sud de Tartous, des ruines importantes couvrent le sol entre le Nahr Amrit au nord et le Nahr el-Kibleh au sud. Ce sont celles de l'ancienne Marathus, aujourd'hui appelée Amrit, dénomination arabe qui reproduit, probablement avec fidélité, le nom phénicien dont Marathus était la forme latine. Cette ville, fondée par Arvad, resta lontemps soumise à sa métropole; mais l'an 219 avant Jésus-Christ, elle chercha à s'affranchir de sa domination, et succomba plus tard sous les coups de sa vengeance. A l'époque de Strabon, elle était déjà détruite, et les Aradiens s'étaient partagé son territoire. Les restes remarquables qu'elle offre encore néanmoins maintenant à l'attention des voyageurs ont été l'objet, de la part de M. Renan, d'une étude longue et approfondie, et je renvoie le lecteur à la description que ce savant en donne dans son ouvrage intitulé : *Mission de Phénicie*. Je vais me contenter d'en indiquer ici, en peu de mots, les principaux. L'édifice appelé par les indigènes El-Maabed (le temple) se compose d'une vaste cour carrée, longue de cinquante-cinq mètres sur quarante-huit de large, et évidée dans le roc. Cette cour sacrée ou *haram* était jadis, selon toute apparence, environnée d'une galerie. Au centre avait été ménagé un gros cube rocheux adhérent au sol et servant de base à une sorte de naos fermé de trois côtés et ouvert vers le nord, comme l'enceinte elle-même. M. Renan considère avec raison cet édicule comme une espèce de tabernacle, analogue à celui des Hébreux, et destiné à renfermer des objets sacrés. Je signalerai également un stade creusé dans le roc et long de cent vingt-cinq mètres sur trente de large, un magnifique mausolée, appelé dans le pays *Bordj el-Bezzak* (la tour du Limaçon) et présentant la forme d'un cube qui contient intérieurement deux chambres sépulcrales superposées, et que surmontait jadis une pyramide; deux autres superbes mausolées, voisins l'un de l'autre, et nommés par les indigènes *El-Aamid el-Merhazil* (les Colonnes fuseaux); de nombreux caveaux funéraires où l'on descend soit par des puits rectangulaires, soit par des escaliers taillés dans le roc; enfin une maison monolithe entièrement évidée dans la roche vive.

A dix-neuf kilomètres au sud-est des ruines d'Amrit est le village de Samrah, qui a succédé à Simyra, mentionnée par Strabon comme ayant été conquise par Aradus. C'était probablement l'antique patrie des Zemarites, issus de Cham par son fils Chanaan. (*Genèse*, x, 18.)

A un kilomètre plus au sud, on franchit le Nahr el-Kebir, l'*Eleutherus* des Grecs et des Romains. Ce fleuve, dont les rives sont bordées de belles touffes de lauriers-roses, est alimenté par d'abondantes sources qui jaillissent du Djebel-Akkar, à l'est et au sud, et au nord des monts Ansariehs, séjour de la population singulière ainsi appelée. Héritiers de quelques rites des anciens Chananéens, les Ansariehs y mêlent différentes pratiques empruntées par eux aux chrétiens, aux musulmans et aux juifs. Ali est leur dieu, et ils le confondent avec Allah. Ils pratiquent la circoncision, maudissent toutes les autres sectes opposées à la leur, ont des signes mystérieux et des mots de passe, croient à la métempsycose. Leurs femmes ne reçoivent systématiquement aucune instruction religieuse. Ils sont divisés eux-mêmes en quatre rites et, d'après quelques auteurs, adorent le soleil et la lune. A leurs yeux, chaque étoile est l'âme d'un élu.

Pour en revenir à l'*Eleutherus*, il borne au nord la chaîne du Liban, et la vallée qu'il sillonne

KALAT MOUSEILIHA.

était jadis l'une des principales routes qui conduisaient de la côte dans la Cœlésyrie. C'est ce que la Bible appelle *Entrée de Hamath*.

A douze kilomètres plus au sud, après avoir traversé le Nahr el-Akkar, on rencontre sur les bords septentrionaux d'un autre petit fleuve nommé Nahr el-Arka, et à six kilomètres du rivage, les ruines d'Arka. C'était jadis une ville importante et l'une des plus anciennes cités phéniciennes. Elle était le chef-lieu des Arkites, qui tiraient leur origine et leur nom de l'un des fils de Chanaan, fils lui-même de Cham. (*Genèse*, x, 17.) Titus, dans sa marche de Bérytus à Antioche, après la destruction de

VALLÉE DU NAHR IBRAHIM OU FLEUVE ADONIS.

Jérusalem, passa à Arka. Cette ville prit ensuite le nom de *Cæsarea ad Libanum* ou de *Cæsarea Libani*. Alexandre le Grand y était adoré comme une véritable divinité et y avait un temple, où l'on célébrait une fête annuelle en son honneur. C'est dans ce temple, le jour de cette fête, que l'empereur Alexandre Sévère vint au monde. Arka devint plus tard le siege d'un évêché. A l'époque des Croisades, c'était une place tellement forte, que pendant plus de deux mois elle put arrêter toute l'armée des Croisés. Aujourd'hui, ce n'est plus qu'un misérable village, à l'ouest duquel s'élève une colline couverte de débris antiques, et que devait sans doute couronner le temple dont je viens de parler.

A onze kilomètres au sud-ouest d'Arka, d'autres ruines, malheureusement peu distinctes, avoisinent l'embouchure du Nahr el-Bared (le fleuve Froid), ainsi nommé à cause de la fraîcheur extrême de ses eaux. Ces ruines ont conservé, sous le nom à peine altéré de Ard Arthousi, celui de l'ancienne Orthosia, qui, à l'époque des Croisades, était encore une bourgade importante, appelée Artésie.

Si nous continuons à suivre le rivage pendant onze autres kilomètres, d'abord dans la direction du sud-ouest, puis dans celle de l'ouest-sud-ouest, nous atteignons, après avoir longé à notre gauche le Djebel Tourboul, l'Oualy Beddaoui. Les Maronites prétendent que ce nom de Beddaoui est une corruption pour Padovani, et que la mosquée en question aurait succédé à un ancien sanctuaire consacré à saint Antoine de Padoue. Quoi qu'il en soit, cet édifice forme une grande rotonde circulaire éclairée par plusieurs fenêtres. Dans sa partie centrale, un escalier conduit à un bassin qui s'arrondit en dehors de la mosquée. Ce bassin, dont les bords sont ombragés par de beaux arbres, fourmille d'une foule de petits poissons réputés sacrés et appartenant à l'espèce appelée *Capoeta fratercula*, comme l'a reconnu M. le docteur Lortet. Non-seulement on les respecte et on ne les pêche pas, mais encore on les entretient avec un soin religieux, en leur jetant de petits pains. Un derviche est préposé dans cette intention à la garde de la mosquée et du bassin. Une pareille coutume est certainement une réminiscence de l'ancien culte rendu aux poissons par plusieurs peuples de la Phénicie et de la Syrie.

TRIPOLI (TRIPOLIS)

Rapprochons-nous maintenant du rivage dont nous nous sommes un peu éloignés pour aller voir cet Oualy, et cheminons dès lors, presque directement, vers l'ouest. Au bout d'une demi-heure de marche, le long de la mer dont les flots viennent mourir aux pieds de nos chevaux, en les couvrant parfois d'une blanche écume, nous rencontrons le Nahr Abou-Ali, autrement dit le Nahr Kadicha, que nous franchissons à gué, près de son embouchure. Non loin de là est une vieille tour, depuis longtemps abandonnée et appelée Bordj Ras-en-Nahr (tour du Cap du fleuve).

A douze cents mètres plus à l'ouest, une seconde tour se présente aux regards; battue d'un côté par les vagues, elle avait jadis trois étages. On l'appelle Bordj es-Sboua (la tour des Lions), parce qu'on avait sculpté au-dessus de sa porte d'entrée deux lions qui actuellement ont disparu avec la pierre où ils avaient été figurés. Cette porte, de forme ogivale, a été construite avec des pierres régulières de moyenne grandeur et alternativement blanches et noires. Les fûts d'un grand nombre de colonnes de granit gris ont été engagés transversalement dans l'épaisseur des murs de la tour.

Quatre autres tours s'élèvent, ou plutôt s'élevaient plus à l'ouest, de distance en distance, le long du rivage; aujourd'hui à moitié renversées, elles avaient été bâties comme la précédente pour protéger la côte contre les incursions des pirates. Beaucoup de fûts de colonnes antiques, la plupart de granit gris, avaient été pareillement encastrés dans le corps de la maçonnerie, comme autant de pièces de soutènement.

La Marine où nous arrivons bientôt est appelée par les Arabes El-Mina (le Port). Ce quartier, qui sert de faubourg maritime à Tripoli, s'est beaucoup agrandi depuis quelques années. Il renferme de nombreux magasins, un vaste khan, des églises, des mosquées, un couvent de Pères Franciscains, plusieurs écoles primaires et une population de musulmans, de Grecs schismatiques et de quelques Latins, dont le chiffre total peut être évalué à 6,000 habitants. La plupart d'entre eux sont charpentiers ou marins. Les derniers font le cabotage ou sont pêcheurs. Les poissons et les éponges abondent sur ces parages.

Le port est protégé vers le nord-ouest par une ligne de récifs qui s'étendent au loin en mer, en s'arrondissant; peut-être autrefois étaient-ils reliés entre eux par des digues depuis longtemps détruites. Plus au nord encore, quelques îlots, maintenant déserts, étaient jadis habités par des pêcheurs; l'un d'entre eux, appelé Billam, renferme des vestiges d'anciennes petites maisons, des grottes et des citernes.

La ville de Tripoli couvrait autrefois la péninsule entière, dont le quartier de la Marine n'occupe plus maintenant qu'une partie. Sur l'emplacement où elle s'élevait, on exhume sans cesse, lorsqu'on creuse tant soit peu le sol, de belles pierres de taille et des colonnes de marbre ou de granit qui attestent son ancienne magnificence. Les débris d'un mur d'enceinte très-épais sont çà et là reconnaissables du côté de l'est. La moderne Tripoli, la Trablous des Arabes, est éloignée d'environ trois kilomètres vers l'est-sud-est de l'ancienne cité. Elle s'est formée peu à peu et agrandie non loin du château fondé par Raymond, comte de Toulouse, dans les premières années du douzième siècle. On s'y rend de la Marine par une belle route, où l'on a établi depuis quelques années une ligne de tramways. Cette route est bordée de fertiles jardins bien arrosés et plantés de grenadiers, de figuiers, d'orangers, de citronniers, d'abricotiers, et surtout de mûriers et d'oliviers, au milieu desquels s'élèvent par intervalles d'élégants palmiers. Des cannes à sucre y croissent aussi. Cette plante était au onzième siècle cultivée sur une grande échelle dans ces mêmes jardins; un passage d'Albert d'Aix (liv. V, ch. XXXVII) nous apprend que les Croisés, traversant le territoire de Tripoli au mois de mai de l'année 1099, sans attaquer cette ville, dont l'émir avait acheté leur amitié par de riches présents, respectèrent les vergers et les vignobles des habitants. Toutefois, ils ne purent s'abstenir de toucher à une plante étrangère à l'Europe, et qu'ils ne connurent qu'à leur entrée dans la Syrie. C'était la canne à sucre, qui croissait en cet endroit avec abondance, et dont ils suçaient la tige avec avidité. Ils avaient déjà rencontré cette plante dans les alentours d'Albara, de Marrah et d'Arka, et elle leur avait été d'un grand secours au milieu de la cruelle disette qu'ils avaient éprouvée en assiégeant ces places. D'après l'opinion commune, la canne à sucre est originaire des Indes; elle se serait ensuite avancée vers les régions occidentales de l'Asie. Les Croisés, l'ayant trouvée prospérant très-bien sur les deux versants du Liban et dans la vallée du Jourdain, la transportèrent en Europe, où elle put s'acclimater en Sicile, en Italie et en Espagne. De là, franchissant l'Océan, elle se répandit en Amérique, et contribua singulièrement à enrichir le nouveau monde.

La ville de Tripoli est mieux construite et un peu mieux entretenue que beaucoup d'autres villes musulmanes. Ses rues sont généralement bordées de trottoirs; de nombreuses fontaines, soit publiques, soit privées, fournissent amplement de l'eau à tous les besoins des habitants; elles sont alimentées, non par le Nahr Kadicha, qui traverse la cité et que l'on passe sur deux ponts, mais par un canal dérivé de l'Aïn-Zgharta. Plusieurs bazars, les uns couverts par de simples nattes, les autres par des toiles, d'autres enfin formant de longues galeries voûtées en pierre, avec des regards pour les éclairer de distance en distance, sont abondamment pourvus non-seulement des principales choses nécessaires à la vie, mais encore d'une foule d'objets de luxe, notamment d'élégantes soieries et de riches brocarts. Différents khans assez vastes y servent de dépôts pour les marchandises. A l'entrée de l'un de ces établissements, on remarque une belle chaîne en pierre habilement façonnée dans un même et unique bloc taillé avec art. Quelques mosquées passent pour avoir succédé à d'anciennes églises chrétiennes. La plus grande, ou Djama el-Kebir, m'avait été désignée comme ayant remplacé la cathé-

PROMONTOIRE VOISIN DE L'EMBOUCHURE DU FLEUVE ADONIS.

drale de Saint-Jean-Baptiste; mais, après l'avoir visitée avec soin, je n'y ai reconnu aucun des caractères des basiliques des Croisés. Je la crois donc d'origine purement musulmane; telle est aussi l'opinion des gardiens de cet édifice sacré, que j'ai consultés à ce sujet. Au-dessus de la porte d'entrée d'un bain public on lit les mots SANCTVS IACOBVS, et, au delà de cette première porte, une seconde est ornée dans sa partie supérieure d'un agneau sculpté, surmonté d'une croix et accompagné de deux rosaces avec ces mots : ECCE AGNVS DEI. C'était donc là, jadis, une église consacrée à saint Jacques. Les musulmans forment, à eux seuls, les deux tiers de la population de la ville, évaluée à 17,000 habitants, sans y comprendre la Marine. Les Grecs schismatiques ont, de leur côté, plusieurs églises et des écoles. La paroisse latine est desservie par des religieux franciscains. Achevée depuis peu, elle a remplacé une ancienne église qui tombait en ruine, et a été bâtie en grande partie avec les fonds provenant d'un legs laissé par Mgr Sibour, évêque de Tripoli *in partibus,* le frère et le coadjuteur de l'ancien archevêque de Paris, ainsi nommé. Les catholiques possèdent également à Tripoli un petit couvent de Pères Carmes et une mission de Lazaristes. Non loin de là s'élève le bel établissement des Sœurs de la Charité, fondé en 1863. Deux cent cinquante jeunes filles, appartenant à tous les cultes, fréquentent les classes comme externes pendant la mauvaise saison; elles sont moins nombreuses l'été. Les Sœurs recueillent, en outre, durant l'hiver, une foule de pauvres petites Maronites qui errent alors dans les rues, implorant la pitié des passants, quand leurs parents, chassés par les neiges de leurs villages, descendent de la montagne pour chercher du travail et un asile dans la ville. Elles tiennent également un dispensaire qu'assiégent tous les matins de nombreux malades, soit chrétiens, soit musulmans. Enfin, sous la direction de leur digne et sainte supérieure, la Sœur Ramel, qui depuis vingt ans est à la tête de cette maison, elles viennent de fonder dans leur établissement une filature pour les jeunes filles indigentes qu'elles soutiennent, afin de les empêcher d'aller demander de l'ouvrage ailleurs, au péril peut-être de leur âme et de leur honneur.

En dehors et au sud de Tripoli, s'élève sur une colline isolée, qui est le *mons Pellegrinus* ou le mont Pèlerin de l'époque des Croisades, le vieux château de Raymond de Toulouse; construit avec

Ruines d'un pont romain près de la baie de Djouni.

des pierres de moyenne dimension, mais régulières, il offre un aspect imposant par sa masse gigantesque et la hauteur de ses puissantes murailles, que flanquent des saillants peu prononcés. Transformé depuis quelques années en prison, il commande à l'est la riante et fertile vallée de la Kadicha, dans laquelle on aperçoit, au milieu d'un bosquet d'orangers et de citronniers, le *tekkeh* des derviches tourneurs ou *Maoulaouïeh*. C'est dans ce couvent que chaque vendredi, pendant la belle saison, ces espèces de moines musulmans exécutent leurs danses sacrées.

Sans analyser maintenant en détail l'histoire de la ville qui nous occupe en ce moment, je me bornerai à dire que le nom de Tripoli, donné autrefois à cette cité, lorsqu'elle couvrait la péninsule qui avoisine le port, provenait de sa division en trois quartiers différents, fondés chacun par trois colonies distinctes, issues de Aradus, de Tyr et de Sidon. L'intervalle d'un stade séparait ces trois quartiers. C'est ce que nous apprend Diodore de Sicile (liv. XVI, ch. XLI). Il est à croire que ces trois comptoirs maritimes, bien que distincts les uns des autres, étaient renfermés dans la même enceinte; car sur la péninsule où ils étaient situés, on n'a, jusqu'à présent, découvert les traces que d'une seule muraille très-épaisse qui fermait la ville vers l'est.

A l'époque des Séleucides, l'an 162 avant Jésus-Christ, Démétrius I*, fils de Séleucus IV, résida quelque temps à Tripoli, lors de son retour de Rome. Hérode le Grand y construisit plus tard un gymnase. A l'avénement du christianisme, cette ville devint le siége d'un évêché. Restaurée par l'empereur Marcien, vers le milieu du cinquième siècle, à la suite d'un violent tremblement de terre, elle essuya quelque temps après d'autres secousses semblables, qui la couvrirent également de ruines et nécessitèrent de nouvelles réparations. En 638, elle tomba au pouvoir des musulmans. En 1099, l'émir qui y commandait, ayant été vaincu par les croisés, obtint, à force de présents, que ceux-ci poursuivraient leur route vers Jérusalem sans s'emparer de Tripoli. L'armée chrétienne continua donc sa marche en respectant les jardins de la ville, et se contentait seulement, comme je l'ai dit plus haut, de savourer avec délices le fruit des nombreuses cannes à sucre qui abondaient en cet endroit.

En 1103, le comte de Toulouse, séduit par la fertilité du territoire de Tripoli et par l'importance de cette cité, résolut de s'en rendre maître; mais il se borna d'abord à bâtir sur une colline voisine un château fort d'où il harcelait sans cesse les habitants, et les contraignit bientôt à lui payer un tribut. Il mourut néanmoins avant d'avoir pu réussir à s'emparer de la ville dont il convoitait la conquête, et il fut, dit-on, enterré dans la forteresse qu'il avait construite sur la hauteur que les historiens des Croisades désignent sous le nom de *mons Peregrinus* ou de *mons Pellegrinus*, parce qu'elle servait d'asile aux pèlerins.

Le 10 juin 1109, Tripoli étant à la fois pressée par mer et par terre, d'un côté par une flotte génoise et de l'autre par une armée que commandait Bertrand, fils de Raymond, succomba enfin, après un long siége, sous les efforts des Croisés. Cette place était très-florissante. Elle comptait plusieurs milliers d'ouvriers instruits à fabriquer des étoffes de laine, de soie et de lin. Elle possédait, en outre, une très-riche bibliothèque, qui fut livrée aux flammes par les vainqueurs, et dont plusieurs écrivains arabes déplorent amèrement la perte. Érigée en comté, elle devint la possession de Bertrand et de ses héritiers; puis, après l'extinction des princes de la maison de Toulouse, elle passa entre les mains de Bohémond VI et de Bohémond VII, princes d'Antioche, qui avaient été chassés de leur seigneurie par les Sarrasins. Elle fut assiégée successivement, mais en vain, par Saladin en 1188 et par Bibars en 1268.

Le moine Burchard, qui la visita vers 1283, la décrit comme une cité très-peuplée, habitée par des Grecs, des Latins, des Arméniens, des Maronites, des Nestoriens, et par beaucoup d'autres nations. Ses tissus de soie et de laine étaient très-recherchés. Son territoire était si bien cultivé en vigne, en figuiers, en oliviers et en cannes à sucre, que c'était un véritable paradis.

Six ans plus tard, en 1289, elle fut arrachée aux chrétiens par le sultan Kelaoun. A partir de cette époque, elle est toujours demeurée musulmane.

Tripoli est la capitale d'un liva ou province militaire, divisé en quatre districts, et elle est administrée elle-même par un moutaserrif ou gouverneur musulman. La France y entretient un vice-consul, M. Blanche, qui est chargé de ces fonctions depuis vingt-huit ans déjà, a su acquérir par la dignité de sa conduite, par son esprit de justice et par la bienveillance de son caractère, l'estime de tous les habitants. Les chrétiens, en particulier, lui doivent la plus vive reconnaissance, car il a toujours protégé leurs intérêts et favorisé le développement de leurs établissements religieux avec un dévouement qui ne s'est jamais démenti.

DE TRIPOLI A DJEBEIL (BYBLOS)

Au sortir de Tripoli, vers le sud-ouest, on traverse d'abord de magnifiques bois d'oliviers séculaires, puis on s'engage dans un sentier très-étroit qui serpente à mi-côte le long des flancs d'une montagne. Au bout d'une heure et demie de marche, on arrive à Kalamoun. C'est un village musulman, assis sur le bord de la mer; il renferme huit cents habitants. Environné de trois côtés d'une ceinture de beaux jardins, plantés de figuiers, d'orangers, de citronniers, de grenadiers, d'oliviers et de mûriers, il a succédé à l'antique Calamos ou Calamus mentionnée par Polybe (liv. V, ch. LXVIII) et par Pline (liv. V, ch. XVII). Au delà et à l'est du village, de vastes carrières indiquent l'ancienne importance de cette localité, maintenant très-peu considérable.

Si nous continuons à nous avancer vers le sud-ouest, nous laissons bientôt à notre gauche, sur une hauteur boisée, le couvent appelé Deir Belment, le Beaumont de l'époque des Croisades. C'était alors une abbaye de l'ordre des Cisterciens, qui avait été fondée en 1157. A présent, c'est un monastère habité par des Grecs schismatiques. Dans la plaine et près de la mer, un autre couvent, appartenant de même à des religieux de ce rite, porte le nom de Deir en-Natour.

A trois kilomètres plus loin, Enfeh offre des traces très-nombreuses de l'occupation des Phéniciens et quelques-unes aussi du séjour des Croisés. Ce nom de Enfeh, qui, en arabe, signifie *nez* et qui probablement est la reproduction plus ou moins altérée d'un nom plus ancien, est dû à un grand promontoire rocheux faisant saillie dans la mer et qui sépare deux baies. A une époque sans doute très-reculée, les Phéniciens se sont établis en cet endroit, et pour faire communiquer les deux baies, et en même temps pour fortifier le promontoire, ils y ont pratiqué, dans le sens de sa largeur, trois coupures, dont une seule paraît avoir été entièrement achevée et mesure onze mètres de large sur cent dix de long.

A l'extrémité septentrionale de ce fossé, qui a été d'un bout à l'autre taillé dans le roc, et d'où l'on a dû extraire des matériaux de construction très-considérables, on remarque les vestiges d'une tour qui avait été bâtie avec des pierres d'un puissant appareil.

Une seconde coupure, semblable à la précédente, a été en partie comblée ou n'a jamais été terminée. Une troisième enfin n'a été qu'ébauchée. Partout, sur ce même promontoire, on observe d'anciennes excavations exécutées dans le roc, telles que citernes, pressoirs, tombeaux et petits sanctuaires avec niches pour recevoir des statuettes; quelques débris de colonnes semblent révéler aussi en un certain point l'existence d'un temple complètement détruit. Ailleurs enfin, quelques débris de vieilles et épaisses murailles sont probablement les restes du Castrum Nephin dont il est question à l'époque des Croisades. C'est à cette même époque qu'il faut rapporter la principale église du village actuel d'Enfeh. Construite avec des pierres régulières, mais de faibles dimensions, elle n'a qu'une nef et qu'une abside; sauf la porte d'entrée, qui a été faite au milieu de la façade occidentale, elle est telle que les Croisés l'ont laissée. La population de cette localité se borne aujourd'hui à quatre cents Grecs schismatiques; ils sont, ou pêcheurs, ou cultivateurs; le port est petit et peu profond, comme presque tous ceux de cette côte. On s'accorde généralement à placer là l'ancienne Trieris, que Strabon mentionne entre Tripoli et le promontoire appelé Theouprosopon, et dont le port est signalé par Scylax. Pline, de son côté, la cite entre Gigarta et Calamus, position qui répond très-bien à celle d'Enfeh. Dans ce cas, Trieris aurait été une dénomination grecque, remplacée plus tard par celle de Nephin, aujourd'hui Enfeh, et qui, je le répète, dérive, selon toute apparence, du nom phénicien conservé parmi le peuple,

AQUEDUC PRÈS DU NAHR EL-KELB.

et auquel les Grecs avaient substitué celui de Trieris.

A sept kilomètres au sud-ouest de Enfeh, s'avance dans la mer le haut et large promontoire dit Ras ech-Chakka; c'est le Theouprosopon (la face de Dieu) des anciens; ils avaient ainsi traduit en grec une appellation phénicienne qui a disparu et qui, comme le suppose très-justement M. Renan, était sans doute Phaniel ou Phanuel, nom que l'on trouve appliqué en Palestine à plusieurs endroits où Dieu s'était manifesté aux hommes. Ce promontoire, consacré jadis par quelque tradition religieuse dont le souvenir s'est perdu, est encore aujourd'hui regardé comme saint; aussi y rencontre-t-on deux couvents, l'un appelé Deir Saïdet en-Nourieh, et l'autre, Deir es-Semaan. Strabon y place un fort qui fut détruit par Pompée. Près de là se trouvait aussi la ville de Gigarta ou de Gigartus, dont M. Renan incline à reconnaître le site dans le village de Hannouch. Ce promontoire a été profondément bouleversé par un violent tremblement de terre sous Justinien, et, depuis cette époque, la route du côté de la mer est devenue très-difficile ; on suit ordinairement, et, plus à l'est, un sentier qui serpente à travers des pentes calcaires très-friables et d'un blanc éclatant, qui conduit au Kalat Mouseiliha.

C'est un petit château fort à plusieurs étages, qui s'élève sur un rocher isolé et inaccessible dont il épouse par sa forme tous les contours supérieurs. On y monte par un étroit escalier en partie creusé dans le roc et en partie construit. Après avoir gravi une trentaine de degrés, on se trouve en présence d'une porte très-basse par où un seul homme peut passer de front. Le dessus du linteau a été percé vers le milieu d'une ouverture carrée qui perfore de part en part les différents étages, et par laquelle on pouvait lancer sur la tête de l'assaillant qui essayait de forcer l'entrée différents projectiles. L'intérieur

EMBOUCHURE DU NAHR EL-KELB.

du château renferme un grand nombre de petites salles dont les voûtes sont légèrement ogivales. Les murs bâtis avec des pierres de faible appareil, mais assez régulières, sont très-épais. Des meurtrières ont été ménagées de tous côtés. Cette forteresse, qui date suivant les uns de l'époque des Croisades, et suivant d'autres d'une époque plus récente, a longtemps servi de repaire à des brigands druses et métoualis. Aujourd'hui, elle forme une ruine pittoresque au milieu de la riche vallée de l'Oued el-Djouz, dont elle commande l'une des entrées. Cette vallée, sillonnée par un ruisseau que l'on traverse près de là sur un petit pont antique, est plantée de figuiers, d'oliviers et de mûriers.

A deux kilomètres à l'ouest de ce pont, non loin du village de Keubba, s'élève sur un monticule une chapelle solitaire, dédiée à Saint-Sauveur. Elle consiste en une seule nef qu'éclairaient des fenêtres très-ébrasées et aujourd'hui bouchées. Sa construction, en petit appareil régulier, révèle l'époque des Croisades.

A vingt-cinq minutes plus au sud-ouest, la bourgade de Botroun, qu'alimentait autrefois d'eau un aqueduc provenant d'une source voisine, est un peu mieux construite que beaucoup d'autres de la contrée. Elle est le chef-lieu d'un district qui porte le même nom. Sa population est de deux mille quatre cents habitants, les trois quarts Maronites et les autres Grecs schismatiques. Ils passent pour fort industrieux et sont divisés en filateurs ou fabricants de soieries, en cultivateurs et en pêcheurs d'éponges. Les Maronites y possèdent deux églises; la plus grande, sous le vocable de saint Étienne, semble remonter jusqu'à l'époque des Croisades. L'église des Grecs est toute récente; au milieu de la bourgade, les restes d'un ancien château, dont il ne subsiste plus que des magasins souterrains, datent certainement du moyen âge; il avait été bâti avec des blocs plus ou moins considérables empruntés en partie à des constructions antérieures; plusieurs tronçons de colonnes ont été engagés transversalement dans l'épaisseur des murs. Le port est très-peu étendu et n'est accessible qu'à de simples barques. Au sud du port, le long de la côte, un banc de récifs a été taillé verticalement comme un mur dont le développement est d'environ cent cinquante mètres et la hauteur de quatre. Tout l'espace laissé libre entre ce premier rempart à la fois naturel et artificiel et la muraille qui autrefois, du côté de la mer, entourait la ville à laquelle a succédé la bourgade actuelle, formait un très-large fossé, et de là avaient été extraits la plupart des matériaux qui avaient servi à bâtir dans le principe ce comptoir maritime. On remarque également au loin du port un gros rocher, qui a été façonné par la main de l'homme comme une sorte de tour d'observation.

L'historien Josèphe, dans ses *Antiquités judaïques* (liv. VIII, ch. III, § 52), nous apprend, d'après un passage qu'il emprunte à Ménandre, qu'Ithobal, roi de Tyr, fonda la ville de Botrys en Phénicie. Or ce roi vivait de l'an 897 à l'an 865 avant Jésus-Christ. Sous Pompée, qui s'en empara, c'était l'un des principaux repaires des pirates qui infestaient les villes voisines. Au moyen âge, sous le nom de le Boutron, elle était le siége d'un évêché et dépendait du comté de Tripoli. Les vignobles qui l'entouraient jouissaient alors d'une grande célébrité. Burchard, qui en parle en 1283, la mentionne comme étant à cette époque entièrement renversée. Elle s'est ensuite relevée peu à peu de ses ruines. Avant de la quitter, je dois signaler dans ses environs et à quelques minutes de distance à l'est, dans un hameau appelé Mirah ech-Cheikh, les débris d'un théâtre creusé dans le roc et qui devait appartenir à l'antique Botrys.

A cinq kilomètres au sud de Botroun, on rencontre un pont dont toutes les assises inférieures sont antiques et qui s'appelle Djisr el-Matfoun (le Pont enterré), parce qu'il a été jeté sur un oued assez profondément encaissé en cet endroit, et nommé Oued Bechachta.

Après avoir cheminé six autres kilomètres le long du rivage, qui dessine, de distance en distance, plusieurs petites criques, on traverse l'Oued Halaoueh. Un peu au delà s'élève une chapelle, consacrée à saint Georges, qui a succédé sur le même emplacement à un temple élevé en l'honneur de Jupiter, comme cela résulte d'une ancienne inscription grecque gravée sur la pierre de l'autel. A côté de cette chapelle, un caveau sépulcral est devenu un oratoire chrétien, dédié à sainte Sophie et à sa fille; on y vient en pèlerinage pour se guérir de la fièvre intermittente. M. Renan y a copié en 1861 une inscription grecque qui prouve que l'un des trois sarcophages contenus autrefois dans ce tombeau renfermait le corps de celui-là même auquel était dû l'autel du temple de Jupiter.

A dix minutes plus au sud-est, le village d'Amchit, sur une colline, est riche en débris antiques, encastrés dans des maisons modernes; mais ils proviennent, dit-on, pour la plupart, de Djebeil et de Kassouba.

Si nous poursuivons notre route vers le sud-sud-est, nous avons à franchir successivement deux ruisseaux, qui tarissent en été, et un petit promontoire, à travers lequel un sentier a été jadis pratiqué en forme d'escalier, puis nous arrivons bientôt à Djebeil.

DE DJEBEIL (BYBLOS) A BEYROUTH

Djebeil a été de la part de M. Renan l'objet d'une exploration minutieuse; ce savant y a, en 1861, exécuté des fouilles importantes, et les résultats de ses investigations ont été consignés par lui, sous le titre de *Campagne de Byblos,* dans son grand ouvrage intitulé : *Mission de Phénicie.* M. Guillaume Rey, de son côté, dans son *Étude sur les monuments de l'architecture militaire des Croisés en Syrie et à Chypre,* a donné des détails précieux sur les murs, le port et la forteresse de cette même ville. Pour moi, je vais me borner ici à une courte analyse des principaux objets qui attirent l'attention dans cette localité.

Djebeil est environnée d'une enceinte qui date du moyen âge et qui consiste en une muraille flanquée de tours carrées. Le développement total du trapèze irrégulier qu'elle circonscrit est tout au plus de douze cents mètres de pourtour. La ville antique avait une étendue beaucoup plus considérable, car elle englobait, vers le sud, tout un quartier qui maintenant est en dehors de l'enceinte et est occupé par des jardins. La plupart des tours sont découronnées de leurs assises supérieures; quelques-unes ont été rebâties pour servir d'habitations à des familles. L'appareil de la construction est moyen, et quelques fûts brisés de colonnes ont été engagés çà et là transversalement dans le corps de la bâtisse. Les fossés sont à moitié comblés et plantés de mûriers. La seule porte qui donne actuellement entrée dans la ville est ouverte dans la face orientale des murs; celle de la face nord est fermée.

A l'est-sud-est de la ville du moyen âge, car la ville antique, je le répète, s'étendait davantage vers le sud, s'élève la citadelle, dont l'enceinte est en partie encore debout, ainsi que plusieurs des tours qui la flanquaient. Cette enceinte et ces tours avaient été construites avec des matériaux de différentes grandeurs, provenant la plupart de monuments antiques. Les fossés qui l'environnaient sont aujourd'hui aux trois quarts comblés ou remplis d'arbres et de broussailles. Au centre est le donjon, magnifique tour rectangulaire, longue de vingt-cinq mètres sur dix-huit de large. La porte s'ouvre vers l'ouest; elle est basse et couronnée d'un linteau carré que surmonte un arc de décharge surbaissé. Au rez-de-chaussée, une grande salle recouvre une citerne. Le premier étage, où l'on monte par un escalier ménagé dans l'épaisseur d'un des murs, a été remanié depuis quelques années, car il sert maintenant d'habitation à la famille d'un officier libanais, et un toit tout moderne en tuiles le termine. Les soubassements de cette tour sont d'appareil gigantesque, et ont fait l'admiration de tous les voyageurs qui ont pu les observer; la plupart s'accordent à penser qu'ils sont bien antérieurs à l'époque des Croisades, et qu'ils sont peut-être un précieux échantillon de l'architecture militaire des anciens Giblites. D'autres, au contraire, les attribuent aux Croisés, tout en avouant néanmoins que de pareils blocs n'ont pas dû être taillés par eux dans le principe, mais qu'ils les ont trouvés sur place et empruntés à quelque édifice antique pour en faire le parement extérieur de ce donjon. Quelques-uns de ces blocs, en effet, principalement aux angles, ont réellement des dimensions prodigieuses. Ils ne sont pas à bossage, comme on l'a souvent répété; au contraire, ils sont parfaitement aplanis; seulement ils sont bordés d'une rainure qui quelquefois est double.

Bien que l'enceinte du moyen âge ne représente que la moitié à peu près de celle de l'antique Byblos, la Gebal des Phéniciens, elle est loin d'être actuellement habitée tout entière, mais elle est parsemée de ruines et de plantations de figuiers et de mûriers qui ont remplacé des temples, des monuments de toutes sortes, des places publiques. La ville était jadis alimentée d'eau au moyen d'un aqueduc dont on retrouve çà et là des traces, et qui partait du fleuve Adonis, le Nahr Ibrahim de nos jours. Vers le milieu de l'espace qu'elle occupe, on remarque une assez grande église, qui servait de cathédrale aux Croisés; consacrée à saint Jean-Baptiste, elle est à trois nefs. Autrefois, elle était plus longue que maintenant; car l'un des prêtres maronites qui la desservent m'a assuré que toute la partie antérieure de cet édifice avait été détruite, il y a une centaine d'années, et qu'il avait été raccourci de ce côté, c'est-à-dire vers l'ouest,

INSCRIPTIONS DU PROMONTOIRE DU NAHR EL-KELB.

de plusieurs mètres. C'est ce qui fait qu'il parait actuellement trop large pour sa longueur. Du haut de ses belles terrasses, on jouit d'une vue magnifique sur la mer, sur la ville et sur tous

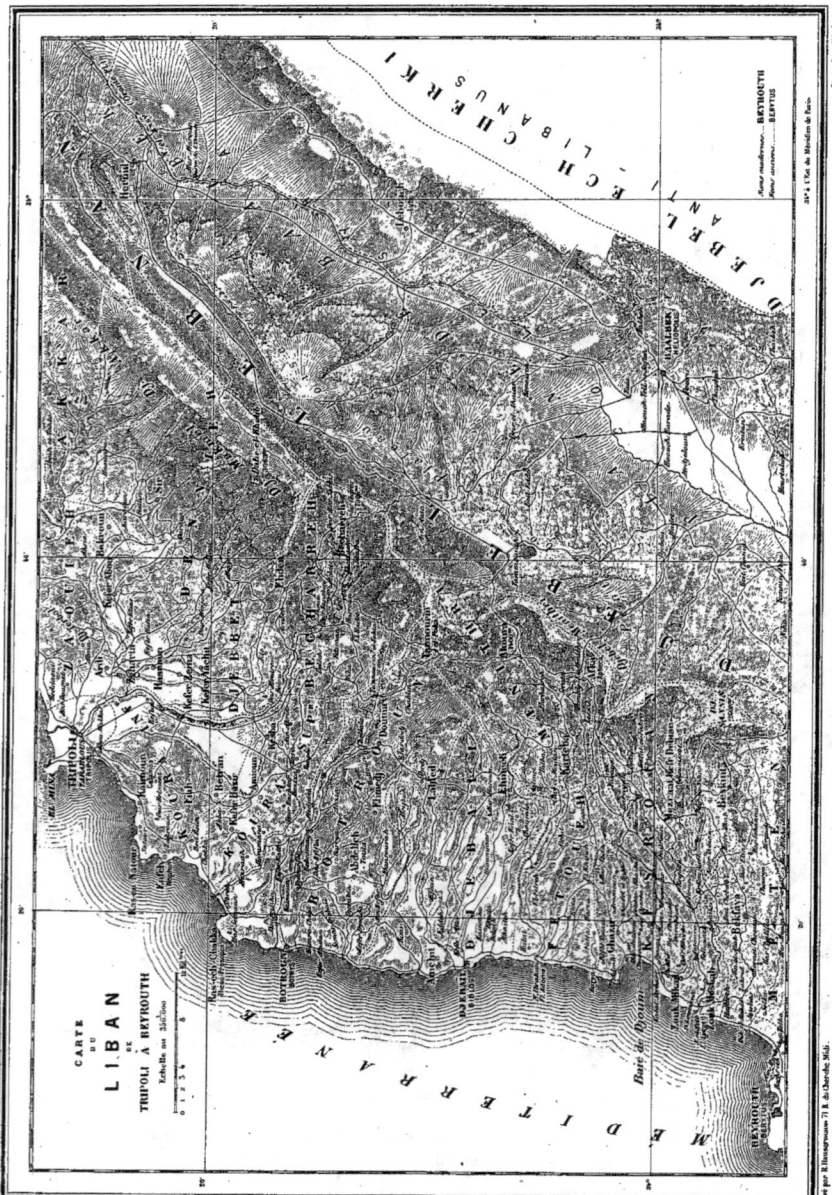

ses environs. Au nord et près de l'église, on remarque en dehors un élégant baptistère dont l'un des côtés était clos par une belle pierre qui avait jadis formé la frise et l'architrave du fronton d'un temple corinthien de l'époque romaine. Cette pierre, rapportée à Paris par M. Renan, est maintenant au Musée du Louvre. On y voit représenté le globe ailé, avec les deux serpents ou *uræus*, ornement ordinaire des pylônes égyptiens et aussi de plusieurs temples de l'ancienne Phénicie.

Deux autres églises à Djebeil remontent également à l'époque des Croisades : l'une, dédiée à sainte Thècle, et l'autre, à sainte Marie. La date de la fondation de cette dernière, c'est-à-dire l'année 1264, se lit sur une pierre qui avoisine la porte.

Le port, délimité par deux pointes du rivage, est petit et de forme elliptique. Depuis longtemps ensablé, il ne peut plus servir d'asile qu'à de simples barques. Les deux jetées, qui avaient été ajoutées aux pointes nord et sud, sont aux trois quarts détruites; il en est de même de la tour qui terminait la jetée septentrionale, et dans la construction de laquelle étaient entrées beaucoup de colonnes de granit dont les fûts sont couchés dans les flots. Ces mêmes colonnes de granit abondent partout dans la ville et dans les jardins que comprenait sa primitive enceinte. Les unes sont en granit rose, mais la plupart sont en granit gris; elles proviennent toutes de l'Égypte et prouvent combien était grand le nombre des temples, des palais et des portiques qu'elles ornaient jadis.

Les nécropoles de l'ancienne cité sont très-étendues, au nord, au sud et à l'est. Elles ont été fouillées depuis des siècles par les chercheurs de trésors et d'antiquités. Aussi toutes les tombes que j'ai vues avaient-elles été ouvertes et violées. M. Renan en a extrait quelques sarcophages qui sont au Louvre. Ce savant y a trouvé et copié un certain nombre d'inscriptions grecques et latines; mais aucune épitaphe phénicienne.

La fondation de Gebal, dont le nom actuel Djebeil n'est qu'une forme diminutive, se perd dans la nuit des temps historiques. Les anciens la regardaient comme l'une des plus anciennes villes du monde. Là habitaient les Giblites dont il est question dans Josué (ch. XIII, ỳ 5).

Les ouvriers de Gebal fournis par Hiram, roi de Tyr, à Salomon, pour la construction de son temple et de son palais, excellaient à tailler la pierre et à façonner le bois. (*Rois*, liv. III, ch. v, ỳ 18.) Ils étaient aussi fort habiles pour radouber et guider les navires. (ÉZÉCHIEL, ch. XXVII, ỳ 9.) Alexandre le Grand s'empara plus tard de Gebal. Les Grecs la désignaient alors sous le nom de Byblos, nom qui n'est qu'une altération de celui que les Phéniciens lui avaient donné, par le changement du Γ en B; mais les indigènes lui conservaient son appellation primitive. D'après la mythologie, elle avait servi jadis de résidence au roi Cinyras, et c'était la patrie d'Adonis. Le plus grand et le plus célèbre de ses temples était celui qui était consacré à ce dieu et à Vénus, et où se célébraient chaque année les Adonies ou la fête anniversaire en l'honneur d'Adonis. M. Renan pense avec raison qu'il faut confondre ce temple avec celui d'Isis et d'Osiris, dont parle Plutarque dans son traité sur ces deux divinités (ch. XV et XVI), Isis et Osiris étant probablement identiques avec Vénus et Adonis.

Lorsque Pompée parcourait l'Orient, Byblos avait beaucoup à souffrir des brigands qui infestaient alors les côtes de la Phénicie; mais ce général non-seulement détruisit leurs repaires, mais encore délivra cette ville d'un tyran qui l'opprimait. A l'époque chrétienne, ses temples furent ou renversés ou convertis en églises, et elle devint le siége d'un évêché, soumis au patriarcat d'Antioche et dépendant de l'archevêché de Tyr. En 570, Antonin le Martyr la trouva déserte et en ruine, par suite du tremblement de terre qui, sous Justinien, avait ébranlé toute la côte de la Syrie depuis Tripoli jusqu'à Saïda. Elle ne se releva de ce désastre que pour tomber bientôt sous le joug des Arabes. En 1109, elle fut arrachée aux musulmans par Hugues de Lambriac, qui s'en empara, avec l'appui d'une flotte génoise. Le pèlerin Wilbrand de Oldenborg, qui la visita un siècle après, vers 1211, la décrit dans les termes suivants (p. 167, édition Laurent) : « *Hec est civitas parva, habens turrim quandam amplam et munitissimam, unicum sue defensionis solacium, in qua Sarraceni, cum ipsam avellere laborarent, multos sudores sepius perdiderunt et expensas, qui tamen omnem munitionem ipsius civitatis destruxerunt. Portum habet parvis navibus satis commodum, raro frequentatum. In ea dominatur quidam francigena, Guido nomine, et est in ea sedes episcopalis, licet paupercula.* »

La grande tour, extrêmement fortifiée, dont il est question dans ce passage, et qui avait toujours résisté victorieusement aux efforts des musulmans qui voulaient la renverser, est évidemment le donjon de la citadelle. Si les Croisés l'ont reçue de leurs mains encore debout, ils ne l'ont donc pas bâtie eux-mêmes, mais seulement remaniée et réparée; par conséquent, les soubassements de ce puissant ouvrage doivent être regardés comme antiques; telle est, du moins, la conclusion qui me paraît ressortir des paroles de Wilbrand de Oldenborg.

En 1287, Burchard, en citant cette ville, nous apprend qu'elle avait encore un évêché; ce n'est que quelques années après qu'elle retomba sous le joug des musulmans. Ce religieux l'appelle Sibleth. D'autres écrivains latins la désignent sous le nom de Giblet ou Gibeleth. Il ne faut pas la confondre avec une autre Giblet, située plus au nord, la *Gabala* des anciens, le *Gibellum Majus* des Croisés. Aujourd'hui, Djebeil ne renferme plus qu'une très-faible population, évaluée à six cent trente âmes, et qui se décompose ainsi : cinq cents Maronites, cent vingt musulmans et une dizaine de Grecs schismatiques. Parmi les Maronites, un ancien élève des Lazaristes, nommé Pierre Chéhadé, a conçu le projet d'essayer de relever, pour sa part, sa ville natale, en y fondant une école où les premiers éléments des connaissances humaines, y compris le français à côté de l'arabe, sont enseignés à tous ceux qui suivent ses cours.

Tous les environs de Djebeil méritent d'être visités, car ils abondent en ruines. Je signalerai principalement le village de Belath, dont l'église, consacrée à saint Élie, a été bâtie en partie avec des matériaux antiques, et a succédé à un temple païen érigé en l'honneur de Jupiter très-grand, comme le prouve un fragment d'inscription grecque; le hameau de Kassouba, situé sur une colline dont le sommet était couronné par un autre temple qui malheureusement a été détruit depuis une quarantaine d'années; au pied de cette colline, vers le nord, dans un ravin et sur le flanc d'un monticule opposé, de nombreux tombeaux creusés dans le roc et affectant différentes formes; l'église du village de Haboub, qui a été construite dans la cella d'un temple; enfin celle d'Eddeh, qui a succédé, elle aussi, à un autre temple dédié probablement à Adonis, dont l'un des surnoms, Abobas, se trouve dans une inscription grecque gravée sur le linteau de la porte de ce sanctuaire, linteau qui est maintenant au Louvre et où est sculpté un globe ailé entre deux *uræus*.

On voit par là que les alentours de Byblos, de même que la ville, étaient parsemés de nombreux temples, et que c'était pour les païens une cité sainte environnée de sanctuaires. Elle s'appelait elle-même ainsi sur ses monnaies. Sa divinité principale était Adonis, qui pour elle était son dieu suprême, son Jupiter très-grand et en même temps son Osiris. Au culte de ce dieu était associé, comme nous l'avons déjà dit, celui de Vénus ou d'Astarté. Mais il est temps maintenant de poursuivre notre route vers Beyrouth. A six kilomètres au sud de Djebeil, le village de Halat a un petit port.

A deux kilomètres plus loin est l'embouchure du Nahr Ibrahim, le fleuve Adonis des anciens. On le franchit sur un pont de deux arches. Des bouquets d'arbres, des roseaux gigantesques et de hautes herbes font de cet endroit un site délicieux. Le fleuve ne se rend pas directement à la côte; mais, à cause des obstacles que lui opposent les dunes du rivage, il serpente quelque temps vers le sud, avant de se perdre dans la mer. Ses eaux sont fraîches, abondantes et limpides. On connaît la tradition en vertu de laquelle elles rougissaient à une certaine époque de l'année, en se teignant du sang d'Adonis. L'explication naturelle de ce fait, prétendu merveilleux, a été déjà donnée par l'auteur du traité sur la *Déesse syrienne;* elle se trouve, comme je l'ai dit ailleurs, dans la couleur rougeâtre des terres que les grandes pluies entraînent dans le fleuve, et qui communiquent alors à ses eaux une sorte de teinte empourprée, que les adorateurs d'Adonis attribuaient au sang qui s'échappait avec force des blessures de leur dieu, le jour anniversaire de sa mort.

A quatre kilomètres plus au sud, on franchit un passage étroit pratiqué dans le roc à travers un petit promontoire, près d'un endroit appelé El-Akhibeh.

En continuant à s'avancer dans la même direction, on laisse à sa gauche le village d'El-Baouar et l'importante source de El-Mahouz, renfermée dans une sorte de large puits antique creusé dans le roc, et où l'on descend par un escalier; puis bientôt on arrive à Berdja, village qui entoure un petit port. Les habitants en sont presque tous caboteurs ou pêcheurs. Les tombeaux excavés dans le roc abondent autour de cette localité, qui a certainement succédé à une petite ville antique. Plusieurs critiques, et entre autres le Père Bourquenoud, ont soutenu que Berdja représentait l'ancienne Palæbyblos. Nous savons, en effet, par les anciens, que cette ville était au sud du fleuve Adonis.

Nous lisons dans Strabon (p. 756) :

« Après Byblos, sont le fleuve Adonis, la montagne Climax et Palæbyblos, ensuite le fleuve Lycos et Béryte. »

Pline, d'autre part, remontant la côte du sud au nord, au lieu de la descendre comme Strabon du nord au sud, s'exprime ainsi (*Histoire naturelle,* liv. V, ch. XXVII) :

« *Flumen Lycos : Palæbyblos; flumen Adonis.* »

D'après ce dernier texte, on pourrait hésiter sur l'emplacement que l'on doit assigner à Palæbyblos, et être autorisé à la placer à Berdja; mais, comme l'a fait remarquer très-justement M. Renan, le texte de Strabon est beaucoup plus précis et ne permet guère une pareille identification.

En effet, après le fleuve Adonis, il mentionne au sud la montagne appelée Climax ou l'Échelle. Or cette montagne doit être, non le petit promontoire que j'ai signalé près de l'endroit nommé El-Akhibeh, mais bien le promontoire beaucoup plus important qui est situé au sud de Berdja et qui contourne la partie septentrionale de la magnifique baie de Djouni. Ce promontoire, en effet, est non plus une simple monticule, mais l'extrémité d'une véritable montagne qui s'avance au loin dans la mer, et à la pointe de laquelle une voie, en forme d'escalier ou d'échelle, a été creusée dès la plus haute antiquité probablement; là où le roc manquait, des degrés en pierre, actuellement désunis, avaient été ménagés. C'est donc au sud de ce promontoire qu'il faut chercher la Palæbyblos de Strabon.

Après l'avoir franchi, on laisse à sa gauche les restes d'un pont antique sur le Nahr Mamilteïn ou *Fleuve des deux districts.* Ce pont consiste en une grande arche cintrée, dont les pierres de taille, à l'est et à l'ouest, sont dorées depuis des siècles par les rayons du soleil levant et du soleil couchant, et ont contracté à la longue cette belle teinte rougeâtre qui charme tous les regards et communique aux ruines, dans les pays où le soleil règne en souverain, un cachet tout particulier. La baie de Djouni, qui s'arrondit actuellement devant nous, peut avoir trois kilomètres de développement du nord au sud et deux de profondeur dans les terres de l'ouest à l'est. De ce dernier côté, elle est dominée par de gracieuses et verdoyantes collines couvertes de villages, de couvents et d'admirables plantations. C'est dans cette baie que les Anglais et les Autrichiens, sous les ordres des amiraux Stopford et Bandiera, débarquèrent vers la mi-juin 1840, pour commencer leurs opérations contre les troupes d'Ibrahim-Pacha, disséminées dans le Liban, et dont les avant-postes se trouvaient alors à Antoura.

Vers le fond méridional de la baie est le village du même nom. On y remarque un chantier où l'on construit quelques petits voiliers, deux souks considérables où l'on vend du blé, de l'orge, du doura et du sésame, provenant des côtes de la Syrie et même de la Caramanie, et une grande filature de soie.

En montant sur le promontoire qui commande au sud le village et la baie, on parvient aussitôt à Serba. On y voyait encore, il y a quelques années, les débris d'un ancien temple consacré à Jupiter Épouranios ou Jupiter Céleste, identifié par plusieurs critiques avec Adonis, le dieu principal de

Grotte de Saint-Georges.

Byblos. La plupart des beaux matériaux avec lesquels avait été construit ce monument, ont été depuis transportés ailleurs. Les maisons et les plantations de mûriers du village ont remplacé une petite ville antique dont ce temple devait être l'un des plus remarquables ornements, et dont il subsiste encore des citernes, des pressoirs et des tombeaux creusés dans le roc. La plus importante de ces excavations sépulcrales est une grotte funéraire appelée Kabr bint Melek (Tombeau de la fille du roi). Près de la mer, un oratoire taillé dans la roche vive et consacré à saint Georges a succédé à un oratoire païen.

C'est à Serba que M. Renan place Palæbyblos; et cette assertion me semble justifiée par le passage si formel et si net de Strabon qui la mentionne au sud du mont Climax, lequel, je le répète, ne peut être que le promontoire situé au nord de la baie de Djouni.

A quatre kilomètres au sud de Serba, on rencontre l'embouchure du Nahr el-Kelb. J'ai déjà parlé, dans ma description du Liban, de ce petit fleuve célèbre et des grottes mystérieuses d'où il jaillit.

C'est le Lycos des Grecs, le Lycus des Romains, c'est-à-dire le fleuve du Loup; les Arabes, en traduisant ce nom, en ont fait le fleuve du Chien. On ignore celui que les Phéniciens lui avaient donné; peut-être la dénomination grecque de Lycos n'était-elle que la traduction pure et simple de l'appellation phénicienne. Il serpente de l'est à l'ouest, après avoir réuni dans un même lit les eaux de l'Oued Sannin, de l'Oued el-Lebèn et du Nahr es-Salib; mais ces eaux, pendant les mois les plus chauds de l'année,

Château de Beyrouth.

atteignent rarement la mer, épuisées qu'elles sont d'ordinaire auparavant par les innombrables ruisseaux qu'on en dérive pour les besoins de l'irrigation. De ces grottes profondes, au contraire, s'élance une nouvelle source plus abondante que les précédentes, qui se précipite impétueuse et limpide comme du cristal entre des rives très-encaissées. Après divers détours dans des gorges étroites, bordées de hauteurs boisées, gorges qui parfois s'élargissent pour permettre à la culture de s'y épanouir, le Nahr el-Kelb aboutit à la mer, au nord et au pied d'un promontoire escarpé, contre lequel les vagues se brisent souvent avec fracas, et ajoutent leur sourd mugissement a celui que fait entendre le fleuve, lorsqu'il rencontre quelque obstacle dans son cours. Les anciens avaient su mettre à profit cette source importante en dérivant une partie de ses eaux dans un aqueduc plusieurs fois reconstruit, qui existe encore maintenant et qui se dirige au nord vers la baie de Djouni. Les modernes, de leur côté, ont dans ces dernières années creusé un canal qui amène vers le sud, à travers monts et vallées, une autre partie de ses eaux à la ville de Beyrouth et à ses environs. C'est une compagnie anglaise qui a exécuté ce travail, dont l'achèvement et l'inauguration ont eu lieu au printemps de l'année 1875.

Mais revenons au promontoire dit Ras Nahr el-Kelb. C'est le prolongement des montagnes qui, au sud, enserrent et dominent le fleuve. Comme il fait saillie dans la mer, et qu'il coupe toute communication entre les deux districts qu'il sépare, on y a, dès la plus haute antiquité, sans doute, pratiqué dans le roc vif un sentier qui a été ensuite élargi. Cette voie fameuse a vu successivement défiler tous les ennemis qui ont tour à tour envahi la contrée et suivi la côte. La difficulté de franchir ce défilé, où un petit nombre de défenseurs intrépides pouvait arrêter toute une armée, en rendant le passage glorieux, plusieurs des conquérants qui l'ont accompli ont tenu à honneur de signaler en cet endroit même ce fait à la postérité au moyen d'inscriptions et de bas-reliefs. C'est ainsi, par exemple, que sur la rive droite du fleuve, non loin de son embouchure dans la mer, on a découvert il y a peu d'années, près d'un moulin, une longue inscription cunéiforme dont les caractères malheureusement ont beaucoup souffert du temps et des hommes. Le nom de Nabuchodonosor y est gravé, dit-on, à plusieurs reprises. Il y a là toute une grande page d'histoire imprimée sur le roc, et qui mériterait qu'un savant assyriologue vînt la déchiffrer et l'étudier à loisir. Elle nous révélerait peut-être des événements importants que nous ignorons, et en confirmerait d'autres que nous connaissons déjà.

Sur la rive gauche du fleuve, que l'on peut traverser, soit à gué, soit sur un pont que l'on attribue au sultan Sélim, mais qui a été réparé par l'émir Béchir, on remarque sur une grande surface rocheuse, qui a été aplanie à dessein, une première et longue inscription : elle est en arabe. Les caractères en sont fort effacés; d'autres sont très-compliqués et de lecture difficile. Ce que l'on a pu en déchiffrer semble se rapporter au sultan Sélim et à la reconstruction du pont par ce prince.

En se rapprochant de la mer, mais avant de monter la côte vers le sud, on lit dans un grand cartouche avec queues d'aronde l'inscription suivante, déjà reproduite par beaucoup de voyageurs :

```
         IMP . CAES . M . AVRELIVS
       ANTONINVS PIVS FELIX AVGVSTVS
     PART . MAX . BRIT . MAX . GER . MAXIMVS
              PONTIFEX MAXIMVS
            MONTIBVS IMMINENTIBVS
       LICO FLVMINI CAESIS VIAM DELATAVIT
         PER. . . . . . . . . . . . . . . . .
              ANTONINIANAM SVAM
```

Sauf le mot PER de la septième ligne, toute celle-ci a été martelée postérieurement, sans doute, comme le fait observer M. de Saulcy, pour que le nom de la légion qui avait fait le travail et qui se sera rendue coupable de quelque rébellion, fût voué à l'oubli. Cette inscription très-importante nous apprend que l'empereur Marc-Aurèle Antonin élargit (*delatavit* pour *dilatavit*) la route qui traversait le promontoire, en coupant les montagnes qui dominaient le fleuve Lycus, appelé ici Licus, par suite d'une erreur du graveur. Cette route, jadis plus étroite, était le sentier que les Phéniciens avaient pratiqué au-dessus de la voie actuelle, laquelle n'est autre chose que la voie romaine. L'empereur fit exécuter cet ouvrage vers l'an 173 ou 174 de notre ère, ainsi qu'on peut le supposer d'après l'épithète de Germanicus qu'il ne prit qu'en 172, à l'occasion de sa victoire sur les Marcomans.

Au delà de cette inscription, d'abord vers l'ouest, puis vers le sud, commence, le long des rochers qui bordent à gauche le sentier primitif, la série des cadres et des bas-reliefs dont tous les voyageurs ont parlé, et dont je ne puis me dispenser de dire également quelques mots. Ce sentier, depuis longtemps hors d'usage, est celui qu'ont parcouru les anciens conquérants égyptiens et assyriens qui ont subjugué le pays et qui, au moyen de neuf stèles, ont cherché à immortaliser le souvenir de leur passage.

La première stèle que l'on rencontre est un grand cadre rectangulaire ciselé dans le roc et orné d'une corniche et de moulures latérales. Le savant Lepsius a cru y découvrir le cartouche de Ramsès II et pense qu'elle était dédiée à Phtah, le dieu de Memphis. On y lit maintenant l'inscription suivante, toute moderne, qui rappelle la dernière occupation française :

1860-1861

NAPOLÉON III
EMPEREUR DES FRANÇAIS

ARMÉE FRANÇAISE

GÉNÉRAL DE BEAUFORT DE HAUTPOUL
COMMANDANT EN CHEF

COLONEL OSMONT
CHEF D'ÉTAT-MAJOR GÉNÉRAL

GÉNÉRAL DUCROT
COMMANDANT DE L'INFANTERIE

Suit, sur trois colonnes, la liste des divers régiments qui ont pris part à l'expédition.

A quelques pas de là, vers le sud, une seconde stèle, offrant pareillement l'aspect d'un cadre rectangulaire, renferme intérieurement une figure de roi assyrien debout, avec une grande barbe, la tête coiffée du bonnet persan et la main droite élevée en l'air.

Deux pas plus loin, une autre stèle identique avec la précédente contient de même la représentation d'un roi assyrien, mais dont le corps, à l'exception de la tête, est aux trois quarts effacé. Là, on quitte la route romaine, qui est en même temps la route actuelle, pour gravir péniblement le sentier primitif, aujourd'hui d'assez difficile accès, à cause des éboulements que les rochers ont subis, et l'on passe successivement, à mesure que l'on monte davantage, devant deux autres stèles assyriennes. Elles sont arrondies au sommet, au lieu d'être rectangulaires. Les personnages royaux qui y sont sculptés sont coiffés du bonnet persan et ornés d'une barbe épaisse. Leur main droite est élevée en l'air; leur main gauche est ramenée vers la poitrine. A côté de la dernière stèle en est une sixième de forme carrée avec corniche et moulures égyptiennes. Deux personnages y sont figurés; mais ils sont tellement effacés que plusieurs voyageurs en ont nié l'existence. Néanmoins, à certaines heures de la journée et avec certains reflets de lumière, on en distingue vaguement les contours, comme j'ai pu le faire moi-même. Lepsius reconnaît dans l'une de ces figures le dieu Ra et dans l'autre le roi Ramsès II qui lui présente une offrande.

Plus haut encore, une septième stèle arrondie dans sa partie supérieure sert de cadre à un roi assyrien identique avec les précédents. Enfin l'on parvient, toujours en montant, devant deux autres stèles très-rapprochées l'une de l'autre. Dans la première, de forme carrée avec corniche et moulures égyptiennes, sont représentés deux personnages, mais à peine visibles. Après un examen attentif et prolongé, j'ai cru en saisir les linéaments, déjà observés et entrevus avant moi par d'autres voyageurs. Lepsius prétend que l'un de ces personnages est le dieu Ammon, et l'autre, Ramsès II. Quant à la neuvième et dernière stèle, arrondie à son sommet, elle contient une figure de roi assyrien assez bien conservée avec tous les insignes de la souveraineté.

Ces différentes stèles étaient autrefois couvertes en partie, soit d'hiéroglyphes, soit de caractères cunéiformes, suivant qu'elles sont soit égyptiennes, soit assyriennes. Actuellement, ces inscriptions sont tellement oblitérées, qu'on peut à peine en apercevoir çà et là quelques vestiges. Toutefois, le

ÉTABLISSEMENT DES DAMES DE NAZARETH, A BEYROUTH.

célèbre égyptologue Lepsius affirme avoir pu lire sur les stèles égyptiennes le nom de Ramsès II, de même que le savant assyriologue Layard prétend avoir lu celui de Sennachérib sur l'une des stèles assyriennes. Peut-être les autres stèles assyriennes, comme le suppose Robinson, rappelaient-elles le passage des autres souverains de l'Assyrie dont les invasions sont mentionnées par l'Écriture sainte. Quant aux trous que l'on remarque aux angles des cadres égyptiens, et qui doivent avoir reçu des crampons destinés à fixer des tables de marbre ou de métal, ils s'expliquent assez naturellement, en supposant que les Assyriens ont voulu ainsi faire disparaître les trophées des Égyptiens sous les leurs propres, et emprunter leurs cadres pour y graver sur une plaque superposée la figure de leurs souverains et les inscriptions qui les accompagnaient. Cette plaque aura ensuite été enlevée, et la stèle égyptienne aura reparu avec le roc mis à nu, mais très-effacée, et le relief de ses personnages et de ses hiéroglyphes fortement aplati et écrasé.

Redescendons maintenant du sentier phénicien, et reprenons la voie romaine au point où nous l'avons laissée, pour achever de traverser le promontoire. Après y avoir cheminé quelque temps au milieu de dalles désunies qui autrefois pavaient la route, et avant d'atteindre le sommet de la montée, nous observons à notre droite un rocher taillé en forme de piédestal qui portait jadis, dit-on, la figure sculptée d'un loup ou d'un chien. Diverses légendes ont cours dans le pays au sujet de cet animal. D'après les uns, sa bouche béante était tournée vers la mer, et quand le vent soufflait, elle rendait

Bain et café a Beyrouth.

des sons mystérieux qu'on regardait comme des oracles; afin d'échapper à la funeste influence de ce monstre, les Arabes l'avaient précipité dans la mer au bas du promontoire, où on le montre encore à l'état de masse informe, toutes les fois que la vague se retire. D'autres prétendent que le piédestal en question servait de siége à un sphinx, qui se postait là au-dessus du précipice et qui jetait impitoyablement dans la mer tous les passants qui ne pouvaient pas résoudre ses énigmes. Pour moi, j'incline assez à voir dans ce piédestal la simple base d'une borne milliaire que l'on retrouve un peu plus loin couchée le long de la route et recouverte d'une inscription latine, actuellement très-fruste, dont on ne peut déchiffrer avec certitude que quelques mots. Les flancs inférieurs et méridionaux du promontoire ont été partout excavés par la main de l'homme, qui en a extrait de gros blocs de construction.

A partir de ce point jusqu'au Nahr Antélias, en suivant le bord de la mer, on s'avance dans la direction du sud-sud-ouest, l'espace de quatre kilomètres environ. Le Nahr Antélias traverse le village du même nom, arrose de belles plantations de mûriers, fait tourner plusieurs moulins, et près de son embouchure on remarque une vaste papeterie, de fondation assez récente.

La côte s'arrondit ensuite vers le sud-ouest, puis vers l'ouest, pour former la baie de Saint-Georges, où se jettent plusieurs ruisseaux, et entre autres le Nahr el-Mout. Chemin faisant, nous traversons les magnifiques plantations des villages de Zelka, d'Aïn-Djedeideh et de Bochrieh. Après avoir franchi le Nahr Beyrouth, le Magoras de Pline, sur un pont de plusieurs arches attribué à Fakhreddin, nous laissons bientôt à notre droite les débris d'une vieille et épaisse construction à laquelle la tradition du pays rattache la légende de saint Georges et du dragon ; c'est là que le monstre aurait été mis à mort. Une ancienne chapelle dans le voisinage, transformée par les musulmans en oualy, avait été consacrée par les chrétiens à la mémoire du héros vainqueur.

Les premières maisons de Beyrouth ne tardent pas ensuite à se montrer, et nous entrons dans ses faubourgs, deux heures de marche environ après avoir quitté Antélias.

BEYROUTH (BERYTUS)

Il est peu de villes qui soient aussi agréablement situées que Beyrouth. C'est de sa rade surtout qu'il faut la contempler, pour l'embrasser tout entière d'une même vue d'ensemble et saisir à la fois es divers avantages que la nature et l'homme lui ont donnés. Il est difficile alors de n'être point frappé d'admiration, en présence de cette jolie cité qui s'élève en amphithéâtre au-dessus de son port, et dont les édifices, les maisons et les villas sont groupés ou disséminés sur les pentes de riantes collines parsemées d'arbres, de fleurs et de verdure; derrière ces collines, d'autres apparaissent plus hautes et cultivées également d'étage en étage. Çà et là, elles sont tachetées de points blancs, qui indiquent autant de villages, de hameaux ou de couvents. A l'horizon, enfin, se montrent les gigantesques cimes du Liban, aux formes les plus majestueuses et les plus imposantes, et auxquelles une éblouissante couronne de neige sert comme d'une parure argentée pendant les trois quarts de l'année. Tous les détails de ce vaste panorama s'animent dès l'aurore, et resplendissent sous la voûte azurée d'un ciel profond et au sein d'une atmosphère diaphane, qui semble rapprocher les distances et dessine merveilleusement les contours de chaque objet. Au coucher du soleil, le spectacle change et devient encore plus sublime, car tout alors se revêt de couleurs qu'aucun pinceau ne saurait reproduire, et où les nuances les plus délicates de la rose et du lilas se marient d'abord ensemble pour se fondre ensuite dans une teinte violacée qui s'assombrit de plus en plus, jusqu'à ce qu'enfin, après un court crépuscule, la nuit arrive avec ses ténèbres, que percent bientôt les lueurs lointaines et scintillantes des innombrables étoiles dont se peuple le firmament.

Ainsi mollement adossée à ces montagnes et à ces collines, au milieu d'une riche végétation qui descend presque jusqu'à la plage, les pieds baignés par les vagues, Beyrouth, selon l'expression des Arabes, ressemble à une gracieuse sultane accoudée sur un coussin vert et contemplant les flots dans sa rêveuse indolence. Le port, malheureusement, ne répond pas à l'importance actuelle de la ville. La jetée qui le protége aurait besoin d'être prolongée, et il n'offre, pendant les mauvais temps, qu'un asile peu sûr aux navires qui y cherchent un refuge.

De l'antique Berytus, il ne subsiste plus que de nombreux fûts de colonnes, soit en marbre, soit principalement en granit, qui sont dispersés de tous côtés; le long de la mer, des restes de quais, de murailles et de magasins, des excavations pratiquées dans le roc, qui peuvent avoir été des bains ou de simples caves recouvertes jadis par des constructions depuis longtemps démolies, des hypogées funéraires, des sarcophages brisés ou intacts, des débris de mosaïque, et une quinzaine d'inscriptions grecques ou latines, mutilées pour la plupart. Lorsque les Sœurs de la Charité construisirent leur vaste établissement, elles découvrirent, en jetant les fondations de leur maison, les vestiges d'un grand édifice antique, orné de colonnes et pavé de belles dalles. C'était probablement un temple consacré à Jupiter, comme cela semble résulter de l'inscription suivante, gravée sur une base qui fut déterrée en cet endroit, et qui maintenant porte une statue de saint Vincent de Paul; la voici :

```
        I . O . M . H .
      T . PONTIVS . MAXI
     MVS . Q . F . PROTO
           CTETVS
         V . L . A . S .
```

La première ligne, qui doit se lire ainsi :

Iovi Optimo, Maximo, Heliopolitano,

prouve qu'à Berytus, une statue en l'honneur de *Jupiter très-bon et très-grand, Héliopolitain,* avait été érigée, en vertu d'un vœu, par un certain Titus Pontius Maximus.

Elle était placée dans un temple, consacré lui-même, selon toute apparence, à Jupiter d'Héliopolis. Ce dieu, comme on le sait, avait dans la ville de ce nom un sanctuaire magnifique, dont les débris excitent encore l'admiration de tous ceux qui les visitent, et qui avait ailleurs plusieurs succursales.

A la cité du moyen âge et de l'époque des Croisades se rapportent deux monuments transformés en mosquées, lors de l'occupation musulmane. L'un est l'ancienne cathédrale de Saint-Jean-Baptiste. Elle est presque intacte, avec son clocher quadrangulaire isolé, devenu un minaret, son porche, ses trois nefs, ses trois absides, ses piliers ornés de colonnes engagées et ses arcades ogivales. Malheureusement, les chapiteaux ont été recouverts par une épaisse couche de badigeon et de couleurs grossièrement appliquées, qui en dissimulent tous les détails. Cette cathédrale avait elle-même succédé à une église plus ancienne, remontant à l'époque byzantine, et dont il subsiste encore une inscription grecque qui marque l'emplacement du baptistère.

L'autre monument, beaucoup moins considérable, et qui, par suite de remaniements successifs, a complétement perdu sa forme primitive, passe pour être une ancienne synagogue. Devenu plus tard une église et rebâti plusieurs fois, il est actuellement, comme le précédent, au pouvoir des musulmans, qui y célèbrent leur culte. Ce sanctuaire était sous le vocable de Saint-Sauveur.

Il est raconté dans les actes du second concile de Nicée que les Juifs de Berytus, l'an 465 de notre ère, ayant trouvé un crucifix laissé par mégarde dans la maison d'un chrétien achetée par l'un d'eux, renouvelèrent contre cette image du Christ suspendu en croix toutes les insultes de la Passion. Quand ils lui eurent percé le côté, il en découla aussitôt de l'eau et du sang, qu'ils recueillirent dans un vase et portèrent dans leur synagogue. Là, un grand nombre de malades s'étant réunis, tous ceux que toucha cette liqueur sacrée furent, à la stupéfaction générale, miraculeusement guéris. Convertis par

ILOT ROCHEUX HABITÉ PAR DE NOMBREUX PIGEONS, PRÈS DE BEYROUTH.

un tel prodige, les Juifs présents embrassèrent presque tous la religion chrétienne, et leur synagogue, changée en église, reçut le titre de Saint-Sauveur, et fut entourée de la vénération publique.

Il est permis également d'attribuer au moyen âge une sorte de fort ou de tour carrée qui servait de défense à la ville du côté du port, et qui a été criblé de boulets en 1860, pendant le bombardement qu'elle subit alors.

De la même époque aussi dataient une partie des fortifications qui, il y a vingt-cinq ans à peine, enfermaient Beyrouth dans une enceinte continue ; car une autre partie de ces remparts et des tours qui les flanquaient avait été relevée bien antérieurement.

Depuis 1860, la ville a triplé d'étendue, et cette enceinte a été aux trois quarts démolie, pour faire place à des habitations, dans la construction desquelles on a employé les matériaux provenant des remparts. C'est ainsi que Beyrouth déborde sans cesse de plus en plus en dehors du cercle étroit qui l'enserrait et qu'elle a brisé; et en même temps qu'elle s'étend toujours davantage le long de la mer, elle s'élève d'une manière non interrompue et progressive sur les flancs doucement inclinés des jolies collines qui naguère encore la dominaient, et qui maintenant sont comprises dans le vaste espace qu'elle occupe. La vieille cité est restée à peu près telle que je l'avais vue, il y a une trentaine d'années, quand j'y abordai pour la première fois, et qu'elle composait, à elle seule, la ville entière. Elle consiste en un dédale de rues et de ruelles étroites, s'enchevêtrant, sans ordre aucun, les unes dans les autres, et au milieu desquelles un étranger a quelquefois de la peine à reconnaître sa route. Celles qui sont bordées de boutiques et qui forment les différents bazars, sont ordinairement encombrées d'une foule bigarrée et confuse, où toutes les langues et tous les costumes se coudoient.

Les échoppes en apparence les plus mesquines renferment souvent des marchandises de prix, par exemple, des objets divers en soie artistement brodés et de ravissants ouvrages en filigrane d'argent. La ville nouvelle est mieux bâtie; les rues y sont plus larges, et les voitures peuvent y circuler. Les maisons, au lieu d'y être entassées au hasard, sont alignées avec plus de soin, et beaucoup sont espacées les unes des autres, entremêlées qu'elles sont de jardins, où la rose et le jasmin confondent leurs parfums avec ceux de l'oranger, du citronnier et du grenadier. A mesure que l'on s'éloigne de l'ancienne cité, les vergers s'étendent davantage autour des villas qu'elles environ-

PRESQU'ILE DE BEYROUTH.

nent, et des bordures de gigantesques cactus servent de haies à de belles plantations de mûriers.

La paroisse catholique de Beyrouth est administrée par des religieux capucins. Fort petite il y a quelques années, elle a été depuis rebâtie sur un plan plus vaste.

Les Franciscains y ont également une chapelle et un couvent. C'est dans leur maison hospitalière que je trouvai un très-bienveillant asile, lors de mon dernier voyage en Syrie, et y étant tombé malade, à la suite des grandes fatigues que j'avais subies en sillonnant en tous sens le Liban par des chaleurs excessives, j'y fus soigné par eux avec un dévouement et une bonté dont je garderai toujours le souvenir.

L'établissement des Lazaristes s'est considérablement agrandi depuis 1863, et leur chapelle, malgré son étendue, est à peine suffisante pour contenir les Sœurs de Saint-Vincent de Paul et leurs nombreuses élèves.

L'établissement des Sœurs, contigu au précédent, comprend à la fois un orphelinat, un pensionnat de jeunes filles, des classes d'externes, le tout renfermant près de sept cents élèves, une école normale primaire, destinée à former des maîtresses laïques, un hôpital qui reçoit par an plus de six cents malades, et un dispensaire que fréquentent par jour trois cents individus au moins, de toutes les religions et de tous les rites, et qui viennent quelquefois de fort loin chercher auprès des Sœurs des médicaments, des conseils ou des soins gratuits.

La fondatrice, la supérieure et l'âme de cette grande maison et des succursales qui en dépendent, est la Sœur Gélas, qui depuis 1847 la dirige d'une main si douce et si ferme à la fois, et dont le nom est justement vénéré par tous ceux qui ont pu apprécier son immense amour du bien, sa charité à toute épreuve et la droiture de son jugement. Comme l'hôpital qu'elle a créé, il y a trente-six ans, est devenu beaucoup trop petit, à cause des développements énormes qu'a pris la ville, les Lazaristes travaillent avec elle à en faire construire un autre qui sera plus vaste et dans une position meilleure à la fois, plus isolée et plus salubre.

Après l'établissement des Sœurs de la Charité, il faut signaler celui des Dames de Nazareth. De fondation bien plus récente, il est déjà très-prospère et est appelé à le devenir encore davantage. Situé sur une colline qui commande toute la ville, et d'où l'on jouit d'une vue admirable sur la mer et sur le Liban, il attire tout d'abord les regards par l'élégance et la grandeur de ses proportions, par la beauté de ses longues galeries et par l'étendue de ses immenses terrasses.

L'instruction la plus variée et l'éducation la plus complète et la plus soignée sont données aux jeunes filles des premières familles de la Syrie et de la Palestine par des maîtresses extrêmement capables.

Les Sœurs de Saint-Joseph de l'Apparition, qui, depuis 1848, rendent tant de services à la Palestine, où Mgr Valerga les a appelées, ont également une maison à Beyrouth, où elles rivalisent de zèle avec les Sœurs de la Charité et avec les Dames de Nazareth, en concourant au soin des malades et à l'éducation chrétienne de l'enfance.

Un dernier établissement, enfin, efface tous les autres en magnificence et en ampleur, c'est celui des Pères Jésuites. Pour lutter avec plus de succès à Beyrouth contre l'influence protestante, qui va sans cesse grandissant, secondée qu'elle est à la fois par l'Angleterre, par l'Amérique et par la Prusse, ils ont transféré leur collége de Ghazir dans cette ville, et sur un emplacement vaste et dominant ils ont su élever, avec une rapidité singulière et dans des dimensions colossales, un lycée et un séminaire modèles. L'architecte a été un des leurs, le R. P. Pailloud, qui non-seulement en a conçu le plan, mais qui encore a surveillé et dirigé tous les travaux, se faisant même maçon au besoin, pour mieux former et façonner ses ouvriers. C'est ainsi qu'en une année a surgi, comme par enchantement, une construction gigantesque, où tout a été distribué intérieurement avec un art des plus intelligents; de nombreuses colonnes, provenant pour la plupart des ruines de Deir el-Kalah, ornent la chapelle, qui est l'une des plus belles de la Syrie et a la grandeur d'une église.

Les Pères possèdent une imprimerie, où l'on peut imprimer en douze langues différentes, et qui est, sans contredit, la mieux montée de tout l'Orient. Elle est sous la direction d'un Maronite extrêmement habile, qui est venu à Paris se perfectionner dans son art à l'Imprimerie nationale, et qui maintenant est lui-même un maître accompli.

Au lycée est adjoint un séminaire, et bientôt s'ajoutera une école de médecine, le tout à la fois réuni et séparé dans la même enceinte, et portant le nom d'Université de Saint-Joseph.

Il est inutile de dire que de pareils établissements, qui, avec les dogmes de la religion et de la morale, propagent en même temps dans l'une des villes les plus importantes de la Syrie la langue, les sciences et l'amour de notre pays, font le plus grand honneur à la France, et méritent d'être puissamment encouragés par notre gouvernement.

Les Maronites ont à Beyrouth plusieurs églises dont quelques-unes sont anciennes. Mgr Debs, qui est leur archevêque, vient d'achever la construction d'un collége et commence celle d'une cathédrale.

Les Grecs, tant catholiques que schismatiques, y ont pareillement des églises et des écoles secondaires.

Quant aux écoles primaires, elles abondent; mais il y aurait néanmoins place, à mon avis, pour une école tenue par des Frères, qui pourrait servir de modèle aux autres et contribuerait encore à la diffusion de notre influence par celle de notre langue et de nos méthodes d'enseignement.

Les protestants, de leur côté, sont loin de rester inactifs à Beyrouth. La mission américaine a fondé, dans le faubourg de Ras-Beyrouth et dans une position admirable, un très-beau collége avec une école de médecine et un observatoire; les Anglais ont aussi créé des écoles, et les Prussiens un hôpital et un orphelinat.

Le chiffre de la population totale de la ville dépasse actuellement celui de quatre-vingt mille habitants, parmi lesquels vingt-trois mille seulement sont musulmans; les autres sont Maronites, Grecs catholiques, Grecs schismatiques, Arméniens-unis ou non unis, Juifs et Européens. Les principales nations chrétiennes y sont représentées par des consuls généraux. J'ai eu le bonheur de retrouver là, comme consul général de France, M. Patrimonio, que j'avais connu autrefois à Jérusalem, où il était revêtu des mêmes fonctions. Dans ces deux postes importants, M. Patrimonio a toujours su allier beaucoup de prudence à beaucoup de fermeté, et maintenir intacts les graves intérêts, à la fois politiques et religieux, dont la défense lui avait été confiée.

Beyrouth est l'ancienne Βηρυτός des Grecs, la Berytus des Latins. Quelques auteurs ont cru devoir l'identifier avec la Berothaï du livre II des Rois (ch. VIII, ỳ 8), la Beroth de la Vulgate et la Berothah du livre d'Ézéchiel (ch. XLVII, ỳ 16); mais, comme plusieurs savants critiques l'ont déjà observé avant moi, il faut chercher cette ville de Berothaï ou de Berothah, non sur la côte, mais dans l'intérieur des terres, attendu que dans les deux passages où elle est citée, elle est mentionnée avec les villes de Hamath et de Damas, ce qui nous force, malgré la ressemblance des noms, à ne pas admettre l'identification proposée. Mgr Mislin incline à tirer la dénomination de cette place, comptoir maritime trop important pour n'avoir pas été fondé par les Phéniciens, du mot hébreu *beeroth* (puits); mais M. Renan fait remarquer qu'une pareille étymologie est en contradiction manifeste avec la nature des lieux, où l'eau est mauvaise et rare, et il suppose plus volontiers que la ville avait ainsi été appelée à cause du bois de pins qui l'avoisine encore maintenant, bois dont on attribue quelquefois la fondation à Fakhr-eddin, mais qui est certainement antérieur à ce prince, car il est déjà mentionné par Guillaume de Tyr et par Edrisi au douzième siècle. En chaldéen, en effet, le mot *berouth* signifie *cyprès* et aussi *pin*. Peut-être également est-on fondé à établir un rapprochement entre le nom de Berouth et celui de Berith, donné dans la Bible à une divinité chananéenne, appelée Baal-Berith, qui avait un temple à Sichem. (*Juges,* ch. IX, ⅴ 4.)

Quoi qu'il en soit, la ville qui nous occupe en ce moment est citée pour la première fois sous sa forme grecque dans les fragments de Scylax, vers l'an 350 avant Jésus-Christ.

Saccagée par Tryphon, elle tomba ensuite au pouvoir des Romains, qui la relevèrent de ses ruines. Sous l'empereur Auguste, elle devint une colonie militaire, avec le titre de *Felix Julia*.

Hérode le Grand y construisit des exèdres, des portiques, des temples et des places publiques.

C'est dans cette ville que, devant un tribunal de cent cinquante juges, il accusa ses deux fils Alexandre et Aristobule, fils de Mariamne, et qu'à force de les charger d'imputations qu'ils ne pouvaient réfuter, puisqu'il leur était interdit de comparaître et de se défendre, il arracha contre eux un décret de mort, qu'il fit exécuter à Samarie, où ils furent étranglés par ses ordres.

Agrippa Ier bâtit à Berytus des thermes, des portiques, un théâtre et un amphithéâtre.

Agrippa II l'embellit encore en la décorant de nombreuses statues qui représentaient tous les chefs-d'œuvre des grands maîtres.

Après la prise de Jérusalem, Titus s'arrêta quelque temps à Berytus, où il célébra l'anniversaire de la naissance de son père par des jeux somptueux, dans lesquels des milliers de captifs s'entre-tuèrent au milieu de l'amphithéâtre pour amuser la multitude.

A l'avénement du christianisme, cette ville devint le siège d'un évêché qui était soumis à la juridiction du patriarche d'Antioche. De savantes écoles y florissaient depuis longtemps, et l'on quittait quelquefois Athènes et Alexandrie pour venir se perfectionner à Berytus dans l'étude des lois et de la littérature grecque.

Sous le règne de Justinien, elle passait pour l'une des plus belles villes de la Phénicie; mais elle fut alors détruite par un violent tremblement de terre; ses palais, ses temples et ses autres édifices publics furent renversés, et beaucoup d'habitants furent ensevelis sous les ruines de leurs maisons. Rebâtie ensuite, elle ne retrouva jamais son ancienne splendeur.

En 638, elle tomba sous le joug des musulmans. Lorsque les Croisés, en 1099, passèrent près de ses murs, en longeant la côte de Phénicie pour se rendre à Jérusalem, ses habitants obtinrent par des présents et en fournissant des vivres, que les Francs traverseraient leur territoire sans le ravager.

En 1110, Baudoin Ier s'en empara. Cette place était alors défendue par une puissante enceinte. Pour battre en brèche ses remparts et les tours qui les flanquaient, les Croisés construisirent des tours mobiles et des machines au moyen desquelles ils accablaient jour et nuit les assiégés de traits incessants. Guillaume de Tyr nous apprend qu'ils avaient profité pour cela du voisinage d'une forêt de pins.

L'existence de cette forêt est également constatée par le géographe arabe Edrisi, qui vivait dans le même siècle. C'est celle que l'on voit encore aujourd'hui, mais beaucoup moins étendue qu'alors.

Enlevée aux musulmans, Beyrouth devint le siège d'un évêché latin dépendant de l'archevêché de Tyr, sous la juridiction du patriarcat de Jérusalem.

En 1182, Saladin la pressa très-vivement par mer et par terre; mais elle résista avec courage à tous les efforts qu'il fit pour la prendre d'assaut; néanmoins, elle aurait sans doute fini par succomber sans l'approche de l'armée chrétienne, qui accourut de Sepphoris à son secours. L'ennemi se hâta alors de lever le siége, après avoir préalablement saccagé les vignobles et les fertiles jardins qui environnaient la ville.

En 1187, Saladin s'avança de nouveau contre cette place, qu'avait complétement découragée la sanglante défaite essuyée par les chrétiens à Hattin, et qui lui ouvrit ses portes, au bout de quelques jours seulement d'investissement.

Dix ans plus tard, les chrétiens, vainqueurs, à leur tour, de Malek-Adel, dont ils avaient presque anéanti les troupes entre Tyr et Sidon, reprirent Beyrouth sans coup férir. Elle resta depuis entre leurs mains jusqu'en 1291, année où Malek-Achraf préluda par la conquête de Saint-Jean d'Acre à celle de toutes les autres villes que

KHAN DE NEBY YOUNÈS.

possédaient encore les Latins en Palestine et en Syrie. Dévastée par ce prince, elle se releva peu à peu de ses ruines, grâce aux avantages de sa position, qui en fait le port naturel de Damas, à l'extrême fertilité de son territoire et à l'industrie de ses habitants, qui trouvaient depuis longtemps dans la culture du mûrier et dans le commerce des étoffes de soie une source précieuse de richesses.

Au commencement du dix-septième siècle, l'émir druse Fakhr-eddin lui donna une nouvelle importance, et y résida d'ordinaire. Le palais qu'il s'y fit bâtir était très-vaste; il en subsiste encore une partie, mais très-dégradée et en fort mauvais état.

De nos jours, Méhémet-Ali fut quelque temps maître de la Palestine et de la Syrie. Beyrouth notamment était occupée par une garnison égyptienne; mais celle-ci fut expulsée en 1840, à la suite d'un bombardement que la ville subit, le 10 octobre, de la part d'une flotte composée à la fois de navires turcs, anglais et autrichiens.

En 1860, les horribles massacres du Liban amenèrent, comme on le sait, une intervention française en Syrie, et Beyrouth devint le quartier général de nos troupes. Elle vit alors se réfugier dans son sein une foule de malheureux échappés à la mort. En même temps, elle reçut des améliorations notables, et sa population chrétienne s'accroissant de plus en plus, elle prit bientôt un aspect presque européen. Une route carrossable la relia à Damas, et devenue le centre d'un commerce plus considérable, elle fut contrainte d'abattre ses vieux remparts, afin de pouvoir s'étendre à l'aise en tous sens. Il est à désirer néanmoins que ces agrandissements continus finissent par s'arrêter, et qu'elle cesse d'attirer vers elle, pour les transformer en ouvriers, en hommes de peine, en cochers, en garçons de café ou en commis de magasin, les bons et honnêtes montagnards du Liban, qui perdent peu à peu, dans son sein, leurs mœurs patriarcales, leur simplicité première et leur foi sincère.

DE BEYROUTH A SAÏDA (SIDON)

Quinze kilomètres séparent Beyrouth du Khan el-Khaldah. On traverse d'abord, vers le sud, de beaux jardins parsemés de lilas et de superbes plantations d'oliviers et de mûriers, puis une forêt de pins, la même dont il est question dans les historiens des Croisades, et qui alors était très-étendue, car, à en croire le géographe arabe Edrisi, qui vivait à la même époque, elle avait douze milles dans tous les sens. Elle renferme actuellement très-peu de vieux arbres, les ravages qu'elle a souvent subis et les accroissements de Beyrouth ayant contribué à les faire disparaître; mais on les remplace quelquefois par de jeunes plantations; c'est ce qu'avait fait Fakhr-eddin, auquel on en attribue à tort la création, dans le but d'arrêter l'envahissement des dunes de sable. Ces dunes, en effet, poussées par les vents du sud-ouest, s'avancent sans cesse vers la ville, et menacent d'engloutir peu à peu toute la zone méridionale de ses jardins. Elles sont composées d'un sable fin et rougeâtre, dont les vagues mobiles ondulent souvent, et s'amoncellent en petits mamelons, à travers lesquels on ne chemine que très-péniblement. Les regards du voyageur sont, du reste, charmés d'un côté par l'aspect azuré de la belle mer qu'il côtoie, et de l'autre par la vue de nombreux villages s'étageant les uns au-dessus des autres, avec leur verdoyante ceinture de plantations diverses, sur les flancs ou sur le sommet des collines qui bordent, à l'est, la route. C'est ainsi qu'après avoir franchi l'Oued Rhadir, et deux autres petits ruisseaux qui tarissent en été, il parvient au Khan el-Khaldah.

Ce Khan est misérable; il mérite néanmoins qu'on s'y arrête, parce qu'il est situé sur l'emplacement d'une bourgade antique, depuis longtemps détruite, le long de la plage où elle s'élevait, mais dont il subsiste encore quelques ruines confuses, et surtout un assez grand nombre de sarcophages et d'auges funéraires creusés dans le roc. Ces tombeaux, dont plusieurs sont décorés de bas-reliefs, sont tous violés et très-mutilés. Toutefois, ils attestent, à eux seuls, l'ancienne importance de la localité qui florissait en cet endroit, et dans laquelle la plupart des critiques s'accordent à reconnaître le relais nommé *Mutatio Heldua*, dont il est question dans l'Itinéraire du Pèlerin de Bordeaux, comme étant situé entre Berytus et Porphyrion.

A quatre kilomètres au sud du Khan el-Khaldah, on laisse à sa gauche, sur une colline, le grand village de Maallakah, habité par des Maronites. On traverse ensuite de vastes plantations de mûriers; puis on franchit le Nahr Damour sur un pont de fer construit par Daoud-Pacha, à côté des ruines d'un ancien pont de pierre. Ce fleuve est le Damouras de Polybe et le Tamyras de Strabon. Cette dernière dénomination est grécisée, mais la première est phénicienne et s'est conservée très-fidèlement dans le nom arabe Damour. Nous connaissons une divinité ainsi appelée parmi les dieux de la Phénicie. Bélus et l'Adonis étaient également divinisés, ou du moins consacrés aux dieux dont ils portaient les noms.

C'est près de l'embouchure du Nahr Damour que, l'an 218 avant Jésus-Christ, Antiochus le Grand défit l'armée de Ptolémée IV, et la força de rebrousser chemin vers Sidon.

A cinq kilomètres plus au sud, le Khan Neby Younès, le petit village de Djieh, et celui de Berdja, marquent l'emplacement probable de la ville de Porphyréon, signalée par Scylax après Berytus ; c'est la *Mutatio Porphyrion* de l'Itinéraire de Bordeaux à Jérusalem, ainsi nommée, selon toute apparence, à cause de la pêche de la pourpre qui se faisait sur ces parages. C'est au fond de la petite baie qui s'arrondit en cet endroit que, d'après une tradition musulmane adoptée par les chrétiens du pays, Jonas aurait été rejeté par la baleine, dans son trajet de Joppé à Tarsus. Les musulmans y vénèrent dans un oualy la mémoire et le tombeau de ce prophète, d'où le nom de Neby Younès donné au Khan qui avoisine le hameau de Djieh. Les dunes de sable qui bordent la baie recèlent des ruines antiques. A Djieh, on a exhumé, en 1863, une belle mosaïque avec une inscription grecque de l'époque byzantine, indiquant que cette mosaïque avait servi de pavé à une petite chapelle. A Berdja, les tombeaux antiques abondent.

En poursuivant notre route vers le sud, nous rencontrons successivement, le long du rivage, les restes de deux autres établissements maritimes, actuellement renversés de fond en comble, et dont l'un, peut-être, était le bourg de Platanum, mentionné par l'historien Josèphe comme appartenant aux Sidoniens. Puis nous cheminons à travers de vastes plantations de figuiers et de mûriers, qui précèdent le Nahr el-Aouleh. Ce cours d'eau, qui prend sa source au pied du Djebel Barouk, est le Bostrenus dont il est question dans le passage suivant de Denys le Périégète (vers 913 et 914) :

« Et Sidon la fleurie, près de laquelle coulent les ondes du gracieux Bostrenus. »

Il faut passer actuellement ce petit fleuve à gué, par suite de la chute d'une des piles du pont reconstruit par Fakhr-eddin, avec les matériaux d'un autre plus ancien ; et après une nouvelle et dernière marche de trente-cinq minutes à peine, on arrive à Saïda, l'antique Sidon.

SAÏDA (SIDON)

De vastes et délicieux jardins environnent Saïda au nord, à l'est et au sud, et l'entourent de ces trois côtés d'une fraîche et verdoyante oasis. Une foule d'arbres fruitiers et beaucoup de plantes légumineuses y croissent à l'envi. Les fruits qu'on y récolte passent pour les meilleurs de la Syrie ; les oranges y sont plus fines et plus juteuses que celles de Jaffa, mais elles se conservent moins longtemps. Les mûriers y abondent et y sont superbes. Aussi plusieurs filatures de soie ont été établies à Saïda, et y prospèrent. Le bananier et la canne à sucre y réussissent également à merveille. Comme arbres d'agrément décorant ces jardins, je signalerai de beaux tamaris, des lilas perses, des acacias, des sycomores, et çà et là quelques palmiers.

La ville antique de Sidon comprenait, outre l'emplacement de la ville actuelle, une partie de ces vergers, vers le sud et vers l'est, comme cela résulte des nombreux arasements d'anciennes constructions que l'on y met à jour, en fouillant tant soit peu le sol.

Telle qu'elle est aujourd'hui, et réduite aux dimensions très-restreintes de l'enceinte qui l'enferme, Saïda contient environ neuf mille six cent quatorze habitants, se décomposant ainsi : sept mille cinq cents musulmans, y compris les Métoualis, cinq cent soixante-dix-sept Maronites, sept cent soixante-cinq catholiques ou Grecs-unis, cent sept Grecs schismatiques, huit cent soixante-cinq Latins, quatre cents Juifs.

La ville s'élève en amphithéâtre, mais sur des pentes légèrement inclinées autour de son port. Celui-ci est presque entièrement ensablé; les enfants mêmes

CITADELLE DE SAÏDA, L'ANCIENNE SIDON.

peuvent le traverser en grande partie, n'ayant de l'eau que jusqu'à la ceinture. Une ligne de récifs naturels en déterminait et en protégeait le périmètre, vers l'ouest et vers le nord, contre la violence des vents et des vagues. On avait assis sur ces récifs, aplanis artificiellement, de gros blocs rectangulaires, dont quelques-uns sont encore en place. Une passe étroite, mais suffisante pour les petits navires de l'antiquité, semble avoir été jadis défendue par deux tours, et une chaîne devait sans doute la fermer.

Au sud de ce bassin, et communiquant autrefois avec lui au moyen d'un canal creusé dans le roc, dont l'extrémité septentrionale est actuellement obstruée par des constructions modernes, s'ouvre une large baie, qui s'arrondit entre deux promontoires; elle était renfermée dans l'enceinte de la ville

Château et port de Saïda, l'ancienne Sidon.

antique, à laquelle elle servait de second port. Celui-ci était ouvert; les dunes qui le bordent vers l'est sont recouvertes d'un amas énorme de coquillages appartenant à l'espèce appelée *murex trunculus*, et d'où l'on extrayait la pourpre.

Au nord-est du premier port ou port fermé, s'élève un îlot qui semble avoir été rattaché jadis à la terre ferme par une chaussée, remplacée plus tard par un pont de neuf arches ogivales. On aperçoit sous les flots des blocs de grandes dimensions, qui ont appartenu probablement à la chaussée dont je parle; celle-ci menait de la ville à un monument orné de colonnes, qui passe pour avoir été un temple, consacré peut-être à Melkarth, l'Hercule phénicien, et situé, du moins je le suppose, au milieu de l'îlot en question. Au moyen âge, dans le cours de l'hiver de 1227 à 1228, les Croisés bâtirent sur cet îlot un fort qui se composait de deux tours reliées par un mur. Après avoir subi des réparations et des transformations successives, il porte encore maintenant la trace des boulets qu'il a reçus en 1840, lors du bombardement de la ville par la flotte turque, anglaise et autrichienne, et il commence à tomber en ruine. On l'appelle Kalat el-Bahar (le Château de la mer). Les deux tours signalées par Guillaume de Tyr existent encore en partie. La plus considérable mesure vingt-sept mètres de long sur vingt-deux de large. Découronnée de son étage supérieur, elle renferme intérieurement, dans son soubassement, deux citernes revêtues d'un épais ciment. Ce soubassement a été construit avec des blocs de grandes dimensions, et dont beaucoup sont taillés en bossage. En outre, de nombreuses colonnes de granit gris sont engagées transversalement dans la maçonnerie. Ces colonnes autorisent à penser qu'en ce même endroit s'élevait jadis un temple dédié à quelque divinité maritime, probablement à Melkarth, comme je viens de le dire, et dont les débris auront été utilisés par les Croisés pour bâtir leur port. La seconde tour est mieux conservée; le soubassement en a été également construit avec de belles pierres antiques.

Quant à la muraille qui reliait les deux tours, elle a été remplacée par des bâtisses plus modernes, qui elles-mêmes sont en très-mauvais état.

A huit cents mètres au nord de cet îlot, on en remarque deux autres, dont un très-petit, et l'autre beaucoup plus considérable. Celui-ci porte partout les traces du travail de l'homme. On y observe plusieurs petits bassins creusés dans le roc, les uns ayant pu servir de bains, les autres de salines, et un long mur rocheux, large de plusieurs mètres, et dont la hauteur varie entre trois et quatre mètres. Ce mur est muni vers l'ouest d'un fossé pratiqué dans le roc.

Au sud de la ville actuelle et dans la partie culminante de la colline, qui formait jadis l'acropole de la cité antique, s'élève le château dit Kalat el-Mezzeh, qui est connu vulgairement parmi les chrétiens sous le nom de château de Saint-Louis, parce qu'ils en attribuent la fondation à ce monarque. Il n'offre rien de remarquable que le souvenir qu'il rappelle. A moitié démoli, il est situé sur un monticule qui domine de quarante-cinq mètres le port ouvert du sud. La tour dite *de la Poudrière* présente à sa base un certain nombre de blocs à bossages, mais de dimension moyenne; elle paraît avoir été remaniée par les musulmans.

A l'époque des Croisades appartiennent pareillement plusieurs anciens magasins voûtés, qui sont aujourd'hui en contre-bas du pavé actuel de la ville, et quelques mosquées qui ont été alors des églises. La plus grande, dite Djama el-Kebir, passe pour avoir été dédiée à saint Jean-Baptiste. Restaurée il y a peu d'années, elle est soutenue extérieurement par des contre-forts; sa longueur est de trente mètres et sa largeur de dix. Elle est précédée, vers le nord, d'un vestibule qu'orne une coupole et que surmonte un minaret. Au centre de ce vestibule est une fontaine destinée aux ablutions, et que décorent des colonnes antiques, dont les chapiteaux corinthiens sont malheureusement défigurés par une épaisse couche de chaux.

A une époque plus récente, et principalement à celle de Fakhr-eddin, il faut rapporter des bains publics, des khans et plusieurs belles maisons plus ou moins délabrées, dont quelques-unes gardent

BAIE DE BEYROUTH.

encore la trace de leur ancienne splendeur. Quant au palais où résidait cet émir, au sud de la grande mosquée, il a été détruit, et une partie de l'emplacement qu'il comprenait a été plus tard occupée par l'habitation, à moitié ruinée elle-même en ce moment, de Soliman-Pacha, l'ex-colonel Selves.

De divers khans fondés par Fakhr-eddin, le plus beau et le mieux conservé est le khan franc. Comme tous les édifices de ce genre, il affecte la forme d'un vaste rectangle environné de galeries. Là habite le vice-consul de France, là est le couvent des Franciscains; là aussi les Sœurs de Saint-Joseph ont leur orphelinat et leur pharmacie. Au centre de la cour est un bassin alimenté par une fontaine jaillissante, qu'ombragent des bananiers et un mélia. Dans ce même khan, M. Durighello, vice-consul de France, et le docteur Gaillardot ont réuni un certain nombre d'objets antiques, provenant de fouilles ou des achats de M. Renan pendant sa mission en Phénicie.

Le couvent des Franciscains ne se compose que de deux Pères et d'un Frère. Leur chapelle sert de paroisse aux Latins.

Les Sœurs de Saint-Joseph, au nombre de neuf, sont chargées à la fois d'un orphelinat, d'une école d'externes fréquentée par cent trente élèves, et d'un dispensaire où se présentent chaque jour plus de quarante malades de toutes les religions. Là comme partout, avec de faibles ressources, ces excellentes religieuses font beaucoup de bien.

L'établissement des Jésuites est situé en dehors du khan, dans une autre partie de la ville. Ces religieux tiennent un externat de soixante petits garçons dirigés par un maître arabe, et, de plus, une école dite française, qui compte une quinzaine d'élèves. En outre, ils réunissent dans de fréquentes conférences tous les prêtres maronites ou grecs-unis des environs, pour traiter et développer devant eux les principaux dogmes de la religion, et, en complétant leur instruction, qui souvent est bien élémentaire, les rendre plus aptes à remplir dignement leur auguste ministère.

Les Maronites ont à Saïda une paroisse particulière.

Quant aux Grecs-unis, ils possèdent avec les Grecs schismatiques une même et unique église, qu'un mur de séparation divise en deux parties différentes.

La ville est environnée d'un mur d'enceinte qui n'est plus continu, étant percé de plusieurs brèches. Les maisons, principalement celles des Européens, sont généralement mieux bâties que dans la plupart des villes de la Palestine. Les bazars sont assez bien pourvus. L'eau est amenée à Saïda par un aqueduc qui a son point de départ au Nahr el-Aouleh. Quelques portions de cet aqueduc, taillées dans le roc, sont probablement fort anciennes.

Quant à la nécropole antique, elle est située un peu au sud de l'Oued el-Barrhout, qui formait jadis, selon toute apparence, la limite méridionale de la cité. Cette nécropole occupe un vaste emplacement aujourd'hui parsemé d'oliviers, et sur le point culminant duquel on remarque un rocher taillé sur ses pans, dont l'intérieur a été autrefois excavé en grotte sépulcrale. Les indigènes la désignent vulgairement sous le nom de Merharet Tabloun; quelques-uns, rectifiant cette prononciation vicieuse, l'appellent Merharet-Abloun (grotte d'Apollon), sans doute parce qu'elle était jadis dédiée à cette divinité, ou à un dieu phénicien ayant du rapport avec l'Apollon des Grecs et des Romains. Précédée, vers le sud, d'un petit vestibule, elle était revêtue intérieurement d'un enduit peint, qui est presque entièrement tombé. A droite, à gauche et au fond avaient été pratiquées de grandes niches cintrées, destinées à contenir des sarcophages, aujourd'hui brisés ou enlevés. C'est à côté et à l'est de cette caverne qu'a été découvert, le 20 février 1855, par un agent de M. Pérétié, alors chancelier du consulat de France à Beyrouth, le fameux tombeau d'Echmounasar, dont le duc de Luynes a fait l'acquisition pour le donner au Louvre. Le sarcophage qui avait contenu la dépouille mortelle de ce roi avait été violé auparavant. Il fut trouvé à deux mètres de profondeur, et paraît avoir été recouvert d'un édicule dont il ne subsiste plus que les arasements. Creusé dans une belle pierre noire qui imite le basalte et qui est de l'amphibolite, il est de forme égyptienne et semblable à une caisse de momie figurant un corps enveloppé jusqu'au cou d'épaisses bandelettes, et dont la tête sculptée avec sa large coiffure, sa barbe droite et nattée, et un riche collier, reste seule à découvert. Mais, au lieu d'être orné d'hiéroglyphes, ce sarcophage porte dans presque toute sa hauteur une inscription en vingt-deux lignes, écrite en caractères phéniciens gravés en creux. Une seconde inscription, en caractères plus beaux et plus réguliers, règne tout autour de la tête du mort et forme six lignes et demie. Cette nouvelle inscription n'est que la reproduction d'une partie du texte principal. Interprétées l'une et l'autre par les plus savants orientalistes de l'Europe, elles sont les mieux conservées que nous possédions dans la langue phénicienne, et outre qu'elles nous fournissent des détails inté-

Site de Sarepta.

ressants sur l'un des rois de Sidon, elles ont fait faire un grand pas à l'étude de la langue dans laquelle elles sont écrites. Depuis cette précieuse découverte, de nombreuses fouilles ont été entreprises, de 1855 à 1860, autour de la Merharet-Abloun, dans l'espérance d'exhumer quelque autre sarcophage royal analogue à celui d'Echmounasar, et muni également d'inscriptions phéniciennes; mais jusqu'à présent aucun autre de cette espèce n'a été découvert.

Arrivé en Phénicie en 1860, M. Renan conçut immédiatement le projet de poursuivre ces fouilles sur une plus grande échelle, et il en confia la direction à M. le docteur Gaillardot, secondé par M. Durighello. Ces excavations ont mis à jour une centaine de caveaux funéraires, plus ou moins considérables, mais qui presque tous avaient été violés, et cela peut-être depuis de nombreux siècles. Un plan de cette nécropole, exécuté avec beaucoup de soin, a été levé par M. Renan, intitulé *Mission de Phénicie*, ainsi que le journal détaillé des fouilles qui furent alors accomplies.

Résumons maintenant en peu de mots l'histoire de Saïda.

Saïda, en hébreu *Tsidon*, en grec Σιδών, en latin *Sidon*, est, après Tyr, la ville la plus célèbre de la Phénicie. Son nom signifie en hébreu *pêcherie*. Les poissons, en effet, abondent sur la côte où elle est située, et ses premiers habitants furent sans doute de simples pêcheurs.

SAÏDA (SIDON).

D'autres dérivent son nom et son origine de Sidon, le premier-né de Chanaan; et les musulmans et les Juifs vénèrent encore, au milieu de l'un des jardins de la ville, la mémoire de Neby Saïdoun dans un oualy qui a peut-être succédé à un ancien sanctuaire.

Si nous devons ajouter foi à Justin, cette ville serait antérieure en date à celle de Tyr, qui lui devait, dit-il, sa fondation.

A l'époque de l'arrivée des Hébreux dans la Terre promise, c'était une cité très-considérable, puisqu'elle est deux fois désignée dans le livre de Josué sous le nom de la grande Sidon. (JOSUÉ, ch. XI, ỳ 8, et ch. XIX, ỳ 28.) Cette épithète de grande est généralement prise au sens absolu; néanmoins, je dois faire observer que saint Jérôme, dans l'*Onomasticon*, au mot CANA, l'entend dans un sens relatif, en opposant Sidon la grande à une autre ville du même nom, de moindre importance.

Sidon fut assignée à la tribu d'Aser; mais celle-ci ne put en subjuguer les habitants.

Dans les poëmes d'Homère, les Sidoniens sont renommés, du temps de la guerre de Troie, pour leur habileté dans les arts.

Un passage de la lettre envoyée par Salomon à Hiram, roi de Tyr, prouve que les Sidoniens étaient alors sous la dépendance de ce monarque, et qu'ils excellaient à tailler et à façonner le bois. (*Rois*, liv. III, ch. v, ỳ 6.)

Un autre verset de la Bible nous apprend que Salomon, séduit par des femmes étrangères, s'abandonna, dans sa vieillesse, à l'idolâtrie, et adora Astarté, l'une des principales divinités des Sidoniens. (*Rois*, liv. III, ch. XI, ỳ 5.)

RADE DE SIDON, VUE DE SARFEND.

Lorsque Salmanasar envahit la Phénicie, l'an 720 avant Jésus-Christ, Sidon se soumit à ce conquérant, et, avec d'autres villes de la côte, sépara sa cause de celle de Tyr.

De la domination des Assyriens, elle passa ensuite sous celle des Persans.

Sous Artaxerxès Ochus, l'an 351 avant Jésus-Christ, elle secoua leur joug. Les Sidoniens avaient alors pour roi Tennès; ils se liguèrent avec Nectanébo, roi d'Égypte, lequel envoya à leur secours quatre mille mercenaires grecs, commandés par Mentor de Rhodes. Avec ses forces, réunies à celles des Sidoniens, ce général attaqua l'armée persane, la vainquit et la repoussa hors de la Phénicie. Ochus rassembla aussitôt une nouvelle armée de trois cent mille fantassins et trente mille cavaliers, et marcha contre la Phénicie. A la nouvelle de son approche, Mentor envoya secrètement un de ses officiers traiter avec Ochus de sa défection. Tennès conçut également le projet honteux de trahir ses propres sujets. Ceux-ci avaient mis le feu à leurs vaisseaux, pour s'enlever à eux-mêmes tout moyen de s'enfuir par mer et pour résister plus courageusement à l'ennemi. Pourvus de vivres et de munitions de guerre, protégés par de très-hautes murailles et par des fossés profonds, ils se croyaient invincibles. Mais leur roi Tennès, s'étant rendu auprès du monarque persan, qui commençait à attaquer la place, lui livra six cents des principaux Sidoniens, qui furent mis à mort, et bientôt après il lui ouvrit, de concert avec Mentor, les portes de la ville. Les habitants se voyant trahis par ceux-là mêmes qui étaient à leur tête, et comprenant que toute résistance était désormais impossible, se renfermèrent dans leurs maisons avec leurs femmes et leurs enfants, et y mirent le feu. Plus de quarante mille personnes périrent ainsi dans les flammes. Le roi Tennès ne fut point épargné par le vainqueur; il expia par la mort son infâme trahison.

D'après la conjecture de M. l'abbé Bargès, ce roi ne serait autre que le père d'Echmounasar, dont le tombeau a été retrouvé de nos jours, et qui avait pour père Tabnith ou Tebnith, nom phénicien que ce docte orientaliste prétend avoir été changé par les Grecs en celui de Tennès. Mais d'autres savants font remonter le règne et le tombeau d'Echmounasar à une époque plus reculée.

Quoi qu'il en soit, Sidon s'était relevée de ses ruines, lorsque Alexandre, en 342, vint attaquer Tyr; elle lui ouvrit ses portes et l'aida même dans le siége de cette ville. Quand Tyr eut succombé, elle se ressouvint de sa parenté avec cette malheureuse cité et sauva un grand nombre de ses habitants en les dérobant à la fureur du vainqueur.

Après la mort d'Alexandre, elle atteignit de nouveau un haut degré de force et d'importance, car Antiochus III, dans sa guerre contre Ptolémée Philopator, campa devant ses murs, sans oser l'attaquer, à cause du nombre de ses habitants, tant natifs qu'étrangers.

A l'époque romaine, les Sidoniens formaient une sorte de république composée d'archontes, d'un sénat et du peuple.

Auguste les priva ensuite de leur autonomie, après son arrivée en Orient.

Le Nouveau Testament nous apprend que Notre-Seigneur visita Tyr et Sidon.

Saint Paul, se rendant de Césarée à Rome, s'arrêta d'abord à Sidon, où le centurion Julius, chargé de sa garde, lui permit de visiter ses amis.

Il est probable que, dès les premiers temps de l'établissement du christianisme à Sidon, cette ville devint le siége d'un évêché. A l'époque des Croisades, la première armée des chrétiens passa devant les murs de Sidon, en se rendant le long de la côte à Jaffa. Le gouverneur qui y commandait voulut s'opposer à sa marche; mais ses troupes furent bientôt refoulées dans la place.

En 1107, les Sidoniens, se voyant menacés par les Latins, achetèrent la paix à prix d'argent.

L'année suivante, Baudoin Iᵉʳ mit le siége devant cette ville, mais il fut contraint de se retirer après de vains efforts.

En 1111, aidé par la flotte du prince norvégien Sigurd et par Bertrand, comte de Tripoli, le roi de Jérusalem vint de nouveau assiéger Sidon. Après six mois d'assauts répétés, la ville se rendit aux chrétiens et fut donnée en fief au chevalier Eustache Grenier.

En 1187, elle ouvrit ses portes à Saladin, qui en rasa les remparts.

En 1197, elle retomba entre les mains des Latins.

En 1249, démantelée de nouveau par les Sarrasins, elle fut ensuite reprise par les Francs. Saint Louis, en 1253, résolut d'en rétablir les fortifications. Il y envoya un grand nombre d'ouvriers; mais, au moment où les travaux commençaient à s'avancer, la garnison qui défendait la ville fut attaquée par les musulmans; elle se réfugia dans la citadelle, qui était située dans la mer. Quant aux habitants qui ne purent y trouver un asile, ils furent impitoyablement massacrés. En arrivant à Sidon, saint Louis vit le sol couvert de cadavres dépouillés et sanglants ; ils tombaient en putréfaction, et personne ne songeait à les ensevelir. Le roi, pour donner le premier l'exemple, descendit de cheval, et, prenant entre ses mains un cadavre d'où s'exhalait une odeur infecte : « Allons, mes amis, s'écriait-il, allons donner un peu de terre aux martyrs de Jésus-Christ. » Tous s'empressèrent alors d'imiter le roi, et bientôt les morts furent enterrés. Saint Louis demeura plusieurs mois à Sidon, occupé à fortifier la ville. C'est là qu'il reçut la triste nouvelle de la mort de sa mère.

En 1260, les Templiers achetèrent Sidon de Julien, son seigneur temporaire.

En 1291, après la ruine de Saint-Jean d'Acre par le sultan Khalil el-Achraf, les Templiers abandonnèrent Sidon et se retirèrent à Tortose, et ensuite dans l'île de Chypre. Sidon fut démantelée encore une fois.

En 1321, Aboulféda parle de Saïda comme d'une petite ville munie d'un château et dépendant de Damas.

Sous l'autorité du grand émir des Druses Fakhr-eddin (1595-1634), elle recouvra une nouvelle et véritable importance, et les Européens entretinrent avec elle des relations de commerce très-suivies. Fakhr-eddin se bâtit un palais à Sidon, et y construisit plusieurs khans. En 1634, il fut étranglé à Constantinople.

Après sa mort, Saïda continua à être en rapport commercial avec l'Europe, et principalement avec Marseille; mais en 1791, Djezzar-Pacha chassa tous les Francs de son pachalik, et en allant s'établir lui-même à Saint-Jean d'Acre, il hâta encore davantage la décadence de Saïda.

Beyrouth commença alors à devenir le principal port de Damas. En 1837, Sidon fut très-violemment ébranlée par le tremblement de terre qui se fit sentir dans une partie de la Palestine et de la Syrie. Soliman-Pacha releva la ville de ses ruines, et l'entoura d'un mur du côté du continent. En 1840, elle fut bombardée et prise par le commodore Napier et l'archiduc Frédéric d'Autriche. Les deux mille cinq cents Égyptiens qu'Ibrahim-Pacha y avait laissés se réfugièrent, après une assez faible résistance, dans les montagnes voisines.

En 1860, beaucoup de chrétiens furent massacrés dans les jardins, autour des murs de la ville, par les Druses et les Turcs réunis, et la ville elle-même aurait été livrée à feu et à sang, sans l'arrivée des Français. M. Durighello, vice-consul de France, contribua à sauver, dans cette occasion, un grand nombre de malheureux qui avaient cherché un asile dans le khan français.

DE SAÏDA A SOUR (TYR)

Après avoir traversé au sud de Saïda les beaux jardins qui précèdent la ville de ce côté, et passé successivement le Nahr el-Barrhout et le Nahr Sanik, qui ne roulent pendant l'été qu'un faible filet d'eau dans leurs lits, presque entièrement desséchés, nous laissons à notre droite les villages de

Pont sur le Nahr el-Kasmieh (le Léontès).

Derb es-Sin, de Mahrdouchah et de Rhazieh. Puis nous franchissons la petite vallée où serpente le Nahr Zaharany (le fleuve Fleuri), ainsi nommé à cause des belles touffes de lauriers-roses et d'agnus-castus qui bordent ses rives, et nous arrivons bientôt à Tell el-Bourak (la colline des Réservoirs). C'est un monticule rond près de la mer. Les flancs, actuellement cultivés, en sont parsemés de menus matériaux, restes de constructions renversées. Sur le sommet s'élevait une tour, aujourd'hui complétement détruite. Au bas et au nord de ce tell, on remarque les ruines de quatre réservoirs antiques, dont les parois sont formées avec des cailloux, des galets et des tessons de poterie, cimentés ensemble par un excellent mortier. L'eau de ces bassins, à moitié détruits maintenant, se répand dans des champs cultivés, où s'écoule en ruisseaux vers la mer. Jadis une partie en était apportée par un aqueduc à la ville de Sarepta.

Près de ces réservoirs, plusieurs maisons toutes modernes ont été construites avec des pierres de taille trouvées sur place. Les fellahs qui les habitent affirment que beaucoup de pierres semblables sont exhumées fréquemment par eux dans la plaine voisine, et que là s'élevait une petite ville, de nos jours entièrement rasée. Quelques critiques, et peut-être avec raison, placent en cet endroit Ornithopolis, que d'autres, au contraire, comme nous le verrons plus bas, identifient avec les ruines d'Adloun.

En continuant à côtoyer la mer vers le sud, nous rencontrons, trois kilomètres et demi plus loin, d'autres ruines à El-Kanthara. Il y a là un khan arabe et quelques vergers plantés de figuiers, de mûriers et de vignes, qu'environne une ceinture de tamaris. Une source qui dérive peut-être de Tell el-Bourak y est recueillie dans un réservoir construit avec de beaux blocs antiques.

Vis-à-vis de ces jardins s'arrondit une baie, que borne et domine au sud un petit promontoire, appelé Ras el-Kanthara. Il doit son nom aux arcades de l'aqueduc, actuellement détruit, qui lui amenait jadis, ainsi qu'à la ville de Sarepta, les eaux de Tell el-Bourak. La surface de ce promontoire est tout entière couverte de matériaux pêle-mêle entassés, et provenant d'anciennes constructions démolies. Un mur d'enceinte l'entourait.

VALLÉE DU LÉONTES, PRÈS DE LA CÔTE.

Au sud du Ras el-Kanthara, le rivage décrit une nouvelle baie, et les ruines se montrent très-nombreuses, mais indistinctes. Des excavations ont été pratiquées de toutes parts, pour arracher les pierres mêmes des fondations. Plus au sud encore, et à un kilomètre de la baie précédente, on en observe une troisième, autour de laquelle des débris d'anciennes bâtisses sont visibles. Un peu au delà de cette dernière est un oualy dédié à El-Khadher, nom par lequel les musulmans désignent Élie, et qui a remplacé, très-probablement, un sanctuaire chrétien érigé en l'honneur de ce prophète.

La ville antique qui s'élevait le long de cette plage et de ces trois petites baies pouvait avoir dix-huit cents mètres de développement du nord au sud, mais elle était fort peu large. Ses ruines sont connues aujourd'hui sous le nom de Kharbet-Sarfend. On les identifie d'une manière incontestable avec celles de la ville de Sarepta, en hébreu Tsarphah et Tsarephath, en grec Σάρεπτα et Σάραπτα, en latin Sarepta, Sarephta et Sarephtha. Cette ville est surtout célèbre par le séjour qu'y fit le prophète Élie, dans la maison d'une pauvre veuve, dont il multiplia miraculeusement la farine et l'huile, et dont il ressuscita ensuite l'enfant, en reconnaissance de l'hospitalité qu'elle lui avait donnée. (*Rois*, liv. III, ch. xvii.)

A l'époque des Croisades, Sarepta devint un évêché dépendant de l'archevêché de Sidon. Une petite chapelle y avait été bâtie à l'endroit même où Élie avait habité et ressuscité le fils de la veuve.

Le moine Phocas, vers 1185, parle d'une forteresse qui avait été construite à Sarepta, sur le bord de la mer; elle devait occuper le monticule qui forme le Ras el-Kanthara.

Burchard, un siècle plus tard, nous apprend que Sarepta comptait à peine, de son temps, huit habitations; mais ses ruines attestaient son ancienne splendeur.

A sept kilomètres au sud de l'emplacement de Sarepta, après avoir traversé, au delà de l'Oued Khaizaran, les débris confus d'une bourgade, connue sous le même nom que ce petit cours d'eau, on parvient aux ruines d'Adloun. La petite ville dont elles sont les restes formait, près du rivage, une longue rue, dont les habitations et les édifices sont presque anéantis. Il n'en subsiste plus que des tas informes de menus matériaux, la plupart des pierres tant soit peu considérables ayant été transportées ailleurs. Des citernes pratiquées dans le roc, et une source recueillie dans un puits peu profond, fournissaient de l'eau à ses habitants. Deux petites criques lui servaient de port. Quant à la nécropole d'Adloun, elle se compose de très-nombreuses grottes sépulcrales, creusées à différentes hauteurs, sur les flancs d'une chaîne de collines rocheuses, qui s'élèvent et s'allongent à neuf cents mètres à l'est du rivage, et qui ont été primitivement exploitées comme carrières. Presque toutes précédées d'un petit vestibule, dont l'entrée est soit rectangulaire, soit cintrée, ces grottes ne contiennent d'ordinaire qu'une seule chambre, renfermant trois auges funéraires évidées dans l'épaisseur du roc, et surmontées chacune d'un arcosolium. Pour quelques-uns, le vestibule, au lieu de se trouver sur un même plan horizontal, domine verticalement la chambre proprement dite, dans laquelle on descend par ce passage, et qui elle-même ensuite s'enfonce horizontalement dans le rocher. Au-dessus de la porte de plusieurs d'entre elles, des croix carrées ont été gravées à l'époque chrétienne, et l'on distingue encore des fragments d'inscriptions grecques.

M. de Bertou a signalé au milieu de cette nécropole une stèle égyptienne qui représente, dit-il, un conquérant faisant au dieu Phtha une offrande de prisonniers. Mais ces personnages sont tellement effacés, qu'il faut, à ce qu'il paraît, des conditions toutes particulières de lumière pour en apercevoir quelques linéaments. Pour moi, je l'avoue, je n'ai rien pu distinguer sur cette stèle.

Beaucoup de critiques, et à leur tête M. de Saulcy, identifient Adloun avec la *Mutatio ad nonum* de l'Itinéraire de Bordeaux. Mais une difficulté très-sérieuse se présente ici. Entre Saïda et Adloun, il y a non pas neuf milles romains d'intervalle, mais bien quatorze milles au moins. La *Mutatio ad nonum* ne peut donc pas s'identifier avec Adloun, si l'on admet que les mots *ad nonum* signifient au *neuvième milliaire* de Saïda. Cette distance de neuf milles à partir de Saïda pour la *Mutatio ad nonum* nous mène plutôt aux ruines de Sarfend. D'un autre côté, si l'on place la *Mutatio ad nonum* aux ruines de Sarfend, la distance de douze milles entre ce relais et Tyr est trop faible de cinq milles environ. Pour résoudre cette difficulté, je restitue de la manière suivante le texte de l'Itinéraire :

Sarepta.	X
Mutatio ad nonum.	IIII
Civitas Tyro.	XII

Mais, me dira-t-on, si vous laissez la *Mutatio ad nonum* à Adloun, comment interprétez-vous cette dénomination?

Voici ma réponse : On s'accorde généralement, je l'avoue, à regarder le mot arabe Adloun comme une altération du mot latin *ad nonum*; mais ne pourrait-on pas, au contraire, penser que la dénomination latine était elle-même une corruption d'une ancienne dénomination phénicienne, et que le mot arabe Adloun, au lieu de dériver des mots latins *ad nonum*, dériverait plutôt de cette appellation phénicienne, qu'il reproduirait plus ou moins fidèlement? La chose me paraît très-probable, par suite de la tendance des Arabes, une fois devenus maîtres de la Palestine et de la Syrie, à faire revivre les noms primitifs des localités qu'ils avaient soumises, à la place des noms grecs ou latins que la conquête leur avait imposés sous la domination des Séleucides et des Romains. Quoi qu'il en soit, il est question d'Adloun dans la Géographie d'Edrisi, qui nous apprend que de son temps, c'est-à-dire vers le milieu du douzième siècle, il y avait en ce lieu un fort construit auprès de la mer.

A l'époque des Croisades, c'était la seigneurie d'Adelon. Ces deux noms prouvent que le mot Adloun était déjà usité alors.

Il est question dans Scylax, dans Strabon et dans Pline, d'une ville d'Ornithonpolis, située entre Sidon et Tyr. On hésite sur l'emplacement que l'on doit assigner à cette ville. Les uns la reconnaissent, comme nous l'avons dit plus haut, dans Tell el-Bourak, en se fondant sur le texte de Pline, qui la signale entre Sidon et Sarepta; d'autres inclinent à l'identifier avec Adloun, par suite surtout de la découverte faite en cet endroit, par M. Rey, d'un petit monument, transporté par lui à Saïda, et ensuite rapporté à Paris par M. Renan. Ce monument, qui est au Louvre, représente un oiseau en cage. Une pareille image ayant été trouvée au milieu des ruines d'Adloun, près de l'emplacement d'une des portes de la ville, semble renfermer une allusion au nom que donnaient à cette localité les Grecs et les Romains.

A huit kilomètres au sud d'Adloun, après avoir traversé les ruines dites Kharbet-Abou el-Asouad, puis celles de Khan el-Yehoudieh, on franchit sur un pont moderne de deux arches le Nahr el-Kasmieh. Ce fleuve a, en cet endroit, une largeur d'au moins quarante mètres. Il est bordé de lauriers-roses, d'agnus-castus, et d'autres arbustes. C'est l'un des plus considérables de la Palestine, après le Jourdain. Appelé par les Arabes Nahr el-Kasmieh (fleuve de la Séparation), du moins dans la partie qui avoisine la mer, il devait jadis séparer le territoire de Tyr de celui de Sidon, et peut-être est-ce pour cela qu'il porte encore aujourd'hui une semblable dénomination. Dans la partie supérieure de son cours, il est désigné sous celle de Nahr el-Lithany. Aboulfeda l'appelle Litheh, et Edrisi, Lantheh.

Le docte Reland a, le premier, supposé que cette appellation arabe était une corruption pour Léontès, et la conjecture de ce célèbre géographe de la Terre sainte a été depuis adoptée par la plupart des critiques. Toutefois, M. Poulain de Bossay a essayé de la renverser, en s'appuyant sur le témoignage de Ptolémée, qui signale effectivement l'embouchure du fleuve du Lion entre Berytus et Sidon, et par conséquent autorise à identifier ce fleuve avec le Nahr ed-Damour. D'un autre côté, ne retrouve-t-on pas dans le nom de Lantheh, donné par Edrisi, au douzième siècle, au Nahr el-Lithany de nos jours, une trace très-reconnaissable du nom grec Λέων, au génitif Λέοντος, par lequel Ptolémée désigne l'un des fleuves de la côte phénicienne, nom qui n'est peut-être lui-même qu'une reproduction altérée ou qu'une traduction d'une dénomination plus ancienne? En outre, Ptolémée n'a-t-il pas pu commettre une méprise relativement à la position qu'il attribue à ce fleuve? Enfin, ne s'est-il pas glissé ici une simple faute de copiste, et, au lieu de lire dans son texte : Βήρυτος, Λέοντος (εἰσβολαί),

PORTE DE TYR.

Σιδών, Τύρος, n'est-il pas permis de lire, en transposant un seul mot : Βήρυτος, Σιδών, Λέοντος (εἰσβολαί), Τύρος? De cette façon, le plus important des fleuves de la côte phénicienne ne reste pas sans nom dans les auteurs anciens, et ce nom est, en grec, celui de Λέων, au génitif Λέοντος.

Au sud du fleuve, et non loin de son embouchure, les ruines dites Kharbet-Aïn ez-Zerka, celles du Khan el-Kasmieh, celles aussi du Bordj el-Haoua, semblent occuper le site d'une seule et même ville antique, dont ces dernières, situées sur une hauteur, seraient l'acropole, et qui s'appelait peut-être Léontopolis. En effet, comme on admet généralement que le Nahr el-Kasmieh représente le Léontès de l'antiquité, ou plutôt le fleuve du Lion, mentionné par Ptolémée, on est induit naturellement à supposer que les ruines qui avoisinent ce fleuve près de son embouchure sont celles de la ville que je viens de nommer; de même que plus bas, et un peu au nord de Césarée, la ville de Crocodilopolis était située à l'embouchure du fleuve des Crocodiles. Cette conjecture, néanmoins, non-seulement n'est appuyée sur aucun texte, mais encore est contredite par les témoignages de Pline et de Strabon.

Pline, par exemple, cite la ville du Lion au nord de Berytus, entre cette dernière et le fleuve Lycus, par conséquent bien loin du Nahr el-Kasmieh (liv. V, ch. XVII) :

Berytus colonia, quæ Felix Julia appellatur. Leontos oppidum : flumen Lycos : Palæbyblos.

Selon Strabon, la ville des Lions était située entre Berytus et Sidon. (Liv. XVI, p. 756.)

Ruines de la cathédrale de Tyr.

Mais, comme j'ai essayé de le montrer ailleurs, dans mon ouvrage sur la Galilée (t. II, p. 463), un passage de Scylax, légèrement modifié, justifie suffisamment la supposition de ceux qui placent près de l'embouchure du Nahr el-Kasmieh la ville des Lions ou du Lion, que Pline recule jusqu'au nord de Berytus, et que Strabon mentionne, au sud de cette ville, entre elle et Sidon.

A sept kilomètres plus au sud, après avoir traversé les misérables restes de deux autres établissements maritimes entièrement détruits, et appelés, l'un, Kharbet-Seddin, et l'autre, Tell-Abrian, nous entrons enfin dans Sour, reine autrefois de la Méditerranée, maintenant triste bourgade, mais dont le nom plus connu de Tyr est à jamais immortel.

SOUR (TYR)

L'enceinte actuelle de la moderne Tyr, qui n'occupe plus qu'une faible partie de la presqu'île qu'elle remplissait autrefois, date seulement de l'année 1766 ; mais elle est elle-même en partie renversée, et de nombreuses brèches permettent de pénétrer dans la petite ville qu'elle entoure, autrement que par l'unique porte encore debout qui y donne accès vers l'est. Sa population ne dépasse pas quatre mille cent quatre-vingt-cinq habitants, qui se décomposent ainsi : soixante-dix Latins, deux cents Maronites, douze cents Grecs-unis, deux cents Grecs schismatiques, deux mille cinq cents Métoualis, et quinze musulmans.

Les Pères de Terre-Sainte y ont un couvent, fondé depuis peu d'années, avec une école pour les garçons, et une chapelle que fréquentent les Latins.

Les Maronites y possèdent une église. Il en est de même des Grecs-unis, qui sont sous la juridiction d'un évêque résidant parmi eux. Une autre église appartient aux Grecs schismatiques. Les Métoualis ont une mosquée.

Une école de petites filles, dirigée par des Sœurs du Sacré-Cœur indigènes, y réunit deux cent cinquante enfants, catholiques, schismatiques et même musulmanes ou de la secte des Métoualis.

Le commerce de cette ville, jadis si étendu et si florissant, est depuis longtemps presque nul ; il se réduit à un peu de coton, de tabac et d'éponges, et à quelques meules. Ses matelots, qui sillonnaient toutes les mers, ne connaissent plus guère que des parages peu distants, et les nombreux navires dans lesquels elle mettait toute sa gloire et qui portaient fièrement son pavillon jusqu'aux confins du monde alors connu, se bornent aujourd'hui à quelques barques de pêcheurs et de petits caboteurs. La prédiction des prophètes est donc accomplie sur Tyr, et cette opulente cité n'est plus que l'ombre d'elle-même : ses deux ports sont en partie comblés ; ses vastes rades, surtout celle du sud, ne sont plus protégées, comme elles l'étaient, par de puissantes digues, actuellement submergées. Les deux tiers au moins de l'emplacement qu'elle couvrait sont maintenant envahis par la solitude, par des cimetières, par des jardins et par des décombres informes, au milieu desquels les archéologues ou les chercheurs de trésors, de colonnes ou de simples pierres ont pratiqué et pratiquent encore de continuelles excavations, les uns pour y scruter le secret du passé, les autres dans un but lucratif, pour en extraire de petits objets de curiosité ou des matériaux à vendre. Ses deux colonies les plus célèbres, Utique et Carthage, l'antique rivale de Rome, ont également disparu de la scène et ne sont plus que des souvenirs.

Entrons maintenant dans quelques détails plus précis.

La digue qui, vers le nord et vers l'est, délimite, quoique aux trois quarts renversée, le port septentrional de la ville, était jadis précédée d'une autre digue actuellement sous-marine, et qui donnait ainsi à ce port une plus grande étendue qu'il ne l'a eue depuis, quand il a été resserré dans l'enceinte actuelle. Beaucoup de colonnes gisent couchées dans les flots entre ces deux digues. Ce port, appelé autrefois port sidonien, parce qu'il regardait Sidon, et que l'on fermait au moyen d'une

VUE GÉNÉRALE DE SIDON DU CÔTÉ DE LA MER.

chaîne tendue entre deux tours dont les soubassements sont encore visibles, est aujourd'hui en grande partie ensablé, et un certain nombre de maisons et de magasins occupaient en outre, du côté de la terre ferme, une portion assez notable du bassin antique comblé en cet endroit.

Les petits îlots situés au nord de ce port abritent un peu la vaste rade qui le précède contre les vents d'ouest. Le plus considérable de ces îlots portait jadis le nom de *Tombeau de Rhodope*. Il est en partie plat; sa surface, tailladée et rugueuse, ne m'a offert les traces d'aucune construction, mais on voit que sur certains points elle a été exploitée comme carrière, et les gros blocs que l'on a extraits ont dû être projetés dans les flots vers l'ouest, car de ce côté on distingue sous l'eau les vestiges d'une digue submergée qui reliait sans doute cet îlot à celui qui l'avoisine vers le sud. Quand cette digue était debout, elle protégeait davantage la rade contre les vents d'ouest.

Le long des rochers plats qui bordent les contours occidentaux de la presqu'île tyrienne, rochers qui sont battus et recouverts par les vagues lorsque la mer est tant soit peu houleuse, et qui ne sont à sec que lorsqu'elle est tout à fait calme, on aperçoit sous l'eau, en différents endroits, les restes d'un mur épais, que l'on pourrait confondre avec une ligne de récifs sous-marins, mais qui est bien réellement dû au travail de l'homme. Ce mur avait eu pour but de conquérir sur la mer tout l'espace occupé par ces rochers, en les rendant insubmersibles, et d'agrandir d'autant le périmètre de la ville de ce côté.

Guillaume de Tyr, en nous racontant le siége et la prise de cette ville par les Croisés en 1124, nous apprend qu'elle était défendue, du côté de la mer, par un double mur flanqué de tours, et, du côté de la terre, c'est-à-dire vers l'est, par une triple enceinte que protégeaient des tours à la fois très-élevées et très-rapprochées les unes des autres.

Pour ne parler en ce moment que de l'enceinte qui, du côté de la mer, c'est-à-dire vers l'ouest, entourait la ville à l'époque du siége qu'en faisaient alors les Croisés, comme elle était double, je retrouve ces deux remparts, l'un dans les restes du mur actuellement submergé que je viens de signaler, l'autre dans celui dont tous les voyageurs ont depuis longtemps mentionné les ruines, et que l'on démolit progressivement d'année en année.

Quant au bassin qui, au sud de la presqu'île, est indiqué par M. de Bertou comme une sorte de Cothon analogue à celui de Carthage, que M. Poulain de Bossay identifie avec le port égyptien, et que M. Renan considère comme une reprise de la mer sur des terrains bas, jadis remblayés et ensuite reconquis par elle, depuis que la digue qui le mettait à l'abri des flots a été en partie détruite, il me paraît être un véritable port et est appelé ainsi par les différents pêcheurs de Tyr que j'ai consultés. De nombreuses brèches pratiquées dans le môle qui le délimitait, et qui avait environ cinq cents mètres de développement, livrent maintenant ce bassin à la violence des vents du sud; il est d'ailleurs, comme le port sidonien, à moitié ensablé. Il communiquait jadis par une ouverture, appelée encore aujourd'hui *Bab el-Mina* (porte du Port), avec une magnifique rade que protégeait une autre digue gigantesque, signalée déjà par M. de Bertou dès 1838. Cette digue, partant de l'un des petits îlots qui avoisinent la pointe sud-ouest de la péninsule, se prolonge vers le sud-est l'espace de huit cents mètres environ, puis elle se dirige vers l'est. Aujourd'hui, presque tout entière sous-marine, elle est ensevelie sous plusieurs mètres d'eau et ne défend plus, par conséquent, contre les vents de l'ouest et du sud, le vaste avant-port qu'elle abritait autrefois; je l'ai suivie avec une barque dans la plus grande partie de son étendue. Comme j'en étais séparé par une couche d'eau de trois à quatre mètres de profondeur, je n'ai pu l'étudier de près, mais la mer étant très-calme et transparente, j'ai pu néanmoins l'apercevoir suffisamment pour m'assurer que j'avais là sous les yeux une sorte de long et large mur, soit affaissé sous les vagues, soit découronné de toute sa partie supérieure.

Indépendamment des deux portes dont j'ai parlé au nord et au sud, et des deux grandes rades qui les précèdent, Tyr possède vers l'ouest plusieurs petites criques, mais elles sont bordées de récifs et très-peu sûres, quand la mer est tant soit peu agitée.

Protégée de ce côté par une double enceinte, à l'époque des Croisades, comme je l'ai dit plus haut, la ville était alors, du côté de la terre, défendue par trois murs flanqués de tours très-élevées et très-rapprochées les unes des autres. Au delà de cette triple enceinte régnait une palissade munie d'un large fossé, dans lequel on pouvait, en cas de besoin, introduire l'eau de la mer par les deux bouts. (GUILLAUME DE TYR, liv. XIII, ch. v.) Ces trois murs parallèles sont depuis longtemps détruits en grande partie ; mais il en subsiste encore des débris plus ou moins considérables, les uns apparents, les autres ensevelis sous des monti-

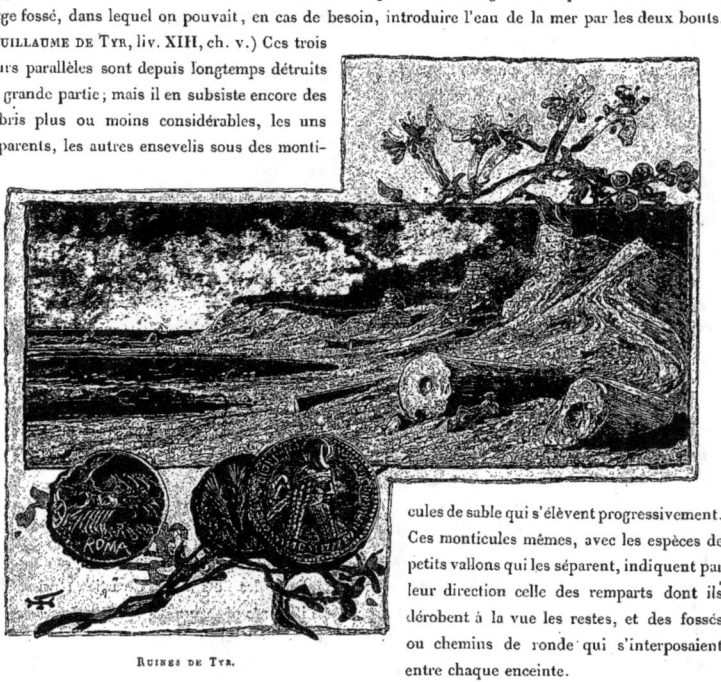

RUINES DE TYR.

cules de sable qui s'élèvent progressivement. Ces monticules mêmes, avec les espèces de petits vallons qui les séparent, indiquent par leur direction celle des remparts dont ils dérobent à la vue les restes, et des fossés ou chemins de ronde qui s'interposaient entre chaque enceinte.

C'est près de l'angle sud-est de l'enceinte actuelle, laquelle commence, à son tour, à tomber de toutes parts en ruine, bien qu'elle compte à peine cent dix-sept ans d'existence, que l'on admire les débris de l'ancienne cathédrale de Tyr. Cet édifice avait été construit par l'évêque Paulin, sur les débris d'une autre basilique démolie en 303 en vertu des ordres de Dioclétien. Aussitôt que Constantin eut rendu la paix à l'Église, Paulin se hâta de relever cette basilique, sur laquelle Eusèbe de Césarée, qui la consacra, nous a laissé de précieux détails. (*Histoire ecclésiastique*, liv. X, ch. IV.) Elle passait pour la plus remarquable de la Phénicie. Au onzième siècle, on y montrait encore le tombeau d'Origène. En 1190, l'empereur Frédéric Barberousse y fut, dit-on, enterré, après s'être noyé dans le Selef, en Cilicie. C'est pour retrouver, s'il était possible, les restes de ce prince, que le docteur Sepp entreprit, en 1874, au nom du gouvernement prussien, des fouilles dans cette église. Comme une partie de l'emplacement qu'elle occupait avait été envahie par un certain nombre de masures qu'habitaient autant de familles de

Métoualis, il commença par acheter et raser ces maisons, puis il fit ouvrir différentes tranchées à travers les nefs, les absides et le transept. Ces tranchées mirent, il est vrai, à nu plusieurs tombeaux, mais ces tombeaux étaient tous brisés et avaient été, selon toute apparence, violés depuis longtemps. Aucun d'entre eux, que je sache, n'offrait ni signes ni fragments d'inscriptions propres à faire reconnaître celui de l'empereur Frédéric et celui d'Origène. En poussant les excavations, sur certains points, à plusieurs

Réservoirs de Ras el-Aïn, près de Tyr.

mètres de profondeur, on découvrit les assises inférieures d'une partie de la basilique, assises consistant en pierres de taille très-régulières et remontant peut-être à la fondation même de l'édifice; les assises supérieures, au contraire, d'un appareil moindre, attestent une restauration de l'époque des Croisades. De tous côtés gisaient, sous un énorme amas de décombres, de superbes fûts de colonnes monolithes de granit rose et d'autres de granit gris, ceux-ci d'un diamètre moins considérable.

Ces colonnes, provenant probablement des anciens temples ou portiques de Tyr, avaient été, à l'époque byzantine, couronnées de chapiteaux corinthiens en marbre blanc, d'un travail très-soigné. Au milieu de ces fûts encore couchés à terre, on distingue surtout deux énormes pilastres qui sont incomparables de grandeur et de perfection. Ce sont des piliers gigantesques, auxquels sont adossées deux demi-colonnes, le tout monolithe, de granit rose et merveilleusement taillé et poli. Ces deux piliers qui devaient se faire vis-à-vis, et dont l'un, malheureusement, est déjà à moitié brisé, ornaient peut-être jadis, soit le fameux temple de Melkarth, la divinité en quelque sorte nationale de Tyr, soit celui de Jupiter Olympien, qui nous est signalé également par les anciens. Dans tous les cas, ils ont dû être taillés l'un et l'autre dans la haute Égypte, et rien que le transport de masses pareilles, par les dépenses et les efforts qu'il a dû coûter, indique l'importance de la ville à laquelle elles étaient destinées, et la splendeur du monument qu'elles devaient décorer. La basilique avait trois nefs et trois absides contiguës que flanquaient des tours, dans lesquelles on montait au moyen d'escaliers en spirale. Les transepts faisaient saillie d'au moins cinq mètres sur les bas côtés, et formaient ainsi la croix. La longueur totale du monument peut être estimée à soixante-quinze mètres, et sa plus grande largeur à trente-cinq, aux bras de la croix.

En dehors de la basilique on a trouvé encore, en fouillant le sol, d'autres fûts de colonnes monolithes, qui devaient appartenir à l'atrium dont elle était précédée à l'époque byzantine. Ces colonnes provenaient pareillement, sans aucun doute, d'édifices plus anciens. De ces monuments, temples, palais, portiques, il ne subsiste plus que des lambeaux dispersés de tous côtés ou encore enfouis, mais que l'on exhume sans cesse pour les transporter ailleurs, ou s'en servir à Tyr même comme de simples matériaux de construction. Aussi il est presque impossible maintenant, après toutes les révolutions et tous les bouleversements que la ville a subis depuis tant de siècles, d'indiquer avec quelque précision le site même des plus importants de ces édifices.

La Tyr phénicienne ou même gréco-romaine n'a donc laissé d'autres traces apparentes que les digues de ses ports, en partie submergées, les assises inférieures de quelques tronçons, engloutis également, de son premier mur d'enceinte occidental, d'innombrables colonnes de granit, de marbre et de porphyre, disséminées de toutes parts, des citernes creusées dans le roc ou maçonnées avec un fond de mosaïque, des sarcophages mutilés et des débris de toute nature épars çà et là.

De la Tyr byzantine, il subsiste les assises inférieures de quelques portions de sa cathédrale, et de beaux chapiteaux de marbre corinthiens.

A la Tyr musulmane, avant l'arrivée des Croisés, ou à la Tyr chrétienne à l'époque des Croisades, il faut attribuer les restes de la digue restreinte du port septentrional, ceux du second mur occidental, aujourd'hui aux trois quarts démoli avec ses tours; ceux aussi du mur méridional qui bordait le quai du port du sud, et dont on achève actuellement la destruction; ceux enfin de la triple enceinte orientale, dont on retrouverait sans doute de nombreux débris, si l'on enlevait l'épaisse couche de sable sous laquelle elle s'ensevelit de plus en plus. Au-dessus de ces dunes envahissantes émergent encore maintenant les ruines de trois tours, dont la plus considérable, appelée *Bordj el-Merharbeh* (tour des Occidentaux), était aux trois quarts debout, lorsque je la vis pour la première fois, en 1852. Aujourd'hui, on en arrache le revêtement pour en vendre les pierres. A l'époque des Croisades également nous devons rapporter tout ce qui reste des assises supérieures de la cathédrale.

En sortant de Tyr vers l'est, on franchit l'isthme artificiel qui relie au continent la presqu'île où elle est renfermée. Cet isthme n'est autre chose que l'ancienne digue jetée par Alexandre, pour combler le détroit qui le séparait de la place qu'il assiégeait. La longueur de cette digue est d'environ six cent cinquante mètres. Quant à sa largeur, elle s'est considérablement accrue par l'accumulation progressive des sables apportés et amoncelés par le vent.

Cette digue est traversée par les restes d'un vieil aqueduc, dont la prise d'eau est à l'un des réservoirs de Ras el-Aïn, et qui, après s'être dirigé vers Tell el-Machouk, au nord-nord-est, l'espace de quatre mille cinq cents mètres, tourne ensuite brusquement à l'ouest et aboutit, après un nouveau parcours de deux mille huit cents mètres, à l'extrémité occidentale de la chaussée d'Alexandre. Cette dernière partie de l'aqueduc offrait un aspect monumental, car le canal qui amenait l'eau à la ville était porté sur de magnifiques arcades cintrées, dont plusieurs étaient encore debout en 1870. D'énormes stalactites, pendant du haut des voûtes, attestaient à la fois, et l'antiquité de l'aqueduc et la nature calcaire des dépôts tenus en dissolution dans l'eau qui coulait au-dessus, et dont les infiltrations avaient formé, à la longue, ces concrétions pierreuses. Aujourd'hui, ces élégantes arcades sont presque entièrement détruites.

La colline rocheuse, dite Tell el-Machouk, située à trente minutes à l'est de la ville, est couronnée par deux oualys, dont l'un est consacré à Sidi Abou el-Abbas, et l'autre à Neby Machouk. Ce nom de Machouk (le Bien-aimé) a fait supposer, avec raison, à plusieurs critiques, que ce sanctuaire musulman a succédé à un temple antique, peut-être à celui d'Hercule Astrochiton, mentionné par le poëte Nonnus (*Dionysiaques,* liv. XL, p. 496). C'est là probablement qu'était le temple continental de Melkarth, l'amant d'Astarté, temple que les députés de Tyr, pour détourner Alexandre de vouloir pénétrer dans leur île, prétendaient être plus ancien que le temple insulaire.

Plusieurs colonnes et d'autres fragments antiques que l'on remarque en cet endroit, et qui ont été encastrés dans des constructions modernes, prouvent que jadis cette colline, qui domine au loin la plaine, devait être une sorte de petite acropole religieuse appartenant à la Tyr continentale ou, en d'autres termes, à Palætyr.

Tell el-Machouk est, en outre, le point où les eaux de l'aqueduc de Ras el-Aïn avaient leur rendez-vous, pour se diriger de là vers le nord, par un canal dont il existe encore des débris, et à l'ouest, vers la ville péninsulaire, au moyen de l'aqueduc à arcades dont j'ai parlé. Vers le bas de la colline, le canal s'engage sur les dernières pentes méridionales du Tell, où il forme un souterrain creusé dans le roc. Plus loin, vers l'est, quand le sol s'abaisse, le canal reparaît; puis, à deux cents pas environ à l'est de Tell el-Machouk, il se dirige vers le sud ou le sud-sud-ouest, jusqu'à ce qu'il atteigne les réservoirs de Ras el-Aïn. Il est question de cet aqueduc dès l'époque du siége de Tyr par Salmanasar, mais il a dû être plusieurs fois coupé, et ensuite réparé, et si dans certaines parties où il est creusé dans le roc, il semble phénicien, dans d'autres, il accuse une époque moins ancienne, et des restaurations romaines.

Un peu avant d'atteindre les réservoirs de Ras el-Aïn, on rencontre une colline longue de quatre cents mètres sur deux cents de large; son élévation au-dessus de la mer ne dépasse pas vingt mètres. On l'appelait, il y a une trentaine d'années, Tell-Habieh; mais depuis lors, elle a pris le nom de Tell-Rechidieh, ayant été acquise, à cette époque, par Rechid-Pacha, qui y a fait construire une ferme assez vaste. Pour la bâtir, il s'est servi des matériaux qui jonchaient le sol et qui couvrent encore maintenant une grande partie de la colline. Celle-ci, en effet, était jadis l'acropole de Palætyr, que Strabon place à trente stades au sud de Tyr, distance et position qui répondent à celles du Tell en question, par rapport à Sour.

A huit cents mètres au sud de cette colline se trouve un petit village, appelé Ras el-Aïn, habité par quelques familles de meuniers et de cultivateurs; il est entouré de fertiles jardins. On y remarque quatre magnifiques réservoirs, mentionnés par tous les voyageurs, et qui affectent la forme, soit de tours carrées, soit d'octogones. Le plus important, qui renferme la source principale, d'où son nom de Birket Ras el-Aïn (bassin de la Tête de la source), est octogone. Chaque côté mesure huit mètres cinquante centimètres. Les parois, dont l'épaisseur dépasse trois mètres, sont formées de galets de mer liés par un ciment extrêmement dur. Concaves à l'intérieur, elles offrent, à leur partie supérieure, une sorte de promenoir circulaire, large de plusieurs mètres, et qui avance au-dessus de l'eau. L'aqueduc de Tyr avait jadis son point de départ à ce bassin, au sommet duquel mène un escalier en pente douce, et l'on voit encore, à quelques pas vers l'est, les débris de plusieurs arcades, actuellement détruites aux trois quarts, mais dont il subsiste d'énormes masses de stalactites ayant l'apparence du roc le plus compacte. L'eau se précipite maintenant avec impétuosité par trois ouvertures pratiquées à trois angles vers l'ouest. L'une de ces chutes met en mouvement un moulin; les autres forment un ruisseau abondant qui longe, vers le sud, la plage l'espace de sept cents mètres, et aboutit ensuite à la mer, après avoir réussi à percer les couches épaisses de sable qui lui barraient le passage.

AQUEDUC DE RAS EL-AÏN.

A une centaine de mètres à l'est-sud-est de ce premier bassin, on en observe deux autres qui communiquent ensemble et qui sont également très-remarquables. De l'un part l'aqueduc ancien qui se dirige au nord vers El-Machouk ; l'autre alimente un aqueduc plus moderne, supporté sur des arcades ogivales, qui chemine vers le sud, où il arrose des plantations de mûriers. Un quatrième bassin, enfin, est situé plus au nord.

Ces réservoirs ont pu recevoir à différentes époques des réparations successives ; mais ils doi-

TOMBEAU DE HIRAM, PRÈS DE TYR.

vent être fort anciens. Une tradition les attribue à Salomon, qui les aurait fait creuser et construire par reconnaissance pour les services que Hiram, roi de Tyr, lui avait rendus, en lui fournissant des ouvriers et des bois de cèdre pour le temple de Jérusalem. Mais il est plus naturel de penser qu'ils sont l'ouvrage des premiers habitants de Palætyr, qui ont dû utiliser de bonne heure des sources aussi précieuses, en les emmagasinant dans de puissants bassins, et en élevant ainsi le produit de leurs eaux à un niveau bien supérieur à celui d'où elles jaillissent, ce qui a permis de les conduire de divers côtés à travers la plaine contre la pente naturelle du terrain, et de les amener jusqu'à Tyr.

Tyr et Palætyr, en d'autres termes, la Tyr insulaire et la Tyr continentale, avaient plusieurs nécropoles. L'une des plus considérables était située à dix minutes à l'est de Tell el-Machouk, dans un endroit appelé aujourd'hui El-Aouatin. Là, plusieurs vallons successifs, plantés de figuiers ou hérissés de broussailles, sont perforés en tous sens d'innombrables grottes sépulcrales creusées dans un calcaire crayeux très-tendre. Malheureusement, toutes ont été violées. Quelques-unes sont très-vastes et renferment plusieurs étages de *loculi*, soit rectangulaires, soit à voûte cintrée, destinés autrefois à contenir des sarcophages ou de simples cadavres. Beaucoup sont non-seulement très-dégradées, mais encore à moitié détruites ; d'autres ont été transformées en étables, et les cendres des plus riches et des plus importants personnages peut-être de l'ancienne Tyr sont maintenant foulées aux pieds des pâtres et des chèvres. Indépendamment de cet immense cimetière et de la grande avenue de sarcophages qui bordaient la voie conduisant à El-Machouk, les Tyriens avaient d'autres nécropoles, car partout les tombeaux abondent soit dans la plaine, soit sur les pentes des collines voisines. Mais aucun des hypogées que l'on a découverts et fouillés jusqu'à présent n'a permis de reconnaître avec quelque certitude la catacombe royale des anciens souverains qui ont jadis régné à Tyr.

L'histoire d'une pareille cité demanderait à elle seule un ouvrage spécial; je vais me borner ici à en présenter un résumé très-succinct.

La ville de Tyr, en grec Τύρος, en latin *Tyrus*, reproduit assez fidèlement dans son nom actuel, Sour, celui de Tsor, qu'elle portait autrefois en hébreu. Ce nom signifie *rocher*, d'où il semble résulter que la cité primitive avait été bâtie dans l'île rocheuse réunie plus tard au continent par Alexandre. Néanmoins, la désignation de Palætyr est restée attachée à la ville continentale, située à trente stades au sud de la Tyr insulaire. Sur le continent aussi la colline rocheuse dite Tell el-Machouk, et celle de Rechidieh, qui l'est également en partie, peuvent justifier et expliquer ce nom de Tsor, d'origine phénicienne très-probablement; la forme aramaïque de ce nom était Tura, d'où les Grecs ont fait Τύρος et les Latins Tyrus.

La fondation de Palætyr ou de la Tyr continentale se perd dans la nuit des temps historiques; celle de la Tyr insulaire, par une colonie venue d'Égypte sous la conduite d'Agénor, remonte environ à seize cents ans avant Jésus-Christ. Selon Justin, l'origine de cette dernière ville serait plus récente, puisqu'elle daterait de l'arrivée d'une colonie partie de Sidon l'année seulement qui précéda la ruine de Troie. Pour accorder ce renseignement, emprunté par Justin à Trogue-Pompée, avec celui qui attribue à Agénor l'origine primitive de cette même cité, on peut admettre qu'à la colonie égyptienne amenée par Agénor vint s'adjoindre, plusieurs siècles ensuite, une colonie sidonienne, ce que semble confirmer Isaïe, quand il appelle Tyr *fille de Sidon*. (ISAÏE, ch. XXIII, ỳ 12.) Si les premiers siècles de l'histoire de cette ville sont fort obscurs, et si la suite des successeurs immédiats d'Agénor nous est inconnue, nous avons plus de détails à partir du onzième siècle avant Jésus-Christ. Nous lisons dans le livre de l'Ecclésiastique que Samuel écrasa les princes des Tyriens. (*Ecclésiastique*, ch. XLVI, ỳ 21.) D'après un passage d'Eupolème, cité par Eusèbe, Hiram aurait été vaincu, au commencement de son règne, par les Israélites, et condamné à payer un tribut. (*Préparation évangélique*, liv. IX, ch. XXX.)

Dans le deuxième livre des Rois (ch. v), nous voyons que le même prince envoya plus tard une ambassade à David, avec du bois de cèdre, des charpentiers et des maçons, que le monarque juif employa à construire son palais. Après la mort de David, Hiram, pour continuer avec son fils Salomon les relations amicales qu'il avait entretenues avec son père, envoya des députés à Jérusalem, afin de complimenter le nouveau roi. Salomon, de son côté, le pria de lui prêter des ouvriers, qui montreraient aux siens à couper des cèdres sur le mont Liban pour la construction du temple. Josèphe nous fait connaître les grands travaux exécutés par Hiram à Tyr : « Abibal étant mort, dit-il, son fils Hiram monta sur le trône; ce prince étendit par des remblais la partie orientale de la ville et agrandit la cité proprement dite. Quant au temple de Jupiter Olympien, qui se trouvait isolé dans une île, il le rattacha à la ville, en comblant l'espace qui l'en séparait, et l'orna d'offrandes en or. » (*Contre Apion*, liv. I, § 17.)

L'un des successeurs d'Hiram, Ithobal, que l'Écriture appelle Ethaal, maria sa fille Jézabel à Achab, roi d'Israël. Josèphe le désigne comme roi de Tyr et de Sidon, ce qui prouve qu'à cette époque les deux villes étaient gouvernées par le même souverain.

Un autre roi de Tyr, nommé Élulée, nous est signalé par Josèphe, d'après Ménandre d'Éphèse ; il commença à régner l'an 786 avant Jésus-Christ, et eut à soutenir la guerre contre Salmanasar.

Plus tard, Tyr fut assiégée pendant treize ans par Nabuchodonosor.

« Ce roi, dit saint Jérôme, voyant qu'il ne pouvait attaquer cette ville dans les formes, ni en faire approcher ses machines de guerre pour en ruiner les fortifications, employa ses nombreuses troupes à combler le canal étroit qui séparait l'île de la terre ferme. Il dressa sur cette jetée toutes ses batteries, ruina toutes les défenses de la ville, et l'emporta, comme l'avait prédit Ézéchiel. » (*Commentaires sur Ézéchiel,* ch. XXIX.)

Après le départ de ce conquérant, les Tyriens, qui avaient fui sur leurs navires, rentrèrent dans leur île et coupèrent, comme on le suppose, la chaussée de Nabuchodonosor.

L'an 332 avant Jésus-Christ, Alexandre, maître déjà de toute la côte phénicienne, vint mettre le siége devant Tyr, qui refusait de lui ouvrir ses portes. La largeur du détroit qui la séparait du continent était de trois stades selon Scylax, de quatre stades suivant Diodore de Sicile et Quinte-Curce, de sept cents pas d'après Pline. Les Tyriens, qui savaient qu'on ne pouvait pas aborder dans leur île vers l'ouest, s'étaient attachés à fortifier le côté qui faisait face à la terre ferme, le seul qui fût d'un accès facile. Aussi, de ce côté, le mur flanqué de tours qui entourait la ville avait-il une hauteur extraordinaire, puisqu'il atteignait cent cinquante pieds grecs d'élévation, avec une épaisseur proportionnée.

Alexandre résolut d'abord de rattacher l'île au continent, afin de l'attaquer ensuite plus facilement vers l'est. Pour cela, il rasa Palætyr, et profita ainsi des matériaux qu'il avait sous la main pour combler le détroit. En même temps, secondé par une flotte cypriote et par une flotte phénicienne, il bloqua au moyen de la première le port du nord ou port sidonien, et au moyen de la seconde le port du sud ou port égyptien. Les Tyriens se hâtèrent aussitôt, pour empêcher les ennemis de pénétrer dans leur ville par l'un ou l'autre de ces ports, d'en fermer les entrées, en y plaçant des galères serrées les unes contre les autres. Enfin, après plusieurs assauts et sept mois d'efforts continus, Alexandre parvint à pratiquer des brèches dans la muraille entre la chaussée et le port égyptien, et il s'élança l'un des premiers dans la place à la tête de ses troupes, qui se précipitèrent sur ses pas. Pendant qu'il envahissait la ville par le sud-est, les Phéniciens brisaient tous les obstacles qui obstruaient l'ouverture du port égyptien, et détruisaient tous les navires qui s'y trouvaient ; les Cypriotes, de leur côté, forçaient l'entrée du port sidonien. Les habitants, se voyant perdus, se réfugièrent dans l'Agenorium, où ils essayèrent une inutile résistance.

Les Sidoniens qui combattaient dans l'armée macédonienne sauvèrent, au dire de Quinte-Curce, quinze mille Tyriens, à cause de leur commune parenté, et réussirent à les soustraire à la fureur du vainqueur. On peut juger, ajoute cet historien, tout ce qu'il y eut de sang répandu, en songeant que, dans l'enceinte seule du rempart, six mille combattants furent massacrés. La vengeance du roi donna ensuite un triste spectacle aux vainqueurs eux-mêmes, en faisant attacher à des croix, le long du rivage, deux mille hommes qu'avait épargnés la rage fatiguée du soldat.

L'an 313 avant Jésus-Christ, Tyr, après un nouveau siége qui dura quatorze mois, tomba au pouvoir d'Antigone, ce qui prouve qu'elle s'était très-promptement relevée de ses ruines, et qu'elle avait bientôt reconquis une grande importance.

L'an 64 avant Jésus-Christ, Tyr, avec toute la Syrie, passa de la domination des Séleucides sous celle des Romains. A l'époque de Pline, les faubourgs de cette ville étaient immenses et renfermaient probablement des champs cultivés, des jardins et de nombreuses villas, puisque cet écrivain en évalue le pourtour à dix-neuf mille pas, y compris l'enceinte de la ville proprement dite,

Ras el-Abyadh (cap Blanc).

qui avait seulement vingt-deux stades de circuit. Pline nous représente toutefois Tyr comme déchue alors de son ancienne splendeur, et sa réputation ne reposait plus que sur la pêche des coquillages qui produisaient la pourpre, et sur la fabrication de cette précieuse teinture. Hérode le Grand fit construire à Tyr des exèdres, des portiques, des temples et des places publiques.

C'est dans cette ville, ou du moins sur son territoire, que Notre-Seigneur accomplit l'un de ses miracles, en guérissant la fille d'une Syrophénicienne, qui était possédée d'un malin esprit.

Saint Paul débarqua à Tyr, après avoir parcouru la Macédoine, la Grèce et diverses contrées de l'Asie Mineure.

Devenue chrétienne, cette cité fut de bonne heure le siège d'un archevêché, qui avait sous sa dépendance quatorze évêchés. Nous connaissons les noms de huit de ses archevêques apposés au bas des actes de différents conciles.

Sous le khalifat d'Omar, l'an 638 de notre ère, Yézid, fils d'Abou-Sofian, se rendit maître de Tyr.

En 1111, Baudoin Ier, roi de Jérusalem, assiégea en vain cette place par mer et par terre pendant quatre mois consécutifs.

POINTE DU RAS EL-ABYADH (CAP BLANC).

Douze ans plus tard, sous le règne de Baudoin du Bourg, le 11 février 1124, les Croisés vinrent de nouveau l'assiéger, et ne purent s'en emparer, avec l'aide d'une flotte vénitienne, qu'au bout de cinq mois et demi d'attaques sans cesse renouvelées.

En 1187, Saladin essaya, mais sans succès, d'emporter cette place. Vers la fin de la même année, devenu maître de Jérusalem, il assiégea Tyr pour la seconde fois, mais il échoua encore devant la résistance qu'il rencontra de la part de la garnison, que commandait Conrad de Monferrat.

En 1202, cette ville fut ébranlée par un violent tremblement de terre, et la plupart des maisons furent renversées.

En 1291, Malek el-Achraf, sultan d'Égypte et de Damas, s'empara de Saint-Jean d'Acre, après un siège de deux mois. Le soir même de la prise de cette ville, les habitants chrétiens de Tyr s'embarquèrent avec leurs effets sur des navires et abandonnèrent cette place aux Sarrasins, qui y pénétrèrent le lendemain.

Aboulfeda, dans le quatorzième siècle, parle de Tyr comme d'une ville désolée et en ruine..

Le R. P. Michel Nau, qui la visita en 1668, n'y trouva qu'un amas de débris, au milieu desquels quelques paysans étaient venus récemment se loger.

Jusqu'en 1766, Tyr resta un misérable village; mais, à cette époque, des Métoualis des montagnes voisines vinrent s'y fixer et bâtirent les murs, actuellement en très-mauvais état, qui l'entourent vers l'est.

DE SOUR AU RAS EN-NAKOURA

Au lieu de prendre la route directe de Sour au Ras en-Nakoura, promontoire qui termine au sud l'ancienne Phénicie, allons d'abord jeter un coup d'œil vers le sud-est, sur un tombeau célèbre, connu sous le nom de *Tombeau de Hiram*. Il s'élève solitaire sur le plateau d'une colline, non loin du village de Hanaoueh, situé à neuf kilomètres de la ville. Ce tombeau est formé d'abord d'une base consistant en une sorte de dé composé de blocs de dimensions colossales. Au-dessus de cette base rectangulaire, quatre énormes blocs constituent comme une seconde base qui dépasse en largeur la première. C'est sur cette deuxième base que repose un immense sarcophage qui est encore fermé par un gros couvercle à dos d'âne, et muni d'acrotères à chacun des angles. L'un de ces angles a été brisé, et le couvercle a été un peu déplacé, dans le but de violer la sépulture. Une ouverture a été également pratiquée, vers l'est, dans la cuve du sarcophage. La face principale du tombeau regarde le sud; de ce côté, les blocs sont complétement aplanis. Vers le nord, au contraire, ils sont plus grossièrement taillés, et de ce côté ils reposent sur d'autres assises inférieures; de ce côté aussi, on descend par une quinzaine de marches dans une chambre voûtée en plein cintre, qui a peut-être eu jadis une destination sépulcrale; aujourd'hui, elle est remplie d'une épaisse couche de vase que les pluies y amènent.

Ce tombeau, d'ailleurs, ne porte aucune inscription, et sauf la tradition qui l'attribue au roi Hiram, l'un des princes les plus célèbres de l'antique cité tyrienne et le contemporain de Salomon, il resterait sans nom et sans gloire, comme beaucoup d'autres de la contrée.

A quelque distance de là, un second sarcophage brisé et gisant sur le sol, avec son couvercle déplacé, porte le nom, également problématique, de Kabr Oumm Haïram (tombeau de la mère de Hiram).

Revenons maintenant vers la plage dont nous venons de nous écarter un instant, et traversant le village de Beit-Oula dont le nom est très-certainement antique, descendons à l'ouest vers les puits de Ras el-Aïn, pour continuer ensuite notre route vers le sud.

En cheminant dans cette dernière direction le long du rivage, nous rencontrons, à cinq kilomètres à partir de Palætyr, dont ces puits célèbres marquent l'emplacement, les vestiges d'une localité antique qui formait une grande rue bordée de maisons, dont les arasements sont seuls actuellement visibles. Une petite anse servait de port à cet établissement maritime, auquel on donne maintenant le nom de Kharbet-Medfouneh.

Un peu plus loin vers le sud, les débris d'un autre village, à travers lequel la charrue a souvent passé depuis longtemps, sont épars sur les flancs et sur le sommet d'une colline; une crique s'arrondit au bas du monticule qu'ils recouvrent. Ils s'appellent Kharbet-Hamra.

Nous gravissons bientôt après le promontoire dit Ras el-Abyadh; c'est le *Promontorium Album* de Pline. Le sentier est taillé dans le roc, en forme d'escalier; là où le roc manque, des marches en pierre ont été placées. Les flancs du promontoire sont d'un calcaire crayeux très-blanchâtre. Un garde-fou a été ménagé du côté de la mer, le long du sentier; il consiste en un petit mur qui s'interpose entre le voyageur et les précipices, presque verticaux, et d'autant plus profonds qu'il s'élève davantage, qui s'entr'ouvrent sous ses pieds. Quand la mer est violemment agitée par les vents d'ouest, les vagues rebondissent avec fracas contre les flancs escarpés du Ras el-Abyadh, et leur blanche écume monte parfois, comme un brouillard, jusqu'à la moitié de sa hauteur; celle-ci dépasse quatre-vingts mètres.

Après avoir descendu les pentes opposées du promontoire, nous atteignons, à un kilomètre plus au sud, les ruines qui sont désignées sous le nom de Kharbet Aïn-Scanderouna.

L'emplacement qu'occupait cette ville est tout entier perforé de nombreuses excavations, qui y ont été pratiquées pour en extraire des pierres provenant de maisons ou d'édifices renversés. Au milieu des tas de matériaux qui gisent encore sur le sol, on observe plusieurs fûts de colonnes, la plupart brisés. Une voûte pointue, en forme de pain de sucre, y recouvre un bassin circulaire qui doit être antique, et où l'on descend par quelques marches. Un conduit mène de là l'eau de la source abondante qui jaillit du fond de ce réservoir, à deux fontaines. L'une alimentait autrefois une puissante tour, aujourd'hui en grande partie démolie.

Scanderouna est l'ancienne Alexandroschene mentionnée dans l'*Itinéraire de Bordeaux* comme une Mutatio entre Tyr et Ecdippa, à douze milles de l'une et de l'autre.

D'après une tradition rapportée par Guillaume de Tyr, Alexandre le Grand aurait campé en cet endroit, et aurait donné son nom à la ville qu'il y aurait élevée, pendant qu'il assiégeait la ville de Tyr.

Quoi qu'il en soit, Baudoin Ier, lors de la première Croisade, dans l'année 1116, y construisit un château fort dont il subsiste encore quelques restes dans ceux de la tour que j'ai signalée.

A trois kilomètres à peine au sud-ouest de Aïn-Scanderouna, d'autres ruines plus importantes appellent notre attention; elles sont connues vulgairement sous la dénomination de Kharbet-Oumm el-Aamid, situées à une faible distance du rivage, qui forme en cet endroit une crique, sorte de petit port naturel; elles s'étendent de l'ouest à l'est sur les pentes et sur le plateau accidenté d'une colline, tout entière couverte de débris, dans une longueur d'un kilomètre au moins, sur huit cents mètres de large. Au pied méridional de cette colline serpente l'Oued el-Hamoul, dans une étroite vallée plantée de caroubiers, de térébinthes, de lauriers-roses et de lentisques. La hauteur où s'élevait en amphithéâtre la ville dont ces débris nous offrent les restes, est elle-même envahie en grande partie par des broussailles et par des arbres divers; quelques-uns de ceux-ci tombent de vétusté, et prouvent que les édifices et les maisons au milieu desquels ils ont pris racine et se sont développés, ont été abandonnés depuis des siècles, et peut-être même à une époque bien antérieure à celle des Croisades, car aucun débris du moyen âge n'y a été découvert. Tout y paraît antique, et si une population chrétienne ou musulmane a jadis habité en cet endroit, elle n'y a laissé aucun vestige de son passage et de son culte.

Plusieurs âges différents peuvent être assignés à ces ruines. A une époque très-reculée, contempo-

Ras en-Nakoura (Échelle de Tyr).

raine, sans doute, de la fondation même de la ville, appartiennent, je crois, de gros murs de soutènement construits avec d'énormes blocs assez mal équarris, et dont il subsiste encore de nombreux spécimens à différents étages de la colline.

Parmi les édifices encore reconnaissables, il en est trois dont les ruines méritent une attention particulière.

L'un, situé au centre à peu près de la ville, est le monument égypto-phénicien que M. de Vogüé a signalé le premier en 1853. L'enceinte qui le délimite est encore en partie debout. Les deux jambages de la porte sont maintenant découronnés de leur linteau. A côté de l'un de ces jambages, gît sur le sol un bloc mutilé, décoré de moulures à crossettes, sur lequel est représenté un personnage tenant à la main un bâton recourbé, et la tête surmontée de la coiffure égyptienne connue sous le nom de *pschent*.

Dans l'intérieur du monument, on remarque, près d'un fût de colonne, un magnifique bloc brisé, où a été sculpté un globe ailé flanqué de deux uræus, et au-dessous un croissant renversé, c'est-à-dire les pointes en bas, embrassant un petit globe. Nous avons donc là un édifice dont le caractère égypto-phénicien ne peut être méconnu, et dont la fondation première doit être

Tyr, vue du Ras en-Nakoura.

certainement antérieure à l'époque où, avec la conquête d'Alexandre, l'art grec commença à se répandre en Syrie et en Palestine.

A cette dernière époque, au contraire, semble appartenir un monument qui touche au précédent, et dont il ne subsiste plus que des vestiges très-confus; mais les beaux blocs, très-régulièrement taillés, avec lesquels il avait été bâti, paraissent indiquer un travail grec.

A cette même époque également, il faut rapporter les ruines très-considérables qui, à l'extrémité occidentale de la ville, couvrent une grande plate-forme artificielle.

Là s'élevait autrefois un vaste monument, dont le plan est aujourd'hui impossible à saisir, et que décoraient des colonnes monolithes en pierre de différents diamètres, surmontées pour la plupart de chapiteaux ioniques, et quelques-unes de chapiteaux doriques. Ce sont ces colonnes, dont plusieurs se dressent encore debout, et qui attirent de loin les regards du passant, sur le monticule en question, qui ont fait donner par les Arabes, aux ruines de la ville dont il s'agit en ce moment, le nom de Kharbet Oumm el-Aamid (ruine, mère des colonnes). Quel était le nom primitif de cette ville, qui, à l'époque des Séleucides, ainsi que cela semble ressortir d'une inscription phénicienne, trouvée et déchiffrée par M. Renan, paraît s'être appelée Laodicée?

J'ai déjà avancé en 1871 que ce nom était celui de Hammon, nom qui s'est conservé très-légèrement altéré dans la désignation d'Oued el-Hamoul, donnée à l'étroite vallée où coule le ruisseau ainsi appelé, au pied méridional de la colline que couvrent les débris de la cité antique. Cette ville de Hammon, en latin Hamon, est signalée dans le livre de Josué, comme faisant partie de la tribu d'Aser. (Ch. xix, ỳ 28.)

Je persiste dans cette opinion, qui me semble justifiée à la fois par la position des ruines de Oumm el-Aamid, et par le nom de Hamoul, donné encore aujourd'hui à la source, qui autrefois fournissait aux habitants l'eau dont ils avaient besoin. Or ce nom, sauf la lettre finale l qui a remplacé la lettre n, est identique avec le nom antique.

A cinq kilomètres plus au sud-ouest, une montagne s'avance dans la mer en forme de promontoire. On l'appelle Ras en-Nakoura, du nom d'un village voisin. Le sentier qui la traverse doit remonter à la plus haute antiquité; taillé dans un roc tendre et friable, d'une blancheur éclatante, il a été élargi il y a quelques années. Sur le point culminant du promontoire est une petite tour ou maison de garde à moitié ruinée. Construite en partie en belles pierres antiques, elle a dû succéder à une autre plus ancienne. A cet endroit, en effet, a dû exister de tout temps une tour d'observation, et peut-être aussi un poste de douane, les caravanes et les voyageurs qui suivent la côte étant nécessairement contraints de passer par cet unique sentier, que l'on peut, par conséquent, attribuer aux habitants primitifs du pays. C'est, selon toute apparence, la *Scala Tyriorum*, l'Échelle des Tyriens, que plusieurs critiques placent à tort plus au nord, au Ras el-Abyadh, qui est le *Promontorium Album*, ou le cap Blanc de Pline.

L'Échelle de Tyr terminait au sud les possessions des anciens Tyriens, et en même temps formait, près de la mer, la limite méridionale de la Phénicie. Nous allons donc, après avoir franchi ce promontoire, rentrer dans la Terre sainte, dont nous sommes un instant sortis, et en parcourir les parties que nous avons laissées de côté dans le premier tome de cet ouvrage.

PALESTINE OCCIDENTALE
ET MÉRIDIONALE

DU RAS EN-NAKOURA AU MONT CARMEL

En descendant du Ras en-Nakoura vers le sud, on voit se dérouler devant soi la vaste et fertile plaine de Saint-Jean d'Acre. Bornée au nord par des hauteurs dont la pointe occidentale faisant saillie

PORTE D'AKKA OU SAINT-JEAN D'ACRE.

dans la mer est traversée par le passage célèbre connu jadis sous le nom d'*Échelle des Tyriens*, elle a pour limites, à l'ouest les dunes du rivage, au sud la chaîne du Carmel, et à l'est les collines et les montagnes de l'ancienne Galilée. Sa plus grande longueur atteint quarante kilomètres; sa largeur varie entre sept et douze kilomètres. A son extrémité sud-est, elle communique par la vallée du Nabr el-Moukattha, le Kison des Livres saints, avec une autre immense plaine, celle d'Esdrelon. Plusieurs cours d'eau la sillonnent de l'est à l'ouest; je les signalerai chemin faisant. Autrefois très-peuplée et admirablement cultivée, elle est encore parsemée çà et là de villages, et partout où la main de l'homme s'est emparée du sol, des récoltes abondantes en blé, en doura, en sésame, en coton, récompensent les efforts de l'agriculteur. Sur plusieurs points, des vergers magnifiques témoignent aussi de la fécondité native du terrain. Théâtre de nombreux combats, principalement autour et dans les environs de Saint-Jean d'Acre, elle a servi de champ de bataille à des peuples bien différents, depuis les temps les plus reculés jusqu'à l'époque actuelle, et les sillons de ses champs ont été bien souvent abreuvés de sang humain. Le voyageur qui la parcourt, la mémoire pleine des grands événements qu'elle rappelle, y évoque à chaque pas quelque souvenir.

La première localité dont on foule les débris, au bas du promontoire que nous venons de franchir, porte le nom de Kharbet el-Mecherfi. Elle couvrait les pentes d'un monticule qui est actuellement planté de figuiers. A l'époque des Croisades, c'était un casal dépendant de Saint-Jean d'Acre et appelé la Mescherefie. La plupart des matériaux les plus réguliers provenant de ses habitations renversées ont été transportés ailleurs. De frais jardins y sont encore cultivés, grâce à une source abondante, l'Ain el-Mecherfi.

A quatre kilomètres plus au sud, après avoir traversé l'Oued Kerkera, qui est à sec quelquefois en été, et le Nahr Koureïn, autrement dit le Nahr ez-Zib, qui ne tarit jamais, on arrive au village ainsi nommé. Il est assis sur une colline; sa population est de cinq cents musulmans. La plupart des maisons actuelles ont été bâties avec des matériaux antiques. Au bas du village, vers le nord-est, une source importante est recueillie dans un réservoir que couvre une construction voûtée. Deux petites criques dessinées par le rivage servaient de port à la ville qui s'élevait jadis en cet endroit.

Zib, en effet, est l'antique Akhzib en hébreu, Achzib, Achazib et Achziba en latin, mentionnée dans le livre de Josué comme appartenant à la tribu d'Aser. Cette tribu, néanmoins, ne put en expulser les anciens habitants, Chananéens d'origine. L'historien Josèphe la signale, sous le nom d'Ecdippon, comme une place maritime. (*Guerre des Juifs*, liv. I", ch. XVI, § 4.)

Dans le Talmud, elle est appelée Kezib ou Guezib, et elle formait, depuis le retour de la captivité, la limite septentrionale de la Galilée vers le nord-ouest; elle était fortifiée et possédait une synagogue.

Le Pèlerin de Bordeaux nous apprend que d'Alexandroschene à la Mutatio Ecdippa ou Ecdeppa, il y avait douze milles, et de là à Ptolémaïs, huit milles.

Au sud et à l'est du village qui a succédé à Akhzib et conservé seulement la syllabe finale de son nom, s'étendent des jardins, bordés soit de cactus, soit de vieux tamaris, et qui renferment beaucoup d'arbres fruitiers, au-dessus desquels de jolis palmiers dressent de distance en distance leur tige élancée et leur tête verdoyante.

En continuant à cheminer vers le sud pendant quatre autres kilomètres, on parvient aux ruines de Fakhoura, petite ville qui a été presque entièrement détruite. La plupart même des fondations ont été fouillées jusqu'à la première assise. Des citernes à moitié comblées sont disséminées çà et là. Dans la partie méridionale de la colline oblongue qu'occupait cette localité, croissent de vieux oliviers qui ont remplacé des habitations. On y voit également plusieurs maisons modernes, construites toutes avec des pierres antiques de dimensions moyennes et généralement régulières, trouvées en cet endroit. Les fellahs qui les habitent cultivent, au sud et à l'est de cette colline, des jardins extrêmement fertiles, arrosés par le Nahr el-Mafchoukh, qui y promène ses eaux unies à celles du Nahr Djatoun. Ces vergers admirables sont plantés d'orangers, de citronniers, de figuiers, de grenadiers, de mûriers, d'abricotiers et de poiriers, au-dessus desquels s'élèvent des palmiers, des sycomores, des saules et des noyers. Des vignes gigantesques grimpent aussi parfois jusqu'au faîte de ces différents arbres, d'où elles retombent en capricieux festons avec leurs énormes grappes pendantes.

Quelques minutes plus au sud, les ruines appelées Kharbet Yanouhich sont celles d'une autre bourgade antique qui portait très-probablement le nom de Yanouhah.

Au lieu de continuer notre route en droite ligne vers Saint-Jean d'Acre, dirigeons-nous d'abord vers l'est-nord-est, à six kilomètres de distance, pour aller jeter un coup d'œil sur Kabreh. Chemin faisant, nous traversons El-Ferdj, village environné de vergers, où tous les arbres fruitiers semblent s'être donné rendez-vous, et où le Nahr el-Mafchoukh court en ruisseaux intarissables qu'ombragent des saules et des mélias. Un peu plus loin, Et-Tell doit son nom à la colline sur laquelle il s'élève; au bas du village s'étendent également de frais et verdoyants jardins, au milieu desquels l'eau coule et murmure sans cesse, et où de hauts peupliers et de gigantesques noyers qui rappellent notre Europe se mêlent aux arbres plus spécialement propres à la Palestine.

Kabreh est dans une position très-avantageuse, grâce aux sources précieuses que ce village possède, et qui de tout temps ont dû déterminer en cet endroit la fondation d'un groupe plus ou moins considérable d'habitations.

Le nom même de Kabreh indique qu'autrefois il devait s'appeler Gabara, nom donné par Josèphe à une autre localité de la Galilée, aux ruines de laquelle est restée attachée la désignation de Kharbet-Kabreh; à l'époque des Croisades, il y avait ici un casal du nom de Cabra. Beaucoup de maisons ont été bâties en partie avec de beaux matériaux qui semblent antiques. Kabreh renferme deux sources très-abondantes. L'une s'amasse dans un réservoir analogue à ceux de Ras el-Aïn, et de là, par une ouverture ménagée à dessein, l'eau déborde sans cesse en cascade pour faire tourner des moulins et arroser des jardins. La seconde source jaillit d'un caveau voûté dans lequel on descend par plusieurs degrés, et elle alimente l'aqueduc qui, tantôt souterrain, tantôt à fleur du sol, tantôt porté sur des arcades, fournit d'eau la ville de Saint-Jean d'Acre.

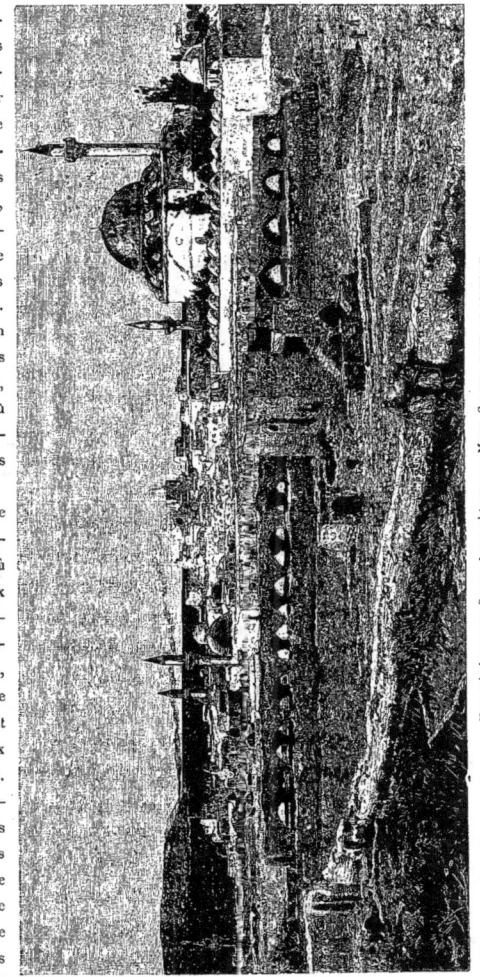

VUE GÉNÉRALE DE SAINT-JEAN D'ACRE. — MONT CARMEL DANS LE LOINTAIN.

Reconstruit par Djezzar-Pacha à la fin du siècle dernier, cet aqueduc a succédé à un autre beaucoup plus ancien dont on voit encore quelques restes. Indépendamment de ces deux sources, une troisième peu éloignée, appelée Aïn-Djatoun, et également très-importante, féconde par divers canaux de dérivation le territoire de Kabreh, dont la fertilité est proverbiale à cause de cette irrigation incessante.

Treize kilomètres environ séparent le village de Saint-Jean d'Acre; tel est aussi le développement de l'aqueduc qui, vers le sud-ouest, amène à cette ville les eaux pures et limpides de l'une des deux sources de Kabreh. En suivant cet aqueduc, nous passons successivement à El-Mezraa, Es-Semirieh et El-Bahdjeh.

El-Mezraa, qui ne compte plus maintenant qu'un très-petit nombre d'habitants, s'appelait, lors des Croisades, le Mezera; mais ce village doit remonter à une époque beaucoup plus reculée, comme le prouvent les vastes carrières qui l'avoisinent, des grottes sépulcrales, des citernes et plusieurs maisons creusées dans le roc. Les restes d'une puissante construction en pierres de taille y attirent également l'attention et semblent avoir appartenu à un petit château fort qui date au moins du moyen âge, si même il n'est pas plus ancien. Près du village, un khan est attribué à Djezzar-Pacha, dont l'aqueduc traverse un vallon sur de hautes arcades.

Es-Semirieh, assis sur un monticule, renferme une population de quatre cents musulmans. Les débris d'un ancien fortin y ont été utilisés pour une habitation particulière. Ce village, de même que le précédent, est environné de magnifiques vergers.

El-Bahdjeh est une grande et belle villa qui servait de résidence à Abdallah-Pacha et qu'entourent de vastes jardins tout embaumés de fruits odorants. De nombreux kiosques, actuellement très-délabrés, sont disséminés au milieu de bosquets charmants d'orangers et de citronniers, que dominent de hauts et mélancoliques cyprès.

La ville de Saint-Jean d'Acre, où nous parvenons ensuite, affecte la forme d'un triangle dont la base regarde le nord et le sommet le sud. Les remparts, du côté de la terre, sont doubles, très-épais et en assez bon état. De distance en distance, ils sont flanqués de tours et de bastions. Les gros blocs employés à les construire ou à les réparer datent de différentes époques et proviennent de divers endroits, tels que l'ancienne cité elle-même, Atlith et Césarée. Chaque enceinte est environnée d'un large fossé. Au delà du mur de contrescarpe du second fossé, ou fossé extérieur, règne un troisième fossé qui n'a pas été achevé. Les remparts sont armés de canons et de mortiers, au nombre de deux cent trente, et dont plusieurs, comme j'ai pu m'en assurer, sont d'origine française et portent les dates de 1785, 1786 et 1787; ce sont ceux qui arrivaient par mer au secours de Bonaparte, au moment où il commençait, en 1799, le siége de la place, et qui, capturés par le commodore anglais sir Sidney Smith, servirent, au contraire, à la défense de cette ville.

Saint-Jean d'Acre avait autrefois deux ports, l'un extérieur (c'est la rade actuelle) et l'autre intérieur. Ce dernier était délimité par une digue qui est en grande partie détruite, et que défendaient plusieurs tours, dont quelques assises inférieures sont seules encore visibles. L'une de ces tours était la fameuse tour des Mouches, souvent mentionnée par les historiens des Croisades et ainsi appelée, au dire de Gauthier Winisauf, parce que c'était là que les anciens faisaient leurs sacrifices, et que les mouches y étaient attirées par la chair des victimes. Ce port est aujourd'hui très-ensablé; aussi les barques seules peuvent y pénétrer, et les bâtiments tant soit peu considérables sont contraints de mouiller en rade. Celle-ci est, d'ailleurs, beaucoup moins sûre que celle de Kaïpha.

Dans la partie septentrionale de l'enceinte de la ville, enceinte qui est bien plus restreinte que

TYR.

celle du moyen âge, se trouve la citadelle, qui a été plusieurs fois détruite et rebâtie. A côté s'élève l'hôpital militaire, dont toute la partie inférieure date des Croisades et consiste en de vastes magasins souterrains. Toutes les constructions supérieures sont modernes, et renferment d'un côté des logements pour la troupe, et de l'autre des salles pour les malades. Au centre est une grande cour ombragée par quelques bouquets d'arbres, tels que figuiers et palmiers, et sous laquelle sont des galeries voûtées et des citernes. Sous les remparts s'étendent également d'immenses magasins voûtés en ogive, dont plusieurs doivent remonter à l'époque des Croisades. Quelques-uns sont en mauvais état et menacent ruine; il en est même qui sont complétement écroulés. L'un de ces souterrains sombres et humides servait, il y a peu d'années encore, de prison publique, et c'est là qu'en 1863 j'avais vu plusieurs centaines de malheureux entassés pêle-mêle au milieu des ténèbres les plus profondes et de la malpropreté la plus horrible. Le gardien, qui m'accompagnait alors jusqu'au seuil de cet asile de la douleur, m'avouait que la souffrance et la maladie y faisaient presque chaque jour quelques victimes. Aussi, sur la porte de cet ancien bagne on aurait pu graver les mots terribles que Dante place au vestibule de son Enfer : « Laissez toute espérance, vous qui entrez ici. »

Le plus beau monument qui de loin attire tous les regards est, sans contredit, la grande mosquée connue sous le nom de Djezzar-Pacha, parce qu'elle fut fondée par ce gouverneur vers la fin du siècle dernier. Elle occupe, dit-on, l'emplacement de la cathédrale de Saint-Jean d'Acre, et est elle-même comprise dans une vaste enceinte rectangulaire, au dedans de laquelle règnent des galeries voûtées que soutiennent de nombreuses colonnes antiques ornées de chapiteaux différents et enlevées aux ruines de Tyr et de Césarée. Le long de ces galeries ont été bâties des espèces de cellules destinées aux employés de la mosquée ou aux pèlerins musulmans qui viennent la visiter; elles environnent à leur tour un magnifique parvis, sous lequel s'étendent de belles citernes, et où s'élèvent des bosquets verdoyants plantés de palmiers, de cyprès et d'autres arbres qui forment d'agréables ombrages. Au milieu de ces bosquets, on remarque plusieurs tombeaux en marbre blanc, et notamment ceux de Djezzar et de Soliman-Pacha. Quant à la mosquée proprement dite, elle est précédée, à sa façade septentrionale, d'un péristyle décoré de six colonnes antiques de granit rose qui supportent cinq arceaux extérieurs; de là on pénètre dans une sorte de grande salle carrée, ornée de lustres et de lampes, et surmontée d'une haute coupole qui s'appuie sur quatre arcades ogivales. Des plaques de marbre tapissent les parois intérieures du monument et en dallent le sol. Le mihrab est également en beau marbre de différentes couleurs. Le member, ou chaire à prêcher, est en marbre blanc et fait honneur à l'habile Arménien qui l'a sculpté.

Saint-Jean d'Acre renferme trois autres mosquées, mais qui n'offrent rien qui mérite d'être signalé; seulement les colonnes que l'on y observe et les grandes dalles qui les pavent, proviennent certainement d'édifices plus anciens.

Quatre églises chrétiennes existent pareillement dans cette ville. L'une appartient aux Grecs schismatiques, une seconde aux Maronites, une troisième aux Grecs-unis; celle-ci, sous le vocable de saint André, est à trois nefs, dont celle du centre repose sur des piliers cantonnés chacun de trois colonnes accouplées; les murs en sont très-épais et les fenêtres étroites et ébrasées; une quatrième église, enfin, consacrée à saint Jean-Baptiste, et qui date seulement de l'année 1737, sert de paroisse aux Latins; elle est fort petite.

Les Révérends Pères Franciscains ont à Saint-Jean d'Acre un couvent qui, dans son état actuel, n'est point antérieur au dix-septième siècle. Il occupe l'une des extrémités d'un khan, appelé le khan franc, parce que les commerçants européens et principalement les négociants français y avaient autrefois leurs magasins. Le consul de France y résidait aussi. Aujourd'hui, notre agent consulaire y habite également.

La maison des Dames de Nazareth, fondée depuis 1861, contient à la fois une école fréquentée par deux cents jeunes filles et un dispensaire qui est indistinctement ouvert à tous, hommes, femmes et

Saint-Jean d'Acre, vers le nord.

enfants. Six religieuses s'y dévouent à l'éducation de l'enfance et à l'exercice de la charité envers les malades. Près de leur établissement on remarque plusieurs vieux pans de murs et quelques arrachements de voûtes qui sont les restes d'une grande église presque complétement détruite, et qui portait autrefois le vocable de saint Jean.

La ville est traversée par divers bazars. L'un est voûté en pierre et paraît de construction assez récente; les autres sont seulement recouverts par des planches, des nattes ou des toiles. Elle possède pareillement, outre le khan franc que j'ai mentionné, d'autres établissements de ce genre, à la fois entrepôts de marchandises et hôtelleries pour les caravanes. Le plus remarquable avoisine le port. On

Saint-Jean d'Acre, vers le sud. — Embouchure du Bélus.

l'appelle soit Khan Djezzar-Pacha, parce qu'il fut bâti par ce gouverneur, soit Khan el-Aamid ou *khan des Colonnes*, parce que les galeries qui l'entourent sont soutenues sur des colonnes, dix de long sur huit de large, les unes en granit gris, les autres en granit rouge, que couronnent des chapiteaux appartenant à divers ordres, et enlevés, comme les fûts monolithes qu'ils surmontent, à d'anciens monuments. Ce khan passe pour avoir été construit sur les ruines d'un couvent de Dominicains. A quelque distance de là est un autre khan, dit Khan Chaouardi. Il forme également un grand rectangle qui entoure une vaste cour, et se compose de magasins et de nombreuses chambres le long de galeries à arcades. Quelques voyageurs l'ont pris pour l'ancien couvent des Dames Clarisses; mais c'est une construction plus moderne et musulmane; seulement elle a pu remplacer le célèbre monastère de ce nom.

La population actuelle de Saint-Jean d'Acre ne dépasse pas le chiffre de neuf mille habitants, parmi lesquels on compte seize cents chrétiens, se décomposant ainsi : cent soixante Latins, cinq cents Grecs-unis et neuf cent quarante Grecs schismatiques. Les autres habitants sont musulmans. Au moyen âge, l'enceinte de la ville était beaucoup plus considérable, et sa population était bien plus nombreuse, comme le prouvent les églises qu'elle renfermait. Pendant le douzième siècle, en effet, elle possédait une église de Sainte-Croix, appartenant au Saint-Sépulcre, une cathédrale épiscopale et des églises particulières où se réunissaient les Pisans, les Génois et les Vénitiens. Quand Jérusalem, après la funeste bataille de Hattin, en 1187, cessa d'être la capitale du royaume latin, la ville de Saint-Jean d'Acre,

Ruines d'un aqueduc près de Saint-Jean d'Acre.

tombée elle-même au pouvoir du vainqueur, puis reconquise par les Croisés en 1191, servit de refuge à toutes les communautés religieuses et de citadelle à tous les ordres militaires, qui s'y fixèrent, comme jadis dans la Cité sainte, y bâtissant des couvents et des églises. Elle fut divisée alors en dix-neuf quartiers, qui chacun avaient une paroisse ou, du moins, une chapelle.

En dehors de la double enceinte de Saint-Jean d'Acre, on remarque, vers le nord, de nombreuses excavations pratiquées dans le sol pour en extraire des pierres provenant des fondations d'anciennes constructions rasées. La ville donc, jadis, s'étendait de ce côté-là beaucoup plus que maintenant, et il faut s'avancer l'espace de huit cents mètres environ dans cette direction pour atteindre les restes d'un ancien rempart qui était la dernière limite septentrionale de la cité du moyen âge. Vers l'est, pareillement, ce n'est guère qu'au bout de quatre cents mètres qu'on arrive à l'extrémité orientale de l'emplacement que devait alors occuper Saint-Jean d'Acre.

En continuant à cheminer de ce côté à travers des cimetières et des jardins, on rencontre la célèbre colline dite *Tell el-Frandj* (colline des Francs), ou encore *Tell el-Fokhar* (colline de l'Argile), parce que les potiers vont y chercher de la terre pour en fabriquer des vases. Cette colline est située à treize cents mètres de la ville actuelle; elle s'étend de l'ouest à l'est dans une longueur de six cents mètres, et du nord au sud dans une largeur de trois cents. Sa plus grande élévation ne dépasse guère trente mètres. De nombreux tas de pierres, disposés sur le plateau qui la couronne, sont les restes d'anciennes constructions complétement démolies. Sur le point culminant, on montre encore l'emplacement des batteries qui avaient été établies là par Bonaparte en 1799, lorsqu'il entreprit le siége de Saint-Jean d'Acre. Mais avant de servir de quartier général à son armée, cette colline avait été autrefois également l'un des principaux centres de l'armée des Croisés, qui, en 1189, attaqua la ville, et elle est regardée comme la hauteur de Turon, Toron et Thoron, signalée par les historiens latins des Croisades.

Résumons maintenant, en peu de mots, l'histoire de la place importante qui nous occupe en ce moment. Cette cité est mentionnée pour la première fois dans le livre des Juges sous le nom de Accho, en hébreu, nom identique, sauf une légère différence, avec celui que lui donnent les Arabes, je veux dire Akka. En grec, on l'appelait Ἄκχω et Ἄκη; en latin, Acho et Ace.

Elle fut adjugée à la tribu d'Aser, qui ne put en expulser les anciens habitants.

A l'époque du siége de Tyr par Salmanasar, Accho appartenait aux Tyriens; car nous lisons dans un passage de Ménandre, rapporté par Josèphe, que cette ville fit alors défection et se soumit aux Assyriens. (*Antiquités judaïques*, liv. IX, ch. XIV, § 2.) Strabon la désigne sous le nom de Ptolémaïs. Elle devait cette dénomination à l'un des Ptolémées d'Égypte, peut-être Ptolémée Soter, qui s'en empara. Elle tomba ensuite au pouvoir des rois de Syrie.

Alexandre Bala, disputant à Démétrius le trône de Syrie, chercha à se gagner l'appui de Jonathas Macchabée, en lui accordant Ptolémaïs. Cette ville se rendit plus tard indépendante. Alexandre Jannée l'attaqua sans succès, et il en leva le siége dès qu'il apprit que Ptolémée Lathyre, roi de Chypre, avait débarqué à Syraminos avec une nombreuse armée. Cléopâtre, reine d'Égypte, assiégea bientôt après Ptolémaïs et s'en empara. Hérode le Grand l'embellit et y construisit un gymnase. Sous Claude, elle fut élevée au rang de colonie romaine.

Saint Paul, après avoir prêché l'Évangile en Macédoine, en Grèce et en Asie, débarqua à Tyr et de là se rendit par mer à Ptolémaïs, d'où il poursuivit sa route vers Jérusalem. Dès les premiers siècles de l'ère chrétienne, Ptolémaïs devint le siége d'un évêché. Dans le courant de l'année 638, elle tomba entre les mains des musulmans, et dès lors son ancien nom, qui s'était conservé fidèlement dans le langage vulgaire à côté du nom officiel de Ptolémaïs, reparut sous la forme arabe Akka.

A l'époque de la première Croisade, l'armée chrétienne, en 1099, s'arrêta deux jours sur les bords du Bélus, mais sans attaquer la ville. L'émir qui y commandait, pour conjurer le danger qui le menaçait, fit apporter aux chrétiens des vivres en abondance; il promit, en outre, d'ouvrir les portes vingt jours après l'arrivée des Croisés en Judée, si dans l'intervalle le khalife d'Égypte n'était pas venu à son secours, ou que Jérusalem eût succombé à leurs efforts. Néanmoins, après la conquête de la Cité sainte par les Latins, Akka refusa de se rendre, et l'année 1103, Baudoin Ier pressa avec vigueur, pendant cinq semaines, le siége de cette ville, dont il regardait la possession comme fort importante, à cause de la sûreté de son port. L'arrivée d'une flotte musulmane amenant des secours aux assiégés força Baudoin à se retirer; mais, l'année suivante, aidé lui-même par une flotte génoise, il renouvela le siége avec une nouvelle ardeur, et emporta la place au bout de vingt jours. Akka devint bientôt, à cause de sa position, de la puissance de ses remparts et de la bonté de son port, l'un des boulevards de la domination chrétienne en Palestine. C'est là qu'abordaient la plupart des pèlerins et des Croisés qui venaient visiter ou défendre les Lieux saints. Les Génois, les Vénitiens et les Pisans y avaient des quartiers et des comptoirs distincts, et le commerce de l'Europe et de l'Asie y affluait. Un archevêché latin y fut créé.

En 1187, la funeste bataille de Hattin amena la chute de Akka, qui se rendit à Saladin sans coup férir.

Vers la fin d'août 1189, Guy de Lusignan, à peine sorti de captivité, chercha à relever son trône et à reconquérir d'abord Akka, dont l'importance était capitale.

Après avoir réuni neuf mille hommes sous ses drapeaux, il vint camper devant cette ville, et s'établit sur la colline de Turon. Ses troupes avaient commencé avec ardeur leurs premières attaques contre la place, aidées de la flotte des Pisans, qui la bloquaient par mer, lorsque la nouvelle de l'approche de Saladin ralentit leur courage et les contraignit de se tenir renfermées dans leur camp. Saladin plaça son quartier général sur la colline, dite *Tell-Keisan*, qui s'élève dans la plaine, à neuf kilomètres au sud-est de la ville. Il y avait à peu près quinze jours que les deux armées étaient en présence, et le prince musulman espérait écraser bientôt les forces des Latins, qui étaient bien inférieures en nombre aux siennes, quand une flotte considérable parut à l'horizon, amenant aux Croisés un renfort de douze mille guerriers de la Frise et du Danemark, qui vinrent planter leurs drapeaux et dresser leurs tentes entre la colline de Turon et la ville. Cette flotte fut presque aussitôt suivie d'une autre, qui portait un grand nombre de guerriers anglais et flamands. La ville se trouvant alors serrée de très-près, Saladin tenta de la dégager en se jetant brusquement, le 14 septembre, sur les lignes des Croisés. Un combat acharné s'engagea de part et d'autre.

L'émir Karakouch réussit à forcer les retranchements des Latins, du côté du nord, et Saladin parvint à pénétrer dans la place, où il laissa, avant de se retirer, des vivres et l'élite de ses soldats. Cependant de nouveaux vaisseaux débarquaient sans cesse des Croisés arrivant de la France, de l'Italie et de l'Allemagne. Conrad, marquis de Tyr, amena également ses troupes au secours de l'armée chrétienne. Ainsi renforcés, les assiégeants non-seulement réparèrent leurs pertes, mais encore purent resserrer leurs lignes, et bloquer de toutes parts la ville, au moyen d'une série continue de camps retranchés.

Le 4 octobre, ils résolurent d'offrir eux-mêmes la bataille à Saladin, et descendirent dans la plaine, marchant droit vers la colline qu'occupait le sultan. Après une lutte des plus vives et des plus sanglantes, le camp de Saladin fut forcé, et si l'appât du butin n'avait pas mis le désordre parmi les

Croisés, l'armée des musulmans eût été anéantie, et la ville aurait bientôt été contrainte de se rendre. Ce premier succès des chrétiens se transforma malheureusement presque aussitôt en un revers éclatant, car Saladin, profitant habilement de la faute qu'ils commettaient en se dispersant pour piller son camp, rallia ses troupes, et repoussant à son tour les Francs victorieux, les refoula jusque dans leurs propres retranchements, en leur faisant subir des pertes énormes. L'historien arabe Ibn el-Athir remarque que le nombre des chrétiens tués dans la dernière bataille avait été si grand, et les exhalaisons des cadavres si pernicieuses, que l'air en fut infecté, et que la santé de Saladin en fut gravement atteinte. Ses émirs le pressèrent alors de se retirer momentanément sur le mont Kharouba, qui avoisine à l'est la plaine. Saladin se retira donc sur cette montagne avec une partie de son armée; le reste s'en retourna dans divers cantonnements.

Les Croisés, libres désormais de leurs mouvements, et maîtres de la plaine, reprirent les travaux du siége, et investirent de plus en plus la place; en même temps, ils s'efforcèrent de rendre inexpugnable leur propre camp, en creusant des fossés et élevant des murailles autour des collines qu'ils occupaient.

Ainsi se passa la saison des pluies. Au retour du printemps de l'année 1190, Saladin quitte le mont Kharouba, et regagne son ancien campement de la plaine. Les combats recommencent aussitôt entre les deux armées. Malek-Adel, frère de Saladin, amène dans le camp du sultan des troupes levées en Égypte. Une nouvelle bataille, où toutes les forces des musulmans et des Croisés sont engagées, se termine par la défaite des chrétiens, dont le premier choc avait été irrésistible, mais qui ensuite sont repoussés au milieu de leur triomphe, pendant que, retombant dans une faute qui leur avait été déjà si funeste, ils s'abandonnent confusément au pillage du camp ennemi. Ce revers est heureusement réparé par l'arrivée d'une nouvelle flotte chrétienne, qui débarque un grand nombre de Français, d'Anglais et d'Italiens, sous la conduite de Henri, comte de Champagne. Saladin, à la vue de ce renfort survenu aux Croisés, et ne se croyant plus en sûreté dans son propre camp, se retire une seconde fois sur la hauteur de Kharouba. Pour empêcher toute communication entre la ville et la mer, le duc d'Autriche s'efforce, mais en vain, de s'emparer de la tour dite des *Mouches*. Placée à l'entrée du port, elle lui servait de principale défense, et tout navire musulman venant du dehors, qui pouvait l'atteindre, était sauvé. Le même jour, les assiégeants échouent également dans un assaut général qu'ils livrent à la ville, rappelés qu'ils sont dans leur camp par une attaque soudaine des troupes de Saladin.

L'arrivée de Frédéric, duc de Souabe, fils de l'empereur Frédéric Barberousse, avec cinq mille hommes, restes de l'armée allemande, est le signal de nouveaux combats. Ce prince, en effet, impatient de se signaler aussitôt par quelque fait éclatant, fond sur les avant-postes de l'ennemi qui étaient alors placés sur la colline d'Aiadhia. Saladin, averti de cette attaque, s'avance avec toute son armée, et les chrétiens sont repoussés avec perte. Cependant la disette se fait bientôt cruellement sentir dans le camp des Latins. A la disette se joint aussi une épidémie contagieuse, qui emporte chaque jour deux ou trois cents guerriers. Frédéric de Souabe expire dans sa tente, de misère et de maladie. Sibylle, femme de Guy de Lusignan, meurt avec ses deux enfants, et sa mort est malheureusement une source de désordres parmi les Croisés. Isabelle, sa sœur, en qualité de seconde fille d'Amaury, devenait alors l'héritière du trône de Jérusalem. Bien qu'elle fût déjà mariée à Honfroy de Thoron, Conrad, marquis de Tyr, qui aspirait à régner sur la Palestine, conçut le projet de faire casser son mariage et de l'épouser, afin d'épouser avec elle ses droits à la couronne. Un conseil d'ecclésiastiques cassa, en effet, le mariage de Honfroy de Thoron, et Conrad obtint la main d'Isabelle. Parmi les Latins, les uns néanmoins restèrent attachés à la cause de Lusignan, les autres se déclarèrent pour Conrad, dont la bravoure les charmait, et disaient que, dans les circonstances où l'on se trouvait, le royaume de

Palestine réclamait une main énergique, pour le reconquérir et le défendre. La fureur de ces débats allait amener une collision déplorable entre les deux partis, lorsque les évêques parvinrent à la calmer, en proposant de remettre cette affaire à la décision des rois Richard et Philippe, dont on attendait l'arrivée. Le monarque français débarqua le premier au printemps de 1191. On le pressait de donner un assaut à la ville assiégée; mais, voulant partager avec Richard les périls et la gloire de cette con-

LES ABLUTIONS APRÈS LE REPAS.

quête, il différa l'attaque jusqu'à l'arrivée de ce prince. Celui-ci, chemin faisant, s'était emparé de l'île de Chypre, et ne débarqua que le 8 juin sur les rivages de la Syrie. Dès lors, les travaux du siège devinrent plus actifs que jamais, mais la discorde divisait toujours le camp des Latins. Philippe s'était déclaré pour Conrad, et Richard pour Guy de Lusignan.

Enfin, après de longues discussions, il fut décidé que Guy de Lusignan garderait le titre de roi pendant sa vie, et que Conrad et ses descendants lui succéderaient sur le trône de Jérusalem. Cette funeste querelle une fois apaisée, on poursuivit le siége, dont les opérations s'étaient ralenties dans l'intervalle; les habitants de la ville avaient ajouté de nouvelles fortifications à leurs remparts, et l'armée de Saladin avait reçu des renforts. Plusieurs grandes batailles furent livrées autour d'Acre, et, des deux côtés, les musulmans et les chrétiens rivalisèrent de courage, de persévérance et d'audace, pour se disputer la possession de la ville assiégée. Elle capitula enfin le 12 juillet, et les étendards des Latins furent arborés sur ses remparts. Les habitants promettaient de faire rendre aux chrétiens le bois de la vraie croix avec seize cents prisonniers; ils s'engageaient, en outre, à payer deux cent mille besants d'or aux chefs de l'armée chrétienne.

C'est pendant ce siége, l'un des plus célèbres, sans contredit, dont l'histoire fasse mention, tant en raison de sa durée qu'à cause des forces innombrables qui s'y trouvèrent en présence, que prit naissance l'Ordre hospitalier et militaire des chevaliers Teutoniques, formé d'abord par l'association d'une quarantaine de seigneurs allemands, qui se réunirent entre eux pour soigner les pauvres soldats de leur nation.

C'est encore de cette époque que date l'institution de la Trinité, dont l'objet était de racheter les chrétiens devenus captifs des musulmans.

Acre demeura un siècle au pouvoir des chrétiens. Siége de la royauté, elle acquit une splendeur qu'elle n'avait jamais eue auparavant. De nombreuses églises s'élevèrent dans son enceinte.

En 1219, saint François d'Assise y fonda la première maison de son Ordre en Palestine.

Les trois grands Ordres de Saint-Jean de Jérusalem, des Templiers et des chevaliers Teutoniques, y avaient des couvents dans des quartiers distincts, et le premier de ces Ordres prit le nom de Saint-Jean d'Acre, nom qui passa à la ville elle-même. Celle-ci était divisée en dix-neuf quartiers. En raison de sa position maritime, elle devint comme une sorte d'entrepôt maritime entre l'Occident et l'Orient. Du côté de la terre, elle était environnée d'une double muraille, que surmontaient, de distance en distance, de hautes tours couronnées de créneaux. Saint Louis, en 1252, pendant son séjour en Palestine, ne négligea rien pour accroître ses fortifications.

En 1159, les Mongols ravagèrent ses environs.

Le 14 avril 1263, le sultan Bibars, après s'être emparé d'une colline voisine de la ville où les chrétiens s'étaient retranchés, saccagea toute la banlieue de Saint-Jean d'Acre.

Le 22 avril 1272, il conclut avec le roi de Jérusalem une paix de dix années dix mois dix jours et dix heures, qui se limitait toutefois à la plaine de Saint-Jean d'Acre et à la route de Nazareth.

Au commencement d'avril de l'année 1291, le sultan Malek el-Achraf, fils de Kelaoun, vint investir Saint-Jean d'Acre avec une armée qui comptait cent quarante mille fantassins et soixante mille cavaliers. Le siége fut aussitôt poussé avec une grande vigueur. Le danger avait d'abord réuni tous les habitants, et soutenus par l'espoir que l'Occident leur enverrait du secours, ils avaient résisté aux premières attaques avec un rare courage; mais ensuite, beaucoup d'entre eux cherchèrent leur salut dans la fuite en s'échappant par mer; la division se mit aussi parmi les chefs. Le 16 mai, les musulmans parvinrent à s'ouvrir une brèche. Les milices du Temple et de l'Hôpital firent alors de tels prodiges de valeur, que l'ennemi fut refoulé, au moment où il était déjà presque maître de la place. Le 18 enfin, après une sortie hardie, mais malheureuse, tentée par les Templiers, les Égyptiens renversèrent la porte Saint-Antoine, et se précipitèrent à travers la ville, qui fut mise à feu et à sang, et livrée à toute la fureur des hordes victorieuses du sultan. Les églises furent profanées. Rien ne fut épargné; ni le sexe ni l'âge n'échappèrent à la brutalité sanguinaire de l'ennemi. On connaît la magnanime résolution des religieuses de Sainte-Claire, qui se tranchèrent le nez avec un rasoir, pour sauver leur virginité. Les Sarrasins, en effet, à la vue de leurs visages ensanglantés et affreusement mutilés, conçurent de l'horreur pour elles, et se contentèrent de leur arracher la vie. Cependant le château du Temple tenait encore. Là s'étaient retranchés, comme dans un dernier asile, tous les chevaliers qui avaient échappé à la mort. Le sultan leur accorda une capitulation, mais les musulmans envoyés auprès d'eux pour prendre possession du château, ayant outragé des femmes chrétiennes réfugiées dans l'une des tours, tombèrent immédiatement sous leurs coups. Cette juste vengeance fut le signal de leur trépas. Attaqués de toutes parts avec furie, ils se défendirent de même ; mais, après plusieurs jours d'une résistance désespérée, l'une des principales tours, ayant été minée, s'écroula, ensevelissant sous ses décombres tous ceux qu'elle renfermait, tous ceux aussi qui montaient à l'assaut. La ville fut ensuite rasée, et ses remparts renversés. Cette destruction toutefois ne fut pas totale, car les voyageurs des siècles suivants font encore mention des débris considérables de ses fortifications et de plusieurs de ses édifices.

En 1658, le chevalier d'Arvieux parle de Saint-Jean d'Acre comme d'un vaste amas de ruines magnifiques. Il y signale, en particulier, les restes de cinq édifices datant de l'époque des Croisades, à savoir l'église Saint-André, l'arsenal de la marine, le couvent des chevaliers de Saint-Jean, le palais de leur grand maître et l'église de Saint-Jean. L'émir Fakhr-eddin y avait érigé un vaste khan, mais, en même temps, il avait à moitié comblé le port. En 1749, le cheikh Dhaher el-Amer commença à redonner à Saint-Jean d'Acre, où il établit sa résidence, une véritable importance. Il en releva les murs et les fortifications, y construisit un château sur l'emplacement d'une partie de l'hôpital des chevaliers de Saint-Jean, fit fleurir dans la ville la justice et y favorisa le commerce. En 1775, il périt à un âge fort avancé, par suite des craintes qu'il inspirait à la Porte. Il eut pour successeur Ahmed, plus connu sous le nom de Djezzar ou le Boucher, dû à son extrême cruauté. C'est lui qui construisit la célèbre mosquée et le khan qui portent son nom, ainsi que l'aqueduc qui amène dans la ville les eaux du village de Kabreh. Il fortifia aussi cette place.

Le 20 mars 1799, Saint-Jean d'Acre fut investie par Bonaparte, qui espérait pouvoir l'enlever facilement ; mais Djezzar s'y était enfermé avec une nombreuse garnison. En outre, l'amiral anglais Sidney Smith, qui croisait dans ces parages, lui fournit des ingénieurs et des canonniers, et réussit à s'emparer de l'artillerie de siége qui arrivait par mer d'Alexandrie aux Français. Bonaparte, réduit à une artillerie tout à fait insuffisante pour attaquer une place semblable, donna l'ordre néanmoins d'ouvrir aussitôt la tranchée. Le 28 mars, il tenta un premier assaut, mais sans succès. Le 28 avril, pendant que les travaux du siége se poursuivaient, il détacha la division Kléber vers le Jourdain pour en disputer le passage à une nombreuse armée turque arrivant de Damas au secours de Saint-Jean d'Acre. Le 16 avril, cette armée fut détruite dans les plaines du mont Thabor par Kléber et par Bonaparte lui-même, qui était accouru à la tête de la division Bon. De retour sous les murs de Saint-Jean d'Acre, Bonaparte pressa le siége avec une nouvelle ardeur ; mais la garnison ennemie avait reçu de puissants renforts, et le 20 mai, manquant lui-même de munitions, après avoir perdu par le feu, les fatigues ou les maladies près du tiers de sa petite armée, composée seulement de treize mille hommes, il se décida enfin à la retraite. Djezzar mourut en 1804. Son successeur fut Ismaël, qui fut lui-même remplacé par Soliman, et celui-ci, plus tard, par Abdallah.

Le 27 novembre 1831, Ibrahim-Pacha vint avec une nombreuse armée égyptienne attaquer Saint-Jean d'Acre. Il bombarda longtemps la place, mais en vain. Après l'avoir accablée de boulets, il n'avait pu pratiquer aucune brèche dans le rempart. Méhémet-Ali lui envoya alors un ingénieur napolitain qui commença des opérations régulières et le rendit maître de la vil e. Après six mois de siége, elle fut emportée d'assaut, le 27 mai, et livrée au pillage. Les années qui suivirent, elle se releva peu à peu de sa ruine, et ses remparts furent réparés. Au commencement de l'automne de 1840, elle fut bombardée de nouveau par la flotte combinée de l'Angleterre, de l'Autriche et de la Turquie. Le 3 novembre,

Femme d'un fellah faisant du beurre.

l'explosion de la poudrière, qui entraîna la mort de deux mille Égyptiens, jeta le découragement dans le reste de la garnison, et celle-ci se retira la nuit suivante.

En 1843, on commença à restaurer les remparts et les bastions. Mais la ville porte encore les traces des nombreux ravages qu'elle a subis à différentes époques; beaucoup de maisons sont renversées, et les ruines se sont accumulées sur les ruines. Dans quelques quartiers, néanmoins, des constructions nouvelles attestent une sorte de résurrection et de prospérité relative, dues à la tranquillité de ces dernières années.

A une faible distance au sud de Saint-Jean d'Acre, on rencontre un petit fleuve que l'on franchit à gué près de son embouchure. Il est appelé actuellement Nahr Namin ou Naman. C'est l'ancien Bélus ou Pagida, mentionné par Josèphe et par Pline. Nous lisons dans le premier de ces deux écrivains (*Guerre des Juifs*, liv. XI, ch. x, § 2) : « A deux stades de la ville (Ptolémaïs) coule un tout petit fleuve appelé Belæus, près duquel se trouve le monument de Memnon qui avoisine un endroit long de cent coudées et digne d'admiration. Rond et creux, il fournit, en effet, le sable qui sert à faire le verre. Ce sable a beau être épuisé par les nombreux navires qui abordent à ce point de la côte, la mine d'où on le tire se remplit aussitôt, les vents y amoncelant comme à dessein un sable inutile au dehors, mais qui se transforme aussitôt en verre dans cette mine. »

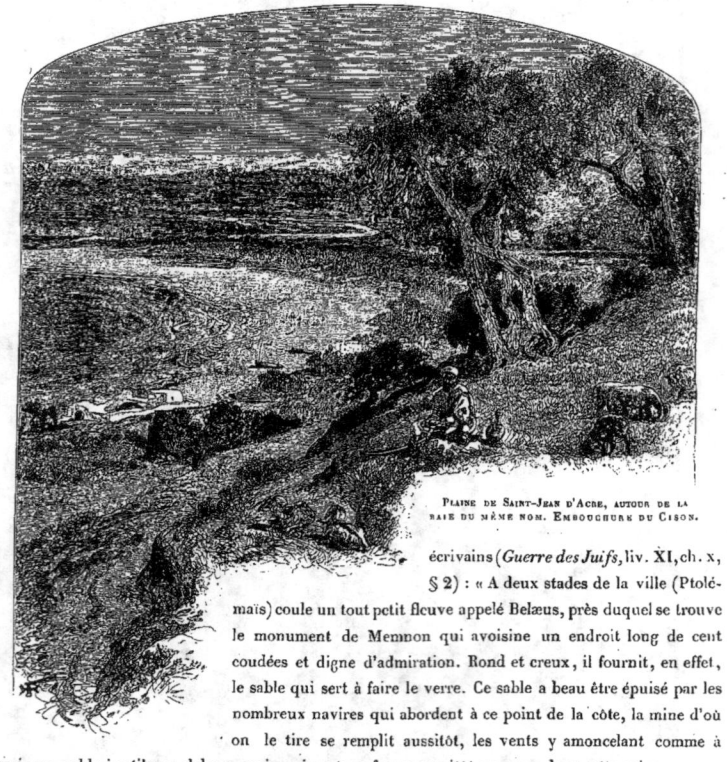

PLAINE DE SAINT-JEAN D'ACRE, AUTOUR DE LA BAIE DU MÊME NOM. EMBOUCHURE DU CISON.

Pline, de son côté, s'exprime ainsi à ce sujet (*Histoire naturelle*, lib. XXXVI, cap. xxvi) :

« *Pars est Syriæ, quæ Phœnice vocatur, finitima Judææ, intra montis Carmeli radices paludem habens, quæ vocatur Cendevia. Ex ea creditur nasci Belus amnis, quinque M. passuum spatio in mare perfluens, juxta Ptolemaidem coloniam. Lentus hic currit, insalubri potu, sed cæremoniis sacer, limosus, vado profundus. Non nisi refuso mari arenas fatetur, fluctibus enim volutatæ nitescunt, detritis sordibus. Tunc et marino creduntur adstringi morsu, non prius utiles. Quingentorum est passuum non amplius littoris spatium, idque tantum multa per sæcula gignendo fuit vitro.* »

Ailleurs, dans un autre passage, le même écrivain nous parle du Bélus, qu'il appelle pareillement Pagida. De ces trois différents passages il ressort que le Bélus ou Pagida coulait non loin de Ptolémaïs, que ce petit fleuve de cinq mille pas de cours seulement tirait sa source du marais Cendevia, et que, près de son embouchure dans la mer, le sable qui avoisinait ses bords servait depuis de longs siècles à la fabrication du verre. En ce qui concerne le monument de Memnon signalé par Josèphe, il n'en subsiste plus le moindre vestige, ou si quelques débris de ce tombeau ont échappé au temps et aux hommes, ils sont actuellement recouverts par les sables accumulés de la plage. Le nom de Bélus est celui d'une ancienne divinité phénicienne, Bel ou Baal. Celui de Pagida, que ce fleuve portait également, est identifié par Reland avec le nom de Figah, que les Talmudistes donnent à l'un des fleuves de la Palestine. Le marais Cendevia mentionné par Pline est actuellement connu sous la désignation de Basset el-Kerdaneh. Environné d'une ceinture de gigantesques roseaux, il occupe à peu près le centre de la plaine proprement dite de Saint-Jean d'Acre. Là sont les sources du Nahr Namin. Ces sources, à leur origine, sont immédiatement assez abondantes pour former un cours d'eau considérable et pour faire tourner les meules d'un moulin. Près de ce moulin, on remarque les assises inférieures d'un ancien pont et les restes d'une tour percée de meurtrières et à voûtes ogivales, qui paraît dater de l'époque des Croisades.

A douze kilomètres au sud de l'embouchure du Nahr Namin, après avoir traversé le long de la baie de larges dunes dont le sable fin et mobile ondule sous le vent, on est arrêté par un autre petit fleuve que l'on passe de même à gué près de son embouchure, c'est le célèbre Cison, en hébreu Kichon, aujourd'hui connu sous le nom arabe de Nahr el-Moukattha. De là, en se dirigeant vers l'ouest et laissant derrière soi de frais et délicieux jardins du sein desquels s'élancent çà et là de jolis palmiers au-dessus de divers arbres à fruits, on ne tarde pas à atteindre Heifa.

Heifa, vulgairement appelée Kaïpha par les Occidentaux, forme, au sud de la baie de Saint-Jean d'Acre, un parallélogramme d'environ cinq cents pas de long sur une largeur de quatre cents. Le mur d'enceinte qui l'enferme est flanqué de tours et de bastions. Deux portes donnent entrée dans la ville, l'une vers le sud-est, l'autre vers le nord-ouest. Cette enceinte ne date que d'un siècle. La population actuelle se décompose ainsi : cent quatre-vingts Latins, six cents Grecs-unis, trois cents Grecs schismatiques, neuf cents Juifs et douze cents musulmans. La paroisse catholique est administrée par deux Pères et un Frère Carmes, qui habitent un couvent attenant à cette église, dont la fondation est toute récente. Depuis quelques années, la ville s'agrandit de plus en plus du côté du nord-ouest et déborde bien au delà de la petite enceinte qui l'enserrait auparavant. On remarque tout d'abord, dans ce quartier nouveau, l'établissement français des Dames de Nazareth, qui date de l'année 1860. Il compte actuellement deux cents jeunes filles. L'instruction qui leur est donnée est essentiellement gratuite; elle est de plus et avec beaucoup de raison très-élémentaire. Les religieuses qui les dirigent s'efforcent avant tout de les préparer à devenir un jour de bonnes et vertueuses mères de famille, sans chercher à développer leur esprit par des connaissances variées qui les mettraient trop au-dessus de la position de leurs parents et de celle de leurs futurs maris. De cette manière, elles évitent de leur créer des prétentions et des besoins qui, ne pouvant pas être satisfaits, seraient plus tard pour elles la source d'amers désenchantements. A cette maison est attaché un dispensaire où, soir et matin, affluent de nombreux malades appartenant à toutes les religions. La supérieure est madame de Vaux, femme d'une intelligence singulière et d'un dévouement égal à l'éminence de son esprit. Après avoir été longtemps à la tête de son Ordre, auquel elle a rendu des services signalés, soit en France, soit en Orient, elle administre maintenant cet humble établissement de Kaïpha qui, depuis sa création, a si bien mérité de cette ville. Six religieuses, la plupart jeunes encore, ont déjà payé de leur vie les fatigues auxquelles elles s'étaient livrées, et leur dépouille mortelle repose dans le jardin de la maison, à l'ombre de vieux tamaris, près desquels leurs compagnes viennent souvent s'agenouiller et prier, prêtes elles-mêmes à mourir, s'il le faut, à la fleur de l'âge, victimes du même dévouement.

La colonie allemande qui a été transportée à Kaïpha, il y a quelques années, a d'abord été très-éprouvée

Fleuve du Cison. — Un campement de Bédouins.

par la maladie; maintenant, la mortalité est à peu près la même parmi ceux qui la composent que parmi les indigènes. Elle compte huit cents Wurtembergeois. Le quartier qu'ils habitent, en dehors de la ville, se couvre peu à peu de maisons élégamment bâties et appropriées aux exigences du climat. Indépendamment des matériaux trouvés sur place au milieu des ruines de Heifa el-Atika ou de l'ancienne Kaïpha, ils ont ouvert sur les flancs du mont Carmel une belle carrière, dont les pierres, d'une blancheur éclatante, peuvent se tailler facilement et durcissent à l'air. Chaque maison est environnée d'un petit jardin. On ne peut nier les progrès matériels que ces Allemands ont amenés avec eux dans le pays. C'est ainsi qu'ils ont pratiqué une route carrossable entre Kaïpha et Nazareth, et jeté un pont sur le Nahr el-Moukattha. D'un autre côté, l'influence prussienne et protestante s'étend par eux dans cette partie de la Palestine; aussi serait-il fort à désirer que des colonies latines et catholiques vinssent propager une influence, à la fois religieuse et politique, opposée. La Palestine, en effet, ne pourra jamais se relever de l'abaissement profond dans lequel elle est plongée au moyen du seul élément indigène. Très-peu peuplée et très-mal administrée, elle aurait besoin d'un élément étranger considérable réparti sur différents points de son territoire, pour tirer de son sol, qui peut se prêter aux cultures les plus variées, les richesses dont il est toujours susceptible. Cette contrée, jadis si fertile, et qui l'est encore partout où elle est tant soit peu cultivée, changerait,

Ancienne tour ruinée de Kaïpha. — Vue de Saint-Jean d'Acre dans le lointain.

avec le temps, en un aspect riant et plein de vie l'air triste et désolé qu'elle présente, hélas! trop souvent aujourd'hui, si des colonies chrétiennes bien dirigées venaient s'y établir dans les endroits les plus salubres et savaient y faire refleurir, avec son antique fécondité, sa beauté première. Comme la France, à l'époque des Croisades, y a fondé un puissant État, et que depuis la chute de ce royaume elle n'a jamais cessé, à aucune époque de son histoire, d'y patronner les intérêts des populations catholiques qui l'habitent encore; comme, depuis une trentaine d'années, notamment, elle y a créé et y entretient de nombreux établissements de charité ou d'éducation, qui y répandent de tous côtés les bienfaits et l'amour de notre nation, c'est à elle, plus qu'à aucun autre État catholique, que semble dévolue la mission d'introduire, elle aussi, en Palestine et d'y asseoir sur des bases solides des colonies latines qui s'y trouveraient beaucoup moins dépaysées que partout ailleurs. La Palestine, en effet, est pleine du souvenir de nos aïeux. On n'y peut faire un pas sans y rencontrer les vestiges des églises, des couvents et des forteresses de nos pères. Que dis-je? la Palestine est parsemée encore de nos hôpitaux, de nos dispensaires et de nos écoles, et nos colons, en y débarquant, y seraient accueillis comme des frères.

Vers le sud de la ville, sur une éminence rocheuse qui commande Kaïpha et la rade, on aperçoit les restes d'un château où résidait autrefois le gouverneur de la place, et qui a subi de grands dégâts, lors du bombardement de Kaïpha en 1840, par la flotte combinée de l'Angleterre, de l'Autriche et de la Turquie. C'est aujourd'hui une ruine assez pittoresque, et des terrasses qui couronnent ce château l'œil embrasse avec admiration tous les contours de la baie immense dont Saint-Jean d'Acre et Kaïpha occupent les deux extrémités opposées.

Dix minutes avant d'atteindre le Ras Karmel, on foule sur un sol en partie inculte et en partie labouré des pierres éparses et les arasements de maisons renversées, pierres et arasements qui disparaissent de jour en jour, à mesure que la colonie allemande s'étend davantage. On est alors sur l'emplacement d'une ville détruite et appelée Heifa el-Atika (Heifa l'antique). Là, en effet, s'élevait jadis la ville de Hépha, dont le nom s'est conservé dans celui de Heifa, vulgairement Kaïpha, qui, à une époque assez rapprochée de nous, a été rebâtie avec les débris de l'ancienne cité, à vingt minutes à peine à l'est-sud-est de celle-ci.

PUITS DANS UN JARDIN DE KAÏPHA.

D'après le témoignage formel d'Eusèbe, la ville de Hépha s'appelait pareillement Sycaminos. Saint

Jérôme adopte et confirme cette assertion. A l'époque de Strabon, cette ville de Sycaminos, qui devait probablement son nom aux sycomores dont son territoire était couvert, n'était déjà plus qu'un souvenir.

C'est à Sycaminos que, l'an 104 avant Jésus-Christ, aborda Ptolémée Lathyre. Ce prince, chassé d'Égypte par sa mère Cléopâtre, et alors roi de Chypre, avait été appelé au secours des habitants de Ptolémaïs, qu'assiégeait Alexandre Jannée, et qui ensuite se repentirent d'avoir imploré son assistance et ne voulurent pas le recevoir. Il débarqua ses troupes à Sycaminos.

Lors de la première Croisade, Godefroy de Bouillon concéda à Tancrède la ville de Tibériade avec toute la principauté de Galilée jusqu'à la ville maritime de Kaïpha, que Guillaume de Tyr appelle également Porphyria; mais il fallait d'abord conquérir cette ville, qui ne tomba au pouvoir des chrétiens qu'après un siége qui dura plus de quinze jours et qu'avec les efforts réunis d'une armée de terre et d'une flotte vénitienne.

Il faut distinguer cette Porphyria de la Mutatio Porphyrion signalée par le Pèlerin de Bordeaux, à huit milles au nord de Sidon. Que l'on ne s'étonne pas si deux villes portant la même appellation se trouvaient sur la même côte; car les coquillages qui fournissaient de la pourpre y étaient très-communs et avaient pu faire donner aux deux endroits principaux où on les recueillait le nom de Porphyria ou de Porphyrion.

Pendant le fameux siége de Saint-Jean d'Acre par Philippe-Auguste et Richard Cœur de lion, Saladin, qui était maître de Kaïpha, profita du port de cette ville pour ravitailler la place assiégée. Celle-ci ayant été emportée de force au mois de juillet de l'année 1191, Saladin se retira, après avoir ravagé et démantelé complétement Kaïpha, pour ne laisser qu'une ruine aux chrétiens. Ces derniers la relevèrent ensuite, et elle reprit peu à peu une certaine importance. En 1761, le célèbre cheikh Dhaher el-Amer construisit la ville actuelle avec les débris de l'ancienne, dont la position fut alors abandonnée.

MONT CARMEL

Une plaine entrecoupée d'oliviers sépare Kaïpha du mont Carmel. Au bout d'une demi-heure de marche dans la direction du nord-ouest, on commence à escalader les pentes de la montagne. Un sentier pratiqué par les religieux du couvent, et le plus souvent en forme d'escalier, s'élève progressivement jusqu'à une hauteur qui peut être évaluée à cent quatre-vingts mètres. Un petit mur servant de garde-fou le borde vers la droite; une fois parvenu sur la plate-forme supérieure, on laisse de côté l'ancienne villa d'Abdallah-Pacha, réservée actuellement à la réception des pèlerins arabes et, depuis quelques années, surmontée d'un phare; puis, au delà d'une grande cour sous laquelle règnent plusieurs citernes, on se trouve en présence du monastère. Il forme un vaste parallélogramme dont la façade principale, tournée vers la plage, compte seize fenêtres de face à chaque étage. Le second étage est couronné par d'immenses terrasses d'où le regard se promène au loin avec un véritable ravissement. A l'ouest, on voit se dérouler indéfiniment devant soi la surface resplendissante d'une mer azurée. Vers le nord, on croirait toucher du doigt la ville de Saint-Jean d'Acre, qui semble se rapprocher fraternellement de celle de Kaïpha. Vers l'est et vers le nord-est, les montagnes de la Galilée apparaissent avec leurs configurations et leurs altitudes diverses. Des villes et des villages disséminés çà et là se montrent dans le lointain. Au sud, le promontoire d'Atlith étale ses ruines gigantesques. Il est diffi-

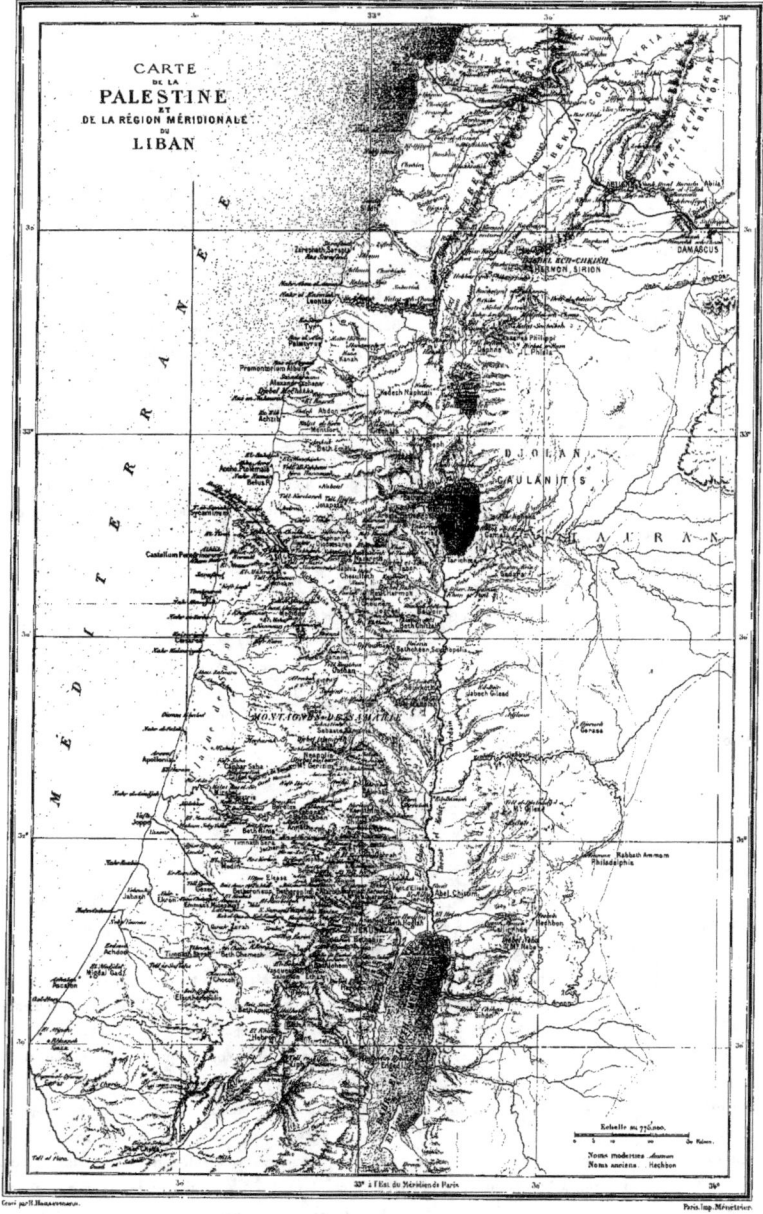

cile, devant un pareil spectacle, d'échapper à l'admiration qu'il fait naître dans l'esprit. Quant aux souvenirs qui peuplent le Carmel, et en particulier l'emplacement du couvent, ils sont très-propres également à frapper l'imagination. Ce monastère, en effet, renferme la grotte mystérieuse qui, d'après la tradition, servit autrefois d'asile au prophète Élie, et qui est actuellement comprise dans la chapelle. Celle-ci s'élève au centre des bâtiments, et affecte la forme d'une croix et en même temps d'une rotonde. Sous le maître-autel, auquel on monte par deux escaliers qui se répondent à droite et à gauche, est une petite crypte taillée dans le roc, où l'on descend par quelques degrés. C'est la grotte dite d'Élie. On y voit la statue de ce prophète sur le maître-autel; une belle statue de la Vierge tenant l'Enfant Jésus dans ses bras y est l'objet d'une grande vénération. C'est la patronne de la chapelle et du monastère dédiés à Notre-Dame du Mont-Carmel. Au-dessus de la rotonde s'arrondit une coupole peinte en bleu et constellée d'étoiles dorées; elle est elle-même surmontée d'une lanterne et éclairée par plusieurs fenêtres rondes. Outre le maître-autel, deux autels latéraux sont placés chacun sous un enfoncement carré qui répond à ceux du vestibule et du chœur, et ces quatre enfoncements, disposés autour de la nef circulaire du centre, déterminent le plan cruciforme de la chapelle. Les murs extérieurs du couvent sont fort épais, comme ceux d'une véritable forteresse, afin de pouvoir, en cas de besoin, résister à une attaque de la part des Arabes. Le premier étage est destiné aux étrangers, qui y reçoivent, à quelque nation et religion qu'ils appartiennent, l'hospitalité la plus cordiale et la plus empressée. Le second étage est réservé aux religieux. Il contient, indépendamment de leurs cellules, une bibliothèque, un oratoire et une salle pour les réunions du chapitre. Le tout est conçu dans un style simple et sévère, et a coûté des sommes très-considérables, tant à cause de la grandeur des constructions qu'à cause surtout des obstacles sans nombre qu'a rencontrés le Frère Jean-Baptiste de Frascati pour relever ce monastère de ses ruines. Tel qu'il est, c'est, sans contredit, le plus beau de la Palestine. Dans le jardin des religieux, s'élève une petite pyramide qui rappelle le souvenir des soldats français égorgés par les Turcs sur le mont Carmel. On sait, en effet, qu'après l'échec de Saint-Jean d'Acre, Bonaparte laissa, en se retirant, un certain nombre de soldats blessés confiés aux religieux du mont Carmel. Ces malheureux, ainsi que les dignes moines qui les avaient soignés, furent bientôt cruellement massacrés par les musulmans. Plus tard, leurs ossements blanchis et dispersés furent pieusement recueillis par un Père Carme; la petite pyramide que j'ai mentionnée marque le lieu où ils furent enterrés.

Le Carmel, en hébreu, avec l'article, Ha-Carmel (le Jardin, le Vignoble), en grec Κάρμηλος, en latin Carmel, en arabe Djebel Mar Elyas (mont Saint-Élie), est une chaîne de montagnes courant du nord-ouest au sud-est, dont la longueur est d'environ vingt-cinq kilomètres et dont la largeur varie entre six et huit kilomètres. Elle consiste en grande partie en une roche calcaire molle et blanche, avec de nombreuses veines de pierres à feu. Vers l'ouest, on trouve de la brèche tertiaire formée de fragments calcaires et siliceux; au nord-est, les roches plutoniques apparaissent. Dans plusieurs endroits, notamment au-dessus du couvent de Saint-Brocard, dont il sera question plus loin, beaucoup de voyageurs ont signalé l'existence de prétendus fruits pétrifiés, qu'ils appellent soit melons, soit pommes, soit pêches, soit olives, selon leur grosseur et leur forme. Ce sont tout simplement des géodes, pierres qui sont vides à l'intérieur et dont la cavité est tapissée de quartz ou de chalcédoine, qui imitent le dedans de certains fruits, de même que l'extérieur en figure le dehors. On connaît la légende qui se rapporte à cet endroit, appelé le *Jardin d'Élie*, ce prophète, d'après une tradition, ayant changé en pierres les melons et les autres fruits d'un verger qu'il traversait, parce que le jardinier avait refusé de lui en donner un qu'il demandait.

La hauteur du Carmel, vers l'ouest, ne dépasse guère deux cents mètres; mais, vers le centre et surtout vers l'est, cette chaîne s'élève davantage, et elle atteint une altitude qui, dans le point culminant, peut être évaluée à cinq cent soixante-dix mètres. Elle est en grande partie boisée; les chênes surtout

COUVENT DU MONT CARMEL.

y abondent et appartiennent à différentes espèces. D'épais fourrés de lentisques entremêlés de petits pins et de caroubiers sont le refuge d'animaux sauvages. Les chacals y font entendre le soir leurs miaulements plaintifs; les hyènes n'y sont pas rares non plus; quelquefois aussi des panthères ont été aperçues dans le voisinage du couvent, comme me l'a affirmé l'un des Pères. Ce même religieux m'a assuré pareillement que les broussailles y recélaient souvent de gros serpents. On sait que les moines du mont Carmel savent composer, avec les simples et les herbes odoriférantes qui croissent à profusion sur cette montagne, des eaux et des élixirs renommés, fort utiles dans certaines maladies. Or, en herborisant au milieu des fourrés, plusieurs d'entre eux ont plus d'une fois rencontré des reptiles mesurant un mètre de long et même davantage.

Le Carmel, aujourd'hui si verdoyant encore presque partout, par suite d'une végétation naturelle et spontanée qui ne doit rien au travail de l'homme, était jadis parfaitement cultivé et couvert d'oliviers,

POINTE NORD DU MONT CARMEL AVEC SON PHARE.

de vignes et d'arbustes, comme nous l'apprenons par un passage de saint Jérôme (*Commentaire sur Jérémie*, ch. IV, ẏ 26) :

« *Carmelus mari imminet magno, oleis consitus et arbustis vineisque condensus.* »

Il était en outre habité, et plusieurs villes y avaient été construites, témoin le verset suivant de Jérémie (ch. IV, ẏ 26) :

« *Aspexi et ecce Carmelus desertus, et omnes urbes ejus destructæ sunt a facie Domini et a facie iræ furoris ejus.* »

Le Carmel touchait à quatre tribus : vers le nord-est, à la tribu d'Aser; vers l'est, à celles de Zabulon et d'Issachar; au sud, à la demi-tribu de Manassé. Dans plusieurs passages de l'Écriture, la beauté du Carmel est justement vantée. Isaïe, annonçant le Messie futur, s'exprime ainsi (ch. XXXV, ẏ 2) :

« *Gloria Libani data est ei, decor Carmeli et Saron.* »
Dans le Cantique des cantiques, la tête de l'épouse est comparée au Carmel (ch. VII, ẏ 5) :

« *Caput tuum, ut Carmelus.* »

Sans doute, parce qu'elle était parée de sa chevelure, comme le Carmel de sa riche végétation. C'est sur le Carmel que Dieu confondit les prêtres de Baal par le ministère d'Élie. (*Rois*, liv. III, ch. XVIII.)

L'endroit consacré par cet événement est encore désigné sous le nom de El-Maharka (le Sacrifice, l'Holocauste), en souvenir du sacrifice qui y fut jadis offert par le prophète. Une petite chapelle, de date récente, a été bâtie, par les religieux du Mont-Carmel, sur l'emplacement présumé de cet holocauste. Alentour, on remarque quelques restes de misérables habitations. De ce point élevé le regard plonge, à l'est, sur l'immense plaine d'Esdrelon, et au bas des pentes abruptes de la montagne coule, à une profondeur d'environ trois cent quarante mètres, le Nahr el-Moukattha, le Cison de la Bible, qui rase de près les flancs inférieurs du Carmel. Sur les bords du fleuve on aperçoit un monticule que les Arabes appellent *Tell el-Kasis* (la colline des Prêtres); d'autres la désignent également sous la dénomination de *Tell el-Katl* (la colline du Massacre), en souvenir des prêtres de Baal qui y furent égorgés par l'ordre d'Élie. Ce prophète était sur le sommet du Carmel lorsqu'il obtint par ses prières la pluie du ciel, après une sécheresse de trois années. Dans le bréviaire romain, il est dit que l'on bâtit une église à la Sainte Vierge sur le Carmel, à l'endroit d'où Élie avait observé un petit nuage qui s'élevait de la mer, emblème et figure de la Vierge, selon plusieurs Pères de l'Église.

Après la disparition d'Élie, enlevé au ciel sur un char de feu non loin du Jourdain, son disciple Élisée vint au Carmel. Il était sur cette montagne, lorsque la Sunamite accourut au-devant de lui pour le supplier de la suivre à Sunam et de rappeler à la vie son fils, qu'une fièvre soudaine avait emporté.

Non-seulement les Hébreux, mais encore les Gentils, dès les temps les plus anciens, vénéraient le Carmel comme une montagne sacrée; car, dans la *Vie de Pythagore*, par Jamblique, nous voyons que ce philosophe, ayant abordé à Sidon et ensuite au pied du Carmel, visita le sanctuaire qui s'y trouvait. Ce sanctuaire consistait sans doute en une sorte de téménos ou enceinte sacrée non couverte, au milieu de laquelle s'élevait un autel, car nous lisons dans Tacite à ce sujet (*Histoires*, liv. II, ch. LXXVIII) :

« *Est Judæam inter Syriamque Carmelus : ita vocant montem deumque. Nec simulacrum deo, aut templum; sic tradidere majores; aram tantum ac reverentiam. Illic sacrificanti Vespasiano, cum spes occultas versaret animo, Basilides sacerdos, inspectis identidem extis : Quidquid est, inquit, Vespasiane, quod paras..... magna sedes.....* »

« Entre la Judée et la Syrie s'élève le Carmel : c'est le nom tout à la fois d'une montagne et d'un dieu. Ce dieu n'a ni statue ni temple; ainsi l'ont voulu les fondateurs de son culte; il n'a qu'un autel et des adorations. Vespasien sacrifiait en ce lieu, dans le temps où son esprit roulait de secrètes espérances. Le prêtre Basilide, après avoir, à plusieurs reprises, considéré les entrailles des victimes : « Vespasien, lui dit-il, quelque projet que tu médites, il t'est réservé une vaste demeure. »

Dès les premiers siècles de l'Église, quelques anachorètes se retirèrent sur le Carmel, où ils vivaient dans des cavernes. Ils se construisirent, près de la grotte d'Élie, un oratoire en l'honneur de la Sainte Vierge. Ensuite un grand monastère y fut bâti. Jean Phocas, qui parcourait la Palestine en 1185, en vit les ruines. L'an 1209, Brocard, supérieur d'un nouveau monastère, s'adressa à saint Albert, patriarche de Jérusalem, pour le prier de vouloir bien formuler un ensemble de prescriptions, qui servît de règle à son Ordre. Saint Albert acquiesça à son désir, et la règle qu'il imposa aux moines du Mont-Carmel est encore celle qui, sauf quelques modifications, est observée de nos jours par les religieux carmes. A peine constitué, cet Ordre se répandit bientôt par toute l'Europe.

Saint Simon Stock, du pays de Kent, devenu général de l'Ordre, fonda, en 1245, la confrérie du Scapulaire.

Parmi les pèlerins les plus célèbres qui visitèrent alors le couvent du Carmel, il faut citer le roi saint Louis, qu'une violente tempête avait jeté sur cette côte. Après avoir subi différentes vicissitudes, ce couvent dura jusqu'en 1799, année où il servit d'hôpital aux soldats français blessés au siége de Saint-Jean d'Acre ou atteints de la peste. Quand l'armée française eut opéré sa retraite, les Turcs le dévastèrent, égorgèrent quelques moines, mirent en fuite les autres et tuèrent impitoyablement les blessés et les malades auxquels les religieux avaient donné asile. Djezzar-Pacha enleva plusieurs colonnes et les plaques de marbre qui ornaient l'église, pour les transporter à Saint-Jean d'Acre et en décorer la mosquée qu'il construisait. En 1821, Abdallah-Pacha, sous le prétexte que le couvent du Carmel, qui, bien qu'abandonné, était encore en partie debout, pourrait être occupé et fortifié par les Grecs, avec lesquels la Sublime Porte était alors en guerre, renversa de fond en comble ce monastère, et avec les matériaux il se bâtit un pavillon qui existe encore. Le Frère Jean-Baptiste de Frascati, qui avait été envoyé de Rome avec la mission de restaurer le couvent du Mont-Carmel, arriva pour être témoin de son entière destruction, et il en vit avec douleur sauter par la mine les derniers débris. Sans se décourager, il ne renonça point à ce projet, et en 1826, grâce à l'intervention de l'ambassadeur de France à Constantinople, il obtint de Mahmoud un firman favorable. Mais, pour réaliser ses plans, il lui fallait des sommes considérables; il se mit donc à parcourir l'Asie et l'Europe, quêtant partout pour Notre-Dame du Mont-Carmel. Quand il eut ramassé une vingtaine de mille francs, il revint jeter les fondements de l'édifice grandiose qu'il méditait; puis il recommença ses grandes pérégrinations, poursuivant sans cesse le même but et rapportant ensuite les aumônes de la chrétienté, qui lui permirent de continuer ses travaux. Le Frère Charles fut chargé plus tard de le remplacer dans ses voyages, et il put alors surveiller lui-même sans interruption l'accomplissement de l'œuvre gigantesque à laquelle il s'était voué.

En descendant de l'enceinte du couvent, par un sentier assez roide, dont la direction est celle du nord-ouest, on arrive, au bout de quelques minutes, à la grotte de saint Simon Stock. Elle mesure trois pas de long sur deux de large et est voûtée en plein cintre. On y célèbre de temps en temps la messe sur un autel placé dans un enfoncement. Près de cet humble sanctuaire dédié à cet ancien général de l'Ordre qui, dit-on, y aurait souvent prié, on remarque les vestiges de vieux murs, restes d'un fort petit couvent qui existait jadis en ce lieu. Un peu plus bas, on rencontre une citerne et plusieurs grottes qui paraissent avoir été habitées jadis par des anachorètes. Si l'on continue à descendre encore, on parvient à la demeure d'un derviche, puis à une belle grotte antique, connue sous le nom d'*École des prophètes*, ou de *Synagogue d'Élie*. Les musulmans, depuis l'année 1635, l'ont transformée en une mosquée dédiée à El-Khadher (le verdoyant, le vivant); c'est ainsi qu'ils désignent le prophète Élie, qui, d'après la Bible et leurs propres traditions, n'est point mort, mais a été enlevé au ciel sans passer par le tombeau et jouit toujours de la verdeur de la jeunesse. Cette grotte mesure dix pas de long sur neuf de large. Le plafond en est plat. Si elle était d'abord naturelle, elle a été ensuite agrandie et régularisée par la main de l'homme. A gauche en entrant, on observe une grande excavation, longue de cinq pas sur quatre de large, où, selon une pieuse légende, la Sainte Vierge, en revenant d'Égypte, aurait cherché quelque temps un asile avec son divin Fils et saint Joseph.

Les parois de la grotte sont partout recouvertes d'un enduit sur lequel d'innombrables pèlerins ont gravé leurs noms et la date de leur visite. Quelques-unes de ces inscriptions, en grec, en latin et en hébreu, doivent être fort anciennes; elles sont malheureusement aujourd'hui assez difficiles à déchiffrer. Cette grotte vénérée passe pour avoir été jadis une synagogue où les fils des pro-

GROTTE DITE ÉCOLE DES PROPHÈTES,
SUR LES PENTES DU CARMEL.

phètes et les disciples d'Élie se retiraient pour étudier les Écritures et se livrer à la contemplation. Après avoir été longtemps en la possession des religieux du Mont-Carmel, elle est tombée ensuite au pouvoir des musulmans, qui l'ont consacrée à leur culte, mais sous le vocable d'El-Khadher (Élie), qui pour eux également est un grand prophète. Le derviche à qui est confiée la garde de ce sanctuaire habite auprès, dans une maison qui elle-même a remplacé une ancienne grotte taillée dans le roc. Jadis le Carmel était parsemé de villes et de villages. Aussi les ruines abondent-elles sur plusieurs points de cette chaîne. Les plus importantes sont connues actuellement sous le nom de Kharbet-Doubel. Elles occupent un plateau très-élevé qui est aujourd'hui hérissé de lentisques

El-Mahabka, lieu du sacrifice d'Élie, sur le sommet du Carmel.

et de chênes-verts nains. Au milieu de ce fourré gisent les débris d'une ville considérable, complétement rasée. Il n'en subsiste plus que des amas confus de pierres de différentes dimensions, que l'on heurte en parcourant l'emplacement qu'elle occupait. Quelques fragments de marbre sont encore épars çà et là, mêlés à des matériaux plus communs. On y remarque aussi la cuve d'un sarcophage brisé et des espèces de gros rouleaux en calcaire ordinaire, destinés peut-être à écraser des olives dans des pressoirs à huile. Comme ces ruines sont étendues et situées dans une position à peu près centrale, on est naturellement porté à y reconnaître celles de la cité mentionnée par Pline sous le nom de Carmel, ainsi que la montagne elle-même, et qui était, en quelque sorte, le chef-lieu des autres villes ou villages dont cette montagne était couverte (*Histoire naturelle*, liv. V, ch. XVII) :

« *Promontorium Carmelum et in monte oppidum eodem nomine, quondam Ecbatana dictum.* »
Pline, comme on le voit, nous dit que cette ville de Carmel s'appelait également autrefois Ecbatane. Dans ce cas, faut-il la confondre avec l'Ecbatane de Syrie dont nous parle Hérodote? (*Histoire*, liv. III, ch. LXIV.)

Cet historien rapporte, en effet, que Cambyse, roi des Perses, mourut à Ecbatane de Syrie. Ce roi avait consulté en Égypte le célèbre oracle de Butos, et il lui avait été répondu qu'il finirait sa vie à Ecbatane. Persuadé que la ville qui lui avait été indiquée était l'Ecbatane capitale de la Médie, il s'imaginait qu'il terminerait son existence et son règne après une longue vieillesse. Mais le destin voulut qu'il trouvât en Syrie le sort qu'il pensait lui être réservé un jour en Médie. Car, ayant quitté l'Égypte pour s'en retourner en Perse, et traversant la Syrie, il s'arrêta quelque temps à Ecbatane. A la nouvelle de la révolte du faux Smerdis, il résolut de se rendre immédiatement à Suse avec son armée. Au moment où il montait à cheval pour se mettre en route, son épée étant sortie du fourreau, il fut grièvement blessé à la cuisse et contraint de demeurer dans cette ville. Ayant demandé comment elle s'appelait, on lui répondit qu'elle se nommait Ecbatane. Alors il comprit le sens de l'oracle, et, désespérant de son salut, il régla tout ce qui concernait sa succession et mourut peu de temps après.

Dans mon ouvrage sur la Samarie, j'ai décrit les autres ruines qui avaient frappé mon attention sur le mont Carmel, et les villages encore habités que j'y avais rencontrés. Sans entrer ici dans tous ces détails, qui m'entraîneraient beaucoup trop loin, je vais continuer ma route vers les ruines de Césarée.

DU CAP CARMEL A CÉSARÉE

A peine a-t-on quitté le cap Carmel pour suivre la côte d'abord vers le sud-ouest, puis vers le sud, qu'on commence bientôt à fouler l'emplacement et les débris d'une ville complétement détruite. Ces ruines sont désignées sous les noms de *Kharbet Tell es-Semak* et de *Kharbet Tennameh*. Elles s'étendent au nord, au sud et à l'est d'une humble colline qui domine deux petites criques, près desquelles on pêche du poisson, ce qui a fait donner à ce monticule le nom de *Tell es-Semak* (colline des Poissons). D'innombrables excavations ont été pratiquées en cet endroit, pour en extraire des matériaux de construction. On y trouve néanmoins encore non-seulement des pierres de taille, mais aussi des tronçons de colonnes et de gros cubes de mosaïque épars çà et là. Le tell dont j'ai parlé était jadis couronné d'un édifice dont les arasements étaient encore visibles en 1863.

Dans l'Itinéraire intitulé : *les Chemins de Jérusalem,* dû au rabbin juif Ishak Chelo, qui voyageait en Palestine l'an 1333 de notre ère, je lis le passage suivant :

« De Kaisarieh on se rend par mer à Kalamoun, ancienne ville ruinée. On voit encore les fondements des édifices et des temples qui ornaient jadis cette cité. Aujourd'hui, elle ne renferme plus que de chétives maisons et de pauvres cabanes. De Kalamoun on va à Kaïfah, situé vis-à-vis du mont Carmel. »

Cette ville de Kalamoun, signalée comme précédant au sud Kaïpha, et qui était ruinée au commencement du quatorzième siècle, est, selon toute vraisemblance, la Mutatio Calamon mentionnée dans l'Itinéraire du Pèlerin de Bordeaux. Seulement cet itinéraire place ce relais entre Ptolémaïs et

Sycaminos, et, par conséquent, au nord de cette dernière ville, qui elle-même est généralement identifiée avec Kaïpha. De l'Itinéraire d'Ishak Chelo, au contraire, il résulte que les ruines de Kalamoun étaient au sud de Kaïpha, sur la route de Kaisarieh (Césarée). Pour accorder ces deux itinéraires, en apparence contradictoires, je crois qu'il faut admettre une transposition dans celui de Bordeaux, et lire ainsi :

Civitas Ptolemaida;
Mutatio Sycaminos, XII millia;
Mansio Calamon, III millia,

au lieu de :

Civitas Ptolemaida;
Mutatio Calamon, XII millia;
Mansio Sycaminos, III millia.

A trois kilomètres plus au sud, un vallon planté de figuiers, de grenadiers et d'oliviers est appelé par les chrétiens *vallée des Martyrs*, parce qu'un certain nombre de religieux carmes y ont été massacrés par les musulmans en 1238; les Arabes le nomment *Oued es-Seiah*. Si nous suivons quelque temps ce vallon vers l'est, nous parvenons bientôt à l'Aïn es-Seiah, source qui sort de dessous un rocher et se répand dans un bassin creusé dans le roc. Les chrétiens la vénèrent sous le nom de fontaine d'Élie, et, d'après une ancienne tradition, elle aurait tout à coup jailli à la prière du grand prophète, dont le souvenir lui est resté attaché.

PUITS D'ÉLIE A EL-MAHARKA.

Un peu plus haut, vers l'est, dans le même vallon, se trouvent les restes du couvent de Saint-Brocard. Il est bouleversé de fond en comble, et d'épaisses broussailles ont pris racine dans son enceinte solitaire. Quelques voûtes ogivales et des pans de murs debout, tels sont les seuls débris qui en subsistent.

Plaine d'Esdrelon vue des hauteurs d'El-Mharakah.

A une faible distance de là, auprès d'une seconde source, plusieurs grottes, aujourd'hui très-dégradées, paraissent avoir servi jadis de retraite à des anachorètes.

Fondé primitivement par saint Berthold, dans la seconde moitié du douzième siècle, le couvent dont il s'agit en ce moment fut administré après lui par saint Brocard, dont il a conservé le nom. Saccagé plusieurs fois par les musulmans, et notamment en l'année 1238, où presque tous les moines qui l'habitaient furent égorgés par eux, il paraît avoir été définitivement abandonné en 1291. Depuis cette époque, il n'a plus été relevé de ses ruines, qui diminuent de jour en jour, parce que l'on y puise incessamment, comme dans une carrière, des pierres toutes taillées.

C'est au-dessus de la vallée des Martyrs que l'on va visiter, sur un plateau, le jardin d'Élie dont j'ai parlé précédemment.

Les ruines, dites *Tell el-Keniseh*, qui s'offrent aux regards, six kilomètres plus au sud, sont actuellement très-peu importantes. A l'époque des Croisades, là s'élevait une petite ville maritime, appelée Capharnaüm, que mentionnent Guillaume de Tyr, Jacques de Vitry et Winisauf, et qu'il faut distinguer avec soin d'une autre ville du même nom, beaucoup plus célèbre, qui avoisinait le lac de Tibériade.

Si nous poursuivons notre route vers le sud, nous franchissons, six autres kilomètres plus loin, l'Oued ed-Destreh. Il coule dans un lit qui semble avoir été ouvert, du côté de la mer, par la main de l'homme, au moyen d'une coupure pratiquée à travers les dunes. Ce nom de Destreh est probablement une corruption du mot latin *districtum* (détroit).

Près de l'Oued, et le défendant, s'élevait une ancienne tour, dont la base, taillée dans le roc, mesurait vingt-deux pas de long sur dix-huit de large. Les constructions qui surmontaient cette base sont presque complètement rasées. Celle-ci était protégée, vers l'est, par un fossé creusé dans le roc. Elle était, en outre, environnée d'une enceinte aujourd'hui presque entièrement démolie. A l'est règne un défilé courant de l'ouest à l'est, et pratiqué à travers une chaîne de collines

FLEUVE DU KISON, DANS LE DÉFILÉ QUI SÉPARE LA PLAINE D'ESDRELON DE CELLE DE SAINT-JEAN D'ACRE.

rocheuses. Il mesure à peine quatre mètres de large sur deux cent cinquante de long. C'est comme une sorte de tunnel à jour, qui remonte vraisemblablement à une haute antiquité. Un petit trottoir y borde, à droite et à gauche, une étroite chaussée, ménagée au centre. Aux deux extrémités orientale et occidentale de ce défilé, on voit dans les parois des rochers plusieurs trous qui se répondent et qui autorisent à penser que chacun de ces deux points était jadis fermé par une porte. L'emplacement qu'elle occupait est encore connu aujourd'hui sous le nom de *Bab el-Adjel*, nom par lequel on désigne également le défilé tout entier. C'est le *Districtum* ou la *Via Stricta* dont il est plusieurs fois question dans les historiens des Croisades. Avant la construction par les Templiers du *Castrum Pere-*

grinorum, des bandes de voleurs se postaient souvent dans ce défilé dangereux, pour attaquer les pèlerins qui allaient à Jérusalem, ou qui en revenaient en suivant cette côte. C'est là que, l'an 1103, Baudoin Ier fut très-grièvement blessé, lorsque, après avoir abandonné le siége de Saint-Jean d'Acre, il s'en retournait par la voie de Césarée vers la Ville sainte. Ce même défilé s'appelait pareillement alors *Petra Incisa* (rocher coupé, pierre incise) ou *Angustæ Viæ* (voie étroite).

Quant à la tour dont j'ai dit un mot tout à l'heure, elle avait été construite par les Templiers. Elle précède de six cents mètres environ vers l'est les grandes ruines d'Atlith.

En se dirigeant vers ces ruines, on rencontre d'abord les vestiges d'une première enceinte défendue par plusieurs tours, notamment à l'angle nord-est et à l'angle sud-est.

Celle de l'angle nord-est, qui touchait à la baie septentrionale que forme le rivage, au nord de la péninsule d'Atlith, est en grande partie démolie; elle avait été bâtie, comme la muraille qu'elle flanquait, avec des blocs d'un appareil considérable. Il y a peu d'années encore, une porte, aujourd'hui détruite, avoisinait cette tour, qui elle-même finira bientôt par disparaître. La tour de l'angle sud-est s'élevait à huit cent cinquante mètres environ au sud de la précédente, sur un monticule rocheux, dont toute la partie inférieure a été taillée verticalement par la main de l'homme, et est environnée vers l'est et vers le sud d'un fossé large de treize mètres, entièrement pratiqué dans le roc. Au-dessus de la plate-forme de ce monticule, on avait bâti une tour, aujourd'hui aux trois quarts renversée. A partir de là, courait de l'est à l'ouest un autre mur, long de trois cent cinquante mètres. Il n'en subsiste plus que les assises inférieures, qui sont elles-mêmes presque partout ensevelies sous le sable. Ce mur aboutissait, vers l'ouest, à un môle large de quatre mètres, qui partage la baie que décrit le rivage au sud de la péninsule d'Atlith, en deux parties, l'une méridionale, en dehors de l'enceinte dont je viens de parler; l'autre septentrionale, s'arrondissant devant celle-ci. La portion méridionale de cette baie est elle-même protégée, vers le sud, par un petit promontoire et quelques bancs rocheux; elle était jadis comprise, comme la précédente, dans une enceinte murée, dont il reste quelques débris à plusieurs centaines de mètres au sud de celle que j'ai signalée, ce qui prouve que la ville dont ces deux enceintes déterminent le périmètre, était jadis plus étendue qu'elle ne l'a été depuis. L'une et l'autre à présent sont recouvertes par un sable fin et profond qui s'amoncelle de plus en plus, et du milieu duquel émergent encore çà et là des arasements d'anciennes constructions. Au nord, s'avance dans la mer une péninsule rocheuse, séparant l'une de l'autre les deux baies que j'ai mentionnées, et qui servait jadis d'assiette à l'acropole de la ville qu'elle commandait. A l'époque des Croisades, les Templiers, vers l'an 1218, y construisirent un château fort destiné à protéger les pèlerins, et appelé pour cette raison *Castrum* ou *Castellum Peregrinorum*. Les ruines imposantes de ce château ont été depuis longtemps et sont encore exploitées comme carrière, et dans un certain nombre d'années peut-être, on ne retrouvera plus celles que je vais décrire sommairement.

On aperçoit d'abord, vers l'est, les restes d'un glacis en maçonnerie, que précède un large fossé, actuellement aux trois quarts comblé par le sable. Au delà de ce fossé, un mur épais flanqué de trois tours carrées occupait toute la largeur de l'isthme. Il avait été construit avec des pierres d'un très-grand appareil, les unes taillées en bossage, les autres complétement aplanies. Des portions considérables de ce rempart sont encore debout. Une porte située à l'extrémité sud de cette première ligne de défense, dans un angle rentrant, donne accès dans le château. Après l'avoir franchie, on se trouve en présence des ruines de deux puissantes tours, l'une à peu près rasée, l'autre offrant encore aux regards des restes remarquables. Construite avec de superbes blocs, pour la plupart relevés en bossage, et dont les joints sont irréprochables, elle renfermait intérieurement deux vastes salles voûtées en ogive et superposées. Deux étages de salles voûtées analogues devaient exister dans la tour qui, vers le sud, faisait pendant à celle-ci, et qui lui était reliée par une courtine. Dans la face sud du château et du promontoire, un vaste magasin, dont les voûtes sont légèrement ogivales, est assez bien conservé. Il sert d'étable aux habitants d'Atlith, qui y renferment leurs troupeaux.

Ailleurs, d'autres magasins semblables, divisés actuellement en plusieurs compartiments, existent encore, du moins en partie; ils occupaient autrefois, selon toute apparence, dans presque tout son pourtour, l'étage inférieur du château. Au bas de cette même face sud, s'arrondit en demi-cercle un petit port, partagé en deux bassins par une jetée pavée de larges dalles. C'était le port militaire de la forteresse, compris dans l'enfoncement septentrional de la baie qui s'étendait au sud du promontoire et qui, nous l'avons vu, constituait le port marchand de la ville.

Dans la partie occidentale de la péninsule était le palais des Templiers. Lors de mon second voyage en Palestine, dans le courant de l'année 1854, il présentait encore des restes imposants; mais comme il avoisine la mer, et que le transport et l'embarquement des pierres sont par cela même plus faciles, il a subi des démolitions notables. Il en subsiste néanmoins encore une fort belle salle, longue d'une quarantaine de pas et large de douze. Les murs, extrêmement épais, sont extérieurement revêtus de blocs gigantesques; à l'intérieur, l'appareil est bien moindre. Devant cette salle gisent, à l'ouest, sur des rochers dont la surface a été aplanie, des monceaux de décombres, restes de voûtes et de murs écroulés; d'autres pans de murs sont encore debout. Les fondations avaient été encastrées dans des espèces de rainures larges et profondes creusées dans le roc.

Le rempart qui bordait la face nord de la péninsule était flanqué de deux tours carrées. Enfin, au centre à peu près du château, s'élevait l'église, qui est aujourd'hui presque entièrement renversée; quelques colonnes de granit et un certain nombre de fragments de marbre sculptés ayant appartenu à cet édifice sont dispersés çà et là, en attendant qu'on les vende à leur tour et qu'on les embarque.

Au milieu de toutes ces ruines grandioses, vit dans de misérables habitations, humbles et délabrées, la population d'Atlith. Elle passe pour peu hospitalière, et cet endroit, qui était jadis le refuge des pèlerins, en est maintenant devenu l'effroi.

Le savant Ritter me semble émettre une conjecture très-plausible, lorsqu'il reconnaît en cet endroit la Mutatio Certha mentionnée dans le Pèlerin de Bordeaux, à huit milles au sud du cap Carmel. Il y a en réalité dix milles romains entre ces deux points; mais les distances indiquées dans cet itinéraire ne sont pas toujours parfaitement exactes. Quant au mot Certha, c'est un terme phénicien signifiant ville. La Bible mentionne dans la tribu de Zabulon une ville appelée en hébreu Kharthah, en grec Καρθά, en latin Cartha. Elle avait été assignée aux lévites de la famille de Mérari. Mais la tribu de Zabulon ne semble pas s'être étendue à l'ouest jusqu'à la Méditerranée, et par conséquent, malgré l'identité des noms, je ne crois pas qu'on doive confondre la Kharthah du livre de Josué avec la Mutatio Certha de l'Itinéraire de Bordeaux. Il est, au contraire, plus vraisemblable que celle-ci est la Magdiel signalée par Eusèbe et par saint Jérôme entre Dora et Ptolémaïs. A l'époque des Croisades, comme je l'ai dit, les Templiers, l'an 1218, profitèrent des ruines considérables qu'ils trouvèrent en ce lieu, pour y ériger une forteresse très-puissante, qui est désignée de différents noms, soit *Castrum* ou *Castellum Peregrinorum*, soit *Castrum Filii Dei*, soit *Petra Incisa*, soit *Lapis Incisus*, soit *Districtum*. Nous savons par Jacques de Vitry, qui nous fournit de précieux détails à ce sujet, qu'en déblayant le promontoire qu'ils voulaient fortifier, les Templiers découvrirent sous le sable les assises inférieures de deux murs antiques, l'un long et épais, l'autre moins étendu, et entre ces deux murs, plusieurs sources d'eau vive. Ils y découvrirent aussi beaucoup de pierres, et une grande quantité de monnaies en caractères inconnus, qui probablement étaient soit phéniciennes, soit hébraïques. Il y avait donc en cet endroit une ancienne place forte appelée, sans doute, Certha ou Magdiel (tour de Dieu), et dont les matériaux furent utilisés par les Templiers pour leurs nouvelles constructions. A peine bâti, le *Castrum Peregrinorum* fut en vain assiégé, l'année 1219, par le sultan Malek-Mohadam. Dix ans plus tard, l'empereur Frédéric II essaya inutilement de s'en rendre maître; mais les Templiers refusèrent énergique-

Ruines d'Atlith vers l'ouest.

ment de lui en céder la possession, et ce prince dut renoncer à ses prétentions. Cette forteresse fut le dernier boulevard que les chrétiens occupèrent en Palestine; car, après que Ptolémaïs, en 1291, eut succombé sous les efforts des musulmans, les musulmans se maintinrent encore quelques semaines dans ce château, puis il fut pris et démantelé par Malek el-Achraf.

De nos jours, on a souvent puisé au milieu de ces ruines immenses, comme dans une riche et abondante carrière, pour la reconstruction des remparts de Saint-Jean d'Acre.

A onze kilomètres au sud d'Atlith, le village de Tantoura, de douze cents habitants environ, a été bâti avec des matériaux tirés de l'ancienne ville de Dor ou Dora, au sud de laquelle il s'élève, et dont il a conservé le nom légèrement altéré.

Le nom Tantoura est corrompu pour Dandoura, dérivé lui-même de Doura ou Dora. Le bordj où réside le moutsellim est environné de murs très-épais et percés de meurtrières. De fondation musul-

Grande arcade ogivale encore debout a Atlith, du côté de l'ouest et près de la mer.

mane, il commence à tomber en ruine. Deux mosquées sont également à moitié renversées. L'une d'entre elles renferme intérieurement plusieurs colonnes de granit, qui sont évidemment antiques. Devant le village s'arrondit une anse peu profonde. Au nord et à une faible distance de cette anse, on remarque l'antique port de Dora, délimité par deux promontoires, qui jadis s'avançaient plus loin dans la mer au moyen de deux môles artificiels.

Le môle méridional est presque entièrement détruit. Quant au môle septentrional, il en subsiste encore quelques débris en grosses pierres de taille. Le promontoire auquel il s'adaptait était jadis fortifié. Vers son extrémité, et à son point culminant, on aperçoit les restes d'une haute tour, construite en pierres de moyenne grandeur et très-régulièrement agencées entre elles, qui ne paraît pas remonter au delà de l'époque des Croisades. A l'ouest et au bas de ce promontoire, les rochers ont été excavés, de manière à former deux petits bassins, qui servent en même temps de fossés, de ce côté, à la tour dont j'ai parlé. Le gigantesque pan de mur, reste unique de cette tour, atteste, il est vrai, et par la nature de sa construction, et par l'arc en ogive qu'on y observe, qu'il date probablement de l'époque des Croisades; mais les substructions qui recouvrent les flancs de ce même promontoire sont beaucoup plus anciennes, et prouvent que, dès l'antiquité, il a dû être fortifié. A l'est des débris de cette tour, sur la plate-forme supérieure du cap, plusieurs fûts mutilés de colonnes sont encore enfoncés dans le sol. Puis, plus à l'est, on distingue les vestiges d'un fossé aux trois quarts comblé, et, au delà, une dizaine de gros tambours de colonnes en pierre sont gisants sur le sable. Au pied de cette même tour, vers le nord, une assez puissante construction semble avoir servi de magasin. Des blocs énormes disposés en escalier conduisent, près de là, à un quai pavé de dalles immenses. Plus au nord, un petit cap fait saillie dans la mer. Quelques gros blocs bien taillés y sont encore en place. Plus loin encore vers le nord, on rencontre, autour d'une autre petite baie, des arasements de magasins bâtis en belles pierres de taille.

En continuant à marcher le long de la plage dans la même direction, on arrive à un long mur aboutissant à la mer et à un quai pavé de larges dalles. Puis, suit une troisième anse. Une quinzaine de colonnes portant avec elles leur base carrée gisent alentour dans le sable. L'étendue que nous venons de parcourir peut être évaluée à douze cents mètres. La ville antique de Dora avait cette même longueur; sa largeur dans l'intérieur des terres était d'environ six cent soixante-dix mètres. Le mur d'enceinte qui l'environnait a été presque partout rasé de fond en comble, et l'emplacement qu'elle occupait est actuellement en grande partie couvert de broussailles. Non-seulement sa configuration intérieure est méconnaissable, mais encore tous ses édifices publics et privés ont été complétement détruits.

A un kilomètre tout au plus vers l'est s'étendent de très-vastes carrières dans une longue chaîne de collines, parallèle à la côte. C'est de là qu'ont été extraits tous les matériaux qui ont servi à bâtir la ville. Là aussi était la nécropole de cette cité. Un très-grand nombre de tombeaux sont encore très-bien conservés, mais tous ont été violés. Les uns sont simples, les autres contiennent plusieurs chambres sépulcrales. L'entrée en est étroite et rectangulaire, précédée ordinairement d'une sorte de petit vestibule en forme d'auvent et s'arrondissant en plein cintre. Intérieurement ils renfermaient soit des fours à cadavres, soit des auges funéraires, surmontées chacune d'un arceau cintré. Les morts y reposaient, la tête appuyée sur une espèce de coussinet, ménagé à dessein dans l'épaisseur du roc en excavant ces auges.

Lorsque les Hébreux envahirent la Terre promise, la ville de Dor ou Dora, avec le district qui en dépendait, était au pouvoir d'un roi chananéen que Josué vainquit. Elle échut en partage à la demi-tribu de Manassé, qui ne put en chasser les anciens habitants et se contenta de les rendre tributaires. Sous Salomon, elle était administrée par un certain Ben-Abinadab, l'un des douze préfets que ce monarque préposa au gouvernement des diverses provinces d'Israël. Dor subit ensuite différentes dominations. Du joug des Perses elle passa, à l'époque d'Alexandre, sous celui des Macédoniens, avec le reste de la Palestine, puis sous celui des rois d'Égypte, successeurs du héros de Macédoine. L'an 217 avant Jésus-Christ, dans la guerre d'Antiochus le Grand contre Ptolémée Philopator, elle fut vainement assiégée par le premier, qui ne put s'en emparer. Quelque temps après, néanmoins, elle retomba au pouvoir des rois de Syrie et leur demeura soumise jusqu'à ce que Déodote, surnommé Tryphon, eût usurpé le royaume de Syrie (139 avant Jésus-Christ); mais bientôt Antiochus VII, dit Sidétès, ayant rassemblé une grande armée, le vainquit dans un combat et le poursuivit jusqu'en Phénicie. Tryphon se réfugia dans la ville de Dor, où il fut assiégé par mer et par terre. Réduit à la dernière extrémité, il parvint à s'échapper

RUINES D'ATLITH VERS LE SUD.

et gagna Apamée, sa patrie, où il fut pris et mis à mort.

Pendant la guerre intestine qui éclata entre les deux frères Antiochus Grypus et Antiochus de Cysique, un simple particulier, nommé Zoïle, réussit à s'emparer de la ville de Dor. A sa mort, Alexandre Jannée, roi des Juifs, la réunit à ses États. Elle était encore possédée par les Juifs, lorsque Pompée accorda à Dor l'autonomie (64 avant Jésus-Christ). C'est à partir de cette année que commence l'ère qui est marquée sur ses médailles. Gabinius, proconsul de Syrie, la rebâtit (56 avant Jésus-Christ); elle avait, en effet, beaucoup souffert des Juifs, pendant qu'ils en étaient les maîtres. A l'époque de Pline, cette ville n'était plus que l'ombre d'elle-même, car cet écrivain s'exprime ainsi dans son *Histoire naturelle* (liv. V, ch. XVII) : « Memoria urbium Doron, Sycaminon. »

Du temps de saint Jérôme, elle était déserte. Mais ensuite elle fut reconstruite et réhabitée, attendu qu'elle eut un évêché qui dépendait de l'Église métropolitaine de Césarée. Aujourd'hui, comme nous l'avons vu, Dora est complétement détruite et abandonnée, et à quelques minutes de distance au sud de l'emplacement qu'elle occupait, se trouve le village de Tantoura. A vingt minutes de marche au sud de ce village, on rencontre l'Oued Keradjeh. Il serpente en de nombreux replis à travers la plaine qu'il sillonne avant d'aboutir à la mer. On l'appelle également Oued Tantoura. C'est très-probablement le Χόρσεος que Ptolémée mentionne au sud de Dora, et qu'il appelle pareillement ailleurs Χρυσορρόας.

A six kilomètres plus au sud, il faut franchir également à gué le Nahr Zerka, le pont qui permettait de le traverser étant depuis longtemps renversé. Ce fleuve est le *Crocodilon flumen* dont parle Pline (*Histoire naturelle*, liv. V, ch. xvii) :

« *Fuit oppidum Crocodilon, est flumen.* »

Nous lisons dans Richard Pococke, à propos du Nahr Zerka (*Description de l'Orient*, tome III, page 168) : « J'ai appris à Acre qu'il y avait des crocodiles dans la rivière Zerka. J'ai trouvé depuis dans un historien, Jacques de Vitry, qu'il y avait des crocodiles dans la rivière de

Restes d'une grande tour a Tantoura. — Ruines de Dor.

Césarée de Palestine. On m'a dit qu'ils étaient petits et d'environ cinq à six pieds de long. »

Ce que Pococke m'a appris à Acre m'a été confirmé de la manière la plus positive par les différents guides que j'ai employés les quatre fois que j'ai traversé le Nahr Zerka, en 1854, en 1863 et en 1870; tous m'ont assuré qu'il existe de petits crocodiles dans cet humble fleuve, et qu'il ne faut pas s'y baigner sans précaution. D'après une tradition répandue parmi les indigènes, deux couples de crocodiles auraient été jadis transportés d'Égypte en Palestine et déposés, l'un dans le Nahr Zerka, le second dans une autre rivière qui coule au sud de Césarée. Cette tradition est très-probablement erronée, mais le fait qu'elle prétend ainsi expliquer semble incontestable, et les allégations actuelles des Arabes qui habitent dans cette partie de la Palestine viennent à l'appui des assertions de Jacques de Vitry et de Winisauf.

VUE DE KAÏFA AU PIED DU MONT CARMEL.

Jacques de Vitry s'exprime ainsi (*Gesta Dei per Francos*, p. 1103) :

« *In fluvio autem Nili plusquam alio inveniuntur crocodili... in flumine autem Cæsareæ Palæstinæ similiter habitant.* »

Nous lisons de même dans Winisauf (*Itinerarium regis Anglorum Richardi*, lib. II, cap. xiv) :

« *Pervenit exercitus usque Cæsaream... fixis ibidem tentoriis, pernoctabat gens nostra juxta fluvium civitatis proximum, qui vocabatur fluvius Crocodilorum, eo quod crocodili duos milites devoraverant ibi balneantes.* » Ce nom de *fleuve des Crocodiles*, donné au fleuve de Césarée, était, à la vérité, beaucoup plus ancien que ne le prétend Winisauf, puisque Pline, comme nous l'avons vu, le désigne déjà sous cette appellation; mais la mort de ces deux soldats dévorés dans les eaux du Nahr Zerka par des crocodiles, au moment où ils s'y baignaient, n'est nullement un fait à révoquer en doute, comme quelques critiques ont été tentés de le faire.

Sur la rive gauche du Nahr Zerka s'élève un monticule sablonneux qui, du côté de la mer, est bordé de rochers et de récifs. Sur le point culminant de cette petite colline on remarque, au milieu des broussailles, les arasements d'une tour, et près de là un fragment de mosaïque. Ailleurs, les débris d'autres constructions émergent au-dessus du sable. Ce sont là probablement les seuls restes encore visibles de la petite ville des Crocodiles, signalée sur cette côte par Strabon et par Pline, et qui déjà de leur temps n'existait plus qu'à l'état de simple souvenir. Que si l'on objecte que le monticule en question n'a jamais pu servir d'assiette à une ville, quelque petite qu'elle fût, étant trop peu considérable pour cela, je répondrai que, avant que la Tour de Straton devînt la ville de Césarée, et avant la construction de l'aqueduc dont je parlerai tout à l'heure, la ville de Crocodilopolis pouvait s'étendre à l'est et au sud du monticule, et que ses ruines auront probablement été employées comme matériaux de construction pour bâtir cet aqueduc.

CÉSARÉE

Après avoir quitté les ruines ou plutôt l'emplacement de Crocodilopolis, vulgairement connue aujourd'hui sous le nom de Kharbet Tantour, nous longeons, à notre gauche, les restes d'un ancien aqueduc. Il paraît de construction romaine et remonte, selon toute apparence, à Hérode. Les arches qui le soutenaient sont presque entièrement ensevelies sous le sable, et l'on distingue seulement, çà et là, la partie supérieure du canal qui le surmontait et où coulait l'eau. Quelques-unes néanmoins sont encore un peu visibles; elles sont cintrées et construites en magnifiques pierres de taille. Au-dessus règne une corniche, couronnée elle-même par le canal dont j'ai parlé. Quand cette belle ligne d'aqueduc n'était point envahie, comme elle l'est maintenant, par la masse énorme de sable sous laquelle elle est comme ensevelie, elle devait orner singulièrement la route septentrionale conduisant, le long de la côte, à Césarée. Après quarante-cinq minutes de marche, nous faisons halte, au milieu des ruines de Kaisarieh, dans l'enceinte réduite de la Césarée du moyen âge.

Cette enceinte, relevée pour la dernière fois par saint Louis, est à peu près telle que l'ont laissée Bibars ben-Dokdar, qui la renversa en 1265, et Khalil el-Achraf, qui acheva de la détruire en 1291. Le sommet du rempart et des tours a été démoli, et de nombreuses brèches ont été pratiquées en beaucoup d'endroits. Néanmoins, la configuration générale de l'enceinte est encore très-bien conservée. Elle forme un parallélogramme irrégulier du côté de la mer, dont elle suit les contours, et mesure cinq cents mètres de long du nord au sud, sur une largeur moyenne de trois cents mètres de l'est à l'ouest. L'épaisseur des murs est de deux mètres dans leur partie supérieure, car ils sont plus larges à leur base, qui s'enfonce en talus dans le sol. Ils avaient été construits avec des pierres de moyenne grandeur, mais régulièrement agencées entre elles. De distance en distance s'élevaient des tours longues de onze mètres sur neuf de large; elles étaient à deux étages et reliées les unes aux autres au moyen d'une sorte de corridor étroit ménagé dans l'épaisseur du talus et courant le long des courtines. On compte encore dix de ces tours sur la face orientale, trois sur la face septentrionale et quatre sur la face méridionale. Vers la mer, il ne subsiste plus guère que les arasements des remparts. Trois portes donnaient entrée dans la ville du côté de la terre, et une quatrième la mettait en communication avec le port. Des fossés, larges d'une quinzaine de mètres et munis d'escarpe et de contrescarpe, régnaient autour de cette enceinte. Vers le sud-ouest, une langue de terre rocheuse s'avance dans la mer et sépare deux anses dont celle du sud s'ouvrait devant un faubourg, à l'époque des Croisades, et celle du nord servait de port à la cité proprement dite. Cette langue de terre était comme un môle naturel qu'Hérode agrandit ensuite. Nous savons, en effet, par l'historien Josèphe, que ce monarque entreprit d'immenses travaux pour créer en cet endroit un port sûr et vaste, qui pût rivaliser avec le Pirée et même le surpasser. Voici comment il s'exprime à ce sujet (*Guerre des Juifs*, liv. I, ch. XXI, § 5 et suivants) :

« Hérode ayant remarqué que parmi les villes maritimes il y en avait une appelée Tour de Straton, qui était, à la vérité, tombée dans un état misérable, mais qui, par l'avantage de sa position, était susceptible de se prêter aux plans magnifiques qu'il méditait, la reconstruisit tout entière en pierre blanche et l'orna de palais superbes. Depuis Dora jusqu'à Joppé, entre lesquelles est située cette ville, la côte était entièrement dépourvue de ports, au point que tous ceux qui naviguaient le long de la Phénicie en se dirigeant vers l'Égypte étaient contraints de mouiller en haute mer, tant ils redoutaient les menaces de l'Africus, dont le souffle même, quand il est peu violent, soulève tellement les vagues entre les rochers, que la mer, par le ressac des lames qui reviennent sur elles-mêmes, est au loin agitée avec fureur. Mais le roi, par ses dépenses et par ses efforts généreux, triompha de la nature et créa un port plus grand que celui du Pirée, et, dans les enfoncements de ce port, d'autres mouillages profonds pour les navires..... Après avoir mesuré l'espace qu'il voulait lui donner, il fit jeter dans la mer, à la profondeur de vingt brasses, des pierres dont la plupart avaient cinquante pieds de long et dix de large; quelques-unes étaient encore plus considérables. Quand il eut comblé l'abîme, il éleva, dans une largeur de deux cents pieds, un mur qui surgissait au-dessus de la mer. Les cent premiers pieds de cette digue étaient destinés à briser les vagues, d'où lui venait le nom d'avant-môle; le reste formait le soubassement du mur en pierre qui courait autour du port. Ce mur était flanqué par intervalles de très-grandes tours, parmi lesquelles la plus belle et la plus importante s'appelait Drusia, du nom de Drusus, beau-fils de l'empereur. De nombreux magasins voûtés servaient d'abri à ceux qui abordaient... L'entrée du port était tournée vers le septentrion. Des deux côtés de cette entrée, on remarquait trois colosses soutenus sur des colonnes. » Décrivons maintenant ce port tel qu'il existe aujourd'hui. Le môle méridional, en grande partie détruit, garde encore des vestiges considérables de la forteresse que les Croisés y avaient bâtie et qui succédait, sans doute, à un château fort musulman, construit, selon toute apparence, sur les ruines de la tour de Drusus, qui elle-même avait peut-être remplacé celle de Straton. Quoi qu'il en soit, les assises inférieures de cette forteresse consistent en gros blocs, la plupart taillés en bossage. De nombreuses colonnes antiques en granit gris, en granit rose et en marbre, faisant une légère saillie au dehors, ont été engagées comme pièces de soutènement dans le corps de la maçonnerie. Elles devaient orner autrefois, à l'époque d'Hérode, des temples ou des palais. En 1854 et en 1863, j'avais encore admiré les restes d'une belle salle ogivale; mais depuis elle a été presque entièrement démolie, et d'énormes pans de murs renversés gisent, à droite et à gauche, dans les flots. Vers l'ouest, sous les constructions du moyen âge, on distingue les arasements de trois chambres contiguës, pavées en mosaïque, qui datent vraisemblablement de l'époque hérodienne. A l'est, le promontoire que couronnait le château fort dont je viens de parler, était isolé de la terre ferme par un fossé large de vingt-cinq pas et bordé à l'orient par une puissante chaussée. Ce fossé, actuellement aux trois quarts comblé, était un véritable canal où l'eau de la mer pénétrait, et qui devait mettre en communication le port proprement dit avec l'anse située plus au sud.

La deuxième jetée, celle du nord, est complétement détruite; sur l'emplacement qu'elle occupait, on aperçoit une quantité prodigieuse de colonnes de granit couchées au milieu des flots. Quant aux colosses qui ornaient l'entrée du port, ils sont depuis longtemps ou transportés ailleurs ou engloutis au fond de la mer.

Autour de ce bassin, quelques dalles, encore en place çà et là, sont les vestiges du beau quai servant de promenade dont il est question dans Josèphe. Les abris voûtés mentionnés par le même écrivain ont été presque complétement rasés.

Que si maintenant nous parcourons l'intérieur de l'enceinte du moyen âge au milieu des chardons, des broussailles et des hautes herbes épineuses qui partout hérissent le sol, nous heurtons à chaque pas des matériaux accumulés en tas ou dispersés, provenant de maisons ou d'édifices démolis. Il ne faut même s'avancer qu'avec précaution, et en sondant préalablement le terrain, à travers ce fourré épais; car on y a pratiqué d'innombrables excavations pour en extraire, comme d'une carrière, des pierres, des morceaux de marbre et des colonnes. Sauf les beaux canaux souterrains signalés par Josèphe, les autres constructions dues à Hérode ont sans doute disparu depuis des siècles pour faire place à des constructions musulmanes, lors de la conquête de la Palestine par les Arabes; celles-ci, à leur tour, à l'époque des Croisades, ont subi des remaniements considérables, à cause des dévastations que la guerre a fait alors éprouver à la ville; enfin, les restaurations elles-mêmes exécutées par les Croisés ont été, à deux reprises différentes, ravagées par les musulmans redevenus les maîtres du pays. Pour mettre le comble à tant de bouleversements successifs, l'intérieur de cette enceinte abandonnée est regardé comme une véritable mine de matériaux de toute sorte, où l'on vient en puiser constamment. La seule ruine un peu importante qui se dresse en partie debout est celle d'une église tournée de l'ouest à l'est. Elle mesurait soixante-dix pas de long sur vingt-huit de large; sa façade occidentale était soutenue par quatre contre-forts qui existent encore. De ses trois nefs complétement renversées, il ne reste plus qu'un amas confus de décombres. Les assises inférieures de ses trois absides semi-circulaires sont, au contraire, presque toutes en place; sous les nefs règne une crypte voûtée en plein cintre, qui paraît antérieure à l'église.

Celle-ci offre dans sa construction les mêmes caractères que l'enceinte. Par la position qu'elle occupe en face du port sur un monticule, elle est située, selon toute apparence, sur le même emplacement que le magnifique temple élevé en l'honneur d'Auguste par Hérode, et où l'on admirait deux colosses, l'un, celui d'Auguste, comparable, dit Josèphe, au Jupiter d'Olympie, et l'autre, celui de Rome, à la Junon d'Argos. Lorsque Césarée embrassa la religion chrétienne, il est à croire que ce temple fut détruit pour faire place à une église, ou bien fut conservé à la religion nouvelle et devint la cathédrale de la ville. A l'époque de la première Croisade, là s'élevait la principale mosquée de Césarée, et lorsque, en 1101, cette place tomba au pouvoir de Baudoin 1er, roi de Jérusalem, les vainqueurs y massacrèrent une multitude immense de musulmans qui s'y étaient réfugiés. De mosquée mahométane, cet édifice, après la prise de Césarée par les Croisés, redevint ce qu'il avait été sans doute avant la conquête arabe, c'est-à-dire une église métropolitaine. Quant aux autres édifices de la Césarée latine, telle que les Croisés l'avaient faite, ils ont été la plupart tellement détruits, qu'il est difficile de les décrire.

CHATEAU ET PORT DE CÉSARÉE.

En dehors de l'enceinte du moyen âge, les ruines que l'on rencontre étaient renfermées dans l'enceinte antique. Celle-ci décrivait une ligne demi-circulaire autour du port et des petites baies qui l'avoisinent, et les arasements qui en subsistent et que l'on peut suivre sur beaucoup de points prouvent que l'enceinte des Croisades ne comprenait qu'une faible partie de la cité ancienne.

Sortons d'abord de la ville du moyen âge par la porte du sud, encore debout, ainsi que l'étage inférieur des deux tours qui la flanquaient. Après avoir passé devant une première anse, on observe à gauche, sur les pentes demi-circulaires d'une colline, les vestiges d'un théâtre, dont tous les gradins ont disparu. Une dizaine de fûts de colonnes en granit rose gisent près de l'endroit où était la scène.

En continuant à s'avancer vers le sud, on laisse à sa droite une seconde anse peu considérable, et à sa gauche les débris d'une tour sur une colline. Cette tour semble avoir appartenu à

TOUR ET CHATEAU DE CÉSARÉE.

la ligne méridionale de l'enceinte antique qui s'élevait à un kilomètre environ de celle du moyen âge, sur une chaîne de monticules sablonneux, aujourd'hui couverte de lentisques, dont les touffes, jointes à l'accumulation du sable, dérobent à la vue les arasements des anciens remparts.

Si maintenant nous nous avançons à l'est de l'enceinte des Croisades, il nous faut parcourir au moins neuf cents mètres pour retrouver, vers l'orient, les traces de l'enceinte hérodienne. Nous avons à traverser, pour les atteindre, plusieurs champs, les uns actuellement cultivés, les autres hérissés de ronces et de chardons, au milieu desquels on a beaucoup de peine à se frayer un passage. En outre, on a partout excavé et bouleversé le sol pour en extraire des matériaux antiques. Toutefois, on rencontre encore çà et là des fûts de colonnes, des puits, des citernes, des fragments de mosaïques et les vestiges de nombreuses maisons. Mais ce qui frappe particulièrement l'attention, c'est, au milieu d'un champ, un bel obélisque en granit rose gisant à terre. Arraché de sa base, qui est encore en place et elle-même de granit rose, il a été brisé et scié en plusieurs endroits, afin de pouvoir être plus facilement emporté; néanmoins, sauf le pyramidion qui a disparu, il paraît avoir déjoué, par sa masse, les efforts de ceux qui voulaient l'enlever, et il est toujours là couché sur le sol, mesurant quatorze mètres de long; il devait avoir dans le principe un mètre de plus, quand il était encore muni de sa pointe. Les trois faces visibles de cet obélisque sont parfaitement unies, et aucune inscription n'y a été gravée. J'ignore si la face qui regarde la terre porte quelques caractères, soit hiéroglyphiques, soit autres. Dans le même champ, on remarque trois bornes gigantesques, également en syénite rose, et qu'on a commencé à scier. Ces bornes n'indiqueraient-elles pas que nous sommes sur l'emplacement d'un ancien cirque, dont elles terminaient la spina, l'obélisque en occupant le centre?

Enfin, au delà de l'enceinte du moyen âge, vers le nord, on observe, en suivant les sinuosités de la côte, les vestiges de quais dallés, les débris de plusieurs anciens magasins, les restes de quelques tours et des courtines qui les reliaient entre elles, et ceux de deux aqueducs, dont l'un amenait à Césarée les eaux du Nahr Zerka, et l'autre celles de Sebbarin. Puis on atteint, à huit cents mètres au nord de l'enceinte des Croisades, la ligne septentrionale du mur antique.

Tel est l'état actuel de la ville, dont nous allons, en peu de mots, esquisser l'histoire.

Avant le règne d'Hérode, Césarée nous est complétement inconnue; nous savons seulement qu'elle s'appelait Tour de Straton, sans doute du nom de son fondateur, et qu'elle était habitée par des Grecs originaires de la Syrie. Hérode l'Ascalonite la rebâtit, vingt-cinq ans avant Jésus-Christ, sur un plan beaucoup plus vaste, et comme nous l'avons vu d'après le témoignage de Josèphe, ce roi, par les immenses travaux qu'il accomplit et les sommes énormes qu'il y consacra, fit de ce simple établissement maritime la plus remarquable cité et le meilleur port de la Palestine. Après avoir employé douze ans à reconstruire cette place et à l'orner avec magnificence, il la dédia par des fêtes solennelles, et l'appela Césarée, en l'honneur de César Auguste. Pour témoigner encore davantage sa reconnaissance à l'empereur, il adjoignit cette ville à la province de Syrie, et il donna au port le nom de Sébaste, Σεβαστός, traduction grecque du mot latin *Augustus*. De là vient que la ville, dans plusieurs de ses anciennes monnaies, est surnommée *Césarée près du port Sébaste*.

C'est ainsi qu'elle se distinguait d'autres Césarées, et en particulier de la Césarée de Philippe, que le tétrarque Philippe, fils d'Hérode, fonda quelque temps après, au pied du mont Panias. On la désignait également sous le nom de Césarée maritime ou de Césarée de Palestine. Dans la suite, lorsque Vespasien y eut envoyé une colonie, elle fut surnommée *Colonia prima Flavia*. C'est dans la Césarée qui nous occupe en ce moment que, à la fin de l'année 43 de l'ère chrétienne, Hérode Agrippa succomba à un mal soudain dont il fut atteint. Après sa mort, les habitants de la ville, oubliant ses bienfaits et ceux de son aïeul, qui avait décoré leur cité avec tant de magnificence, firent éclater leur joie de la manière la plus outrageante, et livrèrent aux insultes les plus grossières les statues de ses filles qui vivaient encore.

L'an 57 de notre ère, des troubles très-graves eurent lieu à Césarée, à la suite des rivalités qui divisèrent en deux camps les Juifs et les Syriens qui y étaient établis. Les Juifs prétendaient que la primauté leur était due dans une cité fondée par Hérode, qui était Juif lui-même; les Syriens, au contraire, alléguaient en leur faveur qu'ils avaient été les habitants primitifs de cette ville, lorsqu'elle s'appelait encore Tour de Straton, et qu'elle ne comptait alors aucun Juif dans sa population. La sédition s'accrut insensiblement, et les Juifs eurent recours aux armes. Mais le gouverneur romain Félix envoya contre eux ses soldats, qui en tuèrent un grand nombre et pillèrent les maisons des riches. Félix ayant été rappelé en Italie, Porcius Festus lui succéda. Aussitôt les principaux Juifs de Césarée s'empressèrent de se rendre à Rome pour accuser Félix devant l'empereur; mais il fut absous, à la sollicitation de Pallas, son frère, qui jouissait d'un grand crédit auprès de Néron. En même temps, les envoyés syriens, ayant corrompu Burrhus au moyen d'une forte somme d'argent, obtinrent un ordre de l'empereur qui enlevait aux Juifs de Césarée le droit de cité. Ce décret funeste devint le signal d'une agitation profonde, qui finit par dégénérer en un soulèvement général contre les Romains.

Bientôt après, l'an 65 de Jésus-Christ, les Grecs de Césarée, à l'instigation de Florus, alors gouverneur de la Palestine, y massacrèrent vingt mille Juifs. Ceux qui, parmi ces derniers, échappèrent à cette affreuse boucherie, tombèrent aux mains des soldats romains et furent envoyés aux galères. A cette nouvelle, toute la Palestine courut aux armes, et ce fut là le commencement de cette guerre terrible qui ne se termina que par la ruine totale de la nation juive.

L'an 68 de Jésus-Christ, Vespasien se trouvait à Césarée, lorsqu'il apprit à la fois et la mort de Néron et l'avénement de Galba à l'empire.

L'année suivante, il fut informé, dans cette même ville, que Vitellius était parvenu au pouvoir et était entré dans Rome avec les légions de la Germanie. Cette nouvelle excita le mécontentement de l'armée de Syrie, qui proclama Vespasien empereur.

Titus, devenu maître de Jérusalem, l'an 70 de Jésus-Christ, célébra à Césarée des jeux magnifiques, pendant lesquels plus de deux mille cinq cents Juifs périrent dans l'amphithéâtre, les uns livrés aux bêtes féroces, les autres brûlés vifs, et beaucoup aussi contraints de s'entr'égorger pour rassasier, par le spectacle de leur mort, les yeux barbares des Romains.

J'ai déjà dit que Vespasien envoya dans cette ville une colonie qui fut appelée *Colonia prima Flavia*; j'ajouterai ici que ce prince remit aux citoyens de Césarée le droit de capitation, et qu'ensuite le sol de la cité elle-même fut affranchi par Titus de tout impôt.

Pour passer actuellement à un autre ordre d'idées et de faits, je rappellerai que ce fut à Césarée que le premier gentil embrassa la foi chrétienne, l'an 39 de l'ère vulgaire. Ce gentil était le centurion romain Cornélius, qui fut baptisé par saint Pierre avec toute sa famille. Il devint plus tard évêque et succéda, dit-on, à Zachée, premier évêque de cette ville. Sa maison fut convertie en église, comme l'atteste un passage de saint Jérôme qui nous apprend que sainte Paule la visita dans son pèlerinage.

L'an 58 de Jésus-Christ, saint Paul, revenant de l'Asie Mineure, s'arrêta quelques jours à Césarée avant de retourner à Jérusalem. Il demeura dans la maison de saint Philippe l'évangéliste, dont les quatre filles vivaient dans la virginité et étaient douées du don de prophétie. A peine arrivé à Jérusalem, il fut en butte aux mauvais traitements des Juifs et livré au tribun romain, qui, pour l'arracher à la fureur du peuple, le renvoya avec une forte escorte à Césarée. Là, il fut incarcéré dans le palais même d'Hérode Agrippa, où il demeura pendant deux ans. Soumis à plusieurs interrogatoires devant le gouverneur romain Félix, puis devant Festus, son successeur, il comparut ensuite devant Agrippa en personne, qui, vaincu par la force de ses paroles, finit par lui dire : « Peu s'en faut que vous ne me persuadiez de me faire chrétien. » C'est dans le port de cette même ville que saint Paul s'embarqua pour se rendre à Rome.

Dès les premiers temps de l'Église, Césarée eut un siége épiscopal, qui devint plus tard un siége métropolitain, dont ressortissaient tous les évêques de la Palestine première. Origène, forcé de quitter Alexandrie, se réfugia à Césarée, auprès de Théoctiste, qui en était alors archevêque. Bien qu'Origène

RESTES D'UNE PARTIE DE L'ENCEINTE SEPTENTRIONALE DE CÉSARÉE.

ne fût encore que laïque, Théoctiste, qui connaissait sa science profonde dans les saintes Écritures, l'exhorta à instruire le peuple et, peu d'années après, l'éleva au sacerdoce.

Saint Pamphile souffrit le martyre à Césarée, avec un grand nombre de chrétiens, l'an 308 de notre ère, sous le règne de Dioclétien.

L'an 548, les Juifs et les Samaritains de Césarée se soulevèrent contre les chrétiens; ils en tuèrent un grand nombre, pillèrent et incendièrent les églises, et mirent à mort le gouverneur de la ville lui-même; mais ensuite Amantius, maître de la milice, ayant été envoyé par l'empereur Justinien en Palestine, sévit rigoureusement contre les coupables.

Le siècle suivant, Abou-Obeida, lieutenant du khalife Omar, attaqua Césarée en 638. Constantin, fils de l'empereur Héraclius, défendait cette ville avec quarante mille soldats; mais quand il eut appris que son père avait abandonné la Syrie, bien qu'il fût lui-même à la tête d'une armée considérable, il n'osa pas résister aux musulmans, et il s'enfuit par mer. La ville, abandonnée par son chef, ouvrit ses portes au khalife.

Lorsque les Croisés envahirent la Terre sainte, l'émir qui commandait dans cette ville pour El-Mostalli-Billah, khalife d'Égypte, conclut un traité avec Godefroy de Bouillon et lui offrit un tribut qui fut accepté. Mais bientôt la gloire d'emporter cette place échut à Baudoin Ier, l'an 1102. Ce prince l'attaqua par terre et par mer; après quinze jours d'assauts répétés, il triompha de sa résistance, et plusieurs milliers d'habitants, qui avaient cherché un asile dans la principale mosquée, y furent massacrés sans merci. Baudoin vainqueur laissa une forte garnison dans la ville qu'il venait de conquérir et y établit un archevêché. Elle resta au pouvoir des chrétiens jusqu'en 1187, année dans laquelle Saladin, après s'être rendu maître de Ptolémaïs, la subjugua elle-même et détruisit ses remparts et ses fortifications.

Recouvrée par les Croisés en 1191, elle retomba, en 1219, sous la domination des musulmans, pour être reprise de nouveau par les Latins. En 1251, elle fut restaurée par saint Louis, qui releva ses remparts et sa forteresse.

En 1265, Bibars ben-Dokdar, sultan d'Égypte, s'en empara par surprise. Les chrétiens, s'étant retranchés dans le château, y furent pressés très-vivement par les troupes musulmanes. Le sultan, au dire de Makrisi, s'était établi en face de la forteresse, au haut d'une église d'où il

Colonnes couchées dans les flots, à Césarée.

dirigeait les attaques. Cette église est évidemment celle dont il subsiste encore quelques ruines que j'ai décrites, et qui doit être l'ancienne cathédrale. La citadelle une fois emportée, Bibars ordonna de détruire la ville, et prit part lui-même, avec ses soldats et ses émirs, à cette œuvre de destruction.

En 1291, le sultan Khalil Malek-Achraf acheva de renverser Césarée de fond en comble, et déjà au temps d'Aboulfeda, c'est-à-dire au commencement du quatorzième siècle, elle était déserte et ne présentait plus qu'une immense ruine. De nos jours, ses débris, comme ceux d'Atlith, de Dora et d'Arsouf, disparaissent graduellement et sont dispersés ailleurs, pour servir de matériaux de construction.

DE CÉSARÉE A JAFFA

Au bout de trois quarts d'heure de marche au sud de Kaisarieh, on rencontre un petit fleuve qui, non loin de son embouchure dans la mer, forme un étang dont les rives sont couvertes de joncs et de roseaux. C'est près de cet étang que, venant de Ptolémaïs pour gagner Jaffa, en suivant le bord de la mer, une partie de l'armée chrétienne de la première expédition dressa ses tentes. Raymond d'Agiles nous apprend que, lorsque les Croisés étaient campés en cet endroit, une colombe, mortellement blessée par un épervier, vint à tomber au milieu d'eux. L'évêque d'Apt, l'ayant ramassée, s'aperçut qu'elle portait la lettre suivante :

« *L'émir d'Acre à celui de Césarée.*

« Une race de chiens vient de traverser mon territoire; c'est une nation sotte, turbulente et sans ordre, à laquelle tu dois t'efforcer de nuire et par toi et par les autres, autant que tu aimes la loi; si tu le veux, tu le pourras. Mande ceci aux autres villes et aux châteaux forts. »

Cette lettre, communiquée aux princes et à l'armée, montra à tous, ajoute Raymond d'Agiles, combien Dieu protégeait les chrétiens, puisqu'il ne permettait point aux oiseaux du ciel de traverser les airs pour leur porter préjudice, mais s'en servait, au contraire, pour leur révéler les secrets de leurs ennemis.

En ce même lieu, quatre-vingt-dix ans plus tard, Richard Cœur de lion, après avoir reconquis Ptolémaïs et marchant le long de la côte, vers Jaffa, donna quelque repos à ses troupes. Elles campèrent deux jours auprès du *fluvius Mortuus* (fleuve Mort). Cette dénomination, donnée par les Croisés au petit fleuve qui nous occupe en ce moment, provenait sans doute de ce que son eau, comme celle d'un marais, est stagnante et paraît à peine couler, surtout près de son embouchure.

En continuant à cheminer vers le sud, le long de la côte, l'espace de neuf kilomètres, on a à franchir un autre petit fleuve, appelé *Nahr Abou Zabourah*, et dont les eaux sont légèrement salées; voilà pourquoi les Croisés l'ont désigné sous le nom de *flumen Salsum*. Richard Cœur de lion, dans sa route de Césarée à Jaffa, campa près de ses rives. A une faible distance au nord de son embouchure, deux petits promontoires déterminent un port peu considérable, près duquel on remarque quelques traces de constructions antiques.

Au delà du Nahr Abou Zabourah, le rivage déjà étroit se resserre davantage encore entre la mer d'un côté et une longue ligne de falaises rocheuses de l'autre. A l'est de cette ligne s'étend la fertile plaine de Saron, qui est cultivée en blé ou recouverte d'une forêt de chênes clair-semés qui croissent sur un terrain rougeâtre et sablonneux. Ils appartiennent presque tous à l'espèce que les botanistes désignent sous le nom de *Quercus cerris* et de *Quercus crinita*. Les feuilles en sont plus lisses et moins dentelées que celles de nos chênes communs; elles sont chargées de ces tubercules appelés noix de galle; la capsule des glands est généralement d'une grande dimension. La tige de la plupart de ces arbres est noueuse et d'une venue peu droite. Quelques-uns atteignent une dizaine de mètres de hauteur, mais beaucoup d'autres sont plus petits et ne s'élèvent guère au-dessus de la taille de hautes broussailles. Cette forêt est le reste de celle qui, à l'époque des Croisades, est nommée forêt d'Arsouf, parce qu'elle se prolongeait vers le sud jusque dans les environs de cette ville.

Nous laissons à notre gauche le petit village de Oumm Khaled, et à neuf kilomètres plus au sud, nous franchissons le Nahr el-Falek (le fleuve de la Coupure). Il sort d'un étang appelé *Basset el-Falek* (le bassin de la Coupure), parce qu'une entaille longue de quarante mètres sur vingt-quatre de large a été jadis pratiquée à travers un monticule rocheux qui, du côté de l'ouest, domine l'étang d'une hauteur de vingt mètres. Ce monticule lui barrait autrefois toute issue vers la mer, ainsi qu'au Nahr el-Falek, lequel, venant de l'est, traverse l'étang et, par la coupure artificielle qui lui a valu son nom, se jette à la mer depuis lors. Primitivement ses eaux se perdaient dans ce grand bassin qui, ne pouvant lui-même auparavant décharger son trop-plein dans la Méditerranée, devait, à certains moments de l'année, inonder au loin la plaine. Il est donc à croire que la tranchée destinée à remédier à ce grave inconvénient remonte à une haute antiquité, quand le pays était le plus habité et le mieux cultivé. Cet étang est couvert en grande partie d'un fourré de roseaux gigantesques au milieu desquels se jouent librement, sans être jamais inquiétées par l'homme, des nuées d'oiseaux; une multitude de nénufars y étendent aussi de tous côtés leurs larges feuilles, qui tapissent la surface des eaux et émaillent de leurs belles fleurs ce parterre humide. De petits crocodiles y vivent, dit-on, comme dans le Nahr Zerka et dans le Nahr Kaisarieh; ses bords sont fréquentés par un grand nombre de sangliers.

Le Nahr el-Falek est appelé par les historiens chrétiens des Croisades *Rochetaïlie* (la Roche taillée), ce qui est la traduction de la dénomination arabe, laquelle, nous l'avons dit, signifie *la fente, la coupure*, et n'est peut-être elle-même que la reproduction d'un nom plus ancien, soit hébraïque, soit chananéen, si le canal creusé à travers la colline pour ouvrir une issue vers la mer à l'étang et au fleuve date d'une époque aussi reculée.

Il est question de ce fleuve dans Winisauf, lors de la marche victorieuse de Richard Cœur de lion, de Ptolémaïs à Jaffa, le long de la côte. Les troupes de ce prince, au sortir de la forêt qui s'étendait au nord de ce cours d'eau, dressèrent leurs tentes dans une plaine, sur les bords d'un fleuve appelé vulgairement, dit l'historien, *Rochetaïlie*. Ce même fleuve est appelé par Boha eddin *Nahr el-Kassab* (le fleuve du Roseau). Dans l'antiquité, il portait très-probablement en hébreu le nom de *Nahal Kanah*, en latin *Vallis Arundineti*, simple traduction du mot hébreu Kanah, de même que la dénomination arabe el-Kassab, qui signifie pareillement *roseau*.

Ce cours d'eau, comme nous l'apprenons par la Bible, aboutissait à la Méditerranée et formait l'une des limites entre la tribu de Manassé au nord et celle d'Éphraïm au sud.

C'est au sud de ce fleuve, dans l'espace qui le sépare d'Arsouf, qu'eut lieu la célèbre bataille de ce nom, dans laquelle cent mille chrétiens eurent à combattre contre trois cent mille musulmans et les repoussèrent. Richard Cœur de lion y fit des prodiges de valeur, et Saladin, son rival, malgré toute son habileté et tout son courage, malgré aussi la grande supériorité numérique de ses troupes, ne put arrêter la marche victorieuse des Latins.

Sept kilomètres environ séparent l'embouchure du Nahr el-Falek des ruines d'Arsouf. La ville dont elles offrent les débris était jadis entourée d'un mur très-épais, flanqué de tours et construit avec des pierres de dimensions moyennes, mais très-régulièrement taillées et agencées entre elles. Du côté qui regarde la mer, elle était en outre protégée par des falaises rocheuses, d'un accès très-difficile.

Un fossé large de quatorze pas et dont la profondeur ne peut plus être déterminée maintenant, à cause des amas de pierres et de terre qui l'ont en partie comblé, régnait tout autour des remparts. Il était lui-même muni d'un mur d'escarpe et de contrescarpe, aujourd'hui presque entièrement détruit, mais dont on reconnaît les vestiges sur plusieurs points. Cette enceinte formait un arc elliptique et était percée de quatre portes, dont l'emplacement de deux seules est encore reconnaissable.

En pénétrant dans l'intérieur de la place, on s'aperçoit aussitôt qu'elle a été bouleversée de fond en

Restes d'un Khan a Oumm Khaled.

comble, et qu'on y a puisé comme dans une carrière. Presque nulle trace de monuments et de maisons n'est reconnaissable : tout a disparu, à l'exception des substructions de trois ou quatre édifices privés ou publics. De hautes herbes et des broussailles envahissent de plus en plus le sol. Au centre de la ville s'élevait une puissante forteresse sur un monticule isolé, surplombant d'un côté la mer, et séparé de tous les autres côtés du reste de la cité par un ravin naturel qui a dû être ensuite creusé davantage et régularisé par la main de l'homme. Cette citadelle, ainsi défendue, vers l'ouest, par l'escarpement et la hauteur considérable des falaises sur le bord desquelles elle était assise, et, vers les autres points cardinaux, par le fossé, à la fois naturel et artificiel, dont je viens de parler, avait en outre pour la protéger une double enceinte dont il subsiste encore des débris importants. Des pans de murs gigantesques, d'une épaisseur extraordinaire, formant en quelque sorte un tout compacte à cause de la ténacité du ciment qui unit les pierres entre elles, gisent çà et là renversés, tant du côté de la terre que de celui de la mer, précipités en cet endroit le long de la pente abrupte des falaises, soit par l'effet de la sape, soit par suite d'un tremblement de terre. Quant aux bâtiments intérieurs destinés à loger le commandant de la citadelle et la garnison qui y était casernée, ils sont complétement détruits.

Cette forteresse communiquait, vers l'est, avec la ville, par une chaussée qui traversait le fossé que j'ai mentionné. Vers l'ouest, on descendait de là au port militaire, au moyen d'un long escalier dérobé, recouvert d'une voûte inclinée, qui existe encore en partie sur les flancs escarpés des falaises. Ce port, de dimension fort restreinte et aujourd'hui en partie comblé, était protégé, au nord et au sud, par deux môles, que défendait à leur extrémité une tour dont on distingue à peine quelques débris. Au sud de ce bassin que j'appelle le port militaire, parce qu'il était immédiatement commandé par la forteresse

OUALY DE NEBY YAMIN, PRÈS DE KEFR SABA.

au-dessous de laquelle il est situé, s'arrondit une anse naturelle, qui ne semble pas avoir été munie de môles, et qui a dû servir de port marchand.

Les ruines que je viens de décrire sont désignées par les Arabes sous le nom de *Kharbet Arsouf*, nom que l'on retrouve pareillement dans les écrivains musulmans du moyen âge, et qui peut-être est la dénomination antique que portait cette ville avant de s'appeler Apollonia. Du reste, l'histoire ancienne de cette cité maritime nous est complétement inconnue. Nous savons seulement qu'elle avait été renversée avant le gouvernement de Gabinius en Syrie, puisque Josèphe la mentionne au nombre des villes qui furent rétablies et réhabitées par l'ordre de ce proconsul romain, l'an 57 avant Jésus-Christ.

A l'époque des Croisades, elle avait perdu son appellation grecque d'Apollonia, et les historiens de ces guerres sacrées ne la désignent plus que sous le nom d'Arsouf, Arzuffum, Arsur et Assur, formes plus ou moins altérées, selon toute apparence, du nom primitif qu'elle portait avant la conquête des Séleucides et le changement de dénomination qu'elle subit alors, comme tant d'autres villes de la Syrie et de la Palestine.

Au commencement des Croisades, Godefroy de Bouillon essaya vainement de s'en emparer. Comme il n'avait point de vaisseaux pour bloquer cette place du côté de la mer, et qu'il était pressé par la disette, tandis que les habitants étaient abondamment pourvus de tout et avaient d'ailleurs la mer libre pour se ravitailler, il fut contraint de lever le siége. L'année 1102, Baudoin Ier assiégea de nouveau Arsouf par terre et par mer, et s'en rendit maitre. Les habitants ouvrirent leurs portes, à la condition de pouvoir se retirer à Ascalon.

En 1191, Richard Cœur de lion, vainqueur de Saladin, dont il venait d'écraser les troupes dans une bataille sanglante livrée au nord et dans le voisinage d'Arsouf, recouvra cette place, que les musulmans avaient démantelée. Saint Louis, en 1251, releva ses remparts abattus. Mais bientôt après, en 1265, le sultan Bibars ben-Dokhdar vint attaquer la ville. Les habitants se défendirent avec le courage du désespoir, et livrèrent aux flammes les machines de siège des assiégeants. Aux mines de l'ennemi ils opposèrent des contre-mines, et l'on se battit de part et d'autre avec acharnement dans ces souterrains. Enfin, au bout de quarante jours et après des assauts répétés, le sultan parvint à arborer l'étendard du Prophète sur les tours de la place. Les mameluks victorieux mirent tout à feu et à sang. La plus grande partie des vaincus furent massacrés; le reste fut condamné à la servitude, et les malheureux captifs furent contraints de démolir de leurs propres mains leurs remparts, leurs édifices et leurs maisons. Arsouf ne se releva plus de cette ruine. Le géographe Aboulféda nous déclare que de son temps, c'est-à-dire vers le commencement du quatorzième siècle, elle n'avait plus d'habitants. A dix minutes au sud des ruines d'Arsouf s'élève, sur le bord de la mer, le village de Sidi Ali ebn-Aleim. Il contient une population de cinq cents habitants. Sur le point culminant de la colline qu'il occupe est une mosquée, formant extérieurement un grand rectangle et construite, ainsi que la plupart des maisons, avec des matériaux provenant des ruines d'Arsouf. A l'intérieur règne un portique voûté, et, sous une coupole, un sarcophage renfermant les restes du santon Sidi Ali ebn-Aleim, dont le père est vénéré à Doura, dans les montagnes d'Hébron.

A douze kilomètres à l'est de ce village, celui de Kefer Saba mérite une attention particulière, parce que plusieurs critiques, à l'exemple de Robinson, l'identifient avec l'ancienne Antipatris. Il compte environ huit cents habitants. Les maisons en sont construites en pisé ou avec de menus matériaux. Quelques palmiers dressent çà et là, au milieu des rues, leur tige élégante. Une mosquée est bâtie avec des pierres plus considérables et mieux taillées. On remarque au mihrab deux colonnes antiques. Plusieurs amas de pierres disposés en rond et consacrés à des santons renferment pareillement des débris anciens, et notamment des tronçons de colonnes; à six cents mètres au sud-est du village, une petite mosquée, construite en partie avec des blocs réguliers, qui proviennent de quelque édifice antique, est dédiée à Neby Yamin (le prophète Benjamin), dont le prétendu tombeau est surmonté d'une koubbeh.

L'identification proposée par Robinson de Kefer Saba avec Antipatris repose sur le passage suivant tiré de l'historien Josèphe. Nous lisons dans ses *Antiquités judaïques* (liv. XIII, ch. xv, § 1) :

« Antiochus Dionysius marche aussitôt vers la Judée, à la tête de huit mille fantassins et de huit cents cavaliers. Alexandre Jannée, redoutant son approche, creuse un fossé profond, commençant à Chabarzaba, qui maintenant est Antipatris, et s'étendant jusqu'à la mer de Joppé, par où seulement le passage était ouvert à l'ennemi. Puis, ayant élevé un mur flanqué de tours en bois, séparées elles-mêmes par des courtines semblables, dans une longueur de cent cinquante stades, il attendait de pied ferme Antiochus. Mais celui-ci incendia tous ces ouvrages, et, forçant le passage avec ses troupes, poursuivit sa route vers l'Arabie. »

Ailleurs, le même écrivain nous donne les détails que voici sur la fondation et sur le site d'Antipatris (*Antiquités judaïques*, liv. XVI, ch. v, § 2) :

« Hérode fonda une autre ville dans la plaine appelée Capharsaba, ayant choisi pour son emplacement un lieu bien arrosé et favorable à la culture des fruits. Un fleuve environnait la ville elle-même, et elle était, en outre, entourée d'un bois remarquable par la beauté des arbres. Il l'appela Antipatris, du nom de son père Antipater. »

KEFR SABA.

Dans les Actes des Apôtres (ch. XXIII, ⅴ 31 et 32), le nom d'Antipatris se trouve lié à celui de saint Paul. Cet apôtre y fut conduit de Jérusalem, l'an 58 de notre ère, pour être mené de là à Césarée, devant le tribunal du gouverneur Félix.

« 31. *Milites ergo, secundum præceptum sibi, assumentes Paulum, duxerunt per noctem in Antipatridem.*

« 32. *Et postera die, dimissis equitibus ut cum eo irent, reversi sunt ad castra.* »

Nous voyons, d'après ces deux versets, que saint Paul fut conduit en une seule nuit de Jérusalem à Antipatris. Il était lui-même à cheval; mais la plus grande partie de son escorte se composait de quatre cents fantassins, dont deux cents armés de lances; soixante-dix autres soldats étaient des cavaliers, ainsi que cela résulte de deux autres versets que voici :

« 23. *Et vocatis duobus centurionibus, dixit illis (tribunus) : Parate milites ducentos, ut eant usque Cæsaream, et equites septuaginta et lancearios ducentos, a tertia hora noctis;*

« 24. *Et jumenta præparate, ut, imponentes Paulum, salvum perducerent ad Felicem præsidem.* »

Parti de Jérusalem à la troisième heure de la nuit, c'est-à-dire à neuf heures du soir, saint Paul

Kalat Ras el-Aïn.

voyagea toute la nuit, et, le lendemain, étant parvenu à Antipatris, il fut remis aux cavaliers de son escorte, qui seuls l'accompagnèrent jusqu'à Césarée; quant aux fantassins qui l'avaient suivi, ils s'en retournèrent à Jérusalem.

Ce passage, qui est très-précis, doit nous inspirer quelques doutes relativement à l'identification d'Antipatris avec le village actuel de Kefr Saba. Ce village, à la vérité, a conservé sans altération la dénomination primitive que portait la bourgade qui, plus tard, devint Antipatris. D'un autre côté, la distance qui le sépare de Jérusalem, et cela par la voie la plus directe, c'est-à-dire par celle de Djifneh, l'ancienne Gophna, d'Aboud et de Medjdel Yaba, ne peut point être évaluée à moins de douze heures d'une marche forcée et très-pénible pour des fantassins armés, car, avant d'atteindre la plaine, on a à franchir un massif montagneux très-considérable. Par la route de Bethoron et de Lydda, à plus forte raison par celle de Nicopolis et de Lydda, la distance augmente encore et nécessite une heure et même une heure et demie de marche de plus. Voilà donc des fantassins armés parcourant en une seule nuit une étape d'au moins douze heures de marche sans la moindre halte et sans ralentir le pas. Une pareille marche par une route unie et facile

Source du fleuve dit Nahr el-Aoudjeh, près du Kalat Ras el-Aïn.

serait déjà une très-forte étape; mais elle doit paraître plus pénible encore, lorsqu'on songe que plus de la moitié de cette marche devait être exécutée à travers d'âpres montagnes entrecoupées de profonds ravins. La chose, toutefois, n'est pas absolument impossible pour des soldats rompus à la fatigue; mais néanmoins une pareille étape accomplie en une nuit et recommencée le lendemain, puisque, à peine arrivés à Antipatris, les fantassins qui avaient accompagné saint Paul s'en retournèrent le jour même à Jérusalem, a de quoi nous surprendre, si l'on place Antipatris au village actuel de Kefr Saba, en se fondant uniquement sur l'identité de cette dénomination avec celle que portait précédemment cette ville.

En second lieu, l'Itinéraire de Bordeaux marque un intervalle de dix milles seulement entre Lydda et Antipatris. Or, dix-sept milles séparent Kefr Saba de Lydda, et dix milles nous conduisent droit à Medjdel Yaba, où j'incline, pour mon compte, à placer Antipatris. En troisième lieu, le territoire de Kefr Saba ne peut pas être dit ἔνυδρος, *bien arrosé*, comme le qualifie Josèphe, et aucune rivière ne coule aux environs de ce village. L'Oued Serakah, en effet, qui serpente à l'est de cette localité, est à sec les trois quarts de l'année et ne contient un peu d'eau qu'à l'époque des grandes pluies. Serait-ce là le fleuve signalé par Josèphe? Il est permis d'en douter, à moins, par hasard, que dans l'antiquité la contrée étant plus boisée qu'elle ne l'est actuellement, certains cours d'eau qui maintenant sont à sec la plus grande partie de l'année, ne fussent point alors sujets à tarir si vite et si complétement. Si, au contraire, nous basant sur la distance de dix milles indiquée par le Pèlerin de Bordeaux comme séparant Diospolis ou Lydda d'Antipatris, nous plaçons avec plusieurs voyageurs cette dernière ville à Medjdel Yaba, nous trouvons à trois kilomètres au nord-ouest de ce village des sources extrêmement abondantes qui forment immédiatement un petit fleuve intarissable que l'on ne peut passer qu'à gué, et qui va se jeter à la mer à cinq kilomètres et demi au nord de Jaffa. Ce fleuve, si toutefois c'est celui auquel Josèphe fait allusion, arrosait d'une manière permanente le territoire appartenant à Antipatris, en admettant que le site de cette ville fût le même que celui de Medjdel Yaba.

En quatrième lieu, Eusèbe et saint Jérôme nous apprennent que, à six milles au nord d'Antipatris, existait de leur temps un village appelé Galgoulis. Or, à cinq milles et demi, et pour faire un compte rond, à six milles au nord de Medjdel Yaba, on rencontre le village de Djeldjoulieh, qui répond très-bien à celui de Galgoulis, pour le nom, la situation et la distance, si Medjdel Yaba représente l'ancienne Antipatris.

En cinquième lieu, si Kefr Saba a été jadis une ville considérable, lorsqu'elle devint Antipatris, il faut avouer que les vestiges de son ancienne splendeur ont complétement disparu. Medjdel Yaba, au contraire, bien que singulièrement déchu de même de l'importance que cette localité devait avoir autrefois, paraît avoir été une place forte au moyen âge, et quelques critiques y placent le château de Mirabel, dont il est question à l'époque des Croisades.

Ces diverses raisons m'inclinent assez, malgré l'identité de nom du village actuel de Kefr Saba avec l'appellation primitive d'Antipatris, à reconnaître dans Medjdel Yaba, de préférence à Kefr Saba, la ville fondée par Hérode en l'honneur de son père Antipater.

Pour satisfaire à la donnée fournie par Josèphe, d'une rivière entourant Antipater ou coulant auprès de cette ville, et ne trouvant pas dans le voisinage immédiat de Kefr Yaba ou de Medjdel Yaba une rivière permanente, mais seulement des torrents qui sont à sec les trois quarts de l'année, on pourrait être tenté de chercher l'emplacement d'Antipatris dans une proximité plus grande encore du Nahr el-Aoudjeh, par exemple au Kalat Ras el-Aïn; mais le monticule que couronnent les ruines de ce fort n'a jamais pu servir d'assiette à une ville proprement dite, et si Antipatris a existé jadis en cet endroit, il faut admettre que les marais qui entourent ce fort de deux côtés n'existaient point, et qu'ils recouvrent les débris de cette cité, ce qui n'est guère supposable, car les sources du Nahr el-Aoudjeh, qui jaillissent du sol au lieu dit Ras el-Aïn, sont tellement abondantes, qu'elles ont dû toujours former un marais sur ce point, et qu'une ville établie dans la plaine au pied du monticule, qui en aurait

RUINES DE CÉSARÉE MARITIME.

été seulement l'acropole, aurait occupé une position fort peu salubre. Tout bien considéré, j'incline toujours à reconnaître Antipatris dans Medjdel Yaba.

Le Kalat Ras-el-Aïn que je viens de mentionner couvre la plate-forme supérieure d'une colline qui semble en partie naturelle et en partie factice. Il forme un rectangle mesurant cent pas de long sur quatre-vingt-quatorze de large, et flanqué d'une tour à chacun de ses angles. Les murs, percés actuellement de plusieurs brèches, sont munis de créneaux. Les bâtiments intérieurs sont très-dégradés. On y remarque une petite mosquée, et, dans ce sanctuaire, deux fûts de colonnes antiques. Quelques critiques reconnaissent dans cette forteresse, qui semble de fabrique musulmane, dans l'état où elle est maintenant, celle que Guillaume de Tyr (liv. XXI, ch. XXI) signale sous le nom de Mirabel; mais je crois qu'ils sont dans l'erreur, attendu que cet historien nous apprend qu'elle était située dans les montagnes, et j'incline de préférence à la placer à Medjdel Yaba, où la maison du cheikh a été bâtie sur les ruines d'un ancien château fort qui m'a paru, ainsi que les restes d'une église voisine, dater de l'époque des Croisades.

De Kalat Ras el-Aïn à Jaffa on compte environ dix-sept kilomètres dans la direction de l'est-sud-est, à travers la célèbre plaine de Saron.

JAFFA

La ville de Jaffa est située en amphithéâtre et en pente assez rapide sur les flancs d'une colline dont le point culminant domine la mer d'environ soixante-dix mètres. Beaucoup de rues sont en escaliers; généralement fort mal tenues avec leurs pavés disjoints, elles sont quelquefois presque impraticables en hiver, à l'époque des grandes pluies. Le quai qui longe le port a été réparé, il y a une trentaine d'années, avec des matériaux tirés des ruines de Césarée. De là proviennent aussi plusieurs fûts de colonnes monolithes que l'on observe sur divers points. Quand la mer est bouleversée par des vents violents, principalement ceux de l'ouest, elle déferle avec impétuosité contre le mur qui borde le quai, et les vagues, en rebondissant, couvrent de leur écume les maisons voisines. Le port est donc loin d'être sûr. Une enceinte de bancs rocheux assez peu élevés, et qui jadis peut-être étaient surmontés d'une digue construite, détermine le périmètre de cette crique, qui a dû être toujours peu hospitalière, bien que, dans l'antiquité, plus profonde et mieux protégée sans doute contre les vents et les vagues du dehors, elle offrît un abri meilleur aux petits navires de cette époque. Ce bassin communique avec la rade par deux passes qui sont très-étroites et parfois dangereuses, resserrées qu'elles sont entre des récifs contre lesquels les barques courent toujours le risque de se briser, quand la houle est tant soit peu forte. Aussi, pendant l'hiver, les paquebots qui font escale en cet endroit sont-ils contraints assez souvent, au grand regret du commerce et des passagers, de poursuivre leur route, sans pouvoir prendre ni débarquer les colis et les voyageurs. L'amélioration du port de Jaffa serait, par conséquent, un immense bienfait pour cette ville et en même temps pour la Palestine entière, ce port, tout mauvais et insuffisant qu'il soit, étant néanmoins celui de Jérusalem et des principaux sanctuaires de la Terre sainte.

Les pèlerins, en abordant à Jaffa, trouvent immédiatement un asile dans plusieurs couvents.

Le couvent latin, dont l'hospitalité est si cordiale et si empressée, est administré par trois Pères Franciscains, aidés de six Frères. Le supérieur porte le titre de Père vicaire; le Père curé est chargé de la paroisse catholique. La chapelle est petite et peut à peine contenir maintenant la faible population latine qui habite Jaffa. Elle est dédiée à saint Pierre. On y remarque, au-dessus du maître-autel, un tableau, du reste assez médiocre, qui représente la vision qu'eut à Jaffa le Prince des Apôtres, et dont il est question dans les versets suivants des *Actes* (ch. x) :

« 9. Le lendemain....., Pierre monta sur le haut de la maison, vers la sixième heure, pour prier.

« 10. Et ayant faim, il voulut manger; mais, pendant qu'on lui préparait de la nourriture, il lui survint un ravissement d'esprit.

« 11. Et il vit le ciel ouvert et comme une grande nappe qui, suspendue par les quatre coins, descendait du ciel en terre,

« 12. Et dans laquelle il y avait toutes sortes de quadrupèdes, de reptiles et d'oiseaux du ciel.

« 13. Et il ouït une voix qui lui dit :

« Levez-vous, Pierre, tuez et mangez. »

Débarquement à Jaffa.

« 14. Mais Pierre répondit : « Je n'ai garde, Seigneur; car je n'ai jamais rien mangé qui fût impur
« ou souillé. »

« 15. Et la voix, lui parlant encore une seconde fois, lui dit : « N'appelez pas impur ce que Dieu
« a purifié. »

« 16. Cela s'étant répété trois fois, la nappe fut retirée dans le ciel. »

Par cette vision, l'apôtre comprit que le Christ n'était pas seulement le sauveur des Juifs, mais

VUE DU PORT DE JAFFA, DU HAUT DE LA MAISON DITE DE SIMON LE CORROYEUR.

encore des Gentils, et que, par lui, tous les hommes étaient appelés à entrer dans le giron d'une même Église, de même que tous les animaux, mondes et immondes, lui avaient apparu réunis ensemble.

Le couvent des Grecs schismatiques est plus vaste que celui des Latins. De ses magnifiques terrasses on jouit d'une perspective fort étendue sur la ville, sur la côte et sur la mer. Son église, sous l'invocation de saint Georges, est précédée d'un narthex ou vestibule, comme la plupart de celles qui appartiennent à ce rite, et intérieurement elle est divisée en trois nefs, celle du centre étant ornée de dix colonnes de marbre, cinq de chaque côté.

Le couvent des Arméniens est également considérable. Plusieurs de ses salles servirent d'asile, en 1799, aux soldats pestiférés de l'armée française, et c'est là que le médecin Desgenettes, à qui Bonaparte conseillait d'administrer de l'opium aux malades et aux blessés que l'on ne pouvait emporter, dans la crainte qu'après son départ ils ne fussent massacrés par l'ennemi, lui fit cette réponse célèbre : « Mon métier est de les guérir, et non de les tuer. »

Non loin du couvent latin est l'établissement des Sœurs de Saint-Joseph de l'Apparition, les premières religieuses françaises qui soient venues créer des écoles, des dispensaires et des hôpitaux en Palestine depuis les Croisades. La Sœur Sylvie, leur supérieure, habite le pays depuis de longues années. Pleine de bonté et en même temps d'énergie, très-familiarisée, en outre, avec la langue arabe, elle est fort respectée des indigènes, auxquels elle a prodigué souvent ses soins et ses conseils. Plusieurs Sœurs, sous sa direction, s'occupent de la pharmacie et de l'école. Celle-ci contient une cinquantaine de jeunes filles, presque toutes externes, à l'exception de quelques orphelines et de plusieurs petites négresses. En dehors de la ville s'élève maintenant un hôpital dont la Sœur Sylvie va être également chargée, et qui est déjà presque achevé. Il a été construit grâce à la libéralité d'un riche négociant de Lyon, M. Guinet, et la plupart des travaux ont été exécutés sous la surveillance désintéressée du capitaine Guillemot, si connu par son entier dévouement à toutes les grandes œuvres de la Terre sainte. La chapelle en est gracieuse et élégante, et la distribution intérieure des bâtiments a été conçue d'après un plan très-intelligent.

Établis à Jaffa seulement depuis le 16 avril 1882, les Frères des Écoles chrétiennes ont aussitôt vu accourir dans leur maison un grand nombre d'enfants, dont le chiffre dépasse actuellement cent trente, et qui appartiennent à des communions chrétiennes différentes; plusieurs même sont musulmans.

Comme la ville s'accroît de plus en plus, elle déborde de toutes parts, et principalement vers le sud, en dehors de l'enceinte qui autrefois l'enserrait. Cette enceinte, flanquée de bastions et environnée de fossés, décrivait autour de la place un demi-cercle irrégulier dont la muraille du quai était la corde d'arc ou le diamètre. Aujourd'hui, on la détruit peu à peu, et les matériaux que l'on en extrait servent à des constructions nouvelles.

Les bazars occupent la partie basse de la ville et forment une sorte de longue rue, peu régulière. Assez bien fournis des principales choses nécessaires à la vie, ils sont encombrés, tous les matins, d'une foule compacte et confuse où, à l'époque de Pâques surtout, les dialectes et les costumes les plus divers se heurtent et se rencontrent, dans un pêle-mêle étrange, quand les pèlerins de l'Orient et de l'Occident abordent par milliers à Jaffa pour se rendre de là à Jérusalem. Il est quelquefois difficile alors de s'ouvrir un passage à travers les longues files d'hommes, de chevaux, de mulets et de chameaux qui obstruent la voie et s'entre-choquent mutuellement.

Les mosquées n'offrent rien qui mérite d'être signalé. Il en est une néanmoins qui est montrée aux pèlerins comme étant située sur l'emplacement de la maison de Simon le Corroyeur. C'est une salle voûtée, assez solidement construite, qui est appelée par les Arabes *Djama eth-Thabieh* (mosquée du Bastion), parce qu'elle est proche d'un bastion, actuellement en partie démoli, qui devait à sa proximité du rivage sa dénomination de Bordj el-Bahar (bastion de la Mer).

Nous savons par les *Actes des Apôtres* (ch. x, ỳ 6) que saint Pierre demeura à Joppé, chez un nommé Simon le Corroyeur, dont la maison était voisine de la mer.

La position de ce sanctuaire musulman répond exactement à l'indication fournie par les Actes, et tout porte à croire qu'il a succédé à une église chrétienne dédiée jadis à saint Pierre, et dont le capitaine Guillemot a retrouvé non loin de là, dans des excavations récemment exécutées, quelques tronçons de colonnes et deux chapiteaux byzantins.

Il n'est pas hors de propos d'ajouter qu'aujourd'hui encore dans le voisinage de cette mosquée on observe quelques tanneries. Quoi qu'il en soit, ce sanctuaire, vénéré à la fois par les chrétiens et par les musulmans, domine une petite anse, le rivage décrivant en cet endroit un bassin demi-circulaire, à moitié ensablé et appelé par les indigènes, sans doute à cause de sa forme, Birket el-Kamar (bassin

Cour de la maison de Simon le Corroyeur.

de la Lune). Ce bassin semble avoir été compris autrefois dans l'enceinte de la ville, ainsi que paraissent l'indiquer les arasements d'un vieux mur qui, le long du rivage, court vers le sud, et alors, plus profond qu'aujourd'hui, il pouvait servir de second port, mais seulement quand la mer était calme, car il est ouvert à tous les vents.

Devant ce bassin s'étend actuellement un quartier nouveau qui date seulement de quelques années.

La population totale de Jaffa, en y comprenant celle des jardins qui l'entourent, s'élève à treize mille habitants, dont dix mille musulmans, trois cent cinquante Latins, quinze cents Grecs schismatiques, sept cents Arméniens, quelques Grecs-unis ou Melchites, une petite colonie allemande, et un certain nombre de Juifs.

Tout le monde a entendu parler des superbes vergers de Jaffa. Ils égalent, en effet, la réputation dont ils jouissent, et, en les parcourant, on croirait errer au milieu de ces fabuleux jardins des Hespérides, si souvent chantés par les poëtes. Ils sont sablonneux, mais le sable fin et ténu qui les constitue devient, au moyen d'irrigations, excellemment propre à la culture. Divisés en compartiments nombreux, ils sont séparés les uns des autres et bordés, le long des voûtes qui les traversent, par de gigantesques nopals, dont les immenses raquettes, hérissées d'épines, forment des haies infranchissables. Chacun de ces enclos renferme un ou plusieurs puits à norias, dont la roue à godets, que fait tourner un âne ou un mulet, déverse dans des réservoirs une eau incessamment puisée, qui de là, par de nombreuses rigoles, serpente et se distribue, dans toute l'étendue du jardin, autour de chaque pied d'arbre. Sans cet arrosement fréquemment renouvelé à l'époque des chaleurs, le sol se dessécherait vite, et au lieu de la végétation luxuriante qui s'épanouit, comme à l'envi, sur ce sable transformé en terreau, on verrait régner bientôt la stérilité et la mort. La zone la plus rapprochée de Jaffa et qui, de trois côtés, dans un rayon de plusieurs kilomètres, environne cette ville d'une ceinture verdoyante, est donc une véritable oasis, oasis dont les limites pourraient être beaucoup reculées par une irrigation et par une culture analogues, car toute la plaine de Saron, quoique com-

LA PRINCIPALE MOSQUÉE DE JAFFA.

posée en grande partie d'une arène rougeâtre, est d'une extrême fertilité quand la pluie vient la féconder. Lorsque l'époque des pluies est passée, rien n'est plus facile que de l'arroser, attendu que partout, à quelques mètres seulement de profondeur, on est à peu près sûr de trouver l'eau, dès qu'on veut se donner la peine de creuser des puits. Si la lisière cultivée dans la banlieue de Jaffa n'est

LA FONTAINE PUBLIQUE DE JAFFA.

pas plus large, cela tient à plusieurs causes, et notamment à la mauvaise administration du pays, à la triste condition faite au cultivateur, dont la sécurité diminue à mesure qu'il s'éloigne davantage des villes, à l'indolence naturelle de l'Arabe, et aussi à je ne sais quelle malédiction fatale qui pèse depuis tant de siècles sur cette malheureuse contrée, où, selon les poétiques expressions de l'Écriture, coulaient jadis des ruisseaux de lait et de miel, et qui, dans sa décadence et son abaissement, porte partout l'empreinte manifeste de la vengeance divine. Néanmoins, elle garde encore assez de traces de sa beauté première pour justifier les éloges des Livres saints. Qui pourrait, en effet, par exemple, se promener dans les jardins de Jaffa, sans y reconnaître aussitôt, au milieu des parfums qu'ils exhalent et de la magnificence de végétation qu'ils déploient, un coin de cette Terre promise, telle qu'elle est dépeinte par la Bible? Des bois odorants de citronniers, d'orangers et de grenadiers y mêlent ensemble, dans un désordre qui ne manque pas de charme, leur feuillage, leurs fleurs et leurs fruits. Souvent le même arbre porte en même temps des fruits mûrs et des fleurs récemment écloses, espérance de fruits nouveaux. Quelquefois, les premiers ne sont pas encore cueillis, que déjà les seconds commencent à se former. On ne peut surtout se lasser d'admirer ces gros orangers succombant sous le poids des pommes d'or qui les couronnent ou pendent jusqu'à terre le long de leurs branches; nos plus beaux pommiers de Normandie ne sont pas plus surchargés de fruits. Des figuiers, des amandiers, des pêchers, des abricotiers et des mûriers abondent aussi dans ces jardins. Çà et là, dominant cet Éden, s'élèvent de gigantesques sycomores et de gracieux palmiers. Le bananier et la canne à sucre n'y prospèrent pas moins; mais ces deux plantes n'y sont cultivées que sur une faible échelle. Les légumes y sont excellents, sans être aussi variés qu'ils pourraient l'être; les pastèques principalement y sont exquises et à vil prix.

Il me reste maintenant à esquisser, en peu de mots, l'histoire de Jaffa. Cette ville, appelée ainsi par les Européens, est désignée par les Arabes sous le nom de Yafa, nom qui dérive de l'ancienne dénomination hébraïque Yapho, laquelle signifie *beauté* ou *observatoire de la joie*. En grec et en latin, l'appellation usitée est *Joppe* et *Jope*.

Pomponius Mela et Pline font remonter l'origine de cette cité avant le déluge.

Est Joppe ante diluvium, ut ferunt condita, dit le premier. (*De situ orbis*, liv. XII.)

Joppe Phœnicum antiquior terrarum inundatione, ut ferunt, dit le second. (*Histoire naturelle*, ch. XIV.)

C'est là, au rapport de Strabon, que, suivant quelques-uns, Andromède aurait été exposée à un monstre marin.

Pline reproduit la même tradition, en prétendant qu'on voyait à Joppé, sur un rocher, les traces de la chaîne qui avait attaché cette princesse. Il ajoute que M. Scaurus fit transporter, de cette ville à Rome, les ossements du monstre, et que, pendant son édilité, il les étala aux yeux du peuple parmi d'autres choses dignes d'exciter l'admiration de la multitude. Cet énorme squelette mesurait quarante pieds de long.

Le grave saint Jérôme, dans son *Commentaire sur le prophète Jonas*, n'oublie pas de nous dire qu'on montrait encore de son temps, à Joppé, le rocher où avait été enchaînée Andromède, avant d'être délivrée par le secours de Persée.

Il serait trop long d'indiquer ici les différentes manières dont on a cherché à interpréter ce mythe, et, me hâtant de rentrer dans le domaine de l'histoire, je rappellerai que Yapho ou Joppé fut attribuée par Josué à la tribu de Dan, dont elle formait la limite vers le nord-ouest, du côté de la mer.

Ses habitants, comme nous le savons par Pline, vénéraient la déesse Ceto. Cette Ceto ou Derceto, moitié femme, moitié poisson, était adorée aussi à Ascalon sous cette forme étrange; la même divinité portait pareillement le nom d'Atargatis.

Joppé servit de port à Jérusalem, quand cette ville devint la métropole de la Palestine, sous la dynastie de David. C'est là que furent transportés, sur des radeaux, par les soins de Hiram, roi de Tyr, les cèdres destinés à la construction du temple de Salomon. C'est également à ce même port que, environ cinq siècles plus tard, des cèdres furent semblablement amenés du Liban, pour servir à la réédification du temple sous Zorobabel.

Lorsque le prophète Jonas reçut du Seigneur la mission de se rendre à Ninive pour y prêcher la pénitence, cherchant à se dérober à cet ordre, il descendit à Joppé, et il y trouva un vaisseau qui faisait voile pour Tharsis. La Bible nous apprend qu'une tempête éclata alors soudain, et que, afin de la calmer, les matelots, d'après le conseil même de ce prophète, le précipitèrent dans les flots. Englouti par une baleine, il resta trois jours et trois nuits dans le ventre de ce monstre, qui le revomit ensuite sur le rivage, d'où, sur un nouvel ordre de Jéhovah, il se dirigea vers Ninive.

Rien n'est sans doute plus extraordinaire qu'une telle histoire. Aussi beaucoup de critiques l'ont-ils rejetée comme une fable, soit en totalité, soit en partie. Pour eux, c'est un simple mythe allégorique, dont ils cherchent à donner différentes interprétations. Mais que deviennent alors les paroles si expresses et si formelles de Jésus-Christ dans l'Évangile (Saint Matthieu, ch. xii, ⚹ 39-40) :

« 39. Cette race, méchante et adultère, demande un prodige, et on ne lui en donnera point d'autre que celui du prophète Jonas.

« 40. Car, comme Jonas demeura trois jours et trois nuits dans le ventre de la baleine, ainsi le Fils de l'homme sera trois jours et trois nuits dans le sein de la terre. »

Des paroles analogues sont mises dans la bouche du Christ par saint Luc. (Ch. xi, ⚹ 29-30.)

Ces passages nets et précis des deux évangélistes doivent, je crois, rendre plus réservés ceux qui, frappés des prodiges singuliers qui ont marqué la vie de Jonas, sont tentés de les rejeter au nom de la science et de la critique, en n'y voyant tout au plus qu'un symbole, car alors, pour être logiques, il faut qu'ils rejettent pareillement les paroles de Notre-Seigneur, qui invoque l'histoire de Jonas comme une histoire véridique et allégorique en même temps, et comme une sorte de prophétie en action de sa descente dans le tombeau et de sa résurrection.

D'ailleurs, il est nécessaire de repousser absolument comme faux tous les miracles de l'Ancien et du Nouveau Testament, ou de s'incliner avec respect devant ceux-là mêmes qui nous paraissent le plus extraordinaires; car les uns étant attestés par la même autorité que les autres, si l'on reconnaît cette autorité, on est contraint, par cela même, d'admettre comme authentique tout ce qu'elle affirme.

Pour en revenir à Jaffa, à l'époque de Judas Macchabée, elle tomba au pouvoir de ce héros, qui brûla son port, incendia ses embarcations et punit sévèrement sur ses habitants la mort de deux cents Juifs, qu'ils avaient traîtreusement fait périr. Jonathan et Simon Macchabée s'emparèrent de nouveau de cette place, qu'ils enlevèrent à Apollonius. Simon y plaça ensuite une garnison, dans la crainte qu'elle ne voulût ouvrir ses portes à Démétrius. Quelques années plus tard, il rétablit son port et la fortifia elle-même. Pompée la déclara ville libre et la comprit dans la province de Syrie; mais César la rendit aux Juifs. Hérode le Grand s'en empara, et Auguste lui en confirma la possession. Assignée à Archélaüs, quand il eut été constitué ethnarque, elle fut enlevée à ce prince la dixième année de son règne. Comme il s'était attiré la haine générale, il fut appelé devant Auguste pour rendre compte de sa conduite. Ne pouvant se justifier, il fut exilé à Vienne, dans les Gaules, et Joppé passa avec la Syrie sous l'administration d'un gouverneur romain, l'an 6 de l'ère chrétienne.

Dès l'avénement du christianisme, cette ville compta dans son sein un certain nombre de disciples qui embrassèrent la foi nouvelle. Elle fut le théâtre de l'un des plus grands miracles de saint Pierre, qui y ressuscita Tabithe. Cette sainte femme, d'après une tradition encore conservée dans le pays, avait son habitation dans l'un des vergers qui avoisinent à l'est la ville.

Un café dans le bazar de Jaffa.

Après avoir accompli ce prodige, saint Pierre, qui arrivait de Lydda, alla loger chez Simon le Corroyeur. Il y était encore, lorsque les serviteurs du centurion Cornélius vinrent le prier de se rendre à Césarée auprès de leur maître, pour l'instruire dans les vérités de la foi. J'ai déjà parlé plus haut de la vision qu'il eut dans cette même maison, vision qui lui ordonnait de ne pas garder pour les Juifs seuls, représentés par les animaux mondes, les lumières de l'Évangile, mais de les porter également aux Gentils, que figuraient les animaux impurs.

Quand l'insurrection des Juifs contre les Romains eut éclaté, Cestius s'empara de Joppé, qui fut attaquée par terre et par mer. La ville fut livrée au pillage et incendiée, et huit mille quatre cents habitants perdirent la vie. Rebâtie bientôt, elle devint un véritable nid de pirates, qui infestaient les côtes de la Syrie, de la Phénicie et de l'Égypte. Pour mettre un terme à ces brigandages, Vespasien y envoya des troupes qui l'envahirent de nuit, sans coup férir. Les habitants effrayés s'étaient réfugiés

CIMETIÈRE MUSULMAN DE JAFFA.

sur leurs embarcations, hors de la portée des traits de l'ennemi; mais, le lendemain, à l'aube du jour, un vent violent s'éleva du nord, et, à cause de la nature inhospitalière du mouillage de Joppé, tous ces navires s'entre-choquant mutuellement et se brisant contre les récifs du rivage, ou étant submergés au milieu des flots, la plupart de ceux qui y avaient cherché un asile périrent misérablement, et ceux qui parvinrent à atteindre la terre ferme furent impitoyablement massacrés par les Romains. Joppé fut alors détruite et rasée; et Vespasien, pour l'empêcher de redevenir un foyer de piraterie, y forma un camp dans le haut quartier, avec une garnison de fantassins et de cavaliers. La ville se releva ensuite de ses ruines, et le christianisme se répandant de plus en plus dans la contrée, un évêché y fut installé, qui dura jusqu'à l'invasion de la Palestine par les Arabes, en 636. En 1099, les Croisés trouvèrent cette place abandonnée par les musulmans, et ils se contentèrent d'occuper la citadelle. Godefroy de Bouillon, après la prise de Jérusalem, donna l'ordre de fortifier Jaffa, afin qu'elle pût offrir un asile sûr aux pèlerins qui y débarqueraient.

Baudoin 1er, en 1103, concéda l'église Saint-Pierre aux chanoines du Saint-Sépulcre, et il embellit la ville, qui fut érigée en comté.

En 1115, les Ascalonites, aidés d'une flotte égyptienne, assiégent en vain cette place par terre et par mer; ils se retirent après des efforts impuissants. En 1122, attaquée de nouveau par une armée égyptienne, Jaffa résiste avec le même courage et le même succès.

En 1176, elle est donnée à Guillaume, marquis de Montferrat.

En 1187, Malek el-Adel, frère de Saladin, la force de se rendre.

En 1188, elle est détruite par les musulmans; mais, en 1191, Richard Cœur de lion en relève les murailles. C'est à Jaffa que la reine Bérengère et la fille d'Isaac vinrent rejoindre le roi d'Angleterre; l'armée chrétienne campait dans les magnifiques jardins qui entourent la ville.

En 1192, Saladin, quittant Jérusalem, se dirige vers Jaffa avec des forces très-considérables. La ville n'était défendue que par trois mille guerriers chrétiens. Déjà elle était tombée au pouvoir de l'ennemi, qui promenait partout le carnage, et la citadelle elle-même était sur le point de capituler, lorsque soudain paraît devant le port, avec une trentaine de navires, Richard Cœur de lion, qui arrive de Ptolémaïs. Ce prince, suivi de ses plus braves compagnons d'armes, débarque le premier, et s'élançant au secours des assiégés, parvient par des prodiges d'audace à chasser les musulmans, qui chantaient victoire et arboraient sur les murs leurs enseignes triomphantes.

En 1197, Malek el-Adel s'empare de cette ville, en rase les fortifications et la citadelle, et fait passer au fil de l'épée près de vingt mille chrétiens.

L'année suivante, les murs de Jaffa sont relevés par les Allemands qui faisaient partie de la quatrième croisade; mais, le 11 novembre de la même année, la garnison allemande qui avait été laissée dans cette place est surprise et massacrée par les musulmans, tandis qu'elle célébrait la fête de saint Martin.

En 1204, Jaffa est rendue aux chrétiens.

En 1228, Frédéric II répare les ruines de la forteresse.

En 1252, lors de l'arrivée de saint Louis, elle avait pour comte Jean de Brienne, qui n'oublia rien pour recevoir dignement le saint monarque. Louis IX consacra de très-grosses sommes à fortifier la ville, à l'environner de vingt-quatre tours et à faire curer les fossés.

En 1267, cette place ainsi relevée tombe au pouvoir de Bibars, qui rase la citadelle et démolit les remparts. Elle resta longtemps en ruine, et les pèlerins qui y abordaient n'y trouvaient pour abri que des cabanes ou de misérables huttes.

En 1722, elle avait commencé à reprendre un peu plus d'importance, lorsqu'elle fut saccagée par les Arabes.

En 1775, les mameluks la dévastèrent de nouveau.

Le 3 mars 1799, Bonaparte, venant de Gaza, emporta d'assaut Jaffa et la livra à la fureur de ses soldats. « On y trouva encore, dit M. Thiers (*Histoire de la Révolution française*, t. X, p. 291), une quantité considérable d'artillerie et de vivres de toute espèce. Il restait quelques mille prisonniers, qu'on ne pouvait pas envoyer en Égypte, parce qu'on n'avait pas les moyens nécessaires pour les faire escorter, et qu'on ne voulait pas renvoyer à l'ennemi, dont ils auraient grossi les rangs. Bonaparte se décida à une mesure terrible et qui est le seul acte cruel de sa vie. Transporté dans un pays barbare, il en avait involontairement adopté les mœurs : il fit passer au fil de l'épée les prisonniers qui lui restaient. » De retour à Jaffa, après sa tentative infructueuse contre Saint-Jean d'Acre, Bonaparte en fit sauter les fortifications. Cette enceinte a été ensuite relevée par un pacha, appelé Abou-Nabbout, et maintenant, comme je l'ai dit plus haut, on a commencé à l'abattre de nouveau, par suite des développements que la ville a pris depuis quelques années. Il ne manque à Jaffa qu'un bon port pour acquérir, grâce à son voisinage de Jérusalem et à la fertilité extraordinaire de son territoire, une importance beaucoup plus grande encore que celle qu'elle a en ce moment.

RAMLEH ET LYDDA

A vingt minutes à l'est de Jaffa, on rencontre une gracieuse fontaine, appelée Sebil Abou-Nabbout. Elle est due à la magnificence du gouverneur ainsi nommé, lequel repose près de là, dans un tombeau

Puits dans un jardin de Jaffa.

qu'ornent plusieurs petites coupoles et de hauts cyprès. Devant la fontaine s'étend une esplanade plantée de vieux sycomores. D'après une ancienne tradition, ce serait dans le jardin situé au nord de cette fontaine que se trouvait la maison de Tabithe, ressuscitée par saint Pierre. Près de là aussi, en 1874, M. Clermont-Ganneau a découvert une antique nécropole juive.

On continue à cheminer encore quelque temps dans la direction de l'est-sud-est entre de superbes vergers, puis ils cessent tout à coup, et alors commence une vaste plaine qui se déroule au loin devant le regard. Cette plaine, depuis Césarée jusqu'à Jaffa et même, plus au sud, jusqu'à l'embouchure du Nahr Roubin, s'appelait jadis en hébreu, avec l'article défini, *Hach-Charon*, en grec ὁ Σαρών, en latin Saron et Saronas. Toute la partie méridionale de cette même plaine jusqu'à Gaza se nommait Chéphélah, en grec Σεφηλά.

La beauté de la plaine de Saron est vantée dans les Saintes Écritures. Lorsque Isaïe prédit la gloire future du Messie, il le compare au Liban, au Carmel et à la plaine de Saron (Isaïe, ch. XXXV, ⅴ 2) :
Gloria Libani data est ei : decor Carmeli et Saron.

Dans le Cantique des cantiques, l'époux s'exprime ainsi (ch. II, ⅴ 1) :
Ego flos campi, et lilium convallium.

Si nous ouvrons le texte hébreu, à la place des mots : *Ego flos campi*, nous lisons : *Je suis la rose de Saron.*

Cette plaine, au printemps, s'émaille encore chaque année d'anémones et de tulipes ; on y voit abonder aussi ces roses et ces lys auxquels se comparait l'amant mystérieux du saint Cantique.

Le village d'Yazour, que l'on traverse ensuite, est entouré de fertiles jardins plantés de figuiers et d'oliviers, parmi lesquels on distingue quelques-uns de ces beaux acacias que les Arabes appellent *seder*, et qui se rattachent probablement à ce genre d'arbres que la Bible désigne sous le nom de *chittim*, et dont Moïse se servit dans le désert pour fabriquer le tabernacle, l'arche d'alliance, la table des pains de proposition, l'autel des holocaustes et celui de l'encens.

On a quelquefois identifié ce village avec l'antique Gazer ou Gezer, dont le roi fut tué par Josué ; mais M. Clermont-Ganneau a trouvé plus au sud-est le véritable site de cette ville, à Tell Djezer.

A quelques minutes au delà d'Yazour s'élève la koubbeh d'un oualy musulman appelé Cheikh Imam Ali. Elle se compose de douze petites coupoles surmontées d'une treizième plus grande, et à côté une fontaine, qu'ombragent un palmier et un sycomore, invite les passants à se désaltérer à son eau.

A trois kilomètres plus au sud-est, le village de Beit-Dedjan est, comme celui d'Yazour, situé sur une faible éminence ; comme lui aussi il est environné de beaux vergers. Les maisons en sont de même très-grossièrement bâties avec de menus matériaux revêtus de briques cuites seulement au soleil. Bien que cette localité ne présente aucune trace d'antiquité, le nom qu'elle porte est évidemment antique.

La désignation arabe Beit-Dedjan, surtout si on la prononce Beit-Degan à la façon égyptienne, est, en effet, identique avec le nom de Beth Dagon (la Maison de Dagon), nom donné en Palestine à plusieurs localités différentes, habitées sans doute autrefois par les Philistins, qui y avaient érigé des sanctuaires en l'honneur de leur divinité principale Dagon. Ce dieu était représenté avec une tête et des bras d'homme, et un corps de poisson, d'où lui venait le nom qu'il portait, Dagon étant un diminutif du mot *dag*, qui signifie poisson.

Si nous continuons à cheminer à travers la plaine dans la même direction, nous passons successivement à côté de deux autres villages, Saferieh et Sarfend, tous deux également antiques, puis nous faisons halte à Ramleh.

Cette petite ville, aujourd'hui bien déchue de son ancienne importance, est située à dix-huit kilomètres au sud-est de Jaffa. Elle renferme à peine trois mille habitants, parmi lesquels on compte deux mille cinq cents musulmans, quatre cents Grecs schismatiques, cinquante catholiques et à peu près autant d'Arméniens schismatiques.

Un couvent latin, où les pèlerins de l'Occident qui se rendent à Jérusalem ou qui en reviennent trouvent un asile toujours ouvert, ressemble, comme la plupart de ceux de la Palestine, à une véritable forteresse. Il renferme deux Pères Franciscains et quelques Frères. Un maître d'école y distribue chaque jour ses leçons à quelques enfants. Sous le péristyle de la cour intérieure, plusieurs tableaux représentent les principaux faits de la vie de saint François d'Assise. La chapelle est dédiée à saint Joseph d'Arimathie, et passe dans la tradition actuelle pour avoir été bâtie sur l'emplacement de la maison de ce noble décurion, qui obtint de Pilate la permission de rendre au corps du Sauveur les derniers devoirs et de l'ensevelir dans son propre tombeau. Une autre tradition, consignée dans Boniface de Raguse, qui, vers le milieu du seizième siècle, était gardien du mont Sion, veut que ce sanctuaire ait succédé à l'atelier où Nicodème, qui aida Joseph d'Arimathie dans son pieux office, avait fabriqué le crucifix que l'on vénère encore dans la cathédrale de Lucques. Suivant ce même écrivain, le couvent des Pères Franciscains avait été bâti sur l'emplacement de sa maison. Fondé par Philippe le Bon, duc de Bourgogne, dans le courant du quinzième siècle, il a été plusieurs fois abandonné, à cause du malheur des temps, mais il est resté néanmoins toujours au pouvoir des Franciscains, qui n'ont jamais cessé, quand les cir-

FONTAINE DITE SEBIL ABOU-NABBOUT

constances étaient plus favorables et que les pèlerins affluaient de nouveau, de revenir les héberger, à leur passage, dans cette hospitalière demeure. Un autre établissement latin de création toute récente est celui des Sœurs de Saint-Joseph de l'Apparition. Ces excellentes religieuses font l'école aux petites filles et soignent les malades. Bien qu'installées depuis peu d'années, elles ont déjà su rendre de très-grands services à la population de Ramleh, qui a conçu pour elles beaucoup d'estime. Le couvent grec n'offre rien de remarquable. La chapelle est sous le vocable de saint Georges; les moines grecs y exposent à la vénération de leurs coreligionnaires une colonne brisée qu'ils prétendent avoir été transportée miraculeusement par mer à Jaffa.

Dans le couvent arménien, la chapelle est également dédiée à saint Georges. A l'époque de Pâques, de même que les couvents latin et grec, il regorge de pèlerins. Au milieu des cours croissent des citronniers et d'élégants cyprès. On y admire aussi un vieux cep de vigne formant berceau et d'un développement extraordinaire.

Les musulmans possèdent plusieurs mosquées et un plus grand nombre de sanctuaires consacrés à divers santons.

Leur mosquée principale, ou Djama el-Kebir, est une ancienne église chrétienne dédiée à saint Jean. Elle forme un grand rectangle et mesure cinquante-trois pas de longueur sur vingt-cinq de large. Très-bien orientée, comme toutes les églises byzantines et grecques, elle contient trois nefs répondant à autant d'absides.

La grande nef, plus haute de moitié que les deux autres, est séparée de celle-ci par sept arcades ogivales s'appuyant sur des piliers carrés qu'ornent trois colonnes et deux pilastres dont les chapiteaux imitent le corinthien. Sept fenêtres très-ébrasées en éclairent la partie supérieure. Les nefs latérales sont percées de fenêtres semblables. La grande porte de la façade occidentale est actuellement murée aux trois quarts. A côté s'élève une tour carrée qui sert aujourd'hui de minaret.

La porte par laquelle on entre maintenant regarde le nord. Au-dessus a été gravée une inscription arabe, d'après laquelle cet édifice aurait été construit l'an 697 de l'hégire (1298 de J. C.) par le sultan Ketbogha; mais comme je l'ai déjà dit depuis longtemps ailleurs, il y a ici une allégation évidemment mensongère, contre laquelle protestent la forme même du monument et le caractère de son architecture. Nous sommes, en effet, d'une manière incontestable, en présence d'une église chrétienne parfaitement conservée. Seulement, à l'époque marquée par l'inscription, cette église a pu subir quelques réparations et modifications; lesquelles toutefois n'ont pas altéré la forme primitive. A cette époque, par exemple, le grand portail de la façade occidentale a été muré, et la tour du clocher a été transformée en minaret.

Parmi les autres mosquées de la ville, je citerai, pour l'élégance de son minaret, celle qui s'appelle Djama Cheikh-Nasran. Ce minaret consiste en une tour octogone, peu élevée, bâtie avec de petites pierres très-régulièrement agencées, et percée de fenêtres étroites en forme de meurtrières.

Un vaste seraïa ou palais habité jadis, tour à tour, par les divers gouverneurs de la ville, est maintenant aux deux tiers renversé. Il passe pour avoir eu autrefois une certaine magnificence. Une salle, elle-même très-délabrée, appartenant à cet édifice, sert actuellement de tribunal; c'est là que le moutsellim tient son divan et rend la justice.

Les bazars sont assez bien fournis. Plusieurs khans sont destinés à abriter les nombreuses caravanes arabes qui passent par Ramleh pour se rendre à Jérusalem, à Gaza ou à Damas; ce sont à la fois des entrepôts et des hôtelleries.

La ville avait autrefois une enceinte fortifiée qui maintenant n'existe plus. Cette enceinte était percée de douze portes, dont quatre principales, la première regardant Jaffa, la deuxième Ascalon, la troisième Jérusalem, la quatrième Naplouse. L'emplacement de quelques-unes d'entre elles est encore reconnaissable.

En dehors et à huit minutes à l'ouest de la ville, des ruines connues sous le nom de Djama el-Abiadh (la Mosquée blanche) méritent une attention toute particulière. L'enceinte de cette mosquée mesure cent six pas de long sur cent de large. Le long de la face sud de ce rectangle, deux rangées d'arcades ogivales sont ou debout ou à moitié écroulées. Vers le milieu de cette espèce de nef, une niche marque le mihrab. Devant cette partie du haram ou de l'enceinte sacrée, restaurée et embellie par le sultan Bibars, l'année 666 de l'hégire (1268 de J. C.), ainsi que cela résulte d'une inscription arabe copiée en cet endroit par M. Sauvaire, s'étend un souterrain parfaitement conservé, dont les voûtes reposent sur deux rangées d'élégantes arcades ogivales; les uns y voient d'anciennes citernes, d'autres des magasins. Les musulmans prétendent que ce souterrain contient les restes de quarante compagnons de Mahomet, morts martyrs en combattant pour leur foi, et ils n'y descendent qu'avec respect. D'un autre côté, une tradition latine le regarde comme étant la crypte d'une église élevée autrefois en l'honneur des quarante Martyrs de Sébaste en Arménie, dont les reliques auraient été transportées partie en Italie et partie en Palestine. Sont-ce les chrétiens qui ont emprunté aux musulmans, en la transformant, ou, au contraire, les musulmans aux chrétiens, la tradition de l'ensevelissement en ce lieu des ossements de ces quarante guerriers, qui pour les uns sont des compagnons de Mahomet, et pour les autres les saints légionnaires martyrisés en Arménie? Je l'ignore. Toujours est-il que ces quarante soldats martyrs sont devenus tour à tour musulmans ou chrétiens, selon que l'édifice où leur mémoire était honorée passait lui-même d'un culte à un autre, et actuellement ils sont vénérés tout à la fois dans le même endroit par les musulmans et les chrétiens, depuis que la mosquée en ruine et abandonnée est ouverte à tous les visiteurs.

Mais poursuivons l'examen de l'enceinte sacrée : une seule rangée d'arcades, à moitié démolies et de forme ogivale, longe la face orientale, laquelle, à son centre, est percée d'une porte qui regarde la ville. Devant ces arcades règnent de grandes citernes ou des magasins dont les voûtes sont soutenues par deux rangs d'arcades superposés. Au milieu de la face occidentale s'élève une tour justement renommée et appelée vulgairement tour des Quarante Martyrs. Isolée et n'ayant jamais attenu à une église, elle fait admirer de tous les voyageurs l'élégante simplicité de sa construction. De forme quadrangulaire, elle mesure neuf mètres sur chaque face; on y monte par un escalier en spirale de cent vingt degrés. Les fenêtres qui l'éclairent sont étroites et ogivales. Elle n'a jamais pu intérieurement renfermer de cloches. Ce n'est donc pas un campanile d'église, ni un beffroi, mais plutôt un minaret musulman. Sa plate-forme supérieure est aujourd'hui très-endommagée par le temps. C'est de là qu'autrefois le muezzin annonçait les heures de la prière; de là aussi, en temps de guerre, on découvrait de loin l'approche de l'ennemi. De ce point, en effet, le regard embrasse un horizon dont tous les voyageurs ont, à juste titre, vanté la beauté et l'étendue. A l'ouest, Jaffa et la Méditerranée; au nord et au sud, de vastes et fertiles plaines; à l'est, le rideau accidenté des montagnes de la Judée et de la Samarie sollicitent tour à tour l'attention. Lorsque je fis l'ascension de ce minaret, j'assistai, en outre, de son sommet à l'un des couchers de soleil les plus splendides que j'aie jamais vus, ce qui ajoutait un charme particulier à la grandeur du panorama que j'avais sous les yeux.

En même temps qu'à l'occident le disque empourpré de l'astre du jour descendait lentement dans les flots de la mer dont il teignait la surface de ses feux mourants, à l'orient la lune se levait radieuse du sein des monts de Juda, et sa lumière argentée répandait partout un éclat doux et mystérieux.

Quand et par qui cette tour a-t-elle été construite? D'après une tradition généralement accréditée parmi les chrétiens, elle aurait été bâtie à l'époque des Croisades par les Templiers, pour servir de clocher à une église actuellement détruite et dont la crypte seule existerait encore. Cette église, comme je l'ai déjà dit, aurait été dédiée aux quarante Martyrs de Sébaste, et l'enceinte entière du Djama el-Abiadh serait celle de leur couvent, transformé plus tard en mosquée. Mais cette tradition, notamment en ce qui concerne la tour, me paraît contredite, et par le monument lui-même, et par l'histoire. Le monument, en effet, par l'appareil, par les moulures qui encadrent les fenêtres supérieures, et par le galbe de la porte, semble accuser un travail arabe. De plus, sur le linteau de cette porte, on lit une inscription arabe qui nous apprend que ce minaret a été bâti par le sultan Kelaoun, l'an 718 de l'hégire (1318 de J. C.), inscription que confirme un passage formel de Medjreddin dans son *Histoire de Jérusalem et d'Hébron*. Quant à la mosquée, dite Djama el-Abiadh, ce même historien en attribue la fondation à un khalife ommiade, Soliman ebn-Abd el-Malek, l'an 96 de l'hégire, par conséquent à une époque de beaucoup antérieure à celle des Croisades. Pendant l'occupation du pays par les Latins, ce sanctuaire put sans doute être converti en église; mais ensuite, sous le règne de Saladin, il retomba

Oualy de Imam Ali.

au pouvoir des musulmans et fut réparé, en 1190, par l'un des personnages de sa cour.

A dix minutes au nord de Ramleh, de belles citernes forment dans un champ un quadrilatère de vingt-huit pas de long sur autant de large; elles sont divisées en six compartiments voûtés dont l'un est écroulé et dont les cinq autres, encore debout, sont soutenus chacun par deux rangées d'arcades superposées et éclairées dans leur partie supérieure par quatre regards. La tradition qui en fait remonter l'origine à sainte Hélène ne repose sur aucun document certain, et quelques voyageurs y voient, avec plus de raison peut-être, un ouvrage sarrasin datant de l'époque des Ommiades.

A trois ou quatre minutes à l'ouest de ces citernes est un ancien réservoir ou birket, appelé Birket Bent el-Kafer (le Bassin de la fille de l'Infidèle). En grande partie détruit et comblé, il formait un rectangle de trente-six pas de long sur trente de large. Vers l'est de la ville enfin, à cinq minutes de distance, on remarque un autre birket plus considérable et qui sert encore aux besoins des habitants. De forme carrée, il mesure quarante-deux pas sur chaque face; on l'appelle *Birket el-Djamous* (le Bassin du buffle).

Tous les voyageurs ont vanté les jardins de Ramleh, les magnifiques avenues de cactus qui précèdent cette ville et les belles plantations d'oliviers qui l'environnent. Le sol de cette localité est, en effet, extraordinairement fertile. C'est toujours la même arène fine que j'ai déjà signalée à propos de Jaffa, arène qui se change en un terreau véritable, au moyen d'une irrigation fréquemment renouvelée. La culture est néanmoins beaucoup moins étendue qu'autrefois; car, dans les champs, on aperçoit çà et là un grand nombre de puits abandonnés. Mais ici, comme presque partout en Palestine, les bras manquent à la terre, et aux bras qui cultivent, une protection et un encouragement efficaces font défaut.

A quelle époque remonte la fondation de Ramleh? *A priori*, il est vraisemblable qu'un emplacement aussi favorable que celui de cette ville n'a point été autrefois inhabité. Les puits et les citernes que l'on rencontre presque à chaque pas peuvent être invoqués à l'appui de cette conjecture.

TOUR DE RAMLEH.

Dans l'*Onomasticon*, Eusèbe cite une ville du nom de Arim, en grec Ἀρήμ, non loin de Diospolis ou Lydda. Saint Jérôme, d'un autre côté, dans son *Épitaphe de sainte Paule*, s'exprime ainsi :

« *Et Lyddam versam in Diospolim vidit, haud procul ab ea Arimathiam viculum Joseph qui Dominum sepelivit.* »

D'après ce passage et la route que saint Jérôme fait suivre à sainte Paule, il semble que ce Père de l'Église désigne bien clairement l'emplacement actuel de Ramleh comme étant celui de l'ancienne Arimathie, identique sans doute avec la ville d'Arim, mentionnée également par Eusèbe dans le voisinage de Lydda.

Cependant, si nous en devons croire les écrivains arabes, et en particulier Aboulféda, Ramleh n'aurait point succédé à une ville antique, et aurait été fondée par Soliman, fils du khalife Abd el-Malek, dans la première moitié du huitième siècle, après qu'il eut détruit Lydda. Cette assertion d'Aboulféda est confirmée par Guillaume de Tyr et par Marinus Sanutus.

En outre, la dénomination de Ramleh, qui signifie en arabe *sable*, et dérive de la nature du sol sur lequel cette ville est bâtie, n'a, dit-on, aucun rapport de signification avec la dénomination antique d'Arimathie, dans laquelle la plupart voient le sens de *hauteur*, comme dans Rama, Ramatha, étymologie qui empêcherait, si elle était fondée, d'identifier Arimathie avec la moderne Ramleh, celle-ci étant située dans une vaste plaine, et non sur une colline.

Mais, comme le savant orientaliste M. l'abbé Bargès me l'a fait remarquer, le mot Arim ou Arima peut dériver également de l'hébreu Aremah, qui signifie *tas de blé*. En chaldaïque Aremtha, et en syriaque Aremotho, ont la même signification. En arabe, Arameh veut dire à la fois *amas de sable* et *amas de blé*. Les Arabes, en appelant Ramleh de la sorte, semblent avoir adopté le premier sens. Quant à la dénomination hébraïque de Arima ou Aremah, signifiant *tas de blé*, elle pouvait s'appliquer très-bien à une ville bâtie au milieu d'une plaine riche en céréales. Les Arabes, de leur côté, auront été plus particulièrement frappés de la nature sablonneuse de son terroir, et comme dans leur langue le mot Arameh signifie pareillement *amas de sable*, de Arima, Aremah ou Arimathia, ils auront fait Arameh, puis Ramleh, terme par lequel ils désignent plus habituellement un *amas de sable*.

Quoi qu'il en soit, lorsqu'en 1099 les Croisés entrèrent en Palestine, Ramleh était une ville importante, très-fréquentée et environnée d'une puissante enceinte flanquée de tours. Néanmoins, à leur approche, les habitants, épouvantés du nombre et de la valeur bien connue de leurs adversaires, et ne se fiant pas dans leurs remparts, abandonnèrent précipitamment leur ville, et se réfugièrent, les uns dans les montagnes, les autres à Ascalon. Les Francs trouvèrent donc Ramleh déserte, et pour n'avoir point à garder une enceinte aussi étendue que celle de cette cité, ils en convertirent une partie en un camp fortifié où ils se retranchèrent. La ville se repeupla ensuite et reprit bientôt une nouvelle importance, à cause de sa position entre Jérusalem et la côte. En 1177, elle fut incendiée par le renégat Ivelin. L'année suivante, Saladin essuya une grande défaite dans les plaines qui s'étendent au sud de la ville; mais, en 1187, il reprit à Hattin une terrible revanche. Ce désastre, comme on le sait, décida des destinées du royaume latin en Palestine, et Ramleh, avec un grand nombre d'autres villes, tomba entre les mains du vainqueur.

En 1191, à l'approche de Richard Cœur de lion, Saladin fit raser la citadelle de Ramleh, afin qu'elle ne pût servir à son adversaire. En 1204, cette ville, qui, en 1192, avait été vendue par moitié aux chrétiens, leur fut concédée tout entière et resta en leur pouvoir jusqu'au moment où, en 1266, elle retomba définitivement sous le joug musulman, lorsque le sultan Bibars s'en fut emparé.

A trois kilomètres au nord-nord-est de Ramleh, la petite ville de Loudd ou Lydda, de même que la précédente, contient beaucoup de maisons renversées, et elle est loin d'être aussi peuplée que son étendue le ferait supposer. Elle est parsemée sur un grand nombre de points d'élégants palmiers qui s'élèvent, soit isolés, soit par bouquets, et qui lui communiquent un cachet tout oriental. La population actuelle se compose de quatre mille musulmans, de huit cents Grecs schismatiques et de vingt-cinq Grecs catholiques. Les bazars sont abondamment pourvus de légumes et de fruits; les vergers qui entourent la ville sont très-fertiles. Le climat y est, pendant l'été, très-chaud, et c'est l'une des localités de la Palestine où l'on observe le plus d'aveugles et de borgnes; un dixième environ de la population est atteint de la dernière infirmité, et un vingtième de la première.

Les ruines de la basilique de Saint-Georges ont attiré justement l'attention de tous ceux qui ont passé par Lydda. Cette ancienne cathédrale, plusieurs fois détruite et rebâtie, avait été renversée de fond en comble par les musulmans à l'approche des Croisés, en 1099, dans la crainte que les longues poutres de sa toiture ne fussent employées par l'ennemi pour en faire des machines de guerre. Reconstruite avec magnificence par les Latins, quand ils furent devenus maîtres de la Palestine, elle fut rasée aux trois quarts par eux, en 1191, afin que Saladin ne pût pas s'y retrancher, comme dans un poste fortifié. Depuis lors, elle n'avait plus été relevée, bien que, suivant une opinion généralement répandue et dont la première trace se trouve, je crois, dans Boniface de Raguse, elle passe pour avoir eu Richard Cœur de lion comme nouveau fondateur. Conformément à l'avis de Robinson et de M. de Vogüé, je considère cette assertion comme erronée, et je pense que les ruines si fidèlement décrites par le second de ces écrivains, dans son savant ouvrage des *Églises de la Terre sainte*, ne sont pas celles d'un monument dont il faudrait faire honneur au héros anglais. Toujours est-il que jusqu'à ces dernières années elles étaient restées encore en partie debout, mais dans un état déplorable. Seulement, par intervalles, les Grecs de la ville pouvaient venir prier sur l'emplacement de l'ancien sanctuaire, à l'endroit où avaient été jadis déposées, dans une crypte, les reliques du saint patron auquel la basilique avait été dédiée. Les pèlerins qui prenaient par Lydda pour se rendre à Jérusalem ne manquaient pas, de leur côté, qu'ils fussent catholiques ou Grecs non unis, de s'agenouiller un instant au-dessus de cette crypte bouchée. Enfin, en 1871, Mgr Cyrille, patriarche grec schismatique de Jérusalem, obtint des Turcs, à prix d'argent, la possession exclusive pour ses coreligionnaires du chœur et de deux des absides de l'ancienne basilique, qu'il renferma dans une petite église, car la plus grande partie des nefs abattues avait, dès le quatorzième siècle, été comprise dans l'enceinte d'une mosquée signalée par Medjr-eddin au quinzième siècle, et qui existe encore. La crypte, d'origine byzantine peut-être, qui s'étendait sous le sanctuaire, a été débarrassée alors de la terre et des décombres qui la remplissaient, et l'on y descend actuellement par deux escaliers qui ont été reconstruits et mènent au tombeau de saint Georges. Ce tombeau, de date toute récente, n'est en réalité qu'un simple cénotaphe en marbre avec la figure du saint. A la porte de l'église, saint Georges reparait en bas-relief sur une plaque de marbre blanc et sous la forme traditionnelle d'un cavalier armé terrassant un dragon, à la fureur duquel il arrache une jeune fille, image qui rappelle naturellement à l'esprit le mythe célèbre de Persée sauvant Andromède au moment où elle allait être dévorée par un monstre marin. C'est pour le chrétien la figure de l'âme humaine près de succomber aux efforts de l'esprit du mal, et ne devant son salut qu'à la toute-puissante intervention de la grâce. Saint Georges passe pour être né à Lydda; il subit le martyre à Nicomédie, sous Dioclétien, vers la fin du troisième siècle, et ses restes ayant été, dit-on, rapportés dans sa patrie, une église y fut plus tard érigée en son honneur. Ce saint jouit d'une très-grande vénération dans tout l'Orient, où une foule de chapelles, d'églises et de couvents sont sous son invocation. Mais nulle part sa mémoire n'est plus respectée qu'à Lydda, qui se vante à la fois d'être son berceau et sa tombe.

Lydda s'appelait en hébreu primitivement Lod, dénomination identique avec celle que cette ville porte encore aujourd'hui en arabe, Loudd. Elle fut fondée par le Benjamite Samar, l'un des fils

Plaine de Saron, vue de la tour de Ramleh.

d'Elphaad. Au retour de la captivité, elle fut encore habitée par des Benjamites. Lod devint plus tard, sous le nom de Lydda, le chef-lieu d'une toparchie.

L'an 37 de Jésus-Christ, saint Pierre, étant de passage à Lydda, y guérit le paralytique Énée. Quarante-cinq ans après Jésus-Christ, elle fut réduite en servitude par Cassius, avec Gophna, Emmaüs et Thamna. Vainqueur de Cassius à la célèbre bataille de Philippes, Antoine rendit à ces villes leur liberté; mais, quelques années plus tard, le proconsul Cestius, dans sa marche d'Antipatris

ÉGLISE DE SAINT-GEORGES, A LYDDA.

à Jérusalem, s'avança vers Lydda, dont presque tous les habitants, alors absents, avaient été célébrer dans la ville sainte la fête des Tabernacles. Il mit à mort cinquante de ceux qui étaient restés, et livra Lydda aux flammes.

L'an 68 de l'ère chrétienne, Lydda tomba au pouvoir de Vespasien, qui s'en empara, sur son passage, après avoir soumis la toparchie de Thamna.

Sous le règne d'Hadrien, quand la révolte de Bar-Cocheba eut été entièrement écrasée, que Jérusalem fut reconstruite sous le nom d'*Ælia Capitolina,* et qu'avec l'affermissement et l'extension de la domination romaine, le paganisme s'implanta de plus en plus dans le pays, Lydda, comme beaucoup d'autres villes de la Palestine, perdit sa désignation antique pour prendre celle de Diospolis (ville de Jupiter), désignation qui a ensuite disparu pour faire de nouveau place à la précédente, et ensuite, lors de l'arrivée des Arabes, à celle de Loudd, où, sauf le redoublement de la dernière lettre, revit fidèlement la forme hébraïque dans sa pureté primitive.

Le christianisme, néanmoins, fut loin d'être entièrement extirpé de cette ville, et elle continua à être le siège d'un évêché, qui dura jusqu'à l'invasion musulmane. Les Croisés, en 1099, rétablirent ce siège épiscopal et réunirent en un même diocèse les deux villes voisines de Ramleh et de Lydda. Actuellement encore, les Grecs schismatiques de Loudd sont gouvernés spirituellement par un évêque, mais dont la résidence est à Jérusalem.

MODIN ET TOMBEAU DES MACCHABÉES

A onze kilomètres à l'est-sud-est de la ville où nous sommes en ce moment, des ruines d'un haut intérêt et très-longtemps inconnues méritent cependant une attention toute spéciale, car ce sont celles de l'antique Modin, la célèbre patrie des Macchabées; elles sont désignées aujourd'hui sous le nom de Kharbet el-Medieh (ruines de Medieh). Jusqu'à l'année 1866, on avait placé Modin soit à Souba, qui depuis plusieurs siècles était généralement en possession de cette gloire usurpée, soit à Kasthoul, soit à el-Koubab, soit enfin à Lathroun. Mais le Révérend Père Emmanuel Forner, religieux franciscain de Terre sainte, se rendant de Jérusalem à Lydda par une route peu fréquentée d'ordinaire, et passant par le petit village d'El-Medieh, fut frappé de la ressemblance singulière qu'offre ce nom avec celui de Modin, dont il diffère seulement par sa terminaison qui est féminine au lieu d'être au duel, et dont il a conservé d'ailleurs les deux principales lettres formatives. Il supposa donc avec beaucoup de raison qu'il avait trouvé le véritable site du berceau de l'illustre famille des Asmonéens. Dans mon ouvrage sur la Samarie (tome II, p. 55 et suivantes), j'ai moi-même essayé d'appuyer l'opinion du Révérend Père Forner sur de nouvelles preuves, et de montrer que les ruines d'El-Medieh répondaient parfaitement par leur nom et par leur position aux indications de la Bible, de Josèphe, d'Eusèbe et de saint Jérôme relativement à Modin. J'ai également, en 1870, exécuté des fouilles en cet endroit et découvert les débris d'un grand mausolée qui ne peut être que celui des Macchabées, comme le lecteur s'en convaincra lui-même, je l'espère, par les détails qui vont suivre.

Ce monument, à la vérité, au lieu de renfermer sept chambres sépulcrales, ainsi que je l'avais d'abord supposé, avant d'avoir pratiqué des fouilles assez complètes pour me faire une idée exacte de la disposition intérieure qu'il présentait, n'en contient en réalité que quatre, comme cela résulte des nouvelles fouilles dues à M. Clermont-Ganneau en 1874. Je m'empresse donc de rectifier cette erreur. Mais ce dont je me suis assuré en revoyant les restes de ce mausolée en 1875, c'est que ces quatre chambres renfermaient précisément sept tombes : la première, vers l'est, trois; la seconde, une; la troisième, une aussi, et la quatrième, c'est-à-dire la plus occidentale, deux, séparées par un mur de refend qui partageait cette chambre en deux compartiments communiquant ensemble au moyen d'une petite porte. Ces quatre chambres avaient été comprises dans l'enceinte d'un monument rectangulaire, long de 27^m,77 sur 6^m,71 de large; quatre portes ouvrant vers le nord sur un portique orné jadis de colonnes et aujourd'hui entièrement détruit, donnaient entrée dans chacune des chambres. De tous les autres côtés, les façades du rectangle étaient pleines entièrement, et les assises encore debout sont formées par des pierres de taille dont beaucoup sont ébréchées par le temps et par les hommes, mais qui néanmoins sont suffisamment remarquables, même dans leur état actuel, pour permettre d'y voir les pierres polies signalées par la Bible et par Josèphe.

La première chambre sépulcrale, c'est-à-dire celle qui est située à l'extrémité orientale du monument, contient, comme je viens de le dire, trois tombes creusées dans le roc vif, et dont l'une, qui fait face au sud, est placée en retour d'équerre par rapport aux deux autres.

Est-il possible d'assigner un personnage spécial à chacune de ces tombes et aux quatre subséquentes, et de les marquer toutes avec quelque certitude d'un nom particulier? La chose me paraît facile, si l'on regarde, ce qui semble le plus naturel, l'ordre chronologique de la mort sucessive des sept membres de la famille des Macchabées, comme celui-là même qui fut adopté pour leur sépulture. Une seule date nous manque, c'est celle du décès de la mère des vaillants fils de Mathathias; mais il est permis de penser que l'épouse de cet auguste vieillard le suivit la première dans la tombe; car l'Écriture, en nous parlant des pyramides érigées par Simon sur chacun des sépulcres des membres de sa famille, s'exprime ainsi (*Macchabées*, liv. I, ch. XIII, ⅴ 28) :

Et statuit septem pyramidas, unam contra unam patri et matri et quatuor fratribus.

De ce verset, en effet, il semble résulter que dans la série des tombes de ce mausolée, en commençant par l'orient, se trouvaient d'abord celle de Mathathias, puis celle de sa femme.

Mathathias mourut l'an 146 de l'ère des Séleucides, c'est-à-dire l'an 166 avant Jésus-Christ (*Macchabées*, liv. I, ch. II, ⅴ 70) :

Et defunctus est anno centesimo et quadragesimo sexto, et sepultus est a filiis suis in sepulchris patrum suorum in Modin, et planxerunt eum omnis Israel planctu magno.

C'est donc dans l'intervalle compris entre les années 166 et 163 avant Jésus-Christ, que mourut, à son tour, la pieuse mère des Macchabées, car le glorieux trépas de son fils Éléazar arriva l'an 163 avant notre ère, trois années après la mort de Mathathias.

Antiochus Eupator, roi de Syrie, étant venu avec une armée formidable, commandée par Lysias, attaquer, au sud de Jérusalem, la place forte de Bethsour, Judas Macchabée marcha à sa rencontre et établit son camp dans un défilé appelé Bethzacharia. Le roi de Syrie abandonna alors le siége de Bethsour pour s'avancer contre les troupes beaucoup moins nombreuses de son adversaire. Une bataille s'engagea aussitôt entre les deux armées, bataille dans laquelle Éléazar, l'un des frères de Judas, se signala par des prodiges de valeur. A la vue de l'un des éléphants de l'armée syrienne, plus grand et plus richement cuirassé que les autres, il s'imagina qu'il portait le roi Antiochus et fondit soudain sur lui. Après avoir immolé sous ses coups ou repoussé plusieurs des soldats qui escortaient ce gigantesque animal, il parvint à se glisser sous son ventre et à le percer de son glaive. L'éléphant, blessé mortellement, s'affaissa; mais, dans sa chute, il écrasa Éléazar, victime de son dévouement.

Deux ans plus tard, l'an 161 avant Jésus-Christ, l'invincible Judas lui-même, le véritable héros de la famille à laquelle il communiqua son propre surnom de Macchabée (*armé d'un marteau*), dû aux coups terribles qu'il avait portés à l'ennemi, succomba au milieu de son triomphe, à la fin d'un combat acharné qu'il avait soutenu toute une longue journée, avec une poignée de braves, contre une armée plus de vingt fois supérieure en nombre, commandée par Bacchides, général de Démétrius. Cette bataille, à jamais mémorable, fut livrée près d'un village de la Judée appelé Laïsa dans la Vulgate. On connaît les simples et magnanimes paroles que, au moment d'engager cette lutte inégale, Judas prononça devant les huit cents compagnons d'armes restés fidèles à son drapeau, après la fuite des autres, et qui le pressaient de se retirer, en attendant une occasion plus favorable pour combattre : « Dieu nous garde, dit-il, d'en agir ainsi et de fuir devant l'ennemi! Si notre heure est arrivée, mourons courageusement pour nos frères, et ne souillons notre gloire par aucune tache. » Quand il fut tombé mort sur le champ de bataille, ses frères Jonathas et Simon emportèrent son corps et le mirent dans le sépulcre de leur père, à Modin. Tout le peuple, ajoute le Livre sacré, fit un grand deuil à sa mort et le pleura longtemps. Et tous disaient : « Comment est-il tombé, cet homme puissant, qui sauvait le peuple d'Israël? »

Cette même année, Jonathas, ayant succédé dans le commandement à Judas, envoya son frère Jean vers les Arabes Nabathéens; mais celui-ci périt dans une embuscade, non loin de Médaba. L'an 143 avant Jésus-Christ, il fut lui-même assassiné près de Bascaman par Tryphon, qui, au moyen de fallacieuses promesses, l'avait attiré à Ptolémaïs, où il s'était emparé de sa personne. Simon put ensuite recueillir ses restes et les ensevelit à Modin. C'est alors seulement qu'il commença à ériger, quand il était le seul survivant de sa famille, le mausolée qui devait en réunir tous les membres, et où il se réserva une place pour lui-même. Son père et sa mère étaient morts depuis plus de vingt ans, et ensuite il avait successivement perdu ses quatre frères, Éléazar, Judas, Jean et Jonathas.

Voici le passage de la Bible relatif à ce mausolée célèbre (*Macchabées*, liv. I, ch. XIII, ☧ 27-30) :

« 27. Simon fit ériger sur le sépulcre de son père et de ses frères un haut édifice qu'on voyait de loin, dont toutes les pierres étaient polies devant et derrière.

« 28. Il fit dresser sept pyramides dont l'une répondait à l'autre, en l'honneur de son père, de sa mère et de ses quatre frères.

« 29. Il entoura, en outre, ce monument de hautes colonnes, et sur ces colonnes furent placées des armes en souvenir éternel, et auprès de ces armes des navires sculptés, faits pour être vus de tous ceux qui naviguaient sur la mer.

« 30. C'est là le tombeau qu'il construisit à Modin et que l'on voit encore. »

Josèphe, de son côté, reproduit les mêmes détails dans les termes suivants (*Antiquités judaïques*, liv. XIII, ch. VI, § 5) :

« Simon, ayant envoyé à Basca, fit rapporter les ossements de son frère. Il les ensevelit à Modim, sa patrie, et tout le peuple célébra par un grand deuil la mort de Jonathas. Simon érigea ensuite, pour son père et pour ses frères, un très-grand monument de pierre blanche et polie. Il l'éleva à une hauteur considérable, pour le rendre visible de loin, et l'environna de portiques soutenus sur des colonnes monolithes, ouvrage admirable à voir. Il construisit en outre sept pyramides, une pour chacun de ses parents et de ses frères; faites pour frapper d'étonnement par leur grandeur et par leur beauté, elles subsistent encore aujourd'hui. »

En tenant compte de ces textes et en m'appuyant sur ces témoignages, je vais maintenant caser par la pensée dans les restes du grand monument funèbre d'El-Medieh, chacun des sept personnages qui y étaient renfermés, et répondre aux objections qui m'ont été adressées. Ce monument, ai-je dit, se compose de quatre chambres sépulcrales bâties en pierre de taille et juxtaposées parallèlement dans un long rectangle. La première chambre vers l'orient contenant trois auges sépulcrales pratiquées dans le roc, j'y place d'abord Mathathias dans l'auge la plus orientale, puis dans les deux autres sa femme et Éléazar, l'un de ses fils, qui moururent successivement après lui. Ces trois auges, ménagées dans l'épaisseur du roc évidé, préexistaient-elles à l'érection par Simon de la chambre construite qui la recouvrait et qui existe encore en partie? La chose est très-possible. Depuis qu'elles ont été mises à jour, les Arabes ont continué à les mutiler, car elles étaient violées depuis longtemps, et les voyageurs ont aussi, à leur exemple, enlevé la plupart des petits cubes de mosaïque qui en tapissaient le fond. Il est à craindre que, dans quelques années, elles ne soient elles-mêmes complètement détruites. C'est dans l'une de ces auges, celle qui occupe le côté oriental de la chambre, et qui, par conséquent, commençait la série des tombes, que les fouilles de M. Clermont-Ganneau ont révélé l'existence d'une croix dessinée en mosaïque, que j'ai pu constater après ce savant. Mais cette croix qui m'est opposée comme datant le monument et, à ce titre, comme contredisant formellement mon hypothèse, en faisant descendre l'âge du mausolée de l'époque judaïque à l'époque chrétienne, je l'invoque précisément en faveur de l'opinion que j'ai émise. Loin de prouver, en effet, comme je l'ai déjà dit et répété ailleurs, dans mes deux ouvrages détaillés sur la Samarie et sur la Galilée, que le mausolée, au fond

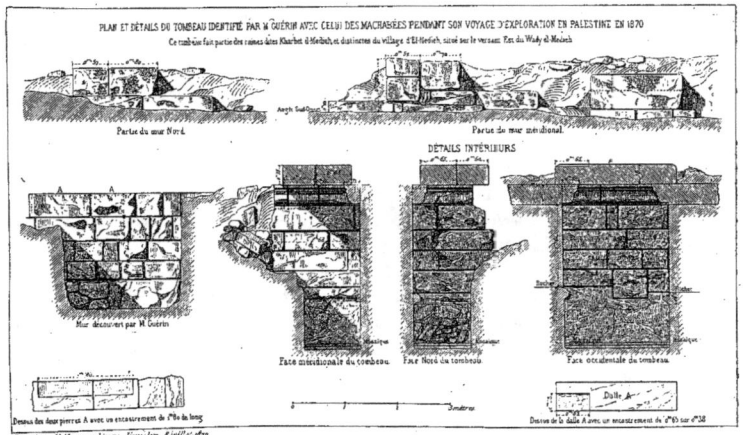

TOMBEAU DES MACCHABÉES, A MODIN.

de la première fosse duquel elle se trouve, n'est pas celui des Macchabées, elle contribue, au contraire, selon moi, à justifier cette assertion. Car, d'un passage de saint Jérôme dans l'*Onomasticon*, au mot *Modeïm*, il ressort qu'à la fin du quatrième siècle de l'ère chrétienne, la mémoire des sept Macchabées, princes asmonéens, se confondait dans la vénération des peuples avec celle des sept frères Macchabées, martyrs avec leur mère, l'an 166 de notre ère, sous Antiochus Épiphane, par conséquent à la même époque et sous le même prince contre lequel Mathathias et ses valeureux fils avaient levé l'étendard d'une sainte insurrection pour la défense de leur foi et de leur nationalité.

Voici le passage de saint Jérôme :

« *Modeïm, vicus juxta Diospolim, unde fuerunt Macchabæi, quorum hodieque ibidem sepulcra monstrantur. Satis itaque miror quomodo Antiochiæ eorum reliquias ostendant, aut quo hoc certo auctore sit creditum.* »

« Modeïm, bourg voisin de Diospolis, patrie des Macchabées, dont aujourd'hui encore on montre en ce lieu même les tombeaux. Aussi, je m'étonne beaucoup que l'on expose aux regards leurs restes à Antioche, et je me demande sur quelle autorité certaine repose une pareille croyance. »

En s'exprimant ainsi, saint Jérôme semble évidemment ne pas distinguer ici les deux familles des Macchabées, toutes deux juives et contemporaines, l'une composée de martyrs, l'autre de héros, mais ayant cela de commun que, s'inspirant des mêmes principes et du même dévouement, elles ont su lutter jusqu'à la mort, soit devant le tribunal d'un tyran, soit sur les champs de bataille, pour la revendication des croyances religieuses de leurs aïeux et de leur indépendance nationale. Les premiers sept Macchabées étaient vénérés à Antioche principalement, dès les premiers siècles de l'Église, dans une basilique élevée en leur honneur, et où leurs saintes reliques étaient l'objet d'un culte spécial. Les sept autres Macchabées reposaient à Modin, dans le mausolée érigé par Simon, le dernier survivant de ses parents et de ses frères. On conçoit sans peine que si une pareille méprise a pu échapper à saint Jérôme, c'est qu'elle était, de son temps, partagée par un grand nombre de chrétiens. Par conséquent, tout porte à croire que les tombes des Macchabées Asmonéens, à Modin, étaient entourées de la vénération publique, tout comme à Antioche les reliques des autres Macchabées, dans la basilique qui leur avait été consacrée. La croix en mosaïque que M. Clermont-Ganneau a retrouvée dans le fond de la fosse orientale de la première chambre du monument, ne doit donc plus nous surprendre, et, malgré cette croix, ou plutôt à cause de cette croix, je me confirme de plus en plus dans mon hypothèse. L'auge sépulcrale où elle a été découverte, commençant la série des tombes, devait, à mon avis, avoir reçu primitivement la dépouille mortelle du chef même de la famille, c'est-à-dire de Mathathias, dont le sépulcre, en raison des vertus et de la piété héroïque de ce saint vieillard, a fort bien pu avoir été transformé plus tard en une sorte d'oratoire chrétien.

La seconde chambre funéraire, qui ne renfermait qu'une seule tombe, actuellement tout à fait détruite, était celle de Judas Macchabée.

Jean devait reposer dans la troisième chambre, au fond d'une fosse également rasée, et où j'avais remarqué encore, en 1870, quelques cubes de mosaïque, et plusieurs fragments d'ossements.

La quatrième chambre enfin, divisée en deux compartiments, au moyen d'un mur percé d'une ouverture servant de porte, contenait très-probablement, dans le premier, les restes de Jonathas, et dans le second qui terminait vers l'ouest le monument, ceux de Simon, le fondateur de ce mausolée. Les auges sépulcrales où ils avaient été déposés sont de même totalement brisées, mais il est facile de reconnaître encore l'emplacement qu'elles occupaient, et j'y ai recueilli également deux autres fragments d'ossements.

L'édifice rectangulaire de Medieh contenait donc bien réellement sept tombes réparties dans quatre chambres contiguës. Celles-ci n'avaient chacune qu'une entrée vers le nord, et n'ont jamais pu servir qu'à une destination funéraire. La plate-forme qui les couronnait est, à la vérité, aux trois quarts au moins détruite. Mais, en 1870, j'avais signalé, au-dessus de trois dalles appartenant à cette plate-forme, la présence de deux encastrements qui m'avaient paru propres à recevoir la base de deux des sept pyramides mentionnées par la Bible et par Josèphe. Ces trois dalles étaient alors en place. En 1871, l'une d'entre elles avait été dérangée de sa position première; peut-être sont-elles enlevées toutes aujourd'hui. Mais les encastrements qu'elles portaient ont été vus et mesurés, très-peu de temps après mes fouilles, par M. Mauss, et cet architecte français, si versé dans l'étude des monuments de la Palestine, a adopté ma conjecture. Ils ont été également constatés par M. Tyrwhitt Drake, l'un des membres de la mission scientifique anglaise en Palestine, qui a reconnu de même qu'ils pouvaient avoir servi au but que j'avais indiqué. Ce savant, qu'une mort inopinée a malheureusement arrêté au milieu de ses recherches, a même évalué la hauteur des pyramides qui s'y adaptaient. Selon lui, l'élévation totale du monument, y compris ces pyramides, était de quinze coudées hébraïques, élévation bien suffisante pour le rendre visible de fort loin sur la colline où l avait été construit, et dont l'altitude est au moins de deux cent vingt mètres au-dessus de la Méditerranée. Du plateau où il est situé, on aperçoit parfaitement Lydda, Ramleh et même Jaffa. On distingue aussi une très-grande étendue de mer, et les moindres voiles qui blanchissent à l'horizon. Donc, réciproquement, tous les navigateurs qui longeaient la côte pouvaient jadis saluer en passant le monument d'El-Medich, quand il était encore debout avec ses pyramides et la colonnade qui l'entourait. De cette colonnade, depuis longtemps sans doute renversée, il subsistait encore quelques débris en 1870. J'avais, en effet, observé alors, non loin de l'édifice, une dizaine de tronçons de colonnes monolithes, gisant mutilés sur le sol. Ces tronçons ont été vus, mesurés et mentionnés, après moi, par M. Mauss. En 1871, je ne les ai plus retrouvés, mais les habitants d'El-Medieh m'ont dit les avoir transportés à Lydda, de même qu'eux ou leurs pères avaient autrefois vendu, dans la même ville ou à Ramleh, d'autres fûts semblables, plus ou moins brisés, qui étaient étendus en cet endroit.

En résumé, le monument funéraire d'El-Medieh affectait la forme d'un long rectangle entouré de colonnes. Il renfermait quatre chambres sépulcrales contiguës et ouvrant toutes sur le portique du nord. Ces chambres contenaient en tout sept tombes, et elles étaient elles-mêmes surmontées de pyramides. Situé sur un plateau élevé, cet édifice, quand il était debout, devait être parfaitement visible de la mer. N'offre-t-il pas, dès lors, toutes ces conditions étant réunies, l'image fidèle et irrécusable du mausolée des Macchabées, tel que le décrivent la Bible et Josèphe? Ou plutôt, n'est-il pas ce mausolée lui-même, mausolée remanié à l'époque chrétienne et détruit aux trois quarts depuis, mais présentant encore dans ses débris les traces très-reconnaissables de sa configuration première et quelques vestiges de son ancienne splendeur? A quelle autre famille, en effet, qu'à celle des Macchabées, aurait pu appartenir au Kharbet el-Medieh, c'est-à-dire à Modin, le monument en question, qui reproduit encore, même dans ses restes, tous les principaux détails et les traits fondamentaux du mausolée des princes Asmonéens?

Hélas! ces ruines mêmes, dont j'ai tant souhaité que notre pays fît l'acquisition, sont probablement destinées à périr. Dans quelques années peut-être il ne restera presque plus rien de ce monument fameux. Et pourtant quels immortels souvenirs ne s'y rattachent point! Là ont dormi, après leur mort, les plus illustres défenseurs de la foi et de l'indépendance de la nation juive. Là, la France mutilée et vaincue aurait pu, en plantant son drapeau, puiser d'utiles enseignements qui se résument en deux mots, mais deux mots sublimes et capables de lui rendre la victoire : *Dieu et patrie*.

TIMNATH-SERAH ET TOMBEAU DE JOSUÉ

Que le lecteur se transporte maintenant avec moi à trois heures de marche environ au nord-nord-est d'El-Medieh, au milieu des ruines d'une autre ville située dans les montagnes d'Éphraïm. Connues sous le nom de Kharbet-Tibneh, elles occupent le sommet et les pentes d'une colline, et sont actuellement très-confuses. Cette colline surplombe, vers l'est, l'ouest et le nord, des ravins très-profonds et très-escarpés, formés par les replis de l'Oued-Zerka; vers le sud, au contraire, elle s'abaisse doucement et comme par gradins vers une vallée aujourd'hui cultivée, et qui était elle-même jadis en partie couverte d'habitations. On y remarque un bassin, plusieurs citernes creusées dans le roc, et un magnifique chêne vert, l'un des plus beaux arbres, sans contredit, qui existent en Palestine.

En continuant à s'avancer encore un peu vers le sud, on atteint bientôt le pied d'une seconde colline qui se dresse en face de la précédente, et dont les flancs rocheux et hérissés de broussailles recèlent

CHÊNE VERT DE TIBNEH, JADIS TIMNATH-SERAH.

vers le nord, à différents étages, plusieurs excavations sépulcrales, restes d'une antique nécropole. Je les ai visitées toutes en 1863, et l'une d'entre elles m'a paru alors être le tombeau de Josué, hypothèse dans laquelle je me suis pleinement confirmé depuis, et qui a été adoptée par les critiques les plus compétents. Cette excavation se compose : 1° d'une grande cour taillée dans le roc; 2° d'un vestibule à jour, soutenu à droite et à gauche par deux demi-pilastres adossés au rocher, et au centre par deux pilastres détachés, surmontés les uns et les autres de chapiteaux très-primitifs ornés de simples moulures. Ces deux pilastres étaient encore debout en 1863; mais, quand je revis ce monument, en 1870, celui de droite était tombé, le chêne vert qui a pris racine au-dessus de la plate-forme du vestibule, ayant fini par faire éclater, en se développant, un fragment de cette plate-forme, lequel a entraîné dans sa chute le pilastre en question. Quant aux parois intérieures de ce vestibule, elles sont percées d'un nombre considérable de petites niches, au nombre de plus de deux cent quatre-vingts, et disposées sur huit rangs parallèles. Le sommet de toutes ces niches est tapissé au dedans d'une épaisse couche de suie, ce qui indique qu'elles ont longtemps servi à recevoir de petites lampes, lors de certaines fêtes commémoratives.

On pénètre ensuite, par une porte rectangulaire basse et étroite, dans une chambre sépulcrale qui

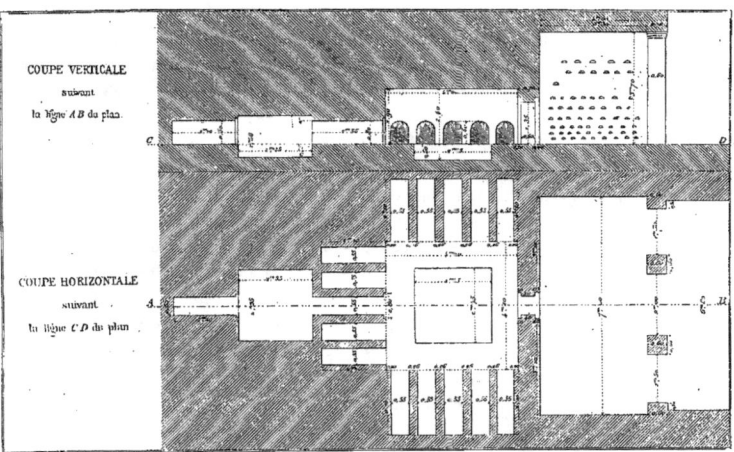

Plan du tombeau de Josué.

renferme une excavation centrale, et autour, dans les parois latérales et dans celles du fond, quinze fours, dont quatorze seulement étaient destinés à contenir des cercueils.

Le quinzième, creusé au milieu du mur qui fait face à l'entrée, donne lui-même accès dans une seconde chambre sépulcrale de dimension extrêmement réduite, et qui, étant située dans la partie la plus retirée et la plus inviolable du monument, étant en outre dans l'axe de celui-ci, semble avoir été réservée au personnage principal en l'honneur duquel ce vaste tombeau avait été creusé. Dans ce cas, la grande chambre qui précède aurait été destinée tout entière à divers membres de sa famille.

A la première inspection de cette belle grotte funéraire, à la vue surtout des petites niches en si grand nombre dont le vestibule est perforé, et qui évidemment, comme je viens de le dire, devaient recevoir autant de lampes qu'on y allumait, sans doute, à certaines époques solennelles, il est impossible de ne pas reconnaître que l'on se trouve en présence du tombeau d'un défunt illustre. Dans les innombrables nécropoles antiques que l'on rencontre en Palestine, il n'est pas rare d'observer, à l'intérieur des chambres sépulcrales, quelques petites niches à lampe. Il fallait bien, en effet, éclairer ces asiles ténébreux de la mort, lorsqu'on y entrait, soit pour y introduire un nouveau cadavre, soit pour y visiter pieusement la dépouille mortelle et y vénérer la mémoire de ceux dont les cendres y reposaient déjà. Mais dans les vestibules dont la façade est, en quelque sorte, découpée à jour, comme celui qui nous occupe en ce moment, et qui n'avaient, par conséquent, pas besoin d'être éclairés, on ne remarque d'habitude aucune niche à lampe. Au contraire, dans le tombeau dont il est question ici, les parois du vestibule sont percées, dans toute leur étendue, de ces sortes de niches, qui auraient été complétement inutiles s'il s'était agi seulement d'éclairer ce portique, où pénètre la lumière du soleil, mais ayant eu leur raison d'être, si l'on avait voulu l'illuminer. Une pareille illumination suppose un personnage tout à fait hors ligne et dont la mémoire était l'objet de la vénération publique. Or ce personnage, ainsi que j'ai essayé de le démontrer dès 1863, me parait avoir été Josué lui-même, l'introducteur du peuple hébreu dans la Terre promise.

Nous savons par le Livre de Josué (ch. XIX et XXIV) et par le Livre des Juges (ch. II) que la ville de Thamnat-Saré, en hébreu Timnath-Serah ou Timnath-Heres, dans le massif des monts d'Éphraïm, fut concédée à Josué comme son lot personnel dans le partage général de la Terre promise, et qu'après sa mort il y fut enterré sur le flanc septentrional du mont Gaas, en hébreu Gaach. Les Septante, en appelant cette ville tantôt Thamnasachar, tantôt Thamnasarach, tantôt aussi Thamnatharès, ajoutent cette particularité qu'on ensevelit avec Josué, dans son tombeau, les couteaux de pierre avec lesquels il avait circoncis les enfants d'Israël à Gilgal, après le passage du Jourdain.

Où faut-il placer cette ville? Et d'abord remarquons que le nom véritable qu'elle portait est Timnah, et que l'épithète de Serah ou Heres, Sachar ou Sarach, lui avait été adjointe pour la distinguer d'autres villes du même nom qui existaient en Palestine. De quelque manière qu'il faille interpréter cette épithète, sur ce point les avis sont partagés, je ne crois pas qu'on puisse se tromper en identifiant cette ville avec le Kharbet-Tibneh que je viens de décrire tout à l'heure. Sauf une légère nuance, en effet, les deux noms de Timnah et de Tibneh sont semblables, ou plutôt identiques, rien n'étant plus fréquent que la permutation des deux labiales *b* et *m*, surtout dans le passage d'une langue à une autre. La Bible nous apprend que cette Timnah, située au milieu des montagnes d'Éphraïm, était voisine du mont Gaach ou Gaas, sur le côté nord duquel était le tombeau de Josué. Or le Kharbet-Tibneh, qui se trouve précisément au cœur des anciennes montagnes d'Éphraïm, a pour vis-à-vis, au sud, comme je l'ai dit, une assez haute colline sur les flancs septentrionaux de laquelle on voit encore un certain nombre d'excavations sépulcrales, et entre autres celle dont j'ai parlé. Cette colline n'est-elle pas évidemment le mont Gaach ou Gaas des Livres saints, et, dès lors, n'est-ce pas parmi les tombeaux qu'elle renferme et qui ont appartenu incontestablement à la nécropole de la ville dont Tibneh nous offre les débris, qu'il faut chercher celui de Josué? La grande excavation que j'ai décrite m'ayant paru la plus remarquable de toutes et m'ayant, en outre, présenté, dans les nombreuses petites niches à lampe dont son vestibule est tout entier percé, cette particularité singulière d'un tombeau jadis solennellement illuminé, j'en ai conclu que c'était le mausolée d'un très-haut personnage, et comme à l'époque d'Eusèbe et de saint Jérôme, on allait visiter encore à Timnath-Serah le tombeau de Josué, je me suis demandé si le monument funèbre dont je viens d'entretenir le lecteur n'avait point reçu la dépouille mortelle du successeur de Moïse.

Nous lisons, par exemple, dans l'*Onomasticon* d'Eusèbe, au mot *Gaas* :

« Gaas, montagne d'Éphraïm, dans la partie septentrionale de laquelle Josué fut enterré. On montre encore aujourd'hui son tombeau remarquable près du village de Thamna. »

Saint Jérôme nous dit également, dans son *Épitaphe de sainte Paule,* que cette illustre Romaine alla vénérer, sur la montagne d'Éphraïm, les tombeaux de Josué et d'Éléazar, situés l'un vis-à-vis de l'autre, le premier sur le mont Gaas, et le second à Gabaa.

TIMNATH-SERAH ET TOMBEAU DE JOSUÉ.

Depuis la découverte que j'ai faite en 1863 du tombeau que j'attribue à Josué, il a été visité et étudié par plusieurs voyageurs, et notamment, tout d'abord, par M. de Saulcy, qui en a levé un plan très-exact et ajouté un nouveau poids à ma conjecture en la partageant. On n'a qu'à lire les pages que ce savant archéologue a consacrées à ce monument. (*Voyage en Terre sainte*, t. II, p. 228 et suivantes.)

En 1866, les dimensions de ce même tombeau, telles que

TOMBEAU DE JOSUÉ AVEC SON VESTIBULE PERFORÉ
DE NOMBREUSES NICHES A LAMPES.

M. de Saulcy les avait rapportées, ont été examinées avec beaucoup de soin par M. Aurès, l'un de nos ingénieurs en chef les plus érudits, qui a publié à ce sujet un article fort curieux dans la *Revue archéologique*, intitulé : *Étude des dimensions du tombeau de Josué.*

L'auteur reproduit préalablement un plan et une coupe de ce monument d'après les propres dessins et les mesures de M. de Saulcy, et ces mesures, attentivement comparées entre elles, l'amènent à cette conclusion que le système métrique employé pour la construction du monument en question est l'ancien système égyptien, c'est-à-dire celui où il était fait usage de la coudée royale septénaire, divisée en sept palmes. Or, on sait que les

Hébreux, au retour de leur séjour en Égypte, rapportèrent en Judée les mesures dont ils avaient constamment usé pendant la durée de ce séjour. Il est donc à présumer que ce tombeau, postérieur à l'époque chananéenne, n'en remonte pas moins à une très-haute antiquité, puisque du système métrique employé dans sa construction, il est permis d'inférer qu'il date du retour de l'Égypte.

En 1870, les arguments que j'avais invoqués dès 1863 à l'appui de l'hypothèse que je viens de développer ont reçu une confirmation nouvelle, par suite d'une découverte fort intéressante faite dans ce tombeau par M. l'abbé Richard. Ce célèbre hydrogéologue voyageait en Palestine dans le courant de mai et de juin de cette année-là. Je le vis à Jérusalem lorsqu'il venait d'explorer, dans la vallée du Jourdain, les ruines de Galgala, en hébreu Gilgal, où Josué, conformément aux prescriptions du Seigneur, avait circoncis, avec des couteaux de pierre, les enfants d'Israël; il y avait ramassé, sur un rayon de plusieurs kilomètres, tant de siècles après cet événement, un assez grand nombre de petits instruments en silex, disséminés sur le sol, quelquefois dans le sol. Comme il est dit très-nettement dans un passage de la version des Septante que j'ai déjà reproduit, que les Israélites, en enterrant Josué près de Timnah, ensevelirent avec lui dans son tombeau les couteaux de pierre qui avaient servi à la circoncision du peuple hébreu à Galgala, M. l'abbé Richard voulut s'assurer également si quelques-uns de ces instruments en silex se trouvaient encore dans le monument sépulcral que je prétendais être celui de ce personnage. Il s'y rendit donc sur mes indications, et voici ce que, à la date du 20 juin 1870, il écrivait de Beyrouth à M. l'abbé Moigno, qui s'empressa de publier sa lettre dans la Revue scientifique intitulée *les Mondes* : « Après avoir visité les plaines de Jéricho, j'ai voulu voir le tombeau de Josué, et, le 3 juin dernier, en compagnie d'un prêtre attaché au patriarcat de Jérusalem et d'un cheikh du village de Birzeit, j'y ai trouvé des couteaux en silex en grand nombre. Ils étaient mêlés à la terre dans les casiers ou couloirs de la chambre funéraire et dans les débris dont la chambre funéraire elle-même était remplie, à la suite des violations et des recherches dont ces tombeaux ont été l'objet depuis des siècles... On peut affirmer que ces silex ont beaucoup de ressemblance avec ceux que j'ai rencontrés dans les plaines du Jourdain; je suis convaincu de leur identité. »

Après la découverte des nombreux petits couteaux de pierre trouvés par ce savant ecclésiastique, le 3 juin 1870, dans le monument funèbre qu'en 1863 j'avais déclaré être celui du successeur de Moïse, je crois que le doute n'est plus possible à ce sujet, et que l'identification que j'avais proposée est désormais incontestable.

AKER (EKRON)

Avant de parcourir maintenant du nord au sud l'ancien pays des Philistins, disons d'abord un mot de ce peuple célèbre, avec lequel les Israélites furent en lutte continuelle, et qu'ils ne purent jamais soumettre complètement.

Suivant Cellarius, Reland, l'abbé Mignot et M. de Quatremère, il faut chercher dans le Delta égyptien le berceau des Caslouhim, d'où sont sortis les Philistins et les Caphtorim. Issus de Cham par Misraïm, ces deux peuplades étaient très-probablement égyptiennes et voisines l'une de l'autre. A une époque que l'on ne peut déterminer d'une manière précise, elles se dirigèrent vers le nord, s'avancèrent peu à peu à travers le désert et se confondirent bientôt dans le nom général de *Pelichtim* (Philistins), qui, d'après une étymologie adoptée par Gesenius, Movers, Röth et Munk, signifierait émigrés ou étrangers. Ce fut dans la plaine située au sud-ouest de Chanaan que les Philistins s'établirent; mais d'abord ils occupèrent probablement les oasis de la côte, les plus voisines de

Forteresse ruinée de Latroun, aperçue d'Amouas, l'ancienne Emmaüs-Nicopolis.

l'Égypte. Leur émigration précéda l'époque d'Abraham; car lorsque ce patriarche vint dans le pays de Chanaan, l'an 1896 avant l'ère vulgaire, ils étaient déjà installés à Gérar et dans son territoire, où ils avaient un roi appelé Abimélech (père-roi), titre des rois de cette région. Plus tard, ils durent s'emparer de toute la plaine, à laquelle ils donnèrent leur nom, et ils devinrent même si puissants que lorsque les Israélites sortirent d'Égypte, Moïse, d'après l'ordre de Dieu, ne les conduisit point par le pays des Philistins, quoique ce fût là le chemin le plus court, de peur que se voyant attaqués par ce peuple belliqueux, ils ne se repentissent de s'être mis en marche et qu'ils ne retournassent sur leurs pas. La contrée dont les Philistins se rendirent maîtres était occupée avant eux par un peuple à qui l'Écriture donne le nom de *Avvim* en hébreu, en latin *Hevœi*.

Les détails de cette invasion des Philistins et leurs agrandissements successifs nous sont inconnus ; tout ce que nous savons, c'est qu'au moment où les Hébreux entrèrent dans la Terre promise, les Philistins possédaient toute la vaste plaine qui est comprise entre le torrent d'Égypte, l'Oued el-Arich de nos jours, au sud, et Ekron, au nord. Leur nom s'étendit même bien au delà du pays qu'ils envahirent ; car, peu à peu, toute la terre de Chanaan le prit, nom tellement vivace qu'encore aujourd'hui la plaine où ils se fixèrent est appelée par les Arabes *Falestin;* c'était la Chéphélah de la Bible. Comme ils en expulsèrent les Avvim, ils durent y trouver des villes déjà fondées qu'ils ne firent qu'agrandir, ainsi qu'un nombre plus ou moins considérable de villages. Cette plaine fut partagée par eux en cinq satrapies différentes, celles d'Ekron, d'Azot, de Gath, d'Ascalon et de Gaza, d'où la désignation de Pentapole, sous laquelle elle est le plus souvent nommée, parce que chacune de ces satrapies était représentée par une ville principale.

Le village d'Aker, situé à neuf kilomètres au sud-ouest de Ramleh, est l'ancienne Ekron, en latin Accaron. Il compte huit cents habitants. Les maisons sont petites, ordinairement composées d'une seule pièce, de deux au plus, et hautes de trois mètres. Pressées confusément les unes contre les autres, elles sont construites, comme celles de la plupart des villages de la plaine, avec des briques non cuites et séchées seulement au soleil ; le toit en est horizontal, mais légèrement bombé vers le centre. Si le village qui, sous le même nom, sauf la désinence, a remplacé la ville antique, est bâti en terre et ne renferme aucune ruine apparente de quelque importance, on peut en inférer, ou que l'ancienne Ekron était elle-même construite en briques non cuites au feu, et, par conséquent, on ne doit pas s'étonner si elle a disparu complétement, ou qu'elle avait été, à la vérité, bâtie en pierre, mais qu'ayant été renversée depuis longtemps, les matériaux de construction, si rares dans la plaine, en auront été transportés ailleurs pour servir à d'autres bâtisses.

Ekron, dans tous les cas, paraît avoir été la plus septentrionale des cinq satrapies philistines, ainsi que cela résulte du verset suivant du Livre de Josué (ch. XIII, ỳ 3) :

« *A fluvio turbido, qui irrigat Ægyptum, usque ad terminos Accaron contra aquilonem : terra Chanaam, quæ in quinque regulos Philisthiim dividitur, Gazæos et Azotios, Ascalonitas, Gethœos, et Accaronitas.* »

Assignée d'abord par Josué à la tribu de Juda, elle fut ensuite concédée à celle de Dan ; mais, en réalité, elle ne fut possédée longtemps ni par l'une ni par l'autre, car, après avoir été conquise par les Hébreux, elle fut bientôt reprise par les Philistins.

Sur la fin de la judicature d'Héli, l'arche d'alliance, étant tombée au pouvoir des Philistins, fut transportée par eux à Azot, à Gath et à Ekron ; et comme elle causait partout d'effroyables maladies, on la renvoya à Beth-Chemech, la ville de Juda la plus voisine d'Ekron.

La divinité la plus célèbre de cette cité était Baal-Zeboub, en latin Beelzebub (le dieu des mouches). Comme le fait supposer l'étymologie de ce mot, c'était probablement un dieu tutélaire auquel on avait recours contre les mouches, qui, dans ces contrées, deviennent souvent, pendant les chaleurs brûlantes de l'été, un véritable fléau.

Les destinées d'Ekron se confondirent nécessairement avec celles des autres cités philistaïques, et elle dut être plusieurs fois prise et reprise dans les nombreuses guerres qui eurent lieu entre les Philistins et les Juifs. Il n'entre pas dans mon sujet de raconter ici ces luttes incessantes ; qu'il me suffise de dire que, jusqu'au règne de David qui vainquit souvent les Philistins et finit même par les dompter, ils furent le plus ordinairement victorieux des Israélites. Sous Salomon, ils restèrent soumis à ce prince, dont l'empire renfermait tout leur pays jusqu'à Gaza. Les Philistins se relevèrent plus tard de leur abaissement. Sous Joram, ils firent, en commun avec les Arabes, une incursion dans le royaume de Juda. Ozias réprima leurs succès et éleva même des forteresses sur leur territoire. Mais sous Achaz, ils débordèrent de nouveau dans le midi de la Judée, et s'emparèrent de plusieurs places. Ézéchias envahit à son tour leur fertile plaine et les poursuivit jusqu'à Gaza. Ils eurent également beaucoup à souffrir des Assyriens, des Scythes, des Égyptiens et des Chaldéens.

Du temps d'Eusèbe, Ekron était encore un grand village habité par des Juifs. A la fin de l'époque des Croisades, comme nous le savons par le religieux dominicain Burchard, ce n'était plus qu'une petite localité sans importance. Depuis le quatorzième siècle, cet ancien chef-lieu des Philistins était tombé dans une telle obscurité que, jusqu'au savant voyageur anglais Robinson qui l'a retrouvé, en 1838, dans le village actuel d'Aker, les voyageurs modernes ne savaient plus où le chercher.

YEBNEH (YABNEH, IAMNIA)

A sept kilomètres à l'ouest d'Aker s'élève, sur une colline au delà du Nahr Roubin, le village de Yebneh. Les maisons confusément groupées en amphithéâtre sont la plupart très-basses et ressemblent à de véritables huttes. Les plus grandes sont précédées d'une petite cour qu'environne un mur d'enceinte. Cet amas informe d'habitations en terre et en briques crues est dominé par un minaret à base carrée et de forme polygonale, dont le sommet est en partie détruit. Il occupe l'un des angles d'une mosquée qui a remplacé une église chrétienne, probablement l'ancienne chapelle du château d'Ybelin, ou Hibelin, à l'époque des Croisades. S'il faut en croire Guillaume de Tyr (liv. XV, ch. XXIV), le village que je viens de décrire aurait succédé à la ville de Geth ou de Gath. Jacques de Vitry reproduit, en l'abrégeant, le passage de cet historien relatif à cette localité. Adrichomius adopte le sentiment de ces deux écrivains. L'abbé Mignot le partage également dans son sixième *Mémoire sur les Phéniciens*. Mais c'est là une erreur évidente, comme il est facile de le prouver. D'abord le nom actuel de Yebneh est identique avec le nom ancien Yabneh, en grec Ἰάμνια, en latin Iebneel, Iabnia, Iamnia. Ensuite, dans plusieurs passages des livres des Macchabées, la ville ainsi appelée est rapprochée d'Azot comme d'une place voisine; elle est indiquée pareillement dans la proximité de Joppé, et effectivement elle était située entre Joppé au nord et Azot au sud. Or le village de Yebneh se rencontre précisément sur la route qui de Jaffa conduit à Esdoud, l'antique Azot. Les témoignages de Josèphe, de Strabon, de Pline, de l'Itinéraire d'Antonin et de la Table de Peutinger concourent de même à démontrer l'identité de Jamnia avec le village dont il s'agit en ce moment. Cette identité une fois admise comme incontestable, donnons maintenant quelques détails sur l'histoire de cette ville, qui, sans avoir la célébrité des cinq satrapies philistines, mérite cependant d'avoir sa place dans la description de ce pays.

Nous savons par la Bible qu'elle existait déjà à l'époque où les Hébreux envahirent la Terre promise, puisqu'elle est mentionnée dans le Livre de Josué sous la forme Yabneel, en latin Iebneel. Ce mot Yabneel signifie en hébreu *Dieu la bâtit*. En supprimant la dernière syllabe *el*, qui veut dire *Dieu*, reste le mot Yabneh, dont le sens est le même, car on sous-entend alors le mot *Dieu*. Assignée dans le principe à la tribu de Juda, ainsi que la ville d'Ekron, Yabneh fut plus tard donnée à celle de Dan, mais pour retomber bientôt sous la domination des Philistins.

Vers l'an 800 avant Jésus-Christ, elle fut enlevée à ce peuple par le roi Ozias et démantelée. Dans les deux livres des Macchabées, il est à plusieurs reprises question de cette ville, mentionnée sous la forme grecque de Iamnia. C'est sous ses murs qu'en 164 avant Jésus-Christ, deux capitaines de Judas Macchabée, qui malgré ses ordres avaient combattu, en son absence, les troupes de Gorgias, furent vaincus par celles-ci.

Le port d'Iamnia fut brûlé ensuite par Judas Macchabée avec les vaisseaux qu'il contenait. En 142, Simon s'empara de cette place. L'an 63, elle fut enlevée par Pompée aux Juifs et rendue à ses

YEBNEH, JADIS YABNEH, OU IAMNIA.

anciens habitants. L'an 30, elle retourna sous la domination des Juifs par la donation qu'Auguste en fit au roi Hérode. Ce prince, avant de mourir, la concéda à Salomé, sa sœur, avec Azot et Phasaélis, et celle-ci la légua, à son tour, à Livie, épouse d'Auguste.

Le canton d'Iamnia était alors extraordinairement peuplé, ainsi que l'atteste un passage de Strabon, d'après lequel cette ville, avec les villages de sa dépendance, aurait pu armer quarante mille hommes. Philon un peu plus tard, dans sa relation de l'ambassade envoyée à Caligula, appelle également Iamnia l'une des villes les plus populeuses de la Judée, et il nous dit que, de son temps, la plupart de ses habitants étaient Juifs. A cause de cette grande affluence de population juive, le siége du grand sanhédrin avait été transféré à Iamnia quelque temps avant la destruction de Jérusalem. Cette ville vit aussi fleurir dans son sein une célèbre école rabbinique, dont les docteurs sont souvent cités avec éloge dans le Talmud. A l'époque des Croisades, Iamnia était détruite. L'emplacement qu'elle avait occupé s'appelait alors par corruption Hibelin, Hibelim ou Ybelim. C'est avec les ruines de cette ville que Foulques, quatrième roi de Jérusalem, bâtit la forteresse ainsi désignée, et qui, à son tour, est elle-même rasée, sauf les débris de la chapelle dont j'ai parlé.

A sept kilomètres au nord-ouest de Yabneh, un peu au sud de l'embouchure du Nahr Roubin, s'arrondit une petite baie entourée de rochers, formant une sorte de jetée naturelle. Cette anse constituait autrefois le *Maiumas Iamniæ* ou l'ancien établissement maritime d'*Iamnia,* signalé par Pline,

Asdoud (Azot).

et dont les ruines sont aujourd'hui presque entièrement ensevelies sous d'énormes dunes de sable.

ASDOUD (AZOT)

Mais poursuivons notre marche vers le sud. Après avoir laissé à notre gauche dans la plaine le village de Katrah, jadis Géderah, puis celui de Yazour, l'ancienne Hazor Hadattah, l'*Asor Nova* de la Vulgate, nous parvenons à Barka, autrefois Bene-Berak, situé à onze kilomètres au sud de Yebneh. A quatre kilomètres plus au sud-ouest, nous atteignons Asdoud, que précède une belle avenue de gigantesques nopals qui, à droite et à gauche de la route, servent de haie infranchissable à de fertiles jardins où croissent confusément des orangers, des citronniers, des grenadiers, des figuiers et des oliviers, du milieu desquels s'élèvent çà et là d'élégants palmiers.

Asdoud, jadis si forte et si importante, est réduite actuellement à l'état d'une simple et pauvre bourgade de dix-huit cents habitants. La plupart des maisons sont grossièrement bâties en briques crues; quelques-unes seules sont en pierre. Elles couvrent les pentes d'une éminence peu considérable qui est elle-même commandée vers le nord-ouest par une colline plus haute. Celle-ci constituait l'acropole de la ville antique. Livrée maintenant à la culture, elle est plantée de figuiers et d'oliviers, et une ceinture de cactus l'environne. Cette haie naturelle a remplacé un mur épais, construit avec des blocs régulièrement taillés et d'un grand appareil.

Au bas et autour d'Asdoud, on observe un certain nombre de puits, presque tous antiques. Près de l'un de ces puits, une mosquée renferme sous deux petites coupoles les tombeaux de deux santons. Dans la cour qui la précède, on remarque un beau sarcophage antique dont la face principale est ornée de guirlandes sculptées auxquelles pendent des grappes de raisin. A une faible distance de cet édifice s'étendent les ruines d'un vaste khan abandonné.

Asdoud est l'ancienne Achdod, en grec Ἄζωτος, en latin *Azotus*, d'où la dénomination française Azot. Elle existait dès l'entrée des Hébreux en Palestine, et fut assignée par Josué, avec les bourgs et les villages qui en dépendaient, à la tribu de Juda, mais elle ne lui fut soumise que plus tard. Vers la fin de la judicature d'Héli, les Philistins ayant remporté deux grandes victoires sur les Israélites, l'arche sainte elle-même, que ceux-ci avaient fait venir de Silo dans leur camp pour ranimer leur courage et leur servir d'une sorte de palladium sacré, tomba entre les mains de l'ennemi, qui la transporta à Azot et la plaça dans le temple de Dagon. Mais le lendemain matin, les Philistins s'aperçurent que la statue de leur dieu était renversée devant l'arche.

L'ayant relevée, ils la trouvèrent encore le jour suivant étendue la face contre terre, à côté de l'arche; la tête et les mains du dieu avaient été coupées et gisaient sur le seuil de la porte du temple. En même temps, une maladie épidémique se répandit dans la ville d'Azot, et une multitude incroyable de rats infestèrent les campagnes. Transportée de là à Gath et ensuite à Ekron, l'arche y causa par sa présence les mêmes calamités, ce que voyant, les Philistins la rendirent aux Israélites, accompagnée d'offrandes expiatoires.

Sous Salomon, Azot fut assujettie par les Hébreux. Les Philistins, en effet, avaient été écrasés par les nombreuses défaites que David leur avait infligées. Plus tard, cette nation belliqueuse la reconquit, à la faveur des guerres civiles qui éclatèrent parmi les Israélites, après la mort de Salomon et le partage de ses États en deux royaumes distincts. Ozias l'enleva de nouveau aux Philistins, en fit démolir les remparts, et y éleva une forteresse pour la maintenir sous le joug. Sous Ézéchias,

Sargon, roi d'Assyrie, ayant envoyé une armée contre l'Égypte, son général Tharthan, qui la commandait, s'empara, l'an 716 avant Jésus-Christ, de la ville d'Azot, qui était l'une des clefs de l'Égypte. Plus tard, l'an 630 avant Jésus-Christ, elle fut assiégée, comme le raconte Hérodote, pendant l'espace de vingt-neuf ans, par Psammétique, roi d'Égypte, et cet historien ajoute que c'est le plus long siége que l'on connaisse.

L'an 163 avant Jésus-Christ, Judas Macchabée s'en rendit maître et y détruisit les autels et les idoles des faux dieux.

Enlevée ensuite par Pompée aux Juifs, elle fut réunie à la province de Syrie. Gabinius, gouverneur romain, la rebâtit et la repeupla, l'an 55 avant Jésus-Christ.

Hérode, en mourant, la légua avec d'autres villes à sa sœur Salomé. Quand le christianisme se répandit en Palestine, Azot devint le siége d'un évêché. A cette époque, il y eut même deux églises d'Azot, car à côté d'Azot située dans les terres, il est question dans une ancienne notice grecque sur les Patriarcats d'une *Azot maritime*, Ἄζωτος Παράλιος, distincte et voisine de la précédente. Cette Azot maritime est aujourd'hui complétement renversée, à quatre kilomètres à l'ouest d'Asdoud. Quelques arasements de murs seulement percent çà et là la surface des dunes mouvantes sous lesquelles ses ruines sont ensevelies. Les limites et la courbe de l'ancien port sont peu sensibles, par suite de l'envahissement progressif des sables. Il était défendu par un château fort flanqué de tours, aujourd'hui encore en partie debout. Pendant les Croisades, Azot n'a joué aucun rôle dans l'histoire, et son nom ne s'est mêlé à aucun des grands événements des guerres saintes.

MEDJDEL. — ASCALON

Il n'en est pas de même d'Ascalon, dont nous allons visiter les débris, après nous être d'abord arrêtés un instant sur notre route à El-Medjdel. Ce village, situé à onze kilomètres au sud-sud-ouest d'Asdoud, renferme quinze cents habitants. Les maisons sont construites presque toutes en pierre. La mosquée principale est précédée d'une cour qui est pavée de larges dalles de marbre enlevées à des monuments anciens. On y remarque également plusieurs fûts de colonnes de marbre couchés sur le sol. Près de là est un puits entouré d'auges qui sont formées avec des fûts de colonnes antiques étendus horizontalement et maçonnés; les uns sont de marbre blanc, les autres de granit gris. Trois oualys voisins renferment d'autres fûts de colonnes de marbre, soit intacts, soit brisés.

Le Livre de Josué (ch. xv, ÿ 37) mentionne une ville du nom de Magdalgad, parmi celles de la tribu de Juda, dans le Chéphélah. En hébreu, cette ville s'écrit Migdal-Gad, ce qui signifie *Tour de la Fortune,* ou *Tour de la déesse Fortune,* le mot *Gad* étant à la fois un nom commun ayant le sens de *fortune, bonheur,* et le nom propre d'une divinité adorée jadis en Palestine et en Syrie, et qui était comme la personnification de la fortune. Si l'on retranche ce dernier mot, il est impossible de ne pas être frappé de la ressemblance qui existe entre Migdal et Medjdel. L'identification du grand village ainsi appelé avec la Migdal-Gad du livre de Josué est donc infiniment probable, tant à cause de la position d'El-Medjdel que de l'analogie ou plutôt de l'identité de ce nom avec celui de Migdal.

Après avoir traversé vers l'ouest les jardins d'El-Medjdel, et en continuant pendant près d'une heure à cheminer dans cette direction ou dans celle de l'ouest-sud-ouest, on atteint Djoura, village de trois cents habitants. Dans les maisons assez mal bâties qui le composent, on observe un grand nombre de fragments antiques enlevés aux ruines d'Ascalon, tels que fûts et tronçons de colonnes, chapiteaux plus ou moins mutilés, plaques de marbre intactes ou brisées, le tout mêlé confusément à des matériaux beaucoup plus grossiers. La population qui habite ce village se livre à la culture de jardins très-fertiles où, grâce à une irrigation fréquente, croissent de beaux arbres fruitiers, des fleurs et des légumes. Ces vergers plantés sans aucun ordre, mais dans lesquels s'épanouissent, au milieu des sables qui les assiégent de toutes parts, une végétation variée et une verdure éternelle, reposent et charment le regard que fatigue la réverbération du soleil sur les dunes blanchissantes qui les entourent. Ils s'étendent non-seulement jusqu'aux remparts d'Ascalon, auxquels ils sont attenants, au nord et à

MEDJDEL, JADIS MIGDAL-GAD.

l'est, mais encore ils en franchissent les nombreuses brèches et débordent, en quelque sorte, dans la plus grande partie de l'intérieur de cette ancienne cité, dont toutes les maisons ont été rasées, tous les édifices renversés, et qui se trouve ainsi transformée en un vaste jardin que divisent en une foule de compartiments des haies de cactus et d'autres arbustes épineux ou de petits murs de séparation. Des

Ruines d'Ascalon, du côté du nord.

citronniers, des cognassiers, des grenadiers, des orangers, des figuiers, des amandiers, çà et là aussi quelques hauts palmiers, ont envahi confusément un sol autrefois couvert d'habitations privées et parsemé de palais, de portiques et de temples, plus tard de mosquées et d'églises depuis longtemps démolies, et dont les plus remarquables débris ont été dispersés sur divers points de la Palestine et de la Syrie.

Après ce que je viens de dire, on voit qu'il est bien difficile actuellement de refaire, par la pensée, en se basant sur l'aspect si fort effacé et modifié des lieux, je ne dis pas l'Ascalon primitif des Chananéens et des Philistins, ou l'Ascalon agrandi et embelli par Hérode, à l'époque romaine, mais même l'Ascalon du moyen âge, tel qu'il était du temps des Croisés. Toutefois, l'enceinte et la configuration générale qu'il avait alors, du moins dans sa forme extérieure, se retrouvent encore facilement de nos jours.

Si l'on suit les gigantesques restes encore debout de l'enceinte des Croisades, il est aisé, en effet, d'en reconnaître tout le périmètre, qui décrivait à peu près un demi-cercle dont la corde, comme le dit très-bien Guillaume de Tyr (liv. XVII, ch. XXI), s'étend à l'ouest, le long du rivage, et dont l'arc s'arrondit à l'est du côté de la terre. Les murs qui font face à la mer sont aux trois quarts démolis, excepté dans quelques endroits où d'énormes pans gisent renversés sur la plage. Ils s'élevaient sur des falaises escarpées, partie rocheuses et partie sablonneuses, dont la hauteur, au point culminant, peut atteindre trente mètres, et qui, ailleurs, s'abaisse jusqu'à n'avoir plus que quinze mètres. Le port n'avait pas en étendue toute la longueur, mais seulement les trois quarts de la corde d'arc. Les deux môles qui le formaient avaient été bâtis avec une quantité incroyable de colonnes de granit gris qui sont couchées encore sur la plage ou dans la mer; ils étaient défendus, principalement le môle méridional, par de puissants bastions, dont il subsiste plusieurs pans de murs très-considérables écroulés et entassés confusément. Ces pans, construits avec des pierres de toutes sortes qu'unit entre elles un ciment très-tenace, renferment dans l'épaisseur de leur masse, comme pièces de soutènement, soit des colonnes de granit, soit des colonnes de marbre blanc et gris, provenant les unes et les autres d'édifices antérieurs.

Le long de la section méridionale de l'enceinte, les murs avaient été bâtis sur des collines moitié naturelles, moitié factices. Incessamment assiégés par des dunes énormes de sable qui, amoncelées peu à peu par le vent du sud, s'élèvent maintenant jusqu'à son sommet, ils sont presque entièrement ensevelis sous les vagues envahissantes qui finiront par les submerger complétement. Une fois arrivé sur le faîte du talus que forment ces dunes, faîte qui est en même temps celui des murs dans leur élévation actuelle, on rencontre de distance en distance, en le suivant, les restes de plusieurs tours écroulées; une échancrure assez grande marque l'emplacement de la *porte du Sud* ou *porte de Gaza*, mentionnée par Guillaume de Tyr.

La section orientale des remparts semble avoir été la plus formidable de toutes. Elle est de même battue continuellement par des flots de sable au-dessus desquels elle surnage encore de beaucoup; car les tertres qui supportent les murs, vers l'est, dominant davantage la plaine environnante, et, en outre, le courant de la mer de sable au milieu de laquelle Ascalon est placé, semblant se diriger surtout du sud au nord plutôt que de l'est à l'ouest, il en résulte que cette partie des remparts est la plus facile à étudier. Hauts d'environ dix mètres, ils ont une épaisseur qui dépasse deux mètres. Ils sont revêtus extérieurement d'un appareil très-régulier de pierres d'une dimension moyenne; l'intérieur est rempli par un blocage composé de moellons de toutes grandeurs noyés dans un bain de mortier. Sur beaucoup de points, la maçonnerie est traversée par des fûts de colonnes, soit de marbre, soit de granit gris, couchés horizontalement et faisant en dehors une saillie de douze à quinze centimètres. C'était du côté de l'est qu'était la *Grande Porte*, dite *de Jérusalem*, parce qu'elle était tournée vers cette ville. Défendue à droite et à gauche par deux puissantes tours dont les débris sont très-considérables, elle était précédée par d'autres portes pratiquées dans des avant-corps de fortifications qui ont été renversées de fond en comble.

Quant à la section septentrionale de l'enceinte, il est assez difficile de la suivre, d'abord parce qu'elle a subi un bouleversement plus profond, et ensuite parce qu'elle est envahie par des jardins que divisent des haies de cactus ou d'épines. Des vignes grimpantes, de vieux figuiers et d'autres arbres à fruits croissent au milieu de larges pans de murailles ou de tours écroulées. Ce mélange de ruines et de verdure, dont le désordre déconcerte l'archéologue qui veut étudier curieusement les vestiges du passé, charme, au contraire, l'artiste qui recherche avant tout le pittoresque. Les vergers, de ce côté, s'étendent jusqu'au village de Djoura.

Des avant-murs, qui sont depuis longtemps rasés ou ensevelis sous le sable, excepté dans quelques endroits où l'on en reconnaît la trace, constituaient la première défense de cette ville.

Franchissons maintenant l'enceinte dont nous venons de décrire les restes, et pénétrons dans l'intérieur d'Ascalon. Ce qui frappe aussitôt, c'est qu'au lieu d'avoir devant les yeux l'image ou même l'ombre d'une ancienne cité, on se trouve en présence de nombreux jardins appartenant aux habitants de Djoura, et qui ne sont que la continuation de ceux qui entourent ce village. Le sol est presque partout occupé par une végétation luxuriante que la culture ou la nature toute seule a fait naître, et, pour retrouver quelque chose des édifices d'Ascalon, il faut escalader une foule de haies ou de petits murs de séparation qui délimitent des vergers différents. En parcourant tour à tour ces jardins, j'y ai reconnu les traces d'un théâtre, de plusieurs portiques, et celles de trois églises principales. L'une d'elles, entre autres, avant d'être consacrée au culte chrétien, avait succédé à un temple païen et avait elle-même été remplacée par une mosquée. Sur le lieu qu'elle occupait et qui est actuellement planté de figuiers et de pins, gisent encore huit fûts de colonnes de granit gris. Les tranchées qu'en 1815 lady Stanhope avait fait ouvrir en cet endroit sont aujourd'hui presque entièrement comblées; elles l'étaient beaucoup moins en 1854, lorsque je visitai pour la première fois Ascalon. Cette célèbre Anglaise fouilla pendant quinze jours l'emplacement présumé de l'antique temple de Vénus Astarté, où l'on supposait qu'était enfoui un trésor important. Elle avait sous ses ordres cent cinquante Arabes, dont elle dirigeait elle-même les travaux. Les musiciens du pacha d'Acre ranimaient de temps en temps par leurs symphonies l'ardeur des ouvriers; mais ce qui excitait surtout leur zèle et leurs efforts, c'était l'espoir de découvrir enfin ce trésor caché qui devait les enrichir tous, ou du moins dont ils s'attendaient à recevoir leur part. Outre des murs très-épais, un grand nombre de colonnes de granit, de fragments de marbre et de chapiteaux furent mis à jour, et, en creusant des tranchées de plus en plus profondes, on trouva comme trois couches différentes de débris et trois pavés superposés qui marquaient les trois âges du monument. Ces trois pavés, par leurs caractères distincts, indiquaient que cet édifice avait d'abord été un temple, et qu'ensuite il était devenu une église, puis une mosquée dont le mihrab existait encore quand on commença les fouilles. Le quatrième jour, on vit paraître une magnifique statue de marbre blanc couchée sur le sol, dont la draperie était fort riche et qui semblait représenter un empereur romain; le tronc seul mesurait deux mètres de long, la tête et les pieds manquaient. D'autres débris de différentes sortes furent déterrés en poussant les fouilles à une plus grande profondeur; mais, quoiqu'on eût atteint les fondations mêmes du monument primitif, pas la moindre petite pièce d'or ne brilla aux yeux des ouvriers découragés. Ils s'imaginèrent alors que la statue recélait dans ses flancs le trésor tant cherché, et, afin de les désabuser, lady Stanhope se vit contrainte de la faire mettre en pièces.

Ascalon, en hébreu Achkelon, en grec Ἀσκάλων, en latin Ascalon, en arabe Askoulan, était l'une des cinq principales villes des Philistins. Bien qu'elle fût comprise dans le territoire de la tribu de Juda, cependant il n'est pas dit dans la Bible, lors du partage opéré par Josué, qu'elle ait été assignée à cette tribu. Après la mort de Josué, elle tomba toutefois sous la domination des enfants de Juda. A en croire Diodore de Sicile, Sémiramis aurait reçu le jour dans cette ville. L'an 1137 avant Jésus-Christ, Ascalon est mentionné dans la Bible, à l'occasion des faits étonnants qui ont marqué la vie de Samson. C'est là qu'il tua trente Philistins, pour en donner les vêtements à ceux qui avaient deviné son énigme : « De celui qui mangeait est sortie la nourriture, et la douceur est venue du fort. » Après avoir eu ses princes particuliers et avoir participé aux nombreuses luttes que les Philistins soutinrent

RUINES D'ASCALON, DU CÔTÉ DU NORD-EST.

contre les Israélites, Ascalon, comme toutes les autres villes de la Pentapole, succomba aux armes de David, et sous Salomon cette place payait un tribut à ce prince. Redevenue indépendante, elle fut assujettie ensuite aux Assyriens par Sargon, puis par Sennachérib, ainsi que l'attestent les inscriptions cunéiformes de Khorsabad. Plus tard, elle fut soumise successivement aux Perses et aux Grecs. Avant de tomber sous la domination romaine, elle put, grâce aux divisions de la famille des Séleucides, se constituer, sous le protectorat de Rome, en une république qui maintint quelque temps son indépendance. Hérode le Grand, qui reçut le jour à Ascalon, l'embellit en y faisant construire des bains, de magnifiques fontaines, de superbes et vastes portiques. Pendant la guerre judaïque, cette ville fut dévastée par un violent incendie que les Juifs révoltés y avaient allumé. Les Ascalonites, à leur tour, exercèrent de terribles représailles sur les Juifs qui habitaient au milieu d'eux, et ils en égorgèrent deux mille cinq cents.

Ascalon se montra très-attaché aux superstitions païennes, et le christianisme ne put s'y établir qu'avec beaucoup de peine. Quand l'empereur Julien l'Apostat chercha à relever le culte des faux dieux, la haine des Ascalonites éclata avec fureur contre les chrétiens, et ils commirent à leur égard des actes d'une férocité inouïe. Toutefois, ces persécutions n'empêchèrent pas la religion chrétienne de prendre racine dans cette ville, et l'histoire ecclésiastique nous a conservé les noms de plusieurs évêques d'Ascalon, ainsi que celui d'un évêque du *Maiumas Ascalonis* ou établissement maritime

Ruines d'Ascalon, du côté du sud-ouest.

d'Ascalon. Mais le christianisme dut probablement être étouffé dans cette ville, lorsqu'elle fut subjuguée par les Arabes musulmans. Elle passa tour à tour entre les mains des khalifes ommiades, puis des khalifes abbassides et enfin des khalifes fatimites d'Égypte. Ces derniers en étaient les maîtres au moment où les Croisés envahirent la Palestine. C'était alors l'une des places les plus fortes de la contrée, et, après la prise de Jérusalem par Godefroy de Bouillon, en 1099, elle sut encore résister plus d'un demi-siècle à toutes les forces des chrétiens. Les Égyptiens la considéraient comme le seul boulevard qui pût les protéger, du côté de la Palestine, contre les progrès toujours croissants des Occidentaux.

Le khalife d'Égypte El-Mostally b'-Illah ayant envoyé contre Godefroy, qui venait de s'emparer de Jérusalem, son vizir El-Afdhal, celui-ci réunit sous les murs d'Ascalon une armée évaluée à deux cent mille combattants au moins. Godefroy, au lieu d'attendre cet ennemi redoutable, résolut de marcher à sa rencontre. Toutes ses forces réunies ne dépassaient pas vingt mille hommes. Malgré l'extrême infériorité de leur nombre, les Croisés s'avancèrent contre les musulmans avec une ardeur et une confiance incroyables. De leur côté, les Égyptiens affectaient le plus profond mépris pour la petite armée des chrétiens, qu'ils s'imaginaient, disaient-ils, *pouvoir submerger dans les flots seuls de leur salive,* « *in solis sputis submergere credebant* ». (BONGARS, p. 181.)

Le 12 août 1099, les deux armées se trouvèrent en présence dans les vastes plaines d'Ascalon. L'ordre de bataille des musulmans présentait l'apparence d'un immense croissant. Après avoir fléchi le genou et invoqué le Dieu des combats, les Croisés s'ébranlèrent les premiers. Ils s'élancèrent avec une telle impétuosité contre leurs adversaires, que ceux-ci en furent tout d'abord déconcertés et étourdis. En vain les Égyptiens s'efforcèrent-ils d'écraser par leur nombre la faible armée des Latins; en vain leurs épais bataillons et les hordes sans cesse renaissantes de leurs cavaliers se succédaient continuellement, manœuvrant de manière à enfermer dans leurs lignes la poignée d'hommes qui osaient les attaquer. Ces derniers, compensant par la vigueur et l'élan irrésistible de leurs mouvements leur extrême infériorité numérique, se précipitaient tête baissée au milieu de ces masses profondes et y portaient un indescriptible désordre. Les musulmans, abandonnés par leur général qui avait pris la fuite dès le début de l'action, commencèrent bientôt à se débander; la confusion parmi eux fut alors à son comble, et ils tombèrent par milliers sous les coups de leurs terribles vainqueurs. Ne sachant où tourner leurs pas pour échapper à la mort qui les menaçait de toutes parts, beaucoup d'entre eux se dirigèrent vers la mer, afin de chercher un refuge sur la flotte qui les avait amenés; mais celle-ci, à la vue d'un si effroyable désastre, avait gagné la haute mer. D'ailleurs, du côté de la marine, ils rencontrèrent la division du comte de Toulouse qui en fit un horrible carnage. Si les chrétiens avaient su profiter de leur victoire, ils auraient pu s'emparer d'Ascalon; mais la discorde éclata malheureusement dans leur camp, et Godefroy, abandonné par le comte de Toulouse et par plusieurs autres chefs, fut contraint de se retirer.

Baudouin Ier, successeur de ce prince sur le trône de Jérusalem, en 1100, pour signaler son avénement par un fait éclatant, s'empressa de marcher contre Ascalon; mais la garnison restant enfermée dans l'enceinte de la place, et la saison étant trop avancée pour en entreprendre le siège en règle, il se contenta de ravager la campagne environnante.

En 1115, les Ascalonites attaquent à leur tour, mais en vain, Joppé, qui se défend énergiquement. En 1123, sous Baudouin II, ils menacent de nouveau cette ville, mais ils sont vaincus par l'armée franque, non loin de Hibelin, l'ancienne Iamnia. Pour arrêter les incursions et les déprédations incessantes des Ascalonites, les chrétiens élevèrent contre eux diverses forteresses, et entre autres celles de Hibelin, de Blanche-Garde, de Bersabée, de Daroum, et la citadelle de Gaza. Enfin, en 1153, Baudouin III se rendit maître d'Ascalon, après un siége de cinq mois. Les Croisés y établirent un évêché, qui fut ensuite supprimé sur les réclamations de l'évêque de Bethléhem, et l'église d'Ascalon fut rattachée à celle de cette dernière ville.

En 1177, Baudouin IV, à peine monté sur le trône, remporta dans le voisinage d'Ascalon une éclatante victoire sur Saladin. Celui-ci, après avoir combattu vaillamment avec ses mameluks, ne put résister à l'impétuosité des Francs, et la plus grande partie de son armée périt dans cette bataille, qui rappelait aux chrétiens l'un des plus beaux triomphes obtenus jadis par Godefroy de Bouillon au milieu des mêmes plaines.

Baudouin, en mariant sa sœur Sibylle à Guillaume Longue-Épée, lui assura Ascalon pour dot.

En 1187, Saladin, maître de la plus grande partie de la Palestine, après sa victoire de Hattin, résolut, pour compléter ses succès, de soumettre Ascalon. Quand la brèche eut été ouverte, il proposa la paix aux habitants; mais ceux-ci, n'écoutant que leur courage, renvoyèrent ses messagers sans les entendre. Le roi de Jérusalem, Guy de Lusignan, que Saladin conduisait captif avec lui, les engagea alors lui-même à ne pas compromettre le sort de leurs femmes et de leurs enfants par une plus longue résistance. Cédant à ses conseils, ils députèrent enfin les principaux d'entre eux à Saladin, lui disant

VUE DE JAFFA, L'ANCIENNE JOPPÉ.

qu'ils ne se rendraient que s'il prenait pitié de leurs familles et s'il promettait de briser les fers du roi de Jérusalem. Saladin accepta ces propositions, mais il ne consentit à mettre en liberté Guy de Lusignan qu'après le délai d'une année.

A l'époque de la troisième Croisade, lorsqu'en 1191 les chrétiens, sous Richard Cœur de lion, s'avancèrent de nouveau contre Ascalon, Saladin, n'étant plus assez fort pour garder et défendre cette place, en ordonna la démolition. Lui-même travailla, dit-on, de ses propres mains à renverser les remparts et les mosquées, et il s'assit ensuite en pleurant sur les ruines de la *Fiancée de la Syrie*, *Arousset ech-Cham*, surnom que les musulmans donnaient alors, à cause de sa beauté, à la ville d'Ascalon. Les Croisés, en arrivant devant ses murs, en 1192, la trouvèrent déserte et démantelée. Ils s'occupèrent aussitôt d'en relever les remparts et les tours, et tous rivalisèrent d'abord d'ardeur pour la remettre en état de défense. Richard les encourageait par son exemple, par ses discours et par des distributions d'argent. A la longue néanmoins, plusieurs chefs commencèrent à s'indigner contre ce prince, disant hautement qu'ils n'étaient point venus en Palestine pour rebâtir Ascalon, mais pour reconquérir Jérusalem. Le mécontentement augmenta peu à peu dans l'armée, et l'attention de Richard ayant été appelée ailleurs, les travaux languirent.

Quelques mois après, les chrétiens et les musulmans conclurent une trêve de trois ans et huit mois, et Ascalon devint alors l'objet de violents débats, chaque parti prétendant à la possession de la cité. Pour trancher la question, il fut décidé qu'elle serait renversée. Il paraît toutefois que son enceinte fut loin d'être complétement démolie, car, en 1270, Bibars Bendokhdar acheva de la détruire, dans la crainte que les chrétiens ne s'y fortifiassent de nouveau. Depuis cette époque, Ascalon n'a plus été rebâti, et ses ruines solitaires rappellent à la pensée cette antique prédiction du prophète Sophonie, qui s'écriait, il y a tant de siècles : « Gaza sera renversée et Ascalon changé en désert. »

RHAZEH (GAZA)

Située à vingt kilomètres au sud-sud-ouest d'Ascalon, Gaza, en arabe Rhazeh, est environnée de magnifiques bois d'oliviers séculaires et de vergers très-étendus qui rivalisent en fertilité avec ceux de Jaffa. Défendus par des haies puissantes de cactus et d'arbustes épineux, ses jardins étalent aux regards de riches plantations de figuiers, de grenadiers, d'orangers, de citronniers, d'abricotiers, de mûriers, d'amandiers et même de pommiers, espèce d'arbre assez rare dans cette partie de la Palestine. Au-dessus s'élèvent, par intervalles, des pins, des sycomores, autour desquels s'enroulent des vignes grimpantes, des acacias mimosas et surtout des palmiers, qui sont ici plus nombreux et plus élancés que dans le nord de la contrée. Le palmier est, par excellence, l'arbre de l'Égypte; il abonde aussi à Gaza, dont le climat se rapproche singulièrement de celui du Delta égyptien. Hors de la ville, dans les vergers, et même au sein de celle-ci, dans la cour de beaucoup de maisons, il fait admirer son port gracieux et le verdoyant panache qui couronne sa tête : c'est le principal ornement de cette cité. Gaza n'est plus enfermée dans une enceinte de murailles. On y pénètre, pour ainsi dire, sans s'en douter, en sortant des jardins qui la précèdent. Autrefois, quand ses murs étaient debout, on y entrait par sept portes. Quatre quartiers, séparés les uns des autres comme autant de grands villages différents, constituent l'ensemble de la cité. Le quartier appelé *Haret ed-Daredj* est celui de la ville haute ou de la ville proprement dite; son nom lui vient des escaliers par lesquels on y monte. Il occupe une colline oblongue dont la partie méridionale seule est aujourd'hui couverte de maisons; le reste est parsemé de décombres au milieu desquels on observe les restes du *Séraïa*. Ce palais date du commencement du treizième siècle. A l'exception d'une salle qui est encore debout et où le moutsellim se rend chaque jour pour vaquer à ses fonctions de juge et d'administrateur de la ville, les autres parties du palais sont à moitié renversées ou même complétement démolies. A une faible distance de là, on aperçoit les débris d'une tour. Cette tour et l'emplacement du château fort qu'elle flanquait portent actuellement le nom de *Séraïa el-Atika*. Quelques voyageurs ont attribué cette construction à l'époque romaine, mais je la considère plutôt comme étant l'œuvre des Croisés, qui élevèrent, en 1149, une forteresse en cet endroit.

Dans le même quartier sont des bazars voûtés ou bézestans et la grande mosquée ou *Djama el-Kebir*. Cette mosquée, d'après la tradition des musulmans eux-mêmes, serait une ancienne église, ce que confirme l'aspect du monument. Les chrétiens du pays ajoutent que cette église avait été primitivement fondée par Constantin et par sainte Hélène, et dédiée à saint Jean-Baptiste. L'âge qu'ils donnent à l'édifice actuel est évidemment trop ancien, attendu que les voûtes, les arcades et les baies des fenêtres sont de forme ogivale. Le plan du monument est celui d'un rectangle mesurant quarante pas de long sur vingt-six de large. Il renferme trois nefs, celle du centre étant beaucoup plus haute que les nefs latérales. A ces trois nefs en est accolée, du côté du sud, une quatrième, qui a été adjointe après coup par les musulmans. Ils ont également, pour bâtir leur minaret, remanié et fait disparaître en partie les trois absides. Quant aux belles colonnes de marbre couronnées de chapiteaux corinthiens qui ornent l'intérieur de cette église, que j'attribue aux Croisés, elles peuvent provenir de la basilique érigée par l'impératrice Eudoxie dans les premières années du cinquième siècle sur l'emplacement d'un temple dédié au dieu Marnas.

Gaza possède encore huit autres mosquées, moins remarquables que la précédente, mais qui méritent cependant d'être visitées, soit pour les beaux débris antiques qu'elles renferment, soit à cause des arabesques délicates, malheureusement très-dégradées, dont plusieurs sont décorées. Quand on examine ces détails gracieux, ces dentelures fines et ces broderies capricieuses que le ciseau a su imprimer à la pierre et au marbre, on ne peut s'empêcher de reconnaître l'art original et piquant que les Arabes ont déployé dans leurs constructions, à l'époque où l'islamisme florissant et encore dans le progrès de ses triomphes et dans la vigueur de sa jeunesse, a jeté dans le monde son plus vif éclat. L'architecture arabe, en effet, s'est montrée alors hardie, svelte et brillante. On voit qu'une séve féconde la vivifiait, et qu'une imagination créatrice en a secondé e premier essor; mais aussi l'on peut dire qu'elle pèche ordinairement par l'ensemble. Fantastique et irrégulière, elle a presque toujours fait preuve plutôt d'originalité que de goût; l'harmonie et les proportions si parfaites de l'art antique, ainsi que les grandes et sublimes conceptions de l'art chrétien, lui ont le plus souvent manqué.

Avant de quitter le quartier dit *Haret ed-Daredj*, je dois signaler près d'un ouały l'emplacement d'une porte tournée vers le sud-est, et qui, d'après la tradition musulmane et chrétienne, serait celle-là même que Samson aurait transportée avec ses battants et sa serrure sur la montagne qui regarde Hébron, aujourd'hui le Djebel-Mountar (*Juges*, ch. xvi, ỳ 3):

« *Dormivit autem Samson usque ad medium noctis : et inde consurgens apprehendit ambas portæ fores cum postibus suis, et sera, impositasque humeris suis portavit ad verticem montis, qui respicit Hebron.* »

Non loin de là aussi l'on montre le lieu où se serait élevé le fameux temple de Dagon que Samson fit écrouler en secouant les deux colonnes qui en soutenaient le toit, et qui dans sa chute, en le faisant périr lui-même, écrasa en même temps trois mille Philistins. L'emplacement assigné par les habitants à cet édifice est maintenant couvert de broussailles et de décombres, parmi lesquels on remarque plusieurs tronçons de colonnes de granit.

Rhazeh (Gaza).

J'ai dit que la plupart des maisons du Haret ed-Daredj étaient bâties en pierre; celles, au contraire, des trois autres quartiers, qui peuvent être considérés comme les faubourgs du premier, sont presque toutes en briques crues. Les mosquées seules et les oualys sont en pierre. Ces mosquées et ces oualys, ou sanctuaires consacrés à des santons différents, contiennent tous intérieurement soit des fûts ou seulement des tronçons de colonnes de marbre et de granit, soit des plaques de marbre plus ou moins mutilées, soit des fragments de bases, de chapiteaux et d'architraves, enlevés à des monuments anciens. Dans les vastes cimetières qui s'étendent autour de la ville, les débris antiques abondent semblablement.

Malgré l'extrême décadence dans laquelle Gaza est tombée, c'est cependant encore l'une des cités les plus peuplées de la Palestine, et sa situation intermédiaire entre l'Égypte et la Syrie a été de tout temps favorable à son commerce et à sa prospérité. Le chiffre approximatif de sa population se monte à quinze mille musulmans et à sept cents chrétiens, presque tous Grecs schismatiques.

Résumons actuellement en peu de mots l'histoire de cette ville.

D'abord cité chananéenne, Gaza tomba plus tard aux mains des Philistins, qui en firent l'une de leurs cinq satrapies. Josué étendit ses conquêtes jusqu'à cette ville; mais il ne put s'en emparer ou du moins la garder. La tribu de Juda à laquelle elle fut adjugée ne la posséda que de nom, et les princes philistins, non contents de recouvrer les limites de leur territoire, en augmentèrent encore l'étendue et exercèrent une véritable juridiction sur les Israélites. Après quarante ans d'oppression, Samson apparaît comme le vengeur de son peuple, et Gaza est le théâtre de plusieurs des actes de sa vie, de son dernier triomphe et de sa mort. C'est là qu'il périt sous les ruines du temple de Dagon qu'il renversa, entraînant dans sa chute trois mille Philistins. On connaît les luttes continuelles qui éclatèrent entre les Philistins et les Israélites sous les Juges, puis sous les règnes de Saül et de David; enfin, cette nation belliqueuse fut définitivement subjuguée, et la Bible nous apprend que sous Salomon, Gaza était l'une des frontières des États de ce prince. La situation de cette ville sur la grande route des expéditions militaires qu'entreprirent les monarques de Syrie, d'Égypte et de l'Orient, l'exposa nécessairement aux calamités de la guerre et à la nécessité de changer souvent de maîtres. Un des pharaons, probablement Néchao II, la subjugua au temps de Jérémie.

Cambyse, dans son expédition d'Égypte, déposa, en passant, ses trésors à Gaza. Cette place osa s'opposer à Alexandre, qui l'attaqua dans sa marche vers l'Égypte. Deux fois blessé pendant ce siège qui dura deux mois, le héros macédonien se montra impitoyable, quand il eut triomphé de la résistance des ennemis et pris la ville d'assaut. Tous les hommes furent massacrés, les femmes et les enfants furent réduits en esclavage, et Gaza fut repeuplée avec des habitants provenant des localités voisines. S'il faut même ajouter foi au récit de Quinte-Curce, Alexandre, imitant en cela Achille, dont il se prétendait issu, aurait traîné autour de la ville, attaché à son char, le corps de Bétis qui avait défendu si vaillamment la place confiée à sa garde (332 avant J. C.). Après la mort d'Alexandre, Antigone s'empara de Gaza. Mais bientôt Ptolémée, ayant défait près de cette ville Démétrius, fils d'Antigone, reprit la Palestine et, sur le point de retourner en Égypte, renversa Gaza avec d'autres villes. Elle se releva presque aussitôt de ses ruines, et, sous les Macchabées, elle était redevenue une cité considérable.

L'an 141 avant Jésus-Christ, Simon l'investit, s'en empara et en fit sa résidence; quarante-cinq ans plus tard, elle fut de nouveau détruite par Alexandre Jannée, après un siège d'une année et un massacre effroyable. Reconstruite par Gabinius, elle fut ensuite donnée par Auguste à Hérode et, à la mort de ce prince, assignée à la Syrie.

L'an 65 de l'ère chrétienne, durant le gouvernement de Gessius Florus, les Juifs révoltés la saccagèrent. Une église chrétienne paraît de bonne heure y avoir été établie. Philémon passe pour avoir été le premier de ses évêques. Ce serait le même auquel saint Paul aurait adressé une épître. Eusèbe et saint Jérôme parlent de Gaza comme d'une cité encore importante de leur temps.

L'an 634, elle tomba dans les mains des généraux d'Abou-Bekr, après une bataille décisive livrée par eux aux armées romaines. Depuis cette époque, il est peu question de Gaza jusqu'aux Croisades ; nous savons seulement qu'elle souffrit beaucoup pendant les nombreuses guerres qui surgirent entre les gouverneurs mahométans d'Égypte et ceux de Syrie. Les Croisés la trouvèrent déserte.

En 1149, Baudouin III, roi de Jérusalem, afin de réprimer vers le sud les incursions des Ascalonites, releva les fortifications d'une partie de la ville de Gaza.

En 1170, Saladin prit et dévasta la ville qui s'était formée à côté de la citadelle, et qui n'était protégée que par un mur faible et peu élevé ; mais il ne put forcer la citadelle que défendait Milon de Plansy. Tous les habitants qui n'avaient pu s'y réfugier furent massacrés par les musulmans.

Après la funeste bataille de Hattin et la reddition d'Ascalon à Saladin, Gaza se soumit également à ses armes. Elle ouvrit ensuite ses portes à Richard Cœur de lion, mais pour retomber bientôt

UN POITS PRÈS DE GAZA.

sous la domination des musulmans. En 1239, l'armée de Thibaut fut complétement battue près de Gaza.

En 1244, les mêmes plaines furent encore le théâtre d'une grande défaite que les chrétiens alors alliés des musulmans essuyèrent de la part des Kharismiens. A partir de la fin des Croisades, l'histoire de Gaza ne présente jusqu'aux temps modernes aucun fait saillant. Dans les derniers jours de février de l'année 1779, Bonaparte défit Abdallah, général de Djezzar, pacha d'Acre, près de Gaza : les cheikhs et les ulémas de la ville s'empressèrent d'apporter au vainqueur les clefs de la cité, et le fort se rendit bientôt. Bonaparte le fit sauter avant de poursuivre sa route, et campa pour la nuit sur le Djebel el-Mountar.

Si les quatre principautés d'Ekron, Azot, Ascalon et Gaza ont conservé jusqu'à nos jours leur nom à peine altéré, Gath, au contraire, a complètement perdu le sien, et l'on ne sait où placer d'une manière certaine ce cinquième chef-lieu de la Pentapole philistine. Plusieurs critiques inclinent à le reconnaître dans Yebneh, erreur que j'ai déjà réfutée plus haut. D'autres l'identifient avec Beit-Djibrin, autre erreur, comme je vais le montrer en parlant de cette localité, qui est l'ancienne Betogabra, l'Éleuthéropolis des Grecs et des Romains.

BEIT-DJIBRIN (ÉLEUTHÉROPOLIS)

A quarante-cinq kilomètres à l'est-nord-est de Gaza, à l'extrémité orientale de la Chéphélah et au pied du massif de Juda, est situé ce village, jadis très-important.

La ville antique qu'il a remplacée était entourée d'un rempart construit en belles pierres de taille de dimensions considérables et bien agencées entre elles sans ciment. Il est impossible de suivre actuellement partout le périmètre de cette enceinte, soit parce qu'elle est détruite sur beaucoup de points, soit parce qu'elle est ensevelie sous des amoncellements de décombres. Néanmoins, il subsiste encore de la section septentrionale des restes étendus sur une longueur de trois cents pas environ.

L'épaisseur du mur dépassait un mètre. Il était lui-même défendu par un fossé. A l'est et à l'ouest, cette face de l'enceinte aboutissait à deux châteaux forts. Celui de l'est est aujourd'hui en grande partie démoli et occupé par un cimetière; plusieurs fûts de colonnes antiques y ornaient une dizaine de tombeaux musulmans. On y remarque aussi une large et belle porte dont l'arcade cintrée est intacte, et qui ressemble à un petit arc de triomphe. La seconde forteresse avait des dimensions plus considérables. Plus vaste dans le commencement qu'elle ne le fut dans la suite, elle avait été bâtie primitivement avec de superbes pierres de taille, dont quelques-unes étaient relevées en bossage. Plus tard, à l'époque des Croisades, elle fut reconstruite, mais dans des proportions plus restreintes, par les chrétiens. Peut-être même, avant eux, avait-elle déjà subi des remaniements de la part des musulmans, quand ils se furent rendus maîtres du pays.

Dans tous les cas, depuis la fin des Croisades, les musulmans la réparèrent encore, comme le prouve une inscription arabe gravée sur la porte principale, et qui date de l'année 958 de l'hégire, ce qui répond à l'an 1551 de l'ère chrétienne. Actuellement, elle tombe en ruine de toutes parts, et l'on y pénètre par plusieurs brèches. Dans les proportions où elle a été réduite, elle conserve approximativement soixante-dix pas sur chaque face; elle était défendue à ses quatre angles par une tour carrée; de plus, deux autres tours la protégeaient vers l'est. De ce côté, on distingue deux portes, aujourd'hui obstruées. Dans l'intérieur de cette forteresse, vers le sud, une galerie, dirigée de l'est à l'ouest, semble avoir été autrefois l'une des ailes latérales d'une église détruite. Elle est flanquée à droite et à gauche de cinq piliers auxquels étaient adossées autant de colonnes de marbre blanc. Six de ces colonnes sont encore à leur place, couronnées de leurs chapiteaux corinthiens; les quatre autres ont été enlevées. Datant elles-mêmes, soit de l'époque romaine, soit de l'époque byzantine, elles sont surmontées d'arcades légèrement ogivales qui accusent une époque postérieure.

Près de cette galerie, mais en dehors du château, sur une plate-forme attenante à la face sud et maintenant plantée de tabac, on aperçoit deux autres colonnes de marbre, identiques avec les précédentes, et qui sont encore enfoncées dans le sol; elles appartenaient sans doute à la même église. Cet édifice occupait ainsi une partie de la plate-forme, et il est depuis longtemps complètement rasé, à l'exception de la nef dont je viens de parler.

En parcourant les autres parties de l'intérieur du château, on heurte à chaque pas des amas de décombres, résultant de murs et de voûtes écroulés. Quelques magasins souterrains cependant sont assez bien conservés. Si l'on sort de l'enceinte actuelle de ce même château, on trouve d'autres magasins semblables, les uns obstrués par des éboulements, les autres divisés en un certain nombre de petits compartiments, parce qu'ils servent de refuge à différentes familles qui s'y sont installées.

Quant au village, il n'occupe qu'un tiers tout au plus de l'emplacement de l'ancienne ville. Dans presque toutes les maisons, notamment dans celle du cheikh, on remarque des débris antiques plus ou moins mutilés. Les deux autres tiers de la cité primitive sont de nos jours remplis par un cimetière, des vergers, des plantations de tabac, des amas de

CHATEAU DE BEIT-DJIBRIN. — MUSICIENS ARABES.

décombres et des monticules de cendres et de fumier qui s'exhaussent progressivement de siècle en siècle.

Les excavations qui entourent Beit-Djibrin sont les plus remarquables de toutes celles de la Palestine.

A quinze minutes à peine au nord-est du village se trouvent celles qui sont vulgairement connues sous le nom de *Arak el-Mouïeh*. Pratiquées dans des collines de calcaire crayeux, elles sont divisées en deux parties, et précédées de vastes emplacements, aujourd'hui plantés de tabac, mais occupés autrefois par une série de salles qu'on a depuis longtemps sans doute détruites, pour en extraire des matériaux de construction, et dont quelques-unes ont pu aussi s'écrouler d'elles-mêmes, par suite de la démolition des autres salles auxquelles elles étaient attenantes.

Après avoir traversé l'une de ces cours, on entre par une porte colossale dans de belles et magnifiques galeries qui se succèdent les unes aux autres, et dont la forme affecte l'apparence d'immenses entonnoirs renversés, ou, si l'on veut, de cloches gigantesques. Elles sont éclairées à leur sommet par un ou plusieurs soupiraux, soit ronds, soit carrés, qui laissent pénétrer dans l'intérieur une lumière douce et suffisante. Quelques-unes de ces salles sont très-dégradées. Le sol en est inégal, à cause des éboulements qui sont survenus, ou des amas de matériaux qui ont pu être jetés par les orifices supérieurs. Il en est dont les parois sont percées intérieurement d'un grand nombre de niches, étroites et peu profondes, disposées par rangées parallèles, et qui sont trop exiguës pour avoir servi jadis de *columbaria*; j'incline donc à regarder cette suite régulière de trous comme une simple ornementation, à moins, par hasard, qu'à certains jours solennels on n'y ait placé de petites lampes pour illuminer ces galeries souterraines.

Après avoir examiné cette série de salles et traversé de nouveau la cour qui les précède, j'entrai par une seconde cour dans une deuxième série de salles analogues dont l'ensemble, en y comprenant celles dont je viens de parler, se compose d'une trentaine de superbes rotondes successives encore debout, qui remontent probablement à la plus haute antiquité, et attestent une rare habileté dans la manière d'excaver le roc. A la vérité, les collines dans lesquelles elles ont été creusées consistent en un tuf calcaire et crayeux très-facile à tailler. Néanmoins, la forme de chacune de ces salles accuse par son élégance un art véritable. On y lit quelque part deux inscriptions coufiques dont voici la traduction :

1° « O Dieu! Ibn Souleïman témoigne qu'il n'y a pas d'autre Dieu que Dieu. »

2° « O Dieu! pardonne à Yésid, fils d'Omar, fils de Kandy. »

Ces deux inscriptions, qui semblent dater, par la forme de leurs caractères, des premiers temps de l'islamisme, n'éclairent en rien, comme on le voit, le mystère de ces remarquables excavations, qui leur sont antérieures de bien des siècles.

Je considère celles-ci, de même que d'autres dont j'ai parlé longuement dans ma *Description de la Judée*, comme d'anciennes carrières qui, après avoir été exploitées d'abord dans le but d'en extraire des pierres, ont dû servir ensuite d'habitations, soit permanentes, soit temporaires, ou peut-être d'entrepôts pour les grains et autres provisions, aux populations troglodytes qui, sous le nom de *Horim*, ont séjourné primitivement dans cette contrée. Le mot Horim, en grec Χορραῖοι, en latin *Chorræi* et *Horræi*, dérive de la racine *hór*, caverne, et signifie *des hommes de caverne, des Troglodytes*.

Saint Jérôme, dans son *Commentaire sur le prophète Obadiah* (ch. x), s'exprime ainsi :

« Cet unique et même personnage est donc appelé de trois noms :

« Ésaü, Édom, Seïr, et il posséda la région connue aujourd'hui sous la désignation de Gébalène, qui se trouve sur les frontières d'Éleuthéropolis, où avaient habité les Horréens, c'est-à-dire les hommes libres, dont le nom fut plus tard donné à la ville elle-même. »

Saint Jérôme ajoute :

« Dans toute la région des Iduméens, depuis Éleuthéropolis jusqu'à Pétra et Æla (telle est la possession d'Ésaü), on habite dans des cavernes. »

Vallée de Beit-Djibrin.

Ces deux passages nous apprennent que les Horréens ou Horim avaient été les habitants primitifs de la contrée dont Éleuthéropolis, actuellement Beit-Djibrin, comme je le dirai tout à l'heure, était le chef-lieu, et que, depuis Éleuthéropolis jusqu'à la mer Rouge, les Iduméens vivaient dans des cavernes. Saint Jérôme, à la vérité, donne au mot Horim une autre étymologie que celle que je viens d'indiquer, d'après la majorité des critiques ; *Horræi*, dit-il, *qui interpretantur liberi*. Ce mot peut, en effet, être tiré également de la racine *harar*, « il a été libre ou noble ». Mais si ce Père de l'Église interprète différemment le sens de cette dénomination, son témoignage est formel au sujet de l'habitude qu'avaient ce peuple et plus tard les Iduméens de vivre dans des demeures souterraines, témoignage que confirment les innombrables cavernes que l'on rencontre partout en Palestine, principalement dans la partie méridionale, et dont les plus remarquables spécimens se trouvent entre Tell es-Safieh et Beit-Djibrin.

Robinson a prouvé depuis longtemps par des arguments irrécusables l'identité de Beit-Djibrin avec l'ancienne Bétogabra, en hébreu probablement Beth-Gabra ou Beth-Gebara.

Beit-Djibrin, qui est pour Beit-Djibril, par suite de la permutation, si fréquente en arabe dans le dialecte vulgaire, du *lam* ou *noun*, signifie *maison de Gabriel*, c'est-à-dire, *maison du fort de Dieu*, et Bétogabra, en hébreu Beth-Gabra ou Beth-Gebara, peut se traduire par *maison de la force*, *des hommes forts*, *des géants*, sans doute parce que le territoire où cette ville était située fut primitivement habité par des populations d'une taille gigantesque, comme étaient les Horim, qui, selon saint Jérôme, s'étaient établis dans le district d'Éleuthéropolis, nom qu'à l'époque gréco-romaine portait Bétogabra.

Les documents relatifs à l'histoire de cette ville se réduisent d'ailleurs à fort peu de chose. Eusèbe, il est vrai, dans son *Onomasticon*, fait souvent mention d'Éleuthéropolis, mais il se contente seulement de la citer comme point central ou point de départ, auquel il rapporte les distances d'une vingtaine de localités, et qui était elle-même le chef-lieu d'un district du même nom ; elle était déjà depuis longtemps le siége d'un évêché.

L'an 636 de notre ère, Éleuthéropolis tomba avec toute la Palestine au pouvoir des musulmans. A partir de l'invasion musulmane, le nom grec d'Éleuthéropolis disparut pour faire place au nom indigène Bétogabra (Beth-Gabra), que les Arabes changèrent en Beit-Djibril ou Beit-Djibrin, par suite d'une légère modification dans la terminaison du mot ; et comme l'ange Gabriel joue un grand rôle dans le Coran, ils furent naturellement portés à voir dans le mot Gabra une allusion à cet archange, plutôt qu'un souvenir, qui pour eux n'existait pas, des *forts* ou des *geants* qui avaient jadis habité en cet endroit. Quand les Croisés s'emparèrent de la Palestine, ils trouvèrent cette ville abandonnée, et attestant seulement par ses ruines son ancienne importance. Ils s'imaginèrent à tort que c'était l'ancienne Bersabée.

Sous le roi Foulques d'Anjou, en 1134, une citadelle y fut construite sur d'anciennes fondations, avec un mur très-fort flanqué de tours et entouré de fossés profonds. La défense en fut confiée aux Hospitaliers de Saint-Jean. En 1187, cette forteresse tomba entre les mains de Saladin. Réoccupée ensuite par les Latins, elle fut de nouveau prise par Bibars en 1244. Sous la domination turque, elle fut réparée en 1551 ; actuellement, comme je l'ai dit, elle est en ruine.

MAR-HANNA. — MERACH. — DIKRIN, JADIS GATH

Avant de quitter Beit-Djibrin, je signalerai vers le sud-est, à la distance de deux kilomètres au plus, les restes d'une belle église byzantine, consacrée à sainte Anne, dans un village appelé Kharbet Mar-Hanna.

Une colline voisine, du nom de Tell Mar-Hanna, et qui semble avoir été l'acropole de l'ancienne Morecheth-Gath, patrie du prophète Michée, est perforée sur ses flancs méridionaux de vastes excavations analogues à celles de Beit-Djibrin, et qui paraissent avoir été des demeures souterraines d'une

ÉGLISE SAINTE-ANNE, NON LOIN DE BEIT-DJIBRIN.

haute antiquité. Pour y pénétrer, il est nécessaire de se munir de lumière, car les orifices supérieurs qui jadis les éclairaient sont actuellement bouchés par suite d'éboulements survenus. On parcourt ainsi plusieurs grandes salles que relient entre elles des corridors. Elles sont creusées en forme d'entonnoirs, et leurs parois intérieures sont percées d'une foule de petites niches peu profondes, semblables aux trous d'un colombier. Dans l'une de ces salles, on remarque un escalier tournant ménagé le long de ses murs, et montant jusqu'à la voûte.

A un kilomètre de là, vers l'ouest, les ruines de Merach couvrent une colline oblongue, aujourd'hui hérissée de broussailles. Des amas confus de pierres, des silos, des citernes et des excavations souterraines en forme d'entonnoirs renversés, voilà tout ce qui subsiste de l'antique Marésa, en hébreu

Marechah, appartenant à la tribu de Juda, dans le district de la Chéphélah, et dont le nom s'est conservé fidèlement dans celui de Merach. Mentionnée dans le Livre de Josué, cette ville fut plus tard fortifiée par Roboam. Judas Macchabée, dans une campagne contre les Iduméens, la ravagea; Jean Hyrcan la conquit. Pompée la rendit à ses anciens habitants, et Gabinius la restaura; mais bientôt après, l'an 39 avant Jésus-Christ, elle fut renversée par les Parthes. Eusèbe, dans l'*Onomasticon*, la cite comme étant déserte de son temps.

Si nous nous transportons maintenant à sept kilomètres au nord-ouest de Beit-Djibrin, d'autres ruines, appelées Kharbet-Dikrin et très-rarement visitées par les voyageurs, méritent cependant leur attention. De nombreuses et belles citernes, des puits et des silos creusés dans le roc, de vastes galeries souterraines semblables pour la forme à celles dont j'ai déjà parlé, les unes très-dégradées et à moitié détruites, les autres presque intactes, les vestiges de nombreuses maisons renversées, une assez grande quantité de blocs de différentes dimensions jonchant une colline hérissée de broussailles ou plantée d'oliviers, tout cela ajouté aux quarante citernes de Dikrin et aux matériaux antiques qu'on observe dans le village même, lequel est situé sur une colline voisine, atteste évidemment qu'il y avait autrefois une ville considérable, assise sur deux hauteurs, et qui, à cause de sa position, me paraît avoir été l'ancienne Gath, l'une des cinq principales satrapies philistines. En effet, dans l'*Onomasticon* d'Eusèbe, nous lisons au mot Γέθ :

« Geth; les Enakim y restèrent, quoique étrangers, ainsi que les Philistins qui ne furent point exterminés. Elle subsiste encore aujourd'hui comme bourgade sur la route d'Éleuthéropolis à Diospolis, au cinquième mille d'Éleuthéropolis. »

Saint Jérôme reproduit fidèlement l'assertion d'Eusèbe sans la modifier. Or, précisément sur la route indiquée dans ce passage, à sept kilomètres environ au nord-ouest de Beit-Djibrin, jadis Éleuthéropolis, par conséquent à cinq milles de ce dernier point, dans la direction signalée par Eusèbe et par saint Jérôme, on rencontre le village actuel de Dikrin et les grandes ruines connues sous le nom de Kharbet-Dikrin. Ce nom arabe n'a, à la vérité, aucun rapport avec la dénomination antique de Gath ou Geth; mais, d'un autre côté, l'emplacement des ruines de Dikrin répondant parfaitement à celui que ces deux écrivains assignent dans l'*Onomasticon* à la ville de Geth, et Dikrin nous offrant, en outre, des traces considérables de sa primitive importance, nous sommes amenés tout naturellement à conclure que, selon toute vraisemblance, il ne faut plus chercher ailleurs cette ancienne cité philistine, et que les incertitudes des géographes doivent cesser sur ce point.

Cette ville, en hébreu Gath (Pressoir à vin), en grec Γέθ ou Γίττα, en latin *Geth*, était très-probablement déjà fondée quand les Philistins s'emparèrent de la plaine qui plus tard porta leur nom. Des géants nommés Enakim ou fils d'Enak y vivaient au milieu d'eux; c'étaient les restes de l'ancienne race indigène qu'ils avaient refoulée au nord et à l'est, lors de l'invasion.

A l'époque du partage de la Terre promise, Gath échut à la tribu de Dan. Le géant Goliath que vainquit et tua David était originaire de cette ville; c'était sans doute l'un des descendants des anciens géants que Josué n'avait pu exterminer complétement. Lorsque plus tard David, pour se dérober à la fureur jalouse de Saül, se réfugia parmi les Philistins, c'est à Gath qu'il se retira. Cette cité était alors gouvernée par un roi nommé Achis, fils de Macch. Une fois parvenu sur le trône, David s'empara de Gath. Roboam en releva les remparts et en fit une place forte; elle retomba ensuite au pouvoir des Philistins; car nous lisons dans les Paralipomènes (liv. II, ch. XXVI) qu'Osias, fils d'Amasias, roi de Juda, combattit les Philistins et détruisit les remparts de Gath. Dès lors, il n'est plus question de cette ville dans les Saintes Écritures, et elle ne joue plus aucun rôle dans l'histoire. Seulement, bien des siècles plus tard, à l'époque d'Eusèbe et de saint Jérôme, nous savons par ces deux écrivains qu'il existait encore plusieurs bourgs portant ce nom, en Palestine, et un notamment entre Diospolis et Éleuthéropolis, que je regarde comme la Gath, métropole philistine.

TELL ES-SAFIEH. — SARAA. — AÏN-CHEMS. — TIBNEH

A cinq kilomètres au nord-ouest de Dikrin, s'élève, isolée dans une belle vallée, la colline dite *Tell es-Safieh*. De forme oblongue, elle doit à son sol, qui est composé d'un calcaire crayeux, tendre et blanchâtre, le nom qu'elle porte (colline de la clarté, de la blancheur). Sur plusieurs points, mais principalement vers le nord-ouest, ses flancs ont été excavés pour en extraire des pierres; ces anciennes carrières ont été ensuite transformées en cavernes qui, pendant la nuit, servent maintenant d'étables à de nombreux troupeaux de bœufs, de moutons et de chèvres. On peut estimer à cent vingt mètres au-dessus de la plaine la hauteur de ce tell. Ce n'est donc point une montagne ; mais comme il se dresse solitaire dans la plaine, on embrasse de son sommet un très-vaste horizon. De là le regard se promène sur la plus grande partie de l'ancienne Chéphélah, depuis Ramleh, au nord, jusqu'à Gaza, au sud. A l'ouest la Méditerranée, à l'est les monts de la Judée, circonscrivent et encadrent le tableau. Le plateau supérieur de la colline est encore désigné aujourd'hui sous le nom de *Kalah*, « la Citadelle ». Là s'élevait, en effet, un château fort qui l'occupait tout entier et qui est actuellement détruit de fond en comble, sauf quelques arasements en belles pierres de taille qu'on n'a point encore arrachés du sol. Deux petits oualys musulmans, à l'angle nord et à celui du sud, ont été construits avec d'anciens matériaux trouvés sur place. Au-dessous du plateau, à mi-côte de la colline, sont groupées confusément et s'étendent sur les pentes environ cent cinquante petites maisons très-grossièrement bâties, les unes en pierre, les autres en briques crues.

Tout porte à croire que Tell es-Safieh est l'antique Mitspeh de Juda, en grec Μασφά, en latin *Maspha*, mentionnée dans le Livre de Josué (ch. xv, ẏ 38) parmi les villes de la Chéphélah. La ressemblance des noms, une fois qu'on a retranché la première syllabe du mot ancien, est frappante, et il est impossible de la méconnaître. D'ailleurs, la colline de Tell es-Safieh est un observatoire trop naturel pour que jadis elle ait été négligée dans ce but et n'ait pas dès lors porté un nom analogue à sa destination. Or, le mot *Mitspeh* dérive de la racine *tsapha*, qui veut dire observer et signifie un lieu élevé d'où l'on observe, en latin *specula*.

Toujours est-il qu'à l'époque des Croisades cette colline portait, parmi les Latins, le nom d'*Alba Specula*, en français *Blanche-Garde*, traduction fidèle de l'hébreu *Mitspeh*, et en même temps de la dénomination, en arabe, *Tell es-Safieh*, attachée déjà à cette localité et qui reproduit avec un sens différent et une légère altération la dernière partie du nom Mitspeh, les Arabes ayant surtout été frappés de l'apparence extérieure de la colline qui brille au loin dans la plaine, à cause de la blancheur de ses flancs crayeux.

Le roi Foulques Ier, en 1138, y érigea une forteresse, ainsi que nous l'apprend Guillaume de Tyr (liv. XV, ch. xxv). En 1191, ce château fort, flanqué de quatre tours, tomba au pouvoir de Saladin, qui le démantela. L'année suivante, il fut reconstruit par le roi Richard. Quelques-unes des aventures du héros anglais eurent lieu dans le voisinage de cette place. Une fois, entre autres, chevauchant loin de son camp de Ramleh, il manqua d'être pris par un escadron musulman que Saladin envoyait d'Ascalon à Blanche-Garde.

Souterrain au Tell Mar-Hanna.

Dans une autre circonstance, il rencontra près de là un gros d'ennemis, et, sans craindre leur nombre, il se précipita sur eux, en tua plusieurs et fit quelques prisonniers.

Transportons-nous maintenant à quinze kilomètres de distance, au nord-est de Tell es-Safieh, dans la patrie de Samson, de cet homme extraordinaire qui causa tant de mal aux Philistins pendant sa vie et principalement au moment de sa mort. Cet endroit s'appelle Saraa : c'est un village qui compte aujourd'hui trois cents habitants. Il couronne une colline dont les flancs rocheux sont percés de plusieurs grottes sépulcrales. Une source y porte la désignation de Aïn-Merdhoum. Saraa est l'ancienne Tsorah en hébreu, Σαρἀα en grec, *Saraa* et *Sarea* en latin; ville mentionnée pour la première fois dans le Livre de Josué, parmi celles de la Chéphélah, et associée avec Esthaol.

Bien que situé sur une colline assez élevée, le village actuel de Saraa est effectivement en dehors du massif proprement dit des monts de la Judée. La cité antique qu'il remplace, et dont il a conservé fidèlement le nom, avait été assignée à la tribu de Dan. Elle fut la patrie de Manué, père de Samson. Ce fut là qu'il naquit lui-même, annoncé d'avance à ses parents par l'apparition d'un ange qui lui avait prédit sa grandeur future, s'il observait certaines prescriptions que le Seigneur lui imposait. Après sa mort, Samson fut rapporté de Gaza par ses frères et ses proches, et enseveli par eux entre Saraa et Esthaol, dans le sépulcre de son père Manué. Ce sépulcre de famille se trouvait dans le champ que possédait Manué, entre Saraa et Esthaol. Il existe encore maintenant, transformé en un oualy musulman au Kharbet-Aselin. Connu vulgairement sous la désignation d'*Oualy Cheikh-Rherib*, il l'est également sous celle de *Kabr Chamchoun* (tombeau de Samson). Le grand sarcophage en pierre que renferme ce sanctuaire est probablement apocryphe; mais l'oualy qui le contient a pu être élevé sur l'emplacement d'un ancien tombeau juif actuellement détruit ou enseveli sous cette construction musulmane. Dans tous les cas, la position qu'il occupe répond parfaitement aux indications de la Bible relativement au tombeau de Samson. Fortifiée par Roboam, Saraa fut réhabitée, au retour de la captivité, par des enfants de la tribu de Juda.

A la distance de deux kilomètres et demi au sud-ouest de la localité précédente, au delà de

SAFIEH, JADIS MITSPEH.

l'Oued Serar, des ruines, appelées *Kharbet Aïn-Chems*, sont éparses sur deux collines peu élevées, en partie cultivées, en partie couvertes de broussailles et de hautes herbes. Des amas de pierres mal taillées de dimensions diverses sont disséminées pêle-mêle sur le sol. On observe aussi les arasements de plusieurs vieux murs et les assises inférieures de nombreux compartiments qui constituaient les enceintes d'autant de petites maisons, depuis longtemps sans doute renversées. Entre les deux collines est une petite mosquée, consacrée à Abou-Mizar.

Ces ruines sont celles de l'ancienne *Beth-Chemech*, en grec Βαιθσαμύς, en latin *Bethsames*, mentionnée dans le Livre de Josué (ch. xv, ẏ 10), entre Cheslon et Thamna. Cette dénomination de Beth-Chemech (maison du Soleil), en arabe Aïn-Chems (source du Soleil), indique que, dans l'antiquité, on rendait en cet endroit un culte spécial à l'astre du jour. Ailleurs, dans le même Livre de Josué (ch. xix, ẏ 41), Ir-Chemech, en latin *Hirsemes*, est signalée, avec Saraa et Esthaol, comme appartenant à la tribu de Dan. Tout semble prouver que cette ville était identique avec celle de Beth-Chemech, la forme Ir-Chemech (ville du Soleil) étant probablement la forme primitive ou chananéenne et ayant été remplacée plus tard par la forme hébraïque Beth-Chemech (maison du Soleil). Les deux formes ont pu aussi subsister en même temps, bien que la seconde semble plus spécialement hébraïque.

C'est sur la route conduisant d'Ekron à Beth-Chemech que les génisses attelées par les Philistins au chariot neuf qui portait l'arche d'alliance s'avancèrent d'elles-mêmes jusqu'aux confins de cette ville.

Les Bethsamites moissonnaient alors leurs orges dans la vallée, l'Oued-Serar de nos jours. Le chariot s'arrêta dans le champ de Josué de Beth-Chemech.

Les Bethsamites manifestèrent la joie la plus vive à la vue de l'arche qui leur était rendue par les Philistins, et comme il y avait là une grande pierre, ils y placèrent les génisses et les offrirent en holocauste au Seigneur; mais ayant jeté un regard indiscret dans l'arche, ils furent frappés par Dieu d'une plaie terrible qui en fit périr un très-grand nombre.

Beth-Chemech avait été assignée par Josué aux lévites et aux prêtres. Sous Salomon, elle eut pour gouverneur un nommé Ben-Dekar. Plus tard, ce fut là que Joas, roi d'Israël, eut une entrevue avec Amasias, roi de Juda, et s'empara de sa personne après la défaite de son armée (833 avant Jésus-Christ).

Cinq kilomètres à l'ouest-sud-ouest de Aïn-Chems, les ruines d'une autre ville antique sollicitent un moment notre attention; elles portent le nom de Kharbet-Tibneh et couvrent le flanc d'une colline hérissée de hautes herbes, de chardons et de lentisques. La cité dont elles sont les vestiges a été détruite depuis longtemps, car les pierres des anciennes constructions renversées sont extraordinairement rongées par les siècles et toutes revêtues de lichen. Elle a été, du reste, aux trois quarts effacée du sol, ses débris ayant été transportés un peu plus loin et ayant servi à bâtir le village arabe d'El-Bridje. Tibneh est l'ancienne Timnah ou Timnathah, en grec Θαμνά et Θαμναθά, en latin *Tamna* et *Tamnatha*, qui est signalée pour la première fois dans le Livre de Josué, à propos de la limite septentrionale de la tribu de Juda. Il faut la distinguer d'une autre ville du même nom située dans le massif d'Éphraïm, et dont il a été question précédemment, à propos du tombeau de Josué. Celle qui nous occupe en ce moment fut la patrie de la femme qu'épousa Samson. C'est dans les vignobles qui l'entouraient que cet homme d'une force extraordinaire, attaqué par un lionceau, le mit en pièces sans autre arme que ses bras puissants. Aujourd'hui, les vignobles ont été arrachés, les bois ont également disparu; mais les chacals abondent toujours. Ce sont là les renards à la queue desquels Samson, pour se venger des Philistins, attacha des torches enflammées, et qu'il lâcha ensuite dans leurs champs, afin d'incendier leurs moissons.

DE TIBNEH A TEKOUA

Dirigeons-nous maintenant vers Tekoua, en passant successivement par Yarmouk, Beit-Nettif, Choueikeh, Beit-Zakaria et Beit-Faghour.

Après avoir franchi sept kilomètres et demi vers le sud et à partir de Tibneh, nous arrivons au pied du Djebel-Yarmouk, dont les pentes inférieures sont cultivées en céréales; en les gravissant, on traverse un fourré de broussailles et de plantes épineuses. La montagne s'élève comme par étages successifs que soutiennent d'anciens murs d'appui. Des débris d'habitations renversées et d'innombrables petits fragments de poterie sont de tous côtés épars sur le sol.

Quant au plateau supérieur qui formait l'acropole de la ville, dont le Kharbet-Yarmouk offre les vestiges, il était environné d'un mur circulaire dont les substructions sont encore visibles. Les ruines

Saraa, patrie de Manué, père de Samson.

y abondent parmi des touffes de lentisques et de hautes herbes; de là, on domine d'au moins trois cents mètres les vallées voisines.

Le Kharbet-Yarmouk est l'antique Yarmouth, dans la Vulgate Jarimuth et Jerimoth, qui est citée pour la première fois dans le Livre de Josué, à l'occasion de la ligue des cinq rois amorrhéens contre les Gabaonites pour les punir de leur défection. (Josué, ch. x, ỳ 3 et 4.)

Le roi de cette ville, nommé Pharam, fut vaincu à Bethoron et ensuite mis à mort avec les rois ses alliés, dans la plaine de Makkédah.

Dans un autre passage du Livre de Josué (ch. xv, ỳ 35), Yarmouth est signalée parmi les villes appartenant à la tribu de Juda. Réhabitée au retour de la captivité, elle existait encore à l'époque d'Eusèbe, qui la désigne sous le nom de Ἱερμοχώς, d'où les Arabes ont fait ensuite Yarmouk.

En continuant à marcher dans la même direction, l'espace de deux kilomètres, nous atteignons les premiers jardins de Beit-Nettif; ils sont plantés de vignes, d'oliviers et de figuiers. Le sommet de la montagne qu'ils entourent est occupé par le village de ce nom. Ce village renferme un millier d'habitants. Les maisons en sont très-grossièrement bâties. Au-dessus de la porte d'entrée du *Medhafeh* ou maison réservée aux étrangers, un grand bloc, faisant office de linteau, appartient à un ancien monument détruit et est orné d'élégantes moulures.

Beaucoup d'autres pierres également antiques sont encastrées çà et là dans des habitations particulières. Deux puits, plusieurs citernes et un certain nombre de silos et de magasins pratiqués dans le roc doivent aussi dater de l'antiquité, ainsi que les arasements d'un édifice rectangulaire construit en belles pierres de taille. Beit-Nettif est l'ancienne Netophah, appartenant à la tribu de Juda. Nous lisons dans le livre Iᵉʳ des Paralipomènes (ch. xxvii, ỷ 13 et 15) que deux des principaux officiers de David, Maraï et Holdaï, étaient natifs de cette ville.

Oualy du Cieikh Samat, a Samat.

D'après le même livre des Paralipomènes (ch. ix, ỷ 16), Netophah devait avoir alors une certaine importance, puisqu'elle avait dans sa banlieue et dans sa dépendance plusieurs villages dont l'un était assigné comme résidence aux lévites.

A une faible distance au sud-ouest de Beit-Nettif, des ruines étendues, appelées *Kharbet ech-Choueikeh*, couvrent le plateau oblong d'une colline. On y aperçoit partout des caveaux creusés dans le roc qui formaient autrefois le sous-sol d'autant de maisons presque entièrement détruites. Beaucoup de citernes pratiquées également dans le roc sont bien conservées.

Des plantations de tabac croissent au milieu des ruines. Aux deux extrémités du plateau, on

AÏN-CHEMS, JADIS BETH-CHEMECH.

remarque deux oualys musulmans. L'un est à moitié démoli; l'autre, encore debout, est ombragé par un magnifique térébinthe et par un chêne vert plusieurs fois séculaire; il est consacré à Abou-Hélal.

Le Kharbet ech-Choueikeh, à cause de son nom et de sa position, répond à l'ancienne ville de Socoh, en grec Σωχώ, en latin *Socho* et *Soccho*, mentionnée dans le Livre de Josué parmi celles de la

VALLÉE DE L'OUED SEBAR.

Chéphélah (ch. xv, v. 35). Dans le livre Ier des Rois (ch. xvii), nous lisons que les Philistins, lors du combat singulier de David avec Goliath, avaient établi leur camp entre Socoh et Azéca. Les enfants d'Israël, de leur côté, sous la conduite de Saül, s'étaient rassemblés sur une colline voisine et étaient séparés de leurs ennemis par une vallée qui dans le texte hébreu est appelée Émek-Elah, mot que la Vulgate traduit par ceux de *vallis Terebinthi*.

La Socoh dont il est question ici est la ville qui nous occupe en ce moment. Quant à Azéca, elle n'a point été retrouvée d'une manière certaine. Dans tous les cas, ce passage de la Bible réfute péremptoirement la tradition actuelle qui place non loin d'Aïn-Karim le théâtre de la célèbre victoire remportée par David sur le géant Goliath.

La vallée où cet événement s'est accompli doit être beaucoup moins voisine de Jérusalem et plus proche de la Chéphélah, attendu que les Philistins étaient campés non loin de Socoh, ville de la Chéphélah, et qu'après leur défaite qui suivit le trépas du géant Goliath, ils furent poursuivis par les Israélites vainqueurs jusqu'aux portes d'Ekron. Or une pareille poursuite depuis les environs d'Aïn-Karim jusqu'aux portes d'Ekron, aujourd'hui Akir, est tout à fait invraisemblable, tandis qu'elle se comprend bien mieux, si l'on éloigne de Jérusalem, pour la rapprocher davantage du Kharbet ech-Choueikeh, la scène de ce combat mémorable. La vallée du Térébinthe doit être celle qui s'étend au nord et à l'est de l'emplacement qu'occupait cette ville, et le torrent qui la sillonne est probablement celui dans le lit duquel David choisit les cinq pierres qu'il mit dans sa gibecière pour en armer sa fronde.

Socoh fut plus tard une des villes de Juda que Roboam fortifia, après la révolte des dix tribus. Sous le règne du roi Achaz, elle retomba au pouvoir des Philistins. A l'époque d'Eusèbe et de saint Jérôme, comme cela résulte de l'*Onomasticon*, elle s'appelait Soccoth et était formée de la réunion de deux villages, l'un supérieur et l'autre inférieur. J'ai signalé les débris du premier sur le plateau de la colline de Choueikeh; le second, qui s'étendait probablement sur les flancs ou au pied de cette même colline, a été complétement rasé, sauf quelques cavernes pratiquées dans le roc qui existent encore.

Un sentier très-accidenté à travers les monts de Juda et dans la direction de l'est nous conduit de Choueikeh à Beit-Sakaria, que sépare un intervalle d'au moins douze kilomètres. Ce dernier village est presque entièrement abandonné, et consiste en un amas de petites maisons fort mal bâties et la plupart tombant en ruine. Quelques-unes seulement sont encore habitées par une dizaine de fellahs : une mosquée renferme un tombeau qui n'est plus visible, enseveli qu'il est sous des décombres, et qui passe pour contenir les restes d'Abou-Zakaria. A l'entrée de sanctuaire, on remarque deux colonnes qui semblent provenir d'une église byzantine; les chapiteaux, en effet, représentent des espèces de corbeilles de joncs entrelacés comme les mailles d'un filet. Quant au nom que portait cette localité, il était le même autrefois que celui qu'elle a conservé fidèlement jusqu'à nos jours. Nous lisons dans le livre Ier des Macchabées (ch. VI) que l'an 163 avant Jésus-Christ, Antiochus Eupator ayant envahi la Judée avec une armée formidable et mis le siége devant la forteresse de Bethsura, en hébreu Beth-Tsour, Judas se hâta de quitter Jérusalem et alla placer son camp à Bethzachara. La bataille s'engagea dans la vallée connue aujourd'hui sous le nom d'Oued Beit-Zakaria et sur la montagne qui la borde; car il est impossible de ne pas reconnaître dans le Beit-Zakaria dont je viens de parler la ville de Bethzachara signalée dans ce passage. L'identité complète des noms et la position de ce village entre Jérusalem et Beth-Tsour ne laissent aucun doute à ce sujet. Si Judas Macchabée choisit ce point pour y établir son camp, c'est que n'ayant qu'une poignée d'hommes à opposer à la formidable armée d'Antiochus qui assiégeait Beth-Tsour, il devait chercher à attirer l'ennemi sur un champ de bataille qui ne lui permit pas de déployer librement sa cavalerie et ses éléphants, et d'où il pût ensuite lui-même, en cas d'échec, se réfugier facilement à Jérusalem. Effectivement, malgré des prodiges de valeur et l'heureux choix qu'il avait fait du lieu du combat, il fut contraint de céder au nombre et de battre en retraite vers la Ville sainte. Parmi les plus braves de ses compagnons d'armes qui demeurèrent sur le champ de bataille, il faut citer Éléazar, qui s'était voué courageusement à la mort pour tuer un éléphant revêtu de la cuirasse royale, et qu'il croyait pour cela monté par le roi de Syrie.

Je ne chercherai point quel fut le Zacharie qui donna son nom à Beth-Zacharia que Josèphe appelle plus exactement peut-être Beth-Zacharias. Nous trouvons dans les Livres saints plus de vingt personnages désignés ainsi. S'agit-il du fils du grand prêtre Joiada, qui fut lapidé par ordre de l'ingrat Joas dans l'un des parvis du temple pour avoir reproché au peuple son infidélité à l'égard du Seigneur? Serait-ce au contraire le prophète Zacharie, fils de Barachie, qui prophétisa, lors du rétablissement du temple, après le retour de la captivité? Je l'ignore complètement, et toute hypothèse à ce sujet serait purement oiseuse, faute de renseignements certains. Il ne peut être question, en effet, du père de saint Jean-Baptiste, appelé pareillement Zacharie, puisque, bien avant la naissance de ce prêtre, la localité qui nous occupe portait déjà le nom de Beth-Zacharias.

A trois kilomètres plus à l'est, sur une colline aujourd'hui abandonnée par la culture et par l'homme,

Tibneh, jadis Timnah, patrie de la femme de Samson.

sont les ruines de Beit-Faghour. Cette ancienne localité a été encore habitée à l'époque moderne, comme le prouvent une vingtaine de maisons à moitié debout, d'apparence arabe.

En parcourant ce village, maintenant solitaire et aux trois quarts détruit, j'ai observé çà et là plusieurs pierres de taille et un tronçon de colonne qui semblent antiques. Au milieu de la vallée qui s'étend au sud-ouest de la colline de Beit-Faghour coule dans un ancien canal actuellement très-dégradé une source appelée Aïn-Faghour, et au delà de cette vallée, sur les flancs de la colline qui la limite au sud, plusieurs tombeaux creusés dans le roc sont les restes d'une petite nécropole très-dévastée.

Le Kharbet Beit-Faghour est évidemment la ville de Phagor signalée dans la version des Septante du Livre de Josué (ch. xv, ꝟ 60). En hébreu, le nom de cette ville devait être Péor, comme celui de la montagne de Moab sur le sommet de laquelle Balak conduisit le devin Balaam, pour que de là il maudît le peuple d'Israël. En grec, elle s'appelait Φαγώρ.

La Bible nous apprend (Nombres, ch. xxv) que Baal-Péor, en grec Βεελφεγώρ, en latin Beelphegor, était l'une des principales divinités des Moabites. Le culte que l'on rendait à ce dieu devait être infâme, comme le fait supposer le châtiment terrible que le Seigneur ordonna à Moïse d'infliger à tous ceux qui s'y étaient initiés.

Peut-être avant l'arrivée des Hébreux dans la Terre sainte, Baal-Péor avait-il un sanctuaire dans la ville dont le Kharbet Beit-Faghour occupe l'emplacement, de même qu'il en avait un sans doute dans la Moabitide, sur la montagne qui portait son nom.

Charrues traînées par différentes bêtes de somme, dans la plaine des Philistins.

Les ruines de Tekoua, situées à sept kilomètres et demi des précédentes, couvrent une haute colline du sommet de laquelle, vers l'est principalement, l'horizon est très-étendu et imposant par son austère grandeur. Des montagnes nues, coupées par des gorges profondes, et qui semblent se précipiter par des pentes abruptes vers la mer Morte; le bassin de ce vaste lac que l'on aperçoit à travers plusieurs échancrures; au delà, les monts de la Moabitide, sur l'un desquels, vers le sud-est, on distingue la ville et le château de Kérak : tel est le spectacle qui se présente aux regards.

Quant au Kharbet-Tekoua, il consiste en un assez grand nombre de petites habitations renversées dont les arasements sont encore reconnaissables. Au milieu de ces maisons démolies, on remarque les restes d'une église chrétienne presque complètement détruite. Sur l'emplacement où elle s'élevait gisent encore quelques tronçons de colonnes et un baptistère octogone creusé dans un bloc monolithe de calcaire rougeâtre, mesurant intérieurement un mètre dix centimètres de profondeur et un mètre trente centimètres de diamètre. Sur les diverses faces de l'octogone, des croix ont été sculptées.

Au nord-est et sur le point culminant de la colline, quelques pans de murs en pierres de taille paraissent être les débris d'une petite citadelle bouleversée de fond en comble. La ville était alimentée d'eau par une source et par de nombreuses citernes pratiquées dans le roc. Ces citernes avec des magasins souterrains, des silos et des tombeaux, en sont les restes les plus anciens, car les constructions dont les vestiges recouvrent le sol appartiennent évidemment à une date bien moins reculée,

CHOUEIKEH, JADIS SOCHO.

cette petite cité ayant été rebâtie plusieurs fois et étant encore habitée à l'époque des Croisades.

Tekoua a conservé fidèlement dans sa forme la dénomination antique attachée jadis à cette localité. C'était en hébreu Thekoa, en grec Θεγουέ, Θεκωέ, Θεκώα et Θεκώ, en latin Thecue et Thecua. Antérieurement à l'entrée des Hébreux dans la Terre promise, elle fut adjugée à la tribu de Juda. C'est de cette ville qu'était originaire la femme sage et avisée qui, par ses discours concertés d'avance avec Joab, parvint à réconcilier David avec Absalon, son fils. Tout le monde connaît les belles paroles que l'Écriture lui met alors dans la bouche, et entre autres celles-ci (*Rois*, liv. II, ch. xiv, ỳ 14) : « Nous mourons tous, et nous nous écoulons sur la terre comme des eaux qui ne reviennent plus. Dieu ne veut pas qu'une âme périsse, mais il diffère l'exécution de ses arrêts, de peur que celui qui a été rejeté ne se perde entièrement. »

Hira, l'un des trente vaillants de David, était né également à Thekoa. Plus tard, elle fut la patrie du prophète Amos, qui fut tout à coup saisi de l'esprit prophétique, pendant qu'il gardait son troupeau. Il résulte du livre II d'Esdras (ch. III) que Thekoa fut réhabitée au retour de la captivité, et que ses habitants contribuèrent au rétablissement des murs de Jérusalem.

Le livre Ier des Macchabées (ch. IX) nous apprend que, l'an 161 avant Jésus-Christ, Jonathas et Simon son frère ayant été avertis de l'approche de l'armée de Bacchidès, général de Démétrius, se retirèrent dans le désert de Thekoa.

Vers l'an 765 de notre ère, saint Willibald visita cette ville, dont il signale l'église. La tradition que des enfants y avaient été massacrés par l'ordre d'Hérode aussi bien qu'à Bethléhem était alors généralement répandue.

A l'époque des Croisades, les chrétiens de Thekoa envoyèrent des secours aux Latins pendant le siége de Jérusalem. Le roi Foulques donna cette cité aux chanoines du Saint-Sépulcre, en échange de Béthanie, où Mélisende, sa femme, fonda, en 1132, un couvent de Bénédictines dont sa jeune sœur Yvette devint abbesse. En 1138, Thekoa fut saccagée par une bande de musulmans; mais ses habitants échappèrent presque tous au massacre, en se réfugiant dans la grotte de saint Chariton, regardée alors comme étant celle d'Adoullam.

HÉBRON

La ville d'Hébron où je transporte maintenant le lecteur, à dix-huit kilomètres environ au sud-ouest de Tekoua, est désignée ordinairement par les musulmans sous le nom d'El-Khalil (l'Ami), parce qu'Abraham ou *l'ami de Dieu* habita quelque temps dans le voisinage de cette cité, et qu'il y fut ensuite enterré. Elle s'étend dans une vallée qui se dirige du nord-ouest au sud-est, et elle se divise en quatre quartiers principaux, dont les maisons s'élèvent en partie au milieu de cette vallée et en partie sur les pentes inférieures des montagnes qui la dominent. Le premier de ces quartiers que l'on traverse, lorsqu'on arrive de Jérusalem, s'appelle Haret Bab ez-Zaouïeh (le quartier de la porte de la Zaouïa); il doit son nom à une zaouïa ou oratoire musulman, généralement attenant à une école, qui s'y trouve. C'est le moins considérable des quatre. En face de ce quartier, vers le nord-est, et séparé seulement par quelques jardins, est le Haret ech-Cheikh. On y remarque une mosquée que surmonte un élégant minaret de forme hexagone et construit avec des pierres alternativement rouges et blanches, d'une taille très-régulière. Reposant sur une tour carrée, il est lui-même couronné par une petite coupole. Cette mosquée est dédiée au cheikh Ali-Beka; de là le nom de ce quartier.

Entre le Haret Bab ez-Zaouïeh et le Haret ech-Cheikh, plus près néanmoins du premier que du second, on rencontre au milieu des jardins de la vallée un puits appelé Bir Sidna Ibrahim (puits de notre seigneur Abraham), et que la tradition locale fait remonter jusqu'au grand patriarche dont il porte le nom. La plupart des maisons du Haret ech-Cheikh sont, comme presque toutes celles des autres quartiers, bâties en forme de tours ordinairement carrées et sont terminées par une terrasse que couronne au centre une coupole surbaissée. Un réservoir dans ce même haret y reçoit les eaux d'une source qui n'est éloignée de la ville vers le nord-est que d'une distance de six minutes, et que les uns appellent Aïn-Kachkaleh, et les autres Aïn-Eskali. Ce nom, principalement sous cette dernière forme, rappelle celui d'Echkol, dans la Vulgate Eschol et Escol, que portait le frère d'Amri l'Amorite et d'Aner; ce fut l'un des chefs qui accompagnaient Abraham dans la poursuite qu'il fit des quatre rois au pouvoir desquels était tombé Loth, son neveu, lors de la prise de Sodome. Ce nom d'Echkol, qui signifie « grappe de raisin », resta ensuite attaché à l'une des vallées fertiles en vignobles qui environnent Hébron, et d'où les espions envoyés par Josué de Kadech-Barnea pour explorer la Terre promise rapportèrent cette magnifique grappe de raisin dont il est question au livre des Nombres (ch. XIII). La colonie israélite qui habite aujourd'hui Hébron identifie cette vallée avec l'Oued Teffah qui s'étend à l'ouest-nord-ouest de la ville, vallée où l'on admire encore de belles plantations de vignes.

Dans l'*Onomasticon* d'Eusèbe, toutefois, aux mots Φάραγξ Βότρυος, traduction des mots hébreux Nahal Echkol, nous lisons:

VALLÉE DU TÉRÉBINTHE, THÉÂTRE DU COMBAT DE DAVID CONTRE GOLIATH.

« Vallée du raisin, d'où les espions rapportèrent du fruit comme spécimen de la fertilité du sol; on dit que c'est Gophna, dont le nom signifie *vigne*, et qui est éloignée d'Ælia de quinze milles sur la route conduisant à Néapolis; mais on se demande si cette tradition est fondée. »

De ce passage il résulte que le savant évêque de Césarée reconnaît à quinze milles au nord de Jérusalem, à l'endroit appelé actuellement Djifna (l'ancienne Gophna), le Nahal Echkol de la Bible. Les derniers mots cependant nous montrent qu'il n'ajoutait pas une foi entière à cette opinion, demeurée pour lui douteuse.

Saint Jérôme, dans l'*Épitaphe de sainte Paule,* place au contraire sans hésitation la vallée d'Echkol au sud de Jérusalem, entre Bethsur et Hébron, puisqu'il nous représente cette pieuse patricienne s'y arrêtant un instant après avoir quitté Bethsur et avant d'arriver à Hébron.

TEKOUA, JADIS THEKOA.
Restes d'une ancienne église et son baptistère.

Les deux autres quartiers de cette ville que sépare, vers le sud-est, un intervalle de quelques centaines de pas rempli par des jardins et par des plantations d'oliviers, s'appellent, l'un, à l'est, Haret el-Haram, et l'autre, au sud-ouest, Haret el-Mecharkah.

Le Haret el-Haram se compose lui-même de cinq autres subdivisions aujourd'hui réunies. La principale porte le nom particulier de Haret el-Kalah; c'est celui où est situé l'ancien château de la ville ou el-Kalah. Il tombe actuellement en ruine, du moins à l'intérieur; car extérieurement il a été réparé depuis une quarantaine d'années, ayant subi de grandes dévastations, à l'époque de la prise de la ville par Ibrahim-Pacha en 1834. Construit en partie avec des pierres relevées en bossage, mais de dimensions peu considérables, il ne paraît pas remonter beaucoup au delà du moyen âge, mais il a pu succéder à une forteresse antérieure. Plusieurs colonnes antiques engagées transversalement dans la construction comme pièces de soutènement font çà et là légèrement saillie au dehors. Les murs sont extérieurement percés de meurtrières et de petites fenêtres carrées; quelques-unes aussi affectent la forme ogivale. Ce château, qui sert de caserne à la garnison d'Hébron, est, au dedans, extrêmement délabré. Les chambres qu'il renfermait sont pour la plupart à moitié démolies; plusieurs d'entre elles contiennent d'anciennes cheminées qui ne sont évidemment pas musulmanes, et qui doivent dater de l'époque des Croisades.

Près du Kalah s'élève l'admirable enceinte du Haram, qui donne son nom au quartier dont nous

OURD TEFFAH, COMMUNÉMENT APPELÉ VALLÉE D'ECHKOL.

parlons en ce moment. La guerre de Crimée, qui a ouvert aux chrétiens, moyennant une certaine rétribution en argent, l'entrée du Haram ech-Chérif de Jérusalem, dont l'accès leur était auparavant interdit sous peine de mort, n'a pu, à aucun prix, leur ouvrir celle du Haram el-Khalil d'Hébron, regardé par les musulmans comme l'un des sanctuaires les plus saints de l'islamisme. Quelques voyageurs privilégiés ont seuls obtenu la faveur d'en visiter quelques parties.

Ce monument célèbre comprend une grande cour, une mosquée et une crypte qu'une tradition très-ancienne prétend être la fameuse grotte de Makpélah, lieu de sépulture d'Abraham et de Sara, d'Isaac et de Rebecca, de Jacob et de Lia. Il constitue au dehors un parallélogramme rectangle long d'environ soixante-cinq mètres sur trente-huit de large, et dont la hauteur est de dix-neuf mètres. Ces mesures, bien entendu, ne sont pas rigoureusement exactes, et je ne les donne que comme approximatives, en me basant uniquement sur une vague estimation du regard à distance, dans l'impossibilité où j'ai été d'approcher de ces murailles. Celles-ci sont ornées de pilastres engagés, présentant un appareil analogue à celui du Haram de Jérusalem, et les assises qui les composent affectent de très-grandes dimensions. La tradition les attribue au roi David. Elles ont été flanquées aux quatre angles par les musulmans d'autant de minarets, dont deux seulement sont aujourd'hui debout; les deux autres sont rasés. En outre, elles ont été exhaussées d'un certain nombre d'assises arabes d'un appareil grossier et mesquin, en comparaison des blocs gigantesques qu'elles surmontent, et qui sont couronnées elles-mêmes de créneaux. La partie sud de la cour du Haram est occupée par une mosquée qui passe pour avoir été une ancienne église chrétienne. Au dedans de la mosquée on montre, dit-on, plusieurs cénotaphes qui sont ceux d'Abraham, de Sara, d'Isaac et de Rebecca; à l'autre extrémité de la cour, deux petites coupoles recouvrent ceux de Jacob et de Lia. Quant aux véritables tombeaux de ces trois patriarches et de leurs femmes, ils se trouvent dans la crypte située au-dessous de la mosquée, et qui, d'après une tradition non interrompue, est l'antique grotte de Makpélah ou la caverne double achetée par Abraham aux enfants de Heth pour la sépulture de Sara sa femme, pour la sienne et pour celle de sa postérité.

Les talmudistes diffèrent de sentiments sur la disposition intérieure de cette caverne, qui comprenait vraisemblablement deux compartiments ou caveaux, ainsi que cela semble résulter du nom hébreu Makpélah, en latin *Spelunca duplex*. Les uns prétendent qu'elle se composait de deux chambres souterraines contiguës, situées sur le même plan, dont la première était comme le vestibule de la seconde. Suivant les autres, au contraire, ces deux chambres auraient été placées l'une au-dessus de l'autre, tout en communiquant pareillement ensemble. Pour résoudre cette question, il faudrait descendre dans la crypte; malheureusement, l'entrée en est interdite, je ne dis pas seulement aux chrétiens, mais, à ce qu'il paraît, aux musulmans eux-mêmes. Ce que la Bible nous apprend sur cette grotte, c'est qu'elle était située vis-à-vis de Mambré, dans un champ appartenant à Éphron, fils de Heth, et que celui-ci vendit à Abraham, moyennant quatre cents sicles d'argent. Mambré, en hébreu Mamré, était une vallée plantée de chênes, voisine d'Hébron. Quelquefois, elle était identifiée avec cette ville, comme cela résulte du verset suivant (*Genèse*, ch. XXIII, ẏ 19) : « *Atque ita sepelivit Abraham Saram uxorem suam in spelunca agri duplici, quæ respiciebat Mambre; hæc est Hebron in terra Chanaan.* »

Pour en revenir à la caverne double, il n'en est plus question dans la Bible, en dehors du livre de la Genèse; et la magnifique enceinte dont j'ai parlé n'est nulle part mentionnée dans les Saintes Écritures. On ne peut s'autoriser d'aucun passage de la Bible pour attribuer celle-ci soit à David, comme le veulent les uns, soit à Salomon, comme l'affirment les autres. Toutefois, il est à présumer qu'une grotte aussi sacrée que celle qui contenait les cendres des premiers patriarches du peuple hébreu, dut être de bonne heure l'objet d'une vénération spéciale.

Un passage très-précieux de Josèphe relatif à ce tombeau est conçu dans les termes que voici (*Guerre des Juifs*, liv. IV, ch. IX, § 7) :

« On raconte que c'est aussi dans cette ville (Hébron) qu'habita Abraham, le père de la nation juive, après qu'il eut émigré de la Mésopotamie, et que c'est de là que ses fils descendirent en Égypte. *Leurs tombeaux se voient jusqu'à ce jour, construits en très-beau marbre et d'un travail magnifique.* »

Évidemment, il ne s'agit plus seulement ici de la grotte funéraire achetée par Abraham à Éphron, grotte qui devait être taillée dans le roc vif et que ne décorait certainement aucun marbre; mais, comme plusieurs critiques éclairés le supposent, Josèphe semble désigner dans ce passage l'admirable

PRINCIPAL RÉSERVOIR D'HÉBRON.

enceinte du Haram d'Hébron, dont les blocs gigantesques sont d'une pierre qui imite la beauté du marbre; en outre, par la régularité de ses assises et l'élégance sévère de ses pilastres engagés, elle atteste un travail des plus remarquables. Cette construction devait être fort ancienne et remonter bien au delà d'Hérode le Grand, auquel quelques savants en ont fait honneur, puisque Josèphe nous dit :

on voit encore aujourd'hui, expression qui indique un monument datant d'une haute antiquité. La tradition qui l'attribue soit à David, soit à Salomon, n'a donc rien que de très-vraisemblable.

A l'époque d'Antonin le Martyr, peu de temps avant la conquête musulmane, une basilique occupait la place de la mosquée actuelle et paraît avoir été entourée d'un portique carré.

Continuons maintenant à parcourir la ville d'Hébron. Dans le même quartier, c'est-à-dire dans le

OUALY MUSULMAN RUINÉ, A HÉBRON.

Haret el-Haram, près de l'entrée du *Souk* ou marché, les musulmans vénèrent dans un oualy la mémoire de *Sidna Yousef en-Nadjar* (notre seigneur Joseph le Charpentier). La dépouille mortelle de ce santon repose dans un grand sarcophage d'apparence musulmane et placé au milieu d'une chambre basse ou espèce de caveau dans lequel on descend par plusieurs degrés. Selon le Juif qui me servait de guide dans cette visite, cette chambre sépulcrale en recouvrirait elle-même une seconde située au-dessous, et où, selon une tradition fort ancienne, aurait été enseveli Abner, fils de Ner. On sait que ce général, après la mort de Saül, proclama roi d'Israël Isboseth, fils de ce prince, pendant que David, de son côté, régnait sur la tribu de Juda, ayant alors pour capitale Hébron. La lutte entre les deux princes dura plusieurs années sans bataille décisive. Le parti de David, néanmoins, devint de plus en plus fort; Isboseth, au contraire, perdait chaque jour de ses partisans et ne se soutenait que grâce à l'habileté d'Abner: mais celui-ci ayant eu des relations avec l'une des concubines de Saül, nommée Rispa, Isboseth lui en adressa des reproches. Abner, irrité de cette réprimande, abandonna aussitôt la cause de son maître et se rallia à celle de David. Il vint lui-même à Hébron, où il fut reçu avec empressement par David; puis il quitta cette ville, promettant

GAZA.

d'user de son crédit pour forcer tout Israël à reconnaître l'autorité du roi. Il venait à peine de se retirer, que Joab, alors absent pour une expédition, rentra dans Hébron chargé de butin. Ayant été informé de ce qui s'était passé, il se rendit immédiatement auprès de David et le blâma d'avoir laissé partir en paix Abner, soutenant que ce n'était qu'un espion; puis, à l'insu du roi, il expédia à ce général un messager pour le rappeler. Abner, sans se douter du piège qui lui était tendu, ayant rebroussé chemin vers Hébron, fut assassiné par Joab, au moment où il rentrait dans la ville. A cette nouvelle, David éclata en malédictions contre Joab, qu'il n'osa pas néanmoins punir, et, pour montrer à tous qu'il n'avait pris aucune part à cet indigne guet-apens, il ordonna un deuil général dans Hébron et célébra des funérailles publiques en l'honneur d'Abner, sur la tombe duquel il prononça des regrets touchants.

Isboseth, privé de son plus ferme appui dans la personne d'Abner, tomba bientôt lui-même sous les coups de deux de ses officiers, nommés Rechab et Baana, qui l'égorgèrent traîtreusement dans son palais pendant qu'il faisait la sieste, et s'empressèrent d'apporter sa tête à David, dans sa capitale d'Hébron, espérant obtenir par là ses bonnes grâces. Mais ce prince, indigné de leur perfidie, les fit aussitôt mettre à mort. Il ordonna de leur couper les mains et les pieds, qui furent suspendus au-dessus de la piscine d'Hébron; la tête d'Isboseth fut déposée dans le sépulcre d'Abner. On montre encore à Hébron deux anciennes piscines. La plus grande, située dans la vallée entre le Haret el-Haram et le Haret el-Mecharkah, mesure quarante-huit pas de long sur quarante-cinq de large. Deux escaliers placés à deux de ses angles permettent d'y descendre. Elle a dû être réparée plusieurs fois, et le revêtement actuel est arabe. Mais elle passe pour un ouvrage antique. Selon la tradition, ce serait la piscine mentionnée dans cette occasion par la Bible.

Le quatrième quartier, ou le Haret el-Mecharkah, occupe la partie sud-ouest de la ville et fait face au Haret el-Haram; il est habité par des familles pauvres. Chacun de ces quartiers est dominé par une montagne distincte. Au nord-est du Haret ech-Cheikh se dresse le Djebel-Beiloun. Dans les deux directions du nord et de l'est, le Haret el-Haram est adossé au Djebel-Djabreh. Le Haret el-Mecharkah s'élève sur les dernières pentes du Djebel-Koubbet el-Djaneb. Enfin, au sud-ouest du Haret ez-Zaouia, une quatrième montagne, plantée de magnifiques oliviers et cultivée en terrasses, s'appelle Djebel er-Remeideh. Si on la gravit, on atteint des ruines connues sous le nom de *Deir-el-Arbaïn* (couvent des Quarante). Ce sont les restes d'une construction musulmane aujourd'hui inhabitée et consistant en une petite mosquée avec ses dépendances. Plusieurs tronçons de colonnes et des pierres de taille, provenant d'une époque plus ancienne, ont été engagés dans l'épaisseur des murs. Sous la mosquée, au dire du guide qui m'accompagnait, s'étendrait un souterrain très-considérable, dont il m'a montré l'ouverture, qui descendait jusqu'à la ville, et une partie de l'emplacement qu'elle occupe recouvrirait en outre le tombeau d'Isaï, père de David. Enfin, une tradition très-accréditée veut que la montagne entière, transformée depuis bien des siècles par la culture en divers enclos plantés d'arbres et notamment d'oliviers, ait servi jadis d'acropole à l'antique Hébron.

S'il faut ajouter foi à une autre tradition également très-répandue, le territoire d'Hébron avait vu naître le premier homme des mains du Créateur, et ce serait à quelques pas de cette ville, dans le champ appelé Damascène, que Dieu aurait pétri Adam de ses mains divines avec une terre rougeâtre; de là serait venu au père du genre humain le nom qui lui fut donné, le mot Adam, en hébreu, dérivant d'une racine qui signifie *il a été rouge*. Au moyen âge, à en croire plusieurs pèlerins, on montrait l'endroit où Caïn avait tué son frère, et sur une montagne voisine une caverne creusée dans le roc où Adam et Eve avaient pleuré pendant cent ans la mort de leur fils Abel. Cette grotte renfermait encore les lits de nos premiers parents et la source à laquelle ils s'étaient désaltérés.

Appelée d'abord Kiriath-Arbaa, parce qu'elle avait été fondée par un certain Arbaa, père des géants Anakim, Hébron, qui fut désignée plus tard ainsi, du nom du chef de la famille des Hébronites, était réputée l'une des plus anciennes cités du monde; car le livre des Nombres (ch. XIII, ỳ 23) nous apprend qu'elle fut fondée sept ans avant Tanis, capitale de la Basse-Égypte. Abraham fixa longtemps sa tente près de cette ville, sous un chêne. Sara sa femme y mourut, et c'est dans cette circonstance que ce patriarche acheta, pour lui servir de tombeau de famille, d'Éphron, fils de Heth, la Makpélah ou caverne double. A sa mort, il fut déposé lui-même dans cette caverne par ses fils Isaac et Ismaël. Isaac, à son tour, y fut réuni à son père par ses fils Ésaü et Jacob. Dans la suite, Jacob mourant sur la terre d'Égypte recommanda à ses fils, après les avoir bénis, de rapporter sa dépouille mortelle dans la terre de Chanaan et de l'ensevelir dans la même caverne où reposaient déjà Abraham et Sara, Isaac et Rebecca, ainsi que sa propre femme Léa. Ses dernières prescriptions furent exécutées par ses enfants, et son corps, embaumé selon la méthode de l'Égypte, fut rapporté à Hébron et placé auprès de ses ancêtres.

Lorsque les Israélites envahirent la Palestine, le roi d'Hébron, Hoham, se ligua contre eux avec Adoni-Sedek, roi de Jérusalem, et trois autres princes chananéens; mais, ayant été battu, il fut mis à mort par Josué, et Hébron tomba au pouvoir du vainqueur, qui fit passer sa population au fil de l'épée. Dans le partage de la Terre promise, cette ville échut à la tribu de Juda et fut donnée à Caleb avec son territoire. Plus tard, elle fut assignée aux fils d'Aaron comme cité de refuge. Quand Saül eut succombé sur les monts de Gelboé, David fut sacré à Hébron roi d'Israël, et il résida dans cette place, devenue le siége de son gouvernement, durant l'espace de sept ans et demi. Ce fut pendant son séjour à Hébron que, d'après une tradition judaïque, il aurait élevé au-dessus de la Makpélah la magnifique enceinte que l'on admire encore aujourd'hui.

D'autres, comme je l'ai dit, attribuent cet ouvrage à Salomon, son fils. Lorsque Absalon se souleva contre son père, c'est à Hébron qu'il se retira, sous prétexte d'y sacrifier, mais en réalité pour y conspirer contre David, et faire de cette ville le centre de la révolte. Au retour de la captivité, Hébron fut réhabitée par des enfants de Juda. Mais elle tomba bientôt au pouvoir des Iduméens, qui s'y maintinrent jusqu'à ce que Judas Macchabée parvint à les en chasser et détruisit les remparts et les tours de la ville. Quelque temps avant la prise de Jérusalem par Titus, Céréalis, l'un des généraux de Vespasien, s'empara d'Hébron et la livra aux flammes, après y avoir égorgé toute la population valide. Tombée au pouvoir des musulmans à l'époque de l'invasion arabe, cette ville conserve toujours une partie de son antique importance, tant en vertu de sa position sur l'une des routes de Gaza, qu'à cause de la vénération dont les Arabes, de même que les Juifs et les chrétiens, entourent la mémoire d'Abraham. Le tombeau de ce patriarche ne cessa point d'y attirer un grand nombre de pèlerins, et Hébron vit alors son nom tellement associé à celui de ce personnage sacré appelé El-Khalil-Allah (l'Ami de Dieu), qu'elle finit par perdre le sien pour prendre dans la bouche des musulmans cette dernière dénomination, conformément à l'usage des Arabes. Les Croisés, à leur tour, quand ils s'emparèrent sur eux de la Palestine, continuèrent à désigner souvent Hébron par le nom de ce patriarche, en l'appelant *Castellum* ou *Præsidium ad sanctum Abraham*. Maître de cette place, dont la chute de Jérusalem amena la reddition, Godefroy de Bouillon, vers 1100, la concéda en fief au chevalier Gerhard d'Avesnes, en récompense de son courage.

En 1107, Hébron devint le siége d'un évêque latin; vingt ans plus tard, après la prise de Jérusalem par Saladin, elle retomba au pouvoir des musulmans, et sa cathédrale fut convertie en mosquée. Depuis cette époque, elle n'a point cessé de leur appartenir.

A trois kilomètres au nord-ouest d'Hébron, une belle vallée, cultivée principalement en vignes et appelée Oued-Sebta, renferme deux admirables chênes verts. L'un mesure trois mètres de circonférence et se divise en trois grands rameaux. L'autre, beaucoup plus remarquable encore, a huit mètres quarante-cinq centimètres de pourtour à sa base. De son tronc vigoureux et gigantesque s'élancent trois grands bras qui sont eux-mêmes de très-gros arbres, et qui se subdivisent en de puissants rameaux. A midi, il couvre de son ombre un terrain dont l'étendue de l'est à l'ouest est de trente-deux pas et de trente du nord au sud. De combien de siècles cet arbre est-il chargé? Je ne saurais le dire. Toujours est-il que bien que le développement immense de son tronc, de ses rameaux et de sa racine annonce une vieillesse très-avancée, il paraît encore plein de séve et de verdeur. Suivant une tradition évidemment erronée, ce chêne serait celui sous lequel Abraham était assis à l'entrée de sa tente, lorsque Dieu lui apparut sous la forme de trois anges dans la vallée de Mambré.

Le chêne que je viens de décrire ne remonte certainement pas à une pareille antiquité. Eusèbe nous apprend, il est vrai, qu'on montrait encore de son temps, près d'Hébron, l'arbre sous lequel Abraham avait dressé sa tente, arbre qu'il appelle tantôt chêne et tantôt térébinthe, et qui était en grande vénération, même auprès des Gentils. Mais saint Jérôme, en traduisant ce passage d'Eusèbe et en reproduisant la même confusion, ajoute qu'on voyait encore cet arbre dans son enfance, ce qui implique nécessairement que depuis lors il avait cessé d'exister.

Ailleurs, dans son *Épitaphe de sainte Paule*, ce même Père de l'Église nous dit que cette pieuse pèlerine visita les vestiges du chêne d'Abraham, nouvelle preuve que cet arbre vénérable était mort à cette époque, et qu'il en restait de simples traces. Le superbe chêne vert qui nous occupe actuellement, et qui accuse encore, malgré sa vieillesse, une vigueur si grande, n'a donc rien à voir avec le chêne d'Abraham, dont sainte Paule, vers la fin du quatrième siècle de notre ère, n'a pu contempler que les vestiges. Serait-ce un autre chêne issu de ce dernier? Cette seconde tradition est celle qui est consignée dans l'ouvrage du moine Burchard, et qui, depuis, a été adoptée par beaucoup de pèlerins.

Une question se présente naturellement ici : l'Oued-Sebta est-il l'ancienne vallée de Mambré, et par conséquent le magnifique chêne vert, objet de la discussion actuelle, peut-il être regardé, je ne dis pas comme celui à l'ombre duquel était assis Abraham lorsqu'il reçut les anges, puisqu'à l'époque de saint Jérôme cet arbre avait cessé d'exister, mais comme le rejeton de ce dernier?

Consultons d'abord la Bible :

La première fois que les Livres saints mentionnent cette vallée célèbre par le séjour qu'y fit Abraham, appelé alors Abram, c'est au chapitre XIII de la Genèse (✝ 18) :

« *Movens igitur tabernaculum suum Abram, venit et habitavit juxta convallem Mambre, quæ est in Hebron.* »

Le mot à mot du texte hébreu est le suivant :

« Abram leva sa tente et il s'en alla, et il s'établit près du chêne de Mamré, qui est à Hébron ou près d'Hébron. »

Au chapitre XVIII de ce livre, nous lisons (✝ 1) :

« *Apparuit autem ei Dominus in convalle Mambre sedenti in ostio tabernaculi sui, in ipso fervore diei.* »

Le texte hébreu porte :

« Dieu lui apparut près des chênes de Mamré, comme il était assis à l'entrée de sa tente, pendant la chaleur du jour. »

Ce verset ne nous apprend rien au sujet de la position de Mambré ou Mamré par rapport à Hébron. On peut en conclure seulement, comme du précédent, que Mambré était un lieu planté de chênes et très-probablement une vallée, ainsi que cela ressort de la Vulgate.

Dans le chapitre XXIII du même livre, il est question encore de Mambré, lors de l'achat par Abraham de la caverne double dans le champ d'Éphron :

17. « *Confirmatusque est ager quondam Ephronis, in quo erat spelunca duplex, respiciens Mambre, tam ipse quam spelunca...*

19. « *Atque ita sepelivit Abraham Saram uxorem suam in spelunca agri duplicis quæ respiciebat Mambre; hæc est Hebron in terra Chanaan.* »

La Vulgate reproduit ici très-fidèlement le texte hébreu, qu'il est inutile, par conséquent, de traduire. De ces deux versets il résulte que le champ qui renfermait la caverne double était situé vis-à-vis de Mambré, et que Mambré était Hébron.

RAMET EL-KHALIL.

Pour bien comprendre ce passage, il faut songer que le Haret el-Haram ou le quartier principal de la ville actuelle d'Hébron n'existait pas à l'époque d'Abraham, ce quartier ne s'étant formé que plus tard, quand la grotte double, à cause des dépouilles sacrées des premiers patriarches qu'elle contenait, fut devenue un véritable sanctuaire autour duquel se groupèrent des habitations sur un terrain jadis cultivé. Mambré signifiait ainsi tantôt une vallée dont l'une des extrémités touchait à Hébron, et tantôt cette dernière cité, qui portait pareillement alors le nom de Kiriath-Arbaa.

Mais cette vallée voisine de la ville, où était-elle située? et où devons-nous chercher l'emplacement de ce fameux chêne, immortalisé par le souvenir d'Abraham qui dressa sa tente sous son ombre, et surtout par celui des trois messagers célestes, emblème visible de la sainte Trinité, qui vinrent jadis se reposer à ses pieds? Plusieurs vallées avoisinent Hébron. Laquelle choisir? et, dans la vallée que nous aurons choisie, à quelle distance de la ville faut-il placer le site présumé de la tente d'Abraham et de l'arbre qui l'ombrageait? La Bible ne nous fournissant là-dessus aucun renseignement précis, interrogeons l'histoire profane et la tradition.

Dans les *Antiquités judaïques* (liv. I, ch. x, § 4), Josèphe s'exprime ainsi :

« Abraham habitait près du chêne appelé Ogygès; c'est un endroit du pays de Chanaan, non loin de la ville d'Hébron. »

Dans la *Guerre des Juifs* (liv. IV, ch. ix, § 7), le même historien, après avoir parlé du magnifique tombeau des trois premiers patriarches que l'on voyait à Hébron, ajoute :

« On montre à six stades de la ville un très-grand térébinthe, et l'on dit que cet arbre s'est conservé jusqu'à nos jours depuis la création du monde. »

Il s'agit ici, selon toute apparence, du même arbre qui, dans les *Antiquités judaïques,* est appelé Ogygès. Seulement, au lieu d'être signalé comme un chêne, il l'est comme un térébinthe, confusion que l'on remarque également dans l'*Onomasticon,* et qui depuis a été souvent reproduite par les pèlerins. On retrouve, en outre, dans ce dernier passage, la première trace de la tradition qui fait

CHÊNE VERT DE SEBTA.

remonter cet arbre merveilleux jusqu'à la création du monde, tradition que beaucoup de pèlerins ont ensuite adoptée sans la contrôler.

Quant à la distance de six stades d'Hébron, distance qui ne dépasse guère un kilomètre, elle est contredite par le témoignage du Pèlerin de Bordeaux, qui indique l'intervalle de deux milles entre ce même arbre et Hébron :

« *Inde Terebintho Chebron millia duo.* »

Or, deux milles équivalent à seize stades, ou près de trois kilomètres. L'Itinéraire que je viens de nommer nous apprend pareillement qu'il faut chercher l'emplacement de ce térébinthe au nord d'Hébron, puisqu'il est dit qu'en partant de Jérusalem on rencontre d'abord, à quatre milles, le tombeau de Rachel ; à deux autres milles, Bethléhem ; à quatorze milles de Bethléhem, Bethazora ; à neuf milles plus loin, le térébinthe d'Abraham ; enfin, à deux milles de cet arbre, Hébron. Ces indications nous mènent, pour la position de ce térébinthe, à une faible distance du Haram Ramet el-Khalil (enceinte sacrée de la hauteur de l'Ami de Dieu, c'est-à-dire d'Abraham.)

Cette enceinte rectangulaire que l'on rencontre à trois kilomètres et demi au nord d'Hébron mesure quatre-vingts pas de long sur cinquante-cinq de large. Il n'en existe que les faces sud et ouest; celle-ci est la plus courte des deux. Les faces est et nord sont détruites ou recouvertes de terre et de débris divers. Les blocs énormes qui composent les deux premières, les seules qui soient visibles, sont parfaitement aplanis et sans bossage. L'épaisseur du mur est partout de un mètre quatre-vingts centimètres; sa plus grande hauteur ne dépasse pas actuellement deux mètres vingt centimètres, et il consiste alors en trois assises de blocs superposés sans ciment. Ailleurs, il n'a que deux assises. Les pierres qui forment le revêtement interne sont moins remarquables que celles qui constituent le parement externe; les unes et les autres sont posées de champ. L'intervalle qui les sépare est rempli par un blocage de menus matériaux.

Au milieu de la façade occidentale, on observe un magnifique bloc posé à plat, et non de champ comme les autres, ce qui fait que la partie du mur qu'il couronne est moins élevée sur ce point central que dans tout le reste de la façade, le but de l'abaissement de celle-ci en cet endroit étant, selon moi, de permettre aux spectateurs qui se trouvaient en dehors de l'enceinte d'apercevoir les cérémonies qui pouvaient s'accomplir au dedans. Cette enceinte, en effet, avait, suivant toute apparence, un caractère sacré. Inaccessible probablement à la foule, elle renfermait intérieurement, soit un sanctuaire, soit un simple autel. Une seule porte, petite et étroite, y donne actuellement accès vers l'angle nord-ouest; au dedans, à l'angle sud-ouest, on remarque un puits construit en pierres de taille très-régulières, et que surmonte une arcade cintrée. A quatre-vingts pas de distance de cette belle enceinte, on découvre les débris d'un édifice mesurant seulement quinze pas de large sur une longueur que l'on ne peut déterminer nettement, parce qu'au bout d'une vingtaine de pas on en perd la trace sous un amas confus de blocs brisés qui recouvrent le sol. Cet édifice, construit lui aussi en pierres de taille très-régulières, mais de dimensions bien moins considérables que celles de l'enceinte précédente, était orienté de l'ouest à l'est. Bouleversé aujourd'hui de fond en comble, il offre vraisemblablement les restes d'une ancienne basilique chrétienne. Non loin de là, vers l'est, une colline jonchée de débris présente les arasements d'habitations renversées. Là était jadis un village dont les ruines portent maintenant le nom de *Kharbet er-Ramah*.

Quant au Haram ou à l'enceinte sacrée que je viens de décrire, les Juifs d'Hébron sont unanimes à y reconnaître l'emplacement du chêne, ou, si l'on aime mieux, du térébinthe d'Abraham. Le puits qui y est renfermé est appelé par eux, comme par les musulmans, *Bir el-Khalil* (le puits de l'Ami de Dieu). L'enceinte elle-même, à cause de la colline voisine, couronnée de ruines, se nomme *Haram er-Ramah*, et d'une manière plus complète, *Haram Ramet el-Khalil*. Au sud-ouest de la plaine où elle se trouve, s'élève une montagne qui garde la dénomination caractéristique de *Djebel el-Batrak* (mont du Patriarche). Enfin, à l'est et au bas de la colline sur laquelle j'ai signalé les ruines dites *Kharbet er-Ramah*, s'étend un vallon appelé *Hallet el-Bothmeh* (repos du Térébinthe). Ces divers noms de *mont du Patriarche, repos du Térébinthe, enceinte sacrée de la hauteur de l'Ami de Dieu*, semblent tous confirmer la tradition juive que j'ai rapportée, et qui fait de la plaine du Haram el-Khalil la partie des anciens bocages de Mambré où Abraham avait dressé sa tente. Le Haram renfermerait en particulier l'endroit où le patriarche offrit l'hospitalité aux trois anges, et comme l'arbre sous lequel ils se reposèrent est appelé souvent par les écrivains un térébinthe, bien que du texte hébreu il résulte que c'était un chêne, cette désignation, qui semble avoir prévalu à l'époque byzantine, est probablement l'origine de celle de Hallet el-Bothmeh, donnée à la vallée voisine du Haram. Si cette conjecture est fondée, l'enceinte du Haram, dont la construction accuse une date antérieure à l'époque chrétienne, aurait été élevée soit par les Juifs, soit par les Iduméens, qui furent longtemps maîtres du district d'Hébron, avant d'en être expulsés par Judas Macchabée, pour consacrer l'emplacement traditionnel de l'arbre célèbre de Mambré et de la tente d'Abraham. On a quelquefois supposé qu'il fallait voir là les restes de la basilique dont il est question dans le passage suivant du Pèlerin de Bordeaux :

« *Inde Terebintho millia novem ubi Abraham habitavit et puteum fodit sub arbore Terebintho, et cum angelis locutus est, et cibum sumpsit. Ibi basilica facta est jussu Constantini miræ pulchritudinis.* »

Mais une pareille conjecture ne peut, à mon avis, soutenir l'examen. L'enceinte qui nous occupe n'est nullement celle d'une basilique. D'abord elle ne paraît pas avoir été élevée plus haut qu'elle ne l'est actuellement, et la disposition intérieure du sol, qui forme trois terrasses successives, ne permet pas de penser que ce soit l'*area* d'une église chrétienne. La basilique que mentionne le Pèlerin de Bordeaux, c'est celle dont j'ai signalé les ruines et qui se trouve à quatre-vingts pas à l'est du Haram. Quant à celui-ci, c'était un véritable *téménos* ou enceinte sacrée, qui contenait peut-être primitivement l'autel où Abraham avait offert des sacrifices au Seigneur. La même enceinte renfermait aussi l'arbre près duquel ce patriarche avait dressé sa tente et le puits qu'il avait creusé. Ce lieu, vénéré à la fois par les Juifs et par les païens, fut, de bonne heure sans doute, l'objet d'un culte superstitieux, et la foule de ceux qui y venaient en pèlerinage pour y sacrifier et y célébrer des fêtes religieuses était si grande, qu'on finit par y établir une foire annuelle qui fut longtemps célèbre et très-fréquentée. Lors de la dernière insurrection des Juifs, quand ceux-ci, commandés par le fameux Bar-Cocheba, eurent été écrasés par les Romains, l'an 136 de notre ère, sous les ruines de Béthar, le principal boulevard de la révolte, tous ceux qui échappèrent au massacre furent vendus par milliers au marché du Térébinthe, comme on appelait alors cet endroit. Longtemps après la chute de la nationalité juive, Eutropia, belle-mère de Constantin, s'étant rendue en ce même lieu pour y accomplir un vœu, fut témoin de toutes les superstitions qu'on y pratiquait encore auprès de l'arbre d'Abraham. Elle en instruisit l'empereur, son gendre. Celui-ci donna l'ordre de renverser l'autel de Mambré et les idoles que les païens avaient élevées alentour, puis d'ériger en leur place une basilique chrétienne. Eusèbe nous apprend que la volonté de l'empereur fut exécutée.

KEFR-BEREIK — AÏN DJEDI — MER MORTE

A cinq kilomètres à l'est d'Hébron, le village de Beni-Naïm, autrement dit Kefr-Bereik, possède beaucoup de matériaux antiques employés dans des bâtisses arabes. Plusieurs pans de murs encore debout en belles pierres de taille y attirent l'attention. Une mosquée renferme intérieurement, d'après la tradition des habitants, le tombeau de Loth. Le cercueil qu'on y observe consiste en un grand coffre de bois recouvert d'un tapis, et où repose probablement la dépouille de quelque santon musulman qui est vénéré sous le nom de l'antique neveu d'Abraham. Autour du sanctuaire s'étend une cour qu'environne une galerie carrée. Celle-ci est elle-même circonscrite dans une enceinte bâtie avec des pierres de différentes époques. C'est à la fois un édifice sacré et un fort, car les terrasses qui couronnent les galeries sont garnies d'un parapet percé de meurtrières. A l'un des angles s'élève un petit minaret, du haut duquel le regard plonge sur une grande étendue de la mer Morte et embrasse presque toute la chaîne des montagnes de Moab. Beni-Naïm est alimenté d'eau par de nombreuses citernes creusées dans le roc, qui sont vraisemblablement toutes antiques, ainsi que plusieurs aires pratiquées sur la surface aplanie du rocher, et qui servent encore maintenant, à l'époque de la moisson, à battre l'orge et le blé. Comme ce village s'appelait autrefois Kefr-Bereik, au dire des habitants qui ont conservé ce nom traditionnel, concurremment avec celui de Beni-Naïm, qui est de date plus récente, on est pleinement autorisé à l'identifier avec l'endroit nommé dans saint Jérôme Caphar-Barucha.

Dans l'*Épitaphe de sainte Paule*, ce Père de l'Église s'exprime ainsi :

« *Altera die, orto jam sole, stetit in supercilio Caphar Barucha, id est villæ Benedictionis; quem ad locum Abraham Dominum prosecutus est. Unde latam despiciens solitudinem ac terram quondam Sodomæ et Gomorrhæ, Adamæ et Seboïm, contemplata est balsami vineas in Engaddi.* »

« Le lendemain, au lever du soleil, Paula s'arrêta sur le sommet de Caphar-Barucha, c'est-à-dire du village de la Bénédiction. C'est jusqu'à cet endroit qu'Abraham reconduisit le Seigneur. De là, contemplant au loin la solitude et le territoire occupé par Sodome, Gomorrhe, Adama et Seboïm, elle aperçut les vignobles et les plantations de baume d'Engaddi. »

C'est en ce lieu, comme nous l'apprenons par la Genèse (ch. XVIII et XIX), qu'Abraham, implorant la miséricorde divine pour Sodome coupable, obtint de l'Éternel qu'il ne détruirait pas cette ville, s'il s'y trouvait seulement dix justes. C'est de là aussi que, le lendemain du jour où ce patriarche avait eu avec le Seigneur ce colloque mystérieux, il assista de loin à l'incendie de Sodome et de Gomorrhe que dévorait le feu du ciel, et vit des cendres enflammées qui s'élevaient de la terre comme la fumée d'une fournaise.

Le docte Reland (*Palæstina*, p. 685), au mot *Capharbaricha*, cite un passage de saint Épiphane où il est dit que la localité ainsi appelée se trouvait sur les confins des districts d'Éleuthéropolis et de Jérusalem, à trois milles d'Hébron. Cette position, comme on le voit, convient à celle de Beni-Naïm ou de Kefr-Bereik, situé à une heure de marche d'Hébron ; Reland fait en outre observer que Capharbaricha avait été probablement dénommée de la sorte, à cause du voisinage de la *vallée de la Bénédiction*, en hébreu *Emek-Berakhah*, en latin *vallis Benedictionis*, que mentionne le verset suivant du livre II des Paralipomènes, ch. XX, ỳ 26 :

« *Die autem quarto congregati sunt (Josaphat et omnis populus cum eo) in valle Benedictionis, etenim quoniam ibi benedixerant Domino, vocaverunt locum illum vallis Benedictionis usque in præsentem diem.* »

C'est dans cette vallée, comme il résulte de ce verset, que Josaphat et tout son peuple ont rendu grâces au Seigneur de ce qu'il les avait délivrés de la main des Ammonites, des Moabites et des habitants du mont Seïr, en tournant la fureur de ces redoutables ennemis les uns contre les autres ; de là le nom de *vallée de la Bénédiction* donné à ce lieu.

Plusieurs critiques, je le sais, placent à cinq kilomètres à l'ouest du Kharbet-Tekoua, à un endroit appelé encore aujourd'hui Bereikout, la vallée susdite ; mais comme les ennemis qu'allait combattre Josaphat avaient réuni leurs forces près d'Engaddi, et que ce prince s'avança au-devant d'eux dans le désert de Thékoa, il semble plus naturel de chercher entre Engaddi et Thékoa, par conséquent au sud et au sud-est de cette dernière ville, et non à l'ouest, l'emplacement de l'*Emek-Berakhah* ou de la *vallée de la Bénédiction*, qui fut le théâtre de l'extermination complète des Moabites, des Ammonites et des montagnards du Seïr, et qui retentit ensuite du concert de bénédictions qu'y fit entendre le peuple de Juda sauvé par ce prodige des malheurs dont il était menacé. Or Beni-Naïm, qui a gardé jusqu'à nos jours le nom de Kefr-Bereik, étant évidemment le Capharbaricha de saint Épiphane, signalé

par cet écrivain à trois milles au delà d'Hébron, ou le Caphar-Baruche de saint Jérôme, qui devait être
à l'est de Mambré sur la route conduisant à Sodome, tout porte à conclure que c'est dans l'une des

VALLÉE DE BÉRAKHAH.

vallées que domine à l'orient Beni-Naïm ou Kefr-Bereik qu'il faut reconnaître
l'Emek-Berakhah des Livres saints.

Entre Beni-Naïm et les ruines de Aïn-Djedi, s'étend un vaste désert d'une
vingtaine de kilomètres de développement en largeur, à vol d'oiseau. Aucun
village, aucune culture ne s'offrent plus à la vue, mais seulement çà et là quelques
campements de Bédouins à la mine sauvage, aux vêtements misérables, et
dont toute la richesse consiste en des troupeaux de moutons et de chèvres qui
paissent de maigres pâturages sous la garde de pâtres armés et de chiens non
moins farouches que leurs maîtres. Le sol est profondément tourmenté et déchiré par des ravins
affreux, aux flancs hérissés de broussailles ou nus et décharnés, qui reflètent pendant l'été surtout,
sur leurs parois calcaires et blanchâtres parsemées de noirs silex, les rayons d'un soleil implacable.

C'est là la partie du désert de Juda qui portait plus spécialement le nom de désert d'Engaddi. Après une marche pénible de six heures au moins, à partir de Beni-Naïm, en franchissant tour à tour monts et vallées, dans la direction générale de l'est-sud-est, on parvient sur un plateau élevé qui domine la plage de la mer Morte d'environ sept cent cinquante mètres. Quel spectacle imposant et désolé à la fois se déroule de là à la vue!

Une grande partie du bassin de cette mer célèbre s'étend au loin sous les yeux et sous les pieds du voyageur. Aucune barque ne la sillonne, aucun pêcheur n'y jette ses filets, car aucun être vivant n'habite ses mystérieuses profondeurs. Sa surface d'ailleurs, reflétant l'azur du ciel, est souvent d'un beau bleu foncé, dont l'éclat néanmoins est tempéré par un nuage transparent de vapeurs qui s'échappe de son sein, lorsque les rayons du soleil l'embrasent. Que dire de la grandeur sévère des montagnes qui l'enserrent comme dans une sorte d'enceinte gigantesque de murailles rocheuses aux formes abruptes, et à travers lesquelles des fissures plus ou moins larges livrent passage à des torrents qui apportent à ce vaste lac le tribut de leurs eaux? Ces montagnes sur sa rive orientale sont celles de l'antique pays de Moab et d'Ammon. Elles sont surtout admirables à contempler au moment où l'astre du jour, sur son déclin, ensuite en disparaissant à l'horizon, les revêt tour à tour de teintes diverses, où brillent d'abord l'or et la pourpre, auxquels succèdent des tons roses, puis violacés, et enfin d'autres de plus en plus sombres.

Mais descendons de cet observatoire élevé en suivant un sentier en zigzag creusé dans une gorge étroite, et qui ne semble praticable que pour des chèvres. Il conduit, après une descente très-difficile qui ne demande pas moins de quarante-cinq minutes, à une source abondante appelée, dès la plus haute antiquité, *Aïn-Djedi* (la source du Chevreau). Cette source jaillit en deux endroits de dessous une roche plate sur un petit plateau situé à six cents mètres en contre-bas du point que nous venons de quitter, et à cent cinquante mètres au-dessus du rivage. L'eau en est douce et très-limpide, mais presque tiède. Elle forme immédiatement un ruisseau qui se précipite en cascade le long des flancs inférieurs de la montagne et entretient un fourré presque impénétrable d'arbres, d'arbustes et de roseaux, parmi lesquels se jouent et gazouillent une foule d'oiseaux.

Au milieu de cette sorte d'oasis on remarque des gommiers, des asclépias, des solanées gigantesques, des doum ou *rhamnus nabeca*, et cette plante curieuse nommée en arabe *ocher*, à grandes feuilles épaisses et luisantes, qui produit la pomme de Sodome. Ce fruit ressemble à un petit citron; quand il n'est pas mûr, sa pulpe verte, dès qu'on y touche, laisse échapper des gouttelettes d'un suc gras et laiteux. Quand il est mûr, la moindre pression de la main suffit pour faire sortir une multitude de petites graines noires. C'est la nature de ce fruit qui a donné lieu à la fable de ces pommes de Sodome dont il est question dans Josèphe, et qui, très-belles et très-savoureuses d'apparence, s'évanouissaient en cendre et en fumée, aussitôt qu'on y mettait la main pour les cueillir. Des ruines confuses sont éparses sur les pentes, jadis cultivées en terrasses, qu'arrose ce ruisseau, et dans la petite plaine qui s'étend au bas jusqu'à la mer. Ce sont là les restes de l'antique Engedi, en grec Ἐγγαδί, en latin Engaddi, mentionnée dans la Bible comme appartenant au désert de Juda. (Josué, ch. xv, ỳ 62.) Son nom primitif était *Hatzazon-Tamar* (l'Émondage des palmes), à cause du bois de palmiers qui autrefois l'entourait. L'appellation hébraïque d'Engedi est, comme on le voit, complétement identique avec celle que porte encore aujourd'hui en arabe la source dont j'ai parlé, et a la même signification. C'est cette source, découverte peut-être par un pauvre chevrier, qui aura fait donner à cet endroit le nom de source du Chevreau, et motivé la fondation d'une ville dans un site aussi sauvage. Sous le règne de Saül, David, pour échapper à la fureur jalouse de ce prince, se réfugia dans le désert d'Engedi. Saül l'y poursuivit avec trois mille hommes, jusque sur le haut des montagnes les plus abruptes, accessibles aux seuls chamois; mais David, plus généreux que son persécuteur, lui sauva la vie, au moment où il aurait pu la lui enlever dans une caverne au fond de laquelle il était lui-même avec ses gens, pendant que Saül y pénétrait seul et sans défiance. Plus tard, les Moabites, les Ammonites et les montagnards de Seïr se réunirent à Engedi pour marcher contre le roi Josaphat. Le Cantique des cantiques (ch. I, ỳ 14) vante le copher et les vignes de cette localité.

« Mon bien-aimé, dit-il, est pour moi une grappe de copher dans les vignes d'Engedi. »

Le copher est le henné, arbrisseau dont les feuilles fournissent la teinture avec laquelle les femmes arabes et turques se teignent encore les ongles en jaune orange. Quant aux vignes d'Engedi, elles ont complétement disparu. Il en est de même des palmiers et du baume, qui y croissaient en abondance et y jouissaient d'une grande réputation, au dire de Josèphe et de Pline. Au quatrième siècle de notre ère, Engedi était encore un village considérable habité par des Juifs, comme nous l'apprend l'*Onomasticon* d'Eusèbe. Ensuite, il n'en est plus question dans l'histoire.

Puisque, du point où nous sommes, nous apercevons la plus grande partie de la mer Morte dont nous avons déjà dit quelques mots dans le premier volume de cet ouvrage; puisque nous embrassons également du regard l'emplacement de l'ancienne vallée de Siddim occupée jadis par la Pentapole maudite, c'est le moment de nous poser plusieurs problèmes, qui se dressent d'ailleurs comme d'eux-mêmes devant notre esprit, en présence de cette mer fameuse.

1° Préexistait-elle à la terrible catastrophe qui a amené la destruction des villes coupables de la Pentapole, et servait-elle alors, comme maintenant, de grand réservoir aux eaux du Jourdain et des autres rivières qui y aboutissent? Ou bien daterait-elle seulement de cette époque mémorable, et aurait-elle été produite par un immense effondrement du sol, à la suite de la conflagration des villes maudites et de la vallée remplie de puits de bitume qui formait leur territoire? Dans ce cas, où se jetait le Jourdain antérieurement à ce grand bouleversement de la contrée? Poursuivait-il son cours jusqu'à la mer Rouge par l'Oued el-Arabah?

2° Où était située la vallée de Siddim, mentionnée dans la Bible comme le lieu où combattirent les cinq rois de la Pentapole contre les quatre rois qui étaient venus les attaquer, et où, après leur défaite, les rois de Sodome et de Gomorrhe tombèrent, en fuyant, dans des puits de bitume?

3° Enfin, quel était l'emplacement de chacune des cinq villes coupables : Sodome, Gomorrhe, Adamas, Seboïm et Ségor, et en retrouve-t-on quelques débris?

Examinons d'abord un instant le premier problème.

Avant que l'on connût l'énorme dépression de la vallée du Jourdain et celle de la mer Morte au-dessous du niveau de la Méditerranée, l'opinion la plus généralement répandue était la suivante : Le territoire de l'antique Pentapole occupait précisément l'espace envahi ensuite par la mer Morte. Antérieurement à la destruction des villes coupables, il y avait déjà une couche de bitume détrempée d'eau sous une couche de terre végétale, au-dessus de laquelle s'étendaient de riches campagnes et florissaient les cités maudites. Le Jourdain se divisait en une infinité de canaux pour arroser cette plaine merveilleuse, et lui donner cette fécondité remarquable que la Sainte Écriture compare à celle de l'Égypte. Les eaux de ce fleuve se perdaient plus loin au milieu des sables, ou s'écoulaient dans un grand lac salé qui existait peut-être au-dessous de la plaine. Quand le feu du ciel eut enflammé le bitume qui était enfermé dans les entrailles de la terre, la combustion, en produisant un vide immense, détermina l'affaissement du terrain supérieur et engloutit à la fois hommes, villes et campagnes. Le Jourdain, trouvant devant lui un vaste abîme béant, s'y engouffra et finit par le remplir entièrement.

292 PALESTINE OCCIDENTALE ET MÉRIDIONALE.

Lorsque, en 1812, Burckhardt eut signalé la grande vallée d'Arabah qui s'étend au sud de la mer Morte dans la direction de la mer Rouge, la révélation de ce fait important donna bientôt nais-

Désert de Juda.

sance à une hypothèse, en apparence très-plausible, en vertu de laquelle on considérait cette vallée comme étant l'ancien chenal par où le Jourdain allait autrefois déverser ses eaux dans le golfe Élanitique, aujourd'hui golfe d'Akabah. M. Léon de Laborde, en 1828, en publiant son bel ouvrage sur

ROCHERS D'ENGADDI.

l'Arabie Pétrée, y joignit une carte sur laquelle il n'hésita pas à désigner par la dénomination d'ancien lit du Jourdain la vallée en question. D'après ce savant, comme d'après beaucoup d'autres, l'interruption soudaine du cours du Jourdain, lors de la catastrophe qui bouleversa la Pentapole, avait amené la formation du lac Asphaltite. Néanmoins, dès 1835, M. Letronne émit des doutes très-sérieux sur ce prétendu lit du Jourdain, doutes qui furent également partagés par le capitaine Callier. Mais ce qui jeta un jour nouveau sur cette question, ce fut la découverte, faite presque en même temps, en 1837, par Moore et Beek, d'une part, et par Schubert, de l'autre, de la grande dépression de la mer Morte au-dessous de la Méditerranée.

Cette dépression a été estimée en dernier lieu, en 1864, par le lieutenant Vignes, à trois cent quatre-vingt-douze mètres, chiffre intermédiaire entre ceux auxquels étaient arrivés le lieutenant Symonds et le lieutenant Lynch, et qui probablement est le plus exact. Dans la même année 1837, en outre, M. de Bertou parcourut la vallée d'Arabah dans toute son étendue, depuis l'extrémité méridionale de la mer Morte jusqu'au golfe d'Akabah, et constata au milieu de ce désert l'existence d'un double versant, dont la ligne de faîte est évaluée par lui à cent soixante mètres au-dessus de la Méditerranée. Cette même vallée a été depuis explorée avec le plus grand soin, en 1864, par M. le duc de Luynes et les membres qui faisaient partie de son expédition, et la ligne de faîte du partage des eaux signalée par M. de Bertou a été reconnue par eux. M. Vignes en évalue l'altitude au-dessus de la Méditerranée à deux cent quarante mètres au minimum. Il fut constaté par cette double exploration, dont la seconde confirma complétement l'existence du fait important révélé par la première, qu'il y avait une indépendance absolue entre les deux bassins hydrographiques de la mer Morte et de la mer Rouge. En effet, toutes les eaux de l'Oued-Arabah et de ses affluents au nord de cette ligne de faîte aboutissent à la mer Morte; au contraire, toutes celles qui se trouvent au sud de cette même ligne se rendent au golfe d'Akabah. En face de la dépression énorme de la mer Morte, dépression qui est également très-accentuée dans la plus grande partie de la vallée du Jourdain, puisque déjà le lac de Tibériade est à cent quatre-vingt-neuf mètres au-dessous de la Méditerranée; en face aussi de la ligne de faîte qui coupe en deux tronçons bien distincts l'Oued-Arabah, comment croire à l'ancien écoulement du Jourdain dans le golfe Élanitique, au moins à l'époque historique?

« On aurait pu, il est vrai, dit M. Lartet (*Bulletin de la Société géologique de France*, deuxième série, tome XXII, p. 431), recourir pour conserver cette explication à l'hypothèse d'affaissements gigantesques. Mais ces affaissements n'auraient pu se produire sans déranger fortement l'horizontalité des sédiments du fond de la vallée. C'est ce que l'étude stratigraphique de ces dépôts ne permet pas d'admettre. »

Quant à la mer Morte, M. Lartet pense que non-seulement elle est antérieure à l'époque de la destruction de la Pentapole, mais encore qu'elle était, dans un âge très-reculé et qui a précédé de longs siècles l'apparition de l'homme sur la terre, bien plus étendue qu'elle ne l'est maintenant; d'après ce géologue, on peut observer d'anciens dépôts de cette mer autour de ce bassin, et fort loin au nord et au sud des limites qu'elle occupe maintenant.

Mais, me dira-t-on, si vous admettez cela, où placez-vous alors la vallée de Siddim et le territoire des cinq villes coupables? J'arrive ainsi à la seconde question que je me suis posée, et je vais essayer de la résoudre brièvement, en mettant d'accord la Bible avec les données de la géologie qui semblent lui être contraires.

Et d'abord que dit l'Écriture sainte par rapport à la vallée de Siddim, en hébreu *Emek ha-Siddim*, en latin *Vallis Silvestris*?

Nous lisons dans la Genèse (ch. XIV):

« 1. *Factum est autem in illo tempore, ut Amraphel, rex Sennaar, et Arioch, rex Ponti, et Chodorlahomor, rex Elamitarum, et Thadal, rex Gentium,*

« 2. *Inirent bellum contra Bara, regem Sodomorum, et contra Bersa, regem Gomorrhæ, et contra Sennaab, regem Adamæ, et contra Semeber, regem Seboïm, contraque regem Balæ, ipsa est Segor.*

« 3. *Omnes hi convenerunt in vallem Silvestrem, quæ nunc est mare salis.* »

Quelques versets plus loin, la Bible ajoute :

« 8. *Et egressi sunt rex Sodomorum, et rex Gomorrhæ, rexque Adamæ, et rex Seboïm, nec non et rex Balæ, quæ est Segor, et direxerunt aciem contra eos in valle Silvestri.*

« 10. *Vallis autem Silvestris habebat puteos multos bituminis. Itaque rex Sodomorum et Gomorrhæ terga verterunt, cecideruntque ibi, et qui remanserunt fugerunt ad montem.* »

De ces différents textes il résulte que la vallée de Siddim, appelée dans la Vulgate *Vallis Silvestris*, sans doute à cause des forêts ou des vergers qui la couvraient, avoisinait les cinq villes de la Pentapole, puisque les quatre rois ligués pour venir les attaquer se réunirent en cet endroit, et que les cinq rois de la Pentapole y rassemblèrent aussi leurs forces pour défendre leurs villes et le territoire qui en dépendait. Cette vallée, comme nous l'apprend en outre la Bible, était remplie de puits de bitume. Enfin, d'après le texte sacré, elle devint ensuite la mer salée :

« *Omnes hi convenerunt in vallem Silvestrem, quæ nunc est n arc salis.* »

Que dit maintenant l'historien Josèphe en racontant les mêmes faits? (*Antiquités judaïques*, liv. I, ch. IX.)

« Étant arrivés près de Sodome, les quatre rois dressent leur camp dans la vallée appelée *Puits d'asphalte;* car alors il y en avait en cet endroit. Mais, après la destruction de la ville de Sodome, cette vallée devint le lac dit Asphaltite. » Josèphe se joint à la Bible pour attester que la vallée de Siddim qu'il désigne sous le nom de *Puits d'asphalte* a été engloutie sous les eaux et est devenue le lac Asphaltite; nous apprenons également par lui que cette vallée était voisine de Sodome. Quelle conclusion faut-il tirer de ce passage de la Bible et de Josèphe? Devons-nous, avec la plupart des commentateurs, admettre que la vallée de Siddim comprenait toute l'étendue actuelle de la mer Morte, et que celle-ci, par conséquent, n'existait pas avant la catastrophe qui bouleversa entièrement le territoire de la Pentapole? Mais alors, que devenaient les eaux du Jourdain et celles des divers affluents qui se jettent actuellement dans la mer Morte? Le Jourdain, à lui seul, d'après des évaluations approximatives, porte journellement à cette mer, à certaines époques de l'année, six millions six cent cinquante mille tonnes d'eau. Il est permis d'évaluer à une somme à peu près égale le volume d'eau que lui fournissent en outre tous les oueds réunis qui y aboutissent de l'ouest, de l'est et du sud. Cela fait treize millions de tonnes d'eau qui chaque jour sont déversées dans ce grand bassin, du moins à certains moments. Il est alors très-plein et déborde hors des limites plus restreintes dans lesquelles il se renferme habituellement. Néanmoins, la chaleur est si grande au fond d'une semblable dépression, et l'évaporation qui s'exerce à la surface du lac est si puissante, qu'elle lui enlève même alors presque autant qu'il en reçoit, et l'équilibre finit bientôt par se rétablir entre ses pertes et ses gains.

Il n'est donc pas nécessaire d'admettre l'existence d'un canal quelconque qui conduirait l'excédant des eaux de la mer Morte dans une des deux mers voisines, hypothèse que réfute d'ailleurs l'énorme dépression de la première par rapport soit à la mer Rouge, soit à la Méditerranée. Mais, sans ce grand bassin de la mer Morte, capable de présenter à l'intensité des rayons du soleil une surface liquide considérable soumise à l'évaporation, où allaient se perdre, je le répète, les eaux du Jourdain et celles des autres affluents dont j'ai parlé? A mon avis, il n'y a que deux manières possibles de résoudre ce problème, en tenant compte à la fois de la configuration actuelle du pays, des données de la géologie et de celles de la Bible. Ou bien la Pentapole comprenait l'emplacement de tout le bassin actuel de la mer Morte, ou bien elle n'en occupait que la partie méridionale, celle qui, à partir de la presqu'île de la Lisan, n'est plus qu'une simple lagune. En effet, tandis qu'au nord de cette presqu'île, la sonde accuse une profondeur qui atteint en certains endroits trois cent cinquante mètres, la plus grande profondeur, au sud de cette même presqu'île, n'est plus que de six mètres.

Il y a donc deux zones bien distinctes dans ce vaste bassin, séparées l'une de l'autre par un canal qui, dans sa partie la plus resserrée, compte à peine deux mille trois cents mètres de large. Dans la première hypothèse, il faut admettre que la mer Morte, dont M. Lartet a constaté les anciens dépôts bien au delà de ses limites actuelles, et qui, par conséquent, à une époque antéhistorique, était bien plus étendue qu'elle ne l'est maintenant, était, du temps d'Abraham, desséchée ou réduite à l'état de lac souterrain. Le bassin qu'elle remplit actuellement était alors recouvert d'une puissante couche végétale, que fécondaient de nombreux canaux dérivés du Jourdain et des autres affluents qui se jettent aujourd'hui dans ce lac. L'un de ces fleuves et de ces affluents pouvait se perdre à la fois par l'irrigation, par l'évaporation et par des infiltrations souterraines, sans qu'on soit contraint d'imaginer un prétendu écoulement vers la mer Rouge, auquel s'opposent l'extrême dépression de la vallée du Jourdain en cet endroit et les deux versants anticlinaux que j'ai signalés dans l'Oued-Arabah, au point où il devient l'Oued-Akabah. Lorsque ensuite la vengeance divine, provoquée par les crimes abominables des villes maudites, détruisit la Pentapole, les feux du ciel, en embrasant les nombreux puits de bitume qui parsemaient la vallée de Siddim, au témoignage de la Sainte Écriture, communiquèrent au sous-sol de cette vallée une conflagration générale; de là un affaissement des couches supérieures et la réapparition du lac souterrain, qu'avait primitivement formé le dépôt susdit, et où s'engouffre le Jourdain avec les autres affluents qui y aboutissent.

D'après la seconde hypothèse, à l'époque d'Abraham comme de nos jours, le Jourdain se serait jeté dans la mer Morte au sud de la plaine de Jéricho, mais cette mer aurait alors composé seulement le grand et profond bassin septentrional qui s'étend au nord de la presqu'île de la Lisan, et la Pentapole aurait embrassé dans ses limites cette presqu'île, la lagune méridionale, le canal qui la rejoint à la zone antérieure, c'est-à-dire au lac proprement dit, et peut-être aussi la Sebkhah, qui s'arrondit en plaine marécageuse au sud de cette lagune.

Conformément aux données de la Bible, le territoire de la Pentapole ou la vallée de Siddim ainsi délimitée aurait été également arrosé par le Jourdain, qui, de même qu'il sort du lac Houleh et du lac de Tibériade, après les avoir traversés l'un et l'autre, aurait pareillement traversé de part en part ce troisième lac, et en serait ressorti à l'ouest de la Lisan, pour arroser la vallée de Siddim, dont je viens de déterminer l'étendue. Il est permis de supposer que la mer Morte était alors beaucoup moins salée et huileuse qu'elle ne l'a été depuis, car c'est principalement au sud du grand bassin auquel je réduis son périmètre à cette époque, qu'abondent les gisements salés et bitumineux, soit autour de la lagune méridionale, soit sous cette lagune même. Le Jourdain, en sortant de la mer Morte, mais avec un volume d'eau beaucoup moins considérable qu'il n'y était entré, pouvait, suivant cette seconde hypothèse, arroser, sans l'inonder toutefois, la grande plaine qui devint plus tard la lagune et la Sebkhah. Ses eaux, en effet, en traversant la mer Morte d'alors, c'est-à-dire le grand bassin septentrional qui précède la Lisan et qui, je le répète, devait être a cette époque bien moins salé que maintenant, n'avaient point contracté dans leur parcours assez d'amertume et de salure pour être impropres à féconder par des irrigations la plaine où elles seraient amenées. Réparties de tous côtés au milieu de cette plaine qui n'était autre que la vallée de Siddim ou la Pentapole, elles pouvaient fort

MONTAGNES DE MOAB, VUES D'ESCADDI.

bien s'épuiser et se perdre à la longue, en se divisant dans d'innombrables petits canaux subdivisés eux-mêmes en rigoles, et soumises, par conséquent, à des infiltrations continues et à une évaporation incessante sous cette zone réellement torride.

En résumé, quelle que soit celle de ces deux hypothèses que l'on adopte, elles me paraissent concilier à la fois les données de la Bible et celles de la géologie. La Pentapole, arrosée jadis par le Jourdain, comme l'affirment les Livres saints, s'est bien effectivement ensuite affaissée, à la suite de l'embrasement des villes coupables, pour former, soit le bassin complet de la mer Morte, soit seulement la lagune méridionale. Le texte sacré a donc pu dire en toute vérité : *la vallée de Siddim qui est la mer salée.*

En s'arrêtant à l'une ou à l'autre de ces deux hypothèses, on ne se heurte pas à des impossibilités physiques et l'on n'est point forcé de contredire soit la Bible, soit la géologie. J'admets à la fois et les faits révélés par la première, et ceux que la seconde a constatés. Le profond sillon de toute la vallée du Jourdain, la dépression extraordinaire du bassin de la mer Morte, celle de l'Oued-Arabah, qui se relève ensuite jusqu'à ce que, ayant atteint la ligne du partage des eaux, il s'abaisse de nouveau vers l'ancien golfe Élanitique, sous le nom d'Oued-Akabah, tout cela est regardé par de savants géologues comme bien antérieur à l'époque de la destruction de la Pentapole, et comme l'un des traits tellement caractéristiques de la contrée qu'il doit être contemporain de la formation générale de cette contrée elle-même. Je suis loin de contester une pareille affirmation, et de prétendre que cet affaissement gigantesque et cette dislocation profonde accompagnée de soulèvements non moins considérables soient de date relativement récente et de la même époque que la destruction de la Pentapole.

D'un autre côté, je m'incline avec respect devant les paroles de la Sainte Écriture énonçant des faits non moins certains que ceux qui résultent de l'étude attentive du sol. Ni les uns ni les autres ne peuvent être niés : il s'agit seulement de savoir les concilier.

Relativement à l'emplacement de chacune des cinq villes de la Pentapole, le docte Reland, et après lui plusieurs critiques, notamment M. de Saulcy, ont prouvé suffisamment que la submersion des cités maudites sous les eaux du lac Asphaltite ne résulte d'aucun des textes de la Bible. Rien ne prouve, en effet, qu'elles aient été situées au milieu de la vallée qui a été engloutie. Tout semble indiquer, au contraire, qu'elles devaient plutôt en occuper les contours, au pied des montagnes qui la bordaient, afin d'être plus rapprochées des sources qui pouvaient jaillir de ces dernières, et d'avoir, en outre, une position plus forte et plus saine. Parmi ces villes, la plus importante, je veux dire Sodome, en hébreu *Sedom*, en latin *Sodoma*, a conservé son nom dans celui de la montagne dite *Djebel es-Sdoum* ou *Djebel el-Melah* (montagne du Sel), qui s'élève vers l'extrémité sud-ouest de la mer Morte. Cette dénomination de Es-Sdoum, qui s'est perpétuée fidèlement jusqu'à nos jours et qui reste attachée à cette montagne, est un point de repère très précieux pour retrouver l'emplacement de la ville ainsi appelée et celui de Zoar, sa voisine. Ce nom prouve, en outre, que la vallée de Siddim ne doit point être cherchée au nord de la mer Morte, comme le veulent quelques critiques, et être identifiée avec la plaine de Jéricho; il faut nécessairement la reconnaître, soit dans la lagune et la presqu'île de la mer Morte, soit dans le bassin complet de la mer. En effet, Zoar et Sodome, comme nous le savons par la Bible et par Josèphe, en occupaient l'extrémité méridionale et étaient rapprochées l'une de l'autre, puisque Loth, parti de Sodome vers l'aube du jour, au moment où le feu du ciel allait tomber sur cette ville, atteignit Zoar quand le soleil commençait à paraître sur la terre. La ville de Sodome devait être située sur les coteaux qui garnissent la pointe nord du Djebel es-Sdoum, et Zoar, comme le pense M. de Saulcy, était peut-être à une heure de là, vers le nord-ouest, à l'endroit qu'on désigne aujourd'hui sous le nom de Zouera et-Thatah. M. de Luynes, au contraire, incline de préférence à la reconnaître dans les ruines dites Kharbet es-Safieh, que l'on rencontre sur les bords de l'oued du même nom, quand on contourne l'extrémité méridionale de la mer Morte, pour se diriger vers Kérak. Ces ruines sont à treize kilomètres à l'est de l'extrémité méridionale du Djebel es-Sdoum. Effectivement, plusieurs passages de la Bible semblent placer Zoar dans le pays de Moab, et Zouera et-Thatah (Zouera Inférieure) devait appartenir plutôt au pays de Juda. En ce qui concerne Gomorrhe, Adama et Seboïm, la position de ces trois autres villes de la Pentapole est fort incertaine, et l'on ne peut émettre à ce sujet que de pures conjectures, auxquelles d'autres hypothèses pourraient également être opposées.

D'HÉBRON A BIR ES-SEBA

De retour à Hébron, terminons cette exploration rapide de la Terre sainte par une excursion à Bir es-Seba, l'antique Bersabée, qui était jadis, vers le sud, l'une des principales limites de la Palestine. Les ruines abondent le long des différentes routes qui y conduisent. Je les ai toutes décrites autrefois dans ma *Description géographique, historique et archéologique de la Judée*. Je vais me borner ici à en mentionner quelques-unes.

A cinq kilomètres et demi au sud-sud-est d'Hébron, les débris d'une ville, sous le nom de Kharbet-Zif, s'étendent entre deux ravins. Les vestiges de nombreuses habitations de dimensions très-petites y jonchent partout le sol. Chacune d'elles renfermait intérieurement un caveau creusé dans le roc. Un *bordj* est encore en partie debout. Cette construction, qui ne remonte probablement pas à une époque antérieure à l'époque byzantine, si même elle ne date pas seulement du moyen âge, est bâtie avec des matériaux d'appareils divers. Quelques centaines de pas plus à l'ouest, s'élève une colline appelée Tell-Zif, et qui est également couverte de décombres et percée de citernes et de silos. Ces deux groupes de ruines appartiennent évidemment à une seule et même cité antique, dont le nom de Ziph s'est conservé sans altération dans le nom arabe actuel. Cette ville est mentionnée parmi celles du district montagneux de Juda. (Josué, ch. xv, ỳ 55.)

David, fuyant devant la colère de Saül, se retira dans le désert de Ziph; mais les habitants de cette localité, afin de se concilier les bonnes grâces du roi, s'empressèrent d'aller lui annoncer que David était caché dans leur territoire, sur la colline d'Hachila. David se réfugia alors dans le désert de Maon.

Si nous poursuivons notre marche vers le sud pendant cinq autres kilomètres, nous parvenons au Kharbet-Karmel. Les ruines considérables de cette ville sont disposées en amphithéâtre sur une colline qui décrit une sorte de fer à cheval, autour d'une vallée. Indépendamment des restes d'un grand nombre de petites maisons qui encombrent le sol de matériaux confusément entassés, on distingue les arasements de plusieurs constructions plus importantes, en pierres de taille, et, entre autres, ceux de deux tours rondes et de trois petites églises affectant extérieurement la forme de rectangles; divisées à l'intérieur en trois nefs dont les fûts mutilés gisent à terre, elles étaient terminées à l'est par trois absides et paraissent dater de l'époque byzantine. Mais la ruine la plus apparente est celle d'un *bordj* de forme rectangulaire dont le rez-de-chaussée consiste en une grande salle voûtée et obscure; au premier étage est une deuxième salle également voûtée, qu'éclairent des fenêtres ogivales. La ville était alimentée d'eau par des citernes creusées dans le roc et par un beau birket situé dans un vallon.

Le Kharbet-Karmel est l'antique cité de Karmel en hébreu, en grec Χερμέλ, en latin *Carmel*, signalée dans le Livre de Josué parmi celles du district montagneux de Juda. Saül, vainqueur des Amalécites, à son retour de l'expédition qu'il avait entreprise contre ce peuple, érigea dans Carmel un monument triomphal destiné à rappeler le souvenir de ses succès. (*Rois*, liv. I, ch. xv, ỳ 12.) Il est évident, en effet, qu'il s'agit ici non du célèbre mont ainsi appelé, qui s'élève au sud de Kaïpha, mais bien d'une cité du même nom, sur la route du pays des Amalécites à Guilgal, et qui ne peut être que le Kharbet-Karmel qui nous occupe en ce moment. C'est sur les hauteurs qui avoisinaient cette dernière ville que le riche Nabal, mari de la belle Abigaïl qui devint ensuite femme de David, avait ses propriétés et faisait paître ses nombreux troupeaux. Plus tard, le roi Ozias posséda des vignes dans cette même localité. A l'époque d'Eusèbe, Karmel existait encore à l'état de village, et un poste militaire romain y avait été établi.

A une très-faible distance plus au sud, le Kharbet Tell-Maïn nous offre les débris et a conservé le nom à peine altéré de l'ancienne ville de Maon, signalée dans le Livre de Josué, avec Karmel et Ziph.

Source d'Engaddi.

Cette petite ville s'élevait sur les pentes occidentales d'une haute colline. Il en subsiste encore maintenant un certain nombre de citernes et beaucoup d'habitations souterraines pratiquées dans le roc. On remarque aussi sur le point culminant du Tell les débris de plusieurs constructions en beaux blocs à bossage, et les arasements d'une tour de défense, bâtie avec des pierres de taille de grande dimension. C'est dans le désert qui avoisinait Maon que David, fuyant devant Saül, erra quelque temps avec sa bande, et fut poursuivi par ce roi.

A trois kilomètres au sud-ouest de Tell-Maïn, d'autres ruines désignées sous le nom de *Kharbet-Sousieh* sont celles d'une ville importante dont les maisons étaient généralement bien bâties, comme l'attestent les vestiges qui en restent, et qui possédait plusieurs édifices construits en pierres de taille. On rencontre à chaque pas des citernes et des caveaux creusés dans le roc. Le nom de Sousieh m'incline à identifier cette ville avec celle de Hatsar-Sousah, en latin *Hasersusa*, que mentionne le Livre de Josué (ch. XIX, ỳ 5).

Le village de Semoua, situé une demi-heure plus loin vers le sud-ouest, occupe le sommet et les pentes d'une belle colline de forme oblongue, et qui, à cause de l'altitude du plateau où elle s'élève, domine toute la

Désert d'Engaddi.

contrée. Sur le point supérieur, on remarque les restes d'une forteresse dont une partie existe encore. Construite avec des pierres très-régulières, elle date probablement de l'antiquité; mais elle a été réparée à différentes époques, et notamment à celle des Croisades. De nombreuses maisons renversées, dont plusieurs paraissent anciennes, jonchent le sol de leurs débris. On distingue aussi les arasements et même les assises inférieures de quelques édifices publics qui ont été construits avec des blocs gigantesques, soit complétement aplanis, soit relevés en bossage. La porte de l'un de ces édifices mérite de fixer l'attention; les pieds-droits en sont surmontés d'un linteau élégamment sculpté. A la porte d'une petite mosquée, on observe de même un précieux fragment de frise, provenant d'un monument antique et formant actuellement linteau. Des grappes de raisin, des patères, des rosaces et des vases y sont représentés et accusent un bon travail d'origine juive. Chaque édifice public, chaque maison même renfermait un magasin souterrain creusé dans le roc. Quelques-uns de ces caveaux sont intacts et très-étendus. La ville était alimentée d'eau par des citernes et par des puits pratiqués de même dans le roc, et dont l'orifice était fermé avec une énorme pierre ronde perforée à son centre.

Semoua, qui possède des ruines si considérables, ne compte plus que deux cents habitants. Robinson, en se fondant sur la position et sur le nom de ce village, l'a identifié d'une manière qui ne laisse aucun doute avec l'antique *Echtemoa* ou *Echtemoh*, en latin *Istemo*, *Esthamo* et *Estemo*. C'était une cité du district montagneux de Juda. Elle existait avant l'arrivée des Hébreux, puisqu'elle est mentionnée au nombre des villes qui échurent en partage à la tribu de Juda. Elle fut adjugée aux prêtres avec ses faubourgs et le village qui en dépendaient. Dans le livre Ier des Rois (ch. xxx, ⱴ 28), elle est comprise parmi les places auxquelles David envoya de Siceleg une part du butin qu'il avait fait sur les Amalécites.

Sept kilomètres au sud-ouest de Semoua, des ruines également importantes couvrent les flancs et le sommet d'une haute colline. De nombreuses maisons renversées, construites jadis pour la plupart avec des pierres de taille de moyenne grandeur, et qui presque toutes renferment un caveau pratiqué dans le roc; des citernes éparses de tous côtés, les vestiges d'une ancienne mosquée bâtie avec de magnifiques blocs provenant d'une basilique chrétienne; enfin, sur le point culminant de la colline, les débris d'une tour antique dont les murs épais d'un mètre étaient formés d'assises très-régulières d'un grand appareil, tels sont les principaux objets, avec les restes d'un élégant mausolée de l'époque romaine, qui attirent l'attention en cet endroit. Ces ruines, appelées *Kharbet-Zanoutah*, sont celles de l'antique Zanoah, en latin *Zanoe*, dont il est question dans le Livre de Josué (ch. xv, ⱴ 56), parmi les villes du district montagneux de Juda. Il faut le distinguer d'une autre place du même nom de la tribu de Juda, mais qui était située dans le Chéphélah.

Nous traversons bientôt, vers le sud, l'Oued-Attir, au delà duquel, vers le sud-est, s'étendent sur deux collines des ruines analogues aux précédentes, et dont le nom de *Kharbet-Attir* reproduit fidèlement, sauf une lettre, celui de l'antique *Yattir*, en latin *Jether*, dont elles offrent les débris. Signalée dans le Livre de Josué (ch. xv, ⱴ 48) comme étant située dans le district montagneux de Juda, elle fut adjugée aux prêtres. A l'époque d'Eusèbe, c'était encore un grand village, habité par des chrétiens, dans le Daromas extérieur.

Franchissons maintenant vers le sud-ouest les dix-neuf kilomètres qui nous séparent de Bir es-Seba, et faisons halte un instant, avant de quitter la Palestine pour nous rendre à Pétra, auprès des deux puits célèbres qui existent en cet endroit. Situés sur la rive septentrionale de l'Oued es-Seba, ils ont été construits avec des pierres très-régulières de moyenne dimension. L'un de ces puits a douze mètres de circonférence et une dizaine de mètres de profondeur jusqu'au niveau de l'eau; le second est moins large, mais à peu près aussi profond. Ils sont entourés d'auges en pierre destinées à abreuver les animaux, et offrent le caractère d'une haute antiquité, car leur orifice est profondément sillonné par le frôlement des cordes avec lesquelles on tire de l'eau à la main. La ville à laquelle appartenaient ces puits occupait sur les bords de l'Oued une plate-forme inclinée dont le pourtour est d'environ trois kilomètres. Dans toute l'étendue de cet emplacement, le sol est jonché de matériaux confus. On distingue néanmoins encore les arasements de nombreuses maisons, la direction de plusieurs rues et les vestiges de quelques édifices publics. Mais, sauf les deux beaux puits en question qui sont intacts, rien n'est demeuré debout, et la ville a été renversée de fond en comble. D'autres puits avaient été creusés dans le lit de l'Oued; ils sont actuellement comblés. Cette antique cité est mentionnée dans la Bible sous le nom hébraïque de *Beer-Chaba* (puits du Serment) ou de *Beer-Cheba* (puits des Sept), en latin *Bersabee*, parce qu'Abraham et Abimélech y avaient conclu une alliance ensemble par un serment réciproque, serment qui fut accompagné du don de sept brebis que le patriarche fit au roi de Gérar, et qui garantit au premier la possession du puits qu'il avait creusé. En souvenir de ce serment ou de ce don, le puits fut dès lors appelé *puits du Serment* ou *puits des Sept*, attendu qu'en hébreu le même mot, avec le seul changement d'un des points-voyelles, signifie à la fois les deux choses. Le nom de ce puits se transmit ensuite à la ville qui s'éleva en cet endroit, et dont les ruines ont conservé jusqu'à nos jours parmi les Arabes le nom de Bir es-Seba.

Abraham continua à habiter en ce lieu jusqu'au moment du sacrifice de son fils Isaac; puis, de

EXTRÉMITÉ NORD-EST DE LA MER MORTE VUE D'ENGADDI.

retour avec celui-ci du mont Moriah, il séjourna encore plusieurs années à Bersabée. Plus tard, Isaac vint également s'y fixer. A peine y fut-il arrivé, que Dieu lui apparut pendant la nuit et lui promit de bénir et de multiplier sa race, à cause d'Abraham, son serviteur. Isaac s'empressa alors d'élever un autel au Seigneur, et ordonna à ses gens de creuser un puits. Était-ce le même que celui qui avait été pratiqué par son père et qui pouvait alors être comblé, ou bien en était-ce un autre? La Bible ne nous le dit pas. Pendant que ses serviteurs étaient occupés à ce travail, le roi de Gérar, Abimélech, survint avec le général de son armée et l'un de ses confidents, pour renouveler avec lui l'alliance que son père probablement avait contractée et scellée d'un serment avec Abraham.

C'est de Bersabée que Jacob partit pour se rendre en Mésopotamie, afin d'y chercher une femme parmi les filles de Laban, son oncle. Longtemps après, dans sa vieillesse, Jacob, avant de descendre en Égypte avec toute sa famille, s'arrêta à Bersabée. Là, il immola des victimes au Dieu de son père Isaac, et le Seigneur, lui apparaissant également en songe, lui apprit qu'il deviendrait en Égypte père d'un grand peuple, et que son fils Joseph lui fermerait les yeux.

Lors de la conquête du pays de Chanaan par les Hébreux, Bersabée fut d'abord assignée à la tribu de Juda, mais ensuite elle fut cédée par celle-ci à la tribu de Siméon. Elle devint, vers le sud, l'une des

BASSIN MÉRIDIONAL DE LA MER MORTE.

principales limites de la Palestine. C'est pourquoi l'on trouve assez souvent dans la Bible l'expression de : *Dan à Bersabée,* pour indiquer tout le pays du nord au midi.

Avant l'établissement de la royauté, Samuel, devenu vieux, institua ses fils juges d'Israël. Joël, l'aîné, et Abia, le cadet, jugeaient à Bersabée et provoquèrent par leurs arrêts iniques les plaintes du peuple, qui se mit alors à demander un roi à Samuel.

Au retour de la captivité, Bersabée fut réhabitée par les Juifs. Postérieurement à cette époque, il n'est plus question de cette cité dans l'Ancien Testament. Le Nouveau ne la mentionne nulle part. Du temps d'Eusèbe, c'était encore un bourg important où avait été établie une garnison romaine. Les *Notices ecclésiastiques* signalent l'évêché de cette ville parmi ceux qui appartenaient à la Palestine Troisième ou Salutaire, et qui dépendaient de Pétra, comme siège métropolitain. A l'époque des Croisades, on le confondait, par erreur, avec Beit-Djibrin, l'ancienne Éleuthéropolis. Actuellement, ce n'est plus qu'un amas de décombres qui offriraient peu d'intérêt si les souvenirs des trois premiers patriarches de l'ancienne loi ne s'y rattachaient d'une manière intime. Car c'est là qu'Abraham, Isaac et Jacob ont campé, près de l'un des puits, sans doute, qu'on y voit aujourd'hui, et qui, depuis plus de trois mille sept cents ans, a constamment gardé le nom qu'Abraham lui avait jadis donné. Est-ce à dire pour cela que l'un ou l'autre des deux puits remonte au temps de ce patriarche, qui l'aurait creusé et bâti tel qu'il existe encore maintenant? La chose est peu probable, et je les attribue plutôt, dans l'état où ils sont de nos jours, à l'époque où une ville s'éleva en cet endroit, époque fort ancienne elle-même, et dont on ne peut préciser la date. Seulement, rien n'empêche de penser et tout porte à croire, au contraire, à cause de la persistance singulière de la tradition en Palestine, que l'un des deux puits

BIR ES-SEBA (BERSABÉE).

n'a été que réparé et reconstruit sur l'emplacement qu'occupait celui qui fut creusé par Abraham, et près duquel il scella par des serments une alliance, renouvelée plus tard par Isaac, avec le roi de Gérar. Le jour où, en 1863, je visitai cet endroit, je dressai ma tente non loin d'un douar appartenant à la tribu des Tyhaha; j'errai jusqu'au soir, la Bible à la main, dans cette antique localité dont le nom et les souvenirs toujours vivants me reportaient aux premiers âges de l'histoire, et j'éprouvais un charme indescriptible à les évoquer dans mon esprit. Les Bédouins que j'avais sous les yeux contribuaient, en outre, par leur vie pastorale, par la simplicité de leurs mœurs, par leur costume même, à faciliter pour moi cette réapparition d'un passé depuis si longtemps évanoui, et auquel tant de siècles écoulés depuis ajoutent un prestige indéfinissable.

PÉTRA

DE BIR ES-SEBA A PÉTRA

Avant de m'enfoncer plus avant dans le désert de l'antique Bersabée, je dois, pour l'acquit de ma conscience littéraire, prévenir le lecteur qu'au delà des ruines d'El-Khalasah que j'ai visitées, je n'ai pu moi-même explorer la contrée à travers laquelle je vais le conduire pour le mener en Égypte. L'année dernière, j'étais parti de Paris avec l'intention de suivre les Hébreux dans leurs longues pérégrinations au milieu des vastes solitudes de l'Arabie Pétrée et de la péninsule Sinaïtique ; mais les graves événements survenus en Égypte, et l'agitation extrême qui, par un contre-coup inévitable, régnait alors parmi les différentes tribus de cette péninsule, m'empêchèrent de réaliser mon projet. Le savant Anglais Palmer, qui, vers la même époque, osa retourner dans cette dernière contrée, paya de sa vie sa téméraire entreprise, et, malgré l'escorte qui l'accompagnait, malgré aussi les relations qu'il avait autrefois nouées avec plusieurs des principaux cheikhs des tribus bédouines qu'il devait traverser, il fut impitoyablement massacré avec les divers membres qui composaient sa mission. Après avoir été moi-même le triste témoin de la ruine d'Alexandrie, ville que j'avais connue auparavant si florissante, et dont les plus riches quartiers n'offraient plus qu'un immense amas de décombres fumants, le jour où j'y débarquai, le 26 juillet 1882, force me fut de remettre à une époque ultérieure l'exploration de Pétra et du Sinaï, et de me borner à celle du Liban. Dans les pages qui vont suivre, le voyageur disparaitra donc momentanément pour faire place uniquement à l'historien, et pendant que j'analyserai rapidement les détails les plus importants à connaître sur chacune des localités dont j'aurai à parler, les nombreuses gravures qui accompagneront le texte, et qui sont le résultat d'investigations sérieuses, faites il y a peu d'années par plusieurs artistes sur les lieux mêmes, se chargeront du soin de suppléer à l'insuffisance ou même à l'absence de mes descriptions, et de montrer aux yeux de tous l'image fidèle des montagnes et des vallées, des ruines et des monuments, des habitants et de la flore de la région que nous allons parcourir. Une fois parvenu en Égypte, je ne décrirai plus rien que je n'aie vu personnellement, ainsi que je l'ai fait pour la Palestine et pour la Syrie.

Vingt-deux kilomètres au sud-sud-ouest des puits et des décombres de Bir ech-Cheba, d'autres ruines très-étendues, appelées Kharbet el-Khalasah, occupent sur la rive droite et au nord de l'oued du même nom un espace dont le pourtour dépasse trois kilomètres. Près de l'oued est un puits bâti avec des pierres de moyenne dimension, très-régulièrement agencées entre elles. Celles de l'orifice sont usées et profondément entaillées par toutes les cordes au moyen desquelles, depuis tant de siècles, on y a puisé de l'eau. La ville était environnée de murs que flanquaient des tours de distance en distance, et dont on peut suivre presque partout le périmètre. On avait profité, pour les asseoir, de plusieurs éminences naturelles qu'on n'avait plus eu qu'à fortifier, afin de mettre la place à l'abri d'un coup de main de la part des tribus nomades qui jadis, sans doute, l'entouraient et devaient être aussi pillardes qu'elles le sont aujourd'hui. Dans l'intérieur de cette enceinte, maintenant aux trois quarts démolie, on distingue une multitude de compartiments qui marquent la place et les dimensions d'autant de maisons dont les arasements seuls sont visibles. Quelques compartiments plus considé-

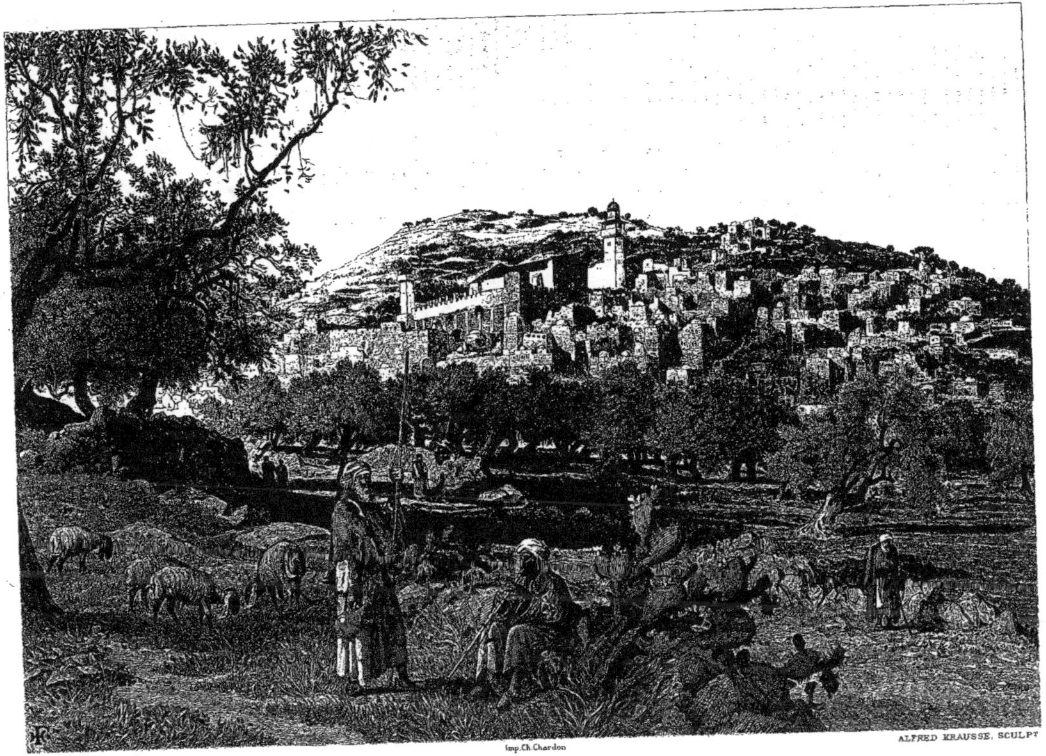

H. FENN. PINX^t — Imp. Ch. Chardon — ALFRED KRAUSSE, SCULP^t

HÉBRON.

PARIS _ E. PLON & Cie ÉDITEURS.

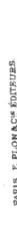

rables indiquent d'anciens édifices publics. Quant au nom que portait cette antique cité, Robinson a prouvé que c'était celui d'Élusa, identification qui semble incontestable. Située au sud de Bersabée, Élusa était, par conséquent, en dehors des limites proprement dites de la Terre promise. La Bible ne la mentionne pas; mais elle est signalée par le géographe Ptolémée parmi les villes de l'Idumée, à l'ouest de la mer Morte, et la Table de Peutinger la place à soixante et onze milles romains au sud de Jérusalem, sur la route conduisant de cette ville à Memphis. J'estime à vingt-trois heures de marche environ la distance directe qui sépare le Kharbet el-Khalasah de la cité sainte, ce qui s'accorde bien avec le chiffre de la Table de Peutinger. Dans un passage de la *Vie de saint Hilarion* composée par saint Jérôme, il est question de l'arrivée du vénérable anachorète dans la ville d'Élusa, un jour où une solennité anniversaire avait rassemblé tout le peuple dans le temple de Vénus. Convertie au christianisme, Élusa eut un évêché qui dépendait de la Palestine Troisième ou Palestine Salutaire. Les noms de quatre de ses évêques nous ont été conservés dans les signatures apposées aux actes de divers conciles.

La région où nous sommes s'appelait jadis le *Negeb*, ou le district du midi, s'interposant entre la Judée méridionale au nord et le désert de Tih ou de l'*Égarement* au sud. Parcourue par des tribus nomades, elle était en partie cultivée et çà et là parsemée de villes. Ce n'était donc point encore un véritable désert, comme elle l'est devenue depuis, la culture ayant presque partout disparu et les villes ayant été détruites. Au nombre des ruines les plus considérables que l'on y rencontre, je signalerai principalement celles de Rohaïbeh, d'El-Mechrifeh, de Sebaïta et d'Abdeh.

Rohaïbeh se trouve à quinze kilomètres au sud-ouest d'El-Khalasah. La ville qui s'élevait jadis en cet endroit s'appelait Rehoboth. Isaac avait creusé un puits sur l'emplacement qu'elle occupa plus tard, puits auquel il avait donné le nom qui se transmit ensuite à cette cité, de même que le puits de Bir ech-Cheba, dû à son père Abraham, en attirant des populations alentour, donna naissance à la ville ainsi appelée. Rehoboth subsistait encore à l'époque chrétienne, car on y distingue les restes d'une église. Des citernes et des puits soit bâtis, soit creusés dans le roc, paraissent remonter à une haute antiquité. L'un de ces puits pratiqué dans l'Oued er-Rohaïbeh et recouvert jadis d'une construction, aujourd'hui à moitié renversée, passe pour être celui qu'Isaac avait creusé et appelé *Rehoboth* (Genèse, ch. XXVI, ỳ 22), mot qui dans la Vulgate est traduit par celui de *Latitudo* (ampleur, agrandissement), parce que le Seigneur avait agrandi la puissance et les possessions de ce patriarche :

« *Profectus inde fodit alium puteum, pro quo non contenderunt, itaque vocavit nomen ejus Latitudo, dicens : Nunc dilatavit nos Dominus, et fecit crescere super terram.* »

Dix-sept kilomètres au sud-sud-est de Rohaïbeh, le Kharbet el-Mechrifeh consiste en une enceinte construite en gros blocs et flanquée de plusieurs tours; elle commande sur une haute colline les abords de la plaine de Sebaïta. Cette forteresse depuis longtemps abandonnée était encore occupée à l'époque chrétienne, puisqu'elle renferme intérieurement les restes d'une église que termine une abside demi-circulaire à son extrémité orientale.

Un intervalle de six kilomètres et demi dans la direction du sud-est sépare El-Mechrifeh de Sebaïta, dont les ruines très-étendues sont celles d'une ville importante qui paraît avoir été fortifiée. On y observe encore les restes de trois églises qui datent probablement du quatrième ou du cinquième siècle de l'ère chrétienne, d'un ancien monastère, d'une grande tour et de nombreuses maisons qui, chacune, étaient pourvues d'une citerne. M. Palmer a montré que le nom de Sebaïta était étymologiquement identique avec celui de la ville de Zephath mentionnée dans la Bible, et qui signifie *tour de garde*. Nous lisons dans le Livre des Juges (ch. I, ỳ 17) que les guerriers de la tribu de Juda et de Siméon exterminèrent les Chananéens qui habitaient dans Zephath, en latin Sephaath, et appelèrent cette ville Hormah, dans la Vulgate Horma, qui veut dire *Anathème*.

« *Abiit autem Judas cum Simeone fratre suo, et percusserunt simul Chananœum qui habitabat in Sephaath et interfecerunt eum. Vocatumque est nomen urbis, Horma, id est, anathema.* »

C'est jusqu'auprès de cette ville que les Israélites, après avoir quitté leur campement de Cadès-Barnéa, avaient été poursuivis par les Amalécites et les Chananéens, qu'ils avaient voulu attaquer, malgré la défense de Moïse. (*Nombres*, ch. xiv.)

Si de Sebaïta nous marchons presque directement vers l'est, nous rencontrons, au bout de dix-sept kilomètres, les ruines d'Abdeh, l'Eboda de Ptolémée, l'Oboda de la Table de Peutinger. Située sur une hauteur qui s'avance au-dessus de la vallée de Marrah en forme de promontoire, elle offre aux regards les restes de deux enceintes distinctes, l'une qui était celle d'un fort, l'autre qui contenait la ville proprement dite. Une sorte de faubourg s'étendait au pied de la colline. Des vestiges d'anciennes cultures, et principalement de plantations de vignes, se montrent tout alentour.

Sans parler des autres ruines qui sont éparses dans le Negeb et notamment de celles d'El-Aoudjeh, qui sont analogues aux précédentes, franchissons immédiatement vers le sud-sud-ouest les quarante-trois kilomètres que nous avons à parcourir à travers une contrée sauvage et dévastée, pour nous rendre d'Abdeh à la source dite Aïn-Kadis. Ce nom rappelle aussitôt à l'esprit celui de Cadès, en hébreu Kadech, surnommée Barnéa, qui s'appelait primitivement Aïn-Mispat ou la *source du Jugement*. (*Genèse*, ch. xiv, $\dot{y}$ 5-8.) Les commentateurs sont indécis sur le sens qu'il faut donner au mot Barnéa, en latin Barne. Quant au mot Kadech, dans la Vulgate Cades, il signifie probablement *sacré*, *saint*. Ce fut à Cadès-Barné que Moïse conduisit directement son peuple, en quittant la vallée où il avait si longtemps campé auprès du mont Sinaï. D'après le Deutéronome (ch. v, $\dot{y}$ 2), il accomplit ce voyage en onze étapes. Arrivé à Cadès-Barné, il se disposait à pénétrer dans la Terre promise par sa frontière méridionale, lorsqu'il reçut du peuple la demande et en même temps de Dieu l'ordre formel d'y envoyer préalablement des explorateurs pour la parcourir d'une extrémité à l'autre. Ceux-ci à leur retour s'efforcèrent, sauf Josué et Caleb, de jeter le découragement dans la multitude, en répétant partout que le pays qu'ils venaient d'explorer était, à la vérité, très-fertile, comme le prouvaient les beaux fruits qu'ils en avaient rapportés, mais qu'il était couvert de cités fortes et puissantes, et occupé par des races belliqueuses et de haute stature, au milieu desquelles ils avaient vu des géants d'une taille si colossale, qu'ils semblaient n'être eux-mêmes auprès d'eux que de simples sauterelles. A la suite de ces discours, une sédition, que Josué et Caleb tentèrent vainement de calmer, éclata parmi le peuple, et Moïse, fatigué de tant de murmures, et interprète de la colère divine, déclara solennellement aux Hébreux qu'à l'exception de Josué et de Caleb, aucun adulte de la génération actuelle n'entrerait dans cette terre que le Seigneur leur avait promise, mais qu'ils s'étaient fermée à eux-mêmes par leur esprit de révolte et d'insubordination. Lorsque, malgré ce terrible arrêt, et comme pour lui donner une sorte de démenti, les Israélites essayèrent de forcer les frontières de la Palestine, Moïse demeura avec l'arche d'alliance dans le camp de Cadès et refusa de les suivre dans leur folle entreprise. Battus et harcelés dans leur fuite par les Amalécites et par les Chananéens, ils regagnèrent Cadès et recommencèrent ensuite leurs pérégrinations dans la direction de la mer Rouge. Ils étaient sortis de l'Égypte depuis deux ans, et ils errèrent encore pendant trente-huit longues années dans le désert, en expiation de leurs plaintes continuelles contre Dieu et son prophète. Durant ce laps de temps, la génération coupable disparut peu à peu tout entière, laissant de tous côtés ses ossements au milieu des âpres solitudes où elle était condamnée à errer tristement. Ces trente-huit années de châtiment expirées, nous retrouvons encore à Cadès les fils de cette génération éteinte. Miriam, sœur aînée de Moïse, qui l'avait autrefois sauvé des eaux du Nil, mourut en cet endroit et y fut ensevelie. Eusèbe, dans l'*Onomasticon*, au mot Κάδδης, atteste que de son temps on montrait encore en ce lieu le tombeau de cette femme célèbre. Josèphe, au contraire, dans ses *Antiquités judaïques* (liv. IV, ch. iv, § 6), affirme qu'elle fut enterrée sur une montagne appelée Sin, et qu'elle fut pleurée par tout le peuple pendant trente jours. Pour con-

AÏN-EL-OUAÏBEH, DANS L'OUED EL-DJEIB.

cilier ces deux assertions, il est permis de supposer que cette montagne de Sin avoisinait Cadès. C'est là également que Moïse, afin de désaltérer le peuple mutiné et mourant de soif, frappa un rocher de sa baguette, et en fit jaillir une source abondante, qu'il appela les *eaux de Meribah* ou *de la Contradiction*, *du Murmure*, parce que les enfants d'Israël avaient murmuré contre le Seigneur; mais, pour avoir frappé deux fois le rocher, et avoir ainsi semblé manquer de confiance envers la toute-puissance divine, il fut privé lui-même, avec son frère Aaron, qui par sa présence avait participé à son acte et à sa faute, de l'honneur d'introduire les Hébreux dans la Terre promise. Comme le fait observer M. le duc de Luynes (*Voyage d'exploration à la mer Morte*, t. I, p. 309), les rabbins confondent la source de Meribah avec la *fontaine de Sang*, Od-Dema des Arabes, la même que Aïn-Mousa, la *fontaine de Moïse*, celle dont les eaux coulent dans le chenal du Sik jusqu'à Pétra, et quelquefois au delà.

Sur le point d'abandonner pour toujours son camp de Cadès, Moïse entama des négociations avec les rois des Édomites et des Moabites, afin d'obtenir d'eux, soit bénévolement, soit à prix d'argent, la permission de traverser leur territoire; mais ces deux princes opposèrent un refus formel à sa demande. Quelque temps après, il quitta définitivement Cadès pour s'avancer vers le mont Hor où mourut Aaron. Avant de le suivre nous-mêmes dans cette direction, et de nous éloigner de l'Aïn-Kadis, où, avec le docteur Rowland et le savant Palmer, j'incline à reconnaître, à cause de l'identité des noms, le site de la localité qui nous occupe en ce moment, je dois dire que Robinson et après lui beaucoup d'autres voyageurs la placent soixante-dix kilomètres plus à l'est, à l'Aïn-el-Ouaïbeh, qui coule sur les bords de l'Oued-el-Djeib. Cette dernière source, je l'avoue, est beaucoup plus voisine que la précédente des frontières d'Édom et de Moab, pays avec lesquels Moïse, de son camp de Cadès, ainsi que nous l'avons vu tout à l'heure, essaya de négocier le passage de tout son peuple. Nous lisons, en outre, dans l'*Onomasticon* d'Eusèbe, au mot Κάδδης Βαρνή :

« Κάδδης Βαρνή, ἔρημος ἡ παρατείνουσα Πέτρᾳ πόλει. »

« Cadès Barné, désert qui s'étend jusqu'auprès de la ville de Pétra. »

Enfin la Bible nous apprend que de Cadès les Hébreux allèrent camper sur le mont Hor (*Nombres*, ch. XXXIII, ⅴ 37) :

« *Egressique de Cades, castrametati sunt in monte Hor, in extremis finibus terræ Edom.* »

Entre ces deux points l'écrivain sacré ne mentionne aucune station intermédiaire, et il donne à penser que les Hébreux gagnèrent en une seule étape, à partir de leur camp de Cadès, la montagne où ils devaient être témoins de la mort d'Aaron. Or un intervalle de quarante-cinq kilomètres seulement sépare l'Aïn-el-Ouaïbeh de cette montagne, tandis que l'Aïn-Kadis en est distante de quatre-vingt-quinze kilomètres au moins. Ces différentes raisons, je l'avoue, semblent militer en faveur de l'opinion de ceux qui placent Cadès à la première de ces sources. D'un autre côté, la seconde source peut invoquer pour elle l'identité complète de son nom avec celui de la ville de Cadès, ville dont on ne retrouve, du reste, aucune trace ni auprès de l'Aïn-el-Ouaïbeh, ni auprès de l'Aïn-Kadis, et qui a été complétement effacée du sol. En second lieu, entre l'Aïn-Kadis et Pétra on ne rencontre les vestiges d'aucun endroit jadis habité, si ce n'est par des nomades. Par conséquent, même en plaçant Cadès-Barné dans le voisinage de l'Aïn-Kadis, on peut dire avec Eusèbe que le désert ainsi appelé s'étendait jusqu'à la ville de Pétra.

En troisième lieu, si de l'Aïn-Kadis au Djebel-Haroun, l'ancien mont Hor, où Israël transporta ses tentes, l'intervalle de quatre-vingt-quinze kilomètres est beaucoup trop grand pour avoir pu être franchi par tout un peuple en marche, autrement qu'en trois jours au moins, qui empêche de supposer que la Bible s'est contentée d'indiquer la dernière étape, qui avait été signalée par un événement éclatant, la mort du grand prêtre Aaron, tandis que les autres étapes intermédiaires ont été supprimées dans le récit de l'historien sacré, comme n'ayant été marquées par aucun fait saillant ?

Quoi qu'il en soit, faisons halte un instant avec les Hébreux au pied du mont Hor. Il s'appelle aujourd'hui Djebel-Haroun ou la montagne d'Aaron, et est à la fois vénéré par les musulmans, par les Juifs et par les chrétiens. La dénomination de *Har* qui lui était donnée autrefois est regardée par les lexicographes comme une forme archaïque pour *Hor,* qui était le terme usuel dont les Hébreux se servaient pour désigner une montagne. C'était le mont par excellence de la grande chaine d'Édom, dont il occupait à peu près la partie centrale vers l'ouest, à égale distance approximativement de la mer Morte au nord et du golfe Élanitique au sud. Les quelques voyageurs qui ont eu la bonne fortune de le gravir s'accordent à vanter le panorama singulièrement étendu, austère et imposant dont on jouit du haut des deux pitons qui le couronnent, et sur l'un desquels s'élève l'Oualy Neby-Haroun, sanctuaire d'apparence musulmane, mais construit avec les débris d'un édifice plus ancien. « Il consiste, dit M. le duc de Luynes (*Voyage d'exploration à la mer Morte,* p. 277), en une chambre voûtée, éclairée seulement par la porte, et dont le grand axe est dirigé à peu près du nord au sud, parallèlement à celui de l'Arabah et vers la Mecque. Le sarcophage, de marbre commun ou de pierre calcaire d'un blanc jaunâtre, est en forme de cercueil, à toit incliné; des arcades ogivales en bas-relief ornent la façade principale. Couvert d'un manteau rouge et d'un turban poudreux, il est placé transversalement au grand axe de l'édifice, et présente en face de la porte son petit côté orné d'une inscription coufique que nous fîmes estamper. Le champ d'encadrement de cette inscription du côté gauche porte quelques mots hébreux gravés à la pointe, dont je n'ai pu tirer aucun sens.

« Nous descendîmes ensuite dans la crypte, où, selon les Arabes, est la véritable tombe d'Aaron, dont le monument supérieur ne serait que le cénotaphe. On y parvient par un escalier à deux directions successives, dont l'entrée est à l'opposite du chevet, c'est-à-dire au nord. Une profonde obscurité règne sur les degrés et dans le caveau, et ce fut en nous éclairant au moyen d'allumettes chimiques que nous pûmes descendre les degrés et gagner l'extrémité de cet étroit corridor aux murailles ruisselantes d'humidité... A peu près sous le cénotaphe, une grille de fer aux larges compartiments carrés, neuve, à ce qu'il nous parut, et posée obliquement, défend, sans le cacher, le tombeau, masse demicylindrique de maçonnerie couverte d'une draperie noire, et dont le grand axe, adossé au mur du fond, est parallèle à celui du cénotaphe. »

Quant à l'inscription coufique signalée par M. le duc de Luynes, en voici la traduction d'après M. Sauvaire, qui malheureusement n'a pu en faire un déchiffrement complet, à cause de l'imperfection de la photographie qui lui avait été remise :

« Au nom de Dieu clément, miséricordieux. Il n'y a de Dieu que Dieu, Mohammed est l'apôtre de Dieu. Cette station (ce tombeau) bénie a été construite par l'ordre de notre maître le Sultan, le roi protecteur, champion de la foi, conquérant, défenseur des frontières, protecteur du monde et de la religion..... »

M. Palmer, qui a vu cette même inscription quelques années plus tard, a pu la déchiffrer sur place tout entière, et il en ressort, dit-il, que l'oualy fut restauré par Ech-Chimani, fils de Mohammed Kelaoun, sultan d'Égypte, en vertu des ordres de son père, l'année 739 de l'hégire.

C'est donc sur le sommet de cette montagne solitaire qui domine la mer d'environ treize cent vingt-huit mètres que repose dans le caveau de ce sanctuaire la dépouille mortelle du frère de Moïse. Dans tous les cas, si sa cendre en a été enlevée, sa mémoire y reste fidèlement attachée depuis de nombreux siècles. Les Israélites, partis de leur campement de Cadès, étaient arrivés en présence du mont Hor, et ils avaient dressé leurs tentes au bas de cette montagne jusque-là inconnue, mais qui devait bientôt devenir si célèbre. C'est alors que s'accomplit le grand événement qui est rapporté dans les versets suivants du livre des Nombres (ch. xx) :

« 23. Le Seigneur parla en ce lieu à Moïse,

« 24. Et lui dit : Qu'Aaron aille se réunir à son peuple; car il n'entrera point dans la terre que j'ai donnée aux enfants d'Israël, parce qu'il a été incrédule aux paroles de ma bouche, au lieu nommé *les Eaux de la Contradiction.*

« 25. Prends donc Aaron et son fils avec lui, et mène-les sur la montagne de Hor.

« 26. Et ayant dépouillé le père de sa robe, tu en revêtiras Éléazar son fils : et Aaron sera réuni à ses pères et mourra là.

« 27. Moïse fit ce que le Seigneur lui avait commandé; ils montèrent la montagne de Hor sous les yeux de tout le peuple.

« 28. Et après qu'il eut retiré à Aaron ses habits pontificaux, il en revêtit Éléazar son fils.

« 29. Aaron étant mort sur le haut de la montagne, Moïse descendit avec Éléazar;

« 30. Et tout le peuple voyant qu'Aaron était mort, le pleura dans toutes ses familles pendant trente jours. »

Aaron avait cent vingt-trois ans lorsqu'il subit sur le mont Hor le trépas mystérieux qui devait bientôt couronner aussi sur le mont Nébo la vie de Moïse lui-même. Seulement Aaron, qui, par sa lâche condescendance pour la multitude, s'était fait un jour l'instrument de l'idolâtrie du veau d'or, et qui plus d'une fois avait joint ses amères critiques à celles du peuple, fut, malgré ses vertus, et les services qu'il avait rendus, complétement exclu de la Terre promise, qu'il n'eut pas même la consolation d'apercevoir de loin. Ses regards mourants n'eurent, en effet, pour tout horizon, avant de s'éteindre, que le désert sans fin, la longue et stérile vallée de l'Arabah et les montagnes d'Édom. Moïse, au contraire, qui n'avait qu'une fois manqué de confiance au Seigneur, en frappant à deux reprises le rocher de Cadès; Moïse, qui dans tout le reste de sa vie avait si dignement accompli la grande et laborieuse mission dont Dieu l'avait chargé, sans se laisser rebuter par les murmures et l'ingratitude de la nation, à la délivrance de laquelle il s'était dévoué; Moïse, enfin, le confident de l'Éternel et le promulgateur de la loi sainte, devait, sans y entrer lui-même, s'approcher davantage de la terre bénie après laquelle depuis quarante ans soupirait son peuple et qu'avaient habitée les premiers patriarches. Il devait même du sommet du Nébo contempler les montagnes de la Palestine et en distinguer l'étendue et la configuration générale. Il eut donc une vision du beau pays dont la conquête était réservée à Josué, et il exhala doucement son âme entre les mains du Très-Haut, les yeux tournés vers l'antique séjour d'Abraham, d'Isaac et de Jacob, qu'il pouvait saluer avec transport avant de mourir. En communication directe et permanente avec la Divinité pendant sa vie, il termina sa longue et prodigieuse carrière d'une manière non moins surnaturelle, et fut enseveli de même. « Nul homme, dit la Bible, n'a jamais su où était son tombeau. » La mort d'Aaron, toute surprenante qu'elle ait été, a été cependant plus humaine, et sa tombe, connue de tous, a été toujours le but d'un véritable pèlerinage. Au moyen âge, il y avait là un petit monastère chrétien dit de Saint-Aaron, que visita Foulcher de Chartres, pendant l'expédition du roi Baudoin 1er, alors simple comte d'Édesse, en 1100. En 1217, ce monastère était encore debout, et le pèlerin Thietmar s'y arrêta chemin faisant, en se rendant de Choubek au mont Sinaï. Il y trouva deux religieux grecs. La chapelle dont les débris ont été employés dans la construction du sanctuaire actuel était desservie par eux. Plus tard, les musulmans l'ont transformée en ouály, et de nos jours encore les Arabes continuent à y venir prier et y offrir des sacrifices, consistant dans l'immolation d'un chevreau ou d'un mouton.

PÉTRA

Deux heures de marche dans la direction du nord-est conduisent du Djebel-Haroun à Pétra; mais avant de décrire sommairement cette ville célèbre, disons un mot de la grande chaîne d'Édom, au milieu de laquelle elle est située, et en quelque sorte soigneusement cachée, comme une perle précieuse.

Entre le bassin si profondément encaissé de la mer Morte dont nous avons parlé précédemment

DJEBEL-HAROUN, OU MONT HOR.

et le golfe oriental de la mer Rouge ou le golfe d'Akaba, s'étend une grande vallée, l'Oued-Arabah, dont la longueur est de cent quatre-vingts kilomètres et la largeur moyenne de seize kilomètres. Les hauteurs qui la bordent, à droite et à gauche, sont plus élevées et plus abruptes à l'est qu'à l'ouest. Cette vallée se relève insensiblement depuis la mer Morte, qui est à trois cent quatre-vingt-douze mètres au-dessous de la Méditerranée, jusqu'à deux cent quarante mètres au-dessus.

De ce point, vers le nord, tous les torrents qui aboutissent à l'Oued-Arabah se rendent à la mer Morte, et, vers le sud, tous se jettent dans le golfe d'Akabah. Cette ligne de partage des eaux se trouve à soixante et onze kilomètres environ au nord de ce golfe, et partage la vallée en deux versants anticlinaux et en deux bassins hydrographiques. Le plateau accidenté que termine l'escarpement occidental de l'Oued-Arabah comprend la zone méridionale de la Palestine, l'ancien Negeb et le désert de Tih ou de l'Égarement, ainsi nommé à cause des longues pérégrinations du peuple hébreu, condamné à y errer pendant tant d'années. C'est le pays que nous venons de traverser rapidement pour gagner de Bir es-Seba le Djebel-Haroum. La plupart des montagnes qui le composent sont calcaires. Celles, au contraire, qui dominent vers l'est l'Oued-Arabah, sont formées de grès, de granit et de porphyre. Elles constituent une lisière longue et étroite dont la plus grande largeur ne dépasse guère trente-cinq kilomètres et dont la longueur égale celle de l'Oued, c'est-à-dire cent quatre-vingts kilomètres.

C'est la célèbre contrée d'Édom, contrée naturellement fertile et abondante en sources, et qui contraste avec l'aridité des deux déserts entre lesquels elle est comme interposée. Jadis très-peuplée et admirablement cultivée, elle atteste, par ses nombreuses ruines, l'importance qu'elle avait autrefois. Encore aujourd'hui, grâce aux ruisseaux qui la sillonnent, ses vallées et ses montagnes se couvrent au printemps de fleurs et de verdure, et avec une administration moins déplorable, ce pays, l'un des plus pittoresques du globe, recouvrerait en même temps, peu à peu, sa fécondité première. Malheureusement, il est en proie à l'anarchie et au brigandage, et le pauvre fellah qui laboure son champ ou cultive son verger ne sait jamais si le Bédouin nomade ne sera pas le premier à en moissonner les grains ou à en cueillir les fruits. Les prédictions des prophètes contre Édom se sont accomplies à la lettre, et cette région, pendant longtemps si prospère, n'offre plus que la triste image de la désolation et de l'abandon. Les voyageurs qui s'y aventurent n'y pénètrent qu'avec une escorte assez considérable et y sont indignement rançonnés par les habitants. Il se divise en deux districts séparés par une vallée, dite El-Rhoueïr (le petit Rhor), et appelés, l'un, au nord, El-Djebal, la Gobolitis de Josèphe et la Gebalène d'Eusèbe, et l'autre, au sud, Ech-Cherah, le mont Seïr de la Bible.

Le premier district renferme entre autres bourgades celles de Tofileh et d'El-Bouseirah.

Tofileh est la Tophel des Livres saints (*Deutéronome*, ch. I, ⅴ 1). Située sur la pente d'une montagne, elle est alimentée d'eau par plusieurs sources importantes et a une population de deux mille huit cents habitants. Là réside le cheikh du district.

El-Bouseirah n'est plus que l'ombre de l'antique Bosra, en hébreu Bozrah, ville dont il est question dans la Genèse (ch. XXXVI, ⅴ 33), comme étant la patrie de Jobab, fils de Zara, l'un des anciens rois d'Édom.

Qui ne connaît le beau passage où Isaïe, célébrant par avance la grandeur et la gloire du Messie, s'exprime ainsi (ch. LXIII, ⅴ 1) :

« *Quis est iste, qui venit de Edom, tinctis vestibus de Bosra? Iste formosus in stola sua, gradiens in multitudine fortitudinis suæ.*

« Quel est celui qui vient d'Édom, les vêtements teints de la pourpre de Bosra? Il est beau dans l'éclat de sa robe, il s'avance dans la toute-puissance de sa force. »

Eusèbe mentionne cette ville sous le nom de Bosor, et ne manque pas de faire remarquer qu'il faut la distinguer de Bostra, située dans la Pérée, et qui, sous le règne de Trajan, fut élevée au rang de métropole de la nouvelle province d'Arabie.

A la section méridionale des montagnes d'Édom ou au Djebel ech-Cherah appartiennent Choubek, Pétra, Maan et Akaba.

Choubek ou Kerak ech-Choubek est le *mons Regalis* ou le mont Royal de l'époque des Croisades. La forteresse, fondée en cet endroit par Baudouin I*ᵉʳ*, couronne le plateau supérieur d'une colline et est assez bien conservée. Une porte massive de fer y donne entrée.

Je ne dis rien, pour le moment, de Pétra, que je vais décrire tout à l'heure.

Vingt-cinq kilomètres à l'est-sud-est de cette ville et sur le seuil du grand désert d'Arabie, Maan contient un millier d'habitants. On y voit les restes d'un ancien château musulman. A cause de sa position sur la route des pèlerins de la Mecque, cette localité jouit encore d'une certaine importance. Elle rappelle, par son nom, la tribu des Maonites dont elle était jadis le chef-lieu, et qui, de concert avec les Amalécites, fit la guerre aux Israélites, comme cela résulte d'un passage du Livre des Juges (ch. X, ⅴ 12), dans le texte hébreu ; car, dans la Vulgate, le mot Maon est remplacé par celui de Chanaan.

Akaba enfin touche au golfe du même nom; j'en parlerai plus bas.

La région dont je viens d'indiquer sommairement les principales localités, aujourd'hui encore habitées, s'appelait primitivement le mont Seïr, dénomination qui signifie *rude, escarpé*, et qui s'appliquait alors à toute la contrée montagneuse qui s'étend à l'est de l'Arabah depuis l'extrémité méridionale de la mer Morte jusqu'à l'extrémité septentrionale du golfe d'Akabah. Ses premiers habitants étaient les Horim, peuple troglodyte, qui vivait dans des cavernes et qui fut chassé par les descendants d'Ésaü. Ceux-ci communiquèrent le nom d'Édom, qui signifie *roux*, et qui rappelait la couleur de leur père, aux monts Seïr. Ce dernier nom, comme je l'ai dit précédemment, est resté attaché jusqu'à nos jours sous la forme de *Djebel ech-Cherah* à la section méridionale de cette chaîne. Les Édomites furent plus tard soumis par David, et Salomon équipa une flotte à Azion-Gaber, à l'extrémité de leur pays, sur les bords de la mer Rouge; mais ils reconquirent bientôt leur indépendance, et, à l'exception des défaites passagères que leur infligèrent Amasias, puis Ozias, ils vécurent en paix. Durant les guerres désastreuses qui déchirèrent les royaumes de Juda et d'Israël, ils s'allièrent souvent contre eux avec les ennemis qui

Tombes creusées dans le roc, a Pétra.

les attaquaient et contribuèrent à leur chute. S'étendant en même temps en dehors de leurs montagnes, ils envahirent la partie nord du désert de Tih et presque tout le Negeb. Vaincus et subjugués sous les Macchabées, ils furent gouvernés par des préfets juifs. L'un d'entre eux, Antipater, Iduméen de naissance (c'est ainsi que les Grecs désignaient les Édomites), devint par la faveur de César, procurateur de toute la Judée, et son fils, Hérode le Grand, fut élevé à la dignité de roi des Juifs.

Mais, longtemps avant Antipater et Hérode, une révolution considérable s'était accomplie dans le cœur même des montagnes d'Édom. Pendant que les fils d'Ésaü faisaient des progrès incessants à l'ouest, au nord-ouest, et communiquaient le nom d'Idumée

TOMBEAUX MONOLITHES DÉTACHÉS, A PÉTRA.

au pays dont ils s'emparaient, les Nabatéens, qui passaient pour être les descendants de Nebaioth, le fils aîné d'Ismaël, les chassaient de leur antique héritage et s'emparaient de l'Idumée proprement dite, c'est-à-dire de l'ancien mont Seïr. Ils y fondèrent le petit royaume de Nabat, que les auteurs latins désignent sous le nom d'*Arabia Petræa,* et qui avait pour capitale Selah (le Rocher), la Pétra des Grecs et des Romains.

Le premier roi nabatéen dont il soit fait mention dans l'histoire, vers 165 avant Jésus-Christ, s'appelait Arétas, comme celui qui, plus tard, régnait du temps de saint Paul à Damas, dont il s'était rendu maître. Les autres rois nabatéens qui nous soient connus se nommaient Malchus et

Rochers du Sik, a Pétra.

Obodas. Ils furent d'ordinaire les alliés des Juifs sous les Macchabées, et eurent néanmoins, dans la suite, des démêlés avec eux, ainsi qu'avec les Syriens. Quelques années avant l'ère chrétienne, une armée romaine fut envoyée en Arabie Pétrée, sous le commandement d'Ælius Gallus. Le roi nabatéen Obodas, pour échapper au péril qui le menaçait, usa de ruse. Il accueillit cette armée envahissante avec les marques, en apparence, de la soumission et de l'amitié la plus sincère, et lui donna pour la guider dans sa marche son propre ministre Syllæus. Celui-ci la fit errer dans les déserts les plus arides, où elle périt à peu près complétement de soif, de fatigue et de maladie. Enfin, l'an 105 de notre ère, les Nabatéens, qui jusque-là avaient pu conserver leur indépendance, la perdirent, lors de l'expédition de Cornélius Palma, gouverneur de Syrie, qui conquit l'Arabie Pétrée et l'incorpora à l'empire romain.

Actifs, commerçants et industrieux, les Nabatéens continuèrent sous les Romains à être les principaux intermédiaires du trafic entre l'Inde, l'Arabie méridionale et les côtes de la Méditerranée à travers la péninsule Sinaïtique. De là les richesses immenses qu'ils amassèrent et la beauté des monuments de toutes sortes dont ils ornèrent leur capitale, et qui font encore de Pétra, malgré l'état lamentable dans lequel elle est tombée depuis la conquête musulmane, l'une des merveilles du monde.

Cette ville singulière, environnée de montagnes rocheuses, et elle-même en grande partie taillée dans le roc, devait à cette circonstance le nom de Selah, qu'elle portait primitivement et qui, dans les langues sémitiques, signifiait *rocher*. Son origine remonte probablement jusqu'aux Horim, peuple troglodyte, comme nous l'avons dit précédemment; mais elle apparaît seulement pour la première fois dans la Bible sous le règne d'Amasias, l'an 828 environ avant l'époque chrétienne. Nous lisons à ce sujet dans le IVe livre des Rois (ch. x, ỳ 7, texte hébreu) :

« Il (Amasias) frappa dix mille hommes d'Édom dans la vallée du Sel, et prit Selah par force et lui donna le nom de Jokthéel, nom qu'elle a gardé jusqu'à ce jour. »

Josèphe, dans ses *Antiquités judaïques* (liv. IV, ch. vii, § 1), nous apprend que cette ville s'appelait également Arekemé, du nom de l'un de ses anciens rois, appelé Rekem, qui en avait été le fondateur.

Elle subit naturellement toutes les vicissitudes du pays d'Édom, et, vers la fin du quatrième siècle avant Jésus-Christ, tombée au pouvoir des Nabatéens, elle acquit sous leur domination une puissance et une splendeur nouvelles.

C'est là, comme dans un asile inviolable, qu'ils déposèrent les trésors que le commerce très-étendu dont ils étaient les agents habiles et infatigables entre l'Asie, l'Afrique et l'Europe, leur procurait sans cesse. Ils se plurent aussi à l'embellir et à en faire un véritable joyau d'architecture. Les flancs abrupts des montagnes, qui se hérissaient de toutes parts autour d'eux dans l'espace resserré que cette cité occupait, se changèrent entre leurs mains en une sorte de ruche merveilleuse, excavée avec un soin infini dans la roche vive, et que bientôt l'art des Grecs et des Romains acheva de décorer encore. Tombeaux innombrables et de toutes formes, mausolées rivalisant en grandeur et en majesté avec des édifices religieux, temples, palais, portiques, arcs de triomphe, établissements publics et habitations particulières, jaillirent, comme par enchantement, du sein des rochers les plus sauvages, aplanis, évidés, sculptés, façonnés de toutes manières par le ciseau et par le marteau, et se prêtant à figurer les monuments les plus divers. Maîtres de Pétra, les Romains continuèrent à l'orner, quelquefois même avec un luxe et une profusion de décoration un peu exagérés. Lorsque le christianisme commença à s'y développer et à y fleurir, ses temples se transformèrent en églises, et elle devint par son siége épiscopal la métropole de la Palestine IIIe. Plusieurs de ses évêques apposèrent leurs signatures aux actes de différents conciles. A partir de la conquête musulmane, elle cessa presque complétement d'être mentionnée dans l'histoire, et pendant douze siècles elle resta enveloppée d'un oubli profond. On finit même par ignorer sa véritable position. Seetzen fut, en 1807, le premier voyageur moderne qui ait donné, sans la visiter néanmoins, des indications précises, recueillies de la bouche des indigènes, sur l'endroit où elle se trouvait. Burckhardt, en 1812, y pénétra furtivement, déguisé en pèlerin musulman, et révéla au monde savant la magnificence de ses ruines, demeurée inconnue depuis tant de siècles. En 1818, Irby et Mangles y passèrent deux jours, qui ne furent point perdus par ces investigateurs audacieux et perspicaces. En 1828, MM. Linant et de Laborde purent se maintenir plus longtemps à Pétra, en levèrent le plan, en dessinèrent les principaux monuments et y préparèrent les éléments de leur grand et bel ouvrage sur l'Arabie Pétrée. Cette ville fut ensuite visitée et décrite, en 1837, par lord Lindsay, en 1838 par M. le comte de Bertou et Robinson, en 1839 par MM. Kinnair et Roberts, en 1852 par le docteur Stanley, en 1864 par M. le duc de Luynes, et plus récemment encore par M. Palmer, ainsi que par d'autres savants ou artistes qu'il serait trop long de mentionner ici. Malgré tant d'explorations successives qui ont suivi celle de l'intrépide Burckhardt, Pétra est loin d'avoir livré tous ses secrets à ceux qui ont eu le bonheur de la voir. La plupart d'entre eux, en effet, n'ont pu y jeter qu'un très-rapide coup d'œil, à cause des difficultés sans cesse renaissantes qu'on y rencontre de la part des habitants, dont la rapacité n'a pas de bornes. Cette population misérable et dégradée professe le mahométisme; néanmoins, elle a conservé un type juif très-prononcé. Aussi plusieurs voyageurs y reconnaissent-ils les restes des anciens Siméonites qui s'étaient établis dans le pays d'Édom. M. Palmer, au contraire, la considère comme une branche des Juifs Kheibari qui vivaient près de la Mecque, et qui jouèrent un si grand rôle dans les premiers temps de l'Islam. Ces Kheibari seraient venus, selon lui, à la suite de la conquête arabe, se fixer autour de Pétra, sous le nom de Liyatheneh ou fils de Leith, l'un des descendants de Kaab. Quoi qu'il en soit, ils ont l'habitude d'exploiter tellement les étrangers qu'attire au milieu d'eux la renommée, d'ailleurs si méritée, des grandes ruines qu'ils possèdent, que ceux-ci se hâtent, à peine arrivés à Pétra, de visiter les monuments les plus importants que cette ville renferme, et quand par un rapide examen des principales merveilles qui sollicitent leur attention, ils ont commencé à apaiser leur première soif de voir et d'admirer des monuments qui les ont appelés quelquefois de si loin, ils précipitent souvent leur départ, afin d'échapper le plus tôt possible aux exactions et à la cupidité insatiable de leurs hôtes. De là vient que Pétra n'a pu encore être explorée à fond par personne. Pour cela il faudrait y séjourner des mois entiers, avec la protection des cheikhs qui y commandent, et y procéder à une étude minutieuse et méthodique de tout l'emplacement qu'elle occupe. Contentons-nous, pour le moment, de signaler très-brièvement ce qu'elle présente de plus remarquable.

Située dans une vallée qui semblait se refuser à la fondation et au développement d'une capitale, à cause des montagnes rocheuses qui l'environnent et l'étreignent de toutes parts, mais qui en même temps lui font comme un rempart inexpugnable, elle a su non-seulement remplir cette vallée de constructions de toutes sortes, mais encore, pour s'agrandir, se creuser soit des demeures, soit des temples et surtout une multitude de tombeaux à différentes hauteurs sur les flancs de ces mêmes montagnes. De difficile accès, elle n'est guère abordable que de deux côtés, où il est aisé avec un petit nombre d'hommes d'en défendre l'approche. Au sud-ouest, on y pénètre par un sentier rude et escarpé, et à l'est par une gorge extrêmement étroite. Cette gorge, appelée en arabe Es-Sik, ce qui veut dire la *fente*, la *fissure*, est effectivement une véritable faille dans un énorme massif de grès qui s'est séparé en deux moitiés par suite de quelque commotion violente, laissant entre les deux parties disjointes une espèce de corridor à jour, long de deux kilomètres et demi sur cinq à six mètres à peine de large, et qui, au lieu d'être rectiligne, décrit des méandres multipliés. Ce corridor étrange et gigantesque succède à une vallée bordée de grottes sépulcrales ou de tombeaux monolithes détachés des flancs rocheux dans lesquels ils ont été creusés. Au milieu de la vallée serpente un ruisseau dont les eaux dérivent de l'Aïn-Mousa, qui, d'après la tradition locale, aurait jadis jailli miraculeusement à la parole et sous la baguette de Moïse. Ce serait également à cette même baguette que serait due la faille prodigieuse dont je viens de parler. L'entrée orientale du Sik est réellement imposante. En effet, celui qui s'engage de ce côté dans ce défilé mystérieux aperçoit au-dessus de sa tête, à la hauteur d'une trentaine de mètres, l'arche hardie d'un pont-aqueduc jeté d'un rocher à l'autre, et qui, avec les pilastres et les niches à statues qui le décorent, forme comme une sorte de vestibule grandiose et triomphal. Puis on chemine entre deux immenses murailles rocheuses, hautes sur certains points d'une centaine de mètres, et qui quelquefois semblent se rapprocher dans leur partie supérieure, au point d'intercepter presque la vue du ciel et, par conséquent, la clarté du jour. Le même ruisseau qui sillonne la vallée continue à courir et à murmurer le long du Sik, où il était autrefois retenu

EL-KHASNEH FARAOUN (LE TRÉSOR DE PHARAON), A PÉTRA.

captif dans un petit canal latéral pratiqué dans le roc. Des touffes de lauriers-roses ont pris racine et se sont développées au milieu des dalles brisées ou déplacées qui bordaient le canal. Après avoir ainsi marché dans une demi-obscurité pendant près de trente minutes, on est tout à coup inondé d'une vive clarté qui se projette sur un monument incomparable et en fait ressortir l'ensemble et les détails. Les Arabes lui donnent le nom de Khazneh Faraoun (trésor de Pharaon), parce qu'ils s'imaginent que l'un des Pharaons d'Égypte y avait déposé ses richesses. L'apparition soudaine de ce bel édifice, qui doit à sa position près de la rencontre du Sik avec une autre gorge la lumière éblouissante qui l'éclaire, a quelque chose de magique, qui a transporté d'admiration tous les voyageurs. D'ailleurs, il est des plus élégants, comme on pourra s'en convaincre en jetant les yeux sur la gravure qui le représente. Tout entier taillé dans un grès rougeâtre où les nuances de la pourpre et de la rose se marient ensemble, il offre aux regards une magnifique façade à deux étages, qui est très-richement ornée de colonnes corinthiennes, de sculptures variées, de bas-reliefs et de statues. Au dire de M. le duc de Luynes (*Voyage d'exploration à la mer Morte*, p. 296), immédiatement au-dessus du fronton couronne l'étage inférieur, et au-dessous du bandeau en relief qui

AMPHITHÉÂTRE PRATIQUÉ DANS LE ROC, A PÉTRA.

supporte l'étage supérieur, on voit, sur une sorte de console renversée, un groupe de style égyptien dégénéré, nommé symbole d'Isis, formé d'un disque reposant sur deux cornes de vache, unies par leur base et flanquées de deux épis. Trois petits disques servent de support à l'ensemble de ce symbole, accosté d'un rinceau divergent.

M. Palmer, au contraire (*The Desert of the Exodus*, t. II, p. 442), déclare qu'après un examen attentif il a reconnu une lyre dans ce même ornement, et que les neuf figures en bas-relief représentées à l'étage supérieur, en tunique courte et avec des écharpes flottantes, ne sont pas des Amazones, comme on l'a répété plus d'une fois, mais bien les neuf Muses. Aussi incline-t-il à penser que ce monument, consacré au dieu de la musique et des différents arts libéraux, était le Muséum de Pétra et l'établissement philharmonique de cette ville. Intérieurement, il renferme une grande salle et plusieurs chambres moins considérables.

A partir du Khazneh-Faraoun, le Sik, dont la direction générale, malgré ses divers détours, a été celle de l'ouest, tourne vers le nord-ouest pendant l'espace de quatre cents mètres environ. Les parois des rochers verticaux qui se dressent parallèlement à droite et à gauche sont perforées dans presque toute leur étendue de niches et de tombeaux dont quelques-uns se distinguent par la beauté de leurs façades. Puis on se trouve en présence d'un grand théâtre, creusé dans les flancs inclinés d'une colline rougeâtre, à l'endroit où le Sik s'élargit un peu. Il avait trente-trois rangs de gradins et pouvait renfermer quatre mille spectateurs. La scène, qui seule était construite, est aux trois quarts démolie. Elle était ornée de colonnes, comme le prouvent quelques bases encore en place. Au-dessus des gradins supérieurs, une série de grottes sépulcrales paraissent antérieures au théâtre.

Au delà de cet édifice, le défilé avec le ruisseau qui y coule se dirige vers le nord et commence à s'élargir progressivement; enfin, après quatre cents autres mètres il aboutit à une vallée qui formait l'emplacement de la ville proprement dite. Celle-ci occupait au nord et au sud les deux rives du même ruisseau qui traverse de l'est à l'ouest toute la longueur de la vallée, avant d'aller se perdre au sud-ouest dans une nouvelle gorge hérissée de broussailles et jusqu'à présent inexplorée. Renfermée dans des limites assez restreintes, à cause de l'amphithéâtre de montagnes qui l'environne, elle est beaucoup moins bien conservée que les nécropoles dont elle est entourée; ces nécropoles, en effet, avaient été pratiquées dans le roc, tandis qu'elle-même avait été construite. Les principales ruines qu'on y observe sont celles de plusieurs temples, transformés sans doute en autant d'églises à l'époque chrétienne; d'un forum, de deux ponts, d'un arc de triomphe, d'un grand édifice appelé par les habitants Kasr-Faraoun (château de Pharaon), et les vestiges de nombreuses maisons renversées au sud-ouest; elle est dominée par une haute colline rocheuse dont la plate-forme supérieure semble avoir servi d'assiette à son acropole. A l'est, les énormes rochers qui la commandent de ce côté, comme une sorte de falaise verticale, présentent aux regards et à l'admiration des voyageurs les plus magnifiques monuments funéraires de Pétra. A eux seuls, ils suffisent à attester l'opulence et la splendeur de cette ancienne cité, et comme le grès dans lequel ils ont été excavés avec tant d'art et de labeur revêt naturellement des teintes variées, ces couleurs plus ou moins éclatantes communiquent à ces mausolées, lorsqu'ils reflètent les rayons du soleil, un cachet tout particulier de richesse et de majesté. Tous ont été fouillés, et les cendres qui y reposaient orgueilleusement ont été depuis longtemps, sans doute, dispersées à tous les vents; mais eux-mêmes, dans leur plan général et dans leurs principaux détails, sont demeurés à peu près intacts, avec leurs colonnes doriques, ioniques ou corinthiennes, avec leurs entablements et leurs frontons sculptés.

Trois quarts d'heure au nord-ouest de Pétra, après avoir gravi péniblement un grand nombre de degrés creusés dans le roc, on parvient sur une vaste plate-forme artificielle où s'élève un grand temple monolithe qui porte le nom de Ed-Deir (le Couvent). Consacré primitivement au culte païen, il est devenu une église à l'époque chrétienne. Sa façade rappelle celle du Khazneh-Faraoun; mais il est conçu dans des proportions plus considérables et plus imposantes. Sur le sommet d'un rocher voisin, une autre plate-forme à laquelle on parvient par une suite de degrés supportait également un autre temple dont il subsiste encore les bases de plusieurs colonnes et une niche richement ornée au fond d'une salle. Du haut de ce rocher, qui domine la ville de Pétra de quatre cents mètres, on l'aperçoit tout entière au fond de sa vallée. Là, elle dort morne et silencieuse dans ses ruines, elle qui devait être autrefois si pleine de vie, d'éclat et de mouvement. Ses temples sont déserts, son théâtre ne retentit plus de la voix des acteurs et des applaudissements des spectateurs, ses tombeaux mêmes sont vides et profanés. Où sont aujourd'hui ces fiers et opulents Nabatéens qui n'avaient pu être vaincus que par Rome, quand la plus grande partie de l'univers lui était déjà soumise? Enrichis par leur commerce, ils avaient fait de leur capitale l'asile de leur indépendance et en même temps l'une des plus belles cités du monde. A voir les superbes tombeaux qu'ils s'étaient creusés dans le roc à des hauteurs souvent peu accessibles, on aurait pu croire qu'ils auraient au moins joui tran-

ED-DEIR (LE COUVENT), A PÉTRA.

quillement de leurs sépulcres; mais avec les farouches sectateurs de Mahomet sont venus les Lyatheneh, tribu farouche et cupide, qui n'a pas laissé une seule de ces grottes funéraires sans la fouiller en tous sens, dans l'espérance d'y découvrir quelque trésor caché. Chose digne de remarque, en face de tant de splendides mausolées qui n'ont pu garder la dépouille de leurs morts, apparaît intacte, dans le lointain, sur l'une des cimes du mont Hor, l'humble Oualy de Neby-Haroun. Le frère de Moïse a été respecté dans son cénotaphe et dans son sarcophage, quand la poussière de tout un peuple n'a pas trouvé grâce devant l'outrage et la profanation.

SINAÏ

DE PÉTRA AU DJEBEL-MOUSA

Trente-six kilomètres au sud-ouest du Djebel-Haroun, après avoir franchi la ligne de partage des eaux, entre la mer Morte et le golfe Élanitique, on rencontre une source appelée Aïn-Gharandel, autour de laquelle croissent quelques palmiers. Elle coule dans la grande vallée de l'Arabah, qui, au sud de cette ligne de partage, est quelquefois désignée sous le nom de Oued-Akabah ou de *vallée de la Descente*, parce qu'au lieu de monter constamment comme précédemment, à partir de la mer Morte, elle descend, au contraire, graduellement jusqu'au golfe Élanitique.

Il ne faut pas confondre cette source de Gharandel avec une autre du même nom, située plus haut dans le pays d'Édom, entre Tofileh et Choubek, et qui marque le site de l'ancienne Arindela, siége d'un évêché à l'époque chrétienne, et mentionnée comme telle dans les *Notices ecclésiastiques*.

Quarante-deux kilomètres au sud-sud-ouest de l'Aïn-Gharandel, l'Aïn-Ghoudian ne fournit qu'une eau saumâtre et bonne au plus pour les animaux. Aussi je m'étonne que plusieurs voyageurs, à l'exemple de Robinson, inclinent à y placer l'antique Ézion-Gaber, croyant reconnaître une certaine ressemblance entre le nom Ezion, tel qu'il s'écrit en hébreu, et celui de Ghoudian, d'après l'orthographe arabe. En outre, comme Ézion-Gaber était une ville maritime, et que l'Aïn-Ghoudian est séparé de la pointe nord du golfe d'Akabah par un intervalle de vingt-deux kilomètres, il faut admettre que la mer Rouge s'est retirée depuis l'antiquité d'une distance au moins égale, ce qui n'est pas probable, attendu que l'Aïn-Ghoudian coule à une altitude d'environ soixante mètres au-dessus du golfe.

En continuant à descendre vers le sud les pentes de l'Oued-Arabah ou, autrement dit, l'Oued-Akabah, nous parvenons au débouché dans cette grande vallée d'une vallée transversale qui contourne entièrement le massif de l'Édom au sud, en reliant l'Arabah qui le longe à l'occident avec le vaste désert de l'Arabie qui le borde à l'orient. C'est par l'Ouady el-Ithm que les caravanes de Damas qui se dirigent vers la Mecque se rendent à Akabah, où elles rejoignent celles qui arrivent d'Égypte. C'est aussi par là que, d'après la plupart des critiques, se serait effectué le passage des Hébreux, lorsque, quittant pour toujours le désert de Cadès, ils tournèrent vers le sud le pays des Édomites, pour remonter ensuite vers le nord jusqu'à la frontière orientale de la contrée de Moab. Je dois dire ici que d'autres savants, et notamment M. le duc de Luynes, ont émis un avis différent, et pensent que les Hébreux traversèrent plus haut et par une autre vallée le massif d'Édom.

Nous atteignons enfin la pointe septentrionale du golfe d'Akabah. Les ruines très-peu importantes de nos jours que l'on y observe sont vraisemblablement celles d'Ézion-Gaber. Cette ville, appelée Ézion-Gaber ou Ézion-Geber dans le texte hébreu, en latin Asiongaber (l'Épine dorsale du géant), nous est signalée pour la première fois dans le Livre des Nombres (ch. XXXIII, ỳ 35), à l'occasion des divers campements des Israélites dans le désert :

« *Egressique de Hebrona, castrametati sunt in Asiongaber.* »

Il en est également question dans le Deutéronome (ch. II, ỳ 8) :

« *Cumque transissemus fratres nostros filios Esaü, qui habitabant in Seir, per viam campestrem de Elath, et de Asiongaber, venimus ad iter quod ducit in desertum Moab.* »

De ce passage il semble résulter que Asiongaber était au nord d'Élath.

Le livre III des Rois (ch. ix, ỳ 26) nous apprend en outre que Salomon, plus tard, y construisit une flotte, et que cette ville était située près d'Élath, sur le bord de la mer Rouge, dans le pays d'Édom :

« *Classem quoque fecit rex Salomon in Asiongaber, quæ est juxta Ailath in littore maris Rubri, in terra Idumϗœ.* »

Dans la suite, Josaphat équipa sur cette même mer une autre flotte, destinée, comme celle de Salo-

ARABES TOUARAH.

mon, à aller chercher de l'or à Ophir; mais ses navires se brisèrent contre les rochers d'Asiongaber, ainsi que nous le savons par le verset suivant (*Rois*, liv. III, ch. xxii, ỳ 49) :

« *Rex vero Josaphat fecerat classes in mari, quæ navigarent in Ophir propter aurum : et ire non potuerunt, quia confractæ sunt in Asiongaber.* »

Il est à croire que le bois qui servit à fabriquer ces vaisseaux flotta depuis les côtes de la Phénicie jusqu'au point du rivage le plus voisin de la tête du golfe Élanitique, et qu'il fut ensuite transporté à dos de chameau à travers le désert jusqu'au port d'Asiongaber. Dans les environs de cette ville, en effet, ne devaient croître que des palmiers, et le désert ne pouvait fournir que des tamaris ou des acacias, qui ne pouvaient remplacer pour cet usage les pins et les cèdres du Liban.

Quant à Élath ou Éloth en hébreu, en latin Elath, Ailath et Aila, en grec Αἰλάθ, Ἐλάνα, Αἰλάνα, elle était située également vers l'extrémité septentrionale du même golfe, qui de là reçut le nom de golfe Élanitique.

Elle est souvent mentionnée en connexion avec Asiongaber, qu'elle avoisinait, selon toute apparence, vers le sud-est, occupant probablement l'emplacement actuel d'Akaba. Conquise par David, qui s'empara du pays d'Édom et y plaça des garnisons, restée soumise à Salomon, qui, comme nous venons de le voir, équipa une flotte non loin de là à Asiongaber, elle suivit sans doute sous Joram le mouvement insurrectionnel des Édomites qui se révoltèrent contre ce prince. Mais, plus tard, reprise par Azarias, qui la rebâtit, elle demeura entre les mains des Juifs jusqu'au moment où Rasin, roi de Syrie, la leur enleva pour la rendre aux Édomites. Sous la domination romaine, elle garda encore quelque importance, tandis qu'il n'est plus question alors d'Asiongaber, et, à l'époque chrétienne, elle devint le siége d'un évêché. C'était, sous l'empire byzantin, le poste militaire de la dixième légion Fretensis. Lors de l'invasion musulmane, elle était au pouvoir d'un petit prince chrétien appelé Johannat, qui, moyennant un tribut et en se déclarant vassal de Mahomet, détourna de sa ville les armes et les menaces du conquérant. C'était une grosse bourgade surnommée Akabah et défendue par un fort d'accès très-difficile. Les musulmans aplanirent le chemin rocheux qui y conduisait. A l'époque de la première croisade, le roi Baudoin Ier, en l'année 1116, s'en empara sans résistance et y laissa une garnison. L'an 1170, Saladin l'arracha, non sans peine, des mains des chrétiens. En 1181, Renaud de Châtillon, seigneur de Kerak et de Montréal, essaya vainement de l'emporter par un coup de main audacieux. En 1319, le sultan d'Égypte Mohammed ben-Kelaoun fit aplanir de nouveau la rampe qui menait à la citadelle. Celle-ci, dans son état actuel, passe pour dater du seizième siècle. Elle est quadrangulaire, de forme oblongue et flanquée d'une tour à chacun de ses angles. Là réside le gouverneur de la place, avec une faible garnison qui a pour mission de protéger à leur passage les pèlerins de la Mecque. Les caravanes d'Égypte qui se croisent en cet endroit avec celles de Syrie et d'Arabie y renouvellent leur provision d'eau; car des sources abondantes y coulent et y entretiennent comme dans une verdoyante oasis de belles plantations de palmiers. Le village d'Akaba est d'ailleurs assez misérable, avec ses maisons bâties en pisé et sa population de cultivateurs et de pauvres pêcheurs.

La distance qui sépare Akaba du mont Sinaï est d'environ cinquante heures de marche. Après avoir contourné vers le nord-ouest, puis vers l'ouest, la pointe septentrionale du golfe du même nom, qui jadis, comme nous l'avons vu, s'appelait golfe Élanitique, on en suit vers le sud-ouest les bords occidentaux. Quand on les a longés dans cette direction pendant une quinzaine de kilomètres, on se trouve en présence d'une petite île couverte de ruines et appelée, soit Djeziret-Faraoun (l'île de Pharaon), soit El-Kourey ou El-Koureyeh (la petite ville, le village), soit enfin Djebel el-Kalat (la montagne du Fort). Située à un kilomètre du rivage, elle affecte la forme d'un ovale long de trois cent quarante mètres sur cent cinquante de large, et consiste en deux collines rocheuses composées de granit gris et de porphyre, et réunies par un isthme. Des récifs de coraux l'environnent. Le pic du nord est plus élevé que le second et domine la mer d'une centaine de mètres. Il est couronné par les restes d'un château fort. Des constructions analogues, mais moins importantes, jonchent de leurs débris la colline méridionale. Ces ruines, maintenant abandonnées, servent quelquefois de repaire aux pirates ou d'asile aux pêcheurs. Elles semblent dater de l'époque des Croisades; mais elles ont certainement remplacé des ruines plus anciennes; car cet îlot a dû être occupé de toute antiquité, à cause de son voisinage d'Asiongaber et d'Élath. Saladin s'en empara, après s'être rendu maître de cette dernière ville, et c'est à lui qu'il faut probablement attribuer les bâtisses sarrasines qu'on y observe. L'année 1182, il fut attaqué sans succès par Renaud de Châtillon. A l'époque d'Aboulfeda, il était déjà complètement désert, et la garnison qui l'habitait avait été transférée à Akaba.

Au delà du point où nous sommes, le voyageur continue à côtoyer vers le sud-sud-ouest les bords du golfe pendant cinquante-cinq kilomètres encore, en ayant à franchir de nombreux ravins et plusieurs promontoires rocheux qui font saillie dans les flots. Parvenu auprès d'une source d'eau saumâtre, appelée Aïn-Noueibia, il quitte le rivage et dit adieu aux bords du golfe dont il a pu étudier à loisir les contours sinueux, et qui, maintenant solitaire, voyait jadis les flottes de Salomon sillonner sa surface pour aller chercher l'or d'Ophir. Beau néanmoins et majestueux dans sa solitude, ce golfe, que de rares barques parcourent de nos jours, impose aux regards et à l'imagination par le silence qui l'environne, par l'azur immaculé de sa vaste nappe bleue, qui resplendit sous les rayons du soleil, et par la forme, à la fois sévère et variée, des montagnes et des gorges sauvages qui le bordent. Après avoir cheminé quelque temps vers l'ouest dans l'Ouadi es-Saadeh, on traverse une passe très-étroite qui porte le nom de Nakb el-Boueib (le Défilé de la petite porte), et ensuite une marche de six heures dans la direction du sud-ouest, au milieu d'âpres montagnes qu'entrecoupent des vallées aux lits tortueux, conduit à une source appelée Aïn el-Hadhera. Cet endroit est généralement identifié avec la station signalée dans la Bible après celle des *Sépulcres*

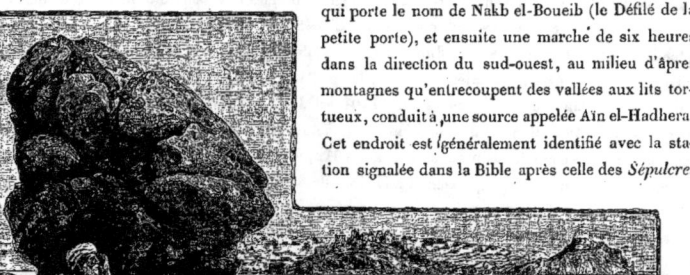

DJÉZIRET-FARAOUN (ILE DE PHARAON).

de la concupiscence sous le nom de *Haseroth* (*Livre des Nombres*, ch. XI, ⅴ 34) : « C'est pourquoi ce lieu fut appelé les sépulcres de la concupiscence, parce qu'ils y ensevelirent le peuple qui avait désiré de la chair. Et étant sortis des sépulcres de la concupiscence, ils vinrent à Haseroth, où ils demeurèrent. »

Ce mot Haseroth signifie *clôtures, enceintes,* et indique que les Israélites, trouvant là une source abondante, y campèrent plusieurs jours, et entourèrent leur camp d'une enceinte en pierres sèches ou d'une haie d'épines, comme le font souvent les Arabes pour protéger leurs douars.

C'est pendant que les Hébreux étaient à Haseroth, que Marie, sœur de Moïse, fut frappée de la lèpre pour avoir murmuré avec Aaron contre son frère. Moïse, ému de compassion à la vue de la terrible maladie qui avait atteint sa sœur, demanda avec instance au Seigneur qu'elle en fût délivrée. Mais le Seigneur exigea préalablement qu'elle fût chassée hors du camp durant sept jours. A l'expiration de cette semaine de châtiment, Marie rentra guérie dans le camp, et le peuple quitta Haseroth pour aller dresser ses tentes dans le désert de Pharan.

Quant à la station précédente, dite les *Sépulcres de la concupiscence,* en hébreu Kibroth-Hattaavah, le savant Palmer propose de la reconnaître dans l'endroit appelé *Eroueis el-Ebeirig,* situé à vingt-huit kilomètres au sud-ouest de Aïn-Hadhera. On y remarque, en effet, les vestiges d'un ancien camp, de nombreux enclos de pierres sèches et une foule de tombeaux. Suivant les Arabes d'une tribu voisine, une grande caravane de hadjis ou de pèlerins aurait jadis passé en ce lieu se rendant à l'Aïn-Hadhera, d'où ensuite elle se perdit dans le désert de Tih, où l'on n'entendit plus parler d'elle. L'hypothèse du docte Anglais parait très-vraisemblable, car elle semble justifiée à la fois par les restes d'un camp, par les tombeaux en grand nombre qu'on y observe, par la distance qui s'interpose entre ce camp et celui de l'Aïn-Hadhera, distance qui est précisément celle d'une journée de marche,

UN DÉFILÉ DANS LE DJEBEL-TIH.

enfin par la tradition que je viens de relater. La dénomination de Kibroth-Hattaavah ou *Sépulcres de la concupiscence* donnée par les Hébreux à la station dont il s'agit en ce moment est expliquée par la Bible elle-même dans un passage où il est dit que les Israélites, fatigués de toujours se nourrir de manne, désirèrent avec ardeur de manger de la chair et se répandirent en plaintes et en gémissements devant le Seigneur. Dieu les exauça dans leur demande, mais en même temps les punit de leurs murmures et de leur convoitise, comme le rapportent les versets qui suivent (*Livre des Nombres,* ch. XI) :

« 31. Or un vent excité par le Seigneur, en levant des cailles de delà la mer, les apporta et les fit tomber dans le camp et autour du camp, en un espace aussi grand qu'est le chemin que l'on peut faire en un jour, et elles volaient en l'air, n'étant élevées au-dessus de la terre que de deux coudées.

« 32. Le peuple se levant donc amassa durant tout ce jour, et la nuit suivante et le lendemain, une si grande quantité de cailles, que ceux qui en avaient le moins en avaient dix homers, et ils les firent sécher tout autour du camp.

« 33. Ils avaient encore la chair entre les dents et ils n'avaient pas fini de manger cette viande, que la fureur du Seigneur s'alluma contre le peuple et le frappa d'une très-grande plaie.

« 34. C'est pourquoi ce lieu fut appelé les *Sépulcres de la concupiscence,* parce qu'on y ensevelit le peuple qui avait convoité. »

Un intervalle de quarante-cinq kilomètres, dans la direction du sud-ouest, s'étend par la voie la plus directe entre Eroueis el-Ebeiiig et le Djebel-Mousa. Cet espace fut parcouru en trois étapes, mais en sens contraire, par le peuple hébreu, quand il quitta le mont Sinaï pour gagner la station de Kibroth-Hattaavah, où il devait éprouver à la fois, comme nous venons de le voir, et la miséricorde et la vengeance divines.

Nous lisons à ce sujet dans le Livre des Nombres, ch. x :

Djebel ed-Deir, a l'est du Djebel-Mousa.

« 33. Ils partirent donc de la montagne du Seigneur et marchèrent pendant trois jours. L'arche de l'alliance du Seigneur allait devant eux, marquant le lieu où ils devaient camper pendant ces trois jours.

« 34. La nuée du Seigneur les couvrait ainsi durant le jour, lorsqu'ils marchaient.

« 35. Et lorsqu'on élevait l'arche, Moïse disait : Levez-vous, Seigneur, que vos ennemis soient dissipés, et que ceux qui vous haïssent fuient devant votre face!

« 36. Et lorsqu'on abaissait l'arche, il disait : Seigneur, retournez à l'armée de votre peuple d'Israël. »

Les trois étapes qu'accomplirent les Hébreux, au départ du mont Sinaï, furent donc, en moyenne, de quinze kilomètres seulement et par conséquent très-peu fortes.

Deux heures et demie avant d'atteindre le Djebel-Mousa, le voyageur qui suit du nord-est au sud-ouest les méandres nombreux que décrit l'Ouadi-Saal, remarque sur le sommet d'un mamelon rocheux un oualy musulman consacré à Neby-Saleh. Cet humble oratoire est l'objet d'une profonde vénération de la part de tous les Bédouins de la péninsule Sinaïtique. Le personnage qui y repose est, en effet, regardé par eux comme le cheikh des cheikhs et comme le grand prophète dont il est question dans le Coran. Sa tombe, que recouvre une étoffe verte dans laquelle sont tissés des versets de ce livre sacré, est le but, vers la fin de mai de chaque année, d'un pèlerinage célèbre qui est la véritable fête nationale des différentes tribus de la contrée. Une foule d'hommes, de femmes et d'enfants s'acheminent alors de divers côtés vers cette chapelle funéraire. Les pèlerins qui la visitent en font le tour processionnellement et pendant plusieurs jours honorent la mémoire du saint prophète par des sacrifices, des banquets, des danses et des courses de dromadaires. La fête se termine ordinairement par un autre pèlerinage au mont Sinaï, les Bédouins de la péninsule confondant dans le même respect et dans les mêmes hommages Neby-Saleh, Mahomet et Moïse.

MASSIF DU DJEBEL-MOUSA

Sur les dernières pentes orientales du Djebel-Mousa et dans l'étroite vallée qui s'interpose entre ce massif à l'ouest et le Djebel ed-Deir à l'est, s'élève le célèbre monastère de Sainte-Catherine. Il y a peu d'années encore, les étrangers n'y pouvaient pénétrer qu'en étant hissés au moyen de cordes et de poulies à une fenêtre du premier étage, dès que la lettre d'introduction qu'ils avaient remise préalablement avait inspiré assez de confiance en eux pour qu'on pût sans danger leur donner accès dans le couvent. Aujourd'hui, la lettre seule de recommandation prend cette voie aérienne, et les voyageurs qui l'apportent voient s'ouvrir devant eux une porte basse pratiquée sur la face nord des bâtiments. Ceux-ci constituent un long rectangle irrégulier dont les murs d'enceinte, hauts de douze à quinze mètres, sont construits avec de gros blocs de granit et flanqués de plusieurs petites tours. L'intérieur forme une sorte de labyrinthe et est divisé en plusieurs cours autour desquelles règnent à différents étages des galeries, des corridors, des chapelles, des cellules et des salles diverses. Les cours sont ornées de vignes grimpantes, de treilles, d'arbres isolés et de parterres de fleurs. Un beau jardin disposé en terrasses est relié au monastère par un passage souterrain et est cultivé avec beaucoup de soin. On y voit de belles plantations d'orangers, de citronniers, de grenadiers, de pommiers, de poiriers, d'abricotiers et d'autres arbres à fruits, que dominent de vieux et gigantesques cyprès. Quelques légumes y prospèrent aussi admirablement, grâce à l'eau qui y abonde. C'est, en un mot, une véritable oasis, qui repose agréablement le regard dans un pareil désert. Au milieu de ce verger est le cimetière des moines; il se compose de plusieurs caveaux. Dans l'un, les corps des défunts sont déposés pendant

DJEBEL-SUNA.

deux ou trois ans sur une grille en fer. Dans un autre, les squelettes sont transportés quand la chair qui les revêtait a subi une décomposition complète; alors on les désarticule, et les ossements qui en proviennent, crânes, bras, côtes, tibias, épines dorsales, etc., vont rejoindre dans des compartiments distincts les ossements analogues qui déjà y avaient été entassés antérieurement. Dans un troisième caveau, les squelettes des archevêques sont seuls conservés entiers, parés encore, jusqu'au sein des cercueils qui les renferment, de leurs ornements pontificaux.

Les religieux appartiennent à la communion grecque schismatique; ils suivent la règle de Saint-Basile, et leur régime est très-austère. Leur nombre, y compris celui des Frères qui, pour la plupart, pratiquent différents métiers, ne dépasse guère actuellement le chiffre de vingt-cinq à trente. Jadis il était beaucoup plus considérable. De tous côtés, dans le couvent, sont disposés des oratoires et des chapelles qui invitent l'âme à la prière et au recueillement. On y dit quelquefois la messe. Mais les moines se réunissent d'ordinaire pour leurs différents exercices religieux dans leur grande église qui est sous le vocable de la Transfiguration. Cette basilique, dont la fondation, comme celle du monastère lui-même, remonte à Justinien, est précédée d'un narthex ou vestibule. Elle se compose de trois nefs qu'ornent de hautes colonnes de granit, et elle se termine à l'est par une abside demi-circulaire. L'iconostase en bois artistement sculpté est couvert de tableaux qui sont un don de la Russie. Les peintures en mosaïque qui décorent l'abside sont, au contraire, beaucoup plus anciennes et d'origine byzantine. Le sujet principal qui y est représenté est le mystère de la Transfiguration. On y voit le Christ resplendissant d'un éclat divin entre Élie à droite et Moïse à gauche. Au-dessous sont les trois apôtres privilégiés. Tout autour dans des médaillons sont figurés trente saints personnages dont les noms sont écrits en grec, à côté de chacun d'eux. Sous la mosaïque, une inscription grecque indique le nom de l'higoumène ou supérieur auquel on la doit. En voici la traduction :

« Au nom du Père, du Fils et du Saint-Esprit; cet ouvrage a été exécuté tout entier pour le salut de ceux qui y ont contribué par leurs dons sous le très-saint prêtre et higoumène Longin. »

Au-dessus de l'abside sont deux portraits : l'un, à droite, est celui de l'empereur Justinien, et l'autre, à gauche, de l'impératrice Théodora, sa femme. A côté du premier, Moïse est figuré à genoux devant le buisson ardent, et à côté du second, il a été représenté debout, tenant en main les tables de la loi.

Derrière l'autel, une riche châsse renferme les reliques de sainte Catherine, la patronne du monastère. On connaît l'histoire de cette noble vierge d'Alexandrie que la piété, la science et le martyre entourent d'une triple auréole. A l'âge de dix-huit ans, elle était versée dans l'étude de la sainte Écriture et avait lu les principaux écrits des païens. Pendant la persécution de Maximin, neveu de Galère, elle confondit, sous les yeux de cet empereur, par la force de ses arguments et la sublimité de son éloquence, toute la sagesse des vieux philosophes d'Alexandrie. C'est en vain que Maximin essaya ensuite de triompher d'elle, soit par les promesses les plus séduisantes, soit par les menaces et même les tortures les plus affreuses. Ne pouvant par aucun moyen venir à bout de l'héroïsme de cette fiancée du Christ, comme elle s'appelait elle-même, il ordonna qu'elle eût la tête tranchée. Quand elle eut consommé son sacrifice, les anges, ajoute la légende, enlevèrent son corps virginal et le transportèrent miraculeusement sur le haut de la montagne qui porte son nom, et où plus tard les moines du Sinaï le retrouvèrent, lorsqu'ils firent d'elle la patronne de leur couvent.

Mais la partie de beaucoup la plus sainte de la basilique est le sanctuaire dit du *Buisson ardent*. Il est situé au-dessous du chœur, et tous ceux qui y pénètrent doivent ôter leur chaussure. Décoré de belles ciselures en argent et de riches tapis, il est attribué à sainte Hélène. C'est là que, d'après la tradition, Dieu apparut autrefois à Moïse et lui révéla en même temps son nom incommunicable et la grandeur de la mission dont il le chargeait. Nous lisons à ce sujet dans l'Exode (ch. III) :

« 1. Cependant Moïse conduisait les brebis de Jéthro son beau-père, prêtre de Madian ; et ayant mené son troupeau au fond du désert, il vint à la montagne de Dieu, nommée Horeb.

Plaine de Rahah, dominée par le Ras-Safsafeh.

« 2. Alors le Seigneur lui apparut dans une flamme de feu qui sortait du milieu d'un buisson, et il voyait brûler le buisson, sans qu'il fût consumé.

« 3. Moïse dit donc : Il faut que j'aille reconnaître quelle est la merveille que je vois, et pourquoi ce buisson ne se consume pas.

« 4. Mais le Seigneur, le voyant venir pour considérer ce qu'il apercevait, l'appela du milieu du buisson, et lui dit : Moïse, Moïse. Il lui répondit : Me voici.

« 5 Et Dieu ajouta : N'approchez pas d'ici ; ôtez les chaussures de vos pieds, parce que le lieu où vous êtes est une terre sainte.

« 14. Dieu dit encore à Moïse : Je suis

celui qui suis. Voici, ajouta-t-il, ce que vous direz aux enfants d'Israël : Celui qui est m'a envoyé vers vous. »

Non loin de là on montre un puits où Moïse aurait puisé de l'eau pour désaltérer les troupeaux de son beau-père Jéthro.

A quelques pas de l'église de la Transfiguration, on aperçoit, non sans un certain étonnement, une mosquée dont le croissant s'élève à côté de la croix au-dessus des murs du couvent. Burckhardt prétend, d'après un manuscrit découvert par lui dans la bibliothèque du Sinaï, que cet édifice est antérieur au quatorzième siècle. D'autres affirment qu'il est d'une date bien plus ancienne,

LETTRE D'ADMISSION POUR LE COUVENT DE SAINTE-CATHERINE.
Elle est placée dans une corbeille et transmise au moyen d'une corde au supérieur du couvent.

puisqu'au lieu de remonter seulement au douzième ou au treizième siècle, il est le contemporain de Mahomet lui-même, qui serait venu en personne au couvent du Sinaï et, en échange de la construction de cette mosquée, aurait laissé aux moines un firman des plus favorables que les Arabes auraient depuis toujours respecté. D'autres enfin font descendre la fondation de ce même monument à une

INTÉRIEUR DE L'ÉGLISE DU COUVENT DE SAINTE-CATHERINE.

époque beaucoup plus récente, c'est-à-dire au commencement du seizième siècle. D'après cette troisième tradition, le sultan Sélim, le conquérant de l'Égypte, avait pour favori un jeune prêtre grec qui, étant tombé malade, fut envoyé par lui au couvent du mont Sinaï, dans l'espérance que l'air pur du désert et les bons soins des moines lui rendraient la santé; mais il succomba bientôt au mal dont il était atteint, et Sélim, aveuglé par le chagrin que lui causait sa perte, jura de s'en venger sur les religieux, qui l'avaient, disait-il, mal soigné. Ceux-ci, pour conjurer le péril qui les menaçait, se seraient hâtés alors d'ériger la mosquée qui nous occupe, et dont l'érection aurait effectivement apaisé la fureur du sultan.

La bibliothèque du monastère se compose de trois pièces :

La première salle, située au rez-de-chaussée, contient seulement une centaine de volumes, imprimés pour la plupart.

Au premier, une salle plus vaste renferme quinze cents volumes, parmi lesquels on compte cinq cents manuscrits, soit grecs, soit arabes, soit arméniens, soit géorgiens. Presque tous roulent sur l'Écriture sainte et sur la théologie. Bien qu'au-dessus de la porte d'en-

LE CROISSANT ET LA CROIX, OU MOSQUÉE ET ÉGLISE RAPPROCHÉES L'UNE DE L'AUTRE DANS LA MÊME ENCEINTE.

trée de cette salle les mots Ἰατρεῖον ψυχῆς (lieu de guérison ou remède de l'âme) soient écrits en gros caractères, les moines actuels du mont Sinaï, comme l'observe M. Tischendorf, recourent rarement à cette pharmacie spirituelle et sont beaucoup moins instruits que leurs devanciers. J'avais fait la même remarque à Patmos, quand j'étudiais, en 1852, dans cette île célèbre, la bibliothèque du

UNE DES COURS DU COUVENT.
Escalier assez grossier conduisant aux chambres supérieures.

couvent grec de Saint-Christodule.

Une troisième pièce sert à la fois de sacristie et de dépôt de livres et de manuscrits. C'est dans cette dernière salle que l'on conserve un précieux et magnifique exemplaire manuscrit des Évangiles, dont les voyageurs ont souvent parlé avec une juste admiration. Il est écrit tout entier sur un beau parchemin blanc en lettres d'or, dont le caractère, qui tient le milieu entre les lettres onciales primitives et les plus récentes, indique, dit M. Tischendorf, juge si compétent en ces matières, le septième ou le huitième siècle. De fines miniatures en ornent les premières feuilles. D'après la tradition du monastère, ce manuscrit serait un don d'un empereur Théodose, probablement de Théodose III, qui régna peu de temps au commencement du huitième siècle. Tout le monde connaît la belle découverte faite par M. Tischendorf dans la bibliothèque de ce couvent du fameux manuscrit de la Bible qui porte le titre de *Codex Sinaïticus*, dont l'importance est au moins égale à celle du *Codex Vaticanus*. Mais laissons ce savant nous raconter lui-même cette découverte capitale (*Terre sainte*, par Constantin TISCHENDORF, p. 93 et suivantes) :

« Lorsque après quatre années de recherches de documents dans les bibliothèques européennes, je visitai, dit-il, pour la première fois, en mai 1844, le monastère de Sainte-Catherine, j'étais guidé

CHAMBRES SUPÉRIEURES DU COUVENT.
Vue des pics du Djebel-Mousa.

par l'espérance de trouver dans son antique enceinte, restée intacte depuis sa construction par Justinien, quelques trésors pour les études bibliques. Cette espérance ne fut pas déçue. Au milieu de la bibliothèque, dont les livres et manuscrits étaient rangés sur des rayons tout alentour, se trouvait une corbeille remplie de débris de vieux manuscrits en partie détériorés; deux corbeilles semblables avaient déjà été jetées au feu. A ma très-grande surprise, j'y découvris plusieurs fragments d'un manuscrit grec de la Bible sur parchemin dans lequel je reconnus immédiatement un des plus anciens qui existent. La cession d'une partie de ce manuscrit ne fut pas difficile à obtenir, et je recommandai de mieux conserver ce qui en restait, me proposant d'en faire l'acquisition par la suite, projet que je ne pouvais pas mettre pour le moment à exécution. A mon retour dans ma patrie, je publiai sous le nom du roi Frédéric-Auguste de Saxe, l'auguste protecteur de mes recherches, un fac-simile lithographié de ce fragment, comme étant probablement le plus ancien des manuscrits grecs sur parchemin qui fût parvenu jusqu'à nous. Mes démarches au sujet de la partie de ce manuscrit qui était restée au monastère étant demeurées ensuite sans résultat, je me proposai d'aller moi-même en prendre une copie au couvent pour la publier, et, dans ce but, j'entrepris un second voyage en Orient en 1853. Pendant mon deuxième séjour au monastère du Sinaï, j'eus lieu de penser que le trésor avait été envoyé en Europe dans l'intervalle... A mon troisième séjour au monastère de Sainte-Catherine, en 1859, j'avais déjà consacré plusieurs journées à l'examen de ses bibliothèques.

GALERIES DU COUVENT VERS LE NORD-EST. — VUE DES MONTAGNES DE CE CÔTÉ.

« Dans l'après-midi du 4 février, j'avais fait une excursion à la plaine de Sebaïeh, accompagné de l'économe du monastère, et comme j'avais fait don au couvent de quelques exemplaires de mon édition de Leipzig des textes grecs de l'Ancien et du Nouveau Testament, notre conversation avait roulé sur cet ouvrage et particulièrement sur le texte de l'Ancien Testament. En revenant au monastère, à la tombée de la nuit, l'économe m'invita à prendre quelques rafraîchissements dans sa cellule. Pendant cette collation, il me dit que lui aussi possédait un Septante, et en même temps il alla prendre dans un coin un manuscrit enveloppé de drap rouge, qu'il posa sur la table. Je déployai le drap, et, à ma grande satisfaction, je

TOUR ORIENTALE DU COUVENT DE SAINTE-CATHERINE.

reconnus les précieuses reliques que j'avais tirées de la fameuse corbeille, en 1844. Le volume des feuilles que j'avais sous les yeux (elles n'étaient pas reliées) indiquait immédiatement qu'elles ne se bornaient pas à contenir des fragments de l'Ancien Testament. Mon étonnement s'accrut en les feuilletant à la hâte, car j'y remarquai le commencement et la fin du Nouveau Testament, et même l'épître de Barnabas. Je demandai la permission d'emporter dans ma chambre le drap et tout ce qu'il contenait pour en faire un examen plus approfondi. Lorsque je fus seul dans ma cellule, je pus enfin me livrer à l'impression irrésistible de cette découverte; j'avais la conviction que le Seigneur avait mis entre mes mains un trésor inappréciable, un document de la plus haute importance pour l'Église et pour la science. Mes espérances les plus hardies étaient de beaucoup surpassées. Au milieu de l'émotion profonde où me plongeait ce merveilleux événement, je sentis poindre dans mon esprit cette question : Le *Pasteur* ne pourrait-il pas se trouver ici comme

Barnabas? Déjà je me reprochais cette ingrate pensée en présence de cette abondance de richesses, lorsque mon regard s'arrêta machinalement sur une feuille assez effacée. J'en lus le titre et j'en fus effrayé; car c'était le *Pasteur*. Comment dépeindre ce que je ressentis? J'examinai alors ce que contenaient véritablement ces feuilles, dont le nombre était de trois cent quarante-six et le format des plus grands. Outre les vingt-deux livres de l'Ancien Testament pour la plupart complets, entre autres les Prophètes, les livres de poésie, et ce que l'on nomme les Apocryphes, tout le Nouveau Testament s'y trouvait sans la moindre lacune, de plus toute l'épître de Barnabas et la première partie du *Pasteur* d'Hermas. »

Pour comprendre l'intérêt immense de la découverte de M. Tischendorf, il faut songer que, pour ramener autant que possible le texte de la Sainte Écriture à l'état dans lequel il se trouvait quand il sortit de la main de ses auteurs inspirés, on n'avait jusqu'à présent, pour guides principaux, que trois manuscrits que l'on fait remonter au quatrième et au cinquième siècle, à savoir le célèbre manuscrit du Vatican, celui de Londres, appelé Alexandrin, et celui de Paris, nommé palimpseste d'Éphrem le Syrien. Or, aucun de ces manuscrits n'est complet : celui de Paris ne contient que la plus grande moitié du Nouveau Testament; il manque à celui de Londres la presque totalité du premier évangile, deux chapitres du quatrième et la majeure partie de la deuxième épître de saint Paul aux Corinthiens; dans le manuscrit du Vatican, le plus ancien et le plus important des trois, on regrette l'absence de quatre épîtres entières ainsi que de l'Apocalypse et des quatre derniers chapitres aux Hébreux. Maintenant, grâce aux perspicaces et heureuses recherches de M. Tischendorf, le monde savant peut consulter un quatrième manuscrit, qui non-seulement

PUITS DANS LE JARDIN DU COUVENT DE SAINTE-CATHERINE.

remonte à la même antiquité que le plus ancien des trois premiers, je veux dire, celui du Vatican, mais qui encore est le seul d'entre eux qui soit complet.

Avant de quitter le monastère de Sainte-Catherine pour gravir le Djebel-Mousa, sur les dernières pentes duquel il est situé, à une altitude lui-même d'environ seize cents mètres au-dessus de la mer, il est indispensable de nous demander et de savoir si nous sommes en présence du véritable Sinaï, ou bien si la gloire de représenter cette sainte montagne ne doit point appartenir à un autre massif, et notamment au Serbal, dont il sera question ultérieurement. Les opinions, sur ce point, sont très-débattues.

Sans entrer dans une longue et minutieuse discussion qui serait ici hors de propos, je me contenterai d'exposer brièvement les principales raisons qui me paraissent militer victorieusement en faveur du Djebel-Mousa.

D'abord, cette montagne, en vertu d'une tradition non interrompue depuis l'époque de Justinien et commune à la fois aux chrétiens et aux musulmans, est regardée universellement, dans la péninsule Sinaïtique, comme étant soit l'Horeb, soit le Sinaï des Livres saints, double dénomination donnée à la même montagne, à cause de ses deux sommets principaux, le Ras-Safsafeh et le Djebel-Mousa proprement dit, que l'on a désignés souvent tantôt sous l'une, tantôt sous l'autre de ces appellations. Toujours est-il que les Bédouins de la péninsule, aussi bien que les moines de Sainte-Catherine, s'accordent ensemble

PORTE DITE DE SAINT-ÉTIENNE, LE PORTIER.

pour croire et répéter d'âge en âge que le massif qui nous occupe en ce moment est celui-là même où s'accomplirent les mémorables événements racontés dans la Bible, les mystérieux entretiens de Dieu avec Moïse, l'apparition éclatante de la toute-puissance et de la majesté divines, au milieu des foudres, des éclairs et du fracas des trompettes, la promulgation du Décalogue, le séjour prolongé du prophète, pendant que seul avec l'Éternel, il recevait de sa bouche ineffable, non-seulement les dix commandements, mais encore tous les minutieux détails relatifs à l'organisation religieuse, civile, judiciaire et politique du peuple hébreu. Ce qui le prouve, c'est le nom de Djebel-Mousa ou de montagne de Moïse donné à ce massif. Ce sont ensuite les noms de Ledja et de Choaïb attribués aux deux vallées qui le bordent à l'ouest et à l'est. Le premier serait celui d'une des filles de Jéthro, et le second celui de Jéthro lui-même, que les Arabes appellent Choaïb. Le nom de Moïse est donc associé, en cet endroit, à ceux de son beau-père et de l'une des filles de ce dernier. Or, nous savons qu'il paissait les troupeaux de Jéthro, lorsque Dieu lui apparut dans le buisson ardent, et que ce buisson était sur le mont Horeb. Le couvent de Sainte-Catherine lui-même, qui dans sa construction fondamentale date de Justinien, et par conséquent du commencement du sixième siècle, n'est-il pas, à son tour, un témoin toujours subsistant, qui atteste à travers les siècles la légitimité de la tradition qui

Maïan-Mousa, ou source de Moïse sur le Sinaï.

voit dans le Djebel-Mousa de nos jours le Sinaï ou l'Horeb des anciens temps? En effet, comme nous le savons par Procope dans son ouvrage sur les *Édifices de Justinien* (liv. V, ch. VIII), cet empereur, dans sa bienveillance pour les moines du Sinaï, construisit au pied de la montagne où Moïse avait reçu la loi de Dieu, un grand château fort et un poste militaire. Ce château fort est évidem-

ment le couvent fortifié qui, avec des adjonctions et des réparations, est devenu le monastère actuel de Sainte-Catherine : s'il a été créé sur ce point et au pied du Djebel-Mousa, c'est, je le répète avec Procope, que la tradition dominante alors considérait cette montagne comme étant le Sinaï. Ce n'est donc point la fondation de ce monastère qui, comme le prétendent plusieurs critiques, a changé le cours de la tradition, en reportant du Djebel-Serbal au Djebel-Mousa la gloire de représenter la montagne du Décalogue. Comment croire, en effet, si, du temps de Justinien, la tradition témoignait hautement en faveur du mont Serbal, que cet empereur, pour lui donner un démenti, ait choisi arbitrairement le Djebel-Mousa afin qu'il

CHAPELLE ET GROTTE D'ÉLIE, SUR LE DJEBEL-MOUSA.

héritât dorénavant du prestige qui s'attachait jusque-là à la première de ces montagnes ? D'ailleurs Procope, contemporain et confident de Justinien, affirme le contraire. La tradition actuelle préexistait, par conséquent, à la construction de ce monastère fortifié et ne l'a point suivie, comme une invention postérieure des moines, jaloux de revendiquer pour la montagne au bas de laquelle s'éle-

Ras-Safsafeh et sommet du Djebel-Mousa, avec sa petite chapelle et sa mosquée.

vait leur couvent un honneur usurpé, qui auparavant ne lui avait jamais appartenu. Je crois donc que si quelques traditions secondaires ont pu se grouper à tort autour du Djebel-Mousa, qui les a en quelque sorte attirées dans son orbite, et si, comme je le montrerai bientôt, elles doivent être localisées ailleurs, conformément aux données précises de la Bible, il n'en est pas de même de la tradition capitale et qui prime toutes les autres dans la péninsule, je veux dire celle qui a trait à la montagne de Dieu, à l'Horeb ou au Sinaï. Celle-ci me semble bien légitimement attachée au Djebel-Mousa. D'ailleurs, ainsi qu'on l'a remarqué depuis longtemps, le Djebel-Mousa s'approprie merveilleusement, par sa position et par les diverses vallées qui l'entourent ou l'avoisinent, à toutes les circonstances qui accompagnent dans le récit biblique la promulgation de la loi et le long séjour du peuple hébreu au pied de la montagne sainte. L'Ouadi el-Ledja, l'Ouadi ed-Deir et surtout l'Ouadi-Rahah, par ses vastes développements, pouvaient servir d'assiette au campement d'une multitude immense, qui de là était à même de suivre du regard les prodigieux événements dont le sommet de la montagne était le théâtre. Aucune autre montagne dans la péninsule, même le Serbal, ne s'adapte aussi bien, et par elle-même et par ses alentours, aux nombreux détails relatés par la Bible à ce sujet. La dernière mission scientifique anglaise, accomplie en Arabie Pétrée en 1868 et en 1869, a achevé de mettre ce fait dans tout son jour, et je prie le lecteur de vouloir bien consulter l'ouvrage du regretté Palmer, intitulé *the Desert of the Exodus* (t. I, p. 100 et suivantes), et aussi un article très-approfondi rédigé sur ce point par M. l'abbé Vigouroux, dans son savant ouvrage *la Bible et les découvertes modernes* (t. II, ch. VI).

Campement de Bédouins dans l'Ouadi-Senayeh.

Il est temps, maintenant que nos doutes sont dissipés, de gravir le Djebel-Mousa, au pied duquel nous sommes toujours arrêtés.

A vingt-cinq minutes de marche au delà et au-dessus du couvent de Sainte-Catherine, dans la direction du sud-ouest, on rencontre une source très-fraîche et très-limpide jaillissant du fond d'une grotte et appelée *Maïan-Mousa* (source de Moïse), parce que, d'après une ancienne tradition, ce prophète y aurait abreuvé les troupeaux de son beau-père Jéthro. Un peu plus loin, on passe à côté d'une petite chapelle consacrée à la Vierge. Le sentier incline ensuite à l'ouest, et, après avoir franchi successivement deux arcades cintrées, on atteint une seconde source qu'om-

DJEBEL-MOUSA VU DU SUD.

brage un vieux et gigantesque cyprès qui invite tous les voyageurs à se reposer un instant. A quelque distance plus haut et plus au sud se trouve une chapelle double, consacrée à Élie et à Élisée. On montre une petite caverne qui aurait jadis servi de refuge au premier de ces prophètes. Élie, fuyant la colère de Jézabel, s'était retiré dans le désert de Bersabée. Là, sur le point de mourir de soif, de faim et de fatigue, il fut nourri miraculeusement par un ange (*Rois*, liv. III, ch. XIX) :

COUVENT DIT EL-ARBAIN OU DES QUARANTE, DANS L'OUADI-LEDJA.

« 7. L'ange du Seigneur revenant une seconde fois le toucha encore et lui dit : Levez-vous et mangez, car il vous reste un grand chemin à faire.

« 8. S'étant levé, il mangea et but, et s'étant fortifié par cette nourriture, il marcha quarante jours et quarante nuits jusqu'à Horeb, la montagne de Dieu.

« 9. Étant arrivé là, il demeura dans une caverne, et le Seigneur lui adressant la parole lui dit : Que faites-vous là, Élie?

« 10. Élie lui répondit : Je brûle de zèle pour vous, Seigneur, Dieu des armées, parce que les enfants d'Israël ont abandonné votre alliance, qu'ils ont détruit vos autels, qu'ils ont tué vos prophètes par l'épée, et qu'étant demeuré seul, ils cherchent encore à m'ôter la vie.

« 11. Le Seigneur lui dit : Sortez, et tenez-vous sur la montagne devant le Seigneur. En même temps le Seigneur passa, et l'on entendit devant le Seigneur un vent violent et impétueux capable de renverser les montagnes et de briser les rochers; et le Seigneur n'était pas dans ce vent. Après le vent, il se fit un tremblement de terre, et le Seigneur n'était pas dans ce tremblement.

« 12. Après le tremblement, il s'alluma un feu, et le Seigneur n'était pas dans ce feu. Après le feu, on entendit le souffle d'un son doux et subtil.

« 13. Ce qu'ayant entendu, Élie se couvrit le visage de son manteau, et, étant sorti, il se tint à l'entrée de la caverne. »

De la chapelle d'Élie et d'Élisée, il y a encore environ trente-cinq minutes de montée. Là où

Embouchure de l'Ouadi-Cbreich.

l'ascension est trop roide, des degrés ont été ménagés. Enfin l'on fait halte sur le point culminant du Djebel-Mousa, à sept cents mètres au-dessus du couvent de Sainte-Catherine et à deux mille deux cent cinquante au-dessus du niveau de la mer. Quel incomparable panorama se déroule alors devant la vue, et que de souvenirs se pressent dans l'esprit! Qu'il me soit permis de reproduire ici les belles paroles de M. Tischendorf, témoin oculaire :

« Le spectacle qui s'offre de tous côtés aux regards, dit-il (*Terre sainte,* par Tischendorf, p. 77 et suivantes), n'a peut-être pas son pareil au monde. C'est la plus sublime, la plus grandiose solitude de rochers; des montagnes de granit, hérissées de pics sauvages et déchirées de fissures irrégulières, se dressent devant nous presque de toutes parts, à des distances de plusieurs milles, sans que la végétation y pénètre par un bois, un champ, une prairie verdoyante, ni que le ruban argenté d'un torrent adoucisse le tableau. C'est un spectacle saisissant, plein d'horreur et en même temps de majesté. Rien n'y fleurit ni ne s'y fane, marquant ainsi le cours des saisons; on dirait que le temps y reste immobile, que le passé s'y impose au présent avec toute la puissance d'un grand événement inviolable et sacré. C'est donc ici, nous écrions-nous involontairement, qu'au milieu des tonnerres et des éclairs, le Seigneur a donné sa loi! On dirait que les inflexibles commandements sont encore gravés par un burin d'acier sur ces rochers. De pieuses mains avaient érigé, au sommet du Sinaï, deux chapelles, une chrétienne et une musulmane, dont on voit encore les ruines. Mais la piété n'a pas besoin de ce stimulant; la montagne elle-même apparaît comme un autel, impérissable monument élevé par la main du Très-Haut...... A l'ouest, par-dessus toutes ces masses de rochers bizarrement entassées, mon regard planait jusques au lointain désert, dont la surface blanchâtre s'étend vers Suez; à l'est brillait par sa douce lueur bleue le golfe d'Akaba. Ainsi la mer et le désert encadrent le pinacle du temple de rochers sur lequel nous nous trouvions. La montagne de Sainte-Catherine, dont le sommet est plus élevé, bornait la vue au midi. »

Le second pic du Djebel-Mousa est séparé du précédent par un intervalle d'environ trois kilomètres et demi vers le nord-ouest. Il porte le nom de Ras-Safsafeh, nom qui ne rappelle aucun souvenir historique, puisque c'est celui d'un simple arbre, le *saule*, un arbre de cette espèce, qui maintenant n'existe plus, ayant sans doute fixé en cet endroit l'attention des Arabes. Ce pic domine presque verticalement d'une hauteur de six cents mètres au moins toute la plaine de Rahab, dont le nom signifie *halte, repos*, et qui, à cause de cette appellation et aussi de sa grande étendue, semble avoir servi de principal lieu de campement aux Israélites auprès du mont Sinaï. Réciproquement, de tous les points de l'Ouadi-Rahab on distingue parfaitement le pic Safsafeh. Aussi plusieurs voyageurs, et entre autres Robinson et Palmer, proposent-ils de reconnaître dans le pic Safsafeh, de préférence au pic précédent, le sommet du haut duquel la loi sainte fut promulguée au peuple israélite campé immédiatement au bas dans la plaine. Le savant abbé Vigouroux n'hésite pas à adopter la conjecture de ces deux doctes explorateurs (*la Bible et les découvertes modernes*, t. II, p. 474) :

« Les personnes réunies au bas du Ras-Safsafeh, dit-il sont littéralement au-dessous de la montagne; celles qui sont à l'extrémité de la plaine, quoique éloignées, ont encore la vue entière du sommet. N'est-ce pas à cause de cet isolement complet de la montagne par trois de ses côtés et à cause de ce mur, qui se dresse presque perpendiculairement-au-dessus de ce vaste amphithéâtre, que Moïse la caractérise en disant qu'on pouvait la toucher et l'entourer aisément de barrières? Il était impossible de trouver un lieu mieux adapté à la scène mémorable de la promulgation de la loi. La cime du Ras-Safsafeh, la plaine d'Er-Rahah et les chaînes granitiques qui l'entourent, forment un immense théâtre naturel, également bien disposé pour contenir une grande foule, pour lui parler et être entendu d'elle, et il n'y a pas, sans doute, un seul endroit au monde qui eût été capable de rivaliser avec celui-ci. »

Sans m'étendre davantage sur le Djebel-Mousa et sur les merveilles dont il a été le théâtre et le témoin il y a plus de trois mille ans, merveilles qui remplissent plusieurs chapitres de l'Exode, je ne puis ici m'empêcher, avant de redescendre de cette montagne célèbre, de citer les beaux vers que Racine lui a consacrés dans son premier chœur d'*Athalie* :

> O mont de Sinaï, conserve la mémoire
> De ce jour à jamais auguste et renommé,
> Quand, sur ton sommet enflammé,
> Dans un nuage épais le Seigneur enfermé
> Fit luire aux yeux mortels un rayon de sa gloire.

Tous les alentours du Sinaï méritent d'être visités avec soin. Parcourons-les rapidement.

ENTRÉE DE LA VALLÉE DE PÉTRA.

PARIS-E. PLON & Cie ÉDITEURS.

A vingt-cinq minutes au nord-ouest du couvent de Sainte-Catherine, on montre le rocher sur

OUADI-CURREICH,
DOMINÉ PAR LE DJEBEL ABOU-MAHOUREH.

lequel Moïse aurait brisé les tables de la loi. Un peu plus loin, dans la même direction, une petite éminence, à la jonction de l'Ouadi-Choaïb et de l'Ouadi ech-Cheikh, passe pour être celle sur le haut de laquelle s'était placé Aaron, pendant que le peuple dansait autour du veau d'or.

A une faible distance de là, au pied du Ras-Safsafeh, une excavation dans le roc est indiquée comme le moule où ce pontife, infidèle à sa mission et pour plaire à la multitude, fondit le veau d'or, pendant que son frère Moïse tardait à redescendre de la montagne. Un peu plus à l'ouest, on signale l'endroit où la terre s'entr'ouvrit pour engloutir Coré, Dathan et Abiron. Mais cette dernière légende est évidemment fausse, car nous savons par le Livre des

Nombres (ch. xvi) que cet événement s'accomplit, non au pied du Sinaï, mais à plusieurs journées de marche au nord de cette montagne, au campement de Kadech-Barnéa.

Si nous continuons à nous avancer vers l'ouest, nous rencontrons bientôt, près du confluent de l'Ouadi el-Ledja et de l'Ouadi er-Rahah, les vestiges de deux anciens couvents, l'un appelé Saint-Pierre et Saint-Paul, et l'autre, Sainte-Marie de David. Il n'en subsiste plus que deux jardins.

JARDINS QUI AVOISINENT L'EMBOUCHURE DE L'OUADI-LEDJA.

Quinze cents mètres plus au sud, dans l'Ouadi el-Ledja, un gros bloc cubique de granit, sur lequel on remarque un certain nombre de fentes horizontales, est considéré depuis longtemps par les moines du Sinaï comme le fameux rocher dit *Massah-Meribah,* que Moïse frappa de sa baguette pour en faire jaillir une source abondante. Mais les membres de la dernière expédition anglaise dans l'Arabie Pétrée allèguent contre cette tradition plusieurs raisons, dont la plus forte et la plus péremptoire me paraît être celle-ci : le rocher qui, frappé par Moïse, laissa échapper de ses flancs entr'ouverts l'eau miraculeuse, ne doit point se chercher auprès du Sinaï, dans l'Ouadi el-Ledja, mais à Raphidim. C'est la Bible qui le déclare formellement. Or, Raphidim ne peut en aucune manière être identifiée avec l'Ouadi el-Ledja, qui touche au mont Sinaï; tandis que Raphidim en était séparé au moins par

MONTAGNES QUI DOMINENT LE COMMENCEMENT
DE L'OUADI-LEDJA.

une journée de marche et peut-être même par deux, ainsi que nous le montrerons plus bas.

Quoi qu'il en soit, à vingt minutes au sud-est du rocher précédent, se trouve un couvent ruiné, dit Deir el-Arbaïn ou *Couvent des Quarante*, parce que quarante des moines qui l'habitaient y furent massacrés par les Arabes, vers la fin du quatrième siècle de l'ère chrétienne, comme le rapportent Ammonias et Nilus. Il est maintenant abandonné par les religieux du Sinaï, qui se contentent d'y entretenir quelques vergers et un bois d'oliviers. De là, en gravissant péniblement, vers le sud-sud-ouest, une gorge étroite appelée Chakh-Mousa (fente de Moïse), on parvient, après une longue et laborieuse ascension, au sommet du Djebel-Katherin, dont l'altitude au-dessus de la mer est de deux mille six cent quatre-vingt-douze mètres; c'est le pic le plus élevé de toute la Péninsule, puisque l'Oumm-Chomer, qui a cependant trois cent trente-quatre mètres de plus que le Djebel-

OUADI-KATHERIN.

Mousa, est inférieur de cent dix-sept mètres au Djebel-Katherin. Aussi de la cime de cette dernière montagne l'horizon est-il plus vaste encore que de celle des deux autres. Le regard, quand le temps est pur, embrasse toute la presqu'ile sinaïtique entre les deux grands golfes qui l'encadrent et lui

Rochers du Djebel-Katherin (ou montagne de Sainte-Catherine).

donnent la forme d'un immense triangle dont le sommet regarde, au sud, la mer Rouge, et dont la base, au nord, est constituée par la longue chaîne du Djebel et-Tih. Dans ce triangle, les montagnes se pressent et s'entassent dans un désordre réellement fantastique, les vallées et les gorges s'enchevêtrent ensemble et indiquent la route que l'on doit suivre pour parcourir ce réseau en appa-

OUADI-TLAH, PRÈS DE LA PLAINE D'ER-RAHAH.

rence inextricable. Au delà et au nord de ce triangle s'étendent au loin les hauts plateaux du désert de l'Égarement, qui se prolongent à l'ouest jusqu'à la Méditerranée, à l'est jusqu'à l'Ouady-Araba, qui la sépare de l'ancien pays d'Édom, et au nord jusqu'aux frontières méridionales de la Palestine. C'est dans ce triangle montagneux et sur ces plateaux accidentés que les Israélites, au sortir de l'Égypte, ont erré quarante ans, promenant partout leurs murmures et leur esprit d'indocilité contre Moïse et même contre Dieu, accablés de maux et en même temps de bienfaits de la part du Tout-

SINAÏ ET MONTAGNES DE NARB EL-HAOUA.

Puissant, qui tantôt avait à punir leur rebellion et leur ingratitude, tantôt se laissait toucher par les marques de leur repentir, enclins à l'idolâtrie comme les autres nations qui les entouraient, mais néanmoins conservant fidèlement, au milieu de leurs chutes, le précieux dépôt des principes moraux et religieux qui devaient être comme le prélude de la morale et de la religion chrétiennes.

Avant de redescendre du point culminant où nous sommes, allons évoquer un instant dans la petite chapelle de Sainte-Catherine, qui le couronne, un souvenir plus récent et qui date du quatrième siècle de notre ère. C'est là, en effet, selon une ancienne et pieuse tradition, que les anges auraient transporté, après son martyre à Alexandrie, la dépouille sacrée de cette vierge héroïque qui avait su confondre la science des sages et la fureur des tyrans, et avait gardé un inviolable attachement au Christ qu'elle avait adopté pour époux. Elle reposa là longtemps dans une grotte solitaire, en face

Magad en-Nebi-Mousa, ou siège du prophète Moïse, dans la gorge d'El-Ouatyeu.

de la montagne où Dieu avait écrit sur la pierre cette loi qu'elle avait elle-même gravée si avant dans son cœur, mais transformée, telle que le Messie l'avait faite, à son avénement ; car, de loi de nature, elle était devenue loi de grâce. Fidèle à cette dernière loi, qui était celle du Nouveau Testament, Catherine fut choisie par les moines du Sinaï, de préférence à Moïse, pour imposer à toujours son nom au couvent qu'ils venaient de fonder.

DU DJEBEL-MOUSA AU DJEBEL-SERBAL

Du Djebel-Mousa au Djebel-Serbal, la distance à vol d'oiseau, dans la direction de l'ouest-nord-ouest, est à peine de trente-sept kilomètres ; mais elle est, en réalité, beaucoup plus grande, à cause des détours que décrit la route.

En cheminant pendant deux heures vers le nord-ouest, à partir du pied du Ras-Safsafeh, on atteint une gorge très-sauvage, appelée Nakb el-Haoua (le Passage du vent). Elle consiste en un ravin des plus pittoresques, resserré entre deux murailles parallèles de gigantesques rochers de granit rouge. C'est comme le vestibule des montagnes qui forment l'ensemble du massif sinaïtique, entrée solennelle et imposante dont tous les voyageurs parlent avec admiration. On entre de là dans l'Ouadi-Gharbeh et puis dans l'Ouadi-Solaf, que l'on suit tantôt vers l'ouest et tantôt vers le nord-ouest. Ce dernier ouadi fut, il y a quelques années, le théâtre de l'une de ces grandes inondations que les Arabes appellent un *seil*. Lorsque les pluies de l'hiver sont plus impétueuses et plus abondantes que de coutume, elles se précipitent avec une force irrésistible des cimes et des versants dénudés des montagnes, où aucune végétation ne brise et ne ralentit leur cours, et les rivières soudaines et momentanées qu'elles forment alors s'engouffrent dans les gorges et les vallées comme autant de torrents fougueux qui entraînent tout ce qu'ils rencontrent. Or, dans le courant de décembre de l'année 1867, l'Ouadi-Solaf, à la suite de l'un de ces orages subits, véritables trombes d'eaux, dont les ravages sont courts mais terribles, servit tout à coup de lit à un fleuve des plus violents, qui roulait

HADJAR EL-LACHOUEM (LA PIERRE PARLANTE),
OU ROCHER COUVERT D'INSCRIPTIONS SINAÏTIQUES,
DANS L'OUADI-BERRAH.

pêle-mêle dans ses eaux écumantes des cadavres d'hommes, d'animaux, et d'énormes rochers. C'est ainsi qu'un campement de Bédouins fut emporté tout entier avec ses troupeaux. Quelques heures après, la tourmente avait cessé, le ciel souriait de nouveau à la terre, l'ouadi était vide et desséché, et un soleil radieux achevait de tarir les derniers restes du torrent qui avait passé. Si nous ouvrons Job, ce peintre si fidèle de l'Orient, nous y lisons ces mots (ch. XII, ⅄ 15) :

« *Si continuerit aquas, omnia siccabuntur, et si emiserit eas, subvertent terram.* »

BOUQUET DE TARFAS OU DE TAMARIS, DANS L'OUADI ECH-CHEIKH.

« Si Dieu retient les eaux, tout se dessèche, et s'il les déchaîne, elles bouleversent la terre. »

Il est impossible de décrire d'une manière plus exacte et plus concise les effets désastreux des *seils* qui surviennent quelquefois dans la péninsule sinaïtique.

Le tamaris, qui abonde dans l'Ouadi-Feiran, n'est pas rare non plus dans certaines parties de l'Ouadi-Solaf.

Ce gracieux arbuste, appelé en arabe *tarfah*, produit une gomme épaisse et mielleuse qui pend comme des gouttes de rosée à ses branches, et qui est le résultat de la piqûre d'un petit insecte, le *coccus manniparus*. Durant les mois de juin et de juillet, cette gomme se liquéfie à la chaleur du soleil et tombe à terre.

Les Arabes la désignent sous le nom de *man* (manne). Aussi plusieurs savants modernes, se refusant à admettre le surnaturel, et cherchant à interpréter d'une manière purement scientifique les faits miraculeux racontés par la Bible, n'ont-ils pas manqué de prétendre que c'était le fruit du

NAOUAMIS OU RESTES D'ANCIENNES HABITATIONS DANS L'OUADI-SOLAF.

tamaris, et non un pain miraculeux descendu du ciel qui, pendant quarante ans, avait servi de nourriture aux Israélites dans le désert. Mais le récit des Livres saints proteste contre une pareille interprétation. Voici, en effet, comment le Livre de l'Exode raconte la première apparition de la manne autour du camp des Hébreux (ch. XVI) :

« 14. La surface de la terre étant couverte de rosée, on vit paraître dans le désert quelque chose de menu et comme pilé au mortier, qui ressemblait à ces petits grains de gelée blanche qui tombent sur la terre.

« 15. Ce qu'ayant vu, les enfants d'Israël se dirent l'un à l'autre : Manhou? c'est-à-dire : Qu'est-ce que cela? Car ils ne savaient ce que c'était.

« Moïse leur dit : C'est là le pain que le Seigneur vous donne à manger.

« 16. Et voici ce que le Seigneur ordonne : Que chacun en ramasse ce qu'il lui en faut pour manger. Prenez-en un gomor pour chaque personne, selon le nombre de ceux qui demeurent dans chaque tente.

« 17. Les enfants d'Israël firent ce qui leur avait été ordonné, et ils en amassèrent les uns plus, les autres moins.

« 19. Moïse leur dit : Que personne n'en garde jusqu'au lendemain matin.

« 20. Mais ils ne l'écoutèrent point, et quelques-uns en ayant gardé jusqu'au matin, ce qu'ils avaient réservé se trouva plein de vers et tout corrompu. Et Moïse s'irrita contre eux.

« 21. Chacun donc en recueillait le matin autant qu'il lui en fallait pour se nourrir ; et lorsque la chaleur du soleil était venue, elle se fondait.

« 22. Le sixième jour, ils en recueillirent une fois de plus qu'à l'ordinaire, c'est-à-dire deux gomors par personne.

« 31. Et la maison d'Israël donna à cette nourriture le nom de manne. Elle ressemblait à la graine

OUADI-SOLAF.

de coriandre ; elle était blanche et avait le goût qu'aurait la plus pure farine mêlée avec du miel.

« 35. Or les enfants d'Israël mangèrent de la manne pendant quarante ans, jusqu'à ce qu'ils vinssent dans la terre où ils devaient habiter. »

D'après ce simple récit, on voit qu'il est impossible de confondre la manne du tamaris avec celle dont furent nourris les Hébreux, et je me permets d'emprunter ici à M. l'abbé Vigouroux un passage où ce docte professeur du séminaire Saint-Sulpice signale les différences les plus notables qui distinguent ces deux mannes (*la Bible et les découvertes modernes,* t. II, p. 439 et suivantes) :

« 1º La manne de l'Exode est recueillie toute l'année pendant quarante ans ; celle du désert, seulement vers le mois de juin.

« 2º La première tombe avec la rosée du ciel ; la seconde, seulement en plein midi, à l'heure même où celle-là se fondait.

« 3º L'une est si abondante qu'elle nourrit une immense multitude, à un gomor par tête ; l'autre est si rare que M. Stanley assure qu'elle ne suffirait pas pour nourrir un homme pendant six mois. Burckhardt estime que le total de la production annuelle de la manne est de cinq à six cents livres.

« 4° Le pain du ciel ne tombe que les six premiers jours de la semaine; le samedi, il fait complètement défaut. La gomme du tarfah suinte tous les jours, pendant la saison, c'est-à-dire pendant six semaines environ, à l'exclusion des autres mois de l'année.

« 5° La manne se corrompt et se remplit de vers, le lendemain du jour où elle a été cueillie, le samedi excepté, où elle se conserve. Ce qu'on appelle la manne du Sinaï peut être gardé, au contraire, indéfiniment.

« 6° Une autre différence qu'il importe de relever, c'est que la manne était une nourriture substantielle, qui fut, pendant quarante ans, à peu près l'unique aliment de tout un peuple.

EL-BOUKID (LA PETITE PORTE) DE FEIRAN, ÉTROIT PASSAGE QUI SERT D'ENTRÉE A CETTE VALLÉE.

« La gomme du tarfah, au contraire, ne peut suffire à l'alimentation de l'homme : c'est un remède purgatif, non une substance nutritive. »

Que conclure de tout cela? C'est qu'il faut s'incliner avec respect devant les faits miraculeux que la Bible raconte, et les admettre comme tels, ou bien, au contraire, les regarder comme de pures fables, et alors oser donner un audacieux démenti au livre le plus auguste et le plus sacré qui existe dans le monde. En ce qui concerne le fait particulier qui nous occupe maintenant, il faut, soit le rejeter absolument, soit y donner purement et simplement son adhésion, en songeant que rien n'est impossible à Dieu, et que celui qui a créé toutes les merveilles de la terre et des cieux, merveilles que nous ne pouvons pas nier, puisqu'elles frappent sans cesse nos regards, a bien pu, en faveur du peuple élu qu'il s'était choisi, faire tomber jadis pendant quarante ans de la manne, comme une rosée substantielle et nourrissante; car, chercher à expliquer ce prodige en le dépouillant de son caractère surnaturel et en voyant dans la manne le produit du tarfah, c'est d'abord méconnaître les dissemblances profondes que j'ai signalées tout à l'heure, après M. l'abbé Vigouroux, entre la manne de l'Exode et celle qui suinte du tarfah ; c'est ensuite, au moment où l'on nie le miracle traditionnel, en inventer soi-même un autre qui n'est pas moins surprenant que le premier. En effet, quand même on couvrirait la péninsule Sinaïtique entière de tamaris, quand on centuplerait la production annuelle de cet arbuste, et que de trois cents kilos, au maximum, qu'elle est actuellement pour toute

DÉPÔTS D'ALLUVION DANS L'OUADI-FEIRAN.

la contrée, on la porterait arbitrairement jusqu'à trente mille kilos, qu'est-ce que cela pour nourrir plus de deux millions d'individus, hommes, femmes et enfants ? Le seul parti raisonnable consiste donc à reconnaître, avec toute l'Église et avec tous les véritables savants de tous les temps, que la manne qui alimenta les Israélites pendant quarante ans était bien réellement miraculeuse, et que sans ce miracle permanent il eût été absolument impossible à une multitude aussi énorme de vivre tant d'années dans un désert où, de nos jours, quelques milliers seulement de Bédouins ont grand'peine à soutenir leur existence. Sans doute, la contrée pouvait être autrefois moins aride et mieux cultivée qu'elle ne l'est maintenant ; néanmoins, dans une grande partie de son étendue, elle n'a dû avoir çà et là que des oasis et être relativement très-peu peuplée. D'ailleurs, les Israélites étaient dans l'impossibilité de se procurer des vivres du côté de l'Égypte d'où ils avaient fui, du côté du pays d'Édom qui leur refusait tout passage, du côté de celui des Philistins, maîtres des rivages de la Méditerranée, enfin du côté des autres peuplades chananéennes qui habitaient les villes du Nedjeb. Ils étaient, par conséquent, vu leur grand nombre, condamnés à périr bientôt de faim dans le désert où ils erraient, sans une intervention continuelle de la Providence qui, tout en les châtiant parfois, à cause de leur ingratitude, veillait cependant toujours paternellement sur eux comme sur la nation bénie d'où devait sortir un jour le Messie.

Mais il est temps de poursuivre notre marche vers le nord-ouest, et d'entrer par la gorge étroite dite El-Boueib (la Petite Porte) dans l'Ouadi-Feiran, la plus belle oasis

BOUQUET DE TAMARIS DANS L'OUADI-FEIRAN.

de la péninsule Sinaïtique, et regardée par les Bédouins de la contrée comme leur véritable paradis terrestre. Dans cette vallée, en effet, longue de plus de vingt kilomètres, serpente en replis nombreux un ruisseau qui en hiver est très-abondant, et qui en été même ne tarit jamais complétement, au moins dans une partie de son cours. Aussi, grâce aux sources à la fois douces et fertilisantes qui jaillissent en divers points de cette vallée, une végétation luxuriante s'est-elle emparée du sol, principalement autour de ces sources, et le ruisseau qu'elles forment est-il bordé de jolies touffes de tamaris, de palmiers et d'acacias. Je ne reviendrai pas ici sur le tamaris et sur la gomme qui en découle. Le palmier y produit des dattes excellentes. L'acacia, de l'espèce que les Arabes appellent seyal, est le *chittah* de la Bible, au pluriel en hébreu *chittim* et en latin *setim,* arbre dont se servit Moïse pour construire dans le désert l'arche d'alliance, le tabernacle et son ameublement. (*Exode,* ch. XXV et XXVI.) Cet acacia seyal, de même que l'acacia arabica, distille une substance bien connue sous le nom de gomme arabique, qu'on obtient en pratiquant une incision dans l'écorce de l'arbre. Il abondait autrefois dans la Péninsule, car il croit un peu partout ; mais les Bédouins, pour se procurer du charbon, qu'ils emploient à leur propre consommation ou qu'ils vont vendre à Suez, en ont fait une destruction si peu intelligente, qu'il commence à devenir assez rare.

Une oasis aussi importante et aussi précieuse dans une pareille contrée que celle de l'Ouadi-Feiran a dû naturellement être occupée dès la plus haute antiquité, et les Amalécites, qui en étaient les maîtres avant le passage des Hébreux, n'ont pas manqué de leur en disputer l'accès du côté de l'ouest, au moment où, après de longues et pénibles marches, ils espéraient pouvoir se reposer de leurs fatigues dans cette charmante et fraîche oasis.

UNE SOURCE DANS L'OUADI-FEIRAN.

Écoutons actuellement le récit biblique (*Exode,* ch. XVII) :

« 8. Cependant Amalec vint à Raphidim combattre contre Israël.

« 9. Et Moïse dit à Josué : Choisissez des hommes et allez combattre contre Amalec. Je me tiendrai demain sur le haut de la colline, ayant en main la verge de Dieu.

OUADI-FEIRAN, AVEC SES PALMIERS, SES TAMARIS, SES ACACIAS, SES EAUX COURANTES.

« 10. Josué fit ce que Moïse lui avait dit, et il combattit contre Amalec. Mais Moïse, Aaron et Hur montèrent sur le haut de la colline.

« 11. Et lorsque Moïse tenait les mains élevées, Israël était victorieux ; mais lorsqu'il les abaissait un peu, Amalec avait l'avantage.

« 12. Cependant les mains de Moïse étaient lasses et appesanties ; c'est pourquoi ils prirent une pierre, et, l'ayant mise sous lui, il s'y assit ; et Aaron et Hur lui soutenaient les mains des deux côtés. Ainsi ses mains ne se lassèrent point jusqu'au coucher du soleil :

« 13. Josué mit donc en fuite Amalec et fit passer son peuple au fil de l'épée. »

La colline sur laquelle, d'après certains voyageurs et, entre autres, d'après plusieurs des membres de la dernière expédition scientifique anglaise dans la péninsule, Moïse se serait placé pour suivre et présider de là tous les mouvements de la bataille, domine de deux cent trente mètres la vallée où le combat a dû se livrer. On l'appelle aujourd'hui Djébel et-Tahouneh (la montagne du Moulin), parce qu'à une certaine époque on y a construit un moulin. Elle est couronnée par les restes d'une église que d'autres ruines avoisinent.

Cette église a peut-être été élevée en souvenir et sur l'emplacement de l'autel que Moïse avait érigé en ce lieu pour remercier Dieu de la grande victoire que les Israélites avaient remportée sur les Amalécites, autel auquel il donna le nom de *Jéhovah-Nissi* (le Seigneur est ma gloire). Un peu au sud de cette colline florissait dans les premiers siècles de l'Église la ville épiscopale de Pharan ou Paran, dont le nom légèrement altéré s'est conservé dans celui de l'Ouadi-Feiran et est identique avec celui du désert de Tih. Cette ville, signalée par Ptolémée, est indiquée par Eusèbe comme étant dans le voisinage de Raphidim ; mais en même temps dans celui du mont Horeb, ce qui soulève ici une grave difficulté.

Voici comment saint Jérôme traduit ce passage de l'*Onomasticon* d'Eusèbe, et, en le traduisant sans en modifier le contenu, il semble lui-même l'adopter pleinement :

« *Raphidim, locus in deserto juxta montem Choreb, in quo de petra fluxere aquæ, cognominatusque est tentatio ; ubi et Jesus adversus Amalec dimicat prope Pharan.* »

Si le mont Horeb dont il est question ici est la montagne où Moïse eut la vision du buisson ardent et que l'on s'accorde à identifier avec le mont Sinaï, il s'ensuit qu'aux yeux d'Eusèbe et de saint Jérôme, le lieu où Moïse fit jaillir de l'eau du rocher et où Josué vainquit les Amalécites était à la fois très-rapproché du Sinaï et de la ville de Pharan. Or, les ruines de cette ville avoisinant le Djebel-Serbal et non Djebel-Mousa, il semble en résulter que la première de ces montagnes a le droit de revendiquer l'honneur qui depuis tant de siècles a été attribué au Djebel-Mousa de représenter le Sinaï. Mais alors, trois nouvelles difficultés surgissent tout à coup. La première, c'est que le Serbal n'est séparé que par une faible distance de la partie de l'Ouadi-Feiran où l'on place la station de Raphidim. Dans ce cas, les Israélites, dont le nombre dépassait deux millions d'individus et dont les tentes devaient, par conséquent, occuper un immense espace de terrain, pouvaient de Raphidim toucher les dernières pentes du Serbal réputé être le Sinaï, et ils n'avaient plus aucune étape à faire pour aller camper auprès de cette montagne, ainsi que le rapporte la Bible (*Exode*, ch. xix, ỳ 65) :

« 1. Le troisième jour du troisième mois depuis que les enfants d'Israël furent sortis de l'Égypte, ils vinrent au désert du Sinaï.

« 2. Étant partis de Raphidim et étant parvenus jusqu'au désert du Sinaï, ils campèrent en ce même lieu ; et Israël y dressa ses tentes vis-à-vis de la montagne. »

La seconde difficulté, c'est que la configuration du Serbal et des vallées qui l'entourent s'oppose, comme nous le montrerons bientôt en disant un mot de cette montagne, à ce qu'on l'identifie avec le

OUADY CHOEIB ou VALLÉE DE JÉTHRO.

Sinaï, tandis que le Djebel-Mousa s'adapte merveilleusement, rien qu'au point de vue topographique, à toutes les circonstances du récit biblique.

En troisième lieu, aucune tradition transmise d'âge en âge et ayant pour elle la majesté des siècles et l'assentiment unanime des indigènes de la contrée ne rattache au Serbal la gloire d'avoir, comme le Djebel-Mousa, été sanctifié jadis d'une manière toute particulière par la présence divine, et

ACACIA SEYAL DANS L'OUADI-FEIRAN; C'EST LE MÊME ARBRE QUI DANS LA BIBLE EST APPELÉ CHITTAH.

d'avoir été le témoin des différents prodiges qui accompagnèrent la promulgation de la loi.

Si néanmoins Eusèbe et son traducteur saint Jérôme placent Raphidim près du mont Horeb, il est facile d'expliquer cette opinion de leur part; car ils pouvaient se fonder sur le passage suivant de l'Exode (ch. XVII) :

« 4. Moïse cria alors au Seigneur, et lui dit : Que ferai-je à ce peuple? Il s'en faut peu qu'il ne me lapide.

« Le Seigneur dit à Moïse : Marchez devant le peuple; menez avec vous des anciens d'Israël; prenez en votre main la verge dont vous avez frappé le fleuve, et allez jusqu'au rocher d'Horeb. »

On peut, en effet, voir dans le rocher d'Horeb un roc dépendant de cette montagne célèbre, et alors, en dépit de la tradition, en dépit aussi de toutes les circonstances qui militent en faveur du Djebel-

DJEBEL ET-TAHOUNEH (MONTAGNE DU MOULIN).

Mousa, on peut se croire autorisé à reconnaître dans le Serbal l'Horeb de la Sainte Écriture ou, en d'autres termes, le Sinaï, puisque ces deux montagnes, comme nous l'avons dit, ou doivent se prendre l'une pour l'autre, ou formaient deux pics du même massif. Mais on peut aussi, avec plusieurs savants critiques, considérer le mot Horeb dans le verset cité plus haut, mot qui signifie *lieu sec, lieu aride,* comme s'appliquant à une autre localité que la célèbre montagne de ce nom. Si l'on admet cette interprétation, les difficultés précédentes s'évanouissent.

Le Djebel-Mousa reste en possession de ses antiques traditions et de la vénération tant de fois séculaire qui l'entoure, et, d'un autre côté, Raphidim demeure auprès des ruines de Feiran, conformément à l'indication fournie par Eusèbe et reproduite par saint Jérôme.

Ces ruines sont assez étendues et prouvent l'ancienne importance de la ville qui s'élevait en cet endroit. On y rencontre les débris de plusieurs églises, d'une foule de chapelles et de nombreux couvents. C'était une cité épiscopale et même plus tard archiépiscopale, habitée par une multitude de moines, attirés et retenus dans ces lieux par les grands souvenirs de l'Exode. La fertilité et les sources intarissables de la vallée où ils avaient élu domicile leur permettaient de vivre au milieu du désert; en outre, ils pouvaient se procurer assez facilement des provisions venant d'Égypte, à cause de la proximité du port de Tor sur la mer Rouge. Parmi les débris confus qui sont épars sur le sol,

El-Maharrad avec ses ruines, restes de l'ancienne Pharan.

le savant Palmer signale un chapiteau curieux sur lequel est sculpté un homme vêtu d'une tunique et les bras levés dans l'attitude de la prière, c'est-à-dire tel que l'Exode nous représente Moïse pendant la bataille de Raphidim. Dans un bas-relief placé au-dessus d'une porte et divisé en trois compartiments, il a observé également trois personnages dans une attitude semblable. Cette découverte l'a amené à penser avec raison que les habitants de Pharan, occupant l'emplacement du champ de bataille de Raphidim, avaient aimé à reproduire par la sculpture cette grande et solennelle figure de Moïse appelant en ces lieux par ses prières la protection divine et la victoire qui devaient ouvrir à son peuple la route du Sinaï.

A quelques kilomètres à l'ouest-nord-ouest des ruines de Pharan et à l'endroit où l'Ouadi-Feiran est encore aride et n'est arrosé par aucune source, les Bédouins vénèrent de longue date un rocher célèbre, auquel ils donnent le nom de *Hési el-Khattatin*, c'est-à-dire la *Source cachée des écrivains*. Pour eux, les écrivains par excellence sont Moïse et Aaron, et principalement Moïse, qui, sous la dictée de Dieu, a écrit le livre de la Loi.

A en croire une de leurs traditions, ce rocher serait celui que Moïse frappa et d'où il fit sourdre de l'eau dans les circonstances suivantes (*Exode,* ch. XVII) :

« 1. Tous les enfants d'Israël, étant partis du désert de Sin et ayant demeuré dans les lieux que le Seigneur leur avait marqués, campèrent à Raphidim, où il ne se trouva point d'eau à boire pour le peuple.

« 2. Alors ils murmurèrent contre Moïse et lui dirent : Donnez-nous de l'eau à boire. Moïse leur répondit : Pourquoi murmurez-vous contre moi ? Pourquoi tentez-vous le Seigneur ?

« 3. Le peuple étant donc en ce lieu pressé de la soif et sans eau, murmura contre Moïse, en disant : Pourquoi nous avez-vous fait sortir de l'Égypte, pour nous faire mourir de soif, nous, nos enfants et nos troupeaux ?

ROCHER DIT HÉSI EL-KHATTATIN, EN AVANT, A DROITE, DANS L'OUADI-FEIRAN.

« 4. Moïse cria alors au Seigneur, et lui dit : Que ferai-je à ce peuple ? Il s'en faut peu qu'il ne me lapide.

« 5. Le Seigneur dit à Moïse : Marchez devant le peuple ; menez avec vous des anciens d'Israël ; prenez en votre main la verge dont vous avez frappé le fleuve, et allez jusqu'au rocher d'Horeb.

« 6. Je me trouverai là moi-même présent devant vous : vous frapperez le rocher, et il en sortira de l'eau, afin que le peuple ait à boire. Moïse fit devant les anciens d'Israël ce que le Seigneur lui avait ordonné.

« 7. Et il appela ce lieu la *Tentation,* à cause du murmure des enfants d'Israël, et parce qu'ils tentèrent là le Seigneur, en disant : Le Seigneur est-il au milieu de nous, ou n'y est-il pas ? »

Dans le texte hébreu, ce rocher est appelé *Massah-Meribah,* c'est-à-dire *tentation, murmure.*

Pour en revenir au rocher dit *Hési el-Khattàtin,* il est regardé par les différents membres de la dernière exploration anglaise comme le site le plus probable du miracle de Massa-Meribah, et l'un d'entre eux, M. H. S. Palmer, qu'il faut distinguer de son homonyme M. E. H. Palmer, s'exprime ainsi à ce sujet dans son ouvrage intitulé *Sinaï* (p. 78 et 79) :

« La coutume ancienne qui date, croyons-nous, de temps immémorial, et qui consiste en ce que chaque passant dépose une petite pierre dans les lieux célèbres par quelque légende, pour marquer qu'il n'oublie ni le lieu ni la tradition qui y est attachée, cette coutume est encore observée par les Bédouins quand ils passent à Hési el-Khattatin. Toutes les grandes pierres et tous les rochers du voisinage sont couverts de monceaux de petits cailloux ainsi déposés. Les Arabes disent que les Israélites, après avoir étanché leur soif à la source miraculeuse, s'assirent et s'amusèrent à jeter des cailloux sur les rochers environnants. De là la pratique moderne qui est usitée en mémoire de ce fait et dans le but spécial d'obtenir la protection de Moïse en faveur des parents ou des amis malades. »

Si l'identification du rocher de Hési el-Khattatin avec celui de Massah-Meribah est légitime, comme j'incline volontiers à l'admettre, elle contribue à fixer l'emplacement de Raphidim près des ruines de Feiran. Une seule objection, en apparence très-sérieuse, peut être opposée à cette hypothèse, c'est la distance qui sépare ces ruines du mont Sinaï, distance qui, par la voie la plus directe, est au moins de quarante kilomètres, et qui n'a pu être franchie en un jour par une multitude de deux millions d'hommes, de femmes et d'enfants. Or, la Bible semble ne marquer qu'une seule étape entre Raphidim et le Sinaï (*Exode*, ch. xix, v. 2) :

« Étant partis de Raphidim et étant parvenus jusqu'au désert du Sinaï, les Israélites campèrent en ce même lieu et dressèrent leurs tentes vis-à-vis de la montagne. » Mais cette difficulté est loin d'être insoluble. On peut supposer, en effet, que les Israélites, après leur victoire de Raphidim, se reposèrent quelque temps dans la fertile oasis de l'Ouadi-Feiran, et que, lorsqu'ils se remirent en marche pour gagner le mont Sinaï, ils ne dressèrent plus leurs tentes qu'une fois arrivés dans les vallées qui s'étendent au pied de cette montagne, et qui leur fournissaient un lieu de campement très-bien choisi pour le long séjour qu'ils devaient y faire. Entre ces deux points, la Bible ne mentionne,

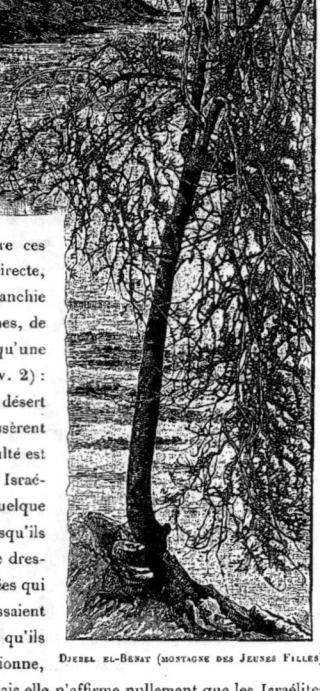

Djebel el-Benat (montagne des Jeunes Filles).

il est vrai, aucun endroit de campement intermédiaire, mais elle n'affirme nullement que les Israélites franchirent cet intervalle en une seule et même journée; ils purent donc en deux jours, chacun de cinq ou six heures de marche, accomplir cette forte étape que la Bible ne divise pas, uniquement parce que rien de saillant n'en signala la première moitié.

A l'ouest, et à une faible distance des ruines de Pharan, le Djebel-Serbal dresse fièrement dans les airs ses flancs abrupts et ses nombreux pics granitiques, parmi lesquels on en remarque cinq principaux,

Ouadi-Chellal (vallée des Cataractes).

dont le plus élevé domine la mer d'environ deux mille soixante-deux mètres. Ces pics sont séparés les uns des autres par des ravins très-profonds et encombrés d'énormes quartiers de roc. Trois vallées étroites, à partir de l'Ouadi-Feiran, y conduisent; ce sont l'Ouadi er-Rimm, l'Ouadi-Aleyat et l'Ouadi-Adjeleh. Très-accidentées elles-mêmes et hérissées de rochers, elles n'ont jamais pu servir d'assiette commode à un camp considérable. Les derniers explorateurs anglais, après une étude attentive du terrain, s'accordent à reconnaître que jamais les Hébreux n'auraient pu s'y établir, ni surtout y séjourner longtemps. Si, pour répondre à cette difficulté, on place le camp des Israélites dans la belle et fertile vallée de l'Ouadi-Feiran, où ils pouvaient s'étendre à l'aise avec leurs troupeaux, alors d'autres diffi-

cultés se présentent soudain. D'abord, si les Israélites avaient dressé leurs tentes dans l'Ouadi-Feiran, comme c'est la seule grande et véritable oasis de la péninsule, on ne comprendrait plus l'expression de *désert* dont se sert l'écrivain sacré pour désigner les alentours du Sinaï. Ensuite, ils n'auraient pas été réunis et groupés au pied de la sainte montagne, comme nous l'apprend la Bible. Trop éloignés de celle-ci pour pouvoir l'environner, ils n'auraient pu assister de près aux grands prodiges qui accompagnèrent la promulgation de la loi. Enfin, la tradition unanime des indigènes de la contrée, tradition qui a guidé Justinien vers le Djebel-Mousa et non vers le Djebel-Serbal pour y fonder

Chemin pratiqué dans le Nakb-Baderah.

le couvent que nous avons décrit, tout nous reporte vers la première de ces montagnes et non vers la seconde, comme vers le véritable Sinaï. Les ruines de l'Ouadi-Feiran et les nombreux couvents qui, dès les premiers siècles de l'Église, remplissaient la ville de Pharan, ne prouvent nullement que l'on regardât alors le Serbal comme la montagne de la promulgation de la loi ; mais, ainsi que nous l'avons vu plus haut, les débris de sculpture que les derniers explorateurs anglais ont trouvés au milieu des

Embouchure de l'Ouadi-Nakb-Baderah dans le Seih-Sidreh.

ruines de cette ville, témoignent de la croyance où étaient les habitants de Pharan qu'ils occupaient l'emplacement du champ de bataille de Raphidim.

Vers l'an 530 de notre ère, Cosmas, surnommé Indicopleuste, à cause de ses voyages dans l'Inde, dans son ouvrage intitulé : *Topographie chrétienne, ou Sentiment des chrétiens sur le monde*, place, à la vérité, le Sinaï dans le voisinage de Pharan, et son opinion est invoquée par tous les modernes partisans de la théorie qui identifie cette montagne célèbre avec le Serbal ; mais on peut opposer à son

EL-HESOUEH, DANS LE OUADY FEIRAN.

PARIS—E. PLON & Cⁱᵉ, ÉDITEURS.

témoignage celui de Silvanus Ammonius, de saint Nilus, de Procope et de beaucoup d'autres, qui, conformément à la tradition générale et ancienne, indiquent clairement non le Serbal, mais le Djebel-Mousa comme le véritable et authentique Sinaï. Que si l'on allègue en faveur du Serbal l'abondance des inscriptions, dites sinaïtiques, que l'on observe dans son voisinage, on peut réfuter facilement cet argument, en répondant que ces inscriptions, qui n'ont nullement l'importance capitale qu'on leur a prêtée quelquefois, sont disséminées un peu partout dans la Péninsule, et qu'elles ne prouvent en aucune manière la sainteté particulière du Serbal au point de vue judaïque ou chrétien. J'inclinerais plutôt à penser avec plusieurs critiques que le nom de Serbal est une corruption de *Ser-Baal*, le seigneur Baal, et semble indiquer que cette montagne était consacrée jadis à cette espèce de Jupiter du Panthéon chananéen. Je dois avouer néanmoins que, suivant le docte orientaliste Palmer, cette dénomination de Djebel-Serbal signifierait purement et simplement le *Mont de la Cotte de mailles*, dénomination, dit-il, qu'il devrait à l'aspect qu'offrent les rochers de granit qui couronnent son sommet; à l'époque des grandes pluies d'hiver, l'eau qui ruisselle sur leurs parois brillantes les ferait ressembler, aux yeux des Arabes, à une sorte de cotte de mailles.

Quoi qu'il en soit, le Djebel-Serbal par ses formes austères et hardies, par ses différentes cimes qui s'élancent dans les airs comme des flèches gigantesques, par sa masse imposante et isolée, est l'une des montagnes les plus remarquables de la Péninsule. Les rares voyageurs qui ont pu escalader ses différents sommets y ont trouvé quelques restes de constructions peu importantes, et ils exaltent tous à l'envi l'incomparable spectacle qui de là s'est offert à leurs regards. De cet observatoire élevé, en effet, la presqu'île sinaïtique se déploie presque tout entière comme un immense plan en relief, peint par la nature elle-même des couleurs les plus variées, selon que les montagnes sont de grès, de granit, de porphyre, ou de nature calcaire. Elles affectent sous les rayons du soleil qui les illumine, avec les configurations les plus diverses, les plus grandioses et souvent les plus fantastiques, les tons les plus différents, tantôt se heurtant par des contrastes soudains, tantôt se fondant harmonieusement ensemble par des nuances intermédiaires. Au milieu de ce labyrinthe de hauteurs où l'homme semble perdu, emprisonné qu'il est et comme écrasé par les murailles rocheuses qui l'enserrent de tous côtés, l'œil perçoit de nombreux ouadis, qui, pareils à autant d'artères, rayonnent à travers ce dédale et permettent de le traverser. Si le voyageur se tourne vers l'ouest et le nord-ouest, il voit se dérouler au loin devant lui la belle nappe bleue du golfe de Suez, au delà de laquelle se montrent les montagnes et les collines de l'Égypte. Au sud-ouest, la grande plaine sablonneuse d'El-Kaa étale le long du rivage sa triste et monotone nudité. Une tache verdoyante néanmoins y repose agréablement la vue. C'est l'oasis de Tor, aujourd'hui pauvre village, qu'environnent de jolies plantations de palmiers, appartenant pour la plupart au couvent du Sinaï. Son port, formé par des récifs de corail, offre un mouillage assez sûr. Il est dominé par une montagne appelée Djebel-Hammam Sidna-Mousa (montagne des Bains de notre seigneur Moïse), d'où jaillissent des sources d'eaux chaudes, et dont les rochers calcaires sont percés de nombreuses grottes d'ermites. A l'est, on distingue le Sinaï, qui apparaît avec toute la majesté de sa masse imposante et de ses souvenirs. Au sud-est, le Djebel-Katherin et le Djebel-Oumm-Chomer dominent de leurs cimes altières les montagnes voisines. Au nord, la longue ligne du Djebel et-Tih, légèrement infléchie en forme d'arc dans sa partie centrale, apparaît comme un mur à l'horizon, bordée au sud d'une large bande sablonneuse appelée Debbet er-Ramleh.

Disons maintenant adieu au Serbal, le rival du Sinaï légitime et le revendicateur de sa gloire, selon quelques savants, et acheminons-nous vers Suez, en continuant à suivre à rebours la route parcourue jadis par les Hébreux.

DU DJEBEL-SERBAL A SUEZ

Après avoir dépassé vers le nord-ouest la petite oasis d'El-Hesoueh et le rocher dit Hesi el-Khattatin, dont il a été question plus haut, nous laissons bientôt à notre droite le Djebel el-Benat, ou la *Montagne des Jeunes Filles*. Ce nom rappelle à l'esprit une aventure romanesque qui s'y serait jadis accomplie. La voici en deux mots. Il est une coutume encore usitée parmi quelques tribus du Sinaï

BEIDHAT-OUMM-TAKHAH, AUPRÈS DU MONT SERBAL.

qui fait souvenir naturellement de l'histoire de la fille de Jephté se retirant pendant trois jours sur les montagnes pour pleurer sa virginité. Dans ces tribus donc, les jeunes filles, au moment de leur mariage, quittent la tente où elles sont nées, leurs parents et leurs compagnes, et s'enfuient sur les montagnes voisines, où elles passent deux ou trois jours. Or, en vertu de cette coutume, le Djebel el-Benat vit autrefois deux jeunes filles gravir ses cimes. Comme elles étaient contraintes par leurs familles d'épouser, à la place de ceux qu'elles aimaient, des prétendants qu'elles détestaient, elles préférèrent se laisser mourir de faim sur ces hauteurs escarpées, plutôt que de manquer à la foi jurée et de faire violence à leur propre cœur. Quelques-uns ajoutent qu'elles nouèrent ensemble leur longue chevelure, et qu'ainsi enlacées et enchaînées l'une à l'autre, elles se précipitèrent dans le vide du sommet de la montagne, qui depuis a conservé dans le nom qu'elle porte le souvenir de leur tragique trépas.

En poursuivant notre marche dans la même direction et en descendant toujours l'Ouadi-Feiran, nous parvenons à l'Ouadi-Mokatteb (la Vallée écrite). Cette vallée, qui est longue d'environ neuf à dix kilomètres, et qui se dirige par une pente douce vers le nord-ouest, est bordée à l'ouest de collines calcaires et à l'est d'autres collines parallèles composées de gneiss et de granit; en outre, elle est parsemée de gros blocs détachés des hauteurs latérales. Comme les parois des rochers y sont sur beaucoup de points couvertes d'anciennes inscriptions, et que les Hébreux ont dû nécessairement passer par là pour se rendre au mont Sinaï, on a supposé que celles de ces inscriptions qui ne sont ni grecques ni latines, et qui, écrites en caractères inconnus, ont défié longtemps toute interprétation, remontaient au passage des Israélites, qui auraient laissé là et ailleurs, partout où l'on rencontre de ces sortes d'inscriptions, dites sinaïtiques, des traces authentiques de leurs longues pérégrinations. Ces inscriptions, dit-on, étaient, par conséquent, d'un prix inestimable, puisque, le jour où l'on parviendrait à les déchiffrer, elles pourraient jeter un

Ouadi-Mokatteb (la Vallée écrite).

jour nouveau sur l'histoire des Hébreux dans le désert, en complétant les détails fournis par la Bible. Cette supposition date de loin, puisque nous la voyons consignée, dès l'an 535 de notre ère, dans l'ouvrage déjà signalé plus haut de Cosmas Indicopleuste. On lit, en effet, dans sa *Topographie chrétienne* (liv. V.) ce qui suit :

« Lorsque les Hébreux eurent reçu de Dieu la loi par écrit dans le désert du Sinaï, ils apprirent les lettres pour la première fois en ce lieu. Le Seigneur se servit de la solitude comme d'une école tranquille, et leur fit graver des caractères pendant quarante ans. Aussi voit-on dans ce désert du mont Sinaï, dans tous les endroits où se sont arrêtés les Hébreux, tous les rochers qui se sont détachés des montagnes couverts de lettres gravées ; je puis en rendre témoignage, moi qui ai voyagé en ces lieux-là. Quelques Juifs qui les avaient lues nous expliquaient ainsi ces inscriptions : *Départ d'un tel, de telle tribu, telle année et tel mois.* Elles sont donc analogues à ce qu'on écrit encore aujourd'hui fréquemment dans les hôtelleries. Seulement, les Israélites, qui venaient d'apprendre à écrire, écrivaient plus souvent et multipliaient les inscriptions, de sorte que tous ces lieux

CAMPEMENT D'ARABES DANS L'OUADI-MOKATTEB.

sont pleins d'inscriptions hébraïques. Elles ont été conservées jusqu'à ce jour, je pense, pour convaincre les incrédules. »

L'ouvrage de Cosmas Indicopleuste qui contenait le passage curieux que je viens de citer demeura longtemps enseveli dans la poussière des bibliothèques; mais lorsqu'il fut publié, en 1707, par Montfaucon dans le tome second de sa *Collectio nova Patrum et scriptorum Græcorum*, il attira aussitôt l'attention des savants. Toutefois, le docte Bénédictin ne se laissa pas prendre à ce qu'offrait de séduisant, au premier abord, l'assertion de Cosmas relative à l'origine des inscriptions du Sinaï, et il soup-

OUADI-SIDREH.
Les Ouadis-Mokatteb, Sidreh et Igné débouchent tous dans le Seih-Sidreh.

çonna que ce voyageur avait été induit en erreur par les Juifs qui l'accompagnaient. Sans analyser ici les différents travaux, quelquefois contradictoires, qui, depuis une quarantaine d'années surtout, ont paru sur ce sujet difficile, travaux qui ont été appréciés avec un rare discernement par M. l'abbé Vigouroux dans ses *Mélanges bibliques* (p. 225 et suivantes), je me bornerai à indiquer, en peu de mots, les derniers résultats auxquels est arrivé le savant orientaliste Palmer. Après avoir, pendant tout le cours de l'expédition scientifique anglaise accomplie en Arabie Pétrée durant les années 1868 et 1869, recueilli avec soin, sur place, près de trois mille inscriptions, soit égyptiennes, soit sémitiques, indépendamment de celles qui sont gravées dans d'autres langues, il constata que les inscriptions sémitiques, ou en d'autres termes celles que l'on désigne d'ordinaire sous le nom de sinaïtiques, appartiennent à un alphabet qui paraît servir de transition entre l'hébreu ordinaire et le coufique ou arabe ancien. Il remarqua aussi, par l'étude attentive d'une douzaine d'inscriptions bilingues (sinaïtiques et grecques), que la manière dont elles sont gravées prouve qu'elles ont été écrites dans les deux langues

MINES DE MACHARAH.

par la même main, qu'elles sont, par conséquent, contemporaines et qu'elles expriment la même chose. A l'aide de ces mêmes inscriptions bilingues, il s'assura pleinement qu'il possédait la véritable clef de l'alphabet sinaïtique ; ce qui lui permit de déchiffrer et d'interpréter sans beaucoup de difficulté la plupart des autres textes sémitiques qu'il put copier, ceux, du moins, qui n'étaient pas trop dégradés par les hommes et surtout par le temps. Jusque-là, il avait poursuivi ses

ROCHERS DE MAGHARAH.

longues et patientes recherches sans consulter les travaux de ses devanciers, afin de ne pas se laisser envahir et influencer malgré lui par des opinions préconçues et toutes faites ; mais ensuite, comparant les résultats de ses efforts personnels à ceux qu'avaient obtenus précédemment MM. Beer, Tuch et Lévy, il constata avec bonheur la grande ressemblance qu'offraient pour le fond, sinon pour tous les détails, ses propres traductions avec celles de ces savants, et il arriva à cette conclusion que la plupart des inscriptions dites sinaïtiques, loin d'être fort anciennes, datent seulement des siècles qui ont immédiatement précédé ou suivi l'ère chrétienne, et qu'elles proviennent, les unes des païens, les autres des chrétiens des premiers siècles de l'Église. Ce ne sont donc pas des pages inédites de la

ROCHERS DE SARABIT EL-KHADIM. — RESTES DE L'UN DES DEUX TEMPLES DE CETTE LOCALITÉ.

Bible, et par cela même d'un intérêt capital, gravées par les Israélites sur les parois aplanies des rochers le long des vallées qu'ils parcouraient, pour perpétuer le souvenir des mémorables événements qui s'accomplissaient sous leurs yeux dans le désert; mais les trois quarts ne sont que de purs graffiti d'une très-médiocre importance, tracés à la hâte par des voyageurs, par des marchands ou par des pèlerins, et consistant souvent en un simple nom propre, accompagné d'une formule banale, quelquefois aussi de dessins très-grossièrement exécutés, représentant des ânes, des chameaux ou des bouquetins. Enfin, les principaux auteurs de ces inscriptions sont des Nabatéens, comme cela ressort de l'écriture et de la langue dans laquelle elles sont rédigées. M. Quatremère avait ainsi parfaitement raison de s'exprimer de la manière suivante en 1851, au nom de l'Académie des inscriptions et belles-lettres, sur les textes épigraphiques de la péninsule Sinaïtique rapportés, en 1850, par M. Lottin de Laval :

« Il ne faut pas se faire illusion, disait-il, sur la valeur de ces inscriptions, et prétendre y découvrir des détails intéressants sur l'histoire, les mœurs et la religion des peuples de l'Arabie. La brièveté de ces légendes, qui, pour la plupart, se composent d'un petit nombre de mots, le retour de formules

STÈLES ÉGYPTIENNES ET RUINES DE SARABIT EL-KHADIM.

uniformes, par lesquelles commencent en général ces inscriptions, ne permettent pas d'y voir autre chose que l'expression des sentiments, des vœux d'individus isolés, et ne laissent pas supposer qu'elles offrent des monuments tracés par les mains d'un gouvernement ou d'une corporation. »

Si les inscriptions dites sinaïtiques sont relativement d'origine assez récente, et si aucune jusqu'à présent n'a été découverte qui puisse être attribuée aux Israélites comme marque de leur séjour ou de leur passage, les inscriptions hiéroglyphiques, au contraire, que l'on rencontre en divers points de la Péninsule, et principalement à Maghara et à Sarabit el-Khadim, nous reportent à une très-haute antiquité et précèdent la plupart de beaucoup l'époque même de l'Exode.

Transportons-nous d'abord à Maghara, à une faible distance au nord-ouest de l'Ouadi-Mokatteb. Le nom de Maghara signifie *caverne*, et est dû aux galeries souterraines exécutées en cet endroit par les Égyptiens, dès les temps les plus reculés, pour l'exploitation du mafka, mot que les uns traduisent par *turquoises*, d'autres par *cuivre*, d'autres enfin par *malachite*. Ces galeries basses et ténébreuses où l'on ne peut s'avancer maintenant qu'en rampant, à cause de tous les déblais qui encombrent le sol, ont été ouvertes dans les flancs de l'Ouadi-Magharah il y a plusieurs milliers d'années, sous le roi Snéfrou, le dernier souverain de la troisième dynastie égyptienne, et suivant d'autres, le premier de la quatrième dynastie. Une stèle, à l'entrée d'une des galeries, porte son nom inscrit dans un cartouche, et le représente lui-même la main droite armée d'une massue et terrassant un ennemi vaincu qu'il tient de la main gauche. Cet ennemi, qui paraît être un Sémite, est figuré avec une longue chevelure, une barbe pointue et abondante, et le front fuyant. Il devait appartenir à la race des pasteurs nomades qui habitaient alors la Péninsule, et que les Égyptiens commencèrent sans doute par dompter, avant d'entreprendre dans leur contrée l'exploitation des mines précieuses qu'elle renfermait. Non loin de la stèle de Snéfrou, on remarque celle de Khéops ou de Choufou, son successeur, le fondateur de la grande pyramide. Nous sommes ainsi reportés par ces deux tablettes aux premiers âges de l'histoire de l'Égypte, et par conséquent, de l'histoire du monde. D'autres stèles indiquent les noms des princes des dynasties subséquentes sous lesquels les travaux des mines furent poursuivis. Inter-

GALERIES SOUTERRAINES NATURELLES DANS LES RAVINS DE SARABIT EL-KHADIM.

rompus pendant la domination des Hyksos, ils furent repris ensuite pour être enfin abandonnés lorsqu'on s'aperçut que les mines de Maghara s'épuisaient à la longue, et que celles de Sarabit el-Khadim étaient plus riches en minerai.

Au-dessus de l'Ouadi-Maghara et des mines qu'il recèle dans ses berges latérales, s'élève une haute colline dont les pentes sont très-abruptes, et dont le plateau supérieur est occupé par les restes de l'antique village des mineurs. Ils habitaient de petites maisons basses, bâties avec de gros blocs à peine équarris et non cimentés. Au centre du plateau, une éminence conique est couronnée par les débris d'une tour du sommet de laquelle on pouvait au loin observer les environs et donner des signaux d'alarme, dans le cas où un ennemi se serait présenté pour attaquer les mines. Dans les villages, on a trouvé un grand nombre d'instruments en silex, tels que ciseaux

PLAINE DE MARKHA.

et marteaux, ce qui prouve que les ouvriers ne se servaient que d'instruments de cette nature, et non d'outils en bronze ou en fer, pour creuser leurs galeries souterraines et leurs puits de mines, et en extraire les pierres précieuses ou les minéraux qui pouvaient y être contenus.

Pour se rendre de Maghara à Sarabit el-Khadim, autre centre minier très-important, il faut suivre dans la direction du nord-est, pendant six à sept heures de marche, des sentiers très-difficiles. Ces mines sont situées au milieu de montagnes escarpées d'une défense facile et semblables à de véritables forteresses, d'où le nom de *Sarbat* ou *Sarabit,* mot arabe qui signifie *hauteurs,* et de *Khadim,* qui dérive probablement de l'ancien mot égyptien *Khatem,* qui veut dire *forteresse.*

Les ruines de deux temples consacrés à la déesse Hathor, et de nombreuses stèles portant les noms de divers souverains égyptiens, couvrent en cet endroit la plate-forme supérieure d'une colline de grès rouge, haute de deux cent soixante mètres au-dessus des vallées voisines. La plus ancienne inscription hiéroglyphique découverte à Sarabit nous apprend que l'ouverture des travaux s'y fit sous le règne d'Amenemha II, de la douzième dynastie. Ils furent ensuite abandonnés, lors de la conquête de l'Égypte par les Hyksos, pour recommencer sous le roi Thoutmès III et se poursuivre long-

Djebel el-Markha.
Cette montagne forme un promontoire qui sépare les deux plaines d'El-Markha et d'El-Markheich.

temps encore jusqu'à Ramsès IX. Des mines de turquoises, de fer et de cuivre, s'étendent au loin dans les collines et dans les vallées qui environnent les ruines des deux temples que je viens de signaler, temples où, à certains jours sans doute, se réunissaient les malheureux prisonniers qui étaient condamnés à cette pénible exploitation. Plusieurs des anciennes galeries qu'ils avaient ouvertes ont été retrouvées par les membres de la dernière mission anglaise, notamment dans l'Ouadi-Naseb, qui, à cause de ses sources, semble avoir été le quartier général des opérations métallurgiques.

Selon une remarque très-judicieuse de M. l'abbé Vigouroux (*Mélanges bibliques*, p. 284), l'existence de ces mines dans la péninsule Sinaïtique, dès une époque si reculée, jette beaucoup de lumière sur une partie de l'histoire des Hébreux dans le désert; on ne peut plus être surpris qu'ils aient eux-mêmes travaillé les métaux au Sinaï, soit pour fondre le veau d'or, soit pour fabriquer les divers ustensiles destinés au service du tabernacle, puisque les Égyptiens, naguère leurs maîtres, le faisaient quotidiennement à quelque distance du mont Horeb, à Sarabit el-Khadim, et l'avaient fait antérieurement à Maghara. Ainsi tombent les accusations accumulées sur ce point au siècle dernier contre les récits de Moïse.

Si nous dirigeons nos pas vers le sud-ouest, en suivant l'Ouadi-Kharit, puis l'Ouadi-Baba,

Ras Abou-Zenimeh.

nous débouchons par le Seih-Baba dans la plaine d'El-Markha. Cette plaine, bordée d'un côté par la mer Rouge, et de l'autre par une chaîne de montagnes que coupent plusieurs ravins, est sablonneuse et caillouteuse à la fois. Elle mesure environ vingt-cinq kilomètres de long sur six dans sa plus grande largeur. On la regarde généralement comme étant le désert de Sin où les Israélites virent tomber pour la première fois la manne et purent aussi se rassasier de chair.

Nous lisons à ce sujet dans l'Exode (ch. XVI) :

« 1. Toute la multitude des enfants d'Israël, étant partie d'Élim, vint au désert de Sin, qui est entre Élim et le Sinaï, le quinzième jour du second mois depuis leur sortie d'Égypte.

« 2. Et les enfants d'Israël, étant dans ce désert, murmurèrent tous contre Moïse et Aaron,

« 3. En leur disant : Plût à Dieu que nous fussions morts dans l'Égypte par la main du Seigneur, lorsque nous étions assis près des marmites pleines de viande et que nous mangions du pain tant que nous voulions! Pourquoi nous avez-vous amenés dans ce désert, pour y faire mourir de faim tout le peuple?

« 11. Alors le Seigneur parla à Moïse et lui dit :

« 12. J'ai entendu les murmures des enfants d'Israël; dites-leur : Vous mangerez ce soir de la chair, et au matin vous serez rassasiés de pain, et vous saurez que je suis le Seigneur votre Dieu.

« 13. Il vint donc le soir un grand nombre de cailles qui couvrirent tout le camp, et le matin il se trouva aussi une rosée tout autour du camp. »

Plaine d'El-Markheieh.

J'ai déjà parlé précédemment du miracle de la manne, miracle qu'il est absolument impossible d'expliquer scientifiquement, en voyant dans cette espèce de rosée qui, pendant quarante ans, fut la principale et souvent la seule nourriture des Hébreux dans le désert, le fruit du tamaris. Quant à cette volée soudaine de cailles en quantité si considérable, fait qui se renouvela une seconde fois à

Petite crique près de l'embouchure du Ouadi-Thaybeh.

Kibroth-Hattaavah ou aux *Sépulcres de la concupiscence,* ainsi que nous l'avons dit plus haut, c'est un événement tout ensemble naturel et surnaturel : naturel, parce qu'à certaines époques de l'année et dans certains pays ces volatiles émigrent par bandes innombrables et sont quelquefois si fatigués qu'ils se reposent au loin à terre, épuisés de lassitude, et qu'on peut alors s'en emparer facilement; surnaturel, parce que, dans le cas et au lieu dont il s'agit ici, de même qu'à la station de Kibroth-Hattaavah, les cailles survinrent précisément à point pour accomplir la promesse de Dieu à Moïse et assouvir la convoitise du peuple hébreu. Aussi le Psalmiste n'a-t-il pas manqué plus tard d'exalter cette double intervention miraculeuse du Seigneur en faveur d'Israël dans les versets qui suivent (*Ps.* LXXVI) :

« 23. Il commanda d'en haut aux nues, et il ouvrit les portes du ciel.

« 24. Il fit pleuvoir la manne pour être leur nourriture, et il leur donna le pain du ciel.

« 27. Il fit pleuvoir sur eux la chair comme de la poussière et les oiseaux comme le sable de la mer.

« 29. Et ils mangèrent, et ils furent rassasiés, et leurs désirs furent satisfaits. »

Entre la station de Sin où nous sommes en ce moment et celle de Raphidim dont nous avons parlé précédemment, le Livre des Nombres en intercale deux autres (ch. XXXIII) :

« 12. De Sin, les Israélites vinrent à Daphca.

« 13. De Daphca, ils vinrent camper à Alus.

« 14. Et étant sortis d'Alus, ils allèrent dresser leurs tentes à Raphidim. »

Ces deux stations de Daphca et d'Alus doivent se chercher sur l'une des trois routes que l'on peut suivre pour se rendre de la plaine d'El-Markha à la roche de Hesi el-Khattatin, que la commission anglaise, probablement avec raison, identifie avec le rocher frappé par Moïse à Raphidim. Mais jusqu'à présent, elles n'ont point été retrouvées d'une manière tant soit peu certaine. Elles paraissent d'ailleurs n'avoir été signalées

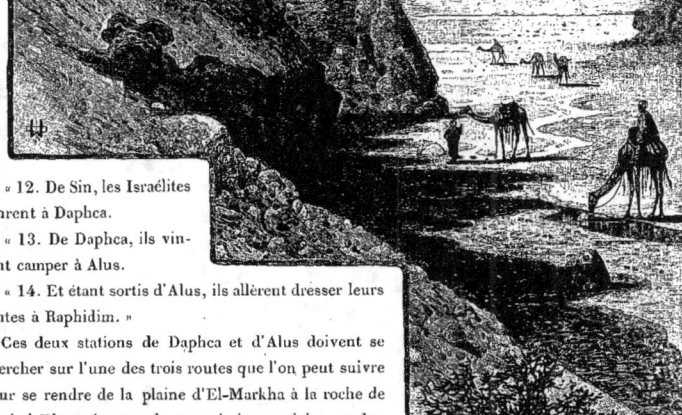

OUADI-THAYBEH, DANS SA PARTIE INFÉRIEURE.

par aucun événement de quelque importance, puisque le livre de l'Exode ne les mentionne pas.

La plaine d'El-Markha est dominée au nord par la montagne de ce nom, qui se projette jusqu'auprès de la mer, en forme de promontoire. Au delà, vers le nord-ouest, la plage est pendant plusieurs heures de marche très-étroite, et l'on parvient ainsi à un autre

OUADI-THAIBEH, DANS SA PARTIE SUPÉRIEURE.

cap, appelé Ras Abou-Zenimeh, du nom d'un santon musulman dont on y vénère la mémoire dans un ouali. C'est dans la petite plaine qui avoisine ce cap que l'on s'accorde à placer le campement des Hébreux qui suivit celui d'Élim et précéda la station du désert de Sin. Nous lisons à ce sujet dans le Livre des Nombres (ch. XXXIII) :

DJEBEL-HAMMAM-FARAOUN, AVEC SES SOURCES D'EAUX CHAUDES.

« 10. De là (d'Élim) ayant décampé, ils allèrent dresser leurs tentes près de la mer Rouge. Et étant partis de la mer Rouge,

« 11. Ils campèrent dans le désert de Sin. »

Une quinzaine de kilomètres plus au nord-ouest, se dresse le long du rivage, à la hauteur de quatre cent soixante-dix-huit mètres environ, un grand rocher de forme pyramidale, appelé *Djebel-Hammam-Faraoun* (montagne des Bains de Pharaon). De ses flancs calcaires et escarpés jaillit une source d'eaux chaudes dont la température est de 55 degrés Réaumur, et qui contiennent du natron, de la chaux et de la magnésie. Cette source est, dit-on, excellente pour les affections rhumatismales. A en croire les Arabes, l'âme du Pharaon dont l'armée fut engloutie dans la mer Rouge serait encore errante après tant de siècles dans ces parages, et, quand ils viennent se baigner en cet endroit, ils ne manquent pas de chercher à l'apaiser par quelque offrande, afin qu'elle n'empêche pas les eaux de la source de leur être favorables. Ils s'imaginent, en effet, que le passage de la mer Rouge par les Israélites eut lieu sur ce point; ce qui est contraire à toute vraisemblance, attendu que la mer, en face du Djebel-Hammam-Faraoun, a au moins trente-trois kilomètres de large et une très-grande profondeur; elle n'aurait pu donc être franchie en une seule nuit par l'immense multitude des Israélites, et en outre ceux-ci auraient eu à cheminer non pas seulement entre deux murs, mais entre deux véritables montagnes d'eaux suspendues, à droite et à gauche, au-dessus de leurs têtes.

FLANCS ESCARPÉS DU DJEBEL-HAMMAM-FARAOUN.

Ce passage miraculeux s'accomplit très-probablement, comme nous le verrons plus loin, vers la pointe septentrionale du golfe, dans le voisinage de la ville actuelle de Suez. A l'extrémité nord du Djebel-Hammam-Faraoun, l'Ouadi-Ouseit va en serpentant aboutir à la mer. C'est dans cette vallée où poussent quelques palmiers, grâce à un peu d'eau saumâtre qui y coule, que plusieurs voyageurs placent la station d'Élim que mentionne le verset suivant de l'Exode (ch. xv, ẏ 27) :

« Les enfants d'Israël vinrent ensuite à Élim, où il y avait douze sources et soixante-dix palmiers, et ils campèrent auprès des eaux. »

Il en est également question dans le Livre des Nombres (ch. XXXIII, ẏ 9).

Mais la plupart des explorateurs inclinent de préférence à la reconnaître dans l'Ouadi-Gharandel, autre vallée située plus au nord, et qu'arrosent des sources plus abondantes et moins saumâtres. Le ruisseau qu'elles forment est ombragé çà et là par des bouquets de palmiers, d'acacias seyals et de tamaris. A l'embouchure de cet Ouadi est un petit port naturel, que les anciens signalent sous le nom de *Sinus Gharandra*.

Plus au nord-ouest, à la distance de treize à quatorze kilomètres, l'Aïn el-Haouarah, dont l'eau est extrêmement amère, peut marquer l'emplacement de la station dite Marah, qui signifie *amertume*, dont parle l'Exode dans le passage que voici (ch. xv) :

ROCHERS DE FORME FANTASTIQUE DANS L'OUADI-HAMR.

« 23. Ils (les Israélites) arrivèrent à Marah, et ils ne pouvaient boire des eaux du Marah, parce qu'elles étaient amères. C'est pourquoi on lui donna un nom qui lui convenait bien, en l'appelant Marah, c'est-à-dire Amertume.

« 24. Alors le peuple murmura contre Moïse, en lui disant : Que boirons-nous?

« 25. Mais Moïse cria au Seigneur, qui lui montra un certain bois qu'il jeta dans les eaux, et les eaux, d'amères qu'elles étaient, devinrent douces. »

Peut-être aussi faut-il reporter cette station un peu plus au nord jusqu'à l'Ouadi-Amarah, dont le

OUADI-OUSEIT.

nom est identique avec celui de Marah, et qui renferme également çà et là un peu d'eau saumâtre.

Burckhardt a conjecturé que le gharkad, petit arbuste épineux qui est commun près des sources de la péninsule Sinaïtique, pourrait bien avoir été le bois employé par Moïse pour adoucir les eaux de Marah, celui-ci ayant, sans doute, projeté dans la source les baies de cet arbuste. Mais il avoue lui-même que les indigènes ne connaissent actuellement aucun arbuste doué d'une semblable propriété; d'ailleurs les baies du gharkad, le *Peganum retusum* des botanistes, n'étaient pas encore mûres, au moment où les Israélites campèrent à Marah, puisqu'elles ne mûrissent qu'en été, et qu'on n'était alors qu'au printemps.

Entre Aïn el-Haouarah et Aïoun-Mousa s'étend un vaste espace d'au moins soixante-six kilomètres de longueur, que les Hébreux mirent trois jours à parcourir, comme nous le lisons dans l'Exode (ch. xv, ẏ 22) :

« Après donc que Moïse eut fait partir les Hébreux de la mer Rouge, ils entrèrent au

ENTRÉE DE L'OUADI-GHARANDEL.

désert de Sur, et ayant marché trois jours dans la solitude, ils ne trouvaient point d'eau. »

Ce même désert est désigné dans le Livre des Nombres (ch. XXXIII, ẏ 8) sous le nom de désert d'Étham :

« De Phihahiroth ils passèrent par le milieu de la mer dans la solitude, et ayant marché trois jours par le désert d'Étham, ils campèrent à Marah. »

Ce désert aride est bordé à l'ouest par la mer et à l'est par une longue chaîne de montagnes appelée Djebel er-Rahah, qui par sa continuité fait l'effet d'une immense muraille, d'où le nom de Sur, en hébreu Chour (muraille), donné par les Hébreux à cette solitude désolée. Celui de Étham était probablement égyptien. Les voyageurs qui ont traversé cette vaste plaine signalent tous sa tristesse et sa monotonie. Morte et stérile, elle repose à peine le regard par la vue de quelques misérables arbustes. Quelquefois le rhamsin ou vent du sud y soulève de véritables tempêtes de sable.

Enfin nous arrivons à *Aïoun-Mousa* (source de Moïse). Cette oasis doit son nom aux sources qui l'alimentent et à la tradition qui y fixe le premier campement de Moïse au sortir de la mer Rouge. C'est maintenant une sorte de lieu de plaisance pour les habitants de Suez, qui viennent s'y asseoir à l'ombre des bouquets de palmiers qui y croissent. Là jadis Moïse et tout le peuple israélite chantèrent l'hymne célèbre que nous lisons dans l'Exode (ch. xv), et qui était un véritable cantique d'action de grâces pour leur délivrance si miraculeuse. Là aussi Marie la Prophétesse, sœur de Moïse et d'Aaron, prit un tambourin à la main, et toutes les femmes marchèrent après elle avec des tambourins semblables, formant des chœurs sacrés, et Marie chantait la première, en disant : « Chantons des

Sources dans l'Ouadi-Ghabandel.

hymnes au Seigneur, parce qu'il a signalé sa grandeur et sa gloire, et qu'il a précipité dans la mer le cheval et le cavalier. »

L'endroit précis où le peuple hébreu franchit la mer Rouge est fort incertain, et les opinions sont très divergentes à ce sujet, selon qu'on fait partir les Israélites de Memphis, des environs d'Héliopolis, de Rhamsès ou de Tanis, selon aussi la plus ou moins grande extension que l'on donne vers le nord, à l'époque de l'Exode, à l'ancien golfe Héroopolite ou, en d'autres termes, au bras occidental de la mer Rouge. Sans discuter ici d'une manière approfondie ces diverses hypothèses, ce que j'ai l'intention de faire plus tard dans un ouvrage spécial, je me bornerai à dire en ce moment que jusqu'à nouvel ordre et jusqu'à plus ample examen de la question sur les lieux mêmes, j'écarte tout d'abord l'opinion singulière qui fait passer les Hébreux non par la mer Rouge, comme cela est attesté par plusieurs passages positifs des Livres saints, tant de l'Ancien que du Nouveau Testament, mais par les marais du lac Sirbonis, le long de la Méditerranée. Je rejette aussi la tradition arabe en vertu de laquelle les Hébreux auraient franchi la mer Rouge au sud du Djebel-Attaka; la mer, en effet, est

MONT SERBAL, VU DE L'OUADI FEIRAN.

en cet endroit trop large pour avoir pu être franchie par les Hébreux en une seule nuit, comme la Bible l'affirme; en outre, elle est trop profonde pour répondre aux données du texte sacré. Restent donc les deux seules hypothèses suivantes. Ou bien, à l'époque de l'Exode, la mer Rouge ne s'étendait guère plus haut et plus au nord que de nos jours, et alors c'est près de Suez qu'il faut placer le

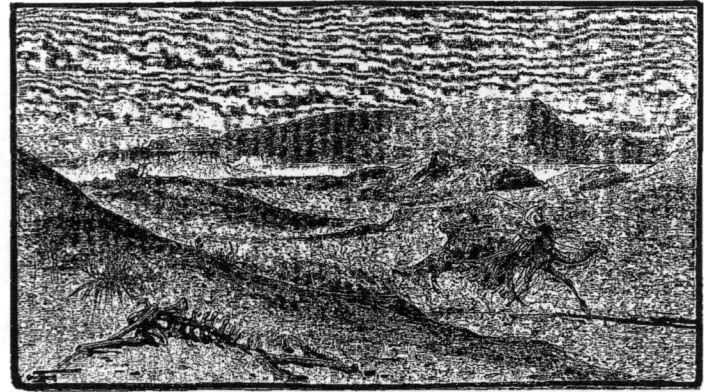

AÏN-HAOUARAH.

passage des Hébreux. Dans ce cas, le Djebel-Attaka représenterait le Beelsephon de l'Exode, et la position d'Adjroud marquerait soit Phihahiroth, soit Magdol. Cette opinion est la plus généralement admise; elle a été adoptée par un grand nombre de voyageurs et d'écrivains, et elle a été soutenue avec

OUADI-AMARAH.

beaucoup de science par M. l'abbé Vigouroux dans son ouvrage intitulé : *la Bible et les découvertes modernes* (tome II, p. 341 et suivantes).

Ou bien, au contraire, lorsque les Hébreux quittèrent l'Égypte sous la conduite de Moïse, la mer Rouge faisait sentir ses marées jusqu'au pied du Sérapéum et remplissait les lacs Amers. Si elle s'est retirée depuis plus au sud, c'est par suite de l'exhaussement du seuil de Chalouf, qui a établi une barrière entre elle et les lacs Amers. Dans ce second cas, le golfe Héröopolite aurait compris jadis dans son périmètre ces mêmes lacs qui, une fois séparés de la mer Rouge, auraient fini par se dessécher, avant de se remplir de nouveau, il y a quelques années, lors du percement de l'isthme de Suez. Conformément à cette hypothèse qui a été émise par l'éminent M. de Lesseps et par plusieurs des ingénieurs qui ont concouru, sous sa direction, à la gigantesque entreprise de son canal, le passage

Désert de Sur (en hébreu Choer).

des Israélites se serait effectué, non auprès de Suez, mais à travers les lacs Amers. L'un de ces ingénieurs, M. Lecointre, a composé à ce sujet une brochure fort intéressante qui vient d'être rééditée avec de nouveaux développements, sous le titre de *Campagne de Moïse pour la sortie d'Égypte*.

Tempête de sable, dans le désert de Sur.

Dans la préface qui précède cette brochure, et qui est due à la plume de M. l'abbé Moigno, ce vénérable prêtre, l'un des hommes les plus savants de l'Europe dans la plupart des branches des connaissances humaines, s'exprime ainsi (page 10) :

« Nous nous sommes rallié pleinement à la solution de ce très-difficile problème donnée par M. Lecointre, ingénieur distingué des constructions navales, qui a participé aux travaux du percement de l'isthme de Suez. Une exploration très-approfondie et très-minutieuse de ces contrées, où il a séjourné à plusieurs reprises, l'a conduit à placer le lieu du passage de la mer Rouge dans la partie de

Palmiers d'Aïoun-Mousa.

cette mer qui a constitué depuis les lacs Amers, et à identifier Phihahiroth avec Chebreouet. Mais comment la région des lacs Amers aurait-elle été séparée de la mer Rouge, et à quelle époque? J'ai été le premier à trouver la solution pleine et entière de ce second problème dans le psaume *In exitu Israël de Ægypto*, que nous avons récité et chanté mille fois sans en comprendre la portée ou même le sens.

Cette séparation a été le résultat du tremblement de terre du Sinaï survenu peu de temps, cinquante jours, après le passage de la mer Rouge.

« A la face du Seigneur, à la face du Dieu de Jacob, la terre a tremblé. Les montagnes ont bondi comme des béliers et les collines comme des agneaux. La mer a vu et elle s'est enfuie, le Jourdain a vu et il est retourné vers sa source. »

Ce qui signifie, dans un langage figuré, que le bouleversement du sol souleva, d'une part, les seuils de Chalouf et du Sérapéum, en faisant fuir la mer Rouge et la séparant des lacs Amers; d'autre part, les lignes de faîte de la double vallée de l'Akabah et de l'Arabah, barrant le passage au Jourdain, lui fermant le passage de la mer d'Élath et le forçant de revenir à la mer Morte.

Je dois faire observer néanmoins, contrairement à cette dernière opinion, que le seuil de Chalouf, qui

PREMIER JOUR DE MARCHE DANS LE DÉSERT DE SUR.

rend impossible toute communication naturelle entre la mer et les lacs, est regardé par certains géologues comme étant de formation tertiaire et, par conséquent, comme bien antérieur à Moïse.

J'ajouterai également que si l'on place le lieu du passage des Hébreux une cinquantaine de kilomètres plus au nord que ne le fait l'opinion commune, qui le fixe aux alentours de Suez, il faut en même temps et par une conséquence inévitable déplacer toutes les stations subséquentes des Israélites, en les reportant pareillement plus au nord. Et cependant, comme je viens de le montrer, d'après les dernières recherches de l'expédition anglaise et les investigations consciencieuses de tous ceux qui y ont pris part, le site proposé pour la plupart de ces stations paraît s'accorder avec les indications de la Bible.

Du reste, quelle que soit celle de ces deux hypothèses que l'on adopte, que, d'après la plus ancienne et la plus généralement répandue, on fasse franchir la mer Rouge par les Hébreux dans le voisinage de Suez, ou que, d'après la plus récente, on reporte ce passage plus au nord et à travers les lacs Amers considérés comme formant alors l'extrémité septentrionale de cette même mer, toujours est-il que cette heureuse sortie de l'Égypte de tout un peuple de deux millions d'individus environ, hommes, femmes et enfants, acculés entre la mer, les montagnes, le désert et les troupes de Ménephtah, et la destruction complète de cette armée, sont deux faits tellement extraordinaires, tels que le Livre de l'Exode les raconte, qu'il est absolument impossible de les expliquer d'une manière purement naturelle, comme on a essayé quelquefois de le faire. On a prétendu, par exemple, que les Hébreux avaient profité d'une marée basse pour traverser la mer Rouge, et que les Égyptiens avaient été engloutis par le flux. On a supposé aussi que Moïse avait conduit son peuple à un gué qu'il connaissait par expérience, comme ayant habité longtemps la terre de Madian et parcouru les rivages de la mer Rouge. Mais comment croire que les Égyptiens pussent tous ignorer le phénomène journalier du flux et du reflux d'une mer qui bordait leur territoire et qui était sans cesse sous leurs yeux? Que dire aussi d'un gué si favorable aux Israélites et devenu tout à coup si funeste à leurs ennemis? En outre, traverser une mer au moment du reflux ou à gué, ce n'est pas s'avancer entre deux murailles d'eau, comme le firent les Israélites, ainsi que l'affirme le texte biblique. Il faut donc, soit nier le passage des Hébreux par la mer Rouge et l'anéan-

Aïoun-Mousa (sources de Moïse).

tissement de l'armée égyptienne, soit reconnaître dans ces deux grands événements une intervention éclatante de la Providence qui ne peut s'expliquer que par un miracle. Mais nier ces deux faits, c'est non-seulement infirmer le témoignage si net et si précis de Moïse, acteur néanmoins et témoin oculaire, c'est encore récuser tous les écrivains sacrés qui, d'âge en âge, ont exalté cette délivrance miraculeuse des Hébreux du joug de Pharaon. Ne lisons-nous pas, par exemple, dans le psaume LXXVI :

« 16. O Dieu, tu as racheté ton peuple par la force de ton bras, les enfants de Jacob et de Joseph.

« 17. Les eaux t'ont vu, ô Dieu! les eaux t'ont vu, et elles ont tremblé; les abîmes eux-mêmes de la mer ont frémi.

« 20. Tu as ouvert un chemin dans la mer, des sentiers au milieu des eaux, et tu n'as laissé derrière toi aucune trace. »

Qui ne connaît aussi ce passage de Salomon dans le Livre de la Sagesse (ch. x) :

« 15. C'est la Sagesse (c'est-à-dire Dieu) qui a délivré le peuple juste et la race innocente de la nation qui l'opprimait.

« 18. Elle a conduit les justes par la mer Rouge et les a fait passer au travers des eaux profondes.

UNE HALTE DANS LE DÉSERT DE SUR.

« 19. Elle a enseveli leurs ennemis dans la mer et elle les a retirés eux-mêmes du fond des abîmes. »

Les prophètes Isaïe et Habacuc ont plus tard, en des termes à peu près analogues, célébré les mêmes événements. Si nous descendons le cours des siècles, nous entendons la voix d'un glorieux martyr, celle de saint Étienne, rappeler aux Juifs les miracles accomplis par Moïse en Égypte, au milieu de la mer Rouge et dans le désert. (*Actes des Apôtres,* ch. VII, v. 36.) Enfin, sans m'étendre en de plus longues citations, je ne puis m'empêcher cependant de reproduire sur ce point les propres paroles du plus grand docteur de l'Église, de saint Paul, qui s'exprime ainsi dans son Épître aux Hébreux (ch. x, v. 29) :

« C'est par la foi que les Hébreux passèrent à pied sec la mer Rouge, au lieu que les Égyptiens, ayant voulu tenter le même passage, furent engloutis par les eaux. » Il est donc impossible de nier de pareils faits sans contredire l'histoire elle-même de tout un peuple dans ce qu'elle a de plus saillant, de plus authentique, et de plus enraciné dans ses traditions. Il est impossible, d'un autre côté, de les expliquer humainement; donc ils sont miraculeux, et c'est faire acte de raison que de les croire sans les discuter, appuyés qu'ils sont sur d'irrécusables témoignages.

LES APPROCHES DU MONT SERBAL.

BASSE ET MOYENNE ÉGYPTE. — PÉNINSULE SINAÏTIQUE.

ÉGYPTE

TERRE DE GESSEN

La contrée de l'Égypte d'où sortirent les Israélites pour parcourir la péninsule Sinaïtique, que nous venons de traverser sur leurs traces, s'appelait terre de Gessen ou terre de Ramsès, du nom de deux

Golfe de Suez, vu d'Aïoun-Mousa. — Un puits à Aïoun-Mousa.

des principales villes qui s'y trouvaient. Nous allons, après nous être arrêtés un instant à Suez, jeter un coup d'œil sur cette contrée célèbre. De là, nous nous rendrons au Caire, qui partage actuellement avec Alexandrie le titre de capitale de l'Égypte. L'emplacement de Memphis et ses gigantesques pyramides, seuls restes, mais restes immenses, avec son Sérapéum et d'innombrables tombeaux, de cette antique cité, attirera ensuite nos pas et notre admiration. Puis, remontant le Nil, nous irons saluer les incomparables ruines de Thèbes. Franchissant plus loin la première cataracte, nous aborderons dans la charmante île de Philæ. Dans la Nubie inférieure, le grand temple d'Ipsamboul sera l'une des merveilles que nous visiterons en passant. Enfin la seconde cataracte de Ouadi Halfa mettra un terme à notre voyage et à notre description de la Terre Sainte. Si je comprends l'Égypte dans ce deuxième volume, c'est d'abord que le district oriental de son Delta vit jadis arriver dans son sein le patriarche Jacob avec ses enfants et petits-enfants, que cette région fut concédée par le pharaon de cette époque

Suez.

à ce vénérable vieillard et à sa famille, et qu'avec le cours des âges cette famille devint une nation de deux millions d'âmes, appelée à jouer un si grand rôle dans l'histoire et dont les destinées ne sont

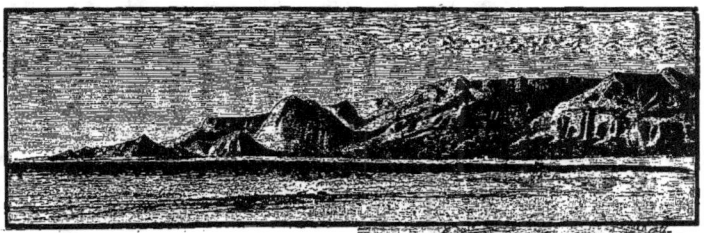

point encore terminées, bien que, depuis dix-huit siècles, elle soit dispersée dans le monde entier. Le berceau d'un pareil peuple, qui a eu l'honneur insigne de compter le Messie parmi les descendants de ses rois, méritait donc de ma part une attention spéciale; en outre, comme l'Égypte a eu des relations très-fréquentes, soit pacifiques, soit hostiles, avec la Palestine, j'ai cru être agréable au lecteur en lui signalant quelques-uns des plus remarquables monuments et des plus mémorables souvenirs qui rendent si fameux le

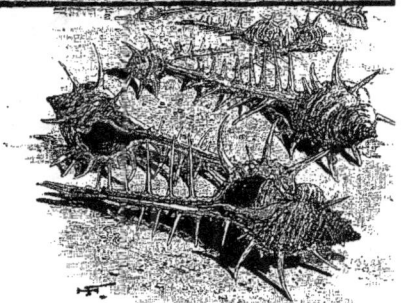

Djebel-Attakau, vers l'extrémité nord-ouest de la mer Rouge.

pays des Pharaons. Plus tard peut-être je publierai un ouvrage de plus longue haleine sur cette vieille terre de Misraïm que j'ai autrefois parcourue pendant plusieurs mois consécutifs avec mon excellent ami, M. le marquis de Maupas. Pour le moment, je me contenterai d'effleurer légèrement ce sujet dans les quelques pages que je puis lui consacrer à la fin d'un volume déjà si rempli.

Suez est une petite ville qui date seulement du quinzième siècle ; elle a été bâtie sur une sorte de péninsule triangulaire, vers la pointe septentrionale du golfe occidental de la mer Rouge. Elle a remplacé les villes d'Arsinoé et de Clysma, qui devaient occuper près de là les abords du golfe. Un peu au nord de la porte septentrionale de la ville moderne de Suez, s'élève une humble colline couverte de quelques décombres et appelée encore aujourd'hui Tell Kolzim ou Kolzum, mot qui paraît être une corruption de celui de Clysma, par lequel on désignait la ville ancienne qui commandait en cet endroit le point où aboutissait jadis le canal de jonction pratiqué entre la mer Rouge et la branche la plus orientale du Nil. Quelques écrivains voient dans le mot arabe Kolzim ou Kolzum, qui signifie *destruction*, un souvenir de l'anéantissement près de ce lieu de l'armée de Pharaon ;

Ras-Attakah.

mais l'étymologie que j'ai rapportée semble plus vraisemblable. Après la fermeture du canal dont je viens de parler, et qui, après avoir été rouvert par Omar, avait été obstrué ensuite à dessein, la bourgade qui succéda à Kolzum sous le nom de Suez végéta longtemps dans l'obscurité et dans la misère, et ne fut guère habitée que par de pauvres pêcheurs. Sous Sélim I" et Soliman II, elle reprit une certaine importance pour décliner de nouveau de plus en plus jusqu'à l'exécution qui eut lieu de nos jours du chemin de fer qui la reliait au Caire. Alors elle s'agrandit encore une fois, et déjà en 1860 elle comptait cinq mille habitants ; mais néanmoins, forcée qu'elle était de faire venir de l'eau du Caire au moyen de wagons-citernes, et n'ayant dans son voisinage que des puits plus ou moins saumâtres, elle était condamnée à ne guère s'accroître davantage, lorsqu'en 1863 elle vit arriver l'eau à flots dans son enceinte, grâce à l'ouverture du canal d'eau douce qui lui apportait celle du Nil, après avoir préalablement sillonné le milieu de l'isthme. A cette époque, sa population atteignit le chiffre de quinze mille habitants. Quant à son port, il est excellent et peut contenir plus de cinq cents navires. Il se compose de deux bassins, l'un réservé aux bâtiments de guerre, et l'autre à ceux du commerce. Séparé de Suez par une distance de trois kilomètres, il est relié à celle-ci par une voie ferrée. La ville elle-même est divisée en deux quartiers, le quartier arabe, qui est fort sale et de triste aspect, avec ses deux petites mosquées et son bazar, et le quartier européen, qui est plus propre et mieux bâti. Les ateliers et le magasin de la Compagnie péninsulaire orientale y avoisinent sur une éminence le chalet du khédive.

Des terrasses de ce chalet on jouit d'une vue très-étendue et des plus agréables sur la ville, que l'on embrasse tout entière, sur son port et sa rade, sur les deux canaux qui y aboutissent, le canal d'eau douce et le canal maritime, sur le Djebel-Attaka et sur le golfe qu'il domine vers l'ouest et qui se prolonge indéfiniment vers le sud, étalant aux regards sa vaste nappe bleue, qui tantôt, sous les rayons du soleil, s'argente d'une légère vapeur phosphorescente, tantôt s'empourpre de teintes dorées d'un éclat merveilleux.

Devenue, depuis le percement de l'isthme, le lieu de transit naturel et le plus direct entre l'Occident et l'Orient, Suez semblait, au premier abord, être appelée à prendre chaque jour de nouveaux accroissements. Néanmoins, l'achèvement des travaux du canal lui a été plutôt funeste qu'utile, en lui retirant une population flottante qui ne trouvait plus d'emploi pour son activité. En effet, les nombreux bateaux, soit à voile, soit surtout à vapeur, qui chaque jour lui arrivent en sens opposé, ne font guère que traverser sa rade, sans s'y arrêter au delà du temps nécessaire pour remplir les formalités voulues, et elle est elle-même maintenant assez morte au milieu du passage de tant de navires qui défilent sans cesse devant elle.

En même temps que, par suite de la création du canal, Suez s'agrandissait à l'extrémité du golfe, deux autres villes surgissaient soudain comme par enchantement, l'une vers le centre de l'isthme, appelée Ismaïlia, et la seconde sur les bords de la Méditerranée, nommée Port-Saïd.

Ismaïlia, à laquelle le khédive Ismaïl, père du khédive actuel, a communiqué son nom, est située sur la rive droite du lac Timsah, ou lac des Crocodiles, qui lui sert de port. Comme elle est alimentée d'eau douce par le canal venant du Caire, le terrain sablonneux sur lequel elle a été bâtie peut être aisément fécondé par l'irrigation et par la culture, et la végétation la plus riante s'y développerait au loin si les bras ne manquaient pas.

Le boulevard Méhémet-Ali et les bords du canal d'eau douce sont ombragés de saules, d'acacias et de peupliers qui y prospèrent admirablement. Il en est de même du joli jardin public, dit Champollion, avec ses parterres de fleurs et ses belles allées plantées d'arbres. Mais depuis la fin des travaux du percement, Ismaïlia, qui, pendant que ces travaux s'exécutaient, était devenue tout à coup un centre très-considérable et où les divers services de la Compagnie péninsulaire avaient été réunis, a perdu avec une grande partie de sa population la vie et l'animation extraordinaire qu'on y remarquait alors. Le palais du khédive, qui à l'époque de l'inauguration du canal reçut tant d'hôtes de distinction et fut témoin de fêtes splendides qui rappelaient les merveilles des Mille et une Nuits, est maintenant rarement habité, et son parc solitaire est à peine entretenu. Je doute que, dans son état actuel, la ville renferme plus de trois mille âmes. Le quartier arabe est très-pauvre et contraste par son aspect misérable avec la propreté, je dirai même l'élégance du quartier européen. Quelques maisons dans celui-ci sont accompagnées de gracieux jardins où les plantes des tropiques étalent toute leur magnificence; parmi ces habitations se distingue surtout le chalet de M. de Lesseps. L'église catholique est simple et modeste, mais bien tenue, ainsi que l'hôpital. Un grand établissement hydraulique fournit l'eau douce à la ligne d'Ismaïlia à Port-Saïd, au moyen de tuyaux de fonte que remplit incessamment une pompe mise en mouvement par une machine à vapeur. Chemin faisant et aux différentes stations, des fontaines et des réservoirs ont été ménagés tout le long du canal maritime pour les alimenter d'eau douce. Ismaïlia est environ à soixante-douze kilomètres au nord-ouest de Suez. On peut s'y rendre, soit par le chemin de fer qui relie Suez au Caire et à Alexandrie,

LAC TIMSAH. — VILLE D'ISMAÏLIA.

en passant par Ismaïlia et Zagazig, soit par le canal maritime qui, après avoir franchi le seuil de Chalouf, puis le vaste bassin des Lacs Amers et ensuite le second seuil du Sérapéum, sillonne par le milieu le lac Timsah.

La deuxième ville que j'ai signalée, à savoir Port-Saïd, est située à quatre-vingts kilomètres au nord d'Ismaïlia. Le canal maritime, au sortir du lac Timsah, traverse successivement le seuil d'El-Guisr, le lac Ballah et enfin les immenses marécages du lac Menzaleh. Le seuil d'El-Guisr est le point le plus élevé de l'isthme; il domine la mer d'une vingtaine de mètres.

Cette ville de Port-Saïd, qui doit son nom au vice-roi Saïd, l'un des fils de Méhémet-Ali, sous le règne duquel elle fut fondée par M. de Lesseps, date de 1859. L'emplacement qu'elle occupe fut choisi de préférence à celui de Péluse qui avait été d'abord adopté, parce que les fonds de la mer sont plus considérables en cet endroit et plus rapprochés de la côte. Tout fut créé pour cette ville, même le sol où elle est assise, car il fallait conquérir sur le lac Menzaleh, qui la pressait vers le sud et qui n'était séparé de la mer que par une bande sablonneuse, large de cent cinquante mètres au plus, l'espace convenable pour y jeter les fondations d'une cité maritime qui devait servir d'entrepôt à un commerce très-important entre l'Europe, l'Asie, l'Afrique orientale et même les îles de l'Océanie. On commença par draguer le port au moyen de puissantes machines, et les trois cents millions de mètres cubes de déblais qu'elles enlevèrent servirent aux assises de la ville; en même temps, à force de labeurs et de persévérance, on combla la partie du lac Menzaleh sur laquelle on se proposait de bâtir. M. de Lesseps et ses dignes collaborateurs déployèrent là une activité et une patience réellement admirables. D'immenses jetées furent établies dans la mer. L'une, celle de l'ouest, a deux mille cinq cents mètres de développement; elle est néanmoins regardée comme insuffisante, et l'on continue à immerger de nouveaux blocs pour la prolonger plus avant dans les flots; celle de l'est n'a que dix-neuf cents mètres de long. Elle part d'un point de la côte situé à quatorze cents mètres de la première; mais elle se rapproche ensuite davantage de celle-ci. Ces deux digues ont été formées au moyen d'énormes blocs de béton artificiels composés sur place avec du sable et de la chaux hydraulique, et dont chacun cube dix mètres et pèse vingt mille kilos. Elles constituent une sorte de vaste avant-port. De là on pénètre dans le port, qui se compose de quatre grands bassins. La ville contient dix mille habitants. Elle a des quais spacieux, des boulevards et des rues bien tracées. La paroisse catholique est desservie par des Pères Franciscains. Un hôpital, un dispensaire et une école de jeunes filles y sont sous la direction de Sœurs du Bon-Pasteur.

Quant au canal qui rattache Port-Saïd à Ismaïlia et à Suez, et unit ainsi les deux mers, il a cent mètres de large et une profondeur de huit à neuf mètres. Des garages ont été ménagés de distance en distance, afin de permettre aux navires en marche de se croiser plus facilement. L'inauguration de ce prodigieux travail, qui est l'une des plus grandes entreprises de notre siècle, eut lieu le 17 novembre 1869. Le khédive Ismaïl et M. de Lesseps y convièrent tous les princes de l'Europe et une foule de personnages remarquables, dont beaucoup s'empressèrent de répondre à leur appel. Des fêtes d'un éclat inouï et réellement féeriques signalèrent ce mémorable événement, et le nom de M. de Lesseps y fut justement acclamé, à cause du service incalculable qu'il venait de rendre à la navigation et au commerce, en rapprochant si heureusement, par la coupure de l'isthme de Suez, des mondes auparavant séparés les uns des autres par de très-grandes distances. Avant lui, il y a déjà de longs siècles, les Pharaons avaient plusieurs fois songé et même réussi à relier les deux mers; mais ils n'avaient réalisé ce projet que d'une manière indirecte et par l'intermédiaire du Nil. Ainsi avaient fait Sésostris et plus tard Néchao. Le canal qu'ils avaient creusé, plusieurs fois obstrué, avait été ensuite réparé par Darius, fils d'Hystaspe, puis par Ptolémée Philadelphe, par Trajan et par Adrien. L'an 639 de l'ère chrétienne, à l'époque de la domination arabe, Omar, l'ayant trouvé ensablé, ordonna de le curer de nouveau et, suivant quelques auteurs, en modifia un peu l'ancien cours; mais en 767, ce canal était déjà hors de service.

Napoléon Bonaparte, qui le premier dans les temps modernes conçut la pensée de réunir directement les deux mers par la coupure de l'isthme, n'eut pas le temps, par suite de la perte de l'Égypte, de réaliser ses plans. Depuis, différents projets furent mis en avant, mais sans aboutir. Enfin, le 30 novembre 1854, M. de Lesseps, ayant obtenu un firman du vice-roi Saïd, fut autorisé à former une société sous le nom de Compagnie universelle du canal maritime de Suez, et fit faire une exploration nouvelle et minutieuse de l'isthme. Mais les travaux ne purent commencer qu'en avril 1859. Il serait trop long d'en résumer ici l'historique; qu'il me suffise de dire que M. de Lesseps, à force d'habileté, de souplesse et aussi d'énergie de caractère, sut triompher de tous les obstacles qui lui furent suscités par l'Angleterre, qui redoutait la prépondérance que pouvait prendre la France en Égypte par la réalisation de son entreprise. Ainsi ce que les Pharaons n'avaient pas osé tenter, je veux dire le percement direct de l'isthme d'une mer à l'autre, ce que le général Bonaparte avait conçu, mais non exécuté, fut accompli de nos jours, grâce à l'indomptable persévérance d'un seul homme qui sut grouper autour de lui les ingénieurs les plus habiles et trouver les fonds nécessaires pour entretenir pendant plusieurs années une véritable armée de travailleurs.

Mais il est temps maintenant de remonter le cours des âges et de faire apparaître la grande figure patriarcale de Jacob. Le district, en effet, que traverse le canal actuel de Suez, faisait jadis précisément

Lac de Mahsamah dans l'Ouadi-Toumilat, entre Tell-el-Maskhouta (Ramsès?) et Tell-el-Kebir (Pithom?).

partie de l'antique terre de Gessen, où ce vénérable vieillard vint se réfugier pour éviter la famine qui désolait alors le pays de Chanaan.

Nous lisons à ce sujet dans la Genèse (ch. XLVI) :

« 5. Jacob étant parti du puits du Serment, ses enfants l'amenèrent avec ses petits-enfants et leurs femmes dans les chariots que Pharaon avait envoyés pour faire venir ce vieillard.

« 6. Avec tout ce qu'il possédait au pays de Chanaan, et il arriva en Égypte avec toute sa race,

« 7. Ses fils, ses petits-fils et tout ce qui était né de lui.

« 27. Toutes les personnes de la maison de Jacob qui vinrent en Égypte furent au nombre de soixante-dix.

« 28. Or Jacob envoya Juda devant lui vers Joseph pour l'avertir de son approche, afin qu'il vint à sa rencontre en la terre de Gessen.

« 29. Quand Jacob y fut arrivé, Joseph fit mettre les chevaux à son chariot et vint au même lieu au-devant de son père ; il se jeta à son cou et l'embrassa en pleurant.

« 30. Jacob dit à Joseph : Je mourrai maintenant avec joie, puisque j'ai vu ton visage et que je te laisse après moi. »

Joseph présenta ensuite son vieux père au roi, qui lui concéda la terre de Gessen, que la Bible appelle également terre de Ramessès. Jacob y vécut encore dix-sept ans et mourut à l'âge de cent quarante-sept ans, après avoir béni ses enfants, et en particulier Joseph avec ses deux enfants,

Éphraïm et Manassé. Joseph fit embaumer le corps de son père suivant la méthode égyptienne, et toute l'Égypte pleura ce patriarche pendant soixante-dix jours. Puis Joseph, fidèle exécuteur des dernières recommandations de son père, partit avec tous ses frères et une nombreuse suite, pour aller l'ensevelir à Hébron dans la caverne double. De retour dans le terre de Gessen, la famille de Jacob s'y multiplia extraordinairement. Joseph s'y éteignit à son tour à l'âge de cent dix ans, et son corps ayant été embaumé fut mis dans un cercueil. Plus tard, comme il l'avait demandé, ses restes furent transportés par les Hébreux dans le pays de Chanaan.

Cependant il s'éleva dans l'Égypte, nous dit l'Exode (chapitre 1), un roi nouveau à qui Joseph était inconnu, et il dit à son peuple : « Vous voyez que les enfants d'Israël sont très-nombreux. Opprimons-les, de peur qu'ils ne se multiplient encore davantage. » Il établit donc des intendants des ouvrages, afin qu'ils accablassent les Hébreux de travaux insupportables, et ceux-ci bâtirent au roi des villes pour servir de magasins, savoir Phithom et Ramessès; mais plus on les opprimait, plus leur nombre augmentait. On connaît la suite de la triste histoire des Israélites pendant leur séjour dans la terre de Gessen, l'aggravation toujours croissante de la servitude sous laquelle ils gémissaient, l'ordre cruel donné par le roi de jeter dans le Nil tous les enfants mâles qui naîtraient parmi eux, la préservation miraculeuse des jours de Moïse, son éducation à la cour, sa fuite dans le pays de Madian, la mission qu'il reçoit de Dieu de sauver son peuple, son retour dans la terre de Gessen, les merveilles qu'il accomplit dans la plaine de Tanis, les dix plaies dont il frappe coup sur coup l'Egypte au nom du Seigneur, pour forcer le roi à laisser partir son peuple, enfin le départ en masse des Israélites des environs de Ramessès pour Soccoth, Etham, Phihahiroth et la mer Rouge qu'ils traversent à pied sec sous les yeux des Égyptiens qui les poursuivent et qui eux-mêmes périssent dans les flots. Ces faits sont présents à toutes les mémoires, et il est inutile d'y insister davantage. Disons plutôt quelques mots de cette terre de Gessen qui pendant quatre cent trente ans, suivant le texte hébreu et la Vulgate, et pendant deux cent quinze ans seulement, d'après la Septante et l'historien Josèphe, fut habitée par les enfants de Jacob. Tout d'abord le chiffre du texte hébreu adopté par la version latine semble de beaucoup préférable, car il permet de mieux comprendre l'énorme accroissement de la famille de Jacob, qui, de soixante-dix personnes dont elle se composait quand elle arriva en Égypte avec ce patriarche, se montait à six cent mille hommes en état de porter les armes, et par conséquent à deux millions d'âmes au moins, lors du passage de la mer Rouge.

Bien que les limites précises de la terre de Gessen soient difficiles à déterminer, tout porte à penser qu'elle comprenait à l'est de la branche la plus orientale du Nil, c'est-à-dire de la branche Pélusiaque, la totalité, ou du moins la plus grande partie du nome Arabique. Elle était traversée par le canal qui, creusé par Séti Ier, réparé ensuite par Ramsès II, partait de Bubastis, à l'ouest, pour aboutir au lac Timsah, à l'est, en sillonnant l'ouadi Toumilat. Indépendamment de ce canal principal qui, de nos jours, a été rouvert par M. de Lesseps pour amener l'eau douce à Ismaïlia et de là sur toute la ligne du canal maritime, d'autres canaux secondaires devaient répandre au nord et au sud la fertilité dans les campagnes. Mais l'ouadi que je viens de mentionner semble avoir été la partie la plus riche de la terre de Gessen, qui vers le nord-est pouvait s'étendre jusqu'à Péluse et au sud-ouest jusqu'à Héliopolis. Cette dernière ville même, d'après l'historien Josèphe, aurait été concédée à Jacob. Comme les descendants de ce patriarche, à l'époque de l'Exode, étaient devenus un peuple de plus de deux millions d'individus, ils devaient couvrir un espace très-considérable. Leurs occupations devaient se partager entre les travaux agricoles et surtout la garde et l'élevage des troupeaux. Un grand nombre d'entre eux aussi, comme nous l'apprennent la Bible et l'historien Josèphe, étaient soumis aux plus dures corvées et étaient contraints, sous les ordres d'intendants impitoyables, de fabriquer des briques avec du limon et de la paille hachée, de bâtir ou de restaurer des villes, d'élever des chaussées et de creuser des canaux.

AIRE A BATTRE LE BLÉ DANS UN VILLAGE DU DELTA.

Dans la partie la plus fertile de la terre de Gessen, on remarquait trois villes principales : d'abord celle qui avait donné son nom à ce district, puis celles de Ramsès ou Ramessès, et de Phithom ou Pithom.

Gessen, en hébreu Gochen, s'appelait en égyptien Kesem ou Pha-Kos, *la demeure, la ville de Kos*. Les Grecs et les Latins la désignaient sous le nom de Phacusa. Aujourd'hui, c'est un simple village, appelé Tell-Fakous, un peu au sud-ouest de Salahieh et sur la rive droite de l'ancienne branche

Pélusiaque. Il ne reste plus de cet antique chef-lieu du nome Arabique que des ruines informes et confuses.

Ramsès ou Ramessès, bâtie ou seulement reconstruite par les Hébreux, ainsi que Pithom, avoisinait très-probablement les bords du canal de Séti I**er**. Le canal central avait été, selon toute apparence, creusé par les Juifs eux-mêmes, ainsi que beaucoup d'autres moins importants, pour arroser la contrée qu'ils habitaient. Autrement, ils n'auraient jamais pu y croître et s'y multiplier d'une manière aussi rapide et aussi extraordinaire avec leurs femmes, leurs enfants, leurs serviteurs et leurs troupeaux. Deux documents du règne de Ramsès II, dont M. Chabas nous a donné la traduction, prouvent, conformément à la Bible, que ce prince employa les Hébreux à construire ou à réparer la ville à laquelle il donna son nom. Ces documents, en effet, les désignent très-nettement sous l'appellation de Aberiu ou Aperiu. Un ancien papyrus contemporain de Moïse et rédigé par un scribe contient la description suivante de cette ville :

« Quand je suis arrivé à Pa-Ramessu-Meri-Amen, je l'ai trouvée en bon état. C'est une ville fort belle, et qui n'a point sa pareille. Ses viviers sont pleins de poissons, et ses étangs, d'oiseaux aquatiques; ses prés foisonnent d'herbages. Ses greniers sont remplis de blé et d'orge dont les monceaux s'élèvent jusqu'au ciel... Les galères arrivent au port; les provisions et les richesses abondent en elle chaque jour. Les riverains de la mer lui apportent en hommage des anguilles et d'autres poissons, et lui donnent le tribut de leurs marais. » (MASPÉRO, *Du genre épistolaire chez les anciens Égyptiens*, pages 103-106.) Cette même ville fut encore agrandie par Ménephtah I**er**, fils et successeur de Ramsès II. Quelques critiques identifient cette grande cité de Ramsès avec Péluse; mais le nom égyptien de celle-ci était Phéromi, nom qui dérivait des terrains marécageux dont la place était environnée. Celui de Sin qu'elle porte dans l'Écriture n'en est que la traduction hébraïque, de même que Pélousion en est la traduction grecque. D'autres savants confondent Ramsès avec San ou Tanis; mais la plupart la reconnaissent dans les ruines dites Tell-el-Maskhouta, dans l'Ouadi et-Toumilat. On a découvert en cet endroit une grande statue de Ramsès II, des

BRIQUETERIE. — MOULE EN BOIS DESTINÉ A RECEVOIR L'ARGILE.

débris de gros murs construits avec de larges briques rendues plus consistantes au moyen de paille hachée, et de nombreux magasins bâtis de même. Ce sont là évidemment des travaux exécutés jadis

PUITS A NORIA, OMBRAGÉ PAR UN ACACIA.

par les Hébreux. Car nous savons par la Bible que Ramsès était une ville remplie de magasins, destinés sans doute à renfermer des provisions de toutes sortes, et que c'était l'ouvrage des enfants d'Israël; nous savons aussi que les briques qu'ils fabriquaient étaient mêlées de paille, comme le prouvent les deux versets qui suivent (*Exode,* ch. v) :

« 6. Le roi donna cet ordre à tous ceux qui avaient l'intendance des ouvrages du peuple d'Israël et qui exigeaient d'eux les travaux qu'on leur avait imposés. et leur dit :

« 7. Vous ne donnerez plus, comme auparavant, de paille à ce peuple pour faire leurs briques, mais qu'ils en aillent chercher eux-mêmes. »

Quant à la ville appelée en hébreu Pithom, dans la Vulgate Phithom, chez les Septante Πειθώ, elle devait en égyptien porter le nom de Pa ou Pi-Tom, *demeure du dieu solaire Tom*. De même que Ramsès ou Ramessès, elle était, selon toute apparence, située dans l'Ouadi-Toumilat, qui a peut-être retenu la dénomination qu'elle portait elle-même. Hérodote, qui la désigne sous celle de Patoumos, ajoute qu'elle était voisine de Bubastis, actuellement Tel-Basta, non loin de Zagazig. On hésite entre plusieurs positions pour celle que l'on doit attribuer à cette ville, en la plaçant soit à Tell-el-Kebir, village qui a été le théâtre de la victoire remportée, il y a un an, sur les troupes d'Arabi-Pacha par les Anglais, soit à Abbaseh, un peu plus à l'ouest. D'autres enfin l'identifient avec Tell-el-Maskhouta. Dans ce cas, il faudrait chercher un autre site pour Ramsès.

A soixante kilomètres au sud de l'Ouadi Toumilat gisent les ruines d'Héliopolis. Elles sont situées sur la limite du désert, à neuf kilomètres au nord-nord-est du Caire et à six de la rive droite du Nil. Cette ville, autrefois si célèbre, est actuellement détruite de fond en comble. Elle figure, dès les premiers temps de la monarchie égyptienne, parmi les villes les plus anciennes de l'Égypte; par conséquent, elle ne fut pas fondée par les Hébreux, comme le prétend Josèphe, mais elle fut seulement réparée ou agrandie par eux sous le règne de Ramsès II. Deux grandes enceintes y sont encore reconnaissables : l'une était celle de la ville; elle est maintenant en partie ensevelie sous des monticules de décombres; l'autre environnait le temple. Bâties toutes deux en briques crues, elles étaient fort épaisses et percées de portes en pierre calcaire. Il ne reste plus debout de ce temple que l'un des deux obélisques qui en précédaient l'une des entrées. C'est un beau monolithe de granit de vingt mètres soixante-quinze centimètres de hauteur au-dessus du sommet de son piédestal, qui consiste en un socle de grès maintenant enfoui dans le sol, ainsi que la partie inférieure du fût. Il porte sur chacune de ses faces une seule colonne d'hieroglyphes, et les légendes y sont presque identiques. Elles nous apprennent que cet obélisque fut érigé par le roi Ousortésen, au commencement de la fête d'une panégyrie, pour consacrer le nom de ce prince à l'immortalité. Un autre obélisque s'élevait jadis en regard et formait le pendant de celui-ci; il fut, dit-on, renversé par les Arabes, qui s'imaginaient trouver sous sa base des trésors enfouis. On sait qu'il y a à Rome deux obélisques provenus d'Héliopolis, l'un sur la place du Peuple, l'autre sur la place Antonine; le premier est de Sésostris, et le second de Psamméticus. Les deux obélisques, dits, par erreur, aiguilles de Cléopâtre, qui ornaient sous Tibère, à Alexandrie, l'une des portes du Sébasteion, étaient également originaires d'Héliopolis. Pour revenir à celui qui nous occupe en ce moment, il offre cela d'intéressant qu'il est le plus ancien obélisque connu de l'Égypte, puisqu'il remonte à la douzième dynastie; les autres sont tous de date plus récente.

Le nom d'Héliopolis en hiéroglyphes était An ou Pé-Râ, *demeure du Soleil*. Dans la Bible, elle était désignée sous celui de On ou de Beth-Chemech. qui est la traduction littérale de Pe-Ra. On nourrissait dans l'un des sanctuaires du temple de cette cité le bœuf Mnévis, symbole du soleil, de même qu'à Memphis on honorait d'un culte particulier le bœuf Apis, dans l'une des chapelles du temple du dieu Phtah. C'est aussi dans ce temple qu'au dire des Égyptiens le phénix, après une vie de plusieurs siècles, venait exhaler son dernier soupir sur un bûcher de myrrhe et d'encens, pour renaître ensuite de ses cendres.

Nous savons par la Genèse que Joseph, fils de Jacob, épousa Aseneth, fille de Putiphar, prêtre du Soleil à Héliopolis. Les habitants de cette ville passaient pour les plus instruits de l'Égypte, et c'est probablement dans le collége qui y florissait sous la direction de prêtres habiles et éclairés que

SYCOMORE DE LA SAINTE FAMILLE.

Moïse passa sa première jeunesse et apprit toutes les sciences que l'on y cultivait : *Eruditus est Moyses omni sapientia Ægyptiorum.* (*Actes des Apôtres*, ch. VII, ỳ 22.) C'est là également que, plus tard, d'autres illustres étrangers, tels qu'Hérodote, Eudoxe et Platon, vinrent étudier l'histoire, l'astronomie et la philosophie. Sésostris, à en croire Diodore de Sicile, afin d'opposer une barrière aux incursions des Syriens et des Arabes, construisit un mur qui allait d'Héliopolis à Péluse, et qui avait quinze cents stades de long.

Sous le règne d'Auguste, Strabon, qui visita Héliopolis, trouva cette cité en partie déserte et présentant de toutes parts des marques de la fureur de l'insensé Cambyse. Le collége de ses prêtres avait perdu ses élèves et sa célébrité, et les ministres du culte se bornaient à desservir le temple du Soleil. Aujourd'hui, comme nous l'avons vu, sauf l'obélisque dont il a été question plus haut et les débris de ses deux grandes enceintes, la fameuse ville du Soleil est comme effacée du sol; ses ruines mêmes ont péri ou sont ensevelies sous un amoncellement très-considérable de terre apportée par les alluvions du Nil, dont les eaux ne sont plus endiguées avec soin, comme elles l'étaient autrefois. Ainsi son temple, l'une des merveilles de l'Égypte, avec la grande avenue de sphinx qui le précédait, a été comme anéanti, ou pour en exhumer quelques vestiges, il faudrait, sans doute, pratiquer des fouilles très-profondes sur l'emplacement qu'il occupait.

Si nous nous dirigeons vers le sud de cette ville, nous rencontrons, à dix minutes à peine de distance, l'humble mais célèbre village de Matarieh. L'étymologie la plus probable de ce nom est le mot copte *matara*, qui signifie *lieu ou place appartenant au Soleil*. La plupart des maisons du village sont construites avec des pierres calcaires qui proviennent d'Héliopolis, et dont plusieurs sont couvertes d'hiéroglyphes. On cultivait auparavant dans les jardins qui l'entourent le véritable baume, arbuste précieux qui avait été transporté de Judée en ce lieu par la reine Cléopâtre; mais depuis deux siècles au moins, il a disparu complétement de Matarieh. C'est dans l'un de ces jardins que l'on vénère le magnifique sycomore dit *Sycomore de la Sainte Famille*. D'après une pieuse tradition transmise d'âge en âge aussi bien parmi les musulmans que parmi les chrétiens, cet arbre serait le rejeton de celui qui aurait jadis prêté son ombrage hospitalier à la Sainte Famille réfugiée en Égypte. La légende ajoute que ce dernier, en signe de respect, se serait incliné devant le divin Enfant. Quoi qu'il en soit, le sycomore que l'on voit maintenant date seulement de l'année 1656, le précédent étant mort à cette époque, laissant une souche d'où est venu l'arbre actuel.

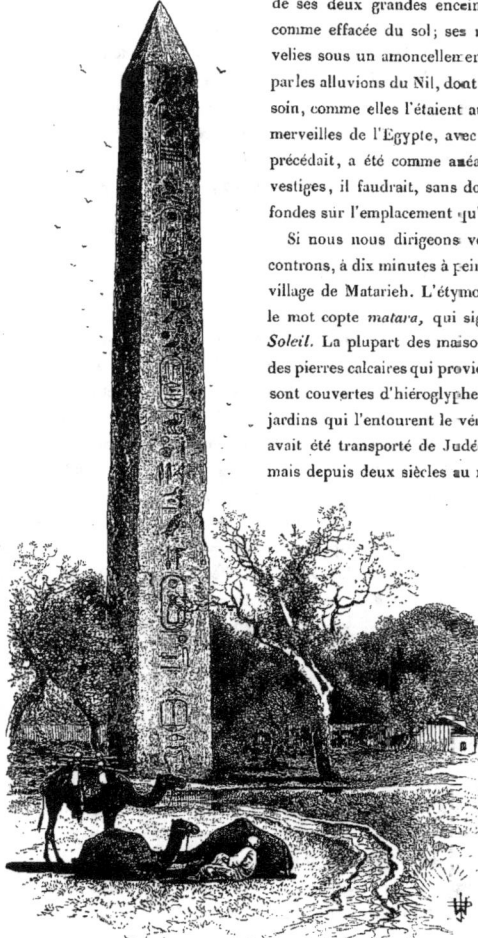

OBÉLISQUE D'HÉLIOPOLIS.

Bien qu'il compte déjà deux cent vingt-sept ans, il est encore plein de force et de verdeur, et il est le but de nombreux pèlerinages de la part des chrétiens du pays. Le khédive Ismaïl, lors de son séjour à Paris en 1867, en fit don à l'impératrice Eugénie, et depuis cette époque, une grille protége cet arbre sacré contre l'indiscrétion des pèlerins et des touristes qui aimaient à y graver leurs noms et à en emporter quelques branches.

Non loin de là est un puits à noria dont les eaux étaient, dit-on, primitivement amères, et qui ne devinrent douces, ajoute la tradition, que lorsqu'elles durent servir aux besoins de la Sainte Famille. C'est dans les plaines qui environnent Matarieh et Héliopolis que campait, en 1517, le sultan Sélim, avant qu'il défît Toman-bey, victoire qui transféra le sceptre des mamelouks aux Osmanlis. Les mêmes plaines furent plus tard témoins d'une autre grande bataille livrée par Kléber, le 19 mars 1800, à une armée turque sept fois supérieure en nombre à la sienne, et qu'il écrasa ou mit en fuite par des prodiges d'audace et d'habileté de sa part et de courage de la part de ses soldats.

LE CAIRE

Le Caire, en arabe Masr-el-Kahirah, est situé à une vingtaine de kilomètres au sud-sud-est du sommet actuel du Delta et du barrage du Nil, et à un kilomètre au plus de la rive droite du fleuve. Sans y comprendre ses deux ports, Boulak au nord et Fostat ou le Vieux Caire au sud, cette vaste cité doit avoir vingt-quatre kilomètres de circonférence. Bâtie au pied et sur les derniers mamelons du Djebel-Mokattam, qui la domine au sud-est, elle offre de haut et de loin un aspect admirable, à cause de la multiplicité de ses mosquées et de la beauté singulière du ciel azuré vers lequel les nombreux minarets de ses édifices religieux semblent monter ou plutôt s'élancer de toutes parts; mais la distribution intérieure de la ville est tellement confuse, qu'il faut l'avoir habitée quelque temps pour ne pas s'égarer à chaque instant au milieu du dédale presque inextricable au premier abord de ses rues, de ses ruelles et de ses impasses. La plupart d'entre elles sont très-étroites, en raison de la grande chaleur du climat. Fort mal ou point pavées, elles sont souvent fangeuses en hiver et très-poussiéreuses pendant tout le reste de l'année. Dans les quartiers nouveaux, elles sont, à la vérité, plus larges et mieux entretenues; mais, d'un autre côté, pendant l'été, on les fuit avec soin, à cause de la réverbération intense des rayons du soleil sur leur sol blanchâtre et poudreux, et sur la façade éblouissante des maisons qui les bordent, et qui ne s'ombragent pas les unes les autres, comme dans l'ancienne ville, où les balcons en grillage des étages supérieurs et parallèles se touchent presque entre eux, ne livrant aux feux de l'astre du jour qu'un passage très-resserré. Les quartiers du Caire sont au nombre de cinquante-trois, parmi lesquels on en compte vingt principaux. Ils tirent leurs noms des différentes nations ou des diverses sortes d'artisans et de commerçants qui les habitent, ainsi que des monuments les plus imposants qui s'y trouvent. Ils forment comme des îlots distincts de maisons, plus ou moins étendus et ordinairement clos par des portes qui sont fermées la nuit et confiées à des gardiens particuliers. Toutefois, depuis quelques années, cette mesure de police et de sûreté est moins strictement observée qu'auparavant. Le quartier franc, *Haret el-Frandj*, appelé aussi *El-Mouski*, avoisine la magnifique place d'Ezbekieh. Celle-ci est la plus belle de la ville. Bordée de grands hôtels, elle a été convertie en un vaste square où de vertes pelouses, que traversent de jolies allées plantées d'arbres, reposent agréablement la vue. Une petite rivière artificielle y serpente et y répand la fraîcheur; l'eau jaillit en cascade d'une grotte factice que surmonte une plate-forme ombragée d'où l'on jouit d'un coup d'œil magnifique. Parmi les autres places, je signalerai celles de Roumeïleh (le Petit Sable) et de Karameïdan (le Champ noir), situées l'une et l'autre au pied de la citadelle, et une quatrième, dite Birket el-Fil (le Bassin de l'éléphant), qui s'étend au sud du quartier arabe près du Khalig ou du canal. Les rues, déjà si irrégulièrement tracées, changent en outre à tout moment de dénomination, ce qui contribue encore à dérouter singulièrement celui qui s'y aventure pour la première fois. Dans ce labyrinthe néanmoins, on finit par distinguer huit artères principales, les unes

UN MARCHAND DE LANTERNES.

longitudinales, les autres transversales, qui servent comme de points de repère. Il est difficile de se faire une idée de la foule énorme qui se presse, se heurte et s'agite en tous sens dans les quartiers commerçants. Rues tortueuses et sombres, à cause du rapprochement extrême des maisons, longues rangées de boutiques ou plutôt de simples échoppes où le marchand est nonchalamment accroupi, voix diverses et confuses, ou, pour mieux dire, clameurs presque continues en vingt langues différentes, accoutrements et costumes de toutes sortes, depuis les plus misérables jusqu'aux plus somptueux et aux plus riches, visages bruns et basanés, ou d'un noir d'ébène, dents étincelantes de blancheur, yeux vifs et intelligents, au milieu de tout cela des milliers de cavaliers, montés sur des chevaux, sur des mulets et le plus ordinairement sur des ânes, d'interminables files de chameaux, quelquefois aussi de belles calèches précédées de saïs, qui fendent sans interruption les vagues tumul-

Bazar des tapis.

tueuses de cette masse d'hommes, de femmes et d'enfants, tel est le spectacle qu'on a sous les yeux le matin et l'après-midi, dans certaines parties de la ville. Si l'on jugeait de la population générale du Caire par celle qui s'accumule dans ces quartiers, et dont le flux et le reflux continuels permettent à peine de se faire jour au travers, on s'en formerait une idée exagérée, et c'est ce qui est arrivé à beaucoup de voyageurs. M. Jomard a évalué le chiffre de cette population pour l'année 1798 à deux

BAZAR DES CHAUSSURES.

cent soixante mille âmes. Aujourd'hui, elle est beaucoup plus considérable qu'à l'époque de l'occupation de l'Égypte par Bonaparte; car, d'après la dernière statistique qui en a été faite, elle se monte à trois cent cinquante mille habitants, dont trois cent trente et un mille sujets égyptiens et dix-neuf mille résidents étrangers.

BAZAR DES ARMES.

Depuis longtemps déjà l'ancienne enceinte du Caire est en partie enclavée dans la ville, qui s'est considérablement agrandie vers le nord et vers l'ouest, tandis que du côté de l'est et du sud, elle est restée à peu près dans ses anciennes limites. Elle est percée de soixante et onze portes, parmi lesquelles les plus remarquables sont celles de Bab en-Nasr et de Bab el-Fotouh, qui avoisinent l'une et l'autre la mosquée d'El-Hakem. Bab en-Nasr (porte de la Victoire) remonte au khalife fatimite Mostanser b'illah, c'est-à-dire au onzième siècle de l'ère vulgaire. Flanquée de deux tours carrées, elle est ornée de corniches et de moulures finement exécutées. Des boucliers y ont été élégamment sculptés. Les tours de Bab el-Fotouh (porte des Conquêtes), qui est de la même époque, sont elliptiques. La sculpture en est moins pure et moins soignée. L'élévation totale de ces deux monuments est de vingt-deux mètres; des inscriptions en caractères coufiques y ont été gravées.

L'extension du Caire, dont l'origine ne date que de l'année 969 de notre ère, fut d'abord assez limitée, et les murs étaient originairement en briques; mais ensuite cette enceinte fut considérablement agrandie par Saladin et construite avec des pierres de taille provenant des ruines d'Héliopolis et de celles de Memphis. La ville est séparée dans le sens de sa longueur en deux parties inégales, par un canal qui dérive du Nil au-dessous du kilomètre de l'île de Roudah. La largeur de ce canal

Bab-en-Nasr (porte de la Victoire).

varie entre cinq et dix mètres. Il n'est point bordé de quais, et les maisons qui le longent sont baignées par l'eau. On l'appelle de divers noms, tantôt canal du Caire, tantôt canal du Prince des croyants, parce que Amrou le fit recreuser par ordre d'Omar, pour faire communiquer le Nil avec la mer Rouge, tantôt tout simplement le canal, *El-Khalig*. L'ouverture de la digue qui, chaque année, au moment de l'inondation, donne entrée à l'eau du Nil dans ce canal, est un véritable événement pour tous les habitants de la ville, et des réjouissances extraordinaires l'accompagnent toujours. En présence d'une foule immense, à un signal convenu, on attaque cette digue, et bientôt l'eau déborde en cascade écumante dans le canal. Alors le canon tonne, de nombreux instruments de musique se font entendre, et des cris de joie retentissent de toutes parts. En même temps des paquets de menue monnaie sont jetés au peuple, ce qui occasionne souvent des luttes assez vives pour les ramasser.

Dès que le niveau de l'eau est établi entre le fleuve et le canal, des canges pavoisées de drapeaux divers s'engagent dans le Khalig et s'empressent de le parcourir. La fête se termine le soir par une illumination générale et par un feu d'artifice. Elle se célèbre d'ordinaire, selon la hauteur du Nil, entre le 6 et le 16 du mois d'août. Autrefois, dit-on, pour se rendre favorable le dieu du fleuve, on lui offrait en présent une jeune vierge, parée comme pour l'hymen, et qui était précipitée dans cette circonstance au milieu de ses ondes. Elle s'appelait la fiancée du Nil. Cette coutume barbare est depuis longtemps abolie, et la jeune fille est remplacée par une simple figure assez grossièrement modelée en limon qu'on appelle Arouseh, *la fiancée*, et qu'on jette dans le courant du fleuve, aussitôt qu'une brèche a été pratiquée dans la digue qui le sépare du canal.

En 1832, un nouveau canal a été creusé près de Boulak pour aller arroser le territoire d'Héliopolis et remplir d'eau le Birket el-Hag (l'étang des pèlerins). A partir de cette époque, l'ancien canal n'a plus servi qu'à alimenter la ville du Caire.

On compte dans la ville trois cent cinquante mosquées environ, dont deux cent cinquante, au moins, à minarets, et qui portent le nom de *gama*. Elle renferme aussi un grand nombre de zaouïas, petits sanctuaires consacrés à des santons ou appartenant à des corporations religieuses. Je dois dire tout d'abord que la moitié de ces mosquées tombent maintenant en ruine. Leurs cours et leurs nefs solitaires, leurs dômes et leurs minarets croulants, leurs sculptures mutilées attestent la décadence visible de la religion qui avait jadis élevé ces superbes édifices, et qui actuellement est impuissante à les soutenir et à les réparer.

El-Khalig, ou le canal qui traverse le Caire.

La plus ancienne mosquée du Caire, je ne parle pas du vieux Caire, est celle de Touloun, bâtie par Ahmed ben-Touloun, chef de la dynastie des Toulounides, l'an 265 de l'hégire (879 de Jésus-Christ). Elle a été, dit-on, construite sur le plan de la Kaaba à la Mecque, qui semble avoir été la plus ancienne mosquée fondée par les musulmans et avoir servi de type à beaucoup d'édifices de ce genre des âges subséquents. Le centre forme une cour ouverte de quatre-vingt-dix mètres carrés, avec un bassin pour les ablutions, et environnée de portiques. Ceux-ci, sur trois de leurs côtés, consistent en deux rangs de piliers de douze mètres de largeur, et le quatrième côté ou côté oriental en cinq rangs de piliers, ornés de demi-colonnes engagées, qui soutiennent des arcades ogivales, d'une forme très-gracieuse. Les nefs que ces derniers piliers séparent constituent la mosquée proprement dite. Là se trouvent le *mihrab* ou niche qui indique la direction de la Mecque, le *member* ou chaire à prêcher, et le *mastabah* ou tribune des lecteurs. Cette mosquée était jadis flanquée aux quatre angles de son enceinte d'un minaret particulier. Un seul est maintenant encore debout. On y monte par un escalier extérieur qui est fort dégradé. Ce monument, comme tout le monde l'a remarqué, présente un grand intérêt au point de vue de l'histoire de l'architecture, car il prouve que l'ogive existait en Égypte longtemps avant l'époque de son apparition en Europe.

La colline sur laquelle il s'élève fut choisie par Ahmed ben-Touloun comme lieu de résidence pour lui et pour ses troupes. Bientôt ce camp devint une véritable ville, à laquelle son fondateur donna le nom d'El-Katayah, mot qui signifie en arabe des fonds de terre concédés par des propriétaires ou des suzerains, sous certaines conditions et redevances. Cette nouvelle ville était bornée au nord-est par le rocher sur lequel, dans la suite, Saladin fit construire la citadelle actuelle; au sud-ouest, elle touchait à Fostat; le Caire n'existait point encore. Elle parvint en peu de temps à une grande splendeur, et le palais de Touloun était renommé pour sa magnificence et la beauté de ses jardins; mais il subit plus tard, ainsi que la cité qu'il ornait, l'effet du temps et surtout des révolutions. La ville du Caire bâtie depuis par les khalifes Fatimites envahit et renferma dans sa vaste enceinte la ville moins étendue qui l'avait précédée, et dont il subsiste des ruines remarquables, indépendamment de la grande mosquée dont je viens de parler. La plus ancienne mosquée après celle de Touloun est Gama el-Azhar (la mosquée des Fleurs). La longueur totale de son plan est de cent cinquante mètres. Sa fondation est de la même date que celle du Caire. Les Fatimites s'étant emparés de l'Égypte et du titre de khalifes, l'an 359 de l'hégire (969 de Jésus-Christ), le premier sultan de cette dynastie, El-Moëz, résolut de construire une ville qui fût la rivale de Bagdad, dont se glorifiaient tant les Abbassides. L'instant précis des premières constructions devait être déterminé par les horoscopes des astronomes, et elles commencèrent avec l'apparition de la planète de Mars, dont le nom arabe el-Kaher signifie *le vainqueur*. La nouvelle cité en prit le nom de Masr el-Kahirah (la capitale victorieuse), la désignation de Misr ou Masr, qui est celle de l'Égypte elle-même, ayant été souvent commune au pays et à sa capitale. Cette appellation fut bientôt abrégée par l'usage en celle d'El-Kahirah (la Victorieuse), d'où nous avons fait le Caire. Le nom de Masr fut cependant conservé pour Fostat, en y joignant toutefois l'épithète d'Atikah (l'Ancienne), nom mal à propos traduit par celui de Vieux-Caire, puisque Fostat n'a jamais porté ce dernier nom.

Djouhar, général de Moëz, jeta, l'an 361 de l'hégire (971 de Jésus-Christ), les fondements de la mosquée que nous venons de mentionner, et qui fut nommée El-Azhar par allusion sans doute au surnom de Zaharah (fleurie) que portait Fatmah, fille du Prophète, à laquelle El-Moëz faisait remonter son origine. Cette mosquée fut successivement agrandie ou embellie plus tard par Bibars, par Kaïtbey, par El-Ghouri, par Ismaïl-bey et enfin par Saïd-Pacha. L'un de ses minarets est admiré pour la hardiesse de son architecture. A la fois temple et collége, elle renferme d'immenses salles et de vastes portiques où se pressent plusieurs milliers d'écoliers qui y affluent de tous les points de l'Égypte, et

Sakieh ou puits a noria sur le canal.

aussi de la Perse, de la Syrie, de l'Arabie et même de l'Inde, comme dans l'école la plus célèbre de l'islamisme.

Les chrétiens, qui, moyennant une légère rétribution donnée aux gardiens, peuvent pénétrer dans

FONTAINE POUR LES ABLUTIONS DANS LA COUR DE LA MOSQUÉE DU SULTAN HASSAN.

la plupart des mosquées du Caire, n'obtiennent que difficilement la faveur de visiter la mosquée El-Azhar ; il en est de même pour une autre mosquée voisine, d te Gama el-Hossanein ou mosquée des deux Hassans, Hassan et Hossaïn, fils l'un et l'autre d'Ali, le gendre du Prophète, et dont cet

Mosquée du sultan Kaït-Bey.

édifice contient quelques restes, à savoir l'une des mains de Hassan et la tête de Hossaïn. La mosquée El-Hakem, non loin de la porte Bab en-Nasr, a fidèlement conservé son style originaire;

malheureusement elle est en partie ruinée. Son plan est celui des mosquées primitives. Les portiques qui entourent la cour intérieure sont soutenus par des piliers ornés de colonnettes que surmontent des arcades ogivales en fer à cheval, nouvelle preuve que l'ogive fut connue et pratiquée en Orient bien plus tôt qu'en Occident. El-Hakem, en effet, régna depuis l'année 990 jusqu'à l'année 1021. On sait que ce sultan, si tristement célèbre par ses fureurs étranges, son caractère bizarre et son orgueil insensé, non-seulement se prétendit investi d'une mission divine, mais encore osa se faire passer pour une incarnation de la Divinité elle-même. Fondateur de la religion des Druses, il est encore regardé par eux comme un grand prophète et même comme un dieu.

L'une des plus imposantes mosquées du Caire est celle de Hassan, dans la place dite Er-Roumeileh. Elle fut fondée par le sultan de ce nom, l'an 758 de l'hégire (1356 de Jésus-Christ). La longueur totale de ce

CHAIRE A PRÊCHER DE LA MOSQUÉE DU SULTAN BARKOUK.

magnifique édifice, sur le grand axe, dépasse cent quarante mètres. Son entrée sur le Souk es-Selah (le Marché des armes) est irrégulière, mais néanmoins d'un effet saisissant. Rien n'égale la majesté de sa vaste porte avec sa voûte en encorbellement, sa décoration de stalactites et la belle corniche qui la couronne. L'intérieur consiste en une cour hypèthre avec des constructions carrées sur chaque côté, surmontées de superbes arcades. Sur la tombe du fondateur est déposé un précieux exemplaire du Coran en admirables caractères, qui, dit-on, est de la main de Hassan lui-même. La hardiesse de la coupole de cette mosquée, l'élévation et l'élégance de son minaret, la richesse des marbres qui en

COUR DE LA MOSQUÉE DU SULTAN BARKOUK.

décorent le pavé et les murailles font de ce monument l'un des plus remarquables du Caire et même de tout l'empire ottoman. Mais il aurait besoin de nombreuses et urgentes réparations.

La mosquée Kelaoun avoisine le bazar du Khan Khalil. Elle est attachée au Moristan ou hôpital fondé par ce sultan, l'an de l'hégire 684 (1287 de notre ère). Le tombeau de Kelaoun occupe le centre d'une jolie salle octogone. La mosquée d'El-Ghouri, située à l'extrémité du bazar du même nom, est le dernier édifice élevé par les sultans mamelouks; elle date seulement du commencement du seizième siècle et est ornée intérieurement de belles plaques de marbre.

Les tombes des khalifes d'Égypte occupaient l'emplacement du khan Khalil actuel, et, à l'exception de celle de Es-Saleh-Ayoub, elles ont toutes été détruites lors de la fondation de ce khan.

Celles que les Européens appellent d'ordinaire, mais improprement, de ce nom, sont situées en dehors des remparts, à l'est de la ville, et appartiennent aux princes mamelouks de la dynastie

Mosquée du sultan El-Achraf Barskdaï.

circassienne qui régna depuis l'année 1382 de notre ère jusqu'à l'invasion du sultan Sélim en 1517. Elles sont renfermées la plupart dans des mosquées qui, toutes délabrées qu'elles sont, accusent, soit dans leur ensemble, soit surtout dans leurs détails, une grâce et une originalité singulières. Le plus élégant de ces édifices funéraires, à la fois lieux de prière et mausolées, est celui de Kaït-Bey, qui fut le dix-neuvième sultan de cette dynastie. Tous les voyageurs ont admiré et exalté à l'envi ce monument, qui est sans contredit l'un des chefs-d'œuvre de l'architecture sarrasine en Orient. La coupole qui le surmonte est revêtue extérieurement d'une sorte de réseau artistement sculpté de charmantes arabesques. Le minaret qui le précède, avec ses jolies fenêtres, ses divers étages de plus en plus étroits et de formes différentes, ses galeries en encorbellement et ses balustrades découpées

UNE TOMBE DE MAMELOUK A MOITIÉ RUINÉE.

à jour, est un modèle achevé de goût et de délicatesse. Il faut en dire à peu près autant des deux minarets qui accompagnent, comme deux frères jumeaux, sveltes et élancés, la belle mosquée où reposent les cendres du sultan Barkouk, et qui date de l'an 784 de l'hégire (1382 de Jésus-Christ). Deux coupoles qu'ornent au dehors des nervures cannelées couronnent cet édifice. Dans le sanctuaire, on remarque trois mihrabs et un member en pierre, ou chaire à prêcher, qui est un véritable bijou de ciselure.

Non loin de la mosquée précédente s'élève celle d'El-Achraf-Barsebaï, qui mourut en 1438. Le minaret à plusieurs étages, alternativement carré, octogone et cylindrique, est loin d'égaler en beauté ceux que je viens de citer; mais la coupole en est de même très-gracieuse.

Il y a aussi d'autres tombeaux, appelés pareillement tombeaux des Mamelouks, au sud de la cité, et désignés ordinairement par les Cairéniens sous le nom de l'Imam Chafey, dont la mosquée funéraire est l'une des plus remarquables constructions de cette vaste nécropole. Près de là est le mausolée de la famille de Méhémet-Ali, consistant en un long corridor et en deux chambres couvertes chacune par un dôme.

Les immenses cimetières musulmans qui entourent la ville, et qui s'étendent de plus en plus, sont visités chaque vendredi, au lever de l'aurore, par une foule d'hommes, de femmes et d'enfants qui viennent y prier, y déposer des branches de palmier ou y planter des fleurs sur la tombe de ceux qui leur sont chers. La cité des vivants est alors abandonnée pour celle des morts, qui a ses rues où l'on peut circuler commodément, et de nombreux bancs de pierre pour s'y asseoir.

Les cimetières des chrétiens avoisinent le vieux Caire; des enceintes séparées y sont réservées aux catholiques latins, aux Coptes, aux Grecs, aux Américains et aux Anglais.

TOMBES DES MAMELOUKS.

La citadelle du Caire, El-Kalah, s'élève sur une hauteur rocheuse qui commande la ville, et qui est elle-même commandée par le mont Mokattam, dont elle est séparée par un ravin d'une médiocre largeur. La forme en est très-irrégulière, et elle a environ trois kilomètres de circonférence. Elle a été construite, l'an 562 de l'hégire (1166 de Jésus-Christ), par Saladin. Après avoir renversé l'empire des Fatimites, ce prince, pour se créer un asile plus sûr que l'ancien palais où les sultans avaient résidé dans l'intérieur de la ville, ordonna à Boha-eddin Karakouch, l'un de ses émirs, de bâtir sur la colline dont il s'agit en ce moment un château qui fût en même temps une véritable citadelle. Il n'y habita cependant que momentanément, ainsi que son fils; mais ensuite les princes et les gouverneurs y ont presque toujours demeuré. Du côté du Caire, ce château est bien défendu par l'escarpement du rocher; vers le levant, au contraire, il peut être aisément battu en brèche, étant dominé, comme je l'ai dit,

La Citadelle, vue des tombes des Mamelouks.

par le mont Mokattam. Il se divise en deux parties, la partie haute ou l'enceinte, dite autrefois des Janissaires, Sour el-Enkicharieh, et la partie basse ou Sour el-Azab, qui comprend elle-même deux quartiers distincts.

On monte à l'enceinte des Janissaires par trois chemins escarpés et taillés dans le roc, l'un à l'ouest, l'autre au nord-ouest, et le troisième au sud. C'est dans l'étroit et sinueux sentier qui de la porte Bab el-Azab conduit à l'enceinte des Janissaires que, le 1er mars 1811, Méhémet-Ali fit froidement massacrer ses mamelouks. Invités par ce prince comme à une fête, ils s'étaient rendus sans défiance à son appel, parés de leurs plus riches costumes, quand soudain la porte par où ils venaient d'entrer se referma derrière eux, et tout à coup une fusillade bien nourrie, entretenue par des soldats embusqués et invisibles, jeta la mort et le désordre dans leurs rangs. Elle ne cessa que lorsque tous eurent jonché le sol de leurs cadavres, entassés pêle-mêle avec ceux de leurs chevaux. Un seul, nommé Emin-bey, parvint, dit-on, à s'échapper, en lançant son cheval à travers une brèche de la muraille.

Cette tragédie tout orientale assura la domination de Méhémet-Ali, en le délivrant d'une troupe dont la bravoure

MOSQUÉES SUR LES PENTES DU MOKATTAM.

séditieuse était souvent redoutable à ses maîtres; mais une tache de sang que le succès et la raison d'État n'ont pu entièrement effacer n'en resta pas moins imprimée sur son front.

Les fossés de la citadelle, du côté du Mokattam, sont creusés dans le roc. Les tours qui la flanquent sont au nombre de trente-deux, et très-solidement construites. Elle est alimentée d'eau par quatorze grandes citernes, un aqueduc intérieur et six puits, dont deux surtout sont des ouvrages très-considérables. Le plus célèbre, appelé Bir-Yousef, est attribué par les uns à Joseph, fils de Jacob, et par d'autres à Saladin, qui portait également, comme le fils de ce patriarche, le nom de Yousef (Joseph). De forme carrée, il est creusé dans le roc jusqu'à la profondeur de quatre-vingt-dix mètres environ. On y descend au moyen d'une rampe en spirale dont la pente est assez douce pour qu'on puisse sans danger y engager des bœufs. Ce puits, en effet, est divisé en deux étages que sépare un palier. A l'étage inférieur, une sakkieh ou grande roue à godets, mue par des bœufs, fait monter du fond du puits une longue chaîne de jarres qui y puisent sans cesse et déversent ensuite l'eau qu'elles contiennent dans un réservoir ménagé en cet endroit. De là elle remonte plus haut jusqu'à l'orifice même du puits au moyen d'une seconde chaîne de jarres analogues que met en mouvement à l'étage supérieur une autre paire de bœufs qui fait tourner une deuxième roue. On a observé que la température du fond du puits est de dix-sept à dix-huit degrés Réaumur, ce qui est précisément la chaleur moyenne du Caire. Plusieurs voyageurs ont supposé, et peut-être avec quelque

VUE DU CAIRE, DU NIL ET DES PYRAMIDES DU HAUT DE LA CITADELLE.

raison, que ce puits remarquable a été primitivement creusé dans le roc par les anciens Égyptiens, et que Saladin n'a fait que le déblayer et lui donner son nom.

Le palais ou le divan de Joseph, dont on montrait autrefois les ruines dans l'enceinte de la citadelle, et qui avait été construit par Saladin, bien que la tradition populaire en attribuât pareillement l'origine au fils de Jacob, a complétement disparu, en 1829, pour faire place à la mosquée de Méhémet-Ali. Celle-ci renferme le tombeau de ce prince. Elle est ornée de marbres précieux; l'albâtre surtout y est prodigué avec profusion; mais la beauté de l'exécution n'y répond pas toujours à la richesse des matériaux employés. Néanmoins, avec ses deux minarets élancés, avec les colonnades de ses portiques, avec son grand dôme et ses petites coupoles, elle produit encore un bel effet. Derrière cet édifice est le palais du Vice-Roi. Plusieurs salles y sont décorées avec beaucoup de magnificence. On dirait que le luxe de l'Occident et celui de l'Orient s'y sont donné comme une sorte de rendez-vous.

De la plate-forme où s'élèvent ces deux vastes constructions, on embrasse du regard la cité tout entière, dont les nombreuses mosquées attirent tout d'abord les regards. Quel ensemble imposant de dômes et de coupoles qui resplendissent aux rayons du soleil! quelle forêt de minarets d'où le muezzin appelle cinq fois par jour les fidèles à la prière! Quant aux rues déjà si étroites, pour la plupart, par elles-mêmes, elles se resserrent encore davantage à cause de l'éloignement et n'apparaissent plus que comme les innombrables mailles d'un réseau immense au milieu duquel fourmille, s'agite et bourdonne une population compacte et bruyante. Au delà de la ville se déroulent ses mélancoliques et silencieuses nécropoles; puis on aperçoit Boulak et le Vieux-Caire, le Nil qui coule majestueusement dans son large lit, et plus loin les grandes pyramides de Gizeh, qui se dressent comme des collines dans le désert.

Les écoles publiques du Caire proviennent presque toutes de fondations et de legs laissés par des princes ou par de riches particuliers, et plusieurs sont situées au-dessus de fontaines publiques dues aux mêmes donateurs. L'enseignement y est simultané; les enfants apprennent à lire et à écrire tout à la fois, attendu qu'en écrivant les syllabes des mots ils les prononcent à haute voix, ou plutôt ils les chantent à l'unisson. En même temps, ils balancent continuellement leurs têtes par un mouvement cadencé et qui ne finit qu'avec la leçon. Accroupi comme ses élèves et au-dessus d'eux, le maître est armé d'une longue baguette flexible qu'il tient toujours suspendue sur le dos des indociles ou des paresseux.

Indépendamment de ces écoles primaires, qui sont nombreuses, le Caire possède plusieurs écoles secondaires et des écoles spéciales consacrées à l'étude des arts et de l'industrie, du droit et de la médecine.

Avant de quitter la ville musulmane, disons maintenant un mot des chrétiens qui l'habitent. Ils y possèdent une quarantaine d'églises et de chapelles appartenant à différentes communions, et un nombre suffisant d'écoles. Sans les mentionner ici toutes séparément, ce qui m'entraînerait beaucoup trop loin, je me contenterai de reconnaître qu'en temps ordinaire, et lorsque le fanatisme musulman n'est pas surexcité, comme il l'a été dernièrement à la suite des événements que tout le monde connaît, les chrétiens sont généralement respectés au Caire, comme ils le sont d'ailleurs dans la plus grande partie de l'Égypte. Ils peuvent librement célébrer les diverses cérémonies de leur culte; ils peuvent aussi y ouvrir des écoles. Lorsqu'en 1852 l'église des Pères de Terre sainte eut été consumée par un incendie, elle fut reconstruite, non-seulement au moyen des aumônes des fidèles, mais encore avec le concours généreux du khédive. C'est la paroisse des Latins que fréquentent également les Coptes catholiques.

Les Coptes non unis abondent au Caire, et y ont une quinzaine d'églises sous la juridiction d'un patriarche. Leur cathédrale, dédiée à saint Marc, est une grande basilique à trois nefs et de date récente.

On y compte également plusieurs milliers de Grecs et d'Armeniens, soit catholiques, soit schismatiques, et chacune de ces communautés possède deux ou trois églises distinctes.

Les protestants y ont plusieurs temples.

Une dizaine de synagogues appartiennent à la communauté israélite, qui se divise en deux fractions, les Talmudistes et les Coraïtes.

Au nombre des écoles, je dois citer avant tout celle des Frères, qui, depuis sa fondation, n'a jamais cessé d'être très-florissante. Dans leur maison, trop étroite actuellement, se pressent et s'entassent plusieurs centaines d'enfants appartenant à tous les cultes et à sept ou huit nations différentes. Lors de la visite minutieuse et prolongée que j'ai faite, il y a quelques années, de cet

UNE FONTAINE DANS LES RUES DU CAIRE. — ÉCOLE AU-DESSUS.

établissement, sur le désir même du Frère supérieur, qui me pria d'examiner toutes les classes, j'ai vu plusieurs fils de pachas musulmans assis à côté d'enfants catholiques, et recevant comme eux avec respect et docilité les leçons qui leur étaient données, preuve évidente de l'heureuse influence et en même temps de l'esprit large et conciliant des ordres religieux français qui sont venus apporter leur dévouement en Orient.

Un même zèle éclairé pour l'enfance anime les Sœurs du Bon-Pasteur et celles de Saint-François,

Maître d'école musulman avec ses élèves.

qui, elles aussi, en naturalisant notre langue au Caire parmi les jeunes filles qu'elles élèvent et les orphelines qu'elles recueillent, et en leur inoculant, avec les principes les plus purs de la morale chrétienne, l'amour de la France, dont elles secondent la mission civilisatrice, contribuent ainsi singulièrement, même dans les circonstances actuelles, à sauvegarder les restes de notre prestige en Égypte. Tel est aussi le rôle que, depuis de longues années déjà, jouent nos Sœurs de la Charité à Alexandrie, ville qui, dans beaucoup d'occasions et notamment lors des massacres et du bombardement qu'elle a subis l'année passée, a pu admirer leur sublime abnégation et leur héroïque sérénité d'âme au milieu des plus terribles dangers.

Un jardin au Caire, avec ses cactus, ses palmiers, ses acacias et ses sycomores.

Les Pères Jésuites, à leur tour, ont conçu et déjà commencé à exécuter au Caire un projet des plus utiles, en jetant les fondations d'un collége copte dans une cité où les Coptes sont si nombreux et généralement si peu instruits. En relevant le niveau intellectuel et moral de cette nation, ils espèrent attacher davantage à l'Église romaine ceux de ses membres qui en font déjà partie, et attirer peu à peu dans son giron une partie de ceux qui en sont depuis longtemps éloignés.

Le Caire a deux faubourgs et deux ports sur le Nil, Boulak à l'ouest, et le Vieux-Caire au sud-ouest.

Le premier de ces faubourgs, situé à douze cents mètres de l'extrémité occidentale de la ville, a une très-grande animation, parce que c'est dans son port que s'arrêtent toutes les barques qui arrivent chargées des productions du Delta et des marchandises de l'Europe. Sa population, estimée par M. Jomard à vingt-quatre mille habitants, est bien moindre actuellement. On rencontre à Boulak un grand nombre d'okels, espèces d'entrepôts pour les marchandises, et où les marchands peuvent trouver eux-mêmes à se loger, une imprimerie pour les langues turque et arabe, une manufacture d'armes, une école des arts et métiers, et un hôpital pour les aliénés. C'est là aussi que M. Mariette a fondé un magnifique musée, où il a accumulé et disposé avec beaucoup d'ordre, pendant de longues années, une multitude de statues, de sarcophages, de stèles et de bas-reliefs découverts par lui dans les nombreuses fouilles qu'il a pratiquées au milieu des plus importantes ruines de l'Égypte. En parcourant les différentes salles de ce musée, le livret de ce savant à la main, on peut suivre de siècle en siècle l'histoire de l'art antique dans la vieille terre des Pharaons, depuis les temps les plus reculés jusqu'à l'époque de la domination romaine inclusivement. Le directeur actuel de ce musée est un autre Français, M. Maspéro, qui s'efforce de marcher sur les traces de son illustre prédécesseur, dont la science déplore encore la perte.

Quatre kilomètres environ séparent Boulak du Vieux-Caire. Chemin faisant, on peut visiter à Kasr el-Aïn l'École de médecine et un hôpital affecté principalement aux militaires. Non loin de là est le fameux collége des derviches. J'y ai assisté, un vendredi, avec mon ami M. de Maupas, à la cérémonie suivante : qu'on se figure dans une grande salle voûtée une cinquantaine d'hommes formant un cercle au centre duquel se place leur supérieur, qui leur donne le signal de tous les mouvements qu'ils doivent exécuter. Ces mouvements, qui consistent à se pencher avec une rapidité tantôt croissante, tantôt décroissante, de haut en bas, d'avant en arrière et d'arrière en avant, sont accompagnés de chants extrêmement gutturaux et d'une sauvagerie étrange; tantôt ce sont des espèces de grognements sourds, tantôt des cris perçants, au milieu desquels le nom sacré d'Allah revient incessamment. C'est un spectacle plutôt encore pénible à contempler que risible, car, à la vue de ces hommes dont la bouche écume à force de hurler, et dont la figure ruisselle de sueur, aux yeux hagards et hébétés, à la barbe inculte, aux vêtements déguenillés et ordinairement bariolés de diverses couleurs, on éprouve d'abord je ne sais quel étonnement qui incline à la plaisanterie celui qui en est témoin; mais bientôt cette première impression se change en une tristesse dont on n'est plus le maître, quand on réfléchit à la dégradation profonde où la pauvre humanité peut descendre. Ce n'est pas tout. Pendant que ces divers mouvements s'exécutent au son d'une musique étourdissante et au bruit de battements de mains cadencés, trois jeunes derviches de seize à dix-huit ans, d'une figure douce et presque féminine, se mettent à tourner sur eux-mêmes au milieu du cercle avec une rapidité et une continuité vraiment surprenantes. Le regard se fatigue à les suivre, et leurs pirouettes incessantes qui enflent leurs longues robes causent une sorte d'éblouissement qui fait cligner involontairement les yeux. Au bout de vingt longues minutes environ, épuisés et hors d'haleine, ils s'arrêtent enfin et reprennent leurs places, tandis que d'autres leur succèdent. Ces cérémonies singulières, auxquelles on donne le nom de *zikr*, et qui, par intervalles, ont je ne sais quoi de satanique, durent quelquefois des heures entières, et il n'est pas rare de voir de vieux derviches pousser leurs évolutions frénétiques bien au delà de leurs forces, et tomber morts sur le sol, en essayant encore de prononcer une dernière fois le nom d'Allah, qu'ils croient honorer par une fin semblable. D'autres s'arment de sabres, de poignards ou de lardoires, se font d'horribles incisions et affectent une insensibilité complète, ou bien accompagnent d'une espèce de rugissement affreux l'effusion de leur sang qui coule à flots de leurs blessures béantes.

Il y a quatre ordres de derviches établis en Égypte, qui se distinguent entre eux par la couleur de leurs bannières et de leurs turbans. Ils habitent des couvents ou tekkiehs. Quelques-uns ont le secret de manier impunément les serpents les plus venimeux, et souvent même s'en nourrissent; ce sont les successeurs des psylles de l'antiquité. D'autres, pour frapper l'imagination de la foule, se livrent à des actes bizarres et extraordinaires. Ceux-ci s'agitent dans des convulsions furibondes;

Un café a Boulak.

ceux-là restent debout en prière des heures entières, et paraissent immobiles comme des statues. Le supérieur général de ces quatre ordres de derviches prétend descendre en ligne directe du premier khalife Abou-Bekr. Indépendamment de ces religieux attachés à des couvents, il y a beaucoup d'autres derviches qui se contentent seulement d'assister aux cérémonies principales de leurs ordres respectifs, et qui n'en continuent pas moins de vaquer aux travaux de la campagne ou à leurs divers métiers d'artisans. A une faible distance au sud du collége des derviches s'étend le second faubourg du Caire, ou Masr el-Atikah, appelé vulgairement et à tort par les Européens le Vieux-Caire. Cet endroit se nommait d'abord Fostat, en souvenir de la tente d'Amrou qui y avait été dressée, pendant que ce général assiégeait la citadelle de Babylone. La ville de Fostat, aujourd'hui si déchue de son ancienne importance, fut la véritable capitale de l'Égypte, depuis l'an 20 de l'hégire (640 de Jésus-Christ), date de sa fondation par Amrou, jusqu'à l'année 359 de l'hégire (969 de Jésus-Christ), époque de la conquête de l'Égypte sous le khalife Moëz, prince fatimite qui commença à construire le Caire. A partir de

UN BAZAR A BOULAK.

ce moment, elle déclina de plus en plus, et, en 1168, les musulmans achevèrent eux-mêmes de lui porter un coup fatal en la livrant aux flammes, dans la crainte qu'elle ne tombât aux mains des chrétiens qui venaient d'envahir la basse Égypte. Aujourd'hui, elle sert seulement de port méridional au Caire, et sa population totale, qui se compose principalement de Coptes, atteint à peine le chiffre de trois mille cinq cents âmes.

La fameuse mosquée qu'on y remarque, et qui porte le nom d'Amrou, son fondateur, est le plus ancien des édifices de la religion musulmane en Égypte. Elle consiste en une vaste cour à peu près carrée et entourée de portiques qui ont sur les côtés nord et sud trois rangs de colonnes, sur le côté ouest un seul rang, et sur le côté est six rangs qui forment d'immenses nefs. Là se trouve le véritable sanctuaire, et, par conséquent, le mihrab qui indique le point vers lequel les fidèles doivent se tourner pour prier, et le member ou chaire à prêcher.

Les colonnes, en y comprenant les huit qui ornent le petit édifice octogone situé au milieu de la cour, au-dessus du bassin des ablutions, sont au nombre de deux cent trente. Beaucoup gisent maintenant à terre. Elles sont monolithes et proviennent toutes de monuments antérieurs. Les chapiteaux en sont pour la plupart corinthiens et ont été plus ou moins bien ajustés aux fûts qu'ils couronnent. Les arcades qui soutiennent ces colonnes sont, les unes ogivales, et les autres cintrées. Comme cette mosquée a subi à différentes époques des réparations qui en ont modifié le style primitif, il est difficile d'affirmer si, dès l'époque de sa fondation, l'ogive était déjà employée en Égypte à la place du plein cintre romain. Aujourd'hui, ce monument est dans un état de délabrement déplorable.

Auprès du Vieux-Caire, l'ancienne forteresse connue des Européens sous le nom de Babylone, et des Arabes sous celui de Kasr ech-Chemma (château de la Lumière), renferme une petite bourgade chrétienne. Une partie de l'enceinte atteste un travail romain ; le reste, beaucoup plus moderne, est d'une construction bien moins soignée. La seule porte par laquelle on y pénètre est tellement basse qu'il faut se courber pour y passer. Les rues intérieurement sont extrêmement étroites. Six petits couvents y sont habités par des moines coptes et grecs. L'un d'entre eux, appelé Deir-Babyloun, rappelle par son nom celui de la forteresse antique dans le sein de laquelle il a été enclavé. Un autre, dédié à Sitti-

Une rue à Masr-el-Atikah.

Miriam, renferme une chapelle souterraine qui est le but de nombreux pèlerinages, parce que, d'après une tradition accréditée dans le pays, la Vierge Marie se serait retirée là quelque temps avec l'Enfant Jésus, lorsqu'elle vint chercher en Égypte un asile contre la persécution d'Hérode.

Cette forteresse de Babylone, où les Romains avaient placé une de leurs trois légions chargées de la garde de l'Égypte, avait succédé elle-même à une ville fondée, dit-on, en cet endroit par des Babyloniens, lors de la conquête de la contrée par Sémiramis. D'autres auteurs attribuent l'origine de cette ville à des prisonniers babyloniens que Sésostris, au retour de son expédition en Asie, aurait ramenés avec lui. D'autres enfin prétendent qu'elle daterait d'une époque moins reculée, et qu'elle aurait été bâtie par des Babyloniens qui avaient suivi Cambyse en Égypte. Toujours est-il que les empereurs d'Orient, à l'imitation des empereurs romains, continuèrent d'entretenir une garnison dans la forteresse qui nous occupe en ce moment. Enfin, sous le règne d'Héraclius, l'Égypte ayant été envahie par les musulmans, cette forteresse soutint contre eux un siége de sept mois; la garnison, après une vigoureuse défense, se retira dans l'île de Roudah, où elle capitula ensuite. A l'extrémité nord-est de Masr el-Atikah commence l'aqueduc qui conduit l'eau à la citadelle du Caire, et qui fut construit par El-Ghouri, l'un des derniers sultans circassiens.

L'île de Roudah était autrefois reliée au Vieux-Caire par un pont de trente bateaux, et à Gizeh par un autre pont de soixante bateaux. Ces ponts, qui furent rétablis à l'époque de l'occupation française, n'existent plus maintenant. La longueur de l'île est de trois kilomètres, et sa plus grande largeur de cinq cent soixante-dix mètres. Le nom qu'elle porte signifie en arabe *jardin* ou *prairie semée de fleurs*. Son sol est effectivement très-fertile, comme le prouvent les magnifiques jardins qu'Ibrahim-Pacha y avait plantés, mais qui sont aujourd'hui très-mal entretenus. Elle est entourée de gros murs de quai dans toute sa partie méridionale, car elle a, de ce côté surtout, à soutenir le poids d'une masse d'eau énorme, à cause de la profondeur et de la largeur du fleuve. A son extrémité sud est le Mékyas ou Nilomètre. Il consiste en une colonne de marbre blanc, élevée au centre d'un puits carré, qui communique avec le Nil au moyen de canaux. Cette colonne taillée à huit pans porte seize divisions ou coudées, dont les dix supérieures seulement sont subdivisées chacune en six palmes, et sert à constater et à mesurer les progrès journaliers de la crue et du décroissement du fleuve.

Si les bornes du cadre nécessairement très-étroit dans lequel je dois me renfermer me l'eussent permis, j'aurais aimé à m'étendre davantage sur le Caire et sur ses environs; je n'aurais pas manqué de décrire les restes si curieux de la forêt pétrifiée; j'aurais également conduit mon lecteur aux palais de Choubrah et de Gezireh, dont les kiosques, les bassins et les délicieux ombrages charment tous ceux qui les visitent; mais depuis longtemps les Pyramides sont là devant nous qui s'étonnent que nous tardions tant à aller les contempler de plus près. Dirigeons-nous donc vers ces merveilles de l'ancien monde, et ensuite vers les champs où fut Memphis.

LES PYRAMIDES ET MEMPHIS

En face de Masr el-Atikah, sur la rive gauche du Nil, l'humble village de Gizeh où l'on débarque a l'honneur de donner son nom aux trois principales pyramides. C'était autrefois une ville florissante, embellie par les palais des mamelouks, et où habitaient un grand nombre de marchands et d'artisans. Aujourd'hui, on n'y voit plus que des décombres, des maisons mal bâties, des bazars misérables et quelques cafés. De là jusqu'au plateau des grandes pyramides, on compte huit kilomètres environ de distance. On traverse d'abord vers l'ouest une plaine extrêmement fertile, parsemée de plusieurs villages, et que fécondent chaque année les débordements du fleuve; puis, après

Vue de l'emplacement de Memphis du haut de la grande pyramide.

avoir franchi le canal occidental, dit Bahr-Yousouf, on sort tout à coup de la région de la culture et de la vie, pour entrer dans celle de la stérilité et de la mort. A la terre grasse et limoneuse qui ne demande qu'à produire quand les eaux du Nil se sont retirées et que le fellah l'a ensemencée, succèdent soudain le sable et le gravier. Toute verdure a disparu, et l'on gravit des pentes d'un blanc jaunâtre qui reflète avec la plus vive intensité les rayons du soleil. Bientôt on touche aux Pyramides, et ces gigantesques constructions semblent devenir de plus en plus colossales, à mesure que l'on s'en approche davantage. L'emplacement qu'occupent les trois plus célèbres d'entre elles forme un plateau elliptique dans une sorte d'enfoncement de la montagne libyque. La hauteur de ce plateau au-dessus de la vallée est d'une quarantaine de mètres. Sa longueur de l'est à l'ouest est de deux kilomètres, et sa largeur, du sud au nord, d'un kilomètre et demi. Il est entièrement rocheux, et les architectes chargés de bâtir la première et la plus grande des pyramides, celle de Chéops, ont dû d'abord commencer par le dresser et l'aplanir, mais en laissant néanmoins un noyau destiné à servir de soubassement à cet incomparable monument. Ils ont dû aussi disposer et élever les chaussées dont il est question dans Hérodote, et qui elles-mêmes ont coûté des labeurs énormes. Les restes de trois de ces plans inclinés en belles pierres de taille se voient encore vers l'est dans la direction du Nil. La plupart des matériaux, en effet, avec lesquels ont été construites les trois grandes pyramides, proviennent des carrières de Torah et de Masarah, situées au delà du fleuve dans la chaîne arabique, et pour amener de ces deux points éloignés au plateau où elles devaient être employées, des pierres d'une dimension et d'un poids si considérables à travers des plaines que le Nil inonde annuellement pendant plusieurs mois, il fallait de hautes et solides chaussées s'élevant progressivement de l'est à l'ouest jusqu'au niveau du plateau.

Les trois pyramides s'alignent dans la direction du nord-est au sud-ouest. La plus grande précède au nord; la plus petite est la plus méridionale. Des fossés ont été pratiqués dans le roc autour des deux principales; actuellement ils sont en partie comblés par les sables. La deuxième et la troisième étaient, en outre, environnées d'une enceinte murée.

A peine le voyageur est-il arrivé en présence et auprès de ces prodiges des temps pharaoniques, qu'il ne peut s'empêcher de rester quelque temps comme stupéfait et muet d'admiration devant tant de grandeur et de majesté, et, pour rendre les impressions diverses que j'éprouvai moi-même alors, je me permets d'emprunter à Delille ces beaux vers (poëme de *Imagination*, chant III) :

> O colosses du Nil, séjour pompeux du deuil,
> Oh! que l'œil des humains vous voit avec orgueil!
> Devant vos fronts altiers s'abaissent les montagnes;
> Votre ombre immense au loin descend dans les campagnes.
> Mais l'homme vous fit naître, et sa fragilité
> Vous a donné la vie et l'immortalité.
> Que de fois à vos pieds m'asseyant en silence,
> J'évoque autour de moi tout cet amas immense
> De générations, de peuples, de héros,
> Que le torrent de l'âge emporta dans ses flots;
> Rois, califes, sultans, villes, tribus, royaumes,
> Noms autrefois fameux, aujourd'hui vains fantômes!
> Seuls vous leur survivez. Vous êtes à la fois
> Les archives du temps et le tombeau des rois.

Mais on est bientôt arraché à l'espèce d'ébahissement dans lequel on est plongé, et aux réflexions qui assiégent l'esprit, par une foule tumultueuse d'Arabes, habitants d'un hameau voisin, qui viennent vous assaillir et se disputer avec des cris étourdissants le droit et le bénéfice de vous servir de guides. Sans plusieurs d'entre eux, en effet, il est impossible, ou du moins très-difficile, de tenter l'ascension de la grande Pyramide et de s'aventurer ensuite dans ses flancs ténébreux. Comme le revêtement extérieur en a été enlevé, les assises que ce revêtement recouvrait, étant en retraite les unes sur les autres, forment, à la vérité, de véritables gradins, mais des gradins gigantesques, qu'il serait fort malaisé d'escalader, si l'on était réduit à ses seuls efforts et que l'on ne fût point aidé par trois ou quatre Arabes, lestes et agiles, dont les uns vous tirent ou plutôt vous hissent en avant, et les autres vous poussent par derrière. Quand on a atteint enfin le dernier échelon, tout essoufflé et hors d'haleine, après une demi-heure d'une ascension continue et très-pénible, malgré le secours des

PYRAMIDES DE GIZEH.

PARIS—E. PLON & Cie ÉDITEURS

Arabes, on se trouve sur une plate-forme haute de cent trente-sept mètres au-dessus du sol environnant, et qui mesure dix mètres sur chaque côté. Autrefois, elle était plus élevée encore de quelques mètres et beaucoup moins large, quand les khalifes ne l'avaient pas décourronnée de sa pointe et n'avaient pas aussi enlevé les magnifiques blocs qui revêtaient les gradins pour en bâtir les mosquées et les remparts du Caire. De cet observatoire incomparable, la vue est des plus étendues et des plus saisissantes. La vaste plaine où dorment sous des monticules de décombres les ruines de Memphis, les pyramides d'Abouroach, de Gizeh, d'Abousir, de Sakkarah, de Dachour, de Matanyeh et de Meïdoum, les immenses forêts de palmiers de Mit-Rahineh et de Bédrechein qui tranchent par leur verdure avec les dunes de sable qui les entourent, les champs d'Embabeh, témoins de l'immortelle victoire remportée par Bonaparte sur Mourad-Bey et sur les mamelouks; sur l'autre rive du fleuve, Boulak avec le vieux et le nouveau Caire, dont les gracieux minarets argentent par leur blancheur l'azur du ciel; plus loin l'obélisque solitaire d'Héliopolis, unique débris encore debout de cette vieille cité, près de laquelle Kléber sut reconquérir un instant par un éclatant triomphe l'Égypte qui semblait prête à lui échapper; ajoutez à cela la riche vallée du Nil se déroulant à l'infini entre les deux chaînes parallèles des monts de l'Arabie et de la Libye; ce fleuve tantôt renfermé dans les limites de son lit naturel, tantôt comme une mer inondant les campagnes où il dépose un limon fécond, tantôt aussi promenant, au delà des confins où il se répand lui-même, les bienfaits de ses eaux salutaires au moyen d'innombrables canaux : quel panorama fait pour captiver les yeux et l'imagination! Quels souvenirs antiques et modernes associant ensemble leur grandeur et leur gloire! Quels noms illustres se répercutant d'écho en écho d'une pyramide à l'autre depuis les Pharaons jusqu'à Bonaparte!

Mais entrons maintenant dans quelques détails plus précis. La pyramide, dans son état actuel, se compose de deux cent trois gradins qui lui donnent au-dessus du socle rocheux qui la porte une hauteur verticale de cent trente-sept mètres et une hauteur oblique d'environ cent quatre-vingts mètres. Les quatre faces en sont orientées vers les quatre points cardinaux et mesurent chacune à la base deux cent trente mètres de développement. Le périmètre de celle-ci est, par conséquent, de neuf cent vingt mètres. En retranchant les vides connus, tels que canaux, galeries, chambres et puits, qui sont ménagés dans la masse de cette montagne artificielle de pierres de taille si admirablement ajustées ensemble, on a calculé qu'on pourrait, avec les matériaux dont elle est formée et même après la perte de son revêtement, construire un mur de deux mètres d'élévation sur trente centimètres d'épaisseur, qui ferait le tour de la France entière. Qu'on songe donc à ce qu'il a fallu de temps et de bras d'hommes pour exploiter les carrières, élever les chaussées, niveler et préparer le plateau, charrier cette quantité prodigieuse de pierres et les agencer ensuite entre elles avec un art si parfait dans la construction de ce gigantesque édifice, qu'après tant de siècles écoulés depuis, aucune assise n'a fléchi, aucun bloc n'a bougé de place. Au dire des anciens, des centaines de mille hommes ont concouru pendant de longues années à ce travail, qui semble dépasser les bornes ordinaires des forces et de la puissance humaines, et qui n'a pu s'accomplir qu'avec les efforts réunis d'un peuple tout entier. Qu'on songe aussi à l'habileté singulière et à la science consommée des architectes qui ont conçu et exécuté une pareille œuvre. Ils devaient être certainement secondés par des astronomes fort instruits, car l'orientation toute seule d'un semblable monument, sans être mathématiquement irréprochable, est néanmoins si suffisamment exacte, qu'aujourd'hui encore on ne réussirait peut-être pas à tracer sans dévier un peu une méridienne d'une aussi grande étendue que celle-là.

L'entrée de la pyramide est sur la face nord et à une quinzaine de mètres au-dessus de la base. On pénètre dans une galerie étroite et peu élevée qui descend avec une inclinaison de vingt-cinq degrés jusqu'à trente-deux mètres au-dessous de la base. Elle devient ensuite horizontale et conduit à une chambre qui est restée inachevée.

Remontant cette galerie jusqu'à vingt-cinq mètres de l'orifice extérieur, on s'engage dans un autre couloir ascendant qui aboutit, dans une direction opposée au précédent, à une galerie horizontale. Celle-ci mène à la chambre dite *de la Reine*. Cette chambre, comme on l'a souvent observé, est précisément dans le grand axe vertical de la pyramide, à cent dix-huit mètres au-dessous de la plate-forme supérieure et à vingt-deux mètres au-dessus de la base. Elle est couverte en forme de toit par de belles dalles arc-boutées et placées en décharge. Vide actuellement, elle mesure cinq mètres quatre-vingts centimètres de long sur cinq mètres de large, et est bâtie avec de superbes pierres calcaires. Revenant sur ses pas et parvenu à l'extrémité extérieure de la galerie horizontale, on gravit une haute et large galerie ascendante qu'on appelle la *grande galerie*, et qui conduit à la *chambre du Roi*. Cette chambre est précédée d'un vestibule que fermaient autrefois quatre blocs de granit glissant dans des coulisseaux. Elle est elle-même tout entière construite avec de magnifiques blocs de granit parfaitement polis et appareillés. Sa hauteur est de cinq mètres quatre-vingt-cinq centimètres, sa longueur de dix mètres quarante-cinq centimètres, et sa largeur de cinq mètres trente centimètres. Le sarcophage en granit qu'elle renferme, et pour lequel la pyramide entière semble avoir été faite, est long de deux mètres trente centimètres sur un mètre de large; quand on le frappe, il produit le son d'une cloche. Vide depuis longtemps de la momie royale qu'il devait contenir, il a perdu également son couvercle. Au-dessus de cette chambre, cinq autres plus basses ont été ménagées à dessein, et dans le but unique d'alléger le poids de la masse énorme de maçonnerie qui la presse et semble devoir l'écraser. C'est dans l'une de ces petites chambres de soulagement qu'on a trouvé écrit en hiéroglyphes le nom du roi Choufou, nom dont ceux de Chéops et de Souphis sont de pures altérations.

Il règne dans ces divers souterrains, dans ces caveaux et dans une espèce de puits très-profond qui les relie ensemble, une chaleur excessive, et l'on a hâte, quand on sort des entrailles mystérieuses de ce mausolée à nul autre pareil, de respirer à pleins poumons l'air du dehors. J'ajouterai aussi que l'écho qui s'y produit est tellement puissant qu'il répète le son jusqu'à dix fois, et que la détonation d'un simple pistolet de poche égale celle de plusieurs pièces de canon d'un fort calibre.

La seconde pyramide s'élève à cent quatre-vingts mètres environ au sud-ouest de la précédente. Presque aussi grande que celle-ci, elle mesure cent trente-cinq mètres de hauteur verticale et deux cent dix mètres de largeur à chacune des faces de sa base.

Elle est encore couverte de son revêtement à sa partie supérieure, ce qui n'empêche pas les Arabes du village voisin, comme autrefois ceux de Busiris, d'en atteindre le sommet. Belzoni, en 1816, a eu le mérite de retrouver le couloir qui conduit au caveau funéraire. Le sarcophage en granit qu'il y découvrit avait été violé, en l'an 1200, par le sultan El-Aziz Othman, qui ensuite avait ordonné de boucher l'entrée de la pyramide.

D'après Hérodote, ce monument fut construit par le roi Chéphren. On n'a pas pour ce souverain, comme pour Chéops ou Choufou, découvert son nom dans la pyramide elle-même, mais on l'a lu sur l'un des tombeaux voisins, accompagné de la figure d'une pyramide.

La plus petite des trois pyramides, située de même à cent quatre-vingts mètres au sud-ouest de la seconde, est à peine le tiers de la première. Elle avait un revêtement de granit, comme l'affirme

Hérodote et comme le témoignent encore les nombreux fragments qui en subsistent. Ouverte à l'époque des khalifes, puis refermée, elle a livré de nouveau, en 1837, tous les secrets de son intérieur au colonel anglais Wyse, qui est parvenu à y pénétrer. Il y découvrit le cercueil en bois du roi Menkéra, le Mycérinus d'Hérodote, par qui elle fut construite. Ce cercueil est maintenant à Londres.

Le Sphinx.

Quant au sarcophage en pierre qui le contenait primitivement, il a péri dans la traversée.

Peut-être les auteurs des deux premières pyramides, si odieux à leurs peuples, au dire des anciens, à cause des corvées intolérables qu'ils imposèrent pendant tant d'années à leurs sujets pour la construction de semblables mausolées, n'ont-ils pas joui de leurs sépulcres, selon l'énergique expression de Bossuet; dans tous les cas, on ne les y a pas retrouvés.

Le temps me manque pour décrire les autres petites pyramides qui, comme autant de satellites, environnent les trois dont je viens de dire quelques mots. Il m'est impossible également d'analyser et d'apprécier, même sommairement, toutes les suppositions auxquelles ont donné lieu ces prodigieux monuments. S'il faut en croire une tradition copte, par exemple, un roi nommé Sourid, cent ans avant le déluge, ayant appris par un songe qu'un grand cataclysme allait bouleverser la terre, aurait bâti les pyramides, afin d'y déposer ses trésors, les corps de ses ancêtres et les livres qui contenaient l'ensemble de toutes les sciences humaines. Au commencement du moyen âge, comme on les croyait creuses intérieurement, on les regardait comme les prétendus greniers de Joseph. De nos jours, des savants éminents y ont reconnu des monuments astronomiques. M. Biot, notamment, a cherché à démontrer qu'elles ont pu faire l'office de gnomons pour déterminer les solstices, les équinoxes et par suite la durée de l'année solaire. M. Piazzi Smith, de son côté, a composé un ouvrage fort érudit pour prouver que la grande pyramide était un monument métrologique, destiné à servir d'étalon pour toute espèce de mesures. Qu'il me suffise de dire ici que les pyramides qui nous occupent en ce moment ont toujours été considérées par les anciens comme des tombeaux. Sans doute une intention astronomique a pu présider à leur orientation ; mais il n'en est pas moins incontestable qu'elles avaient été élevées pour renfermer les momies royales, et ce qui le prouve, c'est que dans chacune d'entre elles on a trouvé un sarcophage.

A cinq cents mètres à l'est de la deuxième pyramide surgit du milieu des sables qui l'assiègent de toutes parts la colossale et énigmatique figure du sphinx. C'est un lion assis avec une tête humaine, mais d'une dimension colossale. Il ne mesure, en effet, pas moins de cinquante-sept mètres de long depuis l'extrémité des pattes de devant jusqu'à la naissance de la queue. Sa face malheureusement en partie mutilée, car une portion du nez manque, accuse le type égyptien et non pas le type nègre, comme on l'a cru quelquefois, par suite des dégradations qu'elle a subies. Tout entière façonnée dans le roc, cette figure gigantesque inspire aux Arabes une secrète épouvante ; aussi l'ont-ils surnommée Abou'l houl (le Père de la terreur). En 1817, le capitaine Caviglia dégagea les abords de ce monument et découvrit entre les pattes du sphinx un autel, un lion et trois stèles, sur l'une desquelles était représenté le roi Thoutmès IV, offrant de l'encens et des libations au colosse divinisé. En 1852, le sable s'étant de nouveau amoncelé alentour, M. Mariette déblaya une seconde fois les approches du sphinx, travaux qu'il fut obligé d'interrompre pour les reprendre quelques années plus tard. Une inscription qu'il découvrit sur une stèle lui apprit que ce colosse était la représentation du dieu Har-em-Khou, l'Harmachis des Grecs, ou le Soleil levant. A deux cents pas de là ce savant mit également à jour les débris d'un beau monument construit en granit et en albâtre, et qu'il considère comme ayant été le temple du sphinx lui-même, auquel le rattachait une avenue sacrée ou *dromos*. Comme il a trouvé dans ce temple plusieurs statues de Chéphren, le fondateur de la deuxième pyramide, il est permis de supposer que ce sanctuaire avait été soit fondé, soit seulement orné par ce prince.

Continuons actuellement à nous acheminer vers Memphis à travers d'immenses nécropoles qui attestent à elles seules l'ancienne importance de cette vaste cité.

Onze kilomètres au sud-est des grandes pyramides de Gizeh, on observe à l'ouest du village d'Abousir quatre pyramides ruinées, dont la plus considérable a cinquante mètres de hauteur et cent dix mètres de base. Elles avaient été autrefois revêtues d'un parement qui a été enlevé.

Un kilomètre plus au sud est un lieu généralement connu sous le nom de *Puits des oiseaux*. Plusieurs ouvertures y servent d'entrée à des galeries souterraines très-étendues, où d'innombrables momies d'ibis renfermées dans des pots sont rangées avec régularité. Les anciens Égyptiens, en effet, vénéraient l'ibis comme un oiseau sacré, et l'on ne peut s'empêcher d'être profondément étonné en voyant qu'un peuple aussi éclairé accordait les honneurs divins et ceux d'une sépulture souvent très-coûteuse à des animaux sans raison. Dans les galeries souterraines d'Abousir, par exemple, on rencontre des momies de chats, de serpents et d'autres reptiles. A Sakkarah, nous allons tout à l'heure dire un mot de la nécropole des bœufs Apis. Ailleurs on trouve des catacombes destinées à des crocodiles, à des chacals et à d'autres animaux embaumés avec le plus grand soin. Tant il est vrai, comme le dit excellemment Bossuet, que dans cette Égypte si vantée pour sa sagesse, tout était dieu, excepté Dieu lui-même.

Les pyramides qui avoisinent Sakkarah et Dachour sont au nombre de neuf. La plus grande, appelée par les Arabes Haram el-Kebireh (la grande pyramide), est composée de cent cinquante-

VILLAGE AVEC SES PIGEONNIERS PRÈS DE MEMPHIS.

deux assises et mesure une centaine de mètres d'élévation. Sa base est de deux cents mètres. Dégradée dans sa partie inférieure, elle conserve encore un quart de son revêtement.

Une autre de ces pyramides porte le nom de *Mastabat Faraoun* (siége de Pharaon), parce que, d'après une tradition ridicule, les anciens rois auraient rendu la justice du sommet de ce monument. Les espèces de degrés gigantesques dont elle est formée sont autant de pyramides tronquées mesurant chacune treize mètres de hauteur.

C'est sur le territoire de Sakkarah, qui jadis faisait partie de Memphis, qu'après des fouilles prolongées et opiniâtres, poursuivies pendant les années 1850 et 1851, M. Mariette découvrit les ruines du Sérapéum, et sous les débris de ce temple consacré aux Apis la catacombe immense où leurs momies étaient déposées après leur mort, chacun de ces taureaux divins reposant dans un sarcophage spécial de dimensions gigantesques. Le sable a déjà enseveli de nouveau la longue avenue de sphinx précédant le Sérapéum, et qui, lors des fouilles de ce savant, avait reparu momentanément à la lumière. Quant à la catacombe, elle se compose de deux vastes souterrains, dont le plus ancien est aujourd'hui fermé au public, à cause d'éboulements qui se sont produits, et dont le plus récent, inauguré sous Psammétique Ier, servit de tombeau aux Apis jusqu'à la domination romaine. M. Mariette, en pénétrant le premier après tant de siècles dans ces hypogées mystérieux, constata que la plupart des sépultures avaient été violées, et que les dieux de l'Égypte n'avaient pas été plus épargnés dans leurs

PYRAMIDE A DEGRÉS DE SAKKARAH.

sépulcres que les Pharaons dans leurs pyramides, ou que les plus simples laboureurs dans leurs humbles tombeaux. Mais s'il trouva la plupart des sarcophages vides des dépouilles sacrées qu'ils avaient renfermées, il remarqua que chacun d'eux était accompagné d'inscriptions où était consignée la date précise de la mort du bœuf qu'il avait contenu, avec celle de l'année courante du prince régnant. C'est ce qui a permis de rectifier la chronologie d'un certain nombre de dynasties égyptiennes.

Memphis, dont le Sérapéum était l'un des principaux ornements, était, dès les temps les plus reculés de l'histoire, l'une des plus grandes et des plus belles cités, non-seulement de l'Égypte, mais du monde. Hérodote nous apprend qu'elle fut fondée par Ménès, le premier roi qui gouverna la terre de Misraïm. Son origine se confond donc avec celle de la monarchie égyptienne. Ménès, avant de la construire, détourna le Nil, qui passait le long des montagnes de la Libye, le fit couler à égale distance des deux chaînes parallèles qui l'encadraient, et bâtit sa capitale dans l'ancien lit du fleuve qu'il avait comblé. Pour la préserver des inondations, et en même temps pour lui servir de défense, il éleva une puissante digue à cent stades au-dessus de l'emplacement qu'il lui destina; puis il creusa deux lacs auprès d'elle, l'un au nord, et l'autre à l'ouest. Il l'appela elle-même *Mennefer,* nom qui signifie la *bonne place*, et d'où les Grecs ont fait Memphis. La position de cette ville était, en effet, parfaitement choisie; car elle occupait au sud de la pointe du Delta l'endroit le plus resserré de la vallée et était comme la clef de l'Égypte moyenne et de l'Égypte supérieure. Suivant Diodore de Sicile, elle avait cent cinquante stades de pourtour, ce qui équivaut à vingt-sept kilomètres sept cent cinquante mètres, en évaluant le stade à cent quatre-vingt-cinq mètres. Une pareille circonférence ne doit pas nous surprendre, puisque Memphis était remplie de temples, de palais et de jardins, et qu'une population immense y était nécessairement agglomérée. L'étendue énorme de ses diverses nécropoles le prouve suffisamment. Une capitale dont les souverains pouvaient se faire élever des tombeaux tels que les pyramides, et dont beaucoup de particuliers avaient également des sépultures d'une magnificence et d'une richesse inouïes pour la perfection et la multiplicité des sculptures, devait, à l'époque de sa plus

Colosse de Ramsès II, couché par terre sur l'emplacement de Memphis, au milieu d'une forêt de palmiers.

grande splendeur et après la décadence de Thèbes, renfermer dans son sein au moins cinq cent mille habitants.

Parmi les temples dont elle était décorée, le plus ancien et le plus remarquable était celui du dieu Phtah, le Vulcain des Grecs et des Romains. Il fut successivement agrandi et embelli par plusieurs rois. Le grand Sésostris l'orna de six colosses, dont les deux plus considérables le représentaient avec son épouse, et les quatre autres figuraient ses quatre enfants.

Au sud de ce temple et vis-à-vis du portique du midi s'élevait un autre sanctuaire en forme de péristyle, où l'on nourrissait le bœuf Apis. Il faut distinguer ce monument du Sérapéum, où l'on vénérait le dieu une fois mort et devenu Osar-Api ou Osiris-Apis, que les Grecs ont transformé en Sérapis. C'est dans les souterrains de ce dernier temple que M. Mariette, comme je l'ai dit, a retrouvé la catacombe de cette singulière divinité, qui, avec tant d'autres, montre jusqu'où allait, chez les nations même les plus policées, l'aberration humaine en matière de religion, avant l'avénement du christianisme. On admirait également à Memphis un superbe temple consacré à Isis.

Le déclin de cette ville commença avec la fondation d'Alexandrie par Alexandre le Grand; mais ce fut surtout l'invasion musulmane qui lui porta un coup fatal. Les Arabes, pour bâtir Fostat, puis le Caire, achevèrent de détruire ses monuments et en transportèrent les lambeaux dans leurs nouvelles capitales. Actuellement le vaste emplacement qu'elle occupait est envahi par d'énormes buttes de décombres qui se prolongent pendant plusieurs kilomètres de longueur, et par des forêts de magnifiques palmiers qui ont pris racine sur un sol jadis couvert de temples, de palais et d'habitations, et que le Nil inonde chaque année, la digue qui le retenait captif ayant cessé d'être entretenue depuis des siècles. Non loin du village de Mit-Rahineh, qui semble avoir été comme le point central de Memphis, gît par terre un magnifique colosse représentant Ramsès II ou Sésostris. Il est malheureusement brisé aux pieds, et une partie de la tête manque. Sans doute, c'était l'une des statues gigantesques qui ornaient le temple de Phtah. Sa hauteur totale est de onze mètres, sans le piédestal. La face, d'une rare beauté, est parfaitement conservée. La pierre est un calcaire siliceux très-blanc et admirablement poli. Au cou du roi est suspendue une espèce d'amulette, semblable aux *urim* et *thummim* des anciens Hébreux ; on y lit le prénom royal, porté d'un côté par Phtah, et de l'autre par Pacht. Ramsès II tient un rouleau à la main. Auprès de lui est figurée une de ses filles, qui atteint à peine à ses genoux. Cette statue a été découverte par MM. Caviglia et Sloane, et concédée depuis par eux aux Anglais, pour aller orner le British Museum; mais le gouvernement britannique a jusqu'à présent reculé devant les dépenses du transport. Pendant plusieurs mois de l'année, elle est submergée par le Nil, qui, en se retirant, la laisse parfois souillée d'un impur limon.

Telle est, dans son état actuel, l'une des villes les plus célèbres que les hommes aient habitées. Ses monuments sacrés et profanes ont disparu ou sont bouleversés de fond en comble. Leurs débris dispersés ont été décorer ailleurs d'autres temples et d'autres palais, ou bien sont ensevelis sous des amas de terre et de matériaux concassés. En même temps que le Nil, dans ses débordements annuels, s'empare d'une partie de l'emplacement qu'elle occupait, le sable du désert, de son côté, s'est avancé de proche en proche et recouvre de plus en plus, comme sous un linceul, une autre partie de sa primitive enceinte. Ses tombeaux seuls sont encore debout, et particulièrement ses pyramides, qui semblent jeter un défi au temps et aux hommes, et dire à l'un : Vous ne me détruirez pas, et aux autres : Vous ne m'égalerez jamais.

DE BOULAK A THÈBES

De Boulak, port où l'on s'embarque d'ordinaire près du Caire pour la haute Egypte, on compte par eau treize cent trois kilomètres jusqu'à la seconde cataracte. On peut faire maintenant ce

PIGEONNIERS EN FORME DE TOURS PRÈS DU NIL.

voyage, soit en bateau à vapeur, soit en dahabieh, sorte de barque pontée et munie de deux voiles : l'une à l'avant ou grande voile latine de forme triangulaire, l'autre plus petite à l'arrière, près du gouvernail. Un chemin de fer depuis plusieurs années relie également le Caire à Syout, mais il ne va pas plus loin. A l'époque où je me rendis, avec M. le marquis de Maupas, du Caire à la seconde cataracte, il n'était pas encore question d'établir ce chemin de fer, et les bateaux à vapeur qui circulaient en petit nombre sur le Nil appartenaient tous au gouvernement égyptien et ne transportaient pas de voyageurs; ceux-ci, par conséquent, n'avaient que la ressource des dahabiehs. Nous louâmes donc à Boulak, mon jeune compagnon et moi, une barque de cette espèce pour trois mois. Avec une dahabieh on voyage, il est vrai, fort lentement, surtout quand on remonte le Nil; car, lorsque le vent tombe ou est contraire, et qu'il faut carguer les voiles, les matelots qui forment l'équipage sont contraints de descendre à terre et de tirer le bateau à la corde en cheminant le long du rivage, ce qu'ils font avec beaucoup de haltes et avec une indolence souvent désespérante. D'un autre côté, ce mode de transport permet de s'arrêter toutes les fois et autant de temps qu'on le désire, et de mieux étudier les ruines qui jalonnent, pour ainsi dire, à chaque pas, à droite et à gauche, la vallée du Nil. Cette immense et incomparable vallée, nous l'avons ainsi parcourue à loisir depuis la fin de décembre de l'année 1857 jusqu'au 16 mars 1858, sans jamais nous lasser d'admirer la beauté singulière de son climat, la fertilité incroyable de son sol, la grandeur majestueuse de son Nil et la rare perfection des édifices

BUFFLES QUE L'ON MÈNE BOIRE DANS LE NIL.

innombrables dont les Pharaons, les Ptolémées ou les empereurs romains l'avaient jadis ornée, et dont les débris provoquent encore l'étonnement de tous ceux qui les contemplent. Pendant ces trois mois d'hiver qui étaient pour nous trois mois d'un printemps perpétuel ou plutôt parfois d'un véritable été, tant la chaleur était souvent forte, surtout en Nubie, nous n'avons pas senti la moindre goutte de pluie; dans la haute Égypte, en effet, il pleut très-rarement, et dans la Nubie jamais. Le ciel a été constamment d'une pureté et d'une limpidité inconnues à nos climats pluvieux. Dans le milieu de la journée, sans doute, l'atmosphère était presque toujours brûlante; mais, par intervalles, une douce brise, en caressant et effleurant les eaux du Nil, nous apportait une fraîcheur relative que nous savourions avec délices. Rien n'égalait la magnificence du lever et du coucher du soleil. Chaque matin, il semblait sortir tout radieux des monts de l'Arabie, et son éclat naissant rappelait naturellement à notre esprit, soit la grande image par laquelle l'Écriture le compare à un géant qui va s'élancer glorieux dans la lice, soit les gracieuses expressions d'Homère nous peignant l'Aurore aux doigts de rose qui entr'ouvre les portes de l'Orient. Le soir, cet astre, au moment de disparaître derrière les monts de la Libye, avait le privilège de nous émouvoir encore davantage; car alors le spectacle était plus beau et plus imposant encore. Les deux longues chaînes parallèles qui bordent les rives du Nil se teignaient de nuances empourprées, où l'or et les pierres précieuses les plus rares semblaient resplendir à l'envi; en même temps les feux mourants du disque enflammé qui allait s'éteindre se répercutaient dans les eaux du fleuve comme dans

Pyramide de Meidoum.

un miroir transparent, et un autre globe également éblouissant surgissait, en quelque sorte, du sein des ondes. Bientôt toute cette parure royale du soleil, des montagnes et du Nil pâlissait insensiblement et finissait par s'évanouir; la nuit commençait à étendre ses voiles autour de nous; mais, après un court crépuscule, des milliers d'étoiles brillaient au firmament dont ils émaillaient la voûte, et la lune, selon ses différentes phases, projetait plus ou moins au milieu des ténèbres sa lumière argentée. C'est dans un pareil moment que nos matelots nubiens aimaient à entonner leurs cantilènes plaintives et à répéter leurs refrains monotones et mélancoliques, au son du rek et du dharaboukah, instruments de musique tout à fait primitifs. Pour nous, qui avions consacré la journée à l'étude de la contrée que nous parcourions et de toutes les merveilles que les hommes y ont autrefois accumulées, nous nous plaisions, une fois la nuit arrivée, à abandonner notre âme à l'admiration presque exclusive des merveilles de la nature qui nous enveloppaient de toutes parts et qui élevaient d'elles-mêmes nos pensées vers Dieu. Avec la religion, la patrie, la famille et nos projets futurs se partageaient aussi notre pensée et notre conversation. A mille lieues de ceux qui nous étaient chers, nous nous efforcions de les rapprocher autant que possible de nous par un pieux et tendre souvenir. Notre cœur évoquait et attirait, pour ainsi dire, le leur, douce illusion qui nous trompait et que nous caressions avec complaisance, dans la crainte qu'elle ne nous échappât trop vite.

Mais à quoi bon revenir sur ce voyage passé pendant lequel j'ai recueilli de très-nombreuses notes que je ne puis ici résumer, même très-sommairement, sans dépasser de beaucoup les limites dans lesquelles je dois me renfermer? Dans les pages qui vont suivre, que le lecteur n'attende donc de moi que des renseignements extrêmement succincts sur quelques-unes seulement des principales villes que l'on rencontre en remontant le Nil depuis le Caire jusqu'à Ouadi-Halfa, c'est-à-dire jusqu'à la seconde cataracte.

Cinquante-deux kilomètres au sud de Boulak, après avoir salué de nouveau, chemin faisant, sur

GROTTES SÉPULCRALES DE BENI-HASSAN.

la rive gauche du fleuve, les grandes pyramides de Gizeh et, plus au midi, celles d'Abousir, de Sakkarah et de Dachour, ainsi que les villages de Bédrechein et de Mit-Rahineh qui marquent l'emplacement de l'antique Memphis, après avoir également dépassé le village de El-Mekandeh, qui, par son nom et sa position, répond à l'ancienne cité d'Acanthus, célèbre jadis par son temple d'Osiris, on parvient à Atfieh. Cette petite ville, située sur la rive droite, s'appelait autrefois Aphroditopolis, parce qu'elle était consacrée à Athor, la Vénus égyptienne. C'était la capitale du nome Aphroditopolite. Strabon nous apprend qu'on y vénérait une vache blanche comme emblème de la déesse.

En face, sur la rive occidentale, au sud-ouest de Rekkah el-Kebir et près de Meïdoum, s'élève la pyramide de ce nom. Les Arabes la désignent ordinairement sous celui de Haram el-Keddab (la fausse pyramide), parce que sa forme diffère de celle des monuments du même genre. On dirait, en effet, deux pyramides tronquées reposant l'une sur l'autre.

Bénisouef, sur la rive gauche, à cent dix-huit kilomètres de Boulak, est la capitale du beylik ainsi appelé et la résidence d'un moudir. M. Jomard y a remarqué plusieurs colonnes de granit et beaucoup de fragments d'antiquités qui ont en partie disparu depuis, et qui annonçaient que cette ville avait remplacé une cité plus ancienne. Elle compte maintenant cinq mille cinq cents habitants et possède une manufacture de soie et de coton. Cent trente-six kilomètres plus loin, sur la même rive, Minieh compte vingt mille habitants, dont un millier de chrétiens, qui ont une église dédiée à saint Georges. De la ville ancienne, dont le nom était Menat-Choufou, il subsiste de nombreux vestiges, et principalement des colonnes en granit et en marbre qui ornent actuellement plusieurs mosquées. Capitale de la province du même nom, Minieh a un moudir. Une sucrerie y est très-florissante; la canne à sucre réussit, en effet, merveilleusement dans presque toute l'Égypte, et cette culture, ainsi que la fabrication du sucre, y occupent beaucoup de bras.

Tombe d'un santon musulman a Minieh.

Vingt-trois kilomètres plus au sud, le village de Beni-Hassan, sur la rive droite, avoisine des grottes sépulcrales très-justement renommées. Creusées dans les flancs de la chaîne arabique, et remarquables presque toutes par l'élégance de leurs formes, elles sont accompagnées d'inscriptions hiéroglyphiques qui prouvent que plusieurs d'entre elles datent des premiers rois de la douzième dynastie. La façade de quelques-unes est ornée de belles colonnes polygonales à seize faces, qui semblent comme le prototype des colonnes doriques de la Grèce. Elles sont, en outre, décorées intérieurement de peintures très-finement exécutées, qui offrent aux regards et à l'étude de l'archéologue une suite de tableaux extrêmement variés, où est représenté de la manière la plus complète tout ce qui a rapport à la vie publique et privée, aux occupations et aux amusements des différentes classes de l'ancienne société égyptienne. Les deux tombes les plus dignes d'être visitées sont celles d'Améni-Aménemhat et de Noumhotep, tous deux personnages très-importants sous la douzième dynastie et dont la biographie est résumée dans des inscriptions consacrées à leur mémoire. En même temps, les sculptures peintes qui couvrent les parois de leurs chambres funéraires sont aussi instructives pour l'historien qu'intéressantes pour l'artiste.

A deux kilomètres de là, vers le sud, on rencontre un grand hypogée de chats qui a été décoré sous le règne d'Alexandre Ægos, fils d'Alexandre le Grand, et, à une faible distance de cet hypogée, une magnifique grotte désignée par les habitants du pays sous le nom d'Estabel-Antar (étable d'Antar), le Spéos Artemidos ou la grotte de Diane des anciens. Ce petit temple excavé dans le roc est précédé d'un portique que soutient un double rang de colonnes; de beaux bas-reliefs coloriés le décorent. Il date de Thoutmès III, de la dix-huitième dynastie, prince qui y est représenté offrant un sacrifice à la déesse Pacht, divinité à tête de lionne qui répondait à l'Artémis ou la Diane des Grecs et des Romains.

En continuant à s'avancer vers le sud, on traverse bientôt, à Sakiet el-Mousah, la frontière qui sépare l'Égypte moyenne de l'Égypte supérieure. Dix kilomètres plus loin, le village de Cheikh-Abaddeh, sur la rive droite, occupe une faible partie de l'emplacement d'Antinoé. Les ruines de cette grande cité toute romaine offraient encore, du temps de l'expédition française, de nombreux et imposants vestiges de son ancienne magnificence. M. Jomard en a donné une description très-complète, et d'autant plus précieuse que la plupart des monuments dont il décrit les ruines ont maintenant disparu. Cette ville fut fondée par l'empereur Adrien, près des débris de l'antique Besa, où était adorée l'une des plus vieilles divinités des Égyptiens, ainsi appelée. On sait qu'Adrien était accompagné dans son voyage en Égypte par son favori Antinoüs. Celui-ci ayant péri dans le Nil, l'empereur, profondément affligé de sa perte, ordonna de bâtir une ville près de l'endroit où il avait succombé, ville qu'il appela Antinoé, du nom de son favori, et qui fut plus tard agrandie et embellie par Alexandre Sévère. Saint Jérôme, saint Athanase et Origène prétendent qu'Antinoüs y était adoré comme un dieu dans un temple consacré à sa mémoire.

Vis-à-vis à peu près de cette cité florissait autrefois sur la rive opposée et à quelque distance dans l'intérieur des terres la ville d'Hermopolis Magna, dont il ne subsiste plus que d'immenses décombres. Il y a soixante ans, on y admirait les débris d'un temple dont le portique était en partie debout. Malheureusement, comme ce magnifique monument était en pierre calcaire, il a été depuis converti en chaux. Ce temple était consacré au dieu Thoth (Hermès), d'où les Grecs ont donné à la ville le nom d'Hermopolis : en égyptien, elle s'appelait Oun et en copte Chmoun; actuellement, le village qui la remplace se nomme en arabe Achmounéin. Dans le cimetière de l'ancienne cité, on trouve un grand nombre de momies d'ibis et de singes cynocéphales; c'étaient là, on ne l'ignore pas, les deux emblèmes de Thoth ou du Mercure égyptien.

Non loin de cet endroit est une stèle très-curieuse sur laquelle est représenté le roi Amenhotep IV, qui essaya de substituer le culte du dieu Aten (le disque rayonnant du soleil) à celui du dieu de Thèbes Ammon. Aussi y voit-on ce roi adorant avec la reine, son épouse, le dieu Soleil Aten, qui darde sur eux et sur leurs deux filles quatre rayons se terminant en autant de mains ouvertes, prêtes à la fois à répandre des bienfaits sur les hommes et à en recevoir des offrandes.

Des représentations semblables se remarquent dans les célèbres grottes funéraires de Tell el-Amarna, qui plus loin, vers le sud, et sur la rive droite, sont les restes de l'ancienne nécropole de Psinaula, ville presque complétement détruite, et dont l'étendue parait avoir été jadis très-considérable.

Un peu avant d'arriver à Manfalout, on visite près du village de Maabdeh de vastes cavernes creusées dans le roc qui servaient pour la sépulture des crocodiles. Des milliers de ces animaux embaumés y sont encore entassés avec ordre et enveloppés de bandelettes.

Manfalout, sur la rive gauche, est la résidence d'un nazir. Il est à croire qu'elle occupe l'emplacement d'une ville égyptienne. Son nom moderne est tiré du mot copte *manbalot*, qui signifierait, selon Champollion, la *demeure des ânes sauvages*.

PORTE DE LA VILLE DE SIOUT.

Quarante-deux kilomètres plus au sud et à quatre cent sept kilomètres de Boulak, s'élève sur la même rive, et à vingt minutes du fleuve, l'importante ville de Siout, que l'on appelle également Assiout, avec l'article. Après avoir débarqué à El-Hamrah, on suit vers l'ouest une chaussée bordée de sycomores et d'acacias, et dont la hauteur dépasse le niveau des plus grandes inondations. A droite et à gauche de cette chaussée s'étend un terrain d'alluvion d'une fertilité merveilleuse. Quelques jardins plantés d'orangers, de citronniers et de magnifiques palmiers précèdent la ville. Elle est environnée de murs. On y entre par plusieurs portes. Elle peut contenir vingt-cinq mille habitants, dont mille chrétiens, Grecs ou Coptes schismatiques et une centaine de Coptes-unis. Cinq mosquées dominent par leurs minarets les maisons de la ville, qui, à la vérité, sont fort basses, n'ayant pour la plupart qu'un étage. Plusieurs d'entre elles ont des cours intérieures qu'ombragent de superbes palmiers. Les rues sont étroites et non pavées ; les bazars sont assez bien fournis et couverts. Le palais du gouverneur a été bâti près d'un canal par Ibrahim-Pacha, qui, pour le construire, acheva malheureusement de démolir un temple antique dont il voulait employer les matériaux.

Siout a succédé à l'ancienne Lycopolis, la *ville des Loups* ou plutôt peut-être des chacals, car ces

Nécropole de Siout.

derniers animaux sont beaucoup plus fréquents en Égypte que les premiers. Ils étaient jadis adorés dans cette cité, qui était dédiée à Anubis, le dieu à tête de chien-loup. Toutefois, le nom primitif de la ville était Siout comme maintenant, nom que M. Ampère a trouvé deux fois écrit en hiéroglyphes dans l'une des grottes de la nécropole antique. Celle-ci, creusée dans les flancs de la chaîne libyque, atteste par son étendue et par la beauté de quelques-uns des hypogées funéraires qu'elle renferme, l'importance de la cité dont elle contient, ou pour mieux dire, dont elle contenait les morts, car la plupart de ces hypogées sont violés et beaucoup même sont détruits. L'une des tombes les plus vastes et les moins dégradées est vulgairement désignée par les habitants sous le nom de Estabel-Antar, comme le Spéos Artémidos de Beni-Hassan. Précédée d'un large vestibule à ciel ouvert, elle se compose de plusieurs chambres revêtues d'inscriptions et de peintures très-effacées. L'une de ces inscriptions nous apprend que cette grotte sépulcrale servait de tombeau au prince Hapi-Téfa, qui,

Girgeh avec ses mosquées.

sous la treizième dynastie, était nomarque de la province dont Lycopolis était le chef-lieu. Çà et là on rencontre des puits de momies de chacals. Le cimetière actuel est situé au bas et au nord de la nécropole antique. On y arrive de la ville par une belle avenue plantée d'acacias et de sycomores. Les tombeaux bâtis avec des briques crues ou cuites sont extérieurement revêtus d'une couche de chaux que l'on renouvelle de temps en temps. Quelques-uns sont peints de différentes couleurs et environnés d'arbres. Ils sont carrés ou de forme pyramidale, et tous les vendredis ils sont visités par les familles des défunts.

Soixante kilomètres plus au sud, Gou ou Kou el-Kebir, sur la rive droite, est l'ancienne Antéopolis. Les débris du beau portique du temple de cette ville ont été emportés par le Nil en 1821. Il avait été érigé, comme l'apprenait une inscription gravée sur la frise, par Ptolémée, fils de Cléopâtre, en l'honneur d'Antée et des autres dieux qui étaient adorés dans ce temple. C'est près de cette ville qu'eut lieu le combat fabuleux entre Horus et Typhon, combat qui se termina par la défaite de ce dernier, bien qu'il se fût transformé en crocodile. C'est près de là aussi que, d'après une autre tradition mythologique, Antée fut tué par Hercule, sous le règne d'Osiris. Cette dernière légende est évidemment grecque et empruntée peut-être à une autre légende plus ancienne d'origine égyptienne.

Plus loin, sur la même rive, Akhmim a remplacé Chemmis ou Panopolis. C'était jadis l'une des villes les plus considérables de la Thébaïde. Elle était célèbre par son fameux temple de Pan, qui partageait avec la déesse Thriphis les honneurs de ce sanctuaire. Nous savons par Hérodote que Chemmis était le chef-lieu d'un des nomes affectés à la résidence des hermotybies, l'un des deux corps de milice établis par Sésostris. Cette ville conserva longtemps son importance, qui était encore réelle à l'époque des Arabes. Edrisi comptait ses monuments antiques parmi les plus remarquables de l'Égypte. Il y a en cet endroit un couvent de la Propagande desservi par des Franciscains, quelques Coptes catholiques, et environ deux mille chrétiens non unis. Les musulmans y sont au nombre de six mille.

Girgeh, située sur la rive gauche, à vingt-neuf kilomètres au sud d'Akhmim, était, du temps de Pococke, la capitale de la haute Égypte; elle réclame encore aujourd'hui le second rang après Siout. Toutefois elle semble n'avoir succédé à aucune ville antique, et par son nom; qui est celui de saint Georges, il est facile de juger qu'elle est d'origine chrétienne. Elle contient douze mille habitants, dont mille Coptes non unis et trois cents catholiques. Comme le couvent copte est consacré à saint Georges, c'est le patron de ce couvent qui a donné son nom à la ville.

De Girgeh on peut aller visiter les ruines d'Abydos, éloignées de cette ville d'environ trois heures et demie de marche dans l'intérieur des terres, vers le sud-sud-ouest.

Abydos, en copte Aböt, dans les textes hiéroglyphiques Abou et Aboudoud, a succédé, dès la plus haute antiquité, sur un emplacement voisin, à la ville de Thinis, qui fut le berceau de Ménès, le premier roi de la monarchie égyptienne, et le tombeau d'Osiris, l'un des plus grands dieux de l'Égypte. Détruite elle-même depuis de longs siècles, elle n'offre plus aux regards, à l'exception de sa nécropole et des restes de deux temples, construits, l'un par Séti Ier, et l'autre par son fils Ramsès II, que des morceaux de poterie brisée, des décombres de toute espèce et des dunes sablonneuses, qui, dans leur marche lente, mais continue et progressive, ont envahi une grande partie de l'espace qu'elle occupait. Ces deux monuments eux-mêmes étaient aux trois quarts ensevelis sous des monticules de sable, lorsque M. Mariette, en 1858 et en 1859, entreprit de les déblayer.

Le premier de ces temples est bâti en pierres de taille calcaires d'une très-grande beauté. Les colonnes dont il est orné sont en grès, ainsi que les chambranles et les architraves des portes. Il se compose de deux cours précédées par un pylône, de deux salles hypostyles successives et de plusieurs sanctuaires, consacrés, le premier à Horus, le second à Isis, le troisième à Osiris, le quatrième à Ammon, le cinquième à Harmachis, le sixième à Phtah et le septième au roi lui-même, fondateur du monument.

D'élégantes sculptures dans ce dernier sanctuaire représentent l'apothéose de Séti Ier. C'est dans un corridor, qui met ce temple en communication avec des annexes qui en dépendent, que M. Mariette a

Chadouf ou machine a puiser de l'eau dans le Nil.

découvert la fameuse table dite table d'Abydos, et dans laquelle Séti Ier est figuré, offrant des présents à soixante-seize rois ses prédécesseurs; lui-même paraît au soixante-seizième rang. En tête de la liste, on lit le nom de Menès. Il est facile de comprendre l'importance capitale d'une pareille découverte au point de vue historique.

Le second temple, fondé par Ramsès II, est beaucoup moins bien conservé que le précédent. M. Mariette en a étudié et décrit avec soin toutes les parties encore debout.

Quant à la nécropole d'Abydos, elle a fourni à ce savant un très-grand nombre de stèles qui remplissent maintenant le musée de Boulak, et dont quelques-unes remontent jusqu'à la sixième dynastie.

D'autres ruines, également très-importantes, attendent le voyageur à Dendérah. On laisse, en général, sa dahabieh à Kéneh, l'ancienne Cœnopolis, ville de treize mille habitants, située à six cent cinquante-huit kilomètres de Boulak, sur un petit bras du Nil, et l'on se dirige au nord-ouest en barque vers Dendérah, où l'on aborde sur la rive gauche du fleuve. Ce village a pris le nom de l'antique cité ainsi désignée par les Égyptiens actuels, et dont les débris se trouvent à quelques kilomètres plus à l'ouest. Les Grecs l'appelaient jadis Tentyris, dénomination composée probablement des mots *Tei-n Athor*, résidence d'Athor. L'emplacement qu'elle occupait peut être évalué à dix-sept cents mètres de long sur une largeur de huit cents. Une grande enceinte bâtie en briques crues avec portes en grès y environne encore trois temples, le temple d'Athor ou temple principal, le Mammisi et le temple d'Isis.

Le temple d'Athor, dont M. Mariette a donné une description très-savante et très-détaillée, est précédé d'un pronaos ou portique sur la façade duquel on lit l'inscription grecque suivante :

« Pour la conservation de Tibère César, nouvel Auguste, fils du dieu Auguste, Publius Avillius Flaccus étant préfet, Aulus Fulvius Crispus étant épistratége, Sarapion Trychambe étant stratége, les habitants de la métropole et du nome ont élevé ce pronaos à Aphrodite, déesse très-grande, et aux divinités adorées dans le même temple, la vingt et unième année de Tibère César, d'Athyr le 21. »

Vingt-quatre colonnes sur six rangs de quatre colonnes chacun soutiennent l'intérieur de ce portique. Leur chapiteau, que surmonte un dé de forme cubique, est décoré à chacune de ses quatre faces d'une tête d'Athor à oreilles de vache, la vache étant consacrée à cette déesse. Les murailles sont entièrement couvertes de bas-reliefs et d'inscriptions hiéroglyphiques. Sur le plafond est représenté un zodiaque.

Du portique si l'on passe dans le temple proprement dit, on trouve d'abord une belle salle ornée de six colonnes et bordée à droite et à gauche de trois chambres latérales, puis une autre salle dont le plafond est percé de quatre ouvertures destinées à y laisser pénétrer la lumière. Celle-ci est suivie d'une troisième salle qui sert comme de vestibule au sanctuaire. Ce sanctuaire isolé est environné de couloirs donnant entrée dans quatorze pièces de diverses grandeurs, et qui, de même que toutes les autres parties du temple, sont revêtues d'innombrables sculptures et de légendes hiéroglyphiques, relatives pour la plupart à la déesse qui y était adorée et à toutes les cérémonies de son culte.

Dans l'épaisseur des murailles et des fondations avaient été ménagées une douzaine de cryptes, aujourd'hui en partie obstruées de pierres et de terre. L'entrée en était autrefois connue des prêtres seuls, et elles servaient comme autant de sacristies secrètes et mystérieuses, où l'on renfermait des statues, des meubles, des ornements, des bannières et une foule d'objets sacrés.

Deux grands escaliers partant de l'une des salles débouchent sur les terrasses, à droite et à gauche desquelles on aperçoit deux groupes de chambres consacrées à Osiris, comme le prouvent les inscriptions et les bas-reliefs qui en couvrent les parois. C'est au plafond de l'une de ces chambres qu'était sculpté le célèbre zodiaque planisphère, déposé actuellement à la Bibliothèque nationale de Paris, et qui diffère peu de celui du portique. Comme lui, il commence par le signe du Lion. On avait cru d'abord qu'il remontait à une antiquité extrêmement reculée; on a reconnu ensuite qu'il ne date que du premier siècle de l'ère chrétienne. Ce temple, en effet, qui a succédé à un très-ancien sanctuaire, ne date lui-même que de Ptolémée XI, qui le fonda. Le portique, comme nous l'avons vu, est d'une époque plus récente encore, puisqu'il fut construit sous Tibère. Les cryptes et les chambres de la terrasse appartiennent à l'époque de Ptolémée XIII, dont elles portent les cartouches.

Le Mammisi est un petit édifice à moitié enfoui. Il consiste en plusieurs petites chambres et en un sanctuaire, le tout environné, excepté la façade, d'un péristyle de vingt-deux colonnes. Les chapiteaux sont ornés de la représentation du monstre Typhon. On a quelquefois supposé que ce monument était consacré au génie du mal, et on l'a nommé Typhonium; mais, d'un autre côté, comme toutes les

Temple de la déesse Athor, à Dendérah.

sculptures se rapportent à la naissance du fils d'Athor, on le considère plus généralement avec Champollon comme un Mammisi, c'est-à-dire comme un monument réservé à l'accouchement de la déesse, et où la troisième personne de la triade adorée dans le temple voisin était née.

Le temple d'Isis, situé à quelques mètres derrière le grand temple d'Athor, a eu, de même que le Mammisi, l'empereur Auguste pour fondateur. Il se compose seulement de deux chambres, d'un corridor et d'un adytum ou sanctuaire, où la déesse Isis est souvent représentée.

De Keneh à Thèbes, la distance est de soixante-dix-huit kilomètres. Dans l'intervalle qui les sépare, je signalerai seulement, sans m'y arrêter, la ville de Koft, l'ancienne Coptos, dont les Ptolémées avaient fait l'un des principaux entrepôts du commerce de l'Inde, au moyen de la route qu'ils avaient établie de ce point jusqu'à Bérénice, sur la mer Rouge, à travers les montagnes et les sables du désert; Kous ou Gous, qui a succédé à *Apollinopolis Parva*; Sanhour, jadis Senhor, où il subsiste quelques vestiges d'un temple de l'époque romaine, et Medamout, où l'on peut visiter les débris d'un autre temple datant de la dix-huitième dynastie, mais agrandi ensuite par les Ptolémées et par les empereurs romains.

DE THÈBES A LA PREMIÈRE CATARACTE

La fameuse Thèbes, chantée jadis par Homère comme la ville aux cent portes, par chacune desquelles pouvaient sortir deux cents guerriers avec leurs chevaux et leurs chars, n'est plus, depuis de longs siècles, que l'ombre très-effacée d'elle-même. Les richesses tant vantées par le poëte grec, qui étaient accumulées dans les demeures de ses habitants, ont entièrement disparu avec les palais des rois et les maisons des particuliers. Elle a perdu jusqu'à son nom antique, et n'est plus connue actuellement parmi les indigènes de la contrée que par celui des villages qui végètent misérablement au milieu du vaste emplacement

La plaine de Thèbes aperçue de Karnak.

qu'elle occupait jadis. Mais telle est la splendeur et la majesté imposante de ses ruines, les débris de ses temples offrent des proportions à la fois si gigantesques et si harmonieuses, les tombeaux de ses anciens souverains sont si remarquables, que, pour les contempler de près, de nombreux voyageurs ne cessent de remonter le Nil, attirés par la renommée de sa gloire passée et des merveilles qu'elle étale encore, toute morte qu'elle est, et bien qu'indignement meurtrie, défigurée et comme déchirée en lambeaux par le temps et par les hommes. Les artistes, les architectes et les savants puisent dans l'étude des ruines de ses monuments des enseignements de toutes sortes, et, depuis que le génie de Champollion a donné aux égyptologues la clef de l'écriture hiéroglyphique, ceux-ci s'efforcent de déchiffrer de jour en jour davantage les innombrables inscriptions qui couvrent les parois de ses édifices, soit sacrés, soit funéraires. Il y a là pour eux une mine des plus riches et des plus fécondes. Entre leurs mains et grâce à ce maître immortel, Thèbes est devenue un grand livre d'histoire illustré par d'admirables sculptures, et où ils peuvent lire maintenant des milliers de pages encore inédites de l'histoire de l'Égypte. Pour parler comme il convient des débris d'une pareille ville, et pour résumer, même très-sommairement, les documents les plus importants qu'ils ont fournis jusqu'à présent à la science, il faudrait plusieurs volumes. N'ayant à ma disposition en ce moment qu'un très-petit nombre de pages, je vais me borner à signaler brièvement au lecteur, sans pouvoir les décrire comme je le désirerais, quelques-unes des principales ruines qui méritent avant tout son attention.

Thèbes, en hiéroglyphes *Ap* ou *Ape*, et avec l'article féminin *Tape*, mot qui signifie *la tête, la capitale*, et d'où les Grecs ont fait Θῆβαι, fut aussi appelée par eux *Diospolis Magna*, dénomination qui répond à celle d'Amunei, *la demeure d'Amun* ou *d'Ammon*, le Jupiter du Panthéon égyptien. Ce dieu, en effet, était la grande divinité de la ville. Fondée, sans doute, dès les premières origines de la monarchie égyptienne, puis agrandie et embellie tour à tour par de nombreux souverains, elle fut, l'an 527 avant Jésus-Christ,

LA MOSQUÉE DE LOUXOR

brûlée et dévastée par Cambyse. Plus tard, l'an 82 avant Jésus-Christ, ayant refusé de reconnaître l'usurpateur Ptolémée Lathyre, elle subit de la part de ce prince un siège de trois ans, et, prise d'assaut, elle expia cruellement par le fer et par le feu sa fidélité à son frère Alexandre. En outre, comme le séjour de la royauté était remonté depuis longtemps du sud de l'Égypte vers le nord, et que d'autres capitales, notamment Alexandrie, la dernière de toutes, avaient attiré à elles le commerce, le luxe, l'industrie et la population, Thèbes déclina de plus en plus, et, à l'époque de Strabon, elle avait déjà cessé de former une grande cité, pour constituer seulement des bourgades séparées et distinctes; les unes sur la rive orientale, où jadis s'était développée la ville proprement dite; les autres sur la rive occidentale, où étaient les tombeaux et le quartier des Memnonia.

Aujourd'hui, des villages ont succédé à ces bourgades et sont les tristes héritiers de l'opulente et antique métropole, dont les restes immenses attestent l'étendue et la magnificence.

Ces villages sur la rive droite sont ceux de Karnak au nord et de Louxor au sud. Commençons par ce dernier, où la plupart des voyageurs ont l'habitude de débarquer d'abord. Louxor, dont le nom, légèrement altéré de deux

L'OBÉLISQUE DE LOUXOR.

mots arabes, signifie *les châteaux, les palais*, est situé sur un monticule de décombres qui s'élève de quelques mètres au-dessus de la plaine. On aperçoit aussitôt, en se dirigeant du

RUINES DE LOUXOR.

nord au sud, un superbe pylône composé de deux massifs pyramidaux, entre lesquels s'ouvrait une belle porte surmontée d'une élégante corniche, maintenant en grande partie détruite. En avant du pylône et de chaque côté de la porte s'élevaient deux obélisques, dont un, celui de

NICHE DANS UN ANCIEN TEMPLE DE LOUXOR, CONVERTI EN ÉGLISE A L'ÉPOQUE CHRÉTIENNE.

droite, est à Paris, où, depuis 1836, il constitue l'un des principaux ornements de la place de la Concorde. Son frère jumeau est resté; il a vingt-cinq mètres trois centimètres de hauteur; il est, par conséquent, un peu plus élevé que celui qui a été transporté en France, lequel n'a que vingt-deux mètres quatre-vingt-trois centimètres. Tous deux portent sur leurs quatre faces dans plusieurs cartouches les noms et prénoms de Ramsés II. Derrière les deux obélisques, deux statues colossales de ce roi semblent garder le monument; elles sont assises et mesurent treize mètres de

Porte de Ptolémée Évergète, a Karnak.

hauteur, à partir du sol ancien. Deux autres colosses semblables et à moitié enterrés se trouvent dans l'intérieur des habitations modernes qui masquent en partie la façade du pylône. Après l'avoir franchi, on passe dans une cour longue de cinquante-deux mètres sur cinquante de large, et autour de laquelle on voit les restes d'une double rangée de colonnes. Cette cour contient une énorme quantité de terre et de décombres accumulés là depuis des siècles; on y observe aussi une mosquée et un certain nombre d'habitations arabes très-grossièrement bâties. De ce péristyle on arrive à un second pylône, antérieur par sa date au premier, puisqu'il remonte à Amenhotep III, ainsi que les constructions qu'il précède. Celles-ci consistent en une belle avenue de quatorze colonnes rangées sur deux files, qui aboutit à un troisième pylône, aujourd'hui démoli. Ce pylône donnait entrée dans une cour ayant à droite et à gauche un double rang de colonnes formant péristyle, et terminée au sud par un portique que soutiennent trente-deux colonnes. En continuant à s'avancer vers le sud, on rencontre une salle où l'on remarque une niche circulaire et des peintures chrétiennes qui indiquent que, lors de l'avénement du christianisme à Thèbes, elle avait été transformée en chapelle; plus loin, d'autres salles ornées de colonnes environnent le sanctuaire. Jadis consacré à Hammon-Râ, le maître des dieux, par Amenhotep III, puis détruit par Cambyse, il fut réédifié par Alexandre Ægos, fils du conquérant.

A trois mille cinq cents mètres au sud de ce temple et à deux kilomètres du fleuve existe une vaste enceinte rectangulaire, longue de dix sept cents mètres sur mille cinquante de large. Ses murs en briques crues avaient au moins vingt mètres d'épaisseur; ils ne s'élèvent actuellement que de trois ou quatre mètres au-dessus de la plaine; dans beaucoup d'endroits, ils sont moins hauts encore ou ont même complétement disparu, enfouis qu'ils sont sous le limon du Nil. Cette enceinte est regardée par les uns comme celle d'un ancien hippodrome, et par d'autres, comme celle d'un camp; d'autres enfin y voient un étang artificiel.

Dirigeons-nous maintenant vers Karnak et vers les immenses et admirables ruines de ce nom.

L'approche des monuments de Karnak, en s'avançant du sud-ouest au nord-est, s'annonce par les restes d'une grande avenue de sphinx à corps de lion et à tête de femme qui tiennent entre leurs pattes antérieures la statue d'Amenhotep III. A cette avenue, qui est de deux kilomètres de longueur, en succède une seconde de trois cents mètres de développement et bordée de sphinx à tête de bélier. Elle conduit à un superbe propylône dû à Ptolémée Évergète, au delà duquel une nouvelle avenue de sphinx précède le temple bâti par Ramsès III en l'honneur du dieu Khons. On sait que cette divinité composait avec le dieu Hammon-Râ, son père, et la déesse Mout, sa mère, la triade thébaine.

Le vaste temple dont nous allons actuellement nous entretenir, et qui était consacré au dieu Hammon-Râ, était compris avec ses dépendances dans une immense enceinte en briques crues, dont les côtés nord et est subsistent encore presque en entier; des côtés ouest et sud il ne reste plus qu'une faible partie. L'entrée principale de cette enceinte, qui mesurait au moins deux mille trois cents mètres de pourtour, était vers l'ouest, c'est-à-dire vers le Nil, dont la séparait un kilomètre de distance; mais on y pénétrait aussi par d'autres portes ou propylônes d'apparence monumentale.

Quant au temple, qui s'étend de l'ouest à l'est, il mesure lui-même trois cent soixante-cinq mètres de long sur cent treize mètres dans sa plus grande largeur. Commencé par le roi Ousortésen, de la douzième dynastie, continué ou réparé par Thoutmès Ier, Thoutmès II, Thoutmès III, Amenhotep II, Thoutmès IV et Amenhotep III, de la dix-huitième dynastie, agrandi singulièrement et décoré de nouveaux bas-reliefs par Ramsès Ier, Séti Ier, Ramsès II et Ménephtah Ier, de la dix-neuvième dynastie, il reçut encore des embellissements ou des restaurations de la part des rois de la vingtième, de la vingt-deuxième, de la vingt-cinquième et de la vingt-sixième dynastie; enfin les Ptolémées y travaillèrent également. Cette simple énumération des souverains qui, dans le cours de tant de siècles, tinrent à honneur de mettre la main à ce prodigieux édifice, d'y faire graver leurs cartouches, et d'y immortaliser leurs noms par la représentation, à la fois sculptée et peinte, de leurs exploits, montre l'importance extraordinaire d'un pareil monument, dans lequel ils semblaient avoir voulu

Entrée occidentale de la salle hypostyle, à Karnak.

concentrer et réunir toutes les merveilles que pouvait enfanter le génie de leurs architectes, de leurs peintres, de leurs sculpteurs et de leurs statuaires.

L'entrée principale de ce temple vers l'ouest était précédée, comme celle de tous les grands édifices religieux de l'Égypte, d'une allée de sphinx; puis se présente un premier pylône dont le développement total est de cent treize mètres, la hauteur de quarante-quatre et la profondeur de quinze; il date de l'époque des Ptolémées. Après avoir franchi le portail, qui en occupe la partie centrale, on voit se dérouler devant soi une belle cour ornée de colonnes et renfermant dans son enceinte les

SALLE HYPOSTYLE, A KARNAK.

débris d'un petit temple bâti par Séti II, et, en face, ceux d'un autre temple fondé par Ramsès III. Un second pylône, aux trois quarts détruit, la séparait de la fameuse salle hypostyle dans laquelle donne entrée un magnifique vestibule. Cette salle, construite par Séti Ier, mesure cent deux mètres de large sur cinquante-trois de profondeur. Soutenue par cent trente-quatre colonnes, dont les douze qui forment l'avenue centrale ont dix mètres de circonférence et vingt-trois de hauteur, elle est sans rivale, non-seulement dans l'Égypte, mais dans le monde entier. En la parcourant, on reste confondu de l'audace et de l'habileté des architectes qui ont su concevoir et exécuter une œuvre aussi colossale. Quelle majesté dans l'ensemble! Quelles dimensions énormes dans les matériaux employés, et en même temps quel luxe inouï d'ornementation! Murs et colonnes, tout est revêtu de sculptures. Les pierres du plafond reposent sur des architraves gigantesques qui elles-mêmes s'appuient sur les dés dont les colonnes sont surmontées. Les chapiteaux de celles-ci imitent dans leur forme une fleur de lotus épanouie. Le dehors de la salle n'est pas moins admirable et digne d'être étudié que le dedans; car les parois en sont extérieurement décorées de peintures d'un très-grand intérêt historique, qui nous représentent les principaux exploits de Séti Ier, de Ramsès II, de Ménephtah Ier et de Sésak.

Un troisième pylône qui fermait vers l'est cette salle est à moitié démoli. Au delà de la porte qui le traverse vers le milieu s'élevaient à droite et à gauche dans une cour oblongue deux obélisques de vingt-trois mètres d'élévation, dont l'un est renversé à terre et brisé, et dont l'autre est encore debout.

En continuant à s'avancer dans l'axe du monument, on rencontre bientôt les débris d'un quatrième pylône, presque entièrement ruiné, qui précède une autre cour qu'ornaient autrefois une galerie soutenue par vingt-quatre piliers à cariatides et deux obélisques portant les cartouches de la reine régente Hatasou. Il ne subsiste plus que quatorze de ces piliers, et un seul de ces obélisques dresse encore dans les airs son fût gigantesque; car il ne mesure pas moins de trente mètres de hauteur; c'est l'un des plus grands monolithes connus. Un cinquième pylône, puis un sixième, succèdent aux précédents et sont de même en très-mauvais état. Sur la partie restée intacte de ce dernier on a découvert une liste très-considérable de noms géographiques, dont M. Mariette est parvenu à identifier un grand nombre. Nous parvenons ainsi à un ensemble de chambres, de salles et de corridors qu'on désigne communément sous le nom d'appartements de granit. L'une de ces salles a été pendant longtemps considérée comme étant le sanctuaire du temple, mais M. Mariette a cru en retrouver l'emplacement et quelques ruines un peu plus à l'est dans une grande cour, où l'on remarque des fragments de colonnes polygonales sur lesquels est gravé le nom d'Ousortésen, le fondateur du temple.

A l'extrémité orientale du monument se trouve enfin l'édifice, dit de Thoutmès III, qui renferme beaucoup de pièces et de cellules, actuellement très-bouleversées pour la plupart, et une vaste salle dont le plafond est soutenu par des colonnes et par des piliers.

D'autres temples s'élevaient au nord, à l'est et au sud de cet immense amas de constructions, dont l'ensemble constituait le plus grand des sanctuaires élevés jadis par la main de l'homme. Dans l'impossibilité où je suis d'en décrire ici les ruines, je mentionnerai seulement, du côté du nord, celles de deux temples érigés, l'un par Thoutmès III, et l'autre par Amenhotep III; du côté de l'est, les restes de plusieurs petits édifices religieux d'époques différentes; au sud enfin, non loin de l'emplacement d'un lac artificiel qui devait servir aux cérémonies religieuses, une suite de quatre superbes pylônes coupant à certains intervalles une admirable avenue de statues colossales, auxquelles succédait une longue voie bordée de sphinx, qui aboutissait au temple de la déesse Mout, le deuxième personnage de la triade thébaine.

Si nous nous transportons maintenant sur la rive gauche du fleuve, nous apercevons d'abord vers le nord, en face du village de Karnak, celui de Kournah, et près de là les ruines d'un édifice du même nom. C'était comme une sorte de temple funéraire consacré à la fois à la mémoire de Ramsès Ier, et de Séti Ier par leurs fils respectifs. Orné d'un portique soutenu par dix colonnes, il était précédé de deux pylônes.

Plus au sud-ouest dans la plaine, les ruines d'un second temple funéraire, plus considérable

Le petit obélisque de Karnak.

encore que le précédent, sont celles d'une sorte de cénotaphe monumental que Ramsès II avait élevé à sa propre mémoire. De nombreux voyageurs ont pensé que c'était l'édifice décrit par Diodore sous le nom de tombeau d'Osymandias. D'autres combattent cette identification. Quoi qu'il en soit, le Ramesseïon, ainsi appelle-t-on généralement ce superbe monument, se composait d'abord d'une vaste cour précédée d'un pylône et ornée d'une double ligne de colonnes qui ont disparu. On remarque dans cette cour les fragments dispersés d'une statue colossale en granit rose qui représentait Ramsès II assis, et qui décorait le massif de gauche d'un second pylône dont la porte conduisait à une deuxième cour. Celle-ci était péristyle; ses portiques étaient soutenus à droite et à gauche par un double rang de colonnes, et des deux autres côtés par des piliers cariatides auxquels étaient adossées des figures gigantesques de Ramsès avec les attributs d'Osiris. Un troisième pylône séparait la deuxième cour d'une grande salle hypostyle dont les plafonds peints en bleu et semés d'étoiles d'or reposaient sur quarante-huit colonnes. On pénétrait de là dans une salle plus petite, ornée de huit colonnes, et ensuite dans une autre que les inscriptions et les bas-reliefs sculptés sur la porte désignent sous le nom de *salle des livres*. Là se terminent les restes du Ramesséion, dont les autres constructions ont complétement disparu.

Dans le voisinage immédiat de ce temple sont les vestiges d'un autre édifice presque entièrement détruit.

Vers le sud, à Koum el-Hettan (la Butte de grès), des blocs confusément épars, des fragments de colonnes et de sphinx marquent l'emplacement d'un grand temple consacré à la mémoire d'Amenhotep III, et que précédait une longue avenue bordée de colosses, dont deux sont encore à leur place. Ce sont les fameuses statues monolithes connues sous le nom de statues de Memnon. Elles mesurent chacune, y compris le piédestal, environ vingt mètres de hauteur, et représentent, l'une et l'autre, Amenhotep III assis, les mains étendues sur les genoux et dans une attitude de repos. Sur les côtés des bases, le nom de ce pharaon est écrit en caractères hiéroglyphiques de dimensions gigantesques. Ainsi se trouve complétement justifiée l'assertion que Pausanias met dans la bouche des Thébains de son temps, lesquels soutenaient que ces colosses n'étaient nullement l'image du Memnon des Grecs, mais bien celle d'un roi de la contrée. Des figures accessoires forment la décoration de la partie antérieure du trône de chaque colosse. Ce sont des figures de femmes debout sculptées avec beaucoup d'art dans la masse du monolithe, et dont l'une est la mère et l'autre la femme du roi Amenhotep. Ces deux monuments se trouvent aujourd'hui malheureusement dans un grand état de dégradation. Dans le colosse du sud, la figure entière a disparu;

LE RAMESSÉION.

RUINES DU GRAND TEMPLE A KARNAK.

celui du nord a été rompu par le milieu, soit par Cambyse, soit, d'après une autre tradition, par

Les Colosses de Memnon.

suite du tremblement de terre qui arriva l'an 27 avant Jésus-Christ. C'est de cet événement que daterait, au dire de M. Letronne, le phénomène vocal auquel les anciens ont donné une interprétation si merveilleuse, phénomène qui aurait cessé le jour où la partie renversée de la statue aurait été restaurée sous Septime Sévère, l'an 222 de l'ère chrétienne. Une foule d'inscriptions grecques et latines couvrent les jambes et les pieds du colosse; elles ont été tracées par des voyageurs qui prétendent avoir entendu la statue de Memnon saluer par un son harmonieux l'apparition de l'Aurore, sa mère. En réalité, ce qu'il y avait de mystérieux dans le bruit particulier que faisait entendre alors la statue semble n'avoir été qu'un simple effet de l'action du soleil sur la pierre. Plusieurs faits analogues et purement naturels ont été signalés dans d'autres contrées du globe. Ainsi, par exemple, M. de Humboldt rapporte que, dans le voisinage de l'Orénoque, en passant près de certaines roches de granit, on entend distinctement, aux premiers rayons du soleil, un bruit singulier qui rappelle les sons produits par un instrument, et qui n'est autre chose qu'une simple vibration sonore déterminée par le brusque passage de la température nocturne à celle du jour.

LES DÉBRIS DU COLOSSE DE RAMSÈS II.

Plus au sud-ouest dans la plaine, à la distance de huit cents mètres des colosses de Memnon, s'étendent les vastes ruines de Médinet-Abou. Elles se composent de deux temples et d'un autre édifice, appelé le Pavillon royal. L'un de ces temples, bâti par Thoutmès II, est précédé de deux pylônes d'époque postérieure, sur lesquels on lit les cartouches de Tahraka, de Nectanébo II et de Ptolémée Lathyre. Du second pylône on passe dans une cour ornée de colonnes et de là dans le sanctuaire qu'environnent plusieurs petites chambres, et qui était dédié au dieu Ammon.

Le second temple est l'œuvre de Ramsès III; consacré également au dieu Ammon, il est de dimensions beaucoup plus considérables. Un premier pylône conduit à une cour dont les deux côtés sont décorés de portiques soutenus à gauche par des colonnes et à droite par des piliers auxquels sont adossés des colosses représentant le roi Ramsès III sous les attributs d'Osiris. Un second pylône dont la porte est en granit rose sépare cette première cour de la deuxième, qui est totalement environnée d'un péristyle décoré à la fois de colonnes et de piliers à cariatides. Cette cour est l'une des merveilles de l'Égypte. Les magnifiques bas-reliefs dont elle est ornée, ainsi que les autres parties du monument, reproduisent les différentes conquêtes du roi Ramsès III et fournissent, grâce aux inscriptions hiéroglyphiques qui les accompagnent, de précieux renseignements sur l'histoire de son

Pylône du temple de Thoutmès III, à Médinet-Abou.

règne. Les différentes salles qui suivent ces deux cours étaient complétement obstruées de terre et de décombres, quand je visitai ce monument au mois de février 1858 ; déblayées depuis, en partie, par M. Mariette, elles sont maintenant accessibles aux voyageurs.

L'édifice, dit le *Pavillon royal,* compris entre ces deux temples se compose de deux tours carrées, à plusieurs étages, que précèdent deux autres tours. Il date de Ramsès III, et celles des salles qu'il renfermait qui n'ont point été détruites sont décorées de nombreux bas-reliefs, représentant soit des scènes de bataille et les principales victoires du roi, soit des scènes de sa vie domestique au milieu de son palais.

En nous rapprochant vers l'ouest de la chaîne libyque, nous rencontrons les restes d'un charmant

Cour du grand temple de Ramsès III, à Médinet-Abou.

petit temple, connu sous le nom de Deir el-Medineh, qui est de l'époque des Ptolémées, et où les grâces de l'art grec s'allient heureusement à la gravité de l'art égyptien.

Deir el-Bâhari, situé plus au nord-ouest, est un autre temple ruiné, élevé par la reine régente Hatasou, et qui est construit en terrasses successives. Dédié à la déesse Hathor, il a été fouillé par M. Mariette, qui en a publié, en 1877, une description très-savante et très-détaillée. Les sculptures qui en couvrent les parois rivalisent avec les plus remarquables de l'Égypte.

La vaste plaine où nous sommes en ce moment, et la hauteur qui la couronne, sont parsemées d'innombrables tombeaux; là, en effet, comme nous l'avons dit, était la nécropole de l'ancienne Thèbes, nécropole aussi vaste que la ville des vivants. Il faudrait des mois entiers pour visiter ces hypogées, qui affectent différentes formes, et dont beaucoup sont dégradés; car depuis des siècles ils

La Vallée des Tombes des Rois.

sont incessamment fouillés par les Arabes, qui en extraient, pour les vendre, des momies, des amulettes, de petites statues portatives en terre cuite, en porcelaine, en pierre, en albâtre et en granit, et des vases de toutes sortes. Bornons-nous à dire un mot des catacombes royales. Au nord de Kournah serpente vers l'ouest, puis vers le sud-ouest, une longue gorge que bordent de hautes collines rocheuses; elle se divise ensuite en deux rameaux qui se resserrent de plus en plus, et qu'on appelle *Biban el-Molouk, les portes des Rois,* parce qu'ils servent comme d'ouvertures à une vallée dont les flancs sont percés d'hypogées destinés à renfermer la dépouille des anciens souverains de Thèbes.

L'une des plus remarquables de ces galeries souterraines est celle qui servait de tombeau à

Séti Ier. Elle consiste en une suite d'escaliers, de corridors et de chambres dont les parois sont revêtues de très-belles sculptures peintes qui nous représentent le jugement que subit l'âme après la mort, et les épreuves diverses qu'elle a à traverser. Le développement total de cette excavation est de cent quarante-cinq mètres.

Je mentionnerai également la tombe de Ramsès III, dite *des harpistes,* parce que dans l'une des chambres de cet hypogée, si riche en peintures variées, on voit figurer deux musiciens qui jouent de la harpe.

D'autres tombes, comme celles de Memnon, de Ménephtah, de Ramsès Ier, de Ramsès IV et de Ramsès VII, offrent de même beaucoup d'intérêt, à cause de leur grand développement et des sculptures peintes dont elles sont ornées.

Si les hypogées des rois ont subi pour la plupart de déplorables dévastations, ceux des reines, situés à douze cents mètres à l'ouest des ruines de Médinet-Abou, ont été bien plus dégradés encore; le feu, en effet, en a détruit ou altéré presque toutes les peintures. Parmi les tombes que l'on observe dans la vallée qui longe la colline d'El-Assasif, celle de Petamounoph mesure deux cent soixante-six mètres de développement; quoique le défunt fût un simple prêtre attaché à la cour du roi Harmhabi, de la dix-huitième dynastie, sa tombe surpasse en étendue les plus grands des hypogées royaux, et les nombreuses salles et chambres dont elle se compose sont toutes revêtues intérieurement de sculptures et de peintures.

Il est temps maintenant de poursuivre notre itinéraire vers la première cataracte et de continuer à remonter le Nil.

Sans nous arrêter à Erment, l'ancienne Hermonthis, à Taoud, jadis Tuphium, et à Asfoun, situé sur l'emplacement d'Asphynis, faisons une courte halte à Esneh.

Cette ville de sept mille habitants s'étend, sur la rive gauche du fleuve, à quarante-deux kilomètres de Thèbes. Elle est écrite Sni dans les textes hiéroglyphiques; les Grecs et les Romains la connaissaient sous le nom de Latopolis, parce qu'on y adorait un poisson appelé *latos;* mais la divinité principale était Knouphis ou Kneph. On y admire près d'un bazar les beaux restes d'un portique, déblayé en 1842, et appartenant à un temple qui est encore enseveli sous des décombres considérables. Au plafond de ce portique, qui repose sur vingt-quatre colonnes, est figuré un zodiaque qu'on avait cru d'abord antérieur à la fondation de Thèbes; mais ensuite Champollion a démontré qu'il datait de l'époque romaine, ainsi que le temple lui-même, qui en a remplacé un autre plus ancien, fondé par Thoutmès III.

El-Kab, à vingt-neuf kilomètres d'Esneh, sur la rive droite, a succédé à Éléthyia, qui elle-même fait vis-à-vis aux ruines de Koum el-Ahmar ou Hiéraconpolis, situées sur la rive opposée. Les nombreuses grottes sépulcrales d'Éléthyia sont couvertes d'inscriptions hiéroglyphiques et de tableaux, à la fois sculptés et peints, d'un grand intérêt. Sur les parois de quelques-uns de ces hypogées sont retracées les scènes de la vie domestique des Égyptiens, les travaux de la vendange et de la moisson, les danses champêtres, les fêtes, les jeux, les funérailles.

L'important village d'Edfou mérite une attention toute particulière; il s'élève sur la rive gauche du fleuve, à deux kilomètres de distance des bords du fleuve et à vingt kilomètres au sud d'El-Kab. Son nom égyptien était *Deb,* et en copte *Atbo.* Les Grecs l'appelaient *Apollinopolis Magna.* L'enceinte de l'ancienne cité est encore reconnaissable, grâce à une ceinture de décombres qui semblent marquer le périmètre des murs. La fabrication des poteries est la principale industrie des habitants actuels; parmi ces poteries, il faut mentionner principalement les *ballâs,* sorte de jarres en usage dans toute l'Egypte, et que l'on fait avec une terre argileuse tirée d'une montagne voisine. Mais ce qui signale surtout Edfou aux voyageurs, c'est un temple d'une grande beauté, qui, malheureusement, au moment

Le Nil, vu de Louxor.

où je le visitai, le 16 février 1858, était encombré et indignement déshonoré par une foule de huttes grossières bâties au pied et sur les terrasses du monument. Depus s, grâce à M. Mariette, ces misérables masures ont disparu. Ce temple, d'une longueur totale de cent trente-sept mètres, est précédé d'un gigantesque pylône dont la porte centrale donne entrée dans une vaste cour qu'environne sur

Temple d'Edfou.

trois côtés une superbe galerie soutenue par trente-deux colonnes à chapiteaux variés, imitant tantôt la fleur épanouie du lotus, tantôt celle du papyrus, tantôt aussi un faisceau de branches de palmier.

De la cour on passe dans une première salle, puis dans une seconde, ornées l'une et l'autre de douze

PORTE D'UNE CHAPELLE LATÉRALE DU TEMPLE D'EDFOU.

colonnes. Au delà, deux vestibules conduisent au sanctuaire, lequel est isolé par des corridors et environné de dix chambres consacrées chacune à une divinité différente. Ce temple, construit à

490 ÉGYPTE.

l'époque ptolémaïque sur les ruines d'un autre beaucoup plus ancien, est décoré de nombreux bas-reliefs qui, par la façon dont ils sont exécutés et par la nature des sujets qui y sont représentés, rappellent ceux des édifices pharaoniques. Il était dédié à la triade Har-Hout (Horus), à Athor et à leur fils Harpékhroti, et comme le dieu principal était Horus, les Grecs avaient donné à la ville le nom d'Apollinopolis, à cause de l'assimilation qu'ils établissaient entre leur Apollon et ce dieu des Égyptiens.

A cent quatre-vingts mètres au sud-ouest de ce grand temple en est situé un autre ou *mammisi* de petites dimen-

HYPOGÉES DE DJEBEL ES-SILSILEH.

sions, aujourd'hui à moitié démoli. Sa forme est rectangulaire. Il se compose ou plutôt se composait de deux salles et d'une galerie de colonnes qui l'entourait des quatre côtés, ce qui en faisait un édifice périptère. Datant comme le précédent de l'époque des Ptolémées, il avait été construit en commémoration de la naissance d'Évergète II, qui y est figuré participant aux caresses dont les dieux comblent le nouveau-né Harpékhroti. A dix-neuf kilomètres au sud d'Edfou, sur la rive droite du fleuve, gisent les ruines de l'ancienne Thmuis, en copte *Pithom* ou *Toum*.

Vingt-deux kilomètres plus loin, le fleuve se resserre entre deux montagnes qui portent le nom de Djebel-Silsileh ou *montagne de la Chaîne,* parce que, d'après une tradition, le Nil aurait été barré ici par une chaîne de fer dont les extrémités étaient, dit-on, fixées aux points les plus saillants des deux montagnes opposées. Suivant Champollion, la dénomination arabe de Silsileh et la tradition de cette prétendue chaîne dériveraient tout naturellement de l'ancien nom Silsilis, en copte *Sjolsjel,* donné à une ville dont on retrouve quelques débris sur la rive orientale du fleuve. Ces deux montagnes parallèles ont été jadis exploitées comme carrières de grès; elles sont percées en tous sens, et de profondes tranchées, des rues et des galeries ont été creusées dans le roc; mais c'est sur la rive gauche principalement que l'attention de l'archéologue est attirée, non-seulement par d'immenses carrières pra-

Vue de Koum-Ombou.

tiquées à ciel ouvert, mais encore par des grottes funéraires et des chapelles excavées dans le roc, où se trouvent quelques-unes des plus belles sculptures peintes qui, au jugement de M. Mariette, soient sorties du ciseau égyptien.

Sébek, le dieu à tête de crocodile, était la divinité principale de Silsilis et aussi d'Ombos, et il est à remarquer qu'encore aujourd'hui les crocodiles abondent dans les eaux du fleuve entre ces deux localités.

Les ruines de cette dernière ville occupent à vingt-trois kilomètres au sud de la précédente une colline sablonneuse sur la rive orientale du fleuve, et sont connues sous le nom de Koum-Ombou (butte d'Ombou). Les sables, charriés par les vents du sud, ont recouvert les débris de la ville antique d'Ombos, et, par leur envahissement continuel, ont forcé les habitants du village arabe qui l'avait remplacée d'émigrer à leur tour. Le pied de la colline est, en outre, incessamment rongé par les eaux du Nil, dont le courant est très-rapide en cet endroit. Les restes de deux temples, l'un grand et l'autre petit, en couronnent seuls encore le sommet et produisent de loin un effet très-pittoresque. Le premier a cela de particulier, qu'il est divisé entièrement, dans le sens de sa largeur, en deux parties distinctes, dont chacune a son portique et son sanctuaire. C'est, à vrai dire, un temple double, dédié à deux divinités et à deux principes différents, au principe de la lumière figuré par Horus, et à celui des ténèbres représenté par Sébek. Rebâti par Ptolémée Épiphane, sur les fondations d'un temple beaucoup plus ancien, fondé par Thoutmès III, cet édifice ne fut achevé que sous le règne de Néos-Dionysos. Les colonnes des portiques ont plus de six mètres de circonférence; les chapiteaux qui les surmontent sont, les uns à feuilles de palmier, et les autres décorés de palmettes, de fleurs et de calices de lotus. Sur la corniche qui couronne la façade, on remarque une longue suite de uræus en ronde bosse qui se tiennent debout sur leur queue, et qui portent sur leur tête un globe aplati.

Le petit temple, situé au nord-ouest et à quarante mètres du précédent, est maintenant en grande partie ruiné. Il se composait d'un portique, de deux salles oblongues et d'un sanctuaire accompagné de deux chambres latérales. Commencé par Évergète II, il avait été terminé par Soter II. Plusieurs

Temple de Koum-Ombou.

des bas-reliefs dont il est orné ont fait supposer à Champollion que c'était un *mammisi*, c'est-à-dire un temple secondaire, consacré à célébrer la naissance de la troisième personne de la triade égyptienne adorée dans cette localité.

Ces deux temples étaient environnés d'une vaste enceinte construite en briques crues, et dont toute la partie inférieure est ensevelie sous d'énormes amas de sable. Du côté oriental de cette enceinte, on observe une belle porte en pierre, dédiée à Sébek, qui était le dieu principal d'Ombos, et sur laquelle on lit les noms du roi Thoutmès III et de sa sœur Hatasou. Sur le penchant de la colline, au sud-ouest, les débris d'une autre porte beaucoup plus grande sont également visibles; elle était accompagnée de deux massifs.

A quarante-deux kilomètres de Koum-Ombou, Souan, ou avec l'article Assouan, en copte *Souan*, est la Syène des Grecs et des Romains. Elle était regardée par les anciens astronomes d'Alexandrie comme étant située précisément sous le tropique du Cancer, parce qu'au solstice d'été les puits y étaient éclairés verticalement jusqu'au fond; mais il a été reconnu depuis qu'elle en était alors éloignée vers le nord de quinze minutes cinquante secondes. Aujourd'hui, cette distance est plus grande encore de vingt-deux minutes, par suite du changement séculaire de l'obliquité de l'écliptique.

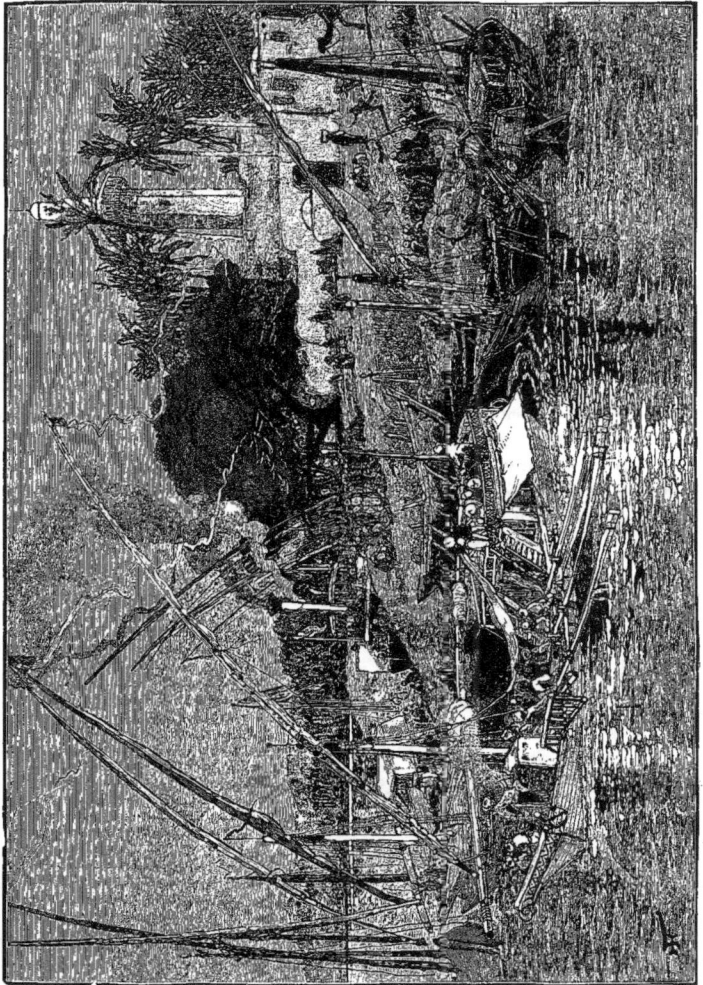

Assouan, la Syène des Grecs et des Romains.

Parmi les édifices qui étaient jadis dignes d'être visités à Syène, il faut citer un nilomètre, dont Héliodore donne la description dans ses *Ethiopiques* (livre IX).

Les restes d'un petit temple de l'époque des Ptolémées y ont été récemment découverts. Sous la domination romaine, Syène, qui formait la limite entre l'Égypte et l'Éthiopie, était une forte place frontière. Juvénal y fut banni par Domitien, et c'est là qu'il composa une partie de ses satires. Devenue le siége d'un évêché, dès les premiers âges de l'ère chrétienne, elle tomba ensuite sous le joug des Arabes. L'an 806, elle fut décimée par une peste effroyable, qui fit périr les trois quarts de ses habitants. Elle se releva néanmoins peu à peu d'un pareil désastre et recommença à être florissante; mais, vers la fin du douzième siècle, elle était de nouveau presque en ruine, par suite des ravages continuels qu'elle subissait, tant de la part des Barabra de la basse Nubie que des Bédouins des environs. L'an 1517, le sultan Sélim, une fois devenu maître de l'Égypte, y plaça une garnison turque et lui redonna quelque importance. Sa population actuelle, mêlée de Turcs, d'Albanais, de Barabra et de fellahs égyptiens, est de trois mille âmes. L'emplacement de la ville est à l'est de celui qu'elle occupait primitivement; sa longueur ne dépasse guère huit cents mètres. La plupart des maisons sont bâties en terre. Les rues qui avoisinent le port sont les plus animées et bordées de petites boutiques où sont entassés les différents produits du Soudan ; elles sont dominées par le minaret d'une mosquée. Le port est protégé par un banc de rochers qui forme une sorte de digue naturelle. Au nord d'Assouan s'étendent des jardins et un grand bois de dattiers. Au sud se dressent des montagnes escarpées, au pied desquelles on remarque de nombreux tombeaux arabes, dont plusieurs datent des premières années de l'hégire. Les flancs de ces hauteurs rocheuses sont perforés en tous sens; là commencent, en effet, les immenses carrières de granit qui ont plus de six kilomètres de développement, et où les anciens Égyptiens ont puisé leurs colosses, leurs obélisques et leurs chapelles monolithes. Le sol est jonché partout d'éclats de granit de couleurs diverses. Les blocs étaient tantôt sciés, tantôt détachés de la masse à laquelle ils adhéraient au moyen de coins de bois placés dans des rainures artificielles qu'on remplissait ensuite d'eau : le gonflement du bois ainsi humecté déterminait une pression qui faisait éclater la roche. On rencontre encore maintenant, en parcourant ces carrières, beaucoup de ces matériaux gigantesques gisants sur le sol, tout taillés et prêts à être enlevés. Un obélisque même, presque entièrement extrait et façonné, mais vers la pointe duquel une fissure s'était déclarée, et qu'on avait pour cette raison dédaigné, attend là, peut-être depuis bien des siècles, qu'on achève de le séparer du roc auquel il tient encore par l'une de ses faces, et de l'emporter ailleurs. Le granit de Syène se compose ordinairement de feldspath, de mica, de quartz et d'amphibole diversement cristallisés et affectant des nuances différentes, depuis le rose le plus tendre jusqu'au noir le plus foncé.

En face d'Assouan, vers l'ouest, s'élève au milieu du fleuve l'île d'Éléphantine, que sa belle végétation, ses magnifiques palmiers, ses fleurs et sa verdure ont fait surnommer Geziret ez-Zaher (*l'île fleurie*); on l'appelle néanmoins plus habituellement Geziret Assouan (*l'île d'Assouan*). Quant à sa dénomination antique de Abou en égyptien, mot qui signifie *éléphant*, et d'Éléphantine ou d'Éléphantis chez les Grecs et chez les Romains, elle a complétement disparu et n'est plus connue que des lettrés. De forme allongée, elle mesure quatorze cents mètres du nord au sud sur quatre cents mètres dans sa plus grande largeur, de l'ouest à l'est. Nous savons par Hérodote que, sous le règne de Psammétique, il y avait une garnison à Éléphantine pour défendre l'Égypte, dont elle était la clef vers le sud contre les Éthiopiens. Du temps de cet historien, les Perses y entretenaient également un poste militaire. Plus tard, sous la domination romaine, puis sous celle du Bas-Empire, une cohorte y stationna de même.

La ville dont parle Strabon comme renfermant un temple de Khnouphis était située dans la partie méridionale de l'île et ne forme plus qu'une butte de décombres de huit cents mètres de tour. En 1858, je n'y ai remarqué qu'une belle porte de granit encore debout; elle servait d'entrée à un monument entièrement détruit. Près de là était un petit temple périptère bâti par Amenhotep III et

ILE D'ÉLÉPHANTINE.

consacré au dieu Khnouphis, qui présidait aux inondations du Nil et qui était particulièrement adoré dans le voisinage des cataractes. Ce temple, qui est évidemment celui que mentionne Strabon, subsistait encore lors de l'occupation française; M. Jomard l'a décrit comme un modèle de simplicité et d'élégance; mais, en 1822, il a été démoli par Mohammed-Bey, gouverneur d'Assouan, qui en a fait transporter les matériaux dans cette dernière ville, pour s'y bâtir une demeure.

Le nilomètre signalé par Strabon a été également détruit, au moins dans sa partie supérieure, par le même bey. Wilkinson avait lu le nom de l'île au milieu des hiéroglyphes qui ornaient l'une des salles de ce monument. Ce nom était figuré par un éléphant. L'escalier, qui se compose d'environ cinquante marches, est heureusement resté à peu près intact. On y observe des échelles graduées qui

servaient à mesurer les accroissements du fleuve. De beaux quais en magnifiques pierres de taille protégeaient et protégent encore l'île sur certains points contre les envahissements et la violence du fleuve. Ce mur de revêtement en grès, qui s'appuie le plus souvent sur le roc, a environ quinze mètres de hauteur au-dessus des basses eaux. Ainsi qu'on l'a remarqué avant moi, quelques portions de ces quais présentent une particularité assez curieuse : c'est que leur forme est concave du côté du fleuve, et convexe du côté de l'intérieur de l'île; tellement qu'on peut les

VUE PRISE DE LA POINTE SEPTENTRIONALE DE L'ÎLE D'ÉLÉPHANTINE.

regarder comme des espèces de voûtes destinées à résister à la poussée horizontale des terres.

Avec Éléphantine et un groupe d'îlots granitiques qui lui succèdent vers le sud, et dont le plus considérable s'appelle Sehaïl, finit l'Égypte proprement dite. Nous sommes, en effet, là, sur le seuil de la première cataracte, qui constitue une limite toute naturelle entre cette contrée et la basse Nubie, dans laquelle nous allons entrer.

DE LA PREMIÈRE A LA SECONDE CATARACTE

Six kilomètres environ au sud d'Assouan, les dahabiehs qui remontent le fleuve sont arrêtées soudain, à l'époque des basses eaux, par une suite de rapides, de barres et de tourbillons. C'est ce que l'on appelle la première cataracte. Pour la franchir, il faut, selon l'importance et la grandeur de la dahabieh, recourir au secours de cent à deux cents Nubiens, qui s'attellent à de puissants câbles pour la tirer avec force, en cheminant péniblement le long du rivage au milieu des rochers. Sous la direction de leurs cheikhs respectifs qui les animent à la fois de la voix et du bâton, ils sont partagés

PALMIER DOUM.

ordinairement en deux bandes et opèrent tous leurs mouvements en cadence, afin de donner plus d'unité et, par cela même, plus de puissance à leurs efforts communs. La première barre est la plus redoutable de toutes. Le fleuve, en cet endroit, tombant de tout le poids et de toute l'impétuosité de ses eaux dans un abîme blanchissant d'écume, offre un spectacle fort imposant. Le bruit non interrompu de sa chute incessante s'entend au loin, et, pendant la nuit surtout, il frappe les oreilles comme celui d'une mer en fureur se brisant contre des récifs. Rien n'est, en outre, pittoresque comme l'aspect de ces blocs gigantesques de granit affectant toute espèce de formes et se dressant de toutes parts au milieu et le long du fleuve, comme autant de barrières qui séparent le Nil égyptien du Nil nubien. A l'époque des grandes eaux, quand le Nil, coulant à pleins bords, remplit toute la vallée qu'il s'est creusée, ces rochers étant eux-mêmes presque tous couverts, à l'exception des îlots les plus considérables, les remous, les refoulements et les chutes qu'ils produisent, lors des basses eaux, n'existant plus, ou, du moins, étant plus faibles, les dahabiehs peuvent alors franchir assez facilement à la voile certaines passes très-connues des pilotes d'Assouan.

L'aspect de la cataracte est donc beaucoup plus saisissant pendant l'hiver, c'est-à-dire précisément dans la saison où je la traversai en 1858 avec M. de Malpas; car alors le Nil, étant bas, laisse à nu une foule de bancs rocheux qui obstruent son cours : d'abord refoulé en arrière par les obstacles qui l'entravent, puis semblant revenir à la charge et comme prenant un nouvel élan, il les surmonte enfin avec une force invincible. Toutefois, il faut se garder d'ajouter une créance entière aux récits de certains voyageurs, tant anciens que modernes, plus amis de la fable que de la vérité, et qui ont singulièrement exagéré la hauteur d'où la masse des eaux contenue par des barres se déverse dans des bassins inférieurs.

A les en croire, le fleuve tout entier rencontrerait là un gouffre immense, dans le sein duquel il s'élancerait en bondissant avec un fracas prodigieux, capable de frapper de surdité les habitants du voisinage. Peut-être néanmoins que dans les temps antiques les catadupes du Nil, comme les appellent Hérodote, Strabon et presque tous les anciens, étaient plus considérables qu'elles ne le sont maintenant; le fond du fleuve, en effet, a dû s'exhausser par des dépôts accumulés d'âge en âge, et le courant, d'un autre côté, a pu, à la longue, user et miner les rochers qui formaient les barres. Mais que dire du récit fantastique de Paul Lucas, envoyé par Louis XIV en Orient, et qui s'exprime ainsi à ce sujet : « Nous arrivâmes, lit-on dans son ouvrage, une heure avant le jour à ces chutes d'eau si fameuses. Elles tombent par plusieurs endroits d'une montagne de plus de deux cents pieds de haut. On me dit que les Barbarins y descendaient avec des radeaux, et j'en vis deux en ce moment qui s'y jetèrent de cette manière avec le Nil. » La vérité est que la hauteur de ces chutes, à l'époque où le Nil est le plus bas, par conséquent à l'époque où ces chutes sont le plus élevées, atteint tout au plus deux mètres, ce qui suffit, et au delà, pour produire un mugissement majestueux qui fait trembler les rives du fleuve, ce qui suffit aussi pour opposer à la navigation de sérieux et de redoutables obstacles, mais non point insurmontables, puisqu'on les surmonte tous les jours. Une fois que la première barre que j'ai signalée a été franchie, à force de bras, de câbles, de rames et d'invocations multipliées à Allah et à son prophète de la part des nombreux Nubiens attelés, comme je l'ai dit, à la dahabieh, cinq autres passages difficiles restent encore à affronter; mais ceux-là offrent de moins grandes difficultés, et l'on parvient enfin, avec les mêmes moyens, à remonter tous les rapides qui séparent de l'endroit où le lit du fleuve s'élargit de nouveau et n'est plus parsemé de ces rocs et de ces îlots granitiques qui le rendent si pittoresque, mais en même temps si gênant pour la navigation. Lorsque plus tard, de retour de Ouady-Halfah, je repassai avec M. de Maupas à travers ces mêmes rapides, comme nous descendions alors le courant, au lieu de le remonter, nous n'avions plus besoin d'autant d'hommes pour nous remorquer, mais seulement d'un excellent pilote et d'un équipage de circonstance, habitué à ces passages dangereux. Le cheikh principal qui a le monopole de ce transit nous les fournit. Lui-même, avec une dizaine de graves personnages à barbe blanche qui s'intitulaient des titres pompeux de cheikhs, de kadis, d'imans, s'installa près de nous sur le pont supérieur de notre dahabieh; vingt rameurs prirent place sur le pont inférieur. A un signal donné, ceux-ci se courbent sur leurs rames et entonnent de toute la force de leurs poumons un chant animé, auquel les rives escarpées du fleuve font écho. Au gouvernail se tient un vieux timonier dont les bras nerveux accusent la vigueur que les ans n'ont point encore affaiblie, et à qui l'âge a seulement donné une expérience dont nous aurons grand besoin dans quelques minutes. Bientôt tout l'équipage salué avec respect la coupole funéraire d'un santon que nous apercevons sur un monticule voisin, et que les Nubiens vénèrent comme le patron des cataractes. Un vieillard, qui se prétend l'iman de sanctuaire, nous demande alors quelques piastres au nom du saint qui doit favoriser notre descente; puis, se tournant vers cette coupole, il prononce une prière à laquelle tous s'associent. Cette invocation religieuse, en présence du péril, avait quelque chose de touchant qui nous émut. Nous ne partagions guère la confiance de ces bons Nubiens dans la toute-puissante protection de leur santon musulman; mais leur foi naïve et sincère nous parut digne d'être imitée, et nous élevâmes un instant vers le Ciel nos pensées et nos cœurs. Cependant notre dahabieh glissait rapidement sur le fleuve, entraînée par le courant et par l'effort simultané de vingt rameurs. Soudain elle se trouve à l'entrée d'une espèce de long canal resserré entre deux chaînes de rochers, et où le Nil, près de sa rive gauche, se précipite avec une violence effrayante. L'eau y

MAHATTAH, VILLAGE VOISIN DE LA PREMIÈRE CATARACTE.

bouillonne et écume, et ses flots impétueux y ressemblent aux vagues de la mer. Au moment où notre proue s'engage dans ce passage, notre vieux timonier redouble de vigilance et s'adjoint un matelot, afin de pouvoir être maître du gouvernail; tous les rameurs sont attentifs au commandement. On s'aperçoit, à leur physionomie inquiète, à leurs yeux fixes et immobiles, qu'un frisson involontaire parcourt leurs membres; mais, à la voix des chefs, ils se raniment aussitôt pour faire face au danger, et manœuvrent avec un ensemble parfait. En effet, le canal dans lequel nous nous élançons est tellement étroit que les rames de notre équipage effleurent à droite et à gauche les rochers affreux qui le bordent ou plutôt qui le hérissent, et le moindre faux mouvement imprimé à la barre du gouvernail ou aux rames nous briserait en une seconde contre la pointe aiguë des écueils de granit entre lesquels, poussés par un courant irrésistible, nous voguons avec la rapidité de l'éclair. Ce long et difficile passage une fois franchi, toutes les poitrines respirent plus à l'aise, la sérénité brille de nouveau sur les visages, nos matelots jettent des cris de triomphe, et les autres obstacles qu'ils rencontrent ne sont plus qu'un jeu pour eux; on dirait qu'ils les dédaignent.

En résumé, pour remonter la première cataracte avec une dahabieh ordinaire, il faut beaucoup de temps et beaucoup d'hommes, du moins à l'époque des basses eaux, parce qu'alors les chutes sont plus nombreuses et plus élevées; pour les redescendre, au contraire, et pour se rendre de Philæ à Assouan, une seule heure suffit avec un bon équipage. L'intervalle qui sépare ces deux points

LES APPROCHES DE PHILÆ.

extrêmes peut être estimé à douze kilomètres, dont six seulement sont occupés par les rapides. Quant à la largeur totale du bassin du fleuve en cet endroit, elle doit dépasser douze cents mètres. Les bateaux remontent à la corde, comme je l'ai dit, en rasant de près la rive droite; ils redescendent à la rame le long de la rive gauche. Les Nubiens de Chellal et des hameaux voisins ont le monopole de ce passage et de toutes les manœuvres qu'il nécessite, monopole dont ils jouissent sans doute de temps immémorial. On peut se fier complétement à leur audace et à leur habileté. Il faut traiter avec leur cheikh principal, qui exige pour chaque barque une moyenne de deux cents francs, après avoir préalablement demandé une somme beaucoup plus forte.

L'île de Philæ, située à une faible distance au sud de la première cataracte, est connue en arabe sous le nom de Geziret el-Birbeh (l'île du Temple); elle portait en égyptien celui de Ilak ou, avec l'article, de Philak (la frontière), nom dont les Grecs, par corruption, ont fait Φιλαί. Du nord au sud, elle mesure quatre cents mètres de long sur cent quarante dans sa plus grande largeur, de l'ouest à l'est. Elle a été jadis entourée dans toute sa circonférence, qui est de neuf cent cinquante mètres, d'un mur de quai, bâti en talus avec de beaux blocs de grès, dont quelques parties sont encore bien conservées. Actuellement inhabitée, malgré la fertilité de son territoire, elle étale aux yeux émerveillés du voyageur qui y aborde des ruines fort remarquables, entremêlées de superbes bouquets de palmiers. C'était, en effet, pour les Égyptiens une île sainte par excellence, et plusieurs temples y avaient été construits. Le paganisme s'y maintint si longtemps que, d'après une inscription qu'on y a découverte, et qui date de l'an 453 après Jésus-Christ, le culte d'Isis et d'Osiris y était encore florissant à

Vue générale de Philæ.

cette époque. A l'extrémité sud-ouest se trouve le plus ancien monument de l'île. C'est un petit temple fondé par Nectanébo. Il était précédé de deux obélisques, dont un seul est encore debout, et était consacré à la déesse Isis. Les quatorze colonnes qui en ornent l'intérieur sont surmontées d'élégants chapiteaux.

Quelques pas plus au nord, la même déesse était adorée dans un temple beaucoup plus vaste, qui s'annonce par deux longues colonnades formant deux belles galeries, l'une bordant le rivage vers l'ouest, l'autre regardant l'est et l'intérieur de l'île; au lieu d'être parallèles, elles s'écartent l'une de l'autre en éventail, en se rapprochant du temple. Un grand pylône vient ensuite. Les deux massifs qui le composent sont décorés extérieurement de sculptures exécutées en creux avec beaucoup de soin. Ils renferment plusieurs chambres intérieures, et des terrasses qui les couronnent on embrasse du regard l'île entière, celle de Bigheh qui l'avoisine vers l'ouest, et les deux rives du fleuve.

Les deux rainures verticales que l'on observe de chaque côté de la porte centrale étaient destinées à recevoir des mâts au haut desquels on arborait des pavillons. Au delà de ce premier pylône s'étend une cour, bordée à gauche d'un petit temple ou mammisi, et à droite d'un portique soutenu sur dix colonnes, et qui communique avec plusieurs chambres. Puis la porte d'un second pylône, moins considérable que le précédent, donne entrée dans deux autres portiques successifs, dont les gigantesques colonnes étaient peintes; enfin l'on pénètre dans le temple proprement dit, consistant en plusieurs salles, au fond desquelles était le sanctuaire, qui contient encore une belle chapelle monolithe en granit rose; près de là, on descend dans des cryptes bien conservées. Ce grand temple, avec les dépendances qui l'entouraient, est l'œuvre de plusieurs souverains. Commencé par Ptolémée Philadelphe, il n'a été achevé que sous ses successeurs. Les empereurs romains Tibère, Caligula et Claude y ont également fait quelques réparations.

Près de la côte orientale de l'île, un autre monument d'une rare élégance, et qui porte le cartouche de l'empereur Tibère, attire également l'admiration de tous les voyageurs. C'est un édifice hypèthre, c'est-à-dire sans plafond, de forme rectangulaire, et mesurant vingt et un mètres de long sur quinze de large. Les quatorze colonnes qui l'environnent affectent des proportions colossales; néanmoins, comme les chapiteaux qui les couronnent sont surmontés de dés élevés sur lesquels repose l'entablement, elles ne paraissent nullement lourdes, comme on pourrait le penser; au contraire, elles produisent de loin un effet charmant, et se dessinent avec beaucoup de majesté et de grâce en même temps, sous la voûte toujours azurée d'un ciel qui n'a jamais connu de nuage.

A l'ouest de l'île de Philæ, celle de Bigheh dresse sa masse rocheuse et ses blocs énormes de granit. Elle s'appelait jadis en égyptien Sénem. Les Grecs la désignaient sous le nom de Abaton (inaccessible), parce que, dès la douzième dynastie, elle était regardée comme un lieu saint. On y remarque les débris d'un temple consacré à Athor, qui ne date, il est vrai, que de l'époque des Ptolémées, mais qui a succédé très-probablement à un autre beaucoup plus ancien, comme semble l'indiquer une statue en granit rouge sur laquelle se trouve le cartouche d'Amenhotep II, de la dix-huitième dynastie.

Les bords du Nil au sud de Philæ et de Bigheh sont bien plus resserrés par les montagnes qu'au nord de ces deux îles. Ces montagnes de granit ou de grès ne laissent d'ordinaire entre elles et le fleuve qu'une étroite bande de terrain, que les débordements annuels du Nil ou des irrigations artificielles et continues, à l'époque des basses eaux, peuvent seuls rendre fertile. Là s'élèvent des palmiers, des acacias mimosas, des doums, des sycomores, des touffes de ricins gigantesques. Là aussi les Nubiens cultivent un peu de blé, d'orge, de dourrah, de lentilles, de fèves. Au delà, en effet, de cette lisière cultivable, ce sont des rocs escarpés ou des sables profonds. Quand les eaux sont basses, le sol destiné à la culture est arrosé au moyen de puits à roues et à godets qu'on appelle *sakkiehs,* et la richesse des paysans est estimée d'après le nombre des puits de ce genre qu'ils possèdent. La roue qui fait monter l'eau est ordinairement mise en mouvement par des bœufs, dont un homme ou un enfant aiguillonne par intervalles la lenteur. On trouve aussi en plusieurs endroits des

ÉDIFICE HYPÈTHRE, A PHILE.

chadoufs, autres puits plus primitifs encore, et qui consistent en un balancier qu'un homme fait descendre et remonter alternativement; à l'une des extrémités de ce balancier est un poids, et à l'autre un vase de terre ou un seau de cuir.

Comme des impôts assez lourds pèsent sur les Nubiens, encore plus que sur les fellahs d'Égypte, beaucoup d'entre eux, découragés par les exigences impolitiques d'un fisc aveugle, abandonnent le soin ingrat de la culture et émigrent, soit au Caire, soit à Alexandrie, pour se faire hommes de peine ou domestiques.

Entre la première et la seconde cataracte s'étend un intervalle de trois cent cinquante kilomètres. Les populations qui occupent cette longue et étroite vallée ne dépassent guère à présent le chiffre de quarante mille âmes, et se divisent en trois fractions différentes : les Kenous ou Barabra, les Arabes, et enfin les Nouba, qui parlent à peu près le même dialecte que les premiers, et que l'on confond souvent avec eux. Les uns et les autres sont disséminés, à droite et à gauche du fleuve, dans une quarantaine de villages plus ou moins importants, dont les maisons sont de simples huttes bâties en terre. Ils sont tous musulmans. Leur couleur tient le milieu entre le noir d'ébène des Éthiopiens et le teint basané des peuples du Saïd. Leurs traits se rapprochent beaucoup plus de ceux des Européens que de ceux des nègres ; ils ont les cheveux longs et légèrement crépus, et la peau très-fine. La contrée qu'ils habitent était jadis comprise sous la dénomination de Kouch ; les Grecs et les Romains l'appelaient Éthiopie. Aujourd'hui, on la nomme basse Nubie. De nombreuses ruines de temples y attestent un antique état de civilisation et de prospérité depuis longtemps évanoui. Ainsi, par exemple, à Deboud (Tabót), à Kerdaseh, à Ouadi-Tafah (Taphis), à Kalabcheh (Tarmis ou Talmis), à Dandour, à

VUE VERS LE SUD DE PHILÆ.

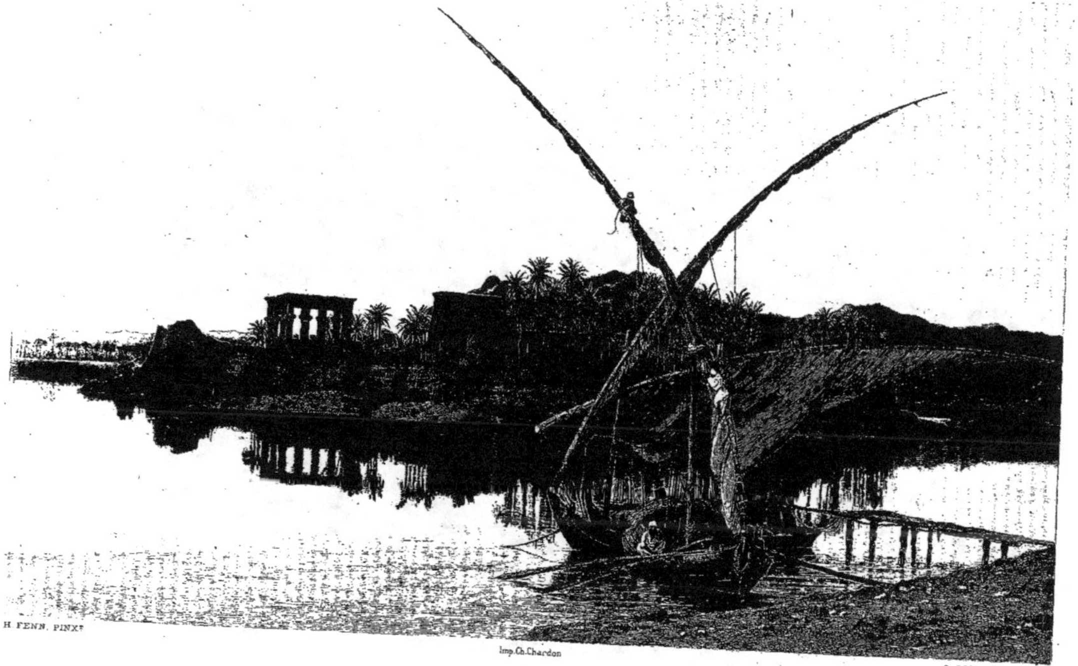

H. FENN. PINX^t

Imp. Ch. Chardon

C. COUSEN. SCULP^t

ILE DE PHILÆ.

PARIS. _ E. PLON & Cie ÉDITEURS.

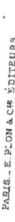

Gerf-Hossaïn (Tutzis), à Dakkeh (Pselchis ou Pselcis), à Ouadi-Seboua (Pa-Amen, demeure d'Ammon), à Amada, à Derr (Pe-Râ, ville du Soleil), la capitale de la Basse-Nubie, à Ibrim (Primis Parva) et ailleurs, on rencontre, chemin faisant, les débris, quelquefois très-remarquables, d'anciens temples remontant soit à l'époque des Pharaons, soit à celle des Ptolémées et des Romains, et consacrés à diverses divinités. Je les ai presque tous visités avec le plus vif intérêt. Dans l'impossibilité où je suis de les décrire ici, je dois me borner à les signaler au lecteur. Nous arrivons ainsi à Abou-Simbel, autrement dit Ipsamboul, où je ne puis me dispenser de m'arrêter un instant; car cet endroit possède

Puits à roue et à godets en Nubie.

deux anciens édifices sacrés qui passent, à juste titre, pour être les plus merveilleuses excavations monumentales qui soient sorties de la main des hommes.

L'un de ces deux temples a été consacré à Athor, la Vénus égyptienne, qui est figurée dans le sanctuaire sous la forme d'une génisse, son emblème ordinaire. Cette déesse porte le titre de souveraine d'Abochek (Aboccis), l'ancien nom d'Abou-Simbel. La façade qui regarde le fleuve est décorée de six colosses hauts d'une dizaine de mètres et taillés dans le roc comme le monument lui-même. Ces statues gigantesques sont isolées et encadrées par des contre-forts légèrement inclinés et ménagés dans la masse rocheuse. Quatre d'entre elles représentent Ramsès II, escorté de deux de ses fils, et les deux autres, sa femme Nofert-Ari, accompagnée de ses filles. Une belle porte conduit à une première salle ou pronaos que supportent six piliers carrés surmontés d'une tête d'Athor.

De là on passe dans une sorte de vestibule transversal qui se termine à chaque extrémité par une petite chambre, et qui conduit au sanctuaire ou adytum. Une génisse sculptée dans le roc dont elle se détache y était jadis vénérée, comme étant l'image sacrée d'Athor. La profondeur totale de cette superbe excavation, que la sculpture et la peinture ont embellie à l'envi, est d'une trentaine de mètres.

A soixante pas au sud de ce temple, un second beaucoup plus considérable a été également creusé dans les flancs d'une deuxième colline rocheuse. La façade en est singulièrement grandiose et imposante. Elle mesure quarante mètres de haut sur autant de large et est de même inclinée en talus. Une rangée de vingt-deux cynocéphales assis et sculptés en ronde bosse en constitue la corniche. Au-dessous apparaissent quatre statues colossales, deux de chaque côté de la porte. Elles représentent Ramsès II assis sur un trône. Malgré leur taille prodigieuse, car elles ont vingt mètres d'élévation, elles ont été modelées dans le roc avec une rare perfection, et toutes les proportions des différents membres du corps ont été fidèlement observées. Les traits du visage sont d'une beauté surprenante. La tête d'un de ces colosses n'existe plus, et M. Mariette m'a appris que, d'après une inscription grecque qui avait échappé à mon attention, cette mutilation datait de l'antiquité elle-même. La porte d'entrée est surmontée d'une grande niche dans laquelle on voit la statue en relief de Ammon-Râ, dieu du temple et protecteur de cette localité. Quand on a franchi cette porte, on pénètre dans une première et grande salle qui repose sur huit piliers auxquels sont adossés autant de colosses, hauts de huit mètres et représentant de même le roi Ramsès. La majesté muette de leur physionomie, et le caractère profondément grave et religieux dont leur extérieur porte l'empreinte, saisissent tout d'abord le regard et l'imagination de celui qui les contemple. De cette salle on passe dans une seconde de moindres dimensions et soutenue seulement par quatre piliers; celle-ci communique par trois portes avec une sorte de vestibule qui conduit au sanctuaire ou adytum, qu'accompagnent deux chambres latérales, et dans lequel quatre statues assises et en relief sont celles des dieux Horus, Ammon et Phtah, et du roi Ramsès. La profondeur totale de l'excavation depuis la porte d'entrée jusqu'au fond du sanctuaire dépasse soixante mètres. Toutes les salles qui le composent sont ornées d'une suite non interrompue d'hiéroglyphes et de sculptures peintes qui représentent, soit les principales conquêtes de Ramsès II, soit des offrandes faites à diverses divinités. On ne saurait trop admirer la finesse, l'habileté singulière et la fermeté du ciseau qui a sculpté ces nombreux bas-reliefs, ainsi que la fraîcheur et la vivacité des couleurs qu'on y a appliquées. Indépendamment des différentes salles que j'ai mentionnées et qui se succèdent dans l'axe même du monument, il en est huit autres encore de forme oblongue, qui, soit latéralement, soit obliquement, s'ouvrent sur la grande salle d'entrée, et dont les décorations murales sont restées inachevées. Tel est, en peu de mots, le plan général de ces deux temples, qui ont été conçus et exécutés l'un et l'autre, surtout le dernier, avec une grandeur, une hardiesse et en même temps avec un fini qui étonnent.

Presque en face d'Abou-Simbel, sur la rive droite du fleuve, le village de Feraïg renferme les restes d'un petit temple creusé dans le roc, qui date de la dix-huitième dynastie, et qui, à l'époque chrétienne, comme beaucoup d'autres sanctuaires païens de l'Égypte et de la Nubie, a été converti en église. Plus au sud, on observe successivement à Addeh, à Farras et à Serra d'autres débris de temples et divers hypogées. Enfin nous atteignons Ouadi-Halfa. C'est un village d'apparence assez misérable, situé sur la rive droite du fleuve. Les huttes des habitants sont disséminées au milieu de magnifiques plantations de palmiers. La seconde cataracte est à onze kilomètres plus au sud. Pour s'y rendre, il faut traverser en canot une sorte d'archipel semé de nombreux îlots granitiques qui divisent et obstruent le lit du Nil, et au milieu desquels il se précipite et roule torrentueusement, en se partageant en plusieurs bras différents. On laisse ordinairement son canot au pied d'un monticule escarpé qui se dresse près de la rive gauche, et l'on gravit un sentier difficile qui conduit jusqu'au sommet de cette colline. De

ce point élevé, appelé Abousir, le spectateur embrasse du regard l'un des horizons les plus sauvages et les plus saisissants que la vallée du Nil présente dans son prodigieux développement. Le sable, et par conséquent le désert, s'étendent à l'infini autour de lui, et il n'aperçoit qu'une simple lisière de terre le long du fleuve qui puisse, au moyen d'irrigations, être susceptible de culture. Quant au Nil, il ressemble en cet endroit à une petite mer remplie d'écueils de toutes sortes.

Grand temple d'Abou-Simbel.

Les rochers qui le hérissent partout affectent les formes les plus diverses et les plus fantastiques ; tantôt on dirait des pyramides, des obélisques ou des cônes, tantôt ils s'arrondissent en tours ; tantôt aussi ils s'étendent en bancs prolongés. Les uns sont rouges comme du porphyre, les autres, et c'est le plus grand nombre, sont noirs comme du basalte. Ils forment autant d'îlots qui brisent à chaque instant le cours du fleuve, et au milieu desquels il serpente ou plutôt tourbillonne en replis multipliés. Six barres attirent principalement l'attention, et le bruit retentissant des chutes qu'elles produisent, et dont l'écume étincelle aux rayons du soleil, ébranle tous les échos d'alentour. Cette seconde cataracte sert de limite méridionale à la basse Nubie ; elle servira en même temps de terme à cet ouvrage et à la longue pérégrination que le lecteur a bien voulu faire avec moi depuis les sommets neigeux du Liban jusqu'aux déserts brûlants de la Nubie supérieure.

TABLE DES MATIÈRES

LIBAN

	Pages.		Pages.
Description générale.	1	District de Kesrouan.	45
Populations diverses du Liban.	10	District du Meten.	57
District de Becharreh.	20	District du Djourd.	63
District de Koura-Supérieur.	32	District d'Arkoub.	68
District de Botroun.	34	District du Chouf.	70
District de Menithri.	36	District de Menassif.	72
District de Fetouch.	42	Districts du Gharb et du Sahel.	75

PHÉNICIE

Considérations préliminaires.	78	De Beyrouth à Saïda (Sidon).	114
De Tartous (Antaradus) à Tripoli.	82	Saïda (Sidon).	115
Tripoli (Tripolis).	86	De Saïda à Sour (Tyr).	124
De Tripoli à Djebeil (Byblos).	91	Sour (Tyr).	130
De Djebeil (Byblos) à Beyrouth.	95	De Sour au Ras en-Nakoura.	142
Beyrouth (Berytus).	106		

PALESTINE OCCIDENTALE ET MÉRIDIONALE

Du Ras en-Nakoura au mont Carmel.	147	Asdoud (Azot).	242
Mont Carmel.	166	Medjdel. — Ascalon.	243
Du cap Carmel à Césarée.	174	Rhazeh (Gaza).	251
Césarée.	185	Beit-Djibrin (Eleuthéropolis).	256
De Césarée à Jaffa.	194	Mar-Hanna. — Merach. — Dikrin, jadis Gath.	260
Jaffa.	203	Tell es-Safieh. — Sarsa. — Aïn-Chems. — Tibneh.	263
Ramleh et Lydda.	215	De Tibneh à Tékoua.	266
Modin et tombeau des Macchabées.	226	Hébron.	274
Timnath-Serah et tombeau de Josué.	231	Kefr-Bereik. — Aïn-Djedi. — Mer Morte.	287
Aker (Ekron).	236	D'Hébron à Bir es-Seba.	299
Yebneh (Yabneh, Iamnia).	239		

PÉTRA

De Bir es-Seba à Pétra.	306	Pétra.	313

SINAÏ

De Pétra au Djebel-Mousa.	324	Du Djebel-Mousa au Djebel-Serbal.	359
Massif du Djebel-Mousa.	330	Du Djebel-Serbal à Suez.	378

ÉGYPTE

Terre de Gessen.	405	De Boulak à Thèbes.	457
Le Caire.	419	De Thèbes à la première cataracte.	470
Les Pyramides et Memphis.	446	De la première à la seconde cataracte.	497

TABLE DES GRAVURES

I. PLANCHES GRAVÉES SUR ACIER ET CARTES.

1. Couvent de Sainte-Catherine, au pied du mont Sinaï. . . . . Frontispice.
2. Gorge du Nahr el-Kadicha. 25 73
3. Carte du Liban. 73 36
4. Baie de Beyrouth. 96 118
5. Vue générale de Sidon, du côté de la mer. 118 130
6. Tyr. 130 150
7. Carte de la Palestine. 150-151 166
8. Vue de Kaïfa, au pied du mont Carmel. 166 124
9. Ruines de Césarée maritime. 184 202
10. Vue de Jaffa, l'ancienne Joppé. 202 250
11. Gaza. 250 280
12. Hébron. 280 306
13. Entrée de la vallée de Pétra. 306 350
14. Ouadi-Choeïb, ou Vallée de Jéthro. 351 362
15. El-Hesouer, dans l'Ouadi-Feiran. 369 376
16. Mont Serbal, vu de l'Ouadi-Feiran. 376 388
17. Approches du mont Serbal. 398 405
18. Carte de la basse et de la moyenne Égypte, et de l'Arabie Pétrée. 404-405
19. Pyramides de Gizeh. 448
20. Ruines de Louxor. 472
21. Ruines du grand temple, à Karnak. 480
22. Ile de Philæ. 504

II. GRAVURES SUR BOIS.

	Pages.
23. Hasroun, village maronite au-dessus du Nahr el-Kadicha.	1
24. Un prince du Liban.	4
25. Une princesse du Liban.	5
26. Femme du Liban, la tête surmontée du tantour.	9
27. Couvent de Saint-Antoine.	13
28. Village de Becharreh.	16
29. Forêt de cèdres, près de Becharreh.	17
30. Un cèdre de la forêt de Becharreh.	21
31. Vallée du Nahr el-Kadicha. — Vue, dans le lointain, de la Méditerranée et de El-Mina, port de Tripoli.	25
32. Pentes du Liban. — Village maronite avec son couvent.	29
33. Village de Merhaireh dans l'Oued-Akoura.	33
34. Pont naturel d'Akoura.	37
35. Source d'Afka (Aphaca).	41
36. Gorge de la source dite Neba el-Leben, au-dessus d'un pont naturel appelé Djisr el-Hadjar.	44
37. Pont naturel, appelé Djisr el-Hadjar (pont du Rocher).	49
38. Sous le pont naturel, dit Djisr el-Hadjar.	52
39. Rochers et couvent de Adjeltoun.	53
40. Nahr el-Kelb (fleuve du Chien).	57
41. Un café dans le Liban.	61
42. Village de Broummana.	65
43. Zahleh, ville du Liban.	69
44. Cèdre de la forêt de Barouk.	73
45. Beit-eddin.	77
46. Couvent des Moulaouieh ou derviches tourneurs, près de Tripoli.	80
47. Château de Tripoli, forteresse de l'époque des Croisades.	81
48. Kalat-Mouseiliba.	84
49. Vallée du Nahr-Ibrahim ou fleuve Adonis.	85
50. Promontoire voisin de l'embouchure du fleuve Adonis.	88
51. Ruines d'un pont romain, près de la baie de Djouni.	89
52. Aqueduc près du Nahr el-Kelb.	92
53. Embouchure du Nahr el-Kelb.	93
54. Inscriptions du promontoire du Nahr el-Kelb.	96

	Pages.
55. Grotte de Saint-Georges.	100
56. Château de Beyrouth.	101
57. Établissement des Dames de Nazareth, à Beyrouth.	104
58. Bain et café à Beyrouth.	105
59. Îlot rocheux près de Beyrouth.	108
60. Presqu'île de Beyrouth.	109
61. Khan de Neby-Younès.	113
62. Citadelle de Saïda, l'ancienne Sidon.	116
63. Château et port de Saïda, l'ancienne Sidon.	117
64. Site de Sarepta.	120
65. Baie de Sidon, vue de Sarepta.	121
66. Pont sur le Nahr el-Kasmieh (le Léontès).	124
67. Vallée du Léontès, près de la côte.	125
68. Porte de Tyr.	128
69. Ruines de la cathédrale de Tyr.	129
70. Ruines de Tyr.	132
71. Réservoirs de Ras el-Aïn, près de Tyr.	133
72. Aqueduc de Ras el-Aïn.	136
73. Tombeau de Hiram, près de Tyr.	137
74. Ras el-Abyadh (cap Blanc).	140
75. Pointe du Ras el-Abyadh (cap Blanc).	141
76. Ras en-Nakoura (Échelle de Tyr).	144
77. Tyr, vue du Ras en-Nakoura.	145
78. Porte d'Akka ou Saint-Jean d'Acre.	147
79. Vue générale de Saint-Jean d'Acre. — Mont Carmel dans le lointain.	149
80. Saint-Jean d'Acre, vers le nord.	152
81. Saint-Jean d'Acre, vers le sud. — Embouchure du Bélus.	152
82. Ruines d'un aqueduc, près de Saint-Jean d'Acre.	153
83. Les ablutions après le repas.	157
84. Femme d'un fellah faisant du beurre.	160
85. Plaine de Saint-Jean d'Acre, autour de la baie du même nom. — Embouchure du Cison.	161
86. Fleuve du Cison. — Un campement de Bédouins.	163
87. Ancienne tour ruinée de Kaïpha. — Vue de Saint-Jean d'Acre dans le lointain.	164
88. Puits dans un jardin de Kaïpha.	165
89. Couvent du Mont-Carmel.	168

TABLE DES GRAVURES.

	Pages.
90. Pointe nord du mont Carmel avec son phare. . . .	169
91. Grotte dite École des prophètes, sur les pentes du Carmel.	172
92. El-Maharka, lieu du sacrifice d'Élie, sur le sommet du Carmel.	173
93. Puits d'Élie, à El-Maharka.	175
94. Plaine d'Esdrelon, vue des hauteurs d'El-Maharka.	176
95. Fleuve du Kison, dans le défilé qui sépare la plaine d'Esdrelon de celle de Saint-Jean d'Acre. . . .	177
96. Ruines d'Atlith vers l'ouest.	180
97. Grande arcade ogivale encore debout à Atlith, du côté de l'ouest et près de la mer.	181
98. Ruines d'Atlith vers le sud	183
99. Restes d'une grande tour à Tantoura. — Ruines de Dor.	184
100. Château et port de Césarée.	188
101. Tour et château de Césarée.	189
102. Restes d'une partie de l'enceinte septentrionale de Césarée.	192
103. Colonnes couchées dans les flots, à Césarée . . .	193
104. Restes d'un kkan à Oumm-Khaled	196
105. Oualy de Neby-Yamin, près du Kefr-Saba.	197
106. Kefr-Saba	199
107. Kalat Ras el-Aïn.	200
108. Source du fleuve dit Nahr el-Aoudjeh, près du Kalat Ras el-Aïn.	201
109. Débarquement à Jaffa.	204
110. Vue du port de Jaffa, du haut de la maison dite de Simon le Corroyeur	205
111. Cour de la maison de Simon le Corroyeur.	207
112. La principale mosquée de Jaffa.	208
113. La fontaine publique de Jaffa.	209
114. Un café dans le bazar de Jaffa.	212
115. Cimetière musulman de Jaffa.	213
116. Puits dans un jardin de Jaffa.	215
117. Fontaine dite Sebil-Abou-Nabbout.	217
118. Oualy de Imam-Ali.	220
119. Tour de Ramleh.	221
120. Plaine de Saron, vue de la tour de Ramleh	224
121. Église de Saint-Georges, à Lydda.	225
122. Tombeau des Macchabées, à Modin.	229
123. Chêne vert de Tibneh, jadis Timnath-Serah	232
124. Plan du tombeau de Josué	233
125. Tombeau de Josué.	235
126. Forteresse ruinée de Lathroun, aperçue d'Amouas, l'ancienne Emmaüs-Nicopolis.	237
127. Yebneh, jadis Yabneh, ou Jamnia.	240
128. Asdoud (Azot)	241
129. Medjdel, jadis Migdal-Gad	244
130. Ruines d'Ascalon, du côté du nord	245
131. Ruines d'Ascalon, du côté du centre.	248
132. Ruines d'Ascalon, du côté du sud-ouest.	249
133. Rhazeh (Gaza).	253
134. Un puits, près de Gaza.	255
135. Château de Beit-Djibrin. — Musiciens arabes . . .	257
136. Vallée de Beit-Djibrin	259
137. Église Sainte-Anne, non loin de Beit-Djibrin. . . .	261
138. Souterrain au Tell Mar-Hanna	264
139. Safieh, jadis Mitspeh	265
140. Saraa, patrie de Manué, père de Samson	267
141. Oualy du Cheikh Samat, à Samat.	268
142. Aïn-Chems, jadis Beth-Chemech	269
143. Vallée de l'Oued-Serar	269
144. Tibneh, jadis Timnah, patrie de la femme de Samson.	271
145. Charrues traînées par différentes bêtes de somme, dans la plaine des Philistins	272
146. Choueikeh, jadis Socho.	273
147. Vallée du Térébinthe, théâtre du combat de David contre Goliath.	275
148. Tekoua, jadis Thekoa. — Restes d'une ancienne église et son baptistère.	276
149. Oued-Teffah, communément appelé vallée d'Echkol.	277
150. Principal réservoir d'Hébron	279

	Pages.
151. Oualy musulman ruiné, à Hébron.	280
152. Ramet el-Khalil.	284
153. Chêne vert de Sebta	285
154. Vallée de Bérakhah	289
155. Désert de Juda.	292
156. Rochers d'Engaddi.	293
157. Montagnes de Moab, vues d'Engaddi	297
158. Source d'Engaddi.	300
159. Désert d'Engaddi	301
160. Extrémité nord-est de la mer Morte, vue d'Engaddi.	303
161. Bassin méridional de la mer Morte.	304
162. Bir es-Seba (Bersabée).	305
163. Aïn el-Ouaïbeh, dans l'Oued el-Djeib.	309
164. Djebel-Haroun, ou mont Hor	313
165. Tombes creusées dans le roc, à Pétra.	315
166. Tombeaux monolithes détachés, à Pétra.	316
167. Rochers du Sik, à Pétra	317
168. El-Khasneh Faraoun (le trésor de Pharaon), à Pétra.	320
169. Amphithéâtre pratiqué dans le roc, à Pétra	321
170. Ed-Deir (le Couvent), à Pétra.	323
171. Arabes Touarah	325
172. Djeziret-Faraoun (île de Pharaon)	327
173. Un défilé dans le Djebel-Tih	328
174. Djebel ed-Deir, à l'est du Djebel-Mousa.	329
175. Djebel-Suna	331
176. Plaine de Rahah, dominée par le Ras-Safsafeh. . .	333
177. Lettre d'admission pour le couvent de Sainte-Catherine.	334
178. Intérieur de l'église du couvent de Sainte-Catherine.	335
179. Le Croissant et la Croix, ou mosquée et église rapprochées l'une de l'autre dans la même enceinte.	336
180. Une des cours du couvent. Escalier assez grossier conduisant aux chambres supérieures. . . .	337
181. Chambres supérieures du couvent. Vue des pics du Djebel-Mousa	338
182. Galeries du couvent vues du nord-est. — Vue des montagnes de ce côté	339
183. Tour orientale du couvent de Sainte-Catherine . .	340
184. Puits dans le jardin du couvent de Sainte-Catherine.	341
185. Porte dite de Saint-Étienne, le portier.	342
186. Maïan-Mousa, ou Source de Moïse, sur le Sinaï. .	343
187. Chapelle et grotte d'Élie, sur le Djebel-Mousa. . .	344
188. Ras-Safsafeh et sommet du Djebel-Mousa, avec sa petite chapelle et sa mosquée.	345
189. Campement de Bédouins dans l'Ouadi-Sebayeh . .	346
190. Djebel-Mousa vu du sud	347
191. Couvent dit El-Arbaïn ou des Quarante, dans l'Ouadi-Ledja.	348
192. Embouchure de l'Ouadi-Chreich	349
193. Ouadi-Chreich, dominé par le Djebel-Abou-Maboureh.	351
194. Jardins près de l'embouchure de l'Ouadi-Ledja. . .	352
195. Montagnes qui dominent le commencement de l'Ouadi-Ledja	353
196. Ouadi-Katherin.	354
197. Rochers du Djebel Sainte-Catherin (ou montagne de Sainte-Catherine)	355
198. Ouadi-Tlah, près de la plaine d'Er-Rahah.	356
199. Sinaï et montagnes du Nakb el-Haoua.	357
200. Magad em-Nebi-Moussa, ou siège du prophète Moïse, dans la gorge d'El-Ouatyeh.	358
201. Hadjar el-Laghoueh (la Pierre parlante), rocher couvert d'inscriptions sinaïtiques dans l'Ouadi-Berrah.	359
202. Bouquet de tarfas ou de tamaris, dans l'Ouadi ech-Cheikh	360
203. Naouamis ou restes d'anciennes habitations dans l'Ouadi-Solaf.	361
204. Ouadi-Solaf	362
205. El-Boueib (la Petite Porte) de Feiran, étroit passage qui sert d'entrée à cette vallée.	363
206. Dépôts d'alluvion dans l'Ouadi-Feiran.	364
207. Bouquet de tamaris dans l'Ouadi-Feiran.	365
208. Une source dans l'Ouadi-Feiran.	366

TABLE DES GRAVURES.

	Pages.
209. Ouadi-Feiran, avec ses palmiers, ses tamaris, ses acacias, ses eaux courantes.	367
210. Acacia seyal, dans l'Ouadi-Feiran.	369
211. Djebel et-Tahouneh (montagne du Moulin).	370
212. El-Maharrad, avec ses ruines, restes de l'ancienne Pharan.	371
213. Rocher dit Hési el-Khattatin, en avant, à droite, dans l'Ouadi-Feiran.	372
214. Djebel el-Benat (montagne des Jeunes Filles).	373
215. Ouadi-Chellal (vallée des Cataractes).	374
216. Chemin pratiqué dans le Nakb-Baderah.	375
217. Embouchure de l'Ouadi-Nakb-Baderah, dans le Seih-Sidreh.	376
218. Beidhat-Oumm-Takhah, auprès du mont Serbal.	378
219. Ouadi-Mokatteb (la Vallée écrite).	379
220. Campement d'Arabes dans l'Ouadi-Mokatteb.	380
221. Ouadi-Sidreh. Les Ouadis-Mokatteb, Sidreh et Igné débouchent tous dans le Seih-Sidreh.	381
222. Mines de Magharah.	382
223. Rochers de Magharah.	383
224. Rochers de Sarabit el-Khadim. — Restes de l'un des deux temples de cette localité.	384
225. Stèles égyptiennes et ruines de Sarabit el-Khadim.	385
226. Galeries souterraines naturelles dans les ravins de Sarabit el-Khadim.	386
227. Plaine de Markha.	387
228. Djebel el-Markha.	388
229. Ras Abou-Zenimeh.	389
230. Plaine d'El-Markheieh.	390
231. Petite crique, près de l'embouchure du Ouadi-Thaybeh.	390
232. Ouadi-Thaybeh, dans sa partie inférieure.	391
233. Ouadi-Thaybeh, dans sa partie supérieure.	392
234. Djebel-Hammam-Faraoun, avec ses sources d'eaux chaudes.	393
235. Flancs escarpés du Djebel-Hammam-Faraoun.	394
236. Rochers de forme fantastique dans l'Ouadi-Hamr.	395
237. Ouadi-Ouseit.	396
238. Entrée de l'Ouadi-Gharandel.	397
239. Sources dans l'Ouadi-Gharandel.	398
240. Aïn-Haouarah.	399
241. Ouadi-Amarah.	399
242. Désert de Sur (en hébreu Chour).	400
243. Tempête de sable, dans le désert de Sur.	400
244. Palmiers d'Aïoun-Mousa.	401
245. Premier jour de marche dans le désert de Sur.	402
246. Aïoun-Mousa (sources de Moïse).	403
247. Une halte dans le désert de Sur.	404
248. Golfe de Suez, vu d'Aïoun-Mousa. — Un puits à Aïoun-Mousa.	405
249. Suez.	406
250. Djebel-Attakah, vers l'extrémité nord-ouest de la mer Rouge.	406
251. Ras-Attakah.	407
252. Lac Timsah. — Ville d'Ismaïlia.	409
253. Lac de Mahsamah, dans l'Ouadi-Toumilat.	411
254. Aire à battre le blé dans un village du Delta.	413
255. Briqueterie. — Moule en bois destiné à recevoir l'argile.	414
256. Puits à noria, ombragé par un acacia.	415
257. Sycomore de la Sainte Famille.	417
258. Obélisque d'Héliopolis.	418
259. Un marchand de lanternes.	420
260. Bazar des tapis.	421
261. Bazar des chaussures.	422
262. Bazar des armes.	423
263. Bab en-Nasr (porte de la Victoire).	424
264. El-Khalig, ou le canal qui traverse le Caire.	425
265. Sakieh, ou puits à noria sur le canal.	427
266. Fontaine pour les ablutions, dans la cour de la mosquée du sultan Hassan.	428
267. Mosquée du sultan Kaït-Bey.	429
268. Chaire à prêcher de la mosquée du sultan Barkouk.	430
269. Cour de la mosquée du sultan Barkouk.	431
270. Mosquée du sultan El-Achraf Barsebaï.	432
271. Une tombe de Mamelouk à moitié ruinée.	433
272. Tombes des Mamelouks.	434
273. La citadelle, vue des tombes des Mamelouks.	435
274. Mosquée sur les pentes du Mokattam.	436
275. Vue du Caire, du Nil et des Pyramides, du haut de la citadelle.	437
276. Une fontaine dans les rues du Caire.	439
277. Maître d'école musulman avec ses élèves.	440
278. Un jardin au Caire.	441
279. Un café à Boulak.	443
280. Un bazar à Boulak.	444
281. Une rue à Masr el-Atikah.	445
282. Vue de l'emplacement de Memphis du haut de la grande Pyramide.	447
283. Le Sphinx.	451
284. Village avec ses pigeonniers, près de Memphis.	453
285. Pyramide à degrés de Sakkarah.	454
286. Colosse de Ramsès II, couché par terre sur l'emplacement de Memphis.	455
287. Pigeonniers en forme de tours, près du Nil.	457
288. Buffles que l'on mène boire dans le Nil.	458
289. Pyramide de Meïdoum.	459
290. Grottes sépulcrales de Beni-Hassan.	460
291. Tombe d'un santon musulman à Minieh.	461
292. Porte de la ville de Siout.	463
293. Nécropole de Siout.	464
294. Girgeh avec ses mosquées.	465
295. Chadouf ou machine à puiser de l'eau dans le Nil.	467
296. Temple de la déesse Athor, à Dendérah.	469
297. La plaine de Thèbes aperçue de Karnak.	470
298. La mosquée de Louxor.	471
299. L'obélisque de Louxor.	472
300. Niche dans un ancien temple de Louxor, converti en église à l'époque chrétienne.	473
301. Porte de Ptolémée Évergète, à Karnak.	474
302. Entrée occidentale de la salle hypostyle, à Karnak.	476
303. Salle hypostyle, à Karnak.	477
304. Le petit obélisque de Karnak.	479
305. Le Ramesseïon.	480
306. Les colosses de Memnon.	481
307. Les débris du colosse de Ramsès II.	482
308. Pylône du temple de Thoutmès III, à Médinet-Abou.	483
309. Cour du grand temple de Ramsès III, à Médinet-Abou.	484
310. La Vallée des tombes des Rois.	485
311. Le Nil, vu de Louxor.	487
312. Temple d'Edfou.	488
313. Porte d'une chapelle latérale du temple d'Edfou.	489
315. Hypogées de Gebel es-Silsileh.	490
315. Vue de Koum-Ombou.	491
316. Temple de Koum-Ombou.	492
317. Assouan, la Syène des Grecs et des Romains.	493
318. Île d'Éléphantine.	495
319. Vue prise de la pointe septentrionale de l'île d'Éléphantine.	496
320. Palmier doum.	497
321. Mahattah, village voisin de la première cataracte.	499
322. Les approches de Philæ.	500
323. Vue générale de Philæ.	501
324. Édifice hypèthre, à Philæ.	503
325. Vue vers le sud de Philæ.	504
326. Puits à roue et à godets en Nubie.	505
327. Grand temple d'Abou-Simbel.	507

PARIS. TYPOGRAPHIE DE E. PLON, NOURRIT ET Cie, RUE GARANCIÈRE, 8.

www.ingramcontent.com/pod-product-compliance
Lightning Source LLC
Chambersburg PA
CBHW051357230426
43669CB00011B/1671